JN245394

グレン・グールド著作集

ティム・ペイジ編

宮澤淳一訳

みすず書房

THE GLENN GOULD READER

Edited and with an introduction by

Tim Page

First published by Knopf, New York, 1984
Copyright © The Estate of Glenn Gould and
Glenn Gould Limited, 1984; Primary Wave, 2017
Japanese translation rights arranged with
Westwood Creative Artists, Ontario through
Tuttle-Mori Agency, Inc., Tokyo

目次

間奏曲

第3部―メディア

第4部 その他

コーダ

日本の読者へ

グレン・グールドが日本を訪れることはなかった。三十一歳で演奏会活動をやめていたし、二十代なかば以降は飛行機に乗ることも拒んでいたからだ。そもそも六十年前の世界は今よりはるかに大きく感じられていた。しかし、グレンが名ピアニストであるばかりか、第一級の音楽思想家であることを早くから認め、あの見事な演奏に劣らず、その思想にも考察する価値を見出していた国は、日本だったのである。

『グレン・グールド著作集』(*The Glenn Gould Reader*)は、一九八二年十月四日にグレンが没してから数ヶ月のうちにまとめられた。私たち友人や関係者がひどい衝撃に見舞われていた時期だが、この私たちは、グレンの大胆さ、独創性、知性、そして喜びを捉えた本を出したいと考えた。彼の言葉が生き続け、その演奏同様に、未来の世代に語りかけてくれることが大切だと思えたからだ。

一九八二年八月、バッハの《ゴルトベルク変奏曲》の新しいスタジオ録音についてインタヴューするためにグレンのもとを訪れると、彼はコンパクト・ディスクの試作品を見せてくれた。そこに収録されていたのは彼の録音ではなかったが、日本で作られた新しいメディアであり、数ヶ月後に世界に向けて商品化されるという。新しい玩具を手にした子どものように嬉しそうだった。彼の新しい〝グールドベルク〟がCD時代に最初の成功を収めるクラシック音楽になることを知っていたら、いっそう喜んだと思う。

それから長い年月を経た今日、日本の読者の皆さんにご挨拶ができることを私は光栄に思う。私の友人である宮澤淳一氏の訳業によってみすず書房より出版される『著作集』の新しい日本語版は、今日の読者にグレンの言葉をいっそうわかりやすく伝えてくれるはずだ。

グールドが生きていれば、九十歳を越えている。彼が没してから四十年以上が過ぎたが、これまでに起こった大きな変化の数々を彼はどのように受けとめたであろうか——。いずれにせよ、彼の音楽と思想は今も生きている。そして私たちを魅了し続けるのだ。

新しい日本語版の刊行を目前に控えて、

ティム・ペイジ

謝辞

大勢の人にお礼を申し上げなくてはならない。誰よりもまず、本書の編集助手ジェイムズ・オイストライク（James Oestreich）とエリザベス・タクストン・ペイジ（Elizabeth Thaxton Page）がいる。二人は、膨大な原稿の束を私がのろのろと処理するのを手伝い、また、活字になったグールドの文章を作業用のファイルに整えてくれた。グールド・エステイトの遺著管理者J・スティーヴン・ポウズン（J. Stephen Posen）は、最初から本書の企画を支持してくれた。ルース・ピンコウ（Ruth Pincoe）は、エステイトに代わり、文書と録音の目録化を進めてくれた。グールドの生涯最後の数年間にわたり助手を務めたレイ・ロバーツ（Ray Roberts）は、大小さまざまな便宜をはかってくれた。さらに、私の著作権代理人レイモンド・ボンジョヴァンニ（Raymond Bongiovanni）。忍耐強く業務を遂行し、また提案をしたクノップの編集担当者ロバート・ゴットリーブ（Robert Gottlieb）とエヴァ・レスニコヴァ（Eva Resnikova）。精読し、私を質問攻めにしたパトリック・ディロン（Patrick Dillon）。グールド研究における画期的な著作に違いない『グレン・グールド、音楽、精神』を書いたジェフリー・ペイザント（Geoffrey Payzant）。——皆さんに感謝したい。

さらに、ティナ・クラーク（Tina Clarke）、ブルック・ウェンツ（Brooke Wentz）、チャールズ・パッシー（Charles Passy）、ボブ・シルヴァーマン（Bob Silverman）には、この企画の完成に支援を受けた。ポール・アレグザンダー（Paul Alexander）の情熱は、グールドに対する私自身の関心に火をつけた。CBSマスターワークスの宣伝部長スーザン・カシス（Susan Koscis）は、私のグールドと最初の接触の機会を作ってくれた人であり、その友情は彼の死後のつらい日々において心の支えとなった。

グレンの父ラッセル・グールドと継母ヴェラ・グールド（Russell and Vera Gould）は、トロントの自宅で私を歓待し、グレンの幼少期について有意義な見識を授けてくれた。従姉ジェシー・グレイグ（Jessie Greig）には、素敵な思い出をうかがった。感謝したい。

最後に、妻ヴァネッサ・ウィークス・ペイジ（Vanessa Weeks Page）に、この企画における彼女の献身と貴重な援助に対して、心からの愛をこめて謝意を表する。彼女はすべての資料を読み、譜例の編集にあたり、本書の最終的な姿を作り上げるのに貢献してくれた。

はじめに

著作集を編んだらどうか——。これについて、私はグレン・グールドと何度も話し合った。彼は強い関心を示しつつも、時期尚早だと言って応じなかった。だからグールド本人が編んだら最終的にどんなアンソロジーができあがったのかは今となっては知るよしもない。ゆえに本書に収録した文章の選定と編纂の責任はすべて私にある。

グールドが究極の完全主義者であったこと、二十五歳になる前に国際的な名声を得ていたがゆえに、何でも公表のできる立場にあったこと。これらの事実を踏まえて、二つの保管箱からはみ出すほどの原稿にすべて目を通した私の結論は、未公開の文章の大半はそのままにしておく、というものだった。加えて私は、テーマや内容の重複も避けようと試みたが、それができないものもあった。グールドは大好きな題材については旺盛に文章を書いたし、それは一つか二つのパラグラフを使いまわすようなものではなかった。たとえば、アルノルト・シェーンベルクに関する著作だけでも、小さな一冊の本ができてしまう。

さらに、ラジオ劇やテレビ台本などもたくさん残っている。素晴らしいのだが、活字に〝翻訳〟しにくい作品が多い。目で読む文章と耳で聴く文章が本質的に異なることをグールドは理解していたのだ。放送メディアのための作品も幅広いファンに届くことを願っているが、著作集は適切な場ではない。結局、ここに収録した文章のほとんどは、既刊の論考やレコードのアルバム解説（ライナー・ノーツ）となった。

アルバム解説は、グールドの語りの楽しさを初めて体験する人には特に驚きであろう。彼が解説を書いたのは、基本的には自分の力量が試されたり、強い個人的感情を抱く音楽だった（ただし、その音楽に好意的であったとは限らない）。彼の後期モーツァルトへの非難や、ベートーヴェンの《熱情ソナタ》に対する酷評に同意する人はほとんどいないかもしれないが、その意見には勢いとユーモアがある。実は、録音よりも解説の方が出来のよいこともあった。一九七四年、彼のアルバムはグラミー賞を受けた。ヒンデミットのピアノ・ソナタ集だが、簡潔かつ明晰で愉快なジャケット解説が受賞したのだ。あの凝りすぎの、かなり気難しい演奏は対象ではなかった。

　グールドは生まれつきものを教えるのが好きな人で、メディアを自分自身の教室として用いた。彼の教授法は、その非正統的な思考法とあいまって、多くの批評家を何度もいらだたせた。B・H・ハギン（一九〇〇―八七。米国の著名な音楽批評家）が、「［グールドは］コンサート・ホールで見事な演奏をするよりも、場をわきまえず、あらゆるナンセンスを語ることを好む」と不満を述べたとき、それが音楽業界の大多数の人々の声を代弁していたことは疑いない。本書の読者は、私と同様、グールドの種々の哲学には見事に論理的な一貫性があることを結論づけるかもしれない。しかし、こうした物議をかもす芸術家に判断を下すのであれば、十分な情報に基づくべきだ。そこで、彼の特異な経歴を振り返ってみよう。

　グレン・ハーバート・グールドは、一九三二年九月二十五日、トロントの毛皮商の父とピアノ教師の母のもとに生まれた。三歳より鍵盤楽器を学び始め、七年後に同地のロイヤル音楽院に入学する。十四歳までにアソシエイトの修了認定を受け、一九四六年五月にピアニストとして初の公開演奏をする。またたく間に国内での名声を確立。二十歳になるまでに、トロント交響楽団との共演や、ＣＢＣ（カナダ放送協会）での番組出演を含め、カナダ各地で演奏をするようになっていた。

　一九五五年一月二日、ワシントンのフィリップス・ギャラリーでグールドは米国デビューを果たした。

『ワシントン・ポスト』紙の音楽批評家ポール・ヒュームはこのリサイタルを聴き、夢中になってこう述べた——「これほど美しく、かつ愛情をこめて、音楽的に、また楽器の本質とその偉大な作品に対する敬意をもってピアノを奏でるピアニストは少ない。……グールドは類い稀な才能を持ったピアニストである。彼の演奏を一刻も早く聴いてほしい。彼はその身にふさわしい栄光と聴衆を与えられねばならない。われわれは、いかなる時代にも彼のようなピアニストを知らない」。翌週、グールドはニューヨークのタウン・ホールで同地のデビューを飾る。来場していたコロンビア・マスターワークス（コロンビア・レコードのクラシック音楽レーベル。一九二四年創設。八〇年CBSマスターワークス、九〇年ソニー・クラシカルと改称）の重役デイヴィッド・オッペンハイムが、翌朝に録音契約を結ぶ。コンサートを一度聴いただけで無名の演奏家と契約を決めるのは、このレーベルにおいて前例がなかった。

かくして最初のアルバム、バッハの《ゴルトベルク変奏曲》が一九五六年初頭に発売される。駆け抜けていくような演奏で、喜びに満ち、実に独創的な解釈だったが、これによってグールドはプロの音楽活動の大渦巻きに投げ込まれた。ヨーロッパや米国をまわり、ソヴィエト連邦で公演をした最初のカナダ人となったのだ。グールドを有名にしたのは、その驚異的な技巧や独特な音楽性だけではない。気難しい性格、風変わりな言動、そして公演直前にキャンセルする傾向も知名度を高めたのだ。

舞台に立つスーパースターとなってから九年後の一九六四年、グールドは生演奏をやめて、以後はレコード作りに専念すると急に宣言した（厳密には正式の宣言はなく、六四年末の新聞取材に答えていた程度）。著名な音楽家としては前例のない決断で、まさに異端である。批評家から絶賛され、公演のチケットが世界中で完売するという、最高の評価を得ながら、そこからただ立ち去ろうとしていたからだ。

実際、当時三十一、二歳だったこの若いピアニストが、舞台からの引退を決断するには、それなりの理由があった。要するに、演奏会活動の「ノン＝テイク＝ツーネス」と本人の呼ぶもの、つまり、ミスタッチを正せないことに嫌気がさしたのだ。グールドいわく、普通、芸術家とは丹念に完全なものを仕上げればよいのに、舞台に立つ演奏家は毎回ゼロからの作り直しだ。さらに、「途方もない保守主義」があらゆる演奏家に襲いかかり、同じ音楽を何度も繰り返し演奏することを強いるため、不可能ではないにせよ、新しい音楽に着手することを難しくする。「コンサート・ピアニストが、ベートーヴェンの協奏曲第三番をこれまで得意曲にしていたならば、ベートーヴェンの第四番に挑戦する勇気は出ない」とグールドは述べる。「ロング・アイランドであれだけうまくいった曲だから、コネティカットでもきっと成功するはずだ」となるのだ。

しかし、コンサート・ホールを放棄するからといって、音楽活動を断念するわけではない。「テクノロジーには匿名性の状況を創出する可能性がある」ため、「その状況によって時間と自由を与えられた演奏家は、能力を最大限に発揮して作品を解釈」できる。「演奏会では、いつ評判を落としたり人格を傷つけられたり」しないとも限らないが、「テクノロジーはこれを取り除ける」のだ。グールドはもともと生演奏が大嫌いだった。さらに突然の成功によって思い知らされたのは、演奏旅行も飛行機も、音楽とは無関係な公演先での興奮状態も大嫌いであることだった。コンサート・アーティストの仕事自体が音楽作りの障害だと彼は結論づけた。「自分が落ちぶれるような気がする。まるで寄席芸人《ヴォードヴィリアン》だ」とグールドは不満を漏らした。

実際、聴衆はグールドに一種のサーカス芸を期待するようになっていた。ピアノを弾くときの様子はかなり個性的であったため、格好の新聞ネタとなった。彼は非常に低い位置に座るのを好み、折りたたみ椅子を会場に必ず持参した。その椅子に座ると、目線が鍵盤のあたりにくるのだ。夏でさえ舞台の上でコートを着ていたし（「風邪をひかないかと怖くてならないのです」と本人は説明していた）、指先だけ露出した手袋をして演奏するときもあった。また、彼は歌うのを好んだ。しかも大声で、演奏しながら歌ったのだ。この奇癖について、本人はこう詫びていた。「私の歌声に聴衆がどう耐えているのかはわからないが、歌わないとうまく弾けないことはよくわかっている」と——。作家のローレンス・シェイムズ（一九五一年生まれ。引用は『エスクワイア』誌、八一年一二月号）はこれをグールドの「本物の深遠な奇妙さ」と呼んだが、これを誤解した人たちは、彼を変人扱いしたり、安易に名声を求める宣伝屋だと決めつけた。知的ないたずら心があったことは否めないが、グールドの言動は、ほぼ例外なく、真剣な動機に基づいていた。

　突然に思われたグールドの演奏会活動引退は、実は熟慮の末の決断であり、これ以降の彼の活動に何か具体的な事件を見つけようとしても手がかりはほとんど得られない。その代わりに、八十枚以上のＬＰレコードが残されている。輝かしく、革新的で、ときに破壊的だが、常に興味深い。加えてグールドは相当な数のラジオやテレビの番組を残した。特に熱中したのは「対位法的ラジオ」とみずから呼んだ作品で、四人の声が同時に語り、言語のフーガ的な可能性を讃えるものだった。そのひとつを聴いたロバート・ハーウィッツ（一九四九年生まれ。ノンサッチ・レコード社長）は、『ニューヨーク・タイムズ』紙の一九七五年の記事でこう説明した。「ラッシュアワーに乗ったニューヨーク地下鉄のＩＲＴ線で、携帯ラジオのやかましい音と、線路を走る車両のがたがた音を背景にして、座席で新聞を読みながら、二、三の会話を盗み聴きをしているのに喩えられる」と。グールドが特に好んだ作曲家であるシェーンベルクとリヒャルト・シュトラウスを扱う番組や、孤独《ソリチュード》をめぐる一時間ものの「ドキュドラマ」の三部作をＣＢＣのために作っている。これらは話し言葉の音楽としての魅力を示すものだ。

　人生最後の数ヶ月にグールドは指揮活動に進出し、トロントで編成したオーケストラと仕事を始めた。最初の企画はヴァーグナーの《ジークフリート牧歌》の録音だった。かねてから愛着を抱いていた作品で、七〇年代初頭にはピアノ独奏に編曲して録音をしている。グールドが亡くなったとき、オーケストラ版の録音は最後のミックス段階にあった。そう、これまでで最も遅いテンポの《ジークフリート牧歌》である。なごやかな演奏であり、その優美さは比類ない。一度聴いたならば、従来の解釈の大半がぞんざいなものに思えてくる。その後に実現したかもしれない世界を予告していた貴重な演奏である。いずれ商品化されることを願わずにはいられない（一九九一年に発売）。

グールドの著作は、貴重なことに、彼が遺した録音の魅力をさらに高めてくれる。本書に収められた最も価値のある文章の多くは、録音メディアと関わっている。ピアノ演奏と同じく、グールドの文章は明晰で型破りであり、ときには常軌を逸したものもある。それらは多岐にわたる。たとえば、勇み立つような初期の論考「十二音主義者のジレンマ」は二十三歳で書かれた。堂々たる「録音の将来」はおそらく彼の最高傑作である。さらに、亡くなるまでの十年間に『ピアノ・クォータリー』誌に比較的短い種々の記事を発表した。彼の文体は一様ではない。ひどいときには自己耽溺的で、ふざけていたり、あまりに当てつけがましいくだりもなくはない。しかし、ストコフスキーを描いた文章や、いくつかのレコード解説のような、少なからぬ最良の場面では、ジェイムズ・ハネカー（一八五七―一九二一）やウィリアム・ジェイムズ・ヘンダーソン（一八五五―一九三七）、オスカー・トムソン（一八八七―一九四五）といった批評家たちの黄金時代以来、音楽批評にすっかり欠けていた洞察力や活力を発揮している。重要な批評家はみなそうだが、グールドも果敢に異論を唱える。音楽学における同時代の定説の反復に甘んじることもない。さまざまなアイディアの探求が大好きで、周囲の目を気にすることのなかったグールドは、鍵盤のキーよりも、タイプライターのキーを使った方が上手に表現できる考えもあると信じていた。

メディアと録音をめぐるグールドの文章は、いちばん議論を呼んだ。録音メディア自体を扱う最初の音楽家のひとりとして、演奏会が死滅しつつある制度だと宣言したことは激しい反発を招いた。しかし、少なくともあるレヴェルにおいて、グールドはまったく正しかった。ベートーヴェンの交響曲にせよ、モーツァルトのピアノ・ソナタにせよ、バッハの協奏曲にせよ、多くの人が体験する機会は演奏会場よりも自宅なのだ。特に、LP盤の時代に成長した世代にとって、レコードは、作曲家の楽曲や演奏家の再創造に出会うために、最も利用しやすい経済的なメディアとして、生の演奏会に大幅に置き換わってきたのである。それが最も望ましい世界であるかどうかはともかく、私たちはそういう世界に住んでいるのであって、グールドを悪い知らせの使者として責めるのは的外れに思われる。

もちろん、グールドにとっては、決して悪い知らせではなかった。演奏会場の消滅を嘆くよりも、〝素晴らしき新世界〟を予見していた。つまり、テクノロジーが演奏家と聴き手の双方を自由にして、これまで想像もできなかったような親密な音楽体験が可能になる世界である。テクノロジーのもたらす恩恵にグールドには確固たる信頼を寄せていた。それが生演奏を嫌う気持ちから生まれたことは重要ではない。必要は発明の母であるばかりか、そこから導かれる結論にも深く関わっているのである。

一九八二年十月四日、グールドは脳卒中によって他界した。十日前に五十歳の誕生日を迎えたばかりだった。五十歳になったらピアノ演奏をやめる。かねてより本人がそう語っていたという意味では、何とも皮肉な形でこれが実現したのだ。友人たちの多くを襲った喪失感は筆舌に尽くしがたい。グールドは悪意のかけらもない人物であり、私たちの生活において、心の支えだった。だが一般の人が思う彼のイメージは誤解を招く。あの大実業家ハワード・ヒューズ（一九〇五―一九七六）の音楽家版のような厭世家として描かれることが多すぎる。だが実像はまったく違う。グールドは、確かに距離を保ちはしたが、他人をとても気遣う人だったし、また、人生を大いに楽しんでいた。

伝記を書いたジェフリー・ペイザントはグールドをこう評している――「たいへんすぐれた人物であり、友情に厚く、思いやりがある。別にエキセントリック（中心をはずれている）ではない。エゴセントリック（自己中心的）とも違う。グレン・グールドは自分の生き方を見極め、そのとおりに実行している人間なのだ」。その無垢な生き方は、万人の模範にはならなかったが、彼は自分の天才や、その能力ゆえに求められるものとの折り合いをつけていた。孤独《ソリチュード》の状況での仕事を最良とし、マクルーハン時代の修道僧として生活を送ったのだ。ほぼ電話ばかりを通じて世間とのつながりを保ち、昼に眠り、夜通しで仕事をした。「私は長距離電話で生きている」と彼は笑いながら言ったが、間違ってはいない。人と直接会うのはおおむね気が散るし、不要だと感じていたグールドには、電話の方が人の本質を理解できるとの持論があった。電話で話すだけで実際に会ったことのない友人も数名いた。電話料金の請求額は毎月四桁に達した。自分が没頭しているどんな企画にも、電話を通じて友人を巻き込んだのである。通話の開始はたいていは真夜中前後である。グールドはティーカップを片手に夜間の仕事を始める準備をしながら電話をかけてくるのだった。今でも、特に深夜に鳴る電話がオペレーターによる指名通話の連絡だったときには、次にグールドの陽気な声が受話器から聞こえてくるような気がしてならない。

　批評家のエドワード・ロスステイン（一九五二年生まれ）は、グールドが「皮肉と真剣さが入り交じった態度で自分を楽しんでいた」と述べている。「ときおり、音楽の芸人と、芸術に身を捧げた聖職者の姿が重なって見えた」という。グールドは逆説の人である。個人の生活は見事なほどに混沌としていたが、その芸術性は驚異的な度合いまで洗練されている。隠遁者に属するが、これほどのびのびとして快活な電話の話し相手はほかにいない。かなり保守的な世捨て人なのに、社会主義者を自認していた。教会には通わないが、神学書や哲学書を読んで、長い夜を過ごした。

　グールドとの思い出で、私にとっていちばん忘れられないのは、最後に会ったときのことである。八月だが肌寒い晩のトロント。彼が亡くなる一ヶ月と少し前だった。午前三時、グールドの運転する自動車で、商業地域のはずれにある、さびれた録音スタジオに行った。彼は、セーター二着、ウールのシャツ、マフラー、スラウチハットという、いつもどおりの夏用の室内着を身にまとったまま、ヤマハのベビー・グランドの鍵盤におもむろに向かい、リヒャルト・シュトラウスのオペラを自分の編曲で聴かせてくれた。ヤマハは、あっという間に二メートル四方のオーケストラに変貌し、対位法的に複雑に絡み合う旋律が、透明感をもって鮮やかに描き出され、がらんとしたスタジオ内に響きわたった。世間の好奇の目にも触れず、耳にも届かない、熱心なファンからも、否定的な批評家からも離れたこの場所で、契約や印税の話も忘れて、グレン・グールドは夜通し演奏したのだ、美を創造する純然たる悦びに浸りながら——。

ティム・ペイジ

プロローグ

1　卒業生に贈る言葉（祝辞・一九六四年）

卒業生に助言を申し上げる役割を引き受けることは、尊いしきたりを認めることを意味します。納得はしているものの、この役割に強い不安を抱くのも事実です。私にとっては初めての経験ですし、無用な助言は利益よりも弊害の方がはるかに多いと確信しているからでもあります。このような機会には、助言する側が、皆さんが向き合う世界について話すのが通例です。もちろん自分の経験に基づいて話すわけですが、皆さんの経験がそれに重なるとは限りません。また、「私が皆さんの年頃には」や、あるいはもっといたずらっぽく「今の私が皆さんの年頃なら」といった調子で始めて、自分の経験で効力が証明された解決策を勧めるのがお決まりなのもわかっています。しかし、私はこのやり方を拒否せざるを得ませんでした。私たちの経験はばらばらなので、実践的な助言をしても、それほど役に立たないことを痛感しているからです。すると、この場で皆さんに望むことをまとめる一言があるとすれば、私はこう訴えたい。他人の助言にばかり従って生きることは不毛だ、と——。

はて、この確信と矛盾しない話ができるのでしょうか——。このような場で、助言の不毛性を訴える気持ちに逆らわない話は、ひとつあるかもしれません。それは実証可能なものの観察とは違います。実証を求められたあげく、結局、実証できずに却下される可能性が高いからで、そうしたものに基づく話ではありません。むしろ、皆さんがすでに得ている事実と、皆さんが今後選び取る事実の両方を見渡すときの視点に関するヒントです。

どんなヒントでしょうか。皆さんが学習によって獲得したことや、これから獲得することのあらゆる面が有効なのは、それがネガティヴ《ニゲイション》なものと関わるから、つまり、存在しないもの、もしくは存在しないと思われるものと関わるからであって、これを皆さんは意識し続けなくてはならない。そういうことです。人間にとって何よりも素晴らしいのは、存在しないものという観念を発明したことです。これは人間の愚かさや残虐さのすべてを帳消しにできるほどのことかもしれません。今「発明した《インヴェンティッド》」と言いましたが、適切な言葉ではないかもしれない。「獲得した《アクワイアード》」あるいは「想定した《アスームド》」はどうでしょうか。しかし「発明した」という表現は、不正確だとしても、この成果がいちばん力強く伝わってきます。人類ではないものと関わるアンチテーゼとして、人類とは何かを説明してくれるのです。つまりこれは、私たちの実体験に対するアンチテーゼなのですが、これを用いることで、私たち自身を描く能力は、私たちの世界を数学的に把握する手段ばかりか（そもそも数学の発達に負《ネガティヴ》の観念は必須でした）、私たち自身を哲学的に把握する手段をも与えてくれます。また、これによって、能動的行為と私たちが見なしているものを規定するための枠組みも得られるのです。この枠組みは多義的です。まず、これは抑制です。それから、避難場所を意味します。私たちの外側にある世界自体が探求するアンチテーゼ的傾向から私たちが逃れる避難先です。そうした傾向は、どこかで一貫性と妥当性を発揮するかもしれませんが、私たちはそれを経験したくないから保護を求めて避難するのです。また、私たちには、社会的、倫理的、芸術的と、何であれ自分を律するために、純粋に人工的なシステムが必要不可欠で、これを持ち込むには不当な関税を払わなくてはいけない。枠組みとは、この関税のようなものです。私たちの生活にネガティヴの概念を含めると、思想史において人間がもてあそんできた他のあらゆる概念が比較的に弱まります。ネガティヴとは、私たちの向上を狙う概念です。つまり、この概念によって、思考を行なえる構造がもたらされるのですが、同時に、私たちの弱点が露呈します。私たちのシステムの不確実性、脆弱性、暫定性を正当化できるように、その背後で守ってくれるバリケードが必要だと判明してしまうのです。

　こういう厳粛な場でよく用いられる表現ですが、これから皆さんは、音楽の世界に、足を踏み入れようとしています。ご存じのように、あらゆる音楽は、ひどく非科学的な科学であり、まるで実体のない実体です。音楽について太古からわかっていることの多くを十分に説き明かしてくれた人は誰もいません。なぜ私たちは高いものを「高い《ハイ》」と呼び、低いものを「低い《ロウ》」と呼ぶのか、本当の意味ではまだ誰も説明していないのです。それでも「高い」や「低い」と呼ぶものは、がんばれば誰でも説明できるかもしれません。しかし、私たちが音楽と呼ぶ、最も非科学的で非実体的なものが、私たちに力を及ぼして深いところで感動させる仕組みをきちんと説明した人は、いまだに誰もいません。そして、音楽という実に驚異的な現象について考えれば考えるほど、私たちは思い知らされるのです。この音楽の営みにおいて、システマティックな思考によって純粋に人工的に構成された部分の何と多いことでしょう――。断わっておきますが、私の言う「人工的《アーティフィシャル》」とは、悪い意味ではありません。必ずしも自然《ナチュラル》ではないけれど、究極的には自然だと判明するかもしれないので、用心して述べる必要があるだけです。とはいえ、私たちの知る限り、システムの人工的な面だけが、音楽において人間の反応を測る尺度です。

　すると、この反応は模倣もできるのでしょうか。これも人工的かもしれません。また、これこそが音楽教育の複雑な語彙全体が実行したいものかもしれない。つまり、音による象徴的な事象の体系に対する反応の開発です。しかも、扱うのは、本当の反応を生み出す本当の事象ではなく、模倣された事象であり、模倣された反応です。パヴロフの実験した犬のように、掛留された十三の和音を聴き取ると寒気を感じ、属七和音が解決して安堵するのは、まさにそれが私たちに期待されているからであり、まさにそう反応するように教育されてきたからです。また、反応する能力に感銘を受けるように私たちが育てられてきた可能性もあります。これは自分自身に満足しているだけかもしれません。つまり、音楽の実践全体が反射作用の表明かもしれないのです。

　問題が起こるのは、こうした音楽の実践全体が人工的であることを忘れるときです。つまり、音楽を私たちの精神（いや、反射神経かもしれない）が分析できるものに変えているのはこうした制定の行為なのに、これらに対する敬意を払わなくなるときなのです。私たちのシステム化された思考の戦略に強く感銘を受けるあまり、それが裏面と関わっていることや、それがネガティヴなものから切り出されたものであること、それを取り巻くネガティヴな領域の虚無に対抗できる保護手段が実に脆弱であることを忘れるとき、トラブルが始まります。このような忘却の状況になると、あらゆる故障が自動的に始まり、機能不全は人格にも及びます。音楽のような芸術を実践する人がシステムのポジティヴな前提に囚われ、ネガティヴなものを背景にシステムが生じていることを信じなくなり、システムと較べて実に膨大なネガティヴな領域に敬意を払わなくなるとき、独創的な考えが依存する想像力《インヴェンション》を補充できなくなります。なぜなら想像力とは、システム内部の堅固な位置に身を置きつつも、実は、その外側にあるネガティヴな領域に慎重に浸る営為だからです。

皆さんの大半が、いずれ、音楽の何らかの方面で教える立場になりましょう。その役割を果たすときに、皆さんが身をさらすことになるのが、私の呼ぶ、ポジティヴな思考の危険です。

もっとも、私は教えることを語る資格はないかもしれません。これまでに一度も教えた経験がないし、教える勇気も出そうにありません。あまりに責任重大で、できれば避けたいと思うからです。それでも皆さんの大半はいずれ恐らくこの責任に直面するでしょう。そこで、傍観者の立場で申し上げるならば、教師としての成功は、皆さん自身と生徒たち一人一人との間の対立の特異性、独自性をどの程度許容できるか次第だと思われます。それによって生徒へのアプローチも決まるからです。皆さんがあらゆる問題に対処するときの具体的なやり方をお持ちでも、それが退屈や疲労、多年にわたる倦怠感によって打ちのめされるや、システムの、容易に発揮されるポジティヴな特性に依拠しすぎてしまい、危険です。

バーナード・ショーが音楽批評家としてまとめた著作集に付した序文を思い出すかもしれません。若い頃のショーは、生来の美しいバリトンの声を高め、世界中の歌劇場の舞台に立って輝きたいという野心を抱いた、とそこに書かれています。どうも熱心な山師がいて、音楽理論の歩く化石のようなその人物に唆《そその》かされたらしい。その人物はショーの母親をすでに弟子に迎えて、「メソッド」を持っているのだと述べていた。それから数ヶ月間、このメソッドに身をさらしたあと、バーナード・ショーはタイプライターに戻り、以後再び歌うことはありませんでした。

いつまでもドグマティックな理論を信奉していてはいけない、などと言うつもりは私には少しもありません。また、皆さんはシステムによって教育を受けたし、システムは今も皆さんの関心の対象ですが、ご自身の調査能力を高めて、このシステムに対する安らかな信仰を損ねるように促す気もないのです。その代わり、次のことをしばしば思い出して注意を払っていただきたい。すなわち、自分の思考を組織化して次世代に引き継がせようと私たちが企てるシステムとは、言わば、活動の前景――つまり、ポジティヴで確実で自律的な行為の前景――として現われること、また、この前景は、人間の未組織な可能性という、広漠たる背景の土地に対して信頼性を付与しようと企てる限りにおいて、有効性が保たれることです。

皆さんのうちで演奏家や作曲家になる人は、別に弱くはないかもしれません。これから皆さんが活躍する市場では、常に新しい考えが――また、古い考えでも、その何らかの新種が――求められているのだから、当然でしょう。それに、演奏家や作曲家は、音楽教育に携わる仲間以上に、自分自身ですべてを済ませる生き方にきっとなります。いや、とにかくそういう生き方になるように努めなくてはならない。すぐに解決できないような問題にも身をさらされます。得られる機会は、自分の音楽観を確立できるほど大きなものではないでしょう。しかし、これは、皆さんが獲得でき、さらに高めるべき孤独であり、皆さんが活用するべき熟考の機会です。これまで教師にしていた問いかけを、自分への問いかけに置き換えられてこそ、この機会は役立つのです。皆さんは自分自身への問いかけにどこまで耐えられますか。それを知る努力をしてください。忍耐の限界の見極めです。創造の探求は、世界観を拡張する問いかけですが、これが忍耐の限界を超えてまで拡張すると、想像力が麻痺します。思索の機会という、想像力の取り組むべき可能性が大きすぎるからです。システム化された思考が実践的にあたる課題と創造的な本能が思索を行なう機会とをバランスよく保つことは、皆さんの音楽生活において、最も難しくて、最も重要な仕事となるのです。

私が十三歳か十四歳のときの出来事をつい思い出します。今晩これは話さないつもりでしたが、私たちがこの場で取り上げてきたことと関わりがありそうです。それに、これは、私自身の音楽観を決定した瞬間だったとずっと思っていますし、年を重ねてノスタルジックになっているので、がまんしてお聞きください。ピアノの練習をしていたある日のことです。些末なことながら、はっきり覚えていますが、モーツァルトのK三九四のフーガ（幻想曲とフーガハ長調）でした。皆さんの中で弾く人もいらっしゃいますね。ところが、急に電気掃除機がピアノの横で騒音を立て始めました。その結果、音の大きなパッセージにおいて、モーツァルトがゼバスチャン・バッハの技法を意図的に模倣した、きらめくような全音階的な音楽が、ヴィブラートのオーラに包まれました。つまり、浴槽で、両耳に水が詰まった状態で歌をうたい、一気に頭を左右に振ったときに得られる効果とでも言いましょうか。そして柔らかいパッセージでは、鳴らしている音がまったく聞こえない。もちろん感覚はありました。鍵盤の触感はあったのです。音響的連想に満ちた独特な感覚で、自分のやっていることのイメージはつかめたけれど、実際の音は耳に届きません。しかし奇妙なのは、電気掃除機に妨害されなかったときよりも、急に素晴らしく聞こえてきたことです。それも、実際に聞こえなかった部分がいちばん素晴らしく聞こえました。以後、何年にもわたり、いや実際今でも、新しい楽譜を大急ぎで頭に焼きつけたいときには、まったく相容れない騒音をピアノのできるだけ近くで発生させて、電気掃除機の効果を擬似的に作ります。どんな騒音でもかまいませんよ、テレビの西部劇でもビートルズのレコードでも。うるさければ何でもいい。モーツァルトと電気掃除機が偶然に重なった体験から私が学んだのは、想像力という内なる耳は、外に向けた知覚をどれほど発揮するよりもはるかに強力な刺激をもたらすということです。

皆さんは私の奇妙な試みを再現して実証を試みる必要はありません。それよりも、あなた自身の想像力のプロセスに深く没入し続ける限り、これが本当だとわかるはずです。ただしこれは、外から観察した現実とおぼしきものの代用にも、ポジティヴな獲得行為の補完にさえもなりません。なぜなら、これは、想像力が最良の形で働く方法ではないからです。皆さんは、システムやドグマという、ポジティヴな営為のための訓練を受けてきましたが、想像力にできるのは、それを前景とし、さらに、莫大な可能性というネガティヴなものを、広漠たる背景として、これらのあいだの緩衝地帯として役立つことです。この広漠たる背景とは、皆さんが絶えず検証するべきものであり、あらゆる創造的発想をもたらす源泉として敬意を示すことを決して忘れてはいけない場所なのです。

第１部

音楽

2　バードとギボンズ（アルバム解説・一九七一年）

本盤に収められたウィリアム・バードの最終曲〈セリンジャーのラウンド〉では、第九節すなわち最終変奏の三小節目に、そこだけにしかない変ロ音が混ざっている（**譜例1**）。この全一八二小節の作品に栄誉を与えようという信念に満ちた唯一の音である。これは曲の終わりを告げるとともに、数年以内にほとんどの音楽が従うようになる調性主導の新しい和音体系の始まりをも告げる音でもあった。もちろん前例がなかったわけではない。このアルバムのほかの箇所でもバードはこの種の音を、つまり同等の旋法どうしが出会う交差点のような終止形を同様に配置しており、その意味でこれらの変化音はみな、チューダー朝の音楽にあって、以後ヴァーグナーの時代までめったに達成されなかった鋭さを備えたのである。しかし、この曲の変ロ音には際立った特徴がある。何よりまず、これがハ長調風の全音階主義が精密に適用される作品（もちろん私たちの知るハ長調とは異なるが）の終了宣言となっていること、そして、旋律とリズムはおそろしく独創的なのに、あのおどけた主題を保つのに極力控え目な和声しか使われない変奏曲形式にこの音が使われていることである。

こういう音が聞こえると、私たちは歴史の重みを感じざるを得ない。なぜなら、この音は、たとえばバッハのフーガなら、最後のストレットを次々に訪れ、完全終止に行き着くまでに渡る下属和音の橋で経過的に聞こえてくる音だからであり、ベートーヴェンはソナタや弦楽四重奏曲や交響曲の終結部分を告げる信号音に使ったからである。

譜例 1

もっともエリザベス朝の人々の耳には、せいぜいそこで異名同音がぶつかり合っている程度にしか聞こえなかったかもしれない。チェスのポーンが斜め前の敵のポーンを取るように、そこで音名が入れ替わる。旋法的な声部進行で当時の名高い作曲家たちが実に体よく用いた技法である。もちろんこの曲には、ほかに、はるかに印象的な半音階的対斜の瞬間がたくさんある。またギボンズの名高い〈ソールズベリー卿のパヴァーヌ〉には、アルトのト音とテナーの嬰ト音とが対立する痛々しいほど鮮烈な箇所もある。これが同じ作曲家の、たとえば〈イタリア風グラウンド〉になると、バロック時代に盛えた三和音の共存性という新しい観念の提示はまずまずである。

するとこの変ロ音の本当の意味はこれらの両極端のあいだのどこかにあるに違いない。言うまでもなく、この音に与えられたわずか二拍では深い分析的洞察に耐えられない。また、和声の極性のこうした逆転にはとても微妙な意味がこめられるが、実際にそうなるには、あと一世紀か二世紀待たなくてはならなかった（つまり別の記号体系の出現を知らせる警報がこめられるのだ。しかし、それを発する和声の極性の逆転こそがDEWライン・システム（解題三頁参照）だが、これはバロックや古典派の作曲家たちの手で初めて完成する）。それでも、この音は、前後関係において輝かしき孤高を享受するがゆえに、後期ルネサンスのあらゆる音楽にある程度みられた語法の移行をこれほどきちんと述べている例はほかにほとんど思いつかない。

そうした移行は、結局、複雑な語法や精緻な語法としては進展せず、むしろ、少なくとも最初はほぼ未発達だった和音的シンタックスによる言語に向かった。これはモンテヴェルディなど南欧の名匠たちが十七世紀初頭にもたらした言語であって、先行するルネサンスの洗練された音のタペストリーと比較すると、不粋で非芸術的で意外性に欠ける言語と思われがちである。

もちろんモンテヴェルディはこの新言語を既成事実として引き受けた。けたたましい三和音によるその表現は、開拓者らしい布教精神のなせるわざだが、本来の音楽的価値にまったくそぐわないほど大きな影響力があると信じられてきたのは運命のいたずらだ。モンテヴェルディはルネサンスの技法の理にかなった魅力をとにかく斥け、誰も試みたことのなかった種類の音楽に進んでいった。そう、ほぼ誰も試みたことがなかったと一応言えるが、モンテヴェルディ後期の「進歩的《プログレッシヴ》」な作品には、もともと、どうしても（であろうか）素人くささがある。彼以前でも、ルネサンス期に陽の目を見なかったが、おそらくこれに似たものを一度や二度は書いた経験のある恐るべき素人作曲家は数名いたはずである。

もっともそうした作曲家の遺言執行人はきっと作品の公表を控えたのだ。だが、モンテヴェルディの場合、結果的にそんな作品によって有名になった。その理由は、規則破りをとがめられなかった最初のプロの音楽家だったからかもしれない。ただし、彼が目指していたのがオペラという新しい音楽分野だったこともあると思う。見方を変えれば、今日に到るまで、楽器主導の北方諸国にいる私たちが、ときにオペラ、特にイタリア・オペラは音楽ではなく、音楽にやや劣る存在と見なし、また無慈悲できわめて不当にも、オペラの花形歌手を音楽家以外の何物かだと考えがちであったのもそのためかもしれない。

モンテヴェルディの規則破りが役立ったのは、音楽劇ばかりではない。じきに体系化される新しい和声的実践の発展にも役立つ。新しい和声的実践、すなわち調性である。もちろん調性音楽を書こうとしたのは彼に限らないが、同時代のほとんど誰よりも衆目を集めた。北方の比較的地味な生活に律せられた技法と外観を備えた音楽を書いた者たちなどは、やはり足元にも及ばなかった。

本盤が取り上げた、この北の巨匠二名は、比類なき不滅の英国風保守主義によって束ねられる。とはいえ、洒落を言ってみたところで羽根の色の同じ鳥《バーズ・オヴ・ア・フェザー》ではない。語法は共有していたが姿勢は違った。ギボンズは内向的なグス

譜例 2

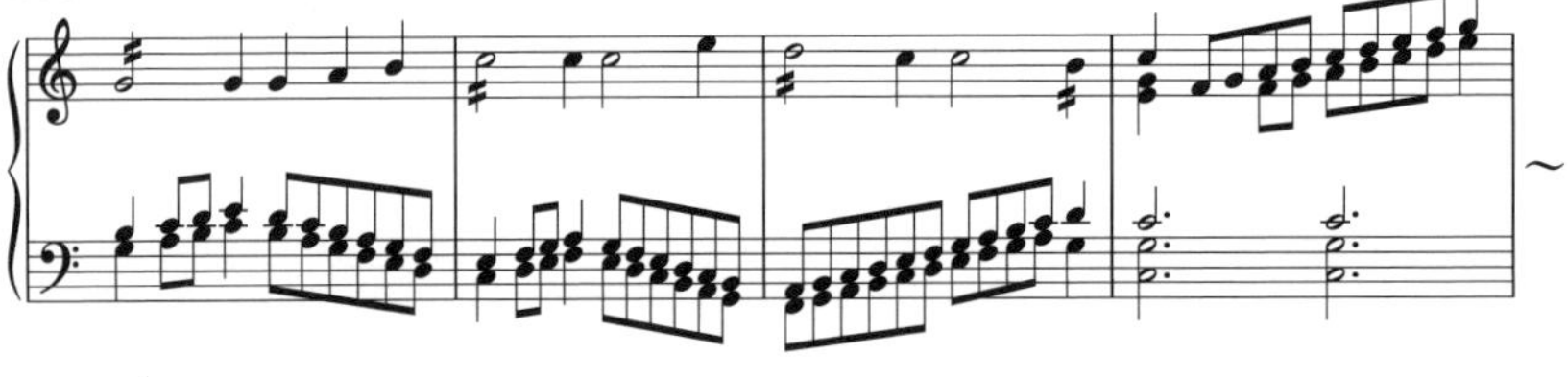

タフ・マーラー、バードは派手なリヒャルト・シュトラウスだった。このためかもしれない、ギボンズは名うてのヴィルトゥオーゾだったにもかかわらず、器楽の分野で才能を決して極限までは披露しなかったし、他方バードは無比の声楽作曲家であったが、鍵盤曲の守護聖人となった。実際バードは「生来の達人《ナチュラル》」で、スカルラッティ、ショパン、スクリャービン同様、その作品には不適切なフレーズはひとつもなく、その豊富な鍵盤曲は、どれも、人間の手を最も有効に使う方法に見事な理解を示した点で傑出しているのである。〈セリンジャーのラウンド〉の第七節（第六節の誤り）（**譜例2**）が証明しているように、彼やその仲間は三度の音階進行に熟達していた。

けれどもバードは作曲家として、創意を妨げるルーラードのような装飾は認めなかった。実際このアルバムの中でも、「わがレディ・ネヴェルのために」と副題のある〈ヴォランタリー〉は、ヤン・スウェーリンクばりのストレット主導の対位法を駆使した厳格な曲である。しかしこの作品においてさえ、バードが楽器の限られた音域を容赦なく搾取していることがどの部分からもわかる（彼の最も野心的な策略の数々は、それがいちばんうまく働く鍵盤上の音域でそれぞれ実行されるのだ）。他方、パヴァーヌとガヤルド第六番では、リラックスした様子を装いつつ、実に見事な旋律的な雰囲気が醸し出されており、その伴奏側の声部は、堅固な讃美歌《ヒム》風の背景幕となりつつ、同時に主題のカノン風の模倣をこっそり取り込むのである。

他方、オーランド・ギボンズの場合、主たる発表の場は声楽にあった。確かに〈ソールズベリー卿のガヤルド〉のような名人芸の披露に不熱心な鍵盤曲でも音階とトリルは必要最低限用いてはいる。美の極致だが、理想的な再現手段を欠いた音楽だという印象を禁じ得ない。後期の弦楽四重奏曲を書いたときのベートーヴェンや全時期のヴェーベルンと同様、ギボンズはたいへん扱いにくい芸術家であったため、少なくとも鍵盤曲は、響鳴板を鳴らすよりも、記憶の中や紙の上の方が立派に響くのである。

それでも十七世紀最初の十年間にギボンズが書いていた讃美歌やアンセムでは、その終止形は、ルターの信仰を讃えるべくバッハが用いた終止形に劣らない、明快で力強いものであった。つまり調体系の心理学を驚くほどよく理解したあの音楽に劣らなかったのである。だがギボンズは、立派なイングランド人らしく、冒険の道を避けた。新しい技法の用い方に精通していても、モンテヴェルディ風の危険な生き方は彼には無縁だった。それゆえ、たまに気が向き、前後関係が許すときにだけ、彼は珍妙でどっちつかずの葛藤を声部間に生み出した。最後のぎりぎりのところで、テクスチュアにおいて最も精確かつ簡潔で「進歩的」なものいっさいを避けたのだ。ギボンズはこの選択に自分自身の印とこの葛藤の過去の印を刻み、かくしてバード氏の変ロ音にこめられた意味を実現させようとしたのである。

3 ドメニコ・スカルラッティ（番組解説・一九六八年）

ドメニコ・スカルラッティの鍵盤作品は、もちろん、本来はピアノ曲ではありません。しかし、鍵盤を扱うときのセンスのよさが彼ほど際立っている作曲家はごくわずかです。リストとプロコフィエフだけが「最小限の労力で最大限の効果部門」でようやく彼に匹敵する程度でしょうか。スカルラッティが鋭敏な触感を発揮したおかげで、六百曲あまりのソナタは、ハープシコード由来の方法論を極力損なわずに現代のピアノに移されましたし、ピアノ的な妙技の様式をほとんど意識させられることもなく、生き生きとした音楽として甦ります。ただし、これは目の音楽《アウゲンムジーク》の潜在的可能性——つまり「上手に書けばテューバ四重奏でも行ける」といったバッハで通用する方略——を示唆しているわけではありません。鍵盤楽器の資源の活用において彼に並みならぬ先見の明があったことの証拠とみるべきです。

これが本当に素晴らしいと思うのは、スカルラッティのソナタは、意表を突いた仕掛けがたくさんある一方で、紋切り型をまったく気にしていないからです。大半は全速前進の単一楽章で、お決まりの二段鍵盤の切り替えに対応し、わずかな例外を除き、おしゃべりな二部構成のテクスチュアによって、息をつく間もないほどの名人芸を促す。このテクスチュアのおかげで、オクターヴの重音や三和音を埋め込んでも、スカルラッティは鍵盤上を自在に動きまわれるのです。そこで発揮される技巧と奇抜な指の動きは、同時代の誰もかないません。

スカルラッティは、同世代が当然のように用いていた、楽想を推論的に拡張していく展開をしません。フガートを扱うはめになったときや、ごく短いストレットの模倣に取り組むときでさえ、彼はきまりが悪そうです。バッハやヘンデルの立派な作品の形成に役立った対位法的な仕掛けのほとんどは、スカルラッティにとっては奇怪な障害《バロック》にすぎませんでした。彼は、きらびやかな反復進行やオクターヴの飛躍を次々と軽やかに繰り出し、当時流行の前衛的な妙技の極限に絶え間なく挑みました。彼にとってはそれがいちばん楽しい最良の時間だったのであり、結果として彼の音楽には、同等の作曲家の音楽よりも高い奇態指数《クワーク・クオティエント》（グールドの造語。予想を裏切り、聴き手を驚かす度合い）が備わっているのです。

スカルラッティの場合、音楽が継続しないのが予測できます。彼の作品の鮮やかさは通常の意味とは異なり、その見事な旋律の数々は聴き手の記憶に残りにくいかもしれません。しかし、そうであっても、この音楽には抑えきれないほどの活力と親近感があり、それゆえに、六〇〇曲のソナタのどれを選んでも、音楽の悦びを確実に得られるのです。

4 バッハのフーガの技法（楽譜の序文・一九七二年）

バッハはフーガを書き続けた。その探求は、何よりも彼の気質に合致していたし、その技法的な発展が的確に評価できるものはほかにない。

彼の評価も常にそのフーガに基づいてきた。晩年、当時の前衛作曲家たちが旋律に重点を置くのに忙しくなってからもフーガを書き続けたため、彼は啓蒙不足の古い世代の生き残りとして斥けられた。偉大なる草の根のバッハ復興運動が十九世紀初頭に始まったとき、それを熱心に進めたのはロマン派の善意ある人々だった。《マタイ受難曲》や《ロ短調ミサ》の厚い氷に覆われたような合唱に人々が見たのは、演奏不可能ではないとしても解明不可能な謎の数々だ。そこに身を奉ずべき価値があると思われたのは、それらの謎に誇らしげな信仰心がみなぎっていたからである。忘れ去られた文化の眠る古層を発掘する考古学者のように、人々は、みずから発見したものに感銘を受けたが、実はこの発見で主導権を発揮したこと自体が喜びだったのだ。実際、その曖昧な転調をする合唱は、十九世紀の人間の耳からすれば、古典派やロマン派の調性方略には役立ちそうになかった。

今日の私たちも、バッハの作品の含意と彼の創造的衝動の多様性をわかったつもりでいるだけかもしれないが、とにかく彼の全音楽活動の主たる論点がフーガにあることは認識している。バッハの手法は常にフーガと隣り合わせである。彼の磨いたあらゆるテクスチュアは結局はフーガにたどり着く運命にあった。実に何気ない舞曲の調べであれ、きわめて厳粛なコラールの主題であれ、それらは応答を請うているようであり、対位法的な想像力の飛躍が起こることを切望しているのだが、それが十二分に実現するのはフーガの手法においてなのだ。彼が実例を示したあらゆる響きは、声楽と器楽のあらゆる組み合わせであったが、それは、幾多の応答が行なわれるのを許し、またそうした応答がなければ完全性を欠く作りになっているかのようだ。カンタータでコーヒーを出すときや、アンナ・マグダレーナのためのアリアを走り書きするときのような、この上なく〝ゲミュートリヒ〟な、つまり、この上なく居心地のよい瞬間でさえ、フーガが始まりそうな気配が漂っている。バッハは、ついフーガを使ったり、フーガを試みたくなるのだが、同世代の作曲家たちの主たる関心は、主題に支配をさせて転調を上手に組み込むことにあった。ゆえに、バッハが自分の衝動を抑えてこうした単純な探求に参加を余儀なくされた作品を聴くとき、彼の不快な様子が目に見える（つまり耳に聞こえる）ようだ。

ただしフーガは、バッハの死とともに隠れてしまったわけではない。バッハの活躍していた時期に、その陰で育った後進の世代は、その時点ではフーガを知らなかったとしても、彼らにとって、フーガは常に挑むべき存在であり続けてきたのだ。しかし、徐々に廃れていったのは事実であって、大規模な合唱曲を華々しく締めくくるのに使われたり、アルベルティ・バスの単純なアルペッジョに活力を求めたがる新進の旋律主義者に対する治療として教師が課したりする程度となった。つまり、もはや音楽的思考の中心ではなくなったし、若い作曲家にとって、フーガの過剰摂取は、世間の不興を買う意味でたいへんな損失となりかねなかった。新しい理性の時代になると、フーガは本質的に理不尽なものに思えるようになったのだ。

なるほどバッハはフーガの手法を誰よりもたやすく身につけたかもしれない。だがフーガとは一晩で習得できるような技能ではない。バッハが若い頃に試みたフーガがその証拠になる。二十歳前後に書かれたトッカータに含まれるぎこちないフーガも残っているのだ。いつまでも反復し、稚拙な継起を繰り返し、編集者の赤鉛筆が絶望的な

譜例 1

ほど入るであろうそうしたフーガは、大げさな和声に幾度となく屈服している。これこそが若き日のバッハが闘うべきものだった。当時のバッハは自己批判力に欠けていて、主題と応答さえあれば満足していたようだ。ハープシコードのためのニ短調トッカータに含まれる二つのフーガのうち、先のものは、基本主題の提示を、主調においてだけで何と十五回も延々と繰り返すのである（**譜例1**）。こうした作品では、フーガで工夫を凝らすことよりも、調体系における転調機能の検証が必然的に優先された。バッハの世代には対位法的傾向が支配的であったにもかかわらず、素材の求めにふさわしい形式を確立したフーガはほとんどなかった。

ここにフーガの歴史的な課題がある。つまり、フーガとは、ソナタ（少なくとも古典派のソナタの第一楽章）が形式《フォーム》であるという意味での形式ではない。むしろフーガとは、作品それぞれの奇妙な要求に見合った形式を発明するための誘発剤なのである。よいフーガが書けるかどうかは、形式を生み出すことへの興味において紋切型をどれほど手放せるかにかかっている。だからこそフーガという音の冒険は、どうしようもなくマンネリ化したものにも、きわめて挑発的なものにもなりうるのだ。

こうしたフーガへの十代のぎこちない試みからまる半世紀後、フーガにおける明らかに時代錯誤的な究極の試みがなされた。《フーガの技法》である。未完結のまま他界したとはいえ、バッハはフーガの巨大化の試みをそれなりに楽しんだ。これは、少なくとも時代的にみれば、フェルッチョ・ブゾーニがネオバロック的な誇張を行なうまでは誰も手を出さなかったことである。記念碑的な大きさの作品だが、撤退のオーラが全体を包んでいる。確かにバッハは、作曲の実践的な関心から撤退し、妥協を許さぬ創作の理念的な世界へと足を踏み入れつつあった。この撤退の一面として、旋法的とも呼べそうな転調概念への回帰がある。最初の調に必ず戻っ

譜例 2

ていくという調性の帰巣本能は、彼の作品のうちでも比較的規範的でないものに発揮されていたが、この曲集の中でそれが実行された箇所はいくつもない。《フーガの技法》で用いられている和声法は、はなはだしく半音階的だが、初期のフーガよりも同時代性に欠ける。そしてこの和声法は、調性の地図の上をさすらううちに、私はチプリアーノ・デ・ローレ（一五一六―一五六五。フランドル楽派）やドン・カルロ・ジェズアルド（一五六〇頃―一六一三）の曖昧な半音階主義の精神的な子孫である、などとしばしば宣言してしまうのだ**（譜例2）**。基本的な調関係の大半は、構造上の立体感や継続性を高めるために活用されており、たとえば、バッハは、ある複数主題のフーガで大きな区切りを締めくくるときに、属調での完全終止を臨時的に行なうことさえやった。ただし、この流動的で転調しやすい作品では、バッハ中期のフーガ書法に顕著だった果敢な和声決定論が適用される場面はほとんどない。

　ヴァイマール時代の未成熟な作品と、自己の立場を堅持するべく強烈な集中力を発揮した《フーガの技法》との間にも、バッハは文字どおり数百ものフーガを作った。明示の有無はともかく、あらゆる楽器編成のために書き、ほぼ完璧な対位法を、実によどみない形で示している。それらのフーガや、その後のあらゆるフーガにとって尺度となるのが、それぞれに二十四の前奏曲とフーガを収めた《平均律クラヴィーア曲集》全二巻である。驚くほど多種多様なこの作品集は、線的な継続性と、和

譜例 3

声的な安定感との調和を成し遂げている。これはバッハが初期に徹底的に避けてきたものであり、時代錯誤の傾向のあった《フーガの技法》でも、本当に小さな役割しか担わされていない。バッハが《平均律》で発揮する調性感覚は、彼の用いる素材と必然的に結びついているようだ。また、この感覚によって転調が自在に行なえるらしく、それによって主題と対主題が動機として少々風変わりな面を強調できるのだ。このように素材と転調を同じ次元で実現することによって、バッハは様式的に束縛されなかったばかりか、ほとんど一曲ごとに別個の和声を用いることができた。

たとえば第一巻の最初のフーガ（第一番ハ長調BWV八四六）は、できるだけ控えめな転調にとどめ、ストレットの主導によってこのフーガの主題そのものを巧みに性格づける。極度に純理論的な、おもしろみのない全音階的な規範である（**譜例3**）。そのほか、たとえば第二巻のホ長調のフーガ（第九番BWV八七八）にも転調に対する気乗りのなさが同様にうかがわれる。つまりここでは六つの音による主題に対するバッハの忠誠心が実に揺るぎなく、また、バッハがここで証してくれる転調の目論見がひどくためらいがちなので、半音階を嫌悪したハインリッヒ・シュッツ（一五八五―一六七二）の亡霊が宿っているような印象を与えるのである（**譜例4**）。

もっと長くていっそう精緻な主題を用いたフーガもある。そうした主題の動機の謎を解くには転調の基本計画を含めて考えなくてはならない。

譜例 4

譜例 5

譜例 6

好例が第二巻の変ロ短調フーガ（第二二番BWV八九一）だ。まず、力強く旋回するような四小節の主題が、通常の調子で提示される（**譜例5**）。続いて残りの三声部が順々に入り、交互に半音を上げたり下げたりする反復進行を対主題として保ちながら、伴奏のジレンマを最小限にとどめる（**譜例6**）。そのあと、この副次的な流れに素直に従うことで、見事な配当が得られる。ここでバッハが考えているのは、先に述べたハ長調やホ長調のフーガとはまったく異なる秩序のフーガである。バッハは素材をさまざまな和声の姿で提示し、主要な転調の節目ごとに、そこに隠された構造的な現象に光を当てる。よって、中音に吸い込まれて、初めて長

譜例 7

調（変ニ長調）で主題を確立すると、ソプラノ・パートに据えた主題と、一拍遅れで、二オクターヴと一音下がったバスの模倣とのあいだでカノン風の二重奏が展開する。この移行部では、半音階の対旋律が一時的に場を離れているからで、その代わりに副声部が擬似的なカノン的コメントを加えるのだ（譜例7）。これほど慎重に配給された一連の出来事《イヴェント》を通じて、第二主題の領域を準備した作品は、後世のソナタや協奏曲には存在しない。ただし、バッハにとってこの領域はロココ的なものとは異なる。動機と転調の関係を探求し続ける旅の新たな駐屯地を示したに過ぎないのである。

やがて主題が反行形で何度か示されるが、その最初の提示こそが、このフーガがもとの変ロ短調に回帰する合図だ（譜例8）。そして結局、この回帰は、原形と反行の旋律を同時に含む精緻なものとなる（譜例9）。これらの旋律は半音階的な内声の対話を順々に支えるが、その対話を用いてほとんど無節操な転調の反復進行が始まる。しかし、やがて、正当な調性が支配を取り戻す。終盤になり、異質な絡み合いがすべて捨てられても、本来の変ロ短調の中に堅実に野営地が保たれるのである。このフーガの和声的冒険は、最初の動機を堂々たる調子で提示したことと切り離せないが、そうでなかったのではないかと疑われないように、主題の原形と反行形の両方を提示して出口の合図とする。しかもそこでは、左右両手で三度音程で平然と旋律を弾くという名人芸的なことをやってのけるのだ（譜例10）。

この「四十八曲」には、フーガとそれに先行する前奏曲との間にみられ

譜例 8

譜例 9

譜例 10

るように、感興と精神性との真の交わりが数多くある。確かに平凡な前置きにすぎない前奏曲もあちこちに置かれてはいる。第一巻のハ長調とハ短調（第二番BWV八四七）は、そうした練習曲の部類に属するかもしれない。しかし、五声の嬰ハ短調フーガ（第一巻）（第四番BWV八四九）のメランコリックな気分で考え込む様子は、けだるくもの悲しい前奏曲と一体となっており、これ以上完全な同一性はあり得まい。また、前奏曲自体がフーガを志向する場合もある。たとえば、変ホ長調の前奏曲（第一巻）（第七番BWV八五二）は、正統的な提示の作法をまったく無視しつつ、もつれ合うようなフーガのテクスチュアを繰り広げる。あとに続く本物のフーガは流暢なだけで型どおりなので、これがかなり劣って聞こえてしまう。また、バッハは前奏曲を探査具《プローブ》として用いることも、ままある。二項の均衡や主題の交替といった小綺麗に定型化された仕組みを実際に使って検証するのだ。これは彼の仲間たちの大半にとって主たる関心事となりつつあったあの型である。（それからすると、第二巻の前奏曲ヘ短調（第一二番BWV八八一）は、触感の享楽を抑え気味のシニョール・スカルラッティという印象を受ける。）

《フーガの技法》もそうだが、《平均律クラヴィーア曲集》は、全曲あるいはその一部は、その名の「クラヴィーア」で弾かれるばかりではない。ハープシコードやピアノ、管楽器や弦楽器の合奏、またジャズのコンボでも演奏されている。またスキャットで歌うグループも少なくともひとつある（一九六三年結成のスウィングル・シンガーズ）。このように特定の響きに見事に無頓着である点は、バッハの普遍性を強調する魅力として特に挙げられる。

とはいえ、この四十八組の前奏曲とフーガのほとんどが触感を実際に意識している。きちんとした調査はなされていないが、演奏の大半は現代のピアノでなされると言えそうだ。そうであれば、ピアノをどのように用いるべきかについて考察をしないわけにはいかない。

二十世紀を通じてある論争が続いている。それは、ピアノはこの作品の個性にどの程度対応できるのかという議論である。「バッハがピアノを保有していれば、使っていたはずだ」と言い張る人もいるし、バッハは未来のテクノロジーなど見込んでいなかったのだから、およそ自分の親しんでいた響きの範囲で作曲していたはずだと力説する人もいる。

言うまでもなく、バッハの手法は、特定の鍵盤楽器のために作曲する傾向のなかった点に特徴があった。だから、バッハ家の楽器目録にスタインウェイ氏の「加速アクション」を搭載した最新式のクラヴィーアが加わったとして、彼の時代感覚がかなり変わっていたかと言えば、はなはだ疑問である。しかし現代のピアノは、何より響きの可能性を誇っている。きれいな絹糸のようにレガートを紡ぎ出すような響きが秘められており、それを抑えることも、こき使うことも可能だ。利用も悪用もできるのだ。一般に、バロック音楽にこめられた構造上の意味は、特にバッハのそれは、現代のピアノで忠実に再現できる。時代考証の問題以外、それを妨げるものは何もない。

もちろんピアノで弾く場合、バッハの作曲法と分かち難く結びついたアーティキュレーションとレジストレーションの問題に分析的に接しなくてはならない。〝対位法的野心号《コントラパンタル・アンビション》〟という名の素敵な船は、ペダルを踏みすぎるとロマン派的レガートという修辞的暗礁にまず間違いなく乗り上げてしまう。このことだけは肝に銘じよう。また、ハープシコードのレジストレーションの仕方を擬似的に作る努力もある程度は必要だと思われる。少なくとも、主題とフレーズのバッハの作り方は、ダイナミックな対話を尊重するところにその特徴があるのだから。つまり、映画で喩えるならば、バッハは溶暗《ディゾルヴ》で場面どうしをつなぐのではなく、はっきりとしたカットでつないでいく監督なのである。

確かに、バッハの作品では、直線的な連続性が強固であるために、どこが終止の箇所なのかよくわからないときもある。その場合、ハープシコードのリュート・ストップやカプラー機構の操作に対応する触覚的変化を満足につけられないのだ。《フーガの技法》ではかなり頻繁に起こる事態だが、トッカータに含まれるフーガではほとんどみられない。《四十八曲》では、前提となる和声が各曲で異なるので、その和声次第である。（第一巻のハ長調フーガでは、ストレットが絶えず重なっているため、たとえば第二巻の変ロ短調のフーガと較べると、そのような要所を見極めるのはむしろ難しい）。

かくして、これらのバロック音楽の傑作を実際に現代の楽器で演奏する段になれば、改変《アダプテーション》の問題に直面するのは避けられない。どれほど異例の策になったとしても、誠実な演奏家にとっては最重要の現実的な課題である。しかし、理想的には、こうした問題が触媒となって、壮大で生き生きとした再創造の努力が促進されるべきである。再創造とは究極の喜びであって、分析的な考察や挑発的な結論は、すべてこれに資するものでなくてはならない。

5　バッハの《ゴルトベルク変奏曲》（アルバム解説・一九五六年）

鍵盤作品の金字塔のひとつである《ゴルトベルク変奏曲》は、バッハがポーランド国王陛下兼ザクセン選帝侯の宮廷作曲家の地位にあった一七四二年に出版された。バッハは変奏曲という形式に関心がなかったようだが（彼の変奏曲はほかに「イタリア風」と題した地味な一曲しか残っていない）、それにもかかわらず、彼は未曽有の規模の大建造物を熱心に構築したのである。すると成立の事情が大いに気になるところだが、好奇心は満たされまい。当時の情報はロマンティックな伝記作家たちが覆い隠して久しいからで、ひどく空想的だが否定し難い伝承の持つ魅力に彼らは屈してしまったのである。ご存じない方のために簡単に記しておこう。カイザーリンク伯爵がバッハに作品を依頼した話である。伯爵はザクセン宮廷に駐在するロシアの外交官で、おかかえの音楽家にヨハン・ゴットリープ・ゴルトベルクがいた。彼はバッハの最も優秀な弟子のひとりだった。伯爵は頻繁に不眠に悩まされていたらしく、催眠薬代わりにゴルトベルクが弾ける落ち着いた鍵盤曲を書くように頼んだのである。この治療法が成功したとすれば、私たちはこの鋭敏で小気味よい作品にゴルトベルク巨匠の解釈の正当性に疑念を差しはさまずにはいられない（グールドの認識については解題参照）。また、芸術家の特権が制限されることにバッハが職人的な無頓着ぶりを発揮するはずがない、などという幻想は抱かないにせよ、伯爵の払った金貨四十ルイが本来嫌っていた形式への関心を引き出したとは想像しにくいのである。

*

演奏を初めて聴いたり、スコアをざっと眺めたりといった、どんなに何気ない形でこの作品と出会ったとしても、個々の変奏の堂々たる特質と、それらを生み出した慎ましやかなサラバンドとが妙に不釣り合いであることに気づくだろう。実際、アリアに発する鬱蒼と生い茂った系統樹に引き込まれ、この作品の形式上の輪郭に頭を悩ましているという初心者の声を実によく耳にする。そこで、この系統樹の根源であるアリアをさらに仔細に検討し、変奏を生み出す親としての責任を負える適性があるかどうかを判断するのが賢明かもしれない。それには、やはり細心の注意を払わなくてはいけないが。

エアが変奏曲を生み出す場合に必要不可欠な前提は二つあり、少なくともそのどちらかを考えるのが普通だ。一方は、お願いですから装飾してください、と言わんばかりの旋律の主題。他方は、徹底的な活用を約束し、またそれを十分にかなえてくれる、根音だけに削ぎ落とされた和声的基盤である。ルネサンスから現代まで、前者の例はたっぷりあるが、ロココ時代に、主題と精巧な変奏、という発想として特に栄えた。後者は、線的な創意を刺激する手法であり、反復される低音進行というパッサカリアの様式に似ているが、ベートーヴェンの三十二の変奏曲ハ短調がまさにその典型である。

もっとも、重要な変奏曲の大半には、このおおまかな分類は厳密には通用しない。この分類は、変奏という発想が実践されるときの前提の両極端を描いていると言うべきであって、現実にはこれらをどう融合させるかが作曲家の腕の見せどころなのである。模範的な実例はベートーヴェンの《エロイカ変奏曲》に見出せよう。この二つの形

譜例 1

成要素は別個に処理されていくが、最後にフーガにおいて合一する。「バスによる主題《テーマ・デル・バッソ》」の対主題として旋律主題の動機が活躍するのである。

＊

本盤の作品では、『アンナ・マグダレーナ・バッハの音楽帳』所収のサラバンドがパッサカリアとして活用される。すなわち、そのバスの進行のみが変奏において繰り返されるのだ（譜例1）。常にリズムの柔軟性を十分に保ちながら、バスの進行は処理されていく。全音階のすべての音程のカノン、二つのフゲッタ、さらにはクオドリベート（バッハの時代の街の流行歌との重ね合わせ）といった広汎な対位法的構造に秘められた思いもよらぬ和声処理に対応するためである。確かに修整は必要に応じて加えられるが、だからといって、見事な均整を誇るグラウンド・バスの重力が損なわれ、その進行に彩りを添えるはずの豊かな旋律型が束縛から解かれるわけではない。実際、この高貴なるバスは断固として鳴り響くことで個々の変奏を束ねている。この構造には独自の完全性、結束力があるが、カデンツ風の動機が組み込まれ、繰り返されるおかげで、シャコンヌのグラウンド・バスとしては役不足である。元来シャコンヌとは、そっけない入り方をするわりにせっかちな態度に出るものだが、ここにはそれが感じられない。しかも、和声的な領域を如才なく手広く網羅しすぎるため、〝子どもたち〟が構造上の要素を検討したり、それを理解して強化する必要がなくなってしまうのである（ただし短調ならではの半音階的慣例に従わされている第一五、二一、二五変奏の三つの短調変奏は除外する）。

人は当然こう考えるかもしれない。和声的基盤が一定しているのなら、この変奏曲を探求するには、まずはアリアの主題の旋律の複合性にこめられた動機面を解明したらどうか、と。だがこれは正しくない。主題の内容、つまり、おとなしいがたっぷりと装飾を施されたソプラノのラインには固有の均質性があるが、この均質性は、〝子孫〟に何も譲らないばかりか、動機が備わっていないために、全三十変奏においてまったく忘れられてしまうのである。要するに、これは、すぐれて自己充足的な小さなエアなのであって、家父長のようにふるまうことがなく、子孫に関しては無関心で、自分の存在理由の探求には無頓着のようだ。

＊

アリアの超然的な態度を説明するのに、第一変奏の唐突な感情の発露以上に適切な例はないだろう。第一変奏はアリアの穏やかな性質を不意に抑え込む。変奏が始まったばかりでこういう攻撃性が発揮されるとは意外である。駆け出しの変奏たちは、半人前ゆえに先駆者である主題に寄りかかり、その姿勢をまねるのが普通であり、現時点での自分の能力を控え目に評価しつつ、徹底した楽天性をもって将来を展望するものだ。第二変奏は、こうした二つの性質が合流する最初の例となっている。つまり、落ち着きと力強い統制力との奇妙な混成であり、これが《ゴルトベルク変奏曲》の男性的な自我を象徴する。

＊

どうやら私は危険な遊びをしているらしい。演奏者による分析から得られたことだけが音楽作品の本質であるように考えてしまったからだ。こういう態度はテンポや強弱が指定されていないバッハの音楽では特に説得力に欠けるわけで、私も解釈に自信を持つあまり、それを作曲家の絶対不変の意図と勘違いしないよう自戒している。それに、バーナード・ショーがいみじくも指摘したように、文法的解釈は批評のやるべきことではないのだ。

第三変奏からカノン変奏が始まり、以後カノン変奏は三つごとに配置されていく。見事にも、ラルフ・カークパトリックはこの変奏曲を建造物になぞらえている。この変奏曲は「アリアと最初の二変奏、最後の二変奏とクオドリベートという二つの塔にはさまれた、まさに輝かしい柱廊である。個々の柱は、カノンと洗練された二段鍵盤のアラベスクがそれぞれに個性的な変奏を挟み込む形になっている」。

カノン変奏では、字義どおりの模倣が上二声に限られている。伴奏の低声部は最後の九度のカノン（第二七変奏）を除いて常に現われるが、「バスによる主題」になったり、しかるべくカノンを補完したりと、自由である。そのため、動機がわざと二重に強調されることもある。極端な例は第一八変奏で、バスの声部が気まぐれに放棄したパッサカリア的役割を保持するために、カノン声部が代行を引き受ける。また、比較的内発的な対位法で書かれているのが二つのト短調のカノン（第一五変奏、第二一変奏）である。これらにおいてはバスの声部がカノン主題の構成に参加し、驚くべき美の対話の中で、カノンの音型を再生産していくのだ（譜例2）。

対位法に対するこうしたひたむきな態度は何もカノン変奏だけの財産ではない。「個性的な変奏」の多くでも、微小な細胞のような音型が練り上げられ、線的なテクスチュアが拡がっているのである。すぐに思い浮かぶのがフランス風序曲（第一六変奏）のフーガによる解決であり、アラ・ブレーヴェ（第二二変奏）であり、また武骨な田舎らしさがストレッタの都会的な迷路を装う第四変奏である。実際バッハはこうした故意に手段を限った倹約型の探求を行なうことで、変奏曲全体が同一の主題で束ねられないことの埋め合わせをしているのである。前述のようにアリアの旋律は作品の残りの部分との交渉を避けるため、個々の変奏はそれぞれ独自の動機的な芽の潜在力を貪欲に消費し、変奏の概念の実に主観的な面を実践しているのである。こうした統合の結果、第二八、二九変奏は例外かもしれないが、隣りあう変奏の間には動機的な協力関係も拡張関係も一例として見当らないのだ。

＊

「アラベスク」の二声のテクスチュアでは、名人芸が強調されるため、対位法的な試みは、変奏前半の声部を後

譜例 2

第 15 変奏

第 15 変奏

第 21 変奏

半で転回させるといった比較的に冴えない作業にとどまっている（第一四変奏と第一一変奏=譜例3）。

ト短調変奏の三つ目にあたる第二五変奏は、戦略的な場面を担っている。すでに私たちは二十四面の万華鏡を楽しんできた。「ゴルトベルクの自我」と呼ぶべきものの実に見事な伸縮性を緻密に描き出してもらった私たちに、ここで息抜きが許される。それは累積してきた深遠さ、繊細さ、顕示欲といった経験をまとめ、結晶化させるためだが、同時にほとんどショパン的なムード・ピースのけだるい雰囲気に静かにひたれるのだ。満たされぬ悲しみと重苦しさをた

譜例 3

第 14 変奏

第 14 変奏

第 11 変奏

第 11 変奏

たえたカンティレーナの登場は絶妙な心理作戦である。

＊

活力を取り戻して、第二六変奏が突如始まり、そのまま第二九変奏まで進み、やがてドイツ的な好意《フロイントリヒカイト》の生き生きとした世界が展開する――クオドリベートである。それからまるで子どもたちの活躍ぶりを見て自慢げな微笑みをもはや隠せずにはいられなくなったかのように、面倒見がいいとは決して言えない親である冒頭のサラバンドが再登場し、子どもたちのもたらしたアリア・ダ・カーポの栄誉に浴するのである。

＊

偉大なる円環がこうして閉

じられるのは偶然ではない。またアリアの回帰には慈悲深い祝福の意味ばかりがこめられているわけではなく、むしろこれは不滅性の表現である。この作品が本質的には実体がないことを示し、胚細胞による誘導が拒否されていることを象徴的に語っているのである。部分と全体との有機的関連をこの作品が蔑んでいる事実に気づくならば、私たちはこの独特の結合の本質を考えることができる。

以上の技法の解析によってわかったのは、アリアがその子どもたちと相容れないこと、そして、肝心のバスが非の打ちどころのない輪郭を持ち、和声を秘めているために、それ自身の成長を阻害し、絶頂へと向かう通常のパッサカリア的進展を禁じていることである。また、アリアの主題の内容そのものが、やはり排他的な性格を見せていること、個々の変奏の動機の処理はそれぞれの決まりに従っていること、ゆえに、継起していく変奏による安定した状態が生まれないことも分析から明らかになる。ベートーヴェンやブラームスの変奏にあるような、構成上の一貫性を借用するといった同一の原則を活用することがないのだ。もっとも、分析するまでもなく、根本的で調整能力を備えた知性が存在することにすでに私たちは気づいている。私たちが「自我」というラベルを貼ったあの何かである。かくして私たちは価値基準を改めなくてはならない。音楽と形而上学のこうした統合の場の仲裁に入るには、役に立ちそうにないからだ。そこは技法を超越した王国なのである。

＊

私たちはグラウンド・バスの具現化の音楽史上おそらく最も輝かしい例を扱っているわけだが、たとえそうだとしても、超音楽的思考について語るのは突飛なことではないと思う。この作品が変奏曲として根本的に志向しているのは、有機的な組み立てではなく、センチメントの共有だと私は考えるからだ。ここでは主題は帰結点ではなく放射状の広がりである。変奏は円を描くのであって、直線ではない。そして循環するパッサカリアは変奏が描く同心円的な軌道の焦点を定めるのである。

要するにこれは、終わりも始まりもない、真のクライマックスも真の解決もない音楽、ボードレールの恋人たちのように、「気ままな風の翼にそっと休らっている」音楽なのである（『悪の華』所収の詩「恋人たちの酒」より）。よってここには直観による統合がある。技能と吟味から生まれ、熟練によって磨かれた統合である。芸術においてめったにないことだが、この統合は、権勢の高みにおいて勝ち誇る姿となって、私たちの潜在意識に訴えかけているのである。

6　ボトキーのバッハ論

（『バッハの鍵盤曲の解釈』の書評・一九六〇年）

アーウィン・ボトキーの書いた『バッハの鍵盤曲の解釈』には興味をそそられる。気質が正反対の二名の共著となっていてもよいような本である。一名は今日の音楽学の子どもであり、分析的で統計志向で、私たちの世代がバロック芸術に認めた明晰さと解像力を知的にわかっている人物であり、もう一名は前世紀末に典型的な学者で、象徴主義と数秘学のぼんやりとした入り口や、およその編曲による空虚な響きを通してバッハに迫る人物である。考えにくいことだが、作品の内的証拠の分析を通じて解釈を深めよとバッハを学ぶ者に促す人物が、数章先に行くと、「平均律クラヴィーア曲集」のハ長調フーガの十四音から成る主題と、「ＢＡＣＨ」という名前のアルファベットの位置の数字の総数が十四であることのあいだに統合的な関係が存在することを真剣に論じる。さらには、「Ｊ・Ｓ」というイニシャルのそれぞれの数字を足すと、これが逆立ちして四十一になると主張しているのだ（私の計算ではどうしても四十三になってしまうのだが）（解題参照）。

幸い、ボトキー教授は、本編において、もっと重要な探求に取り組んでいる。主たる数章において、テンポ、強弱、装飾、アーティキュレーションという実証的な分野を扱う。これらの分野が内包する問題には「この時代の音楽論説には演奏の実際に関する資料が乏しい」ことが関わっている。また、「代々口承的に伝えられてきた一種の書かれざる規範が存在する」という広く認められた思い込みも無視できない。要するに、バッハの時代の作曲家が真意を書いているとは限らないという考え方である。つまり、作曲家と演奏家の間には特別な絆があるので、作曲家は楽譜にわざわざ細かな指示を書き込んで、一緒に仕事をする気むずかしい演奏家の機嫌を損ねたくはなかったのである。ゆえに、バッハがどんな場面で指示を補筆していたのか（あるいはしていなかったのか）を丹念に調べることによってのみ、バッハの真意が見えてくると、ボトキー教授は信じている。

バッハの作品の書かれざる規則に対するボトキー教授の調査は、切れ味の良い発見の仕事である。特に注目に値するのは、器楽と声楽両方に共通する動機を細かく比較して、バッハが同様の動機に与える種々の処理を鋭く観察していることである。弾き方の個々の伝統は、他界して久しい演奏家が楽譜に書かれたとおりを読み取れなかったために生まれただけかもしれない。そのことを教授はよく理解している。ゆえに、複雑なリズム、特に交差するリズムに関する教授の評釈には、個人的体験に基づく温かみが十分に感じられるのだ。

ボトキー教授のアプローチの直感的な面は、すでに示したように、たいへんロマンティックである。あらゆるロマン主義者と一緒で、教授は動機に意識的になる。特定の動機に伴う装飾は、動機自体の本質を受け入れ、それを一貫して保つべきだと信じている。たとえば《平均律クラヴィーア曲集》第二巻の前奏曲ヘ短調やホ短調パルティータのトッカータに出てくる、いわゆる〝ため息の動機〟を扱うとき、この動機の装飾は、既定の動きにあえて逆らって、主要音から始めるべきだ、と教授は信じている。その理由には本書を特色づける矛盾が典型的に現われている。そうしないと連続五度の動きが生まれ、対位法の作り手が恐れる事態になるからだ、との指摘はなるほど合理的だ。だが本心は、この動機のはっきりとした哀感をどうしても保持したいところにあるのは明らかだ。

この動機を強調する発想はシュヴァイツァーの説いたものだが、これは有意義だ。ここからボトキー教授の著書の本当の弱点が指し示されるからだ。本書は、バロック音楽を扱う幾多の類書同様、ほぼ主題にばかり関心を注いでいる。著者にとって、バッハの「解釈《インタープリテーション》」とは、旋律線の流れを支配する諸問題を解決することを意味する。すなわち、トリルの配置、付点リズムの短縮、動機本来のテンポ、である。これらは、バッハ研究者がこれまで携わり、また今後も携わり続ける問題のすべてであるが、これほど大きな技能と歴史的な見識をもって扱われたことは、かつてほとんどなかった。

　しかし、これらの問題のどれも、線的な次元のみの見方では適切な全体像が把握できない。たとえ四声の対位法的な楽章が少しずつ洗浄されて、様式的にやっかいな部分がすべて解消されたとしても、バッハの意図を完全に再現するには十分ではあるまい。なぜなら、バッハの対位法の中心は和声であって、バッハの様式はどんな面でも究極的には和声的な配慮の調整を必ず受けているからだ。段丘状の強弱の選び方、装飾音の不協和な鳴らし方、リズム音型を対比させるアーティキュレーション――これらはすべて、和声の動きが着実に送り出す脈動《パルス》によってコントロールされている。さらに大きな規模でみれば、一個の作品の形式的姿勢を決め、エピソードとエピソードの関係に統一感をもたせるのは、バッハならではの転調にほかならない。

　バッハの次世代の音楽を取り上げて書く場合、個々のフレーズとそれが現われるときの和声的風景の関係を無視する者はいるまい。クリスチャン・バッハやハイドンの主題の特徴について、ソナタ構造や何らかの建築的構想における位置づけに触れずに説明しようとする者もいないだろう。バッハの次世代の音楽における主題と転調の心理学は実に身近だった。しかし、合奏協奏曲《コンチェルト・グロッソ》の自由に動きまわれる輪郭を扱うとき、そのような標識はまったく提供されない。すべての瞬間を個別に検討して、主題の反復が、その作品の転調上の構想にどのように呼応しているかを確かめなくてはならない。古典派のソナタではドミナントへの転調後に新しい主題が出現するが、合奏協奏曲ではドミナントへの転調が何度も行なわれたり、それまでの同じ主題が何度も反復されるかもしれない。むしろ、作品の性格や姿勢を決めるのは、段丘的な転調や、フレーズ内部の精緻な動きとの関わりで考える作品全体の和声的構造なのだ。この分析的なアプローチは、舞曲の楽章のいっそう限られた輪郭にも、逆に、フーガのテクスチュアの力強い筋肉にも、適用できなくてはならない。公平を期すために言うならば、ボトキー教授も「バッハの最も恐るべきハープシコード作品の大半の内的建築構造の徹底的な研究は、それらの作品に欠かせないし、欠かすべきではない」と研究者を戒めている。教授自身、あらゆる次元からバッハの作品構造を把握しており、これに疑う余地はない。その説明には、親しみが感じられて聴く人の心を弾ませるが、その親しみの程度は本人の意図を超えている。しかし、全体としてみれば、バロック建築の化粧漆喰の緻密な細部を描出しながら、それを支えている柱についてほとんど触れない人のように思われる。

　この本の開始の部分は、代表的な作品の演奏でハープシコードとクラヴィコードのどちらを教授が選ぶかについて、また、その選択の適否の実践的な決め方についての説明に費やされている。また、それを補足するのが見事な付録編である。そこでは、バッハの主要な鍵盤作品を網羅して、レジストレーション、テンポ、アーティキュレーションが提言される。ボトキー教授の楽器選択のほとんどはきわめて適切である一方、モダンなピアノにこの上なく偏った見解を示しているのは残念だ。この現代楽器によるバッハ演奏を敬遠するのは理解できるけれども、教授の示す代案は一台ではなく二台で演奏するというものだ。二台ピアノのチームを組ませて、オクターヴ上や下を重ねて弾かせる簡便な手段に訴えれば四フィートや八フィートのレジストレーションに近づけられる、と教授は信じている。これは、教授にとってレジストレーションとは、あらゆる音楽の中で特定の楽器への依存度の最も低い音楽に香りを与える唯一のスパイスであって、その認識を暗に認めたことになる。さらに教授は、オルガンのための前奏曲変ホ長調（BMV五五二「聖アン」）の冒頭の二小節をピアノでどう弾くかの見解を示している。強拍を低音のオクターヴで補完するのだ。もしもここに未来の一端が示されているのであれば、私の生計は誰も責任をとらない形で危険にさらされているのであり、生計を守るために私は立ち上がらざるを得ない。

　ちなみに、ボトキー教授に刺激されて、最近、私は自分の姓と洗礼名の数霊学的な意味を徹底的に調べた。それぞれの総数は五十二（52）と五十九（59）で、それぞれの一桁目と二桁目の数を足すと七と十四になる。さらに五十二と五十九を足すと百十一（111）だ。これ以上何を言っても無意味な見事な数字だ。

7　モーツァルトをめぐって――ブリューノ・モンサンジョンとの対話（一九七六年）

BM（ブリューノ・モンサンジョン）：グレン、ここにはずいぶんな逆説があるように思えてなりません。過去数年間をかけてあなたはモーツァルトのソナタの全曲録音を果たしました。おかげでモーツァルトの主要なピアノ音楽に対するお考えがわかりました。しかし、あなたは作曲家としてのモーツァルトに対するたいへん冷ややかな意見を引っ込めない。たとえば、彼は「死ぬのが早すぎたのではなく、むしろ遅すぎた」といった主張を繰り返しています。あれは、早逝の事実よりも、後期作品に対するご批判ですよね。そのように私は承知していますが、あえてお尋ねします。そんな気持ちを抱きながらも後期のソナタを録音したり、たとえばK五九五（第二七番変ロ長調）をはじめとする協奏曲を扱ったりするのは、矛盾していませんか？

GG（グレン・グールド）：ブリューノ、おっしゃるとおりですね。ただし、協奏曲は手がけていないので、ご質問の半分は置いておきましょう。

BM：モーツァルトの協奏曲を録音するつもりはないと？

GG：ええ。私の偏見からもしれませんし、一連のソナタからも明らかなように、まとまりの悪い音楽です。

BM：しかし、確か、ハ短調の協奏曲（第二四番K四九一）は数年前に録音されていましたね。

GG：はい、一九六一年に。ある種の実験でした。とにかく自分としてはモーツァルトで最悪の仕事を果たしたから、協奏曲はもうやりませんし、変奏曲やほかの作品も取り上げません。
BM：でも、ソナタの全曲録音の責務に憤慨していたわけではありませんよね？
GG：むしろ逆です。この企画をやりたいと公言したとき、いちばん驚いたのは担当プロデューサーのアンディ・カズディンでした。私の色が強く出すぎることを恐れたのです。しかし私はやりたくて仕方がなかったし、実にわくわくする体験でした。
BM：はて、協奏曲では無理な企画がソナタで実現した理由を解明する前に、実際どのように始まったのかを知りたいですね。昔からずっとモーツァルトへの共感がなかったのですよね。音楽院生のときでさえ、ですか？
GG：はい、記憶する限りは。
BM：しかし、音楽院生としては、さらって弾く必要があったでしょうに。
GG：私の記憶する限り、一連のパリ・ソナタ（一七七八年のパリ旅行時に作られた第八、一〇〜一三番の総称）の勉強を始めたのは、通い始める約一年前です。確か最初はK三三二（第一二番へ長調）でした。
BM：そして常に嫌いであったと？
GG：当時の気持ちは、確か、幻滅でした。私の先生や、私の知る正常なはずのおとなが、なぜああいう作品を西洋人の手になる偉大な音楽的財産に数えるのか、まったく理解できませんでした。それでも実際に演奏するのはいつも楽しかったですね。鍵盤で指を上下に走らせて、音階やアルペッジョを満喫するのは実に愉快でした。あの触感的な喜びは、そう、サンサーンスと同じですね。
BM：そのご意見は聞かなかったことにします。
GG：まあそうおっしゃらずに。私はサンサーンスを敬愛していますよ、特にピアノ曲を書いていないときの彼を、ですが。
BM：若い頃、名ピアニストの演奏を聴いてモーツァルトに夢中になったことはないのですか？
GG：「夢中になる《インスパイアード》」という表現は、私にとってモーツァルトには使えませんね。でも、「感銘を受ける《インプレスト》」と言い換えるのならば、すぐに思い浮かぶのは、カサドシュ（一八九九−一九七二。ロベール・〜。フランスのピアニスト、作曲家）と、あの協奏曲の見事なSP盤のいくつかです。パリ音楽院管弦楽団の共演でしたね？（第二四番、ウジェーヌ・ビゴー指揮の一九三七年録音あり）
BM：ええ、確かそうです。
GG：それから、驚くかもしれませんが、アイリーン・ジョイス（一九〇八−九一。オーストラリア出身で英国を拠点に活躍）の名を挙げたい。
BM：彼女の演奏について、私はまったく知りません。
GG：あのモーツァルト演奏には真の情熱がみなぎっているのが、この私にもわかりました、でも、どこから出てきた情熱なのか、わかりませんでした。奇妙な話でもあります。というのは、彼女のとても古い録音をラジオで聴いたのです。三十年代後半か四十年代初頭のもので、K五七六(ソナタ第一八番ニ長調)で、つい数週間前にラジオで流れていた。聴いたのは二十年ぶりかもしれません。本当に驚異的なピアニストだったと再認識しました。

BM：今日のピアニストはどうですか？

GG：アルフレート・ブレンデル(一九三一年チェコ生まれ、オーストリアの名手)ほど見事にモーツァルトの協奏曲を弾く人をほかに聴いたことがありません。あれを超える情熱と愛情のブレンドはまったく考えられません。

BM：指揮者については？

GG：うーん、そうですね、すぐに思いつきません。しかし、さっき「夢中になる」経験の話になりましたが、その点から考えて、ふと思い出したのですが、ヨーゼフ・クリップス(一九〇二―七四。オーストリア)のトロント公演の際、挨拶に行きました。クリップスとはそれまでにベートーヴェンの協奏曲の共演をすべて果たしていて、彼は今度はモーツァルトを数曲やりたいとのこと。私はもう断わる言い訳の種が尽きかけていましたが、ヴィーンっ子の前でモーツァルトが「月並み《ミディオクル》」だなんて言えませんからね。とにかくクリップスはお茶を飲みながらどんな交響曲や協奏曲でも歌う。それが大好きで、独墺の正統派のすべての曲目を完全に記憶していたんですよ。だから、K四九一を録音したばかりだと口をすべらしたら、クリップスは最初から最後まで一緒に歌ってみようと提案してきた。(そこで私はバスーンやチェロを担当し、クリップスは他のすべての楽器を歌い、身振りで補いました。)驚くべき指揮者でしたよ。クリップスは同時代で最も過小評価されている指揮者だというのが私の持論です。それに、ブルックナーの音楽がまともに聞こえるのは彼の演奏だけでした。お茶の時間、私がモーツァルトを愛するようになるまで、あと一歩でした。

BM：しかし、音楽院時代にモーツァルトから遠ざけるような何らかの事件が起こったわけではないでしょう？　たとえば、演奏に心がこもっていないとか、理解できていないなどと教師に指摘でもされたのでしょうか？

GG：そういう記憶はありませんが、私のモーツァルトへの取り組みに感激した教師がいた記憶がないのも確かです。しかし、もしも教師たちの熱意がまっとうな基準であったならば、私は何よりバッハ嫌いになっていたでしょうね。当時の私のバッハ解釈はとんでもなく前衛的でした。それは主に、ペダルとのあらゆる接触を断つものでしたから。でも、唯一、モーツァルトに関してかすかに「事件《インシデント》」めいたものは、K三三三との出会いでした。

BM：十代前半ですか？

GG：あるいはもう少し早くか。私は気取っていて、きっと、いけ好かない子どもだったと思いますが、教師に、こんなことを言ったのです。モーツァルトは左手でカノンが弾ける箇所がたくさんあるのに、なぜそうしなかったのか、私には理解できない、と。

BM：つまり、アルベルティ・バスに異議を唱えたと。

GG：直感的にそう言ったのです。すると、私はその教師の子どもの頃の思い出と、そこでのモーツァルトの存在について聞かされるはめになりました。唯一今も印象に残っているのは、私の先生が、小さな頃に初めて音楽の魅力に屈した話です。居間のピアノで年長の子どもたちが連弾版で交響曲第四〇番を練習しているのを、夜遅くまで聴いていたのだとか。

BM：あのト短調の交響曲は当時すでにご存じでしたか？

GG：ええ、すでに聴いていましたが、大嫌いでした。あんなもので転向させようとしても無理だと思いましたね。もちろんあれが広く崇められている曲だなんて、私は考えもしませんでした。この話を忘れずにいるのは、ト短調交響曲が私が不可解に思うモーツァルトの特質を体現しているからです。

BM：そういう話で私が、なるほど、とうなずくとでも思っているのですか？

GG：まさか。うなずかれたら仰天します。私の負けは見えています。とにかく、私にとって、ト短調交響曲は、見事な八小節がすべてです。終楽章の複縦線のすぐあと、伴奏なしに、音が六度下がる動きの部分です。まるでモーツァルトがわざわざヴェーベルンのところまで行って挨拶をしているかのようです。でもこれを囲むのは不毛な紋切り型の三十分間です。本当に真面目に言いますが、K一六の方がずっと楽しい。

BM：交響曲第一番ですか？

GG：そう。私が指揮した経験のある唯一のモーツァルトの作品です。信じられないかもしれませんが（一九五七年九月二十六日のラジオ中継で同曲変ホ長調とシューベルトの第四番ハ短調を指揮。CBCヴァンクーヴァー管弦楽団）。

BM：グレン、すぐに二つのことを思いました。真作か疑義のある作品（真作なら七歳で書かれた）（父レオポルト作の学説あり（編者註））を円熟した交響曲の傑作よりも聴きたいと思う事実。そして、ト短調交響曲の例のように、特定の瞬間に着目して、そこを賞讃するのは、ヴェーベルンなど、モーツァルト以外の誰かを想起するからという事実。つまり、あなたにとって価値があるのはモーツァルトが完全な別人の仮面をかぶるときだけなのでは？

GG：まさにそうです。しかしモーツァルト初期の作品では（と言っても、K一六のことではなく、一七七〇年代の作品ですが）、純正な声部進行や計算された音域は、後期の作品でそれに匹敵するものが皆無です。

BM：でも、正確にはそれはバロック的な美点ですよね。

GG：もちろんそうです。ですから、ピアノ・ソナタの最初の六曲は、バロック的な美点を備えていて、全曲のうちいちばん出来が良いのです。そして「短いほど良い」という言葉はモーツァルトに対する私の姿勢をほぼ代弁しているとはいえ、K二八四（第六番ニ長調）は、おそらく六曲中最長のソナタであるにもかかわらず、実は私のいちばん好きな曲です。

BM：バロック的な美点に少しだけ戻りましょう。あなたのモーツァルト演奏を異例の体験とする特質の多くは、あなたのバロック音楽の約束事への関心に由来するのではありませんか？　たとえば、強弱の変化を最小限にしたり、まったく怠ったり、ときには明らかなテンポの指定を断固認めなかったりします。

GG：当然です。私にとっては消えてほしい時代に属している曲ばかりですから。

BM：本当に求めているのは、十八世紀のあらゆる音楽に即興的要素を持ち込むことではありませんか？

GG：ええ、それが理にかなっていると思うんですよ。

BM：私も同意しますよ、ある程度までならば。しかし、そうした要素が存在することで、モーツァルトの時代に比較的特有の指示が無視されることが許されてよいとは私にはどうしても思えないのです。たとえば、あなたが除去したり、程度を弱めたりするスフォルツァンドの指示がそうです。

GG：うしろめたく思います。スフォルツァンドは常に避けてきましたね。

BM：その理由は、即興者としてのあなたの特権が侵害されるからでは？

GG：違います。私はそんな狭い了見の持ち主ではありませんよ。ああいう芝居がかった要素は、私の清教徒的な魂が許さないのです。もちろんあれはその種の多くの要素のひとつにすぎません。

BM：そうかもしれませんが、技法的にみれば、やはり、スフォルツァンドが対位法を乱すからでは？　また、私が以前から提起したいと思っていた論点につながります。あなたは対位法をひたすら探求したいがために、つい声部進行を変えてしまう、「訂正《コレクト》」してしまうのです。

GG：あなたの苦情のカタログにカテゴリーをもうひとつ加えてよいでしょうか？

BM：苦情ではありません。所見にすぎませんよ。

GG：まあとにかく、私はかなり頻繁に、通常の和音をずらしてアルペッジョにして弾きますよね。

BM：そのとおりです。

GG：よく新聞で一種のサロン音楽風の弾き方と評されていますう。でも、実際は正反対です。十分な説明ができるかどうかはともかく、あの癖の源泉にあるのは、対位法的な精神を生かし、音楽事象の線と線とのあいだに起こりうるあらゆるつながりを強調したいという願望です。しかし、もっと大切なのは、情報の流れをいっそう正確にコントロールしたいという願望なのです。

BM：もう少し詳しく説明してくれませんか？

GG：はい。対位法的な体験の本質は、あらゆる音の過去と未来が水平線上になければならないことです。大きな和音のかたまりが、線的な性格の強いテクスチュアに差し挟まれると（たとえば、バッハのトッカータで起こるような）、ひどく落ち着かない体験となります。トッカータを書いたときのバッハはまだ垂直的な意図と水平的な意図を関連づけるすべを習得していませんでした。どのトッカータでも、延々と反復進行が続くことから、それがよくわかります。

BM：しかし、反復進行の実践自体が、和声的な探求だったのでは？

GG：確かに。バッハは新しく拡大した調性の可能性を探っていましたからね。その意味ではトッカータは彼がのちに書いた大半の作品よりも「モダン」でした。しかし、私が言いたいのは、実践の純和声的な結果に見合うだけの技能が初期のバッハには欠けていたため、垂直軸と水平軸のコミュニケーションが断絶していたということです。これはのちの組曲や《平均律》などでは決して見られません。モーツァルトの場合、同じですが、順序は逆でした。ある程度はベートーヴェンの場合もそうです。たとえば彼の作品二の三曲のソナタは劇的な感覚が実にすぐれていながら信じがたいほど純粋な、四重奏風の声部進行を備えていて、あれは以後のソナタには決してみつかりません。ただし、作品一〇一の第一楽章や作品一〇九の第二楽章だけは例外かもしれませんが。

BM：しかしそれは、ベートーヴェンが、あなたのおっしゃる純理論的な対位法とは無関係な意図を実現したかったり、別の効果を生み出したかっただけでは？　モーツァルトもきっと同じです。

GG：ご指摘のとおりでしょう。すでに十分にご承知のように、私には《フーガの技法》と《トリスタン》を両端とする一世紀にわたるブラインド・スポットがあります。そこに存在する作品は、ほぼすべてが愛情の対象ではなく、せいぜい賞讃の対象といった程度です。（いや、考えてみると、例外はメンデルスゾーンです。私はベートーヴェンの《ミサ・ソレムニス》よりも、メンデルスゾーンの《聖パウロ》を聴くのを好む唯一の人間でしょう。）

BM：絶句です。

GG：初期のグリンカも好きですよ、本当に。でも、真面目な話（《聖パウロ》の話は別として）、ソナタ＝アレグロの概念がなぜあれほど人気を得たのか、まったく理解に苦しみます。確かにあの現象を歴史的に振り返るならば、あのような単純化の試みはバロック時代のあとに生まれる必然性があった。しかし、私はずっと疑問に思っています。なぜソナタ形式が、いや、ソナタ形式だけが生まれたのでしょうか。

BM：あれは単純化のプロセスに限らなかったからですよ。劇的な構成法が発展していくプロセスでした。

GG：確かにソナタ＝アレグロ形式が存在しなければ、トーマス・マンも『トニオ・クレーゲル』を書かなかったでしょう。古典派のロンド形式を借用できなければ、シュトラウスが《ティル・オイレンシュピーゲルの愉快ないたずら》を作れなかったのと同様に。

BM：ほかにもソナタ形式に意義が見つかるといいですね。

GG：もちろん見つかりますよ。それにしても、あなたはどこまでも追いつめますね。

BM：いえ、ご発言が冗談かどうかはともかく、あなたがあのようにソナタを演奏する理由が、特に第一楽章をあのように弾く理由がわかってきました。たとえば、第二主題に移るときに、わずかでもテンポを緩めることがめったにないのも合点がいきます。ソナタ＝アレグロ形式にバロック的構築の「単純化」以外の意味を本当に何も見出さないのであれば、あの劇的衝動はなるほど無縁の世界でしょう。テンポ選択の問題に重要性をほとんど感じないとあなたは発言を繰り返していますが、それも納得できます。あなたのソナタ＝アレグロ分析にバロックの和声原理を持ち込む場合、その原理に同調する他の選択肢は放棄したくなるでしょうね。

GG：そろそろ弁明をしてもよろしいですか？

BM：もちろんです。

GG：ご発言にこめられた深い意味を考えるに、私は〝転調の距離の理論《セオリー・オヴ・モジュラトリー・ディスタンス》〟とでも呼べそうなものを弁護するにとどまります。こんな風に説明しましょうか。もしもト長調の第二主題をもつハ長調のソナタに九九九回出会うとしたら、第二主題への転調自体は素晴らしくも珍しくもありません。第二主題の登場が属調の属調を経由する通例の形で導かれたら、なおさらです。もしもそれが大した出来事でないとすれば（しかも、長い歴史においてばかりか、モーツァルトと同時代の作曲家の想定される視点から見てもそうだとすれば——つまりその場合の作曲家とは、歴史的な視野は限られていても、宮廷においてそうした主題構成をすでにたとえば四四四回聴いていて、自分でも二二二回書いている人物が想定されます）、そのような主題に抑揚をつけたり、実際にそうであるかのように性格付けを施す必要があるとは私にはどうしても思えないのです。逆に、もしも主題が目標に向けて、万難をくぐり抜けようとしているのであれば、つまり、もしも本当にやっかいな出来事の妨害で、ソナタ＝アレグロ形式が所定の区切りをつけにくいようであれば、その出来事の規模にあわせてテンポを変えるのは大賛成です。たとえば、ベートーヴェンの作品一〇第二（ソナタ第六番ヘ長調）の第一楽章を考えてみましょう。ベートーヴェンは、再現部で素材を下中音の調で導入するのです。まさに魔法の瞬間であり、きわめて特別な種類のテンポ調整をする価値があるのです。つまり、ニ長調とニ短調の反復進行のあいだに再組織をします。そして、第一主題は、主調のヘ長調が戻る形で次第に息を吹き返すのです。楽譜にはこうしたことに指示がありません。しかし、この種の和声のドラマを無視するわけにはいかないではありませんか？

BM：つまりそれは、K三三三のロンドの末尾近くのカデンツァで、モーツァルトの指示を無視してテンポを変えて弾く理由でもあるのですね？

GG：そのとおり。私に言わせれば、あの一ページだけで入場料を払う価値がある。あれはカデンツァであり、モーツァルトがどう述べようと、同じ主調の変ロ短調で主題が弾かれて、その直後に下中音の変トが鳴る部分を低速ギアに変えずに突進させるなんて、そんな演奏を見込んでいたとは私にはどうしても思えない。

BM：常にあなたの思考に影響を与えるとおぼしきものは、まさにそうした和声的傾向であって、主題どうしの対比ではないのですね。

GG：前にも申し上げたように、ソナタ形式という型にはあまり興味がないのです。威勢のよい男性的な主調の主題と、優美で女性的な属調の主題をめぐる問題は、私にとってはどうしようもなく陳腐です。とにかく、テンポの変化よりもタッチの変化をつけるための口実にしかなりません。それに、この二つの主題の順序が逆になることもよくあります。第二主題が攻撃的で男性的になったりもする。主題の輪郭が同じ場合は、特にそうで、ハイドンに実に多い。輪郭に線的なパラフレーズが含まれるときもそうかもしれない。さきほどK三三三に言及なさいましたが、あの第一楽章の第一主題と第二主題のあいだの統合性について考えてみてください。私の理解する限り、逆の順序で演奏しても、適切なコントラストが作れます。

BM：でもそれではテンポの柔軟性が損なわれるのでは？　ピアノを弾く場合、特に独奏では、オーケストラの演奏風のテンポ観に縛られる必要はないでしょう？

GG：確かにその必要はないけれど、やはりこのレパートリーでは、縛られるべきです。私にはモットーがあって、「それを指揮できないのは誤り」というものです。誰にとってかと言えば、聴き手にとって、「それ」とは一九〇〇年以前に書かれたあらゆるピアノ曲を指しますが、こうした時代の区切りですら適切かどうか、自信はありません。もちろん、聴き手がリズム感に恵まれていることが前提です。しかし、十八世紀や十九世紀の音楽が自由気ままな勢いで弾かれるのを聴くと、控えめに言っても動揺します。ルバートとは無関係です。

BM：でもこれは世代的な違いでは？　それに、今世紀初頭には、かなり自由にテンポを操る巨匠もいましたよ。

GG：ご指摘は正しいけれど、私の言いたいことは少し違います。ここでは、たとえば、ウィレム・メンゲルベルク（一八七一―一九五一。オランダの名指揮者）を考えましょう。彼がおそるべき技巧を備えた指揮者に数えられることはお認めになりますね。

BM：もちろんです。

GG：個人的な意見ですが、レコードで聴いた中で、メンゲルベルクはストコフスキーと並んで最高の指揮者です。しかし、彼は実に奇妙で強引で、ここでも「転調の距離」の尺度をあてはめたなら不必要と考えられるテンポの変化に訴えていたことは間違いありません。（彼が録音したベートーヴェンの第一交響曲（一九四〇年録音か）を聴けば、第一楽章の第二主題群が始まる前に本当に無意味な大幅なリタルダンドに出会います。）それでも聴き手はこれに合わせて確かに指揮ができますよ。だからこそコンセルトヘボウだってあれだけ輝かしい演奏ができたのです。この種のことは誤解されているようですし、確かにご指摘のようにアプローチの世代間のギャップも見られますが、本質的には構造や分析を大切にする態度があるかどうかです。その意味で、問題は、ピアノを弾くときのリズムに対する不注意で曖昧な態度です。これが通るのは、およそ不安定なテンポで弾いても、ピアノという楽器が反発して協力を拒むことがないからにすぎません。でもオーケストラなら団員たちが黙っていないはず。

BM：つまり、ルバートをコントロールする技能をすべて使わずにピアノを弾くべきだと勧めたいのですか？

GG：まさか。私が言いたいのは、ある高齢の弦楽奏者の名言を引くならば、「弓全体に金を払っているからといって、弓全体を使う必要はない」ということです。慣習の伝統は実際にはハープシコードに由来します。〝ストップ・アンド・ゴー〟の動きは、強弱変化の代用です。フレーズの造形にも関わりますし、名ハープシコード奏者たちもこれに没頭します。しかし、ピアノの場合、これに匹敵する理由は存在しません。後期ロマン派の音楽ではそのような弾き方を探求するべきだという確信も私にはありません。もちろんテンポを少しずつ微細に変えるなとは言いませんし、実際、私の転調用の計算尺で調べた結果、後期ロマン派のレパートリーで避けるのは難しいとわかります。しかし、私の耳にとっては、構造を無視し、かつ技術的にコントロールできないだけであるように聞こえますから、その意味では、お話にならない。スクリャービンですら耳障りですよ。モーツァルトだとグロテスクでしかありません。

BM：そのことはあなたのイ長調ソナタ（第一一番K三三一）の演奏とどう関わりますか。あなたのモーツァルトの録音の中でいちばん興味深いものかもしれません。実に奇妙なテンポが多用されていますよね。

GG：そうです。トルコ風のロンド（第三楽章）の極端に遅いテンポがその代表ですね。

BM：あれは氷山の一角ですよ。まず思い出していたのは第一楽章です。同じテンポの変奏がひとつもなく――

GG：しかも、次の変奏は前の変奏よりも必ず速かったはずです。

BM：――第五変奏はアダージョだとモーツァルトの指示が書いてあるのに、アレグロで弾いています。

GG：当然です。最後から二番目の変奏としては、これより速いのは楽章の最終変奏だけだったわけですよ、私の採用した図式からすればね。

BM：しかもそれが成功している！

GG：そう言ってくれて嬉しいですね。あの第一楽章の演奏の前提となる発想はこうです。第一楽章は［ソナタ＝アレグロ形式ではなく、変奏曲形式であり、第二楽章は］（下書きのタイプ稿より補足）通常の緩徐楽章というよりは、ノクターン兼メヌエットだし、また、このK三三一というパッケージ全体を締めくくるのは《後宮からの誘拐》を彷彿とさせる不思議な曲です。つまり、演奏者は特殊な構成を扱うわけで、ソナタ＝アレグロ形式の約束事はすべて忘れてかまわない。

BM：テンポの継続性という約束事すら忘れてかまわないと？

GG：そうです。私の第一楽章の演奏がやや異様であることは認めますがね。

BM：確かに異様です。冒頭の主題のアーティキュレーシヨンを決めるにあたって、独自の転調理論に基づく反行変奏でも始めたのかと思いました。あの旋律は有名すぎるから、同じように弾かれなくてもよいとでもお考えになったのでしょうか。

GG：ええ、まあそんなところですね。ヴェーベルンの名前を再び持ち出してよいなら、ヴェーベルン的な精査に持ち込みたかったのです。つまり、曲の個々の基本的要素を分離させ、主題の一貫性をわざと壊しました。続くそれぞれの変奏は、損なわれた一貫性の復元に奉仕することになり、この作業に没頭することで、装飾や彩りの要素としての変奏は、あまり目立たなくなる、という構想でした。しかし、あのアダージョが消えたというご指摘に戻りますが、この案、つまり、持続的な推進は、実行し始めたら最後、後戻りのまったくできない代物でした。ノクターン兼メヌエットなら必要なくつろぎをたっぷり与えてくれるとは想像しました。また、トルコ風《アラ・トゥルカ》（第三楽章）のテンポ選択に完全な自信があったとは言えません。あのときは揺るぎないテンポを、いや無感動にさえ聞こえるテンポを確立するのが重要に思われました。第一楽章のテンポのカーヴとバランスをとるためでもありましたが、正直に言えば、少なくともレコードであのように弾いた人は、私の知る限り誰もいなかったからでもあります。

BM：モーツァルトのソナタのいずれにもそんな異例の楽章が含まれていたら、あなたの任務はもっと気楽なものになっていましたか？

GG：そうは思いません。ジョン・ダン（一五七二―一六三一。英国の詩人）への弔辞のひとつを不正確に引用すれば、「ますます多くの思考」が求められたかもしれない。でももっと愉快にできたでしょうね、きっと。

BM：あなたは協奏曲とソナタのレパートリーの比較を話すつもりでしたね。

GG：ええ。そもそも私は、作品を問わず、協奏曲を弾くこと自体があまり楽しめないのです。何がいちばん苦手かと言えば、協奏曲が進行するときの、競ったり較べたりする雰囲気です。諸悪の根源はお金よりも競争心ではないかと私は信じる立場です。競いあい《コンペティション》の本質を音楽的に表わしたのが協奏曲にほかなりません。その意味では、合奏協奏曲がここに含まれないのはおわかりでしょう。

BM：ヴェーベルンの作品二四（九つの楽器のための協奏曲）も間違いなく免れますね。

GG：ショーソンの作品三〇（ピアノ四重奏曲イ長調）もね。しかし、真面目に言うと、ドホナーニの変奏曲（童謡の主題による～作品二五）や、私の大好きな、シュトラウスの《ブルレスケ》といった、パロディ的な実況説明風の協奏曲を除けば、どっちつかずの作品は、私の観念的な立場からすれば、疑問です。おそらく、私の幻滅を解く鍵は、二重二項対立とでも呼ぶべきものと関わっています。テレビのクイズ番組の名前みたいですね。古典派時代の協奏曲の純然たる力学的分裂は、ソナタ形式の第一主題と第二主題のすでに予測できる二項対立を取り込んでいます。

BM：たいへん失礼ですが、その種の社会政治的批判はひどく古ぼけて聞こえます。

GG：それは申し訳ない。私が何よりも関心を抱いているのは、もちろん音楽作品ですが、古ぼけていようといまいと、超音楽的な捉え方は、この議論の倫理的な基礎を探すための唯一の手段となります。

BM：すると、最後には、倫理の問題に帰着するのでしょうか？

GG：究極的にはそこに行き着くと思うのですよ、ええ。

BM：なぜなら、あなたの擬似社会学的苦情は、どれも、こう言ってよければ、十九世紀の学者たちのモーツァルト観に劣らないくらい洗練されているからです。つまり、モーツァルトは永遠に若々しくて陽気で上品で……といった見方です。

GG：そういう見方は、あなたの賛成しない美意識が生み出した想像かもしれませんよ。だからといって必ずしも無価値でもない。今使った形容の言葉はそれなりに正確でしょう。もとより誹謗の言葉ではないけれど、モーツァルトに用いて不適切でもありません。

BM：いや、不適切でしょう。モーツァルトの装飾的な側面とは音楽の必然的な力に通じる何かだと思うからです。もしもあらゆる音楽がその骨組みに回収できるならば、書けるものはほんのわずかです。だから私はあなたの主張するヴェーベルンを用いた類推は適切だとは考えません。モーツァルトに関する一般化を私は常に嫌います。確か申し上げたはずですが、短調での悲しげなモーツァルトは好かないけれど、長調なのに悲しげなモーツァルトにはかなり惹かれます。私が受けつけなかったのはト短調交響曲ではもちろんありません。あの曲に染みついたネオロマンティックな見方です。

GG：私も受けつけませんね。

BM：本当でしょうか。あなたは作品自体を受け入れていないのであって、別の話です。

GG：いいえ、私が受けつけないのはモーツァルトを二面的に捉えるアプローチです。彼がときどき厳粛さに手を出すからといって、彼の作品群を分割スクリーンで解析してよいことにはならないのです。

BM：それは私が提起したかったこととは少し違います。

GG：でも、長調だからといって、深遠さが宿るわけでもないでしょう？

BM：ところで、最近、私はベルイマンの撮った『魔笛』の映画（一九七五年）を観たのです。きっとあなた好みの作品ではないでしょう。サウンドトラックはひどく出来が悪いと思いましたが、にもかかわらず、音楽自体に深く感動しました。きっと感覚的《センシュアス》な反応だと受けとめられるかもしれないけれど、私は同意しません。モーツァルトの本質は純粋に霊的な何かのはずです。しかし、その感じ方を的確に伝える形容の言葉を見つけるのはひどく難しいでしょうし、モーツァルトに関するお決まりの形容の言葉のどれひとつとして、それを描けないでしょう。

GG：しかしね、ブリューノ、私たちはいくらでも異議を唱えることができますよ。幾世代にもわたり、聴き手、特に素人の愛好家は、「軽さ」「気楽さ」「浅薄」「慇懃」「気まま」といった言葉をモーツァルトに使ってきました。彼らはプロの音楽家以上に直観が鋭いのですが、これらの言葉を適切だと感じた理由を考える価値は少なくともあります。正当な評価でないからだ、とか、共感に欠けているからだ、などとは必ずしも言えません。多くの人々にとって（私も含めて）これらの形容は、モーツァルトが私たちに差し出したものに対する批評というよりは、彼が差し出さなかったものは何かを考えるためのヒントなのです。私がいつも思い出すのは、あるモーツァルト論で示された卓見です。書き手は神学者のジャン・ルモワンヌ（一九一三―九六。神学を修めたモントリオール出身の文筆家、のちに上院議員）で、彼も実に鋭敏な音楽愛好家なのです。その中で、ルモワンヌは、なぜ自分はモーツァルトに夢中にならないか、という問いに真正面から取り組みました。その結果わかったのは、若い頃のルモワンヌが「自己充足を装う」あらゆる芸術に不信感を抱いていた事実です。しかし、後年、ルモワンヌは、天才というものが世界を理解する能力と関係があることに気づき、神秘家たちの生活に認められるものを「分極化、性急、進歩」と呼んでそれらをあらゆる芸術家に求め続けたのです。

BM：モーツァルトとは折り合いが悪かったでしょうね。

GG：ええ。何と彼はモーツァルトをドン・ジョヴァンニに喩えますが、彼によれば、ドン・ジョヴァンニとは軍役から戻ってきた《フィガロの結婚》のケルビーノなんだそうです。ルモワンヌはこう述べています。この対談で不適切な引用をしないために、書き留めてきました――「自在で小器用ではありつつも、ドン・ジョヴァンニは絶対的なものにきちんと属することができず、存在の沈黙に向かってしっかりと歩んでいくこともできない。」

BM：その詩的な文章は素晴らしいですが、私としては、褒めるとすれば、これが精一杯です。
GG：同感です。これはモーツァルトについて述べているにすぎないし、少なくとも、今語れる範囲内の議論でしかないからです。ではまた来年やりましょうか？
BM：喜んで。

8　グレン・グールド、ベートーヴェンについてグレン・グールドに訊く

（架空対談・一九七〇年）

gg（ぐれん・ぐーるど）：グールドさん、ベートーヴェンに疑念を抱き始めたのはいつですか？
GG（グレン・グールド）：ベートーヴェンに疑念など抱いていないと思いますよ、小さな点はいくつか留保しますが。私の人生でとても大きな役割を演じてきた人物です。生誕二百年記念のほとぼりが冷めやらぬ昨今において、「疑念」とはあまりに不適切な言葉です。
gg：それは重々承知しております。しかし、その「留保」とやらを明確にしていただけませんか？
GG：いいですとも。実は、ベートーヴェンには少々困惑させられる瞬間があるのです。たとえば、私には第九交響曲の終楽章が十分に納得がいきません。
gg：それは一般によく耳にする留保ですね。
GG：そうです。だから私の見解としては、これは「疑念」には当然あたりません。
gg：なるほど、すると、彼の音楽の中で、あれこれと嫌いなものがあるというご意見ですか？
GG：そう、もちろん私が《ウェリントンの勝利》や、

《シュテファン王》序曲に対しても根深い偏見を抱いているのは認めます。そういう意味では、ほとんど最初から最後までです。

ｇｇ：しかし「主流《メインストリーム》」と無難に呼べそうな作品群の中では何の異議も唱えませんよね？

ＧＧ：いや、そうとも言いきれません。いちばん親しまれている作品のほぼすべてに等しく魅了されているとまでは、やはり主張できないからです。

ｇｇ：はて、するとあなたの承認を得られない作品は何でしょうか？

ＧＧ：私の承認はどうでもいい。その言い方は止めていただきたい。しかし、私が比較的好きではない作品としては、第五交響曲、《熱情ソナタ》、ヴァイオリン協奏曲が挙げられるかもしれません。

ｇｇ：今おっしゃった作品はすべて、ベートーヴェンのいわゆる「中期」に属します。

ＧＧ：ええ、そのとおりですね。

ｇｇ：しかもたいへん意義深い作品でもあります。ところがあなたは、他の多くのプロの音楽家と一緒で、後期の弦楽四重奏曲やピアノ・ソナタへの愛着をはっきり表明しています。

ＧＧ：たくさん聴きますよ。

ｇｇ：問いたいのはそこではありません。

ＧＧ：ああ、どれも非常に問題を含んだ作品ですよね。そこで私は……

ｇｇ：グールドさん、恐れ入りますが、今回、それについてのお話は結構です。私の勘違いでなければ、ハックスリーの登場人物でさえ……ええと、名前は何でしたか……

ＧＧ：スパンドレルとか言いましたかねえ？（『恋愛対位法』一九二八年）

ｇｇ：そうでした。ありがとうございます。彼は作品一三二（弦楽四重奏曲第一五番イ短調）を伴奏のようにして、確か自殺の実行までしましたね？

ＧＧ：そのとおりです。陳腐な言い方をして申し訳ないけれど、あの作品群はとても難解なので。それにとても謎めいているし、とても……

ｇｇ：とても「曖昧《アンビヴァレント》」だと？

ＧＧ：意地が悪いですねえ。

ｇｇ：では、あなたも、はぐらかさないでください。私が尋ねているのは、嬰ハ短調の四重奏曲（第一四番作品一三一）の形式に関する世界共通の当惑をあなたが共有しているかどうかではありません。すでにおわかりのはずです。私の質問は、この曲を聴くことを純粋に楽しんでいるかどうかです。

ＧＧ：楽しんでいませんね。

ｇｇ：やはりそうですか。気まずく思う必要はありませんよ。それでは、あなたが特に惹かれる初期の作品は……

GG：作品一八の弦楽四重奏曲（第一〜六番）は、それはもう、大好きですよ。第二交響曲も、実は、あのジャンルでいちばん好きな二曲の一方です。

gg：とても典型的ですね。だって、有名な、奇数番号交響曲症候群じゃないですか。

GG：いいえ、断言しますが、違います。第四交響曲には耐えられませんから。《田園》も特に好みではないし。でも第八番は彼の全交響曲の中でいちばん好きだと認めます。

gg：ふーむ。

GG：要するに、あなたは型どおりの診断を下したいのですね。でも、そんなに単純な話ではないと思いますよ。それにあなたは年代順の発想による偏見を確立しようとしていませんか？　公正でもなさそうです。

gg：グールドさん、現段階での検証だけではとうてい結論に到らないのは認めます。でも、第二番と第八番への賞讃を表明している以上、ほかにも特にお好きなベートーヴェンをいくつか挙げたらいかがでしょう？

GG：いいですよ。ピアノ・ソナタ作品八一a（第二六番変ホ長調「告別」）、弦楽四重奏曲作品九五（第一一番ヘ短調「セリオーソ」）。そして作品三一のピアノ・ソナタそれぞれ（第一六─一八番）。それから信じてくれないかもしれませんが、《月光》も好きなんですよ。だから、ご期待のイメージとは違うのでは？

gg：いえいえ、少なくともベートーヴェンの真作リストに照らせば、あなたは想定されたイメージどおりを十分に演じていますよ。見事な一貫性もあるし。あなたが選び出した作品はどれも過渡期と呼べそうな──厳密に言えば、二つの過渡期のどちらかですが──ベートーヴェンの発展において……

GG：失礼ですが、それはでたらめです。ベートーヴェンの発展に踊り場《プラトー》を置く考え方を私は支持できない。おそらくあなたは内心、私をこう説得したいのでしょう。彼の書いた作品はすべて「初期」か「中期」か「後期」のいずれかに属するのだと。そんな分類は無益だし、こう言ってよければ、独創性に欠けます。

gg：結構ですよ。私の示唆に対するあなたの自己弁護的な反論は記録しました。しかし、この尺度について──つまり、ベートーヴェンの創作生活の時代的区分について──先に持ち出したのはあなたなので、私としてはそこに何か本質的なことが含まれているかもしれない、と示唆するにとどめます。つまり、挙げられたどの作品もそうですが、それが書かれたとき、あなたの持ち出したまさにその尺度に従えば、ベートーヴェンは、ある状態にあった。なんと言いますか、流転のただ中にいた、と。

GG：芸術家は常に流転のただ中にいるもので、そこにいなければ、もはや芸術家ではありません。
gg：グールドさん、くどいですよ。流転のただ中と言ったのは、初期と中期のあいだがそうでないとしても、中期と後期のあいだはどうでしょう。
GG：ナンセンスです。
gg：本当に？　あなたが挙げた後年の作品はすべて、一八〇九年から一八一二年の三年間に書かれたものですよ。
GG：《シュテファン王》序曲もその時期です。
gg：例外は常にあります。列挙された若い頃の作品はすべて一七九九年から一八〇二年までに書かれています。つまり、そう、三十五年間とお認めになるでしょうか、そうした長さの創作活動の人生において、あなたが合格印を押したのは六年間ほどにすぎません。
GG：私の合格印などベートーヴェンにはほとんど意味をなしませんよ。
gg：それはそうですが、あなたが好きな作品の目録は作れるでしょう？　少なくともあなた自身にとってそういう作品を並べてみることは大切です。おせっかいかもしれませんが、私なりの目録案を述べさせてください。
GG：ではどうぞ。
gg：そうですね、やはり通常は、第五交響曲、ヴァイオリン協奏曲、《熱情ソナタ》といった曲に重点を置いた目録を作ります。つまり、どれも彼の交響楽的な力を発揮する作品です。
GG：いずれにせよ、彼なりのソナタ＝アレグロ形式の力の発揮ですね。
gg：そのとおりです。ところが、一目瞭然ですが、あなたのベートーヴェンのヒット・パレードにはまったく含まれていない曲ばかりです。どれも大規模な作品であり、英雄的な姿勢をとっています。調性の確定という意味では勝ち誇るような調性感が発揮されているでしょう？
GG：そうですね。
gg：けれども、あなたが選ぶのは、マイナー・リーグみたいな作品ばかりです。どれも比較的短いし……
GG：経済的です。
gg：そう。明らかに非英雄的です。
GG：バランスがとれている。
gg：そうかもしれません。調性的にも曖昧なことさえある。あなたは作品八一aを選びましたね。もちろん、どれも素敵だし、感動的ですらある。確かによくできている。しかし、通例でベートーヴェンらしいと思われる作品はひとつもありません。それに、西洋の音楽的伝統の中心に彼が重要な地位を得るのに貢献した作品はひとつも含まれていないでしょう？　そこで最初の質問に戻るのですが、グールドさん、あなたがベートーヴェンに疑念を抱き始めたのはいつですか？
GG：十年ほど前です。
gg：なるほど。つまり、あなたの人生において、演奏会体験に幻滅するようになった時期とだいたい重なりますね。
GG：そうです。
gg：当然、演奏会ではベートーヴェンをかなり取り上げたのでは？
GG：はい。
gg：つまり、彼の音楽は聴くよりも弾く方がおおむね楽しいとわかったのですか？
GG：もちろん違います。さっきも申し上げたように、私が愛聴するのは……
gg：第八交響曲と作品九五の弦楽四重奏曲ですよね。しかし、演奏会を開いていた時期には、たとえば、《皇帝協奏曲》はかなり頻繁に弾いていたでしょう？　あなたのいちばん好きな曲目には見つかりませんけれどね。すると、当時の演奏は、知的な刺激よりも触感的刺激を与えたにすぎなかった、ということでしょうか。
GG：ずいぶんひどいことをおっしゃいますね。納得のいく合理的な《皇帝》の解釈を求めて必死に努力していたのですよ。
gg：ええ、あの曲を合理化しようと試みた演奏は実は何度か聴いています。しかし、「努力していた」とは興味深い。つまり、ああいう演奏では内発的な音楽体験の実現が困難だったということですね。
GG：「内発的《スポンティニアス》」という言葉を、自動機械が組んだかのようにあらゆる音が各所に配置されるという意味でおっしゃっているのでしょうか。だとすれば、明らかにそうではありませんでした。
gg：いやそれは誤解です。私は技巧的な喜びやそれに類する世俗のものについて述べているのではありません。私が言いたいのは、もしもあなたが、いちばん好きな作曲家の作品を――そう、いちばん好きな作曲家は？
GG：オーランド・ギボンズです。
gg：どうも。では、オーランド・ギボンズの作品をあなたが弾けば、すべての音は有機的につながって聞こえるでしょうし、その際、解釈者としてのあなたは、触覚的な把握と理知的な把握の違いを区別して考える必要もまったくありません。
GG：そもそもそんな区別をする罪を犯したことすらありませんね。
gg：いいえ、区別をなさっています。無意識なだけです。

作品一三二などを好きだと思い続けるために、あなたは机上の空論的な分析をしていますが、ギボンズ氏の〈ソールズベリー卿のパヴァーヌ〉については同様の精査をする必要にかられてはいないでしょう？　同様に、《皇帝》であなたは合理的な解釈を練り上げていて、とても遅く弾こうと、とても速く弾こうと、全体がいきなり奇跡のように整うかもしれませんが、ギボンズを弾くときには同様の理屈はこねないのでは？　かといって、別にギボンズの理知的な要求度が低いからではありませんよね。

GG：確かに彼の場合は違います。

gg：そして実際、ギボンズの時代から現代までの長い歳月を考えれば、彼にはいっそう大きな再創造の課題を突きつけられているとさえ言えるかもしれません。

GG：そのとおりです。

gg：しかし、この事実にもかかわらず、あなたが夜遅く、自分の楽しみのためにピアノに向かうときに演奏するのはギボンズなど、統合失調症の傾向の認められない作曲家であって、ベートーヴェンではありません。違いますか？

GG：それによって何が証明されるのか、わかりかねます。それに……

gg：私は間違っていますか？

GG：しかしやはり私には……

gg：私は間違っているのですか？

GG：間違っていませんよ。私に力を貸してくれると？

gg：力を貸してほしいのですか？

GG：オーランド・ギボンズを捨てるのが条件でなければ。

gg：その必要はありませんよ。グールドさん、あなたの問題はですね、実は、自覚されている以上にありがちな問題です。そしてそれは、ルネサンス以後の芸術が伝達能力を獲得したときの手段を根本的に誤解していることと関係しています。ご同意いただけるはずですが、ベートーヴェンは、この獲得において中心的な位置にありました。それは、年代を追うだけでもそうで、創造性に富んだ彼の生涯は、ギボンズが没してから今日に到る三百五十年のほぼ中央にあるのです。

GG：確かに。

gg：そして、創造的な発想とコミュニケーションのあり方が互いに譲歩し始めたのは、この三世紀半のあいだで、特にベートーヴェンの創作の中核的な時期のことなのです。

GG：話についていけなくなりました。

gg：ではこう考えてください。個人的に嫌いな曲目リストに挙げたあらゆる作品ですが……

GG：そんなリストではありませんよ。

gg：まあお聞きください。あそこには共通のイデオロギーとでも言えるものがあって、それがどの曲でも一個ないし数個の瞬間に要約されてしまうのです。

GG：動機のことですか？

gg：いや、節まわし《チューン》です。要するに、プロの音楽家であるあなたは、怒りのパターンをはっきりと築いてしまったのだけれど、それは、それぞれの作品の精神を表わし、かつ特徴づけているああいう節まわし——と言ったら失礼ですが——と関係があるのです。

GG：あなたがわざわざそうやって挑んでくるからその呼び方を使いますが、《皇帝協奏曲》では、そういう「節まわし」に特別な意味は何もありませんよ。

gg：もちろん特別な意味などありません。ただ、節まわしに関しては、容易に識別できる何かが存在していて、その何かが、あなたが解釈をする権利自体をそもそも危うくしているのでは？　なるほど《皇帝》のような作品では、動機に関して緻密な修正を施すことが、字義どおりばかりか比喩としても、あなたの両手に委ねられていて、その事実にあなたは憤っています。しかし、修正を施さなくてはならない本当の理由は、動機の断片的な部分にあります。そこにはある種の解釈上の偏りが最初から組み込まれているからです。ところが、その偏りがあるからこそ、音楽家に限らず誰もが歌ったり、口笛で吹いたり、つま先でリズムをとったりできるのです。

GG：ナンセンスです。メンデルスゾーンの節まわしはどれもベートーヴェンと同じく素晴らしいし、いっそう継続的ですが、メンデルスゾーンに私は何の反発もしませんよ。

gg：おっしゃるとおりですね。メンデルスゾーンの節まわしの方が継続的なのは、その動機の内容が、より拡張的で、より複雑で、誤解を恐れずに言えば、より専門的だからです。

GG：あなたもそう考えているのですね。ならば……

gg：異論を挟む人はいませんよ。ベートーヴェンを評価不能にしているのは、まさにその素朴さと洗練の普通はあり得ない混淆なのです。つまり、彼の音楽には、展開においてプロらしい技能を発揮しながら、鋭さに欠けた動機を用いるアマチュア的なところがある。あなたがいちばん引っかかっているのはそこです。

GG：そう解釈するのですか。

gg：間違いありません。でもあなたは少しも悪くない。少々アナーキスト的かもしれませんが、ある意味では創造的ですらあります。だって、あなたがベートーヴェンを拒絶するときには……

GG：拒絶などしていませんよ！

gg：まあ聴いてください。あなたがベートーヴェンを拒絶するときには、ですね、西洋音楽の伝統の論理的帰結を拒絶しているのです。

GG：でも彼はそうした伝統の帰結ではありません。

gg：そう、もちろん時間軸では違いますね。しかし、先ほど申し上げたように、彼は実際にこの伝統の中央に位置しているし、彼の生きた時間の中心にあったのが、あなたがいちばん煩わしく思う作品でした。それは、プロにしかできない緻密な表現が、誰にでも把握できる素材と結びついている作品だったのです。

GG：なるほど。

gg：グールドさん、あなたが煩わしく思う理由は、このこと自体が、西洋音楽における役割分担、つまり、階層化された専門主義《プロフエッショナリズム》に対する評釈になっているからで、この専門主義とはあなたが理由を掲げて疑念を呈しているところのものです。いやそれどころか、極端な論理に走る自我がさほど強調されない作品をあなたが好むのは偶然ではありません。そうした立場に向かう途中や、そこから後退する際に書かれた作品、つまり、予測可能性指数の低い作品、ベートーヴェンが自分の芸術の謎を解き明かすことにあまり関心を払っていない作品を好むのは、偶然ではないのです。

GG：しかし、あなたのおっしゃる「そうした立場に向かう途中や、そこから後退する際に」こそ、いっそう専門的な種類の芸術と出会うのではありませんか？　どちら向きに進むかに拠りますが、ヴァーグナーやバッハの専門主義がそうです。そして、純粋にアマチュア的な伝統と遭遇するには、この場合がそうなのでしょうか、長い道のりを遡ったり、下ったりしなくてはなりません。

gg：ご明察です。ベートーヴェンの前後には、はるかに徹底した専門主義が存在しました。まさしくそれだからこそ、周辺の作曲家たちにあなたは惹かれるのです。

GG：はて。要するに、もしも私が本当にベートーヴェンを拒絶しているとすれば、私は環境主義者か何かになりつつあるとでも？　確かにジョン・ケージは、自分が正しければベートーヴェンは間違っていたことになる、などと言っていましたよね。音楽という専門職のために私が自殺をしたがっているとでも思うのですか？

gg：ねえグールドさん、別に悩まなくてもよいのでは？　そもそもあなたはずいぶん穏健な人ですし。だって結局、選んだのは、作品一三二ではなくて、作品八一aと作品九五ですよ。迷いがありますね。この神秘を明らかにしたり、一般人とプロの二項対立を探求することが、われらがベートーヴェンの利益になるのか不利益になるのか、あなたには自信がない。環境主義の道に乗り換えて専門主義を終わあなたはどうやって私の疑念を知ったのでしょうか。

gg：グールドさん、決まっているじゃないですか、疑念がなかったら、あなたはこんなインタヴューを求めないでしょう？　依頼された記事を最初からご自分で書かれていたはずです。

GG：なるほど。いや、ありがとうございました。ほかに何か忘れていることはありませんか？

gg：ないと思いますが――ああそうだ。よろしかったら、退出するときにヴォリュームを下げてくれませんか？《英雄》の演奏をあと一小節でも多く聴いたら、悲鳴を上げそうです。

GG：それを聞くと元気が出てきますね。それにしても、らせたならば、われわれに関する何らかの真実に、どんなプロでもかなわないほどに肉薄できるのか、それとも、われわれ人類の発展を抑制してしまうばかりなのか、あなたは判断できずにいます。でもね、恥じるべきではありません。ベートーヴェン本人もわかっていなかったのだから。それに彼だって《皇帝協奏曲》をいくつも書いたわけではないでしょう？　彼だって少なくともある程度は迷い続けていたのだから、あなたがそうなるのも不思議ではない。ベートーヴェンを讃えるにあたり、自分の迷いを有効活用できる到達点をひとつ認めたのだから、別の到達点もみつけないといけません。

9　ベートーヴェンの《悲愴》《月光》《熱情》（アルバム解説・一九七〇年）

ベートーヴェンのピアノ・ソナタ全三十二曲のうち、特に人気があってすぐに認識できるソナタはせいぜい六曲だと言えよう。どれも例外なく通称がある。《悲愴》《月光》《熱情》、人気のやや低いところでは、《田園》《ヴァルトシュタイン》《告別》。だが、《月光》（構成のバランスを追求した大胆な実験作）と《告別》（後期の様式への移行をもたらした動機の圧縮の探求で最も成果をあげた作品か）の二曲を除けば、これらの有名なソナタの中で、ベートーヴェンの創作活動の金字塔となった作品は存在しない。このアルバムに収録された全三曲のうち、《悲愴》と《熱情》の二曲は、構成について何らかの大胆な発想を秘めているかどうかよりも、当時のベートーヴェンの姿勢がどのように示されているかが注目に値するのである。

ベートーヴェン初期のピアノ曲の中で、作品一三の《悲愴ソナタ》は最も交響楽的かもしれない。第一楽章は印象的なグラーヴェで始まるが、これは交響曲第一・二・四・七番の序奏と同種のものである。また後続するアレグロの主要主題との直接の関係はほとんどないにもかかわらず、グラーヴェとアレグロは、心地よく釣り合った三和音どうしの綾なす豪華なテクスチュアと、悲運を予告する複付点風リズムの目立ちたがり根性とを通して強固に結びついている。このアレグロの部分でベートーヴェンは、ティンパニ風の持続的なトレモランドから強弱とリズム両面の推進力を引き出す。このトレモランドは、ルバートによる絶えざる誘惑に右手が軽々しく乗らないよう、左手が見張るための手段なのである。

鍵盤楽器に対するこの管弦楽風のアプローチは、ベートーヴェンのピアノ曲に現われることがときどきあり、特に中期のかなりこけおどし的な作品には多い。しかしその後のソナタの大半は、親密でピアノ本来の響きを追求するようになっていく。実際《悲愴》の第二楽章と第三楽章は彼のピアノ様式が円熟したときのそうした面を先取りしている。第二楽章は穏やかで控え目に装飾されたアダージョ。第三楽章は生硬な二声の対位法を伴うロンドで、ほかの作品に含まれるべき楽章ではないかと私はかねてから思ってきた。それこそ以前に書かれたソナタハ短調作品一〇第一（第五番）のフィナーレにぴったりである。とにかく、《悲愴》の専制的な第一楽章との関係において、この実に温厚なロンドが任務をきちんと果たしているとは言い難い。

反対に、ソナタ嬰ハ短調作品二七第二（いわゆる《月光ソナタ》）は、表面的に共通点のない三つの楽章からできているにもかかわらず、直観でまとめられた傑作である。《悲愴》の場合、第一楽章のアレグロの喧嘩腰から終楽章ロンドの控え目な主張へと情緒的に退いていくが、《月光》は最初の音から最後の音まで高まり続ける。第一楽章アダージョは、ベートーヴェンの、間違いなく最も愛されかつ最も酷使されてきた旋律で始まり、ためらいの魅力を放つ。三連符によるその優美な世界はやがて変ニ長調のじれったいどっちつかずの雰囲気をかすかに感じさせて終わるのだが、この変ニ長調とは第二楽章アレグレットの調性である。秋めいたはかないアレグレットも、突如現われる第三楽章プレストの鉄砲水に呑まれてしまう。実際このプレストは前二楽章のセンチメントを結晶化させ、情感的関係の柔軟性と安定感を確かめているように思われる。ベートーヴェンが通常は第一楽章に用いたソナタ＝アレグロ形式で書かれ、彼の残した終楽章のうちで、最も創意に満ちた構造を持ち、テンペラメントの変化の最も激しいもののひとつとなっている。ただし《月光》が十八《ママ》世紀のヒットパレードでしかるべく長く上位を占めている理由は、情熱が次第に高まっていく作品だからである。

ソナタ作品五七、いわゆる《熱情ソナタ》は、《悲愴》や《月光》と同様、ベートーヴェンのピアノ曲の中でいちばん人気のある作品に位置づけられる。だが、正直言って、私には人気の秘密がわかりかねる。これがベートーヴェンの真作リストの形成に貢献した作品に数えられないのはもちろん、気概があって旋律が美しいから生き残っているヴァイオリン協奏曲のような、堅苦しい中期の問題作にも数えられない。

《熱情》とは、ベートーヴェンが十九世紀の最初の十年間に書いた作品の大半と同様、主題に固執することの探求である。当時の彼は、不慣れな者が手がければ序奏の十六小節すら作れないかもしれない素材から巨大な構造を生み出す奇想を抱いていた。そうした主題はたいてい最小限の面白味しかなかったが、ベートーヴェンという人はどうしてこんな主題を思いついたのかと戸惑わせるだけの緊迫感を伴っていることが多い。動機はバロック風の対位法的な処理も、ロココ様式の上品な処理もなされない。むしろ闘争的で、譲歩を斥ける態度を断固として貫いた。十八《ママ》世紀初頭の音楽は懐柔的、協力的で、調和させることに積極的だったからだ。

これほどの喧嘩腰で作曲をした者はそれまでいなかったし、ある意味では彼以後にも類をみない。これが成功するとき――つまりベートーヴェンの猛々しい攻撃が見事に展開されるならば――人々はこう感じるのだ。音楽の修辞的要請を個人的かつ普遍的な主張が乗り越えている、と。だが成功しないと、ベートーヴェン中期の作品は、この執拗な動機の探求の犠牲になりはてる。そして《熱情ソナタ》の場合、この手法は成功していないと思う。

第一楽章アレグロでは、第一主題と第二主題はどちらも三和音をアルペッジョにした音型から生まれているが、その関係が曖昧で、開始のヘ短調の主題を追うように平行調（変イ長調）の動機が現われるだけである。また、ベートーヴェンはもっと慎重に練られた提示部をいくつも残しており、そこは徹底的な調性戦略に支配されているのだが、この提示部にはそれがない。展開部もやはり支離滅裂である。紋切型の進行で済ましており、いつもの大いなる憤激を中心に据えていない。ベートーヴェンの見事な展開部の存在理由となっている、あの秩序と混沌の独特な融合を活用しないのである。

第二楽章アンダンテは四つの変奏からできている（正しくは主題と三つの変奏）。変イ長調の主要和音を厳かにまとめた主題から生み出されるが、逆にそれを発展させることに失敗している。終楽章は《月光》同様、本質的にはソナタ＝アレグロ形式だが、トッカータ風の付随的な動機をしつこく用いるため、完全ではないにせよ、点描的なホルンの呼び声やコントラバスのピチカート風の効果音が楽譜から浮かび上がってくる。再現部を締めくくり、コーダに向かう激昂したストレット（ストレッタの誤り）を駆り立てる前に、ベートーヴェンは奇妙な十八小節のギャロップを挟み込む。老練なヴィルトゥオーゾは、演奏がどんなにひどくても、バルコニー席からやんやの喝采を奪い取る英雄的な身振りを発揮できるが、パワーアップしたテンポと極度に単純化されたリズムの型を用いたこのギャロップは、そうした身振りの作曲版である。

というのは、この作品を書いた頃のベートーヴェンは動機の倹約だけではなく、ベートーヴェンであり続けることにも夢中だったからだ。また《熱情》には自己中心的なもったいぶりや、「もう一度使っても大丈夫かどうか試してみよう」といった調子の傲慢さがある。よって、私のベートーヴェン人気投票では、このソナタの順位は《シュテファン王》序曲と交響曲《ウェリントンの勝利》のあいだのどこかである。

10　ベートーヴェンの最後の三つのソナタ（アルバム解説・一九五六年）

音楽人類学の醍醐味は、作曲家、特にすでに永眠した作曲家の仕事に、かなり独断的に時間軸の指標を施していくことにあるらしい。目的は区分にある。どれほど絶え間なく創作を続けた作曲家についても、その活動をいくつかの時期にはっきりと区切り、そこに作品をあてはめていく。「音楽鑑賞」の授業を受けた学生なら誰でも「〜時代」という言い方を知っているが、まさにそれである。

創作時期が細かく分けられるのは、たいていの場合、作曲家の私生活が音楽的思考に影響を及ぼすという純然たる勘違いに助長されるからだ。「〜時代」をうまく打ち出すには、創作の停滞期があったとか、ある形式から別の形式へと関心が移ったとか（たとえば歌曲から交響曲へと）、そうした端的な事実の重要性をひたすら訴えればよい。傑作は地理的な変化である。人の気質はそれぞれ異なるのに、放浪癖のある人物で、旅の行き先と結びつけて考えられなかった例はほとんどない。各地を転々とした聖歌隊指揮者の中で最も移動の少なかったあの人物も、ケーテン、ヴァイマール、ライプツィヒと続いた出世の移動によって、はからずも区切られた。それから二世紀を隔てた今日、無邪気な旅行者たちはその足跡をたどり、綿密に区分けされた彼の作品表を眺めるのである。

しかしバッハのような放浪オルガン奏者の場合ならば、こうした経験的な分け方も、それなりに正当化できるかもしれない。ひとつの滞在地での作品には、そこでどんな音楽家を動員できたかがある程度反映されているからだ。こうした外因的な事実関係を扱うのはまだましで、主観的にしか扱えない精神状況を探求するのはよほど有害である。つまり、哲学的な含意を汲み取って芸術作品を解釈し、その解釈を作者の知的態度の正確な記述として受け取ることがあるが、そうやって鮮明な画像を描きだしたのはロマン主義者の伝記作家やしろうとの心理学者ばかりではない。認めざるを得ないが、熟達した歴史学者や音楽学者も多く加担していたのだ。作曲家の技法が徐々に発展していくさまを評価するという面倒なわりに地味な作業に直面すると、これらの学者たちは漠然とした超音楽的認識の託宣者として急にふるまい始めるのである。

*

こういう風潮によって中傷された大家の作品で筆頭にあがるのは、ベートーヴェンの後期作品ではないだろうか。「晩年《ファイナル・ピリオド》」の努力の結晶である彼の後期作品は、音楽の鑑定師たちが格段の関心を寄せる。遺言が容易に読み取れそうだと期待させるからだ。また、作曲家ベートーヴェンの人生にはそう期待させるだけの条件がいくつか備わっている。彼は聴力障害ゆえに自分自身を見つめることに慰めを求めたし、《英雄》や《熱情》や《ラズモフスキー》を生んだ精力的な日々を受け継ぐ力のない時期が訪れた。そのため、後期の作品は、ほとんどあり得ないが耳の不自由な者が起こした誤算の産物だ、自分で読む楽しみのために隠者が書いた目のための音楽《アウゲンムジーク》だ、あるいは、それまで達成したもののすべてを、それこそ音楽の機能や本質自体をも超越する創造力が実現する喜ばしい回復なのだ——などと解釈されてきた。

晩年のソナタや弦楽四重奏曲の数々をめぐって書かれた膨大な文章は、同様のどんな文章と比較してもナンセンスである。言うまでもなく、矛盾にも満ちている。ベートーヴェンの死後にいち早く伝記を書いた者たちは、これらの作品に対しては不出来な実演について一言か二言を述べて済ます傾向があった。奇妙にもこの姿勢は今日までときどき出現し、特に対位法的な労作について見受けられる。典型的なのはジョゼフ・ド・マルリアーヴ（一八七三―一九一四。フランスの音楽学者）の意見である。ベートーヴェンの弦楽四重奏曲に関する著作で、《大フーガ》作品一三三と《ハンマークラヴィーア・ソナタ》作品一〇六の終楽章のフーガは実演するべきではないと主張するのだ。《大フーガ》についてはこう述べる――「一聴してさらにわかるのは、最後の作品には、耳への根本的で観想的な訴えかけが確実にあるのに、ここではそこからベートーヴェン本人が逸れてしまったことだ。……魔物に取り憑かれたかのように嬉しそうにして、並はずれた才能にその身を捧げ、次々と不協和音を重ねていくので、作品の構成がどれほど技術的に見事でも、不愉快な音の浪費をしているという全体的な印象は払拭できない」。

「耳への根本的で観想的な訴えかけ」というマルリアーヴの指摘が物語るのは、音楽的な分析よりも哲学的な解釈に基づくアプローチである。これを前提とするならば、ベートーヴェンは精神的に地球の軌道を飛び超え、世俗から解放され、天国的な歓喜とは何かを私たちに示すのだ。ただし、最近の、より厳しい見方では、ベートーヴェンは俗世を超越した不屈の精神の持ち主ではない。実生活の苛酷な圧力に負けて破滅した人間像が描き出されるが、運命に対する諦めの境地を気高くもってあらゆる苦難に耐えた。かくして神秘的な夢想家ベートーヴェンはリアリストに変貌し、その後期作品は、存在の願いや苦しみに鈍感な人物の作った石灰化して人間味に欠けた構築物として紹介されるようになったのである。このような不条理が昇りつめていく先にある、目のくらむほどの高みは現代の小説家たちによって描かれている。主犯格はトーマス・マンとオルダス・ハックスリーである。

*

これらの見解を実際の楽曲を例に実証しようとする者は、たいてい後期作品の形式上の輪郭による類推に訴える。もちろん、すぐにわかるのは、楽章の異例の並べ方が生み出す全体のラプソディックな印象だ。まるで即席で作ったかのように思わせるこの特徴は嬰ハ短調の弦楽四重奏曲（第一四番）に顕著だが、作品一〇九、一一〇、一一一の三曲のピアノ・ソナタ（第三〇番ホ長調、第三一番変イ長調、第三二番ハ短調）の場合、それぞれをとっても、まとめて三部作と考えても、実に多種多様な形式を探求しているのがわかる。わけても終楽章では、古典的なフィナーレを連想させる極端な緊迫感や強弱の衝撃がほとんどない。しかしそれぞれの終楽章はその前に展開したものの要請を直観的に把握することで進められるらしく、完全な自由奔放性を保ちつつも全体の構想に対する責任も果たしている。また、逆説的なことだが、これほど簡潔に構築されて無駄のない展開をしつつも、その内部において、古典的なソナタの特質の核心をこれほど厳密に開示できる楽章もほとんどなかった。

例をひとつだけ挙げよう。作品一〇九の第一楽章はソナタ゠アレグロ形式を文字どおり要約したような楽章だが、第二主題を提示せず、代わりに属和音の属和音《ドッペルドミナンテ》のアルペッジョ進行を置く。この進行はその前の主題との動機的関連が皆無であるにもかかわらず、不意を突くような開始の数小節の持つ和声的な不安を、属調への転調を印象づけることで解消させるのである。ところが再現部でここに呼応する箇所にさしかかると、このエピソードはそのまま置き換えられるだけでは満足しなくなり、主題の激しさの緩和という使命に甘んじることなく、そこを離脱し、巧みな変奏を開始する。この変奏はホ長調の全音階による循環を超えようと大志を抱くが、それはこの楽章で最初で最後の出来事である。またベートーヴェンの音楽的想像力の妙技が発揮されるのもまさにここである。六二―六三小節（六一―六二小節の誤りか）の和声の根音進行は同等の箇所である十二―十三小節の転回形となっている。こうした後期作品では旋律的音型にカノンや逆行カノンの事例が多く見受けられるけれども、この箇所はベートーヴェンの作品において独特であろう。一個の調性の領域を保持するために必要な自動的な半音の調節がなされないからである。

＊

こうした仕組みが計算ずくの数学的方程式だと判断するのは誤りであろう。むしろ、無防備な自由奔放性と客観的な規律との調和という後期作品の特徴がここに見られるのであって、この事例を挙げたのはそのためだ。

しかし、この特徴は一八二〇年に急に現われたわけではない。ベートーヴェンは一生を通じてこれを探求していたのであり、特にこれは移行期（一八一二―一八一八）に対位法を積極的に用いておのれの芸術を一掃した結果なのだ。これを先導したのは交響曲第七番やソナタ第二八番にみられる動機の圧縮や、交響曲第八番のそっけない和声や、ソナタ作品八一a（第二六番変ホ長調「告別」）の武骨な力強さである。最後の三つのソナタの方は、いっそう強烈な弦楽四重奏曲群の先駆けとなった。もっとも、作品一一〇の第三楽章のフーガで発揮される豊醇なヘンデル的で、（時代の順序が逆だが）メンデルスゾーン的な対位法が、《大フーガ》の引き締まった筋骨と同様、ベートーヴェン後期の様式のひとつに数えられることは誰にも否定できまい。ベートーヴェンは、彼のたどった道を遡ろうとする者によってさえも、固定した枠に閉じ込められることはなさそうである。

これらのソナタは、航海を続ける勇敢な旅人が短いながらも憩うことのできた寄港地である。あれだけ写実的に描き込まれてきた黙示録的な啓示など、実は存在しないのかもしれない。音楽は鎚で叩けばどうにでも変形できる芸術である。何にでも対応し、哲学にも順応する。好きな鋳型に流し込むのはたやすいことだ。しかし、目の前にあるこれらの作品のように、音楽が慶びに満ちた至福の世界へと私たちを運んでくれる場合は、そんなことは試みない方が楽しい。

11 ピアノによる「運命」架空批評（アルバム解説・一九六八年）

1 英国『ザ・フォノグラフ』誌より

米国からの投書

サー・ハンフリー・プライス＝デイヴィズ

十九世紀のピアノ音楽であまり知られていない作品に対する関心が特に高まっている。米国レコード産業における昨今の注目すべき展開のひとつである。C・V・アルカン（一八一三―一八八八。仏。ピアノの珍奇な難曲多数）の作品全集の企画が進行中と聞くし（本誌一九六二年二月号で批評家仲間のR・Y・Pが、アルカンほど「無名を誇るに値する者はほかにいない」と書いているが）、最近生まれたアストロディスク・レーベルでは、すでにルイス・モロー・ゴットシャルク（一八二九―一八六九。米。民俗音楽風のピアノ曲多数）の〈カリブの歌〉（Chant des Caraïbes）の録音もすでに決まっており（AS-1-£2/10/6）、同社の宣伝担当者によれば「贅沢《ラッシュ》」な音響が実現するそうで、ミシシッピ川のセグラトリアに現在停泊中の川船タワンヒー号のパブを利用するのだという。さらに今月の新譜の中に米国産業の巨頭CBSが、「前人未到のピアノ演奏」というかなり臆面のない宣伝文句を付したレコードを売り物に加えている。ベートーヴェンの第五交響曲のフランツ・リストによる編曲。演奏は桁外れの変人、カナダのピアニスト、グレン・グールドである。

ベートーヴェンの第五の異色の演奏は、もちろん、英国の収集家にとっては何ら新奇なものではない。すぐ人々が思い浮かべるのは、サー・ジョシュアが晩年に蓄音機に吹き込んだ哀歌風の演奏である。また一九三九年八月二十七日、空襲警報が鳴り始めたときに行なわれていたニューカッスル＝オン＝タイン・ライト・オーケストラの演奏会での輝かしく活気に満ちた実況録音もある。しかるに本作品のピアノ版はいまだかつてわが国のレコード店に並んだことがなく、本盤はわが国ではほとんど好まれないのではないかと思う。活発な身振りを何よりも重視するという救いがたいアメリカ的態度が録音全体に滲み出ており、しかも、この交響曲が入念に解釈されたならば醸し出されるはずの秋めいた落ち着きといった特質がまったく欠けているのだ。

グールド氏はここ数年英国の舞台に現われていないが、もしもこのCBSの新譜が現在の彼の音楽的偏愛を示しているとすれば、現われなくてよかったのかもしれない。

2 『ミュンヘン音楽学会』誌より

カールハインツ・ハインケル博士・教授

いかがであろう、かのクロップヴァイザーは、連作詩「ラインの共鳴」(Resonanz-am-Rhein)の第二連を次のような思策で締めくくっている——

汝このよく耳障りなる音をもて、
人をしばし引き止めよ。
この響きを聴く者は知る
美しき音こそ万全の聖なる大義なり。
オクターヴ奏法を離れ
憂いなく労苦なき静穏を
よく鳴り響く調の《ティンティナブラムの》上に得よ。
されど真実は心に秘めよ
ここに音ありき、中央のCありき。

『クロップヴァイザー選集』
(デント・アンド・デント刊)

この詩の内容をふと思い出したのは、ＣＢＳの新譜が中央のハ音の共鳴能力に関連してたいへん重大な問題を提起してくれたからである。それはベートーヴェンの第五交響曲の編曲を収めたレコードである。リストによる編曲であり、ドイツ音楽の編曲にふさわしい倫理的な義務を果たしているかどうかの判断は人類学的音楽学の諸氏に委ねられよう。本稿の目的はこのレコードの第一楽章の一九七小節と二〇一小節に注意を喚起させることにある。両箇所とも中央のハ音が落ちているのである。リスト・アルヒーフでの研究によって、これらの音がそもそも編曲譜にないことが判明している。きっと演奏者が落としたのだろう、と決めつけたくなるかもしれないが、それは違う。

ではもしもこれらの音がこのハンガリー人編曲者によって省かれたのだとすれば、その理由を問わねばならない。ベートーヴェンを手伝う意図があったのか。われわれドイツ人にドイツの音楽《ムジーク》を教えようとしたのか。これらの音について誰も知らない知識を有しているつもりなのか。

これらの音は作品においてたいへん意義深い不協和音を構成することを読者諸君には思い出していただきたい。この不協和音とはキマール教授が指摘したように、ベートーヴェンに特徴的なものである。ハはトランペットで演奏され、和音に加えられるが、この和音ではバスーンが変ニを鳴らしているのである。この音の衝突が起こらないと、典型的な減三和音（ト－変ロ－変ニ）をわれわれは聴かされることになる。ハンガリーの作曲家なら誰でも書けそうな和音である。だがこの衝突があれば巨匠の一筆に触れられるのだ。実に醜悪な瞬間ではあるが。

するとなぜフランツ・リストはこの醜悪な響きを除去したのか。クラヴィーア上での共鳴の本質の何たるかをわれわれに説きたいのか。間違った音を弾いたと思われたら困る、と鼻持ちならぬ考えを抱いたのだろうか。

マチルデ・ハインケル訳
（マッティ・グリーン改め）

3 『洞察《インサイト》』誌（ノースダコタ精神科医協会ダイジェスト）より

S・F・レミング（医学博士）

最近あちこちで批評されるポール・D・ヒックスの研究「無意識と職業の動機づけ」によれば、中年期の人間の大半は、キャリアの変化を促すような新たな刺激の受容を抑圧しているため、野心の方向転換が難しいのだという。彼の指摘によれば、アメリカの高額所得者層では、ときに更年期障害がこの傾向の動機となるが、より多くの場合、そして特に活発な職業人にとっては、親の与えてくれた安心感を学校の規律によって侵害されたことに関連する少年時代の憤りから生まれたトラウマが再び表面化するためでもあるという。そしてJ・H・タイディはヒックスの著作に対する批評（本誌三月号）において、コンセンサスが得られるにはいっそうの研究が求められると指摘した。

にもかかわらず、コロンビア・レコードの医療班との懇意な協力体制により、私は本年一月のニューヨーク市でのレコーディング・セッションへの数回にわたる立ち合いをかなえられ、この分析に役立つ材料を得た。当該演奏家はカナダ人で（ヒックスは緯度による差異は認めていない）、三十代半ば（ヒックスによれば、職業を否定したい気持ちの絶頂は四十歳までに来る）、男性（ヒックスによれば、女性の場合、見当識障害（現在の自分の状況を認識できなくなる症状）はあまりはっきり現われず、多くは祖母という立場を初めて体験することからくる憤りの副産物である）、平均的なエネルギー指数の持ち主である（一回のセッションはたいてい三時間ずつ前後に分けて行なわれ、あいだに一時間のディナー休憩が入った。作品の難易度はそこそこと思われた）。

もっとも、いざ録音が始まると、職業上の見当識障害が主たる因子であることが明白となった。演奏家の選んだ作品とは、実は交響楽団のために本来作られたもので、これを選んだ点に指揮者の権威的役割を引き受けたいという願望がはっきりと現われていた。ところがこの役割の自己満足は楽団員がいないことにより否定された。そこで演奏家はレコードのプロデューサーやエンジニアを楽団員の代役と見なし、セッションのあいだ、活発に身振りを交え、指揮者よろしく音楽上のさまざまな細かな点について「オーケー」や「ダメ」を示そうと試みていた。セッションが進むにつれ、言葉の数は減り（ヒックスによれば、緘黙症は必ずではないにせよ、しばしば同時に起こるという）、大きなキュー出しのような身振りで自分の要求を調整室に伝えようと懸命であった。

もっとも、一連のセッションから得られた圧倒的な証拠は、ヒックスの理論のうちのエスカレート現象に関する部分である。職務を終えてスタジオを立ち去る際、演奏家はさまざまな旋律を歌っていた。プロデューサーに確かめたところ、ヽヽヽヽマルラーなるオーストリアの作曲家によって書かれた作品の一部だそうで、楽器ばかりか本格的な合唱も必要とするらしい。

4　『ラプソディア』誌（ブダペスト音楽労働者総同盟機関誌）より

ニューヨーク通信

ゾルタン・モシュタニ

三十丁目と三番街の交差点をぼんやりと照らしていた冬の太陽も遠のいた。新たに降った雪の痕跡が会社の正面玄関の冷やかなみかげ石を覆い隠し、これらの非芸術的な建造物の鋭利で不粋な輪郭を和らげようと努める。翌朝までの自由を与えられ、きつい仕事から解放されたみすぼらしい身なりの労働者たちが、マンハッタンの乾燥した風の吹きすさぶ急速にふけていく夜に、げっそりとした様子で散っていった。リムジンの列。頽廃的な装飾の車内に設置されたバーと電話を妖しい紫がかった駐車灯があからさまに照らし出す。リムジンは歩道側に並び、特権階級の享楽と急用に備えて待機しているのだった。

この伝説的な交差点近くの建物から奇妙な響きが夕方の空気に乗って運ばれてきた。聴き覚えがあるが、何かが違う響き。それは民主主義者ベートーヴェンの響き、いや人民の英雄フランツ・リストの響きであった。リストの解したベートーヴェンの響き。音楽の持つ稀有な高揚の喜びを汗水たらす大衆と分かち合うべく、リストの準備した響き。今やそれは悪用され、歪められ、民衆に敵対する響き、強欲と物欲に満ちた響きとなった。あのなめらかで無慈悲な壁を通りに向けた建物の奥では、孤独なピアノ奏者が楽士八十名分の仕事を強いられていたのだ。

いとしいフランツよ、君はどう思うのだ。君は予期していたのか、君の最も気高く最も慈愛に満ちた企てが、君の他者への愛と信頼の産物が、彼らの労働を利用する、君が心底軽蔑した公爵の過大な荷役によって弱り、自由を奪われた哀れな打ちひしがれし者たちに、私設楽団を雇えなかった者たちに、王侯の気晴らしを享受しようのなかった者たちに、ボンから現われた革命の予言者、すなわち、大衆の重荷に耐え、和声をもって宣言を発するべく、厳しい怒りの日の前兆として主題の展開に苦心を続けるべく生まれた男の到来を知るよしもなかった者たちに、巨匠の作を知ってもらう目的で熱心に取り組んだ仕事が、この君の作品が、歪められ、少数を豊かにし、多数を貧しくするのに役立っていることを。君がこのことを知ったら何を語るだろう。

いとしいフランツよ、君は人々のために弾いた。君がひとりで弾いたのはその必要があったからだ。栄光のためでも、報酬のためでもなかった。ところがフランツ、八十名の楽士が労働の権利を奪われたのだよ。楽士たちは寒さにあえぐ病気の子どもを抱え、今夜の寒さはいっそうこたえるだろう。これもすべて臆病でいくじなしのひとりのピアノ奏者がドルの札びらに魂を売り、その奴隷となり、欲望の追求のために君の音楽を食い物にしたからだ。

そんな思いをめぐらせていたところ、憔悴し、意気消沈し、落胆し、絶望的な顔をした楽士がひとり、夜の街に現われたのがたまたま目に入った。ヴァイオリン奏者で、仕事探しに苦労しているらしく、ぼろぼろの楽器入れを握りしめていた。気の毒に思った私は男に近寄り、声をかけた。「ねえあなた、一杯やりませんか。」私の気持ちが通じたのか、彼は嬉しそうに応じてくれた。交差点には夜のとばりが降りていた。そこで見つけたバーに入ってから、私は挨拶をした。

「はじめまして。モシュタニと申しますが、ええと、あなたは……」

「ご好意に感謝いたします。スターンです。」

12　ベートーヴェンとバッハの協奏曲（アルバム解説・一九五七～八年）

ベートーヴェン：ピアノ協奏曲第二番変ロ長調作品一九

変ロ長調協奏曲は、ベートーヴェンの管弦楽曲の中で、最も不当にけなされる作品である。これについては疑うまでもない。つい最近まで珍曲扱いされ、たまにしか演奏されてこなかったが、今でもたいていは冷ややかな沈黙をもって迎えられるものだ。

言うまでもなく、これはベートーヴェンの初めての本格的な管弦楽曲であり（第二番にあたるが、第一番作品一五よりも数年早く書かれた）、ピアニストとして鳴らしていた彼が自分の腕前を披露するための曲を書こうと思ったとしてもおかしくない時期の作である。だがこの作品への彼の執着は、個人的に不要となってからもかなり続いたらしい。というのは、一八〇〇年に改訂を始めたが、そのときすでに協奏曲第一番ハ長調や第三番ハ短調も生まれていたのである。しかも、第一楽章のカデンツァまで書いたのだ。ベートーヴェンの書いた最高のカデンツァで、

譜例1

動機の彫り込み方に質実剛健ぶりがうかがえ、一八一五年以前にはなかなか書けなかった部類のものである。

もっとも、《薔薇の騎士》が《フィガロの結婚》の語法的拡張ではないように、このカデンツァは協奏曲本体の語法的拡張ではない。それでも第一楽章でベートーヴェンの意図した構想の最も重要な面を反復し、さらに拡張するのである。すなわち、最初のフレーズに含まれる動機間の強い相互依存性である（**譜例1**）。

実は、冒頭のフレーズは、古典派協奏曲のアレグロ楽章には二つの主題が用いられるという性格を要約しているのだ。軍隊の起床ラッパのような**音型1**（マンハイム楽派の打ち上げ花火的音型の逆行）は、交響的な壮麗さにふさわしい表現であるが、これが**音型1A**によって巧みに変更され、次に続く動機（**音型2**）の抒情性と釣り合いをとるのである。また協奏曲の発想である攻撃と躊躇、威嚇と懇願の遊戯もここに描かれている。こうも言えるだろう。こうした二つの動機の交替、すなわち三和音によるアルペッジョとそれに続く全音階とが強弱をもって交替する構図こそ、古典派の交響的作品の開始の最も一般的で明快な手法なのだと。だがこれらの動機も、冒頭部分のこじんまりとしたパッケージにずっと収まっているわけではない。互いの調和や、後続のほかの動機との調和を試みていく。エピソードごとに合致したリズムを偽装し、頻繁に、特に展開部では、このリズムによる偽装を通してしか認知できないようにふるまうのである。

オーケストラの提示部では第二主題（つまり属調の部分）が割愛されるため、これは第二主題がおうむ返しされない唯一のピアノ協奏曲となっている（もっともト長調の協奏曲も第二主題を部分的にしか反復しないが）。このため、引き締まったモーツァルト的提示部が生まれるばかりか、実にエキゾチックな色彩を帯びた瞬間をも導く。第四〇小節、半休止を告げるオクターヴのハ音が鳴る。へ長調の第二主題の登場を聴き手に期待させるが、ベートーヴェンはまさに魔法のひらめきに突き動かされ、主調からいかめしく短三度上がり、変ニ長調で**音型2**（**譜例1**）を反復進行させるのである。（ここほどの効果はないが、彼は展開部でも同様のトリックを試みている。）

　格調が高く輝かしいアダージョのあとという意味では、終楽章のロンドは低俗にしか思えないかもしれない。それでもこの楽章は動機の圧縮について第一楽章と同様の関心をはるかにさりげなく示している。これは協奏曲のロンドとしては注目に値する楽章である。というのは、中央のエピソード（ト短調）が主要主題をしっかりと有機的に受け継いでいるからだ。第一一六小節でチェロの声部が担わされた見事な方向転換が導くト短調のエピソード（第一二六小節）は、論理的な拡張としてはほかに考えられないのである（**譜例2**）。

譜例2

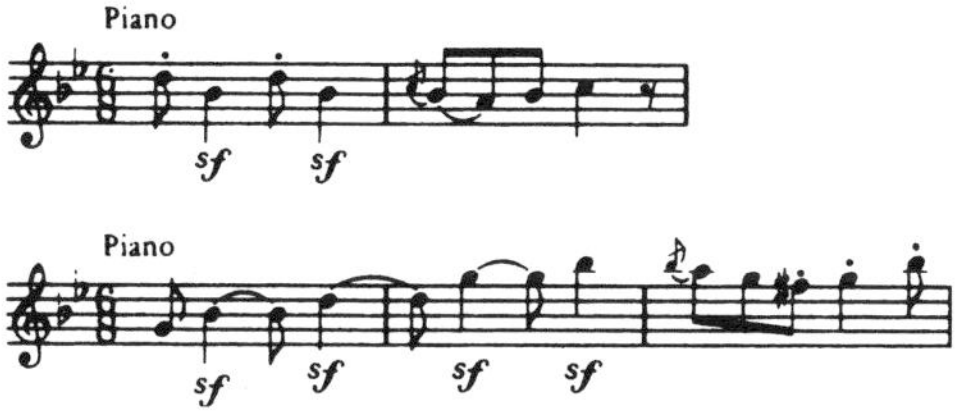

　結局これは「素晴らしい《リマーカブル》」と形容するのに歴史的に何が新しかったかを考える必要のない作品なのである。

　主題素材や独奏対総奏の対照法などで自分勝手な処理をしているという意味でベートーヴェンの協奏曲がいかに個性的だとしても、全体の構成を説明するには何らかの分析的な基準はやはり適用可能だという分析家の見解は健在であり、私たちは安心させられる。私たちは古典派のソナタ＝アレグロ形式の妥当性に慣れ親しんできただけに、ごく常識的な和声的な規範からの逸脱の連続としてこの協奏曲を分析しがちなのだ。その意味で、前述の第一楽章の総奏における変ニ長調（主調の短三度上の調）のエピソードは、展開の期待を裏切ろうと挑んでいる点では、ほとんど文学的発想として受けとめられてしまうのである。

バッハ：クラヴィーア協奏曲第一番ニ短調BWV一〇五二

しかし和声の型を神聖不可侵とする信仰は、バロック協奏曲の分析には報われない。バロック協奏曲の場合に扱えるのは、主題素材の旋律の描き方、フーガ的提示への適用、そして、対主題とのリズム的な適合（つまり、特定のエピソード内部での旋律の原則や和声進行にふさわしいバロック様式のあらゆる面とのリズム的な適合）である。ところが、バロック音楽全般あるいは特定の作曲家の作品の和声的冒険を解明する基準となる調性秩序の統合的な原則を見つけるのはそうたやすくはない。ブランデンブルク協奏曲の任意の二曲のあいだよりも、モーツァルトとラフマニノフの協奏曲のあいだの方が主題に用いられる調性領域の違いははるかに少ないのだ。

音楽史家の中にはバロック・ソナタの様式を一世紀にわたる実験領域だったと見る者もいる。主音を太陽とする全音階という名の惑星系で、調性の軌道の転調能力が徐々に高まっていった一方、惑星たちは太陽との最適な関係を見出していった。この考えによれば、バロック初期の特徴として、転調はほぼ平等に行なわれていたが、強い重力場や弱い重力場によって徐々にその平等性が崩れ、最後には属調と主調との応酬が主たる意味をもつロココ・ソナタと様式の区別がなくなってしまう。

この見解は歴史的な流れを追っている点が魅力である。バロック、特にイタリア・バロックにおいて好まれた主題動機の手足が長かったために、副次的な主題グループが不要となり、ストレットやフーガ的提示、和声的に弁明不可能な位置からの下行反復進行による長い後退といった手法（古典派的な調性の持つクライマックスの勢いを保ちたいならば控えめに用いるべき手法ばかりである）が促されるようになったという事実を例示できよう。もっともこの見解は、バロック時代が和声の移行期であった事実をかなり誇張することになり、古典派時代の夜明けを暖かく迎えたいあまり、それ以前の壮麗さを否定してしまうのだ。バッハやペルゴレージの協奏曲と較べれば、ハイドンやパイジェッロの協奏曲には壮麗さは明らかに欠けている。

譜例 3

他方、バロック協奏曲を和声的に安定した制度として扱うのなら、個々の楽章が完全に制御された強力な楽想から生まれていることを証明しなくてはならない。実際、バッハのニ短調協奏曲の二つのアレグロ楽章ほど、この作業が報われる例もないだろう。

第一楽章は大きく四部に分けられ、どの部も主要主題から始まる（**譜例3**）。それぞれの出だしは、第一部：主調のニ短調（第一小節）、第二部：属調のイ短調（第五六小節）、第三部：下属調のト短調（第一〇四小節）、第四部：主調のニ短調（第一七二小節）――となる。最初の三部は、それぞれさらに三つの部分に分けられる（第四部はニ短調を最後まで貫くコーダ）。前述の第一／五六／一〇四小節の調性を各部の主調とみなすならば、各部はどれも、主調（ニ短調／イ短調／ト短調）で始まり、属調（イ短調／ホ短調／ニ短調）のエピソードを経て、中音上の調（ヘ長調／ハ長調／変ロ長調）で終わる構成となっている。各部は**譜例3**の主要主題の改作と考えられる。第一部と第三部の属調によるエピソードでは、動機は二オクターヴ半にわたり五度ずつ下行しながら反復進行を行ない、やがて中音上の調の部分にたどり着く。そこで主題は最大の強弱の幅を与えられると同時に、輪郭を巧みに分断されて扱われるのである（**譜例4＝第四〇小節以下**）。（なお、第二部のホ短調のエピソードではヴィオラが中立的な音型を見事に弾く。）

今述べた第一部のエピソード（イ短調＝第二二小節以下）と第三部のエピソード（ニ短調＝第一一六小節以下）の性格は、それぞれ同じ調性で始まる第二部（第五六小節以下）と第四部（第一七二小節以下）の機能を先に果たしてしまうわけでも、その座を奪おうとしているわけでもない。こう換言できるかもしれない。どちらのエピソードも正統的な転調から導かれているにもかかわらず、サー・ドナルド・トーヴィ（一三六頁の註参照）の区別に従えば、

譜例 4

属調の上に乗るのであって、属調の中に入るのではないのだと。つまり、経過的に属調になるのであって、本来あるべき位置に現われる属調とは違うのである。

スペースの関係で第三楽章も同様の構造になっていることを具体的に示せないのは残念である。第三楽章は三部からなり、第一部（主調）と第二部（下属調）は第一楽章と同様にさらに区分され、最後に拡大されたコーダが導かれる。しかし第一楽章とは違い、三つの部は主要主題に見事な処理を施した移行部によってつながれているのである。

古典派のソナタ形式でならば聴いてわかる心理的戦略をこの種の展開で把握できるかどうかはともかく、これらの楽章ひとつひとつは、のちのいかなるソナタ形式にも負けないくらいしっかりと各部が和声的に編み込まれ、周到に組織されていることだけは確かである。これがバロック協奏曲や合奏協奏曲のジャンル全般にあてはまる共通の特徴なのか、それとも個々の作品は個々の主題上の特徴に場を提供するべく組み立てられた特別な和声的枠組によって構成されていることを逐一証明するべきなのか、今後の議論を待つところである。初期のイタリア・バロックを本当に体系的に発掘していったなら、バロック文化の金字塔のそびえ立つ本当の基盤を発見できるかもしれない。私の知る限り、きちんとなされたことはないが、魅力的な見返りを得られそうな仕事ではある。

バッハ：クラヴィーア協奏曲第五番ヘ短調BWV一〇五六

クラヴィーア協奏曲第五番ヘ短調は、鍵盤楽器のための協奏曲として一七三〇年頃にライプツィヒで出現したが、それ以前に書かれたヴァイオリン協奏曲の編曲であることはほぼ間違いない。原曲がバッハの自作であるとすれば（議論の余地はかなりあるにせよ）、十年前にケーテンで作曲されたものらしい。

鍵盤楽器向けに作り直そうという努力をバッハはほとんどしなかった。第一楽章、独奏のパッセージにおいて、奏者の右手はヴァイオリン的な音型を見事に甦らせる一方、左手は原曲どおりの通奏低音を担う。つまり、左手は合奏のチェロの声部の音を重ねるばかりで、独奏のパッセージであってもそれを装飾しないのである。ただハ音の持続音（第九六－一〇一小節）の間だけ、左手が楽章の中心的なリズム動機（**譜例5**）を喚起させるべく動きまわる。ちなみにヴァイオリン協奏曲イ短調が原曲のクラヴィーア協奏曲第七番ト短調は、想像力に満ち満ちている。

第二楽章は独奏楽器の能力を正当に評価し、魅惑のカンティレーナをあてがう。指によくなじみ、装飾もたっぷりと施されているため、もともとほかの楽器のために書かれたとは考えにくいほどである。

プレストのフィナーレは総奏の主題によって輝かしく織り上げられる（**譜例6**）。そして主要独奏主題の完全な応答（**譜例7**）が奏されるが、これは三楽章のうちで最も楽しくかつ冒険的な楽章であり、バッハとペルゴレージによって絶頂を迎えたバロック協奏曲の様式のまさに典型である。

私たちはバロック協奏曲にこめられた意図を誤解しがちである。古典派のソナタ形式と比較しても、その形式の輪郭は分析できない。古典派と較べるならば、バロック協奏曲には和声に方向性がないように思えてしまう。頂点、すなわちソナタ形式の楽章にあるような解決の領域が欠けてみえるのだ。また、十九世紀の絢爛豪華な協奏曲との比較をするなら、これは独奏者の視点だが、バッハの一連の協奏曲は、台頭しつつあったヴィルトゥオーゾというエゴに暫定的に譲歩した最初の作品ということになるだろう。

バロック協奏曲は慎重に組織された和声原理に従っていたが、その原理の意図は古典派の協奏曲とはまったく異

譜例 5

譜例 6

譜例 7

なっていた。形式的にみると、第一楽章と第三楽章はカンタータのアリアの様式にかなり近かった。強弱の対比という要素――これこそ協奏曲の発想の核である――はよく現われているが、まわりくどくない、直截的な手段によって達成されている。古典派における転調の微妙なグラデーションの代わりに、テクスチュアや強弱のストレートな対比を見ることができる。先ほど触れた**譜例6**と**譜例7**は、堅固な和声のブロック（総奏）と対位法のストレットで見事に紡がれた糸（独奏）との対比を示している。これらの例では、転調、つまり調領域の対比の要素はみじんもない。バッハの転調とは、素材の多くを新しい調性で再提示するためにある。彼の転調はしばしば複合形式で行なわれ、その内部では関係の深いいくつかの調がさらに大きな逸脱を形成するのである（バッハの和声技法のこの面については、協奏曲第一番ニ短調の解説部分で触れた）。すると、バロック協奏曲では調の変化と主題の変化とは等しくないため、形式原則が活用できる主題的語彙は限られるのがわかる。バッハで複数の主題が現われるときの関係の本質は、それぞれの独立性では

なく、それらの相互依存性にある。

バッハの生前でも、「協奏曲《コンチェルト》」という言葉はかなり違った種類の構造を意味するようになっていた。バッハの息子たちによって、三部構成の原則は、さらに発展性のあるソナタ＝アレグロ形式に変わった。この形式はあらゆる交響的作品を席捲する形式になるが、協奏曲に関する限り、変化は総奏と独奏との関係に集中した。ヨハン・クリスチャン・バッハの協奏曲では、開始の総奏に転調が組み込まれた。主調で始まり、属調に移行し（きちんと確立しないことが多いが）、独奏が現われる前に主調に回帰するという三角形を受け入れたのである。かくして予測可能性という要素も加わった。

しかし総奏の役割はすでにファンファーレをはるかに超えたものとなっていた。総奏は第一楽章の構成に新しい要素を加えたのである。ハイドンによって総奏での転調の目的は拡大し、属調は単なる三角形の頂点ではなくなった。独奏による提示部に酷似した形で、総奏は属調でも主題を聴かせたのである。こうして総奏すなわち管弦楽による提示部が主題秩序の優先権を獲得してしまったため、独奏者は素材を装飾的かつ散漫に扱う自由を得た。

残された大きな問題は心理学的な問題である。二重の提示に聴き手が耐えられるかどうかという問題である。これが構造にどう反映するかをきちんとつかんでいたのはモーツァルトだった。彼の後期の協奏曲において、管弦楽提示部は未曾有の規模に拡大した。彼は、独奏提示部ではまったく扱われないのに、再現部で急に再登場する素材を管弦楽提示部にしばしば盛り込んだ。かくしてモーツァルトの円熟した協奏曲は開始の管弦楽の総奏と独奏による主要提示部との構造的統合を果たしたのである。これは、総奏を主調で貫き、第二主題を扱わず、その提示は独奏楽器のためにとっておくことで、そして楽章の主要主題の部分を管弦楽で複雑に展開していくことで達成されたのである。

モーツァルトが最も不器用だったのは、移行部を経て副次的な調性に入るときのピアノの扱い方である。管弦楽によって徹底的に展開されたものと同じ素材を携えて飛び込むのは独奏者にとってはどう考えても嫌なものだ。総奏がそれまでの数分間に約束していた感銘をピアノが果たそうとすれば、その入り方は、印象的で雄弁でありつつも、展開の問題をもはやいっさい引き受けない新しい素材を使うか、高貴だが中立的な流儀で総奏の主題を乗り越えるかのどちらかしかない。後者の例はモーツァルトの協奏曲K四六七（第二一番ハ長調）で、独奏の入り方は、主要主題の上で延々とトリルを弾くものである。他方、モーツァルトの場合、まったく新しい主題を用いる前者の例は、それよりはるかに多い。

ベートーヴェン：ピアノ協奏曲第一番ハ長調作品一五

管弦楽と独奏楽器の関係は、ベートーヴェンにおいて発展の頂点に達する。凝縮化、総奏と独奏の提示部の統合性、想像力、抑制力――これらが極限まで達成されたのはピアノ協奏曲第四番ト長調である。それまでの協奏曲、すなわちハ長調、変ロ長調、ハ短調の三曲は、総奏の問題にそれぞれの角度から攻勢をかけ、程度はさまざまであれ、成功を勝ち得ている。このうちいちばん最初に作られたにもかかわらず、第二番変ロ長調の提示部が抜群に出来がいい。この作品でベートーヴェンはモーツァルト的特徴を取り入れて第二主題を割愛する代わりに、冒頭の動機の一部を使って興味深いヴァリアントを提示する。この断片が現われるのは総奏で、変ニ長調の落ち着いた光の中である。これは変ロ短調（主調の同名調）と近親関係にある調で、実は転調のための妥協の産物だ。

第三番ハ短調の広がりと情熱は否定しがたいが、構造的にはいちばん弱い協奏曲となっている。総奏は独奏ピアノによる最初の提示を先取りして複製したようなものだ。第二主題は平行調（変ホ長調）で現われる。これで独奏の提示は興醒めとなる。その箇所は、曲の冒頭で総奏が弾く部分の繰り返しなのだから。

本盤の協奏曲第一番の方がモーツァルト的な傾向が強い。第二主題は総奏で提示されるが、調性は変ホ長調である。これは第二番変ロ長調で変ニ長調のエピソードが導入されたときと同じ調関係を意味する。確かに処理の仕方に大きな違いはない。変ホ長調の提示は反復進行のエピソードを解き放ち、やがてそれはハ短調の属調で頂点に達し、厳格な和声の範囲内での集中的な動きという性質が保たれることとなる。

この協奏曲でかなり問題なのは、独奏ピアノの導入部分である。管弦楽が展開部へ移行したあとでこの部分が再現されないベートーヴェンのピアノ協奏曲は、これ一曲しかないが、これ一曲だけでよかったとも考えられる。モーツァルトの主題の入り方で論じた内容の中立性が、ここではベートーヴェンらしからぬ卑屈なお世辞に変わっているからだ。義理で弾かれる無駄な十二小節を提供したあと、楽章は従来の路線に立ち戻るのである。第二楽章はやや無気力な夜想曲で、主題を飽きるほど繰り返す。つい余計なことを語ってしまうという実に夜想曲らしい性格がここに現われている。

ベートーヴェンの協奏曲の中で、この協奏曲の第三楽章のロンドはハイドンに負うところがいちばん大きい。ここにはハイドン的な明晰さ、経済性がある（中間のイ短調のエピソードは主題との関連性がないが例外ではない。その同調しない態度もまたハイドン的である）。そして聴き手を魅了する力もまたハイドン譲りである。

カデンツァについて一言

とうてい隠しきれないと思うが、［ベートーヴェンのピアノ協奏曲第一番のために］私の書いた第一楽章と第三楽章のカデンツァは、純然たるベートーヴェン風の様式からは程遠い。近年、カデンツァは協奏曲の主題との語法的な同一性を保ったものを書く方が褒められるようになった。また、比較的慎み深く趣味のよい音楽家たちの場合、作曲者本人がカデンツァを残している作品には新たにカデンツァを書かなくなったことも指摘しなくてはならない。こうした及び腰の態度は歴史的に常に優勢であったわけではない。十九世紀の実に多くの作曲家たち（ブラームスも含めて）が有力な証人となってくれる。彼らはそれ以前のさまざまな作品のカデンツァを書いたが、ふだんの技法で書くことをやめなかったのだ。今回の作曲にあたって私の念頭にあったのは、動機を寄せ集めて対位法のポプリを作ることで、これは初期ベートーヴェンをはるかにしのぐ半音階的な語法を用いてこそ可能だった。かくして

第一楽章のカデンツァはかなりレーガー的なフーガとなった。第三楽章のカデンツァはフェルマータの施された四六の和音と、ロ長調でオーケストラが神妙に再登場するところをつなぐラプソディである。どちらも作品との有機的なバランスを達成しており、それによって、カデンツァ本来の目的がおのずと否定されることになった。つまり名人芸の披瀝が否定されたのである。まあ私は、オーケストラにバルコニー席まで退いてもらい、ピアノをシャンデリアの下に格好よく吊るして輝かしい三分間を繰り広げる、なんて派手なまねをしたためしはないが。

13 ブラームスはお好き?（プログラム解説・一九六二年）

最近、レナード・バーンスタイン（一九一八―一九九〇）氏は、ブラームスのピアノ協奏曲第一番ニ短調作品一五に対する私の解釈が規範を逸脱していると考え、それについて注意を喚起する声明を発したところ、広く議論されるに到った。ニューヨーク・フィルハーモニックとの共演を始める前に、彼の知る限り最も悠々とした、ある意味で最も扱いにくい解釈になることを示唆したのだ。説明として、これらの指摘は両方とも実に正当だった。指摘に値する悠々とした演奏だったし、その悠然としたペース（ゆえに手を加えようのないものとなった）を最初から最後まで粘り強く守ったのである。

ところが、ニューヨーク各紙の紳士たちは、常に自分本位の批評を書きたがっており、悠然を退屈に、粘り強さを頑迷にただちに読み替え、指揮者と独奏者のあいだの古典的な確執があったに違いないと示唆した。事実を言えば、そんな類いのことは何も起きていなかった。バーンスタイン氏はあの作品の私の見方にまったく同意しなかったが、寛容にも、私の解釈の冒険に乗ってくれた。だから、結果として生まれた演奏は、たとえ強引だったとしても、少なくとも不和が生じているものではなかった。あの有名な対立ではないが「私の方がもっと遅く弾ける」といった調子では決してなかったのだ（一九四六年初演のブロードウェイ・ミュージカル『アニーよ銃をとれ』の有名な二重唱〈私の方がもっとうまくできる〉を指すか）。ただし、バーンスタイン氏の発言には、本質的な誤解がひとつだけあり、私は少々困惑した。それは、この演奏の奇異な部分は計算ずくだったのかもしれないし、それは気を引くだけの仕掛けであって、楽譜に基づく音楽的な要請とは無関係だという結論だ。

これが事実なら、十九世紀の協奏曲に対する私の見方とはまったく両立しなかったはずだ。なぜなら、私は、協奏曲というジャンルは、広く長きにわたり甘やかされてきた形式だと考えているからだ。真の成功を得た協奏曲は――つまり、人々のあいだでも、また、音響的な意味でも成功した協奏曲は――二流の作曲家のものだったのは偶然ではない。たとえば、グリーグとリストがそうだが、彼らは真の交響的な構築力をひどく欠いていた者たちである。他方、ベートーヴェンやブラームスといった大家は、協奏曲作りでは、ほとんど常に二番手にとどまる。理由は、生来の感性が協奏曲の構成というばかげた約束事を容認しないからかもしれない。約束事とは、まず、オーケストラによる予備的な提示部。聴き手の期待を募らせ、独奏者が豪華で劇的に弾き始める。そして、うんざりするほど主題を繰り返す構造。第一クラリネット奏者が吹いたばかりの旋律を独奏者はずっと洒落たものに変えられるのだと誇示できるように作られている。圧巻は時代遅れの貴族主義的なカデンツァだ。わざとらしいトリルやアルペッジョが鳥のようにさえずるが、どれも基本的な主題には必要ない。これらはすべて協奏曲の伝統の構築に貢献してきた。そこから目立ちたいという原始的な欲求の最も見苦しい音楽的事例がもたらされたのだ。こうしたものから、独奏者のけしからぬエゴが実証されるに到った。私の解釈の特質は、独奏者の役割を強化するよりも従属させることにあった。つまり、孤立ではなく、統合だ。

奇妙な作品である。常に問題児のようだった。二台のピアノのためのソナタとしてまず生まれ、また交響曲に作り変えられそうになったことからわかるのは、交響楽的な彫刻がずっと苦手だったブラームスにとって、この作品は特別やっかいな存在だったのだ。そして最終形態となったこの協奏曲は、上出来とは言いがたく、構成のバランスは十分ではない。しかし、骨格的な耐久性にどんな難癖をつけたとしても、ブラームスがこの作品に注ぎ込んだ想像力の素晴らしさには及ばない。構成上の欠点はあっても、ブラームスの管弦楽曲の中でこれほど好奇心をかきたてる作品はない。だからこそ、ピアニストたる者はこの作品を演奏したがる。その困難な瞬間を乗り越える方法を見つけたいし、比類なき打鍵を楽しみたいのだ。しかし、百年にわたり演奏が続けられて重ねられた解釈によって、この作品の本当の強さや弱さが次第にぼやけてしまったと私には思われる。

この曲の強さと弱さは一体を成している。冒頭の数小節には驚くべき非凡さが発揮されているが、これを構成的に特別に論じることはできない。つまり、ニ短調の作品の開始なのに、これを諫めるかのように変ロ長調の和音が鳴り、そこに半音階的な執着のあることを第三《ママ》小節（第四小節の誤り）の神秘的な変イ音が実証するのだが、せっかくこうした動きを示しても、交響楽的な行動様式の要請との縁が切れず、結局はこれに同調してしまう（たとえば、第二主題群のポーカーフェイスで実に冗長に再現される場面がそうだ）。確かに古典的な作曲法の実践をよしとする伝統の要請にブラームスは最終的に屈したが、彼の想像力はこれと闘っている。不完全で、不規則ながら、作品に生命をたたき込んでおり、この闘いこそがこの曲を実に独特で謎めいたものにしているのだ。

こうした作品に取り組むには二通りの方法があり、それらはまったく異なる。まずは、その劇的要素、対比、そして、ぎこちないところを強調すればよい。主題と主題が対立する調関係を、不揃いなものの融合として扱うのだ。これは今流行中のロマン派の音楽の解釈法である。これによって、驚きの連続のプロットが読み取れるが、それは倫理的に矛盾に満ちている。取り組む対象は、古典派的なソナタ構造という、おざなりな約束事であり、またそれにつきものの、ひどくステレオタイプな見取り図だ。主題に男性的なものと女性的なものの対比を認めればそれで十分だというおめでたい態度がそこにある。他方、もうひとつは、ブラームスに未来を読み取る方法だ。シェーンベルクのような目でこれを捉えると、基本的な動機を編み込んでいく洗練された手つきに気づく。私たちの時代の分析的な立場がそこに見つかるのである。

本質的には、私のやってきたことはこの後者の方だ。私は構造における類似性を重視してきた。対比はできるだけ目立たせない。古典派協奏曲の伝統におけるセンチメントの礎になっていたのは、主題における男性的なものと女性的なものの対比だが、私はあえてこれを無視した。あまりに誇張されすぎていると思うからだ。結果として、たとえば、最終楽章では、出だしのペースをそれこそ執拗なほどに貫いた。少なくとも終盤でブラームスが短いメノ・モッソ（より遅く）と、次いでピウ・モッソ（より速く）を指示する箇所まではそうした（それぞれ四四二小節と四六三小節。後者の正確な指示は「ピウ・アニマート（より生き生きと）」）。また、第二主題は効果抜群のピアノ独奏で、独奏者の重要性を劇的に高めることができるが、私はそんなわざとらしいまねは試みなかった。同様に、第一楽章では、主要主題のあいだのギアの切り替えをできるだけ目立たないようにした。このプロセスにおいて、伝統的な強調は避けた。強弱の表出は抑えた。独奏者がその場を仕切るような機会は避けた。その結果、この作品のアプローチとしては、ひどく地味なものとなったかもしれない。穏当なアプローチという意味ではない。しかし、これこそブラームスを演奏する唯一の方法だとか、この作品の唯一の解釈だとか、そういった提案をするつもりは毛頭ない。それでもこれはこの作品の本質を認識した上でのアプローチであり、必然性のある範囲内であれば、うまくいくものだと考えている。

14

ロマン派のめずらしい作曲家を掘り起こすべきか？（時評・一九六九年）

数週間前、テレビのネットワークを通じて新生のジュリアード音楽院が正式に開校を宣言したとき、このために選ばれた公演曲目は高名な修了生であるヴァン・クライバーン（一九三四―二〇一三。五八年第一回チャイコフスキー・コンクール優勝）、シャーリー・ヴァーレット（一九三一―二〇一〇。メゾソプラノ）、イツァーク・パールマン（一九四五年生まれ。ヴァイオリン奏者）の三人に託されたものだったが、この音楽院の新しい親組織であるリンカーン・センターの憲章の「パフォーミング・アーツ」条項をはっきりと強調するものだった。そしてこれは、学校がスポンサーでも健全なレパートリーの構成は保証されないことを如実に語るものでもあった。比較するに足る企画として、「かつてない感動的な開幕式《オールタイム・オーフル・インオーギュラル》」というのがあった。この名称はモントリオールのクリスタル・パレス協会（不明だが同地のクリスタル・パレスは一八六〇年代にあった博覧会用のホール）に私が進呈したもので、一八六七年のカナダ建国から百年を記念する演奏会を指す。そこでは、ヴェルディの歌劇《ナブッコ》序曲、ドニゼッティの歌劇《ランメルモールのルチア》からフルートを伴う独唱（第二部第二幕「狂乱の場」のソプラノ）、ベートーヴェンの第一交響曲、〈ベルリーニの思い出〉と題されたヴァイオリン独奏曲（フランスのA・アルトー（一八一五―一八四五）の作か）、バルフ（M・W・～、一八〇八―一八七〇。アイルランドの作曲家）の歌〈一日は終わった〉、メンデルスゾーンのピアノ協奏曲ト短調、そのあとに休憩が置かれたが、催しのまだ半分も終わっていなかった。

ジュリアードの開校記念行事としては、プログラムは少々野心に欠けるかもしれないし、現代曲は比較的少なめだった。パガニーニのヴァイオリン協奏曲ニ長調の第一楽章、モーツァルトの〈ハレルヤ〉（カンタータ《ママ》《踊れ、喜べ、幸いなる魂よ》（K一六五のモテト）の親しみやすい旋律の部分）、ドニゼッティの歌劇《アンナ・ボレーナ》のルーラードを駆使した歌、フランツ・リストの長く人々を魅了してきた（永遠に不満は残るにせよ）第一ピアノ協奏曲が並ぶ。さらに、百二十年ほど前の開所式ならきっと格好の曲目として話題になったような作品も演奏された。すなわち、当時の海外での音楽劇場に関するずっと進歩的な発想を示したはずの作品、歌劇《ローエングリン》の第一幕への前奏曲と第三幕への前奏曲である。結局、この捧げ物のような演奏は、卓越した客演指揮者、レオポルド・ストコフスキーの才能に合わせたのだ。彼は、ジュリアード出身者ではないようだし、曲目編成における新機軸に通じていたわけでもなかったのかもしれない。

このようなプログラムになったのは、教師たちが伝統的に曲目の編成を軽視してきた結果のようで、これほど間の抜けた話もないが、あわせてテレビ放映は意識していた。見事な重音奏法を披露させて、アメリカの音楽教育の成果が豊かな生活を約束するのだとゴールデンタイムに宣伝しようという目論見があったらしい。しかし、最も気を滅入らせたのは、このジュリアード音楽院の豪華な公演が、演奏会を活性化するための最後の試みとして拙速に生まれた最新の流行と（うかつにも）手を組んでしまった点だ。つまり、ロマンティックなヴィルトゥオーゾ・カルトの復活である。

現在におけるこの復活の始まりは実に無邪気だった。クリスタル・パレスの書類の中で、私は種々の様式や技法を取り混ぜたプログラムを見つけたが、数年前、公共機関では、国家的な祝典などのために、そうしたプログラムの模倣（あるいは複製）を依頼することが時折あったのだ。そういう催しのときの空気はノスタルジーが濃厚で、衣装はどこかの婦人会が占有していた屋根裏部屋で見つけてきた古い衣装のように正統的だった（しかもこれは演奏会の音楽と演劇のぎこちない融合の始まった時期である）。誰も――少なくとも、関わっている演奏家たちは例外なく――この件を深刻に受けとめていなかった。バランス感覚が到るところにあり、演奏家たちは人を笑わせる才能を備えながらも、真顔を保つことが一般的に褒められた。流れ落ちる滝のような妙技を披露しながらも、六音鳴らすうちの一音ごとに現われる主題の変形を密かに祝福しているのかもしれない。こういう芸当が、高い技術力と、伝統を前向きに保持する態度とともに評価されたのだ。

やがて、こう指摘する者が現われる。いわく、コメディが本格的な興行となった時代なのに、娯楽として適切に評価されていない、と。この見方はすぐに二方面から支持された。一方は尊い学術界からで、娯楽として耐えられないものであっても、歴史的にきちんと記述しておけるのは特権だとする発想である。また、他方は流行的な発想である。この時代は、産出される原型的な音楽は種々の様式の寄せ集め《ポプリ》なのだから、折衷主義が適切に探求される結果、長らく芸術作品を規定してきた高度に多層化した判断基準は廃れてしまうのだ、とする。マクルーハン氏の主張によれば、あらゆる音はそれ自体が本源的に音楽である。啓蒙性の足りなかった過去の時代（たとえば一世代前）には、ロマン派の交響曲、弦楽四重奏曲、またはソナタといったものを区別するために、それらに内在する劇的なまとまりが必要だと仮定されていたが、この要件をすべての音の根源に求めることは俗物的かつ非現実的であり、商業的にもよくない。これはいわばマルローの提唱した美術館の音楽版であり（フランスの作家アンドレ・マルロー（一九〇一―七六）は、種々の芸術作品の図版を集めた「空想美術館」を提唱。四六五頁参照）、そこではロマン派の虚飾に満ちたショーピースでさえ歓迎される。なにしろ対位法がまったく使われていないので、そうした作品は、内面に意味を期待することの愚かさを実例として教えてくれるからだ。もちろん、こうした議論は、通常は前衛演劇の擁護者が持ち出すものであって、それを用いるとは実にあざとい。その目的は、いつもなら反対するはずのグループを無力化することにある。これは同時に、現在のスポンサーが介入する以前にはロマン派の音楽への関心が薄れつつあったこと（実際は違う）や、現在無慈悲に無視された一握りの音楽の展示者たちこそがその時代の精神の真の体現者であること（実際は違う）を伝えるためでもあるのだ。

たくさんの蠟燭の点された会場で演奏されていた音楽にこのように回帰するにあたり、真っ先に利を得たのが、古典派からロマン派への移行にあたって最も騒がしく、かつ最も優雅さを欠いた形式であったのは、偶然ではない。協奏曲である。最近のシュワンのレコード・カタログ（一九四九年創刊。全ジャンルのLPカタログ）には、一八七七年に書かれたシャルヴェンカ（一八五〇―一九二四。ポーランド出身。以下二名と同様にピアニスト兼作曲家）の戦慄すべき協奏曲変ロ短調がRCAから発売されたことが記されている。出し抜かれたCBSはフォン・ヘンゼルト（一八一四―八九。ドイツ）のナルシスティックな協奏曲へ短調をもってこれに報復。モシュコフスキ（一八五四―一九二五。ポーランド出身）の協奏曲ホ長調に誰かが目を向けるのは時間の問題だ。ソナタや弦楽四重奏曲や交響曲といった形式とは違って、協奏曲は冗漫な身振りとわざとらしい二項対立の氾濫である。これは価値と価値との衝突であって、十九世紀の機械論的執着と十八世紀の形式によるコントロールの融合が引き起こしたものなのだが、実はロマン派の環境に適応させた古典派の約束事にすぎない。私たちがロマン派の協奏曲に固有のものだと考えている両極性（二重の提示部、〝みなさんはストレートに、わたしは変化をつけて〟弾く主題の配置など）は、十九世紀半ばよりもかなり前からの難儀な戦術であって、熟練した戦略家にしか展開できない。協奏曲は、少なくとも今日の曲目リストで好まれるようないっそうグロテスクな混成物は、ロマン派の真の精神を体現してはいない。秋、極地に生まれた高気圧が中央平原地帯に現われて、そこにとどまっていた海洋性の暖気を初めて一押ししたとしても、それが冬の到来を意味しないのと同じだ。

もちろん、教条主義と無縁な私たちを含む偉大なる物言わぬ大衆《グレート・サイレント・マジョリティ》（ニクソン氏ではないが）にとって、ロマン派の音楽は輝きを保ち続けてきた。確かに私の音楽院時代の大半の学生は、「形式に欠けた」ベルリオーズ、「大げさな」エルガー、「饒舌な」レーガー、それぞれの音楽に対して、曖昧な不満の声を上げるのが得策であったようだ。しかし、その種の表明は、仲間うちでの圧力に耐えるための方便にほかならなかった。当時、数十年にわたる新古典主義と新バロック主義の復興があり、特にこれをめぐって年長者たちと論争したが、見解のジェネレーション・ギャップを埋めたくなかったのだ。もっとも、私たちのほとんどは、密かな楽しみにのめり込んでいた。夜、家族が寝静まったあと、クレンペラー（一八八五―一九七三。ドイツ）の振った《復活》交響曲（一九五一年録音、アムステルダム・コンセルトヘボウ管弦楽団）や、メンゲルベルクの振った《英雄の生涯》（一九四一年録音、同管弦楽団）を聴いて陶酔し、こう思ったのだ。時流に乗ることや仲間と同調することを気にかけたりしなければ、世の中はすっきりするのに、と。

才能の出現を百年単位で見落とすことはかなり難しいし、ヴァーグナーのような豪華さ、メンデルスゾーンの優美さ、スクリャービンの未来派志向といった豊かな才能に恵まれた問題の世紀にあって、近視眼的な態度を養うのはほとんど無理だ。もちろん個々人にそれぞれの盲点があるのはむしろ奨励されなくてはならない。論考の執筆の動機となるし、批評家は発言の機会を与えられる。たとえば『ニューヨーカー』誌のウィンスロップ・サージェント（一九〇三－八六）は、多年にわたり、たくさんのコラムを書き、アントン・ブルックナーを擁護し、最終的に真価が認められる日が来ると信念をもって主張してきた。国内市場を判断して、サージェント氏の正当性が認められたとすれば、今度は一九七〇年代後半の注目株として、フランツ・シュミット（一八七四－一九三九。スロヴァキア生まれのオーストリアの作曲家）はどうだろう。しかしサージェント氏のようなキャンペーンは、実におとなしいやり方であって、たいていは「ほかに気づく人がいないのは惜しい」というオーラを発散させていたし、それに続くプロパガンダには、少なくとも読者に「聴いてみようか」と思わせるだけの熱意と切なさが感じられた。ブルックナーのリズムが四角四面なのは本人の性格が四角四面だからだと考えてもおかしくないのだが、ブルックナーを代弁するサージェント氏の熱意は、謎めいた存在というブルックナー像を強固にする点にのみ注がれていたのだ。

　正しいブルックナー理解かどうかはともかく、このアプローチはロマン派の根本的な教義に忠実である。この教義は、結局、素材を曖昧に拡張することに関わりがあるし、観察できるあらゆる現象には心理的な影が隠れているという発想ともつながっている。ロマン派のほとんどの作曲家たちに使い尽くされた四音の和声単位、つまり、減七の和音は、表面的には解決に消極的な態度を示すけれども、その気になればその音だけで強い存在感を出せた（フランツ・リストがあまり冴えない場面でこれを証明した）。ちょうどそれと同様に、この和音はまた、多調的な指向性がある一方で、フレーズの軸としてばかりか、作品全体を基礎づけるパラグラフ構造の核として機能し得たのである（ブルックナーが第八交響曲の第一楽章において、三全音の転調法でこれを精妙に実行している）。ロマン派の音楽の多くも、客観的な現象と、それを前提とした心理的な反応とをはっきりと区別している。ロマン派の音楽の最良のものは、流行に左右されるようなレパートリーではないし、秘めることを好むため、ヴィルトゥオーゾにとっては必ずしも絶好の活躍の場ではない。しかし、ロマン派の音楽が数量的な限界と見なすものを撃退するための最後の砦は、高みにあるときのロマン派の音楽そのものなのだ。かつての夜中、私と同世代の者たちがローファイの演奏を何時間も聴き続けてこの思想に浸っていたことを考えれば、今頃になって、ジュリアードやその同族たちによって、違う方向に誘導されるのは心外である。

15　グリーグとビゼーのピアノ曲と批評家への付言（アルバム解説・一九七三年）

グリーグのピアノ・ソナタは一八六五年に、ビゼーの夜想曲と《半音階的変奏曲》はその三年後に書かれた。そもそも録音とは本来アーカイヴでの資料保存活動であり、雑多な音楽集めではないとする見解に賛同する方々に合わせて記すならば、今回の盤は、第一九センチュリー第七デケイド第三部に収められるべき資料である。

そのように記す方々にとっては、残念ながら、本盤は上記の見解にそぐわないため、不愉快であろう。実際聞こえてくる音楽もそうである。もしも私がこれらの曲にきちんと取り組み、類似性を適切に指摘し、妥当な矛盾点を強調したならば（もちろん学術的な「比較対照」の約束事を踏まえて）、私は次のように力説することが求められるだろう。すなわち、両作曲家が活動したのは、「ロマン主義」時代の最大の変異が起こったという事実に圧倒された環境だったのだ（その後の知恵を総動員してわかったように）と。変異とは、ヴァーグナーの楽劇《トリスタンとイゾルデ》（一八六五年初演）である。

ところで、私は《トリスタン》が大好きである。十五歳で初めて聴いて涙を流した。最近は、言うまでもなく、涙は流さない。涙を禁じるのは心理学的にはよけいなおせっかいだし、医学的には不健全だが、それが西洋人男性に求められた情緒のパターンなのだ。しかし、つらかった日、あるいは夜遅く、「愛の死」の一、二節を聴けば、背筋がぞくぞくとして、喉が詰まる。オーランド・ギボンズの讃美歌を除けば、これほどの迫力と予測可能性をもって私に作用する音楽はほかにないのである。

ただし、問題がある。《トリスタン》を無条件に認めることは、主観的な印象以上のものをこの作品に認めることであり、それは暗黙のうちに、私の呼ぶところの「高原＝山頂＝断崖史観」をも認めることになる。いや、そう呼ぶのは私だけだが、意識していないだけで、ほとんどの人はそう考えている。そして《トリスタン》は、少なくとも今世紀のあいだじゅう、この観念に奉仕する輪留めピンとして働いてきたのだ。

この観念に仕え、ほとんど必然的に《トリスタン》を崇拝していたのがアルノルト・シェーンベルクだ。かの紳士は次のように思い込んでいた。すなわち、彼自身の進化がダーウィン的な不変性を持っていたこと（確かにそうだったかもしれない）、《トリスタン》が曖昧な風潮の誘因となり、やがて調的な志向を個人的に拒否するようになったこと（ほぼ間違いなく事実であろう）、そして、推察するに、彼とヴァーグナー、そして他の年長の巨匠たちとの関係は、マントを着せられる者とマントを着せる者との関係であったことである。最も敬虔なシェーンベルク信者たちも同様に判断し、輪留めピンの役を果たす作品のリストはしかるべく増えた——モンテヴェルディの《オルフェオ》、バッハの《フーガの技法》、半ダースほどのシュターミッツの交響曲など（「どれかひとつを選ぶか刑務所へ行け」「振り出し地点の通過も二〇〇フローリンの受領もできない」とモノポリー・ゲームの指示を言いたくなる）。改宗した司教のイーゴリ・ストラヴィンスキーは、ベートーヴェンの《大フーガ》を推薦した。おそらく最も印象深いのは、エルンスト・クシェネクが、ジェズアルドの半音階主義は、三世紀もの介入がなければ、ヴァーグナーに直接つながっていたかもしれない、と公言したことであろう。このクシェネクの発言は、公正を期すために述べると、その時代精神の基準で判断したとはいえ（結局、この発言は約三十年前、ジェズアルドの犯罪とその時代が世間で詮索されることの少なかった頃になされた）、かなり的確な洞察が含まれている。しかし、こうした発言はすべてそうだが、究極の基準として長期的な直線的目標を押しつけ、うかつにも、神は同名異音的な関係の側にいるのだという印象を与えてしまった。

言うまでもなく、このアルバムに収められた作品それぞれには、まさにこの同名異音的関係がたっぷり含まれていて、ビゼーが自己宣伝をする《変奏曲》は、臨時記号競争では断然トップを走っている。だが、どの作品も、《トリスタン》の真の遺産であるエクスタシーの継続的な状態を達成しているわけでもないし、もとよりそれを目指しているわけでもない。それに、そうした基準に従ってこれらの作品を評価することは、こんな要求をするのと同じだ。つまり、シベリウスの交響曲第五番（一九一四年）は、口当たりのよいロマンティックに洗練された構成法を捨てて、《春の祭典》（一九一三年）の筋肉運動的な句読法に倣うべきだ、とか、《町人貴族》（一九一八年）はロココ時代という過去の懐かしさの喚起を放棄して、《月に憑かれたピエロ》（一九一二年）の表現主義的な「現在」を取り入れるべきだといった要求である。結局、カレンダーは暴君である。その情け容赦のない直線性に従えば、創造性は妥協を強いられる。芸術家にとって最大の責務は、超然性と匿名性の精神を追求して、時系列がもたらす競争的な威圧感を無効にして乗り越えることにある。

いずれにせよ、期待はどうあれ、事実関係は以下のとおりである。グリーグのピアノ・ソナタ作品七は、音楽院卒業後に試みた、手堅く、滑らかな分節化の施された作品であり、ときおり現われる自己満足的なパラグラフのシンメトリー構造に半音階的な装飾が生気を吹き込む。後年のグリーグは常に見事な小品を書くようになり、ソナタの概念自体から離れたが、大規模な形式に対する彼の自信は、その活動の早い時期にピークを迎えた。実際、名高いピアノ協奏曲（一八六八年）は二十五歳の作品である。この協奏曲と同じく、ソナタホ短調は作者の地理的な特徴を実によく伝えている。つまり、オーストリア＝ドイツ的な交響楽的伝統からの独立性である。それは、導音の傾向に対して、頻繁ながら完全に非暴力的な抵抗が示されたり、動機的な工夫に適切な改変が加わることによって達成されている。これらの初期の作品に漂うムードがいかなるものであれ、革新的内容（私の愛用表現を作り直すなら、奇態指数《クワーク・クオティエント》の高い内容）は、ドヴォルザークの場合と同様、控えめでいて魅惑的なユーモアとともに導入されている。

ビゼーの《演奏会用半音階的変奏曲》は、私見ではあるが、十九世紀第三四半期に生まれたピアノ独奏曲のうちできわめて数少ない傑作だ。これがほぼ完全に無視されている現象に対して、私には何ら筋の通った説明ができない。この並外れた作曲家の場合、死後に発見された十代の逸品である交響曲ハ長調に続くあらゆる作品と同じで、《半音階的変奏曲》は、和声的に決して誤った方向に踏み込むことがない。選ばれた和声の道は、半音階的な迂回路があちこちに張りめぐらされた道であり、地滑りの恐怖が常につきまとう（ビゼーは比較的負荷の少ない全音階主義の語法を利用して同様の効果も出せたはずだから、やはり実験作であったと推測される）。あらゆる障害が巧妙に避けられているのは、作曲者ビゼーがきわめて高度な技術を発揮したばかりか、空想的で絵のようなルートを彼が全編にわたって描いたことの証拠でもあるのだろう。

緻密に計画を立てた音楽から切り離したとしても、このルートは論理学者を喜ばせる。「主題」（本質的にはシャコンヌの動機だ）は、簡素そのものだ。二つの半音階的音階（上行と反行）は、ハ短調の主和音の輪郭をオクターヴの重音で描くことで終止の区切りがなされる。最初の七つの変奏（全部で十四変奏から成る）は、短調を貫く。残りの七つの変奏は、主題を上手に均等に配置する手つきを取りながら、長調であることをやめない。かくしてコーダが現われる。どうやらそこまでのハ長調の変奏群の支援に夢中らしい。そのあと、変ホと変イの音がテクスチュアに加わる。最初はおそらくうっかりと、だが、次第に自信がみなぎり、強調がなされるようになる。すると今度は変ニと変トの音が音楽のバランスを決定的に損ねたところで、「主題」の断片が気難しそうに再現し、作品はハ短調に回帰して終わるのだ。

《半音階的変奏曲》ほど冒険的ではないけれども、夜想曲ニ長調は、洗練の度合いでは劣らない。この曲は、メソジストの讃美歌風の堅苦しい終止形とならないための苦慮がもっぱらなされていて、導入の最初の四小節を減七のアルペッジョにすることにその意図が込められた。遠慮がちに信号を発することで目的は達成されたのだが、それは模範的な率直さのおかげではない。模範的な率直さこそ、ビゼーがこの作品を否定するために求める姿勢だからだ。むしろ、（この作品自体の説明方法にのっとるならば）模範的な優柔不断さによって達成されたのである。

批評家への付言

批評家各位

多くの皆さんにとって、本盤はビゼーのピアノ曲に触れる初めての経験ではありませんか？　私もそうでしたので、ここで皆さんと発見の喜びを共有いたします。けれども、このレパートリーはシュワンのレコード・カタログには載っていませんし、演奏会（私は聴きに行きませんが）で取り上げられることは、あったとしても、頻度は高くないと考えざるを得ません。その意味では、ここに収められた演奏を評価する物差しがなくてお困りになるかもしれません。

そこで、この発売を熱意をもって歓迎してくださる方には、こんな文章はどうでしょうか——「初録音だからこそ得られる快活さと力強さを伴って、この録音は、新鮮で、無邪気であり、伝統からの解放が感じられる。伝統とは、故アルトゥール・シュナーベルがいみじくも述べたように、悪習の集大成にほかならない」。他方、ここでの解釈の妥当性に疑念を抱く方には、思いきってこんな文案を推薦しましょう——「……残念ながら、生ぬるい演奏である。解釈は、構築的な全体像をまだ探求している段階だ」。そして、態度を決めかねているのなら——「……残念ながら、生ぬるい演奏だが、それでも新鮮で、無邪気で、伝統からの解放が感じられる。伝統とは、故アルトゥール・シュナーベルがいみじくも述べたように……等々」が使えるでしょう。

もっとも、この覚え書の責務は、本盤の表側に収められた比較的知られた音楽の、皆さんに気づかれにくい一面に注意を向けていただくことにあります。きまりの悪い事実となりかねませんが、エドヴァルド・グリーグは私の母方の曾祖父の従兄弟であったのです。私の母フローレンス・グレイグは、スコットランド在住の一族同様、Grieg ではなく Greig と綴ります。グリーグの曾祖父にあたるジョン・グレイグという人は一七四〇年代に北海を渡り、ベルゲンに定住し、名前に含まれる二つの母音の順序を逆にしました。その方が北欧系らしい姓になると考えたのです。おわかりになると思いますが、本盤のグリーグの演奏について、今示したビゼーの演奏への苦言（特に二番目の文案）のように乱暴な批評をすれば、ロベルト・シューマンの名作であるイ短調協奏曲の内的な仕組みをクララ・シューマンはきちんと知らされていなかったと示唆するに等しいのです。

もちろん、このソナタは、定番の曲目とは言えませんが、ときどき演奏されたり、録音も出ます。縁戚エドヴァルドには気難しいが妙に冷静なイプセン的憂鬱があり、それは最初期の作品にさえ明確に現われていると私は思うのですが、この憂鬱を強調しようと、痛々しいほど意固地になっている、と私の取り組みを受けとめた人もいるかもしれません。よって、もっとテンポの速い、リスト風の解釈を好む人には、こんな決まり文句「オーセンティックと思われるが」や「いずれにせよ、疑いなく権威ある」といった決まり文句がちょうどよいでしょう。当然ですが、何よりも情熱を重視する演奏を支持するのであれば、「まさに歴史的である」だとか「真の伝説となる出会いだ」や「レコード市場、異論の余地のない権威、争いようのない正当性によって世代間の断絶を埋める」といった讃辞が述べられるのを楽しみにしています。

夢が広がりますね。お役に立てれば幸いです。

敬意をこめて
グレン・グールド

16　急浮上するマーラーのデータバンク（ド・ラ・グランジュ『マーラー』の書評・一九七三年）

「マーラー――彼の時代がやって来た！」こんな見出しが、レコード雑誌『ハイ・フィデリティ』一九六七年九月号を飾った。この宣言の言葉は、同号の主要記事を示すものだった。それは、三千語を費やした言葉によるお披露目パーティーで、仕掛けたのは、ニューヨーク・フィルハーモニックの〝楽長《カペルマイスター》〟の職をじきに退くことになっていたレナード・バーンスタインである。この催しをもって、オーストリアの作曲家の真価と、バーンスタインが成し遂げた初のマーラーの交響曲全集（全九曲）の完成を併せて讃えたのである。

ただし、当時マーラーのために尽力していたのはバーンスタインに限らない。ゲオルク・ショルティ（一九一二―一九九七）とラファエル・クーベリック（一九一四―一九九六）も、それぞれの所属するレーベルの情熱的な黙認のもとで、やはり全集の計画段階にあった。それを構成する個々の盤は、個別に発売されると、六十年代の他の流行のレコードと張り合って『ビルボード』のトップ・チャートを賑わすことが期待された。つまり、サティ、ニールセン、モーグ・シンセサイザーのウォルター・カーロスと、である。

網羅的ではなくても、必ずしも権威がないわけではない他のマーラー盤としては、古参派（クレンペラー、ホーレンシュタイン（一八九八―一九七三））や、中堅派（ラインスドルフ（四九八頁参照）、アブラヴァネル（一九〇三―一九九三））や、血気盛んな若手（ハイティンク（一九二九―二〇二一）、マゼール（一九三〇―二〇一四））のものが現われつつあったが、六〇年代においてマーラー・パレードの最大の呼び物はユージン・オーマンディ（一八九九―一九八五）が振ったマーラーの交響曲第一〇番だったかもしれない（フィラデルフィア管弦楽団と一九六五年録音）。五楽章構成だが作曲者の死によって、五分の二の完成にとどまった作品だが、英国のマーラー学者デリック・クック（一九一九―一九七六）が、作曲家のスケッチに暗示された象形文字のような指示に従って完成させた。一九四一年にペンタゴンが日本海軍の暗号を解読したことに匹敵する見事な成果だ。

七〇年代に入ると、バーンスタインの後任としてニューヨーク・フィルハーモニックを率いたピエール・ブーレーズは、教条的なセリー主義者なだけに、それまでロマン派以降のレパートリーへの情熱を抑えていたが、マーラーのアーカイヴへの貢献として、初期のカンタータ《嘆きの歌》を録音した。ブーレーズによれば、不当に軽視されている作品である。作曲家ルチアーノ・ベリオは、《シンフォニア》という作品の中で、《復活》交響曲の第三楽章にシュールな光沢を施した。この楽章は、マーラー自身が、交響楽的にはそれなりでも魅力的な曲、〈魚に説教する聖アントニウス〉（《子どもの不思議な角笛》所収）に基づいている。そして、「前衛」に分類されるマーラーの活動家たちを列挙する最後に、この分厚い伝記の著者アンリ＝ルイ・ド・ラ・グランジュが、神秘主義の教祖然としたカールハインツ・シュトックハウゼンの序文を得たことを指摘するのも悪くないかもしれない。その序文でシュトックハウゼンの述べる意見はひとつひとつが軽薄で、ヘッセの作った人物の発言のように思えてくる。彼はわれわれにこう訴えるのだ――「マーラーは神話的人物だ。本書にマーラーのすべてがある。マーラーは一時的に人間であったに過ぎない。本書の読者も魔法のようにマーラーに変身してしまうのだ。」なるほど、それはこの目で確かめないといけない。

もちろん、マーラーには常に擁護者がいた。ブルーノ・ヴァルターは、半世紀以上にわたり、精力的に支持を続けた。レオポルド・ストコフスキーは、第八番（《千人の交響曲》）のセシル・デミル（一八八一―一九五九。スペクタクル映画を得意とした米国の映画監督）的な側面にいち早く着目し、一九一六年にフィラデルフィアで米国初演を果たした。アムステルダム・コンセルトヘボウ管弦楽団は、組織全体がウィレム・メンゲルベルクの布教活動に励まされ、マーラーの楽譜を大切に保存してきた。ただし、オランダがナチスの占領下に置かれてからは、マーラーが非アーリア人であったため、その作品は好ましからざる交響曲《シンフォニア・ノン・グラータ》となった。

しかし、ブーレーズ、ベリオ、シュトックハウゼンといった自称急進派の唱道は、つい二十年ほど前には、どれほど楽観的なマーラー支持者でも予測できなかったはずだ。そして、この態度の変化は、マーラーの作品に対する長期的な展望と同様に、少なくとも現代の気質をも明らかにしている。ブーレーズにとっては、マーラーの点描的なオーケストラの扱い方が魅力的なのだろう、とあえて推測してみようか。シュトックハウゼンの場合、芸術を通してあらゆる経験を総括し、超越する試み（「波、虹、ポリフォニックな作曲──すべて同じ方法でアプローチしなければならない」とマーラーは一九〇〇年に書いた）。そして、ベリオを理解する場合、マーラーのモンタージュに対する執着や、滑稽さと崇高さを混ぜ合わせることへの喜びが鍵になるだろう。

ただし、マーラーをけなす人もいる。彼の評判は、同時代のハンス・プフィッツナーやフランツ・シュミットとは異なり、中欧に限られたものではなかったし、高音用スピーカーの試聴向きの一時的なブームに終わらせないことを切に願うが、彼の作品が聴き手に課すのは、異例の音楽的かつ心理的な要求である。確かに支持者にとっては、その交響曲は稀有な音楽的喜びに数えられるかもしれない。大地を揺るがせ、世界と対決し、天国を目指す態度の表明である。しかし支持者以外にとっては、大げさで、甘やかされ、対位法的に無節操な自己顕示欲の旅であり、その歌曲、特に交響曲群と素材的に分かちがたい《子どもの不思議な角笛》は、中世の神話的な世界を呼び起こすが、それは、官僚的で非情な野心に燃えるヴィルトゥオーゾ的指揮者の住む洗練された現実世界とは相容れないものなのだ。

いずれにせよ、どちらの陣営にとっても、ド・ラ・グランジュの伝記は思いがけない天恵である。この仕事に二十年近くを費やしていることからすれば、著者が熱心なマーラー主義者なのは明白だが、解釈の試みは意図的に排除されている。彼は、マーラーの最初の四十年間の事実をただ伝え（一九一一年の早逝までの慌ただしい十年間を扱うのは第二巻だ）、作曲家が人生最大の間違いを犯す直前でこの巻を閉じる。二十三歳の音楽界の高級娼婦のようなアルマ・シンドラーとの結婚である。

もっとも、ほとんどの読者にとって、著者の非の打ちどころのない客観性に付きあうのはきつそうだ。幻滅するばかりだが、ド・ラ・グランジュが収集した大量のデータが示唆するのはこういうことだ。野趣ゆえの喜びや、ニンフやノームの現われる詩にトールキン的な愛着を抱いていたとしても、グスタフ・マーラーとはひどく陰険な人間だったと。徹底的な日和見主義者で、他人の弱さをおもんぱかることがまったくなかった。マーラーの最初の四十年間は、中欧の出世街道を歩んだ個人の啞然とするような実例である。ライバッハ、カッセル、プラハ、ライプツィヒ、ブダペスト、ハンブルクと、マーラーはひたすらポストを転々とし、最後には、ヨーロッパで最も権威ある指揮台、ウィーン宮廷歌劇場の芸術監督に任命され、大陸でのキャリアは頂点に達する。この間(たくさんの地位に就いたが、ライバッハからウィーンまでの道のりはわずか十五年だった)に残された手紙や葉書、カフェでの発言の記録が証すのは、マーラーが自分の出世のために同僚をたえず操っていたことだ。

だが万事が調子よく進んだわけではなかった。ブダペストでは、花形歌手二名が激怒して決闘の介添人を呼んだ。ハンブルクではリハーサルから安全に帰宅するのに警察に守ってもらった。ライプツィヒでは「マーラーはプラハで自分の後任となったカール・ムックが、彼がやっていた以上に仕事が大変なことや、ムックがそれ以前に〝多くの傷痍〟を受けていたことを知っても心を痛めはしなかった」と著者は記す。実は、マーラーはライプツィヒの契約を破棄したくてあれこれ画策していた。彼が着任したとき、ライプツィヒ歌劇場の首席指揮者は伝説的存在アルトゥール・ニキシュだったからだ。「ニキシュという太陽をめぐる青白い月でいることを私はよしとしない。〝忍耐ですよ。最後には勝つんだから〟と皆に言われるが、私には忍耐などないのだ!」結局、忍耐をせずにすんだ。ニキシュはシーズンの途中で病に倒れた。「同僚の急病の中で、ニキシュの急病ほどマーラーに有利に働いたものはなかった」とド・ラ・グランジュは述べる。マーラー本人もこう記している――「この事件のおかげで、今の私はあらゆる点でニキシュと同じ水準に立っている。これで私が持つべき主導権の獲得において平穏に闘うことができる。私が有利なのが健康面だけだとしても。ニキシュはあまり長く闘い続けることはできまい」と。いや、もういいだろう。あの男は怪物だったのだ。ド・ラ・グランジュによれば、一九〇〇年、マーラーは、トルストイの書いた、罪悪感と自己欺瞞の形而上学的な意味で自伝的な作品を読んで、「落ち込み、いらいらとするようになった」という。つまり、読んだのは、『復活』である。この伝記の巻の最も意義深い引用において、私たちの英雄であるマーラーは、こう言い放っている——「自分の人生の意味と、この本が明かした真実とを一致させることがまったくできない」と。ウィーン宮廷歌劇場は、ヤースナヤ・ポリャーナ（トルストイの暮らした広大な領地）と同じくらい重荷だったようだ。

トルストイと言えば、ド・ラ・グランジュの伝記の登場人物表は『戦争と平和』の二乗に匹敵する。ブラームス、ブルックナー、フーゴー・ヴォルフ、コジマ・ヴァーグナーなど、当時のほとんどの著名人にもわずかな出番が与えられているし、もちろん、最も有名な同時代人、リヒャルト・シュトラウスも登場する（彼はマーラーの妄想的な攻撃を見事にかわし、そのたびに自分の名誉を守った）。大量のエキストラも動員されているが、その人たちの代わりに私はこう思う。著者と版元のダブルデイには最後の編集校閲で惜しみなくお金を使ってほしかったと。実は、重複が数え切れないほどある。前の草稿から切り離されたと思われる文章が、すでに記述されている情報と重なっており、そこには推敲のあとがなく、多くの場合、一字一句違わないのだ。たとえば、一八七八年秋に不可解な状況でマーラーがヴィーン大学を離れ、一八八〇年まで戻らなかった記述が、第四章末尾と第五章冒頭の両方にみつかる。五十五ページと六十八ページには、一八七九年四月二十四日にイーグラウ（彼の故郷の町）で催されたピアノ・リサイタルの詳細が記されている。また、一三六ページには括弧の中にベティ・フランクという声楽家の名がある。そこが初出だが、彼女こそはマーラーの歌曲を公開で初めて披露した歌手である。ところが次のページに、今度は括弧を活用せずに同じ情報が再現される。また、このとき、この若い淑女がマーラーが心を奪われた女性のリストに加わったことを私たち読者はついでに知る。この事実がこの一三六《ママ》ページの呼び物であることは間違いない。些細な点だが、版が改まったら修正がなされるべきだ。

最後の三百ページには、通常の付録に加えて、その前の七百ページの伝記の中で作曲された全作品についての詳細な分析が掲載されている。伝記と同様、そのアプローチは客観性が徹底している。そのため、たとえばノーマン・デル・マール（一九一九―一九四。英国の指揮者・音楽学者）のシュトラウスに関する著作に見られるような、形容詞的な興奮や気まぐれな描写がなくて物足りなく思うのは必然だ。デル・マールでは、交響詩や歌劇の場面の分析が、ドラマそのものになり、主観的報告の傑作だった。しかし、それはド・ラ・グランジュの意図とは異なる。彼の目的は、グスタフ・マーラーを語れる関係者がその場から消えてしまう前に、意味のあるあらゆる情報を集めることにあった。彼はこれを、入念かつ正確に、そして対象への純粋な愛情をもって行なった。マーラーはポスト・ロマン派時代において最も謎めいた人物である。本書と、おそらくその続刊は、この人物の生涯と時代に関するあらゆる研究のために不可欠なデータバンクとなりそうだ。そう予想してもかまわない。

17　リヒャルト・シュトラウス論（論考・一九六二年）

あるとき、友人がこう言った。あらゆる新進気鋭の音楽家には、十代の頃に《英雄の生涯》が不意に現われるときがおそらくあるはずだ、青春の迷い、圧迫、待ち望む勝利といったすべてを表現してくれているような作品としてね。きっと彼は半分冗談でそう言ったのだが、半分正しかったと思う。彼の発言に軽蔑的な意図はなかったが、そこには、もしもその音楽家が自然な成長の中で若いリヒャルト・シュトラウスの派手な外向性に共感し、成熟後にそこからまた自然に抜けていけるならば、という含みがあった。私自身の《英雄の生涯》時代の始まりは十七歳のときで、ウィレム・メンゲルベルクの演奏を聴いたおかげだ。しかし、それから十二年を耐え忍んできたが、いまだに抜け出せていない。私がさっぱり成熟しないことへの非難にもなりそうだが、実は、抜け出せるかどうか疑問なのだ。

だから、リヒャルト・シュトラウスについては客観的に書こうと努めるが、私にとっては簡単ではない。相当な偏見をもって書くことになるためだ。つまり、シュトラウスこそは今世紀に生きた最大の音楽家だというごく単純な信念である。このような見方は今日ではあまり歓迎されない。なぜなら、彼の功績は世界に向けて賞讃される必要は特にないが、年を経るにつれて、今日のどの音楽家よりも評判が不当に落ちてきたかもしれないからだ。この発言を聞いただけだと、ずいぶん驚くかもしれない。彼の音楽が今ほど頻繁かつ献身的に演奏されることはかつてなかったからだ。しかし、私が話題にしているのは、ツァラトゥストラとともに山頂に立とうとして、会場の指揮台から毎晩飛び立っていくゲルマン系の獅子たちのことではない。また、エレクトラの妹クリソテミスや、《薔薇の騎士》の元帥夫人によってこの上ない挑戦や確実な成功が保証されたオペラの舞台に立つ狡猾な虎たちのことでもない。むしろ、狡猾な空想を発揮して、音楽趣味の潮流を支配するために、あのシュトラウスをロマン派の墓場にさっさと葬ろうとする勢力のことだ。シュトラウスは十九世紀の偉大な人物であったが、厚かましくも、さらに二十世紀を半分も生きた、と彼らは断言する。

もちろん、シュトラウスの創作活動の長さには圧倒される。思春期の作品は実に驚異的なので、そこから数えれば、少なくとも六十九年にもわたり、モーツァルト二人分の人生に匹敵する長さである（高尚な発想かもしれないが）。だが、シュトラウスの創作活動の長さ自体が重要なのではないのは明らかだ。多くの作曲家が一〇六歳まで生きるつもりでいるが、私自身は三十歳で品良く人生の秋を迎えて退くことを目標としている。しかし、創作活動の長さによって作曲家の人間的成長を測れるし、またその成長によって創作活動の長さが測れる、という意味では、創作活動の長さとは正当な尺度である。

シュトラウスの音楽家としての進化は、その年月の長さに見合ったものではなかったというのが、音楽界の流行の仕掛け人たちの見解だ。彼らは、今世紀の最初の十年間のどこかで、シュトラウスの成長が止まったと感じているようだ。しかし、彼らはシュトラウスの初期作品の功績を必ずしも否定しているわけではない。彼らの中には、交響詩を口笛で吹ける者もいるし、《薔薇の騎士》の魅惑と勇ましさ、《エレクトラ》の首を絞めるような衝撃など、シュトラウスの最初の大成功であるオペラの劇的価値を認める者も少なくない。しかし、彼らの多くは、二十五年ほど前衛芸術の防波堤となっていたシュトラウスが、四十代半ばでインスピレーションの枯渇に陥り、以後久しかったのが、死によってやっと終止符が打たれたと考えているらしい。

シュトラウスの経歴を振り返ると、彼が道を踏み外したとされる時期が、まさに調性なき音楽言語の発展という、近代における最も重要な音楽革命（あるいは改革でもよいが）の始まりとほぼ同時期だったとのちにわかるが、偶然にしては奇妙なものだ。また、識者たちも、シュトラウスが絶頂期にあった時期が、他の作曲家たちが初めて調的和声の音の障壁《ソニック・バリア》を打ち破った数年前であったことを指摘している。それはたまたまなのか。そして、彼が新しい美学を拒否していると思われたとき、流行の仕掛け人や時代の先駆者たちが、彼を、若き日の成果を再現しようとする惨めな男としか見なかったのも、偶然にすぎないのだろうか。

今世紀初頭から成長した一世代、いや数世代の考えによれば、シュトラウスの犯した最も深刻な過ちは、同時代の技法的な進歩を積極的に共有できなかったことにある。かつては個性的な表現手段を発展させて、高度な冒険の喜びをみなぎらせて自己表現をしていたシュトラウスだが、その後は、精力に満ちた若き日ならもっと力強く明晰に語っていたことを何度も繰り返しているだけで、技法的に止まったとしか思えないと彼らは考える。そう語る批評家たちは納得できないのだ。つまり、なぜこれほど有能な人が音楽語法の拡張をしたがらないのか、ブラームスやブルックナーの時代に傑作を書き、ヴェーベルンを超えてブーレーズやシュトックハウゼンの時代に生きる幸運に恵まれた人物が、音楽の進化という大いなる冒険の中に自分の居場所を探さない理由は何なのか、という疑念だ。しかし、芸術はテクノロジーではない。シュトラウスとシュトックハウゼンの違いは、簡素な事務用計算機とＩＢＭコンピューターの違いとは較べられないのに、これを納得してもらうにはどうすべきなのか。

リヒャルト・シュトラウスは現代における最大の音楽家にとどまらない。彼は、美学的倫理をめぐる今日最も深刻なジレンマの中心にいるのではないか。芸術家の運命は自己誘導的であって、芸術家はその運命が発する不可解な圧力を受けるが、これを共通の時系列にあてはめて歴史的な総括をしようとするときに起こる絶望的な混乱がまさにそのジレンマだ。シュトラウスは保守主義者の星どころではない。その内面には稀にみる強烈な人物がいて、歴史的な進化のプロセス全体を拒んでいる。

＊

この七十年の活動を通して、シュトラウスの全作品に最も顕著なのは、語彙の並みならぬ一貫性である。極端な例を挙げれば、彼が十八歳で書いた交響曲作品一二と、八十一歳のときの弦楽合奏のための《メタモルフォーゼン》を比較すると、どちらも他方では通用しないような和声進行がまったく含まれていないことを認めざるを得ないだろう。基本的には、どちらの作品の和声言語も、ブラームスやフーゴー・ヴォルフ、あるいは、彼ならではの反復進行を除けばブルックナーでも通用する。両者とも対位法的な様式を用いており、特に後者ではっきりわかるが、いかに多くの不一致を引き起こそうとも、その根本的な役割は和声の動きの強化であり、それに矛盾するものではないという信念にやはり何よりも基づく。しかし、これだけの共通点があっても、《メタモルフォーゼン》には、交響曲とはまったく異なる和声的かつ対位法的な可能性が感じられる。そしてこれらの作品が示唆するのは、それ以前の大作曲家と混同しようのない独自性である。十代のシュトラウスの作品（たとえばホルン協奏曲第一番）の場合、図式的な和声のレヴェルでは、メンデルスゾーンや、それこそヴェーバーが書いたと考えてもおかしくないページがあるが、初期ロマン派の巨匠の影響を受けつつも、まったく独自の技法があることは数秒で理解できるはずだ。

　シュトラウスが青春時代を迎えたのは、ヴァーグナーが調性言語の崩壊を予期し、和声の心理的認識を人間の忍耐の極限と見なされもするところまで引き伸ばした時期である。しかし彼は、後期ロマン派の調性の豊穣さを、できるだけ堅固な形式的規律の範囲内で最大限に活用することに、同世代のどの作曲家よりも心を砕いていたのかもしれない。シュトラウスの場合は、この時代の豊かすぎる和声の曖昧さを補整することよりも（若き日のシェーンベルクの動機の徹底的な集中化はそうだったが）、調性の完全な機能の保持に最大の関心があった。作品の基礎的な輪郭ばかりか、構成のごく細部に到るまでこれを徹底したのだ。そのため、シュトラウスのどの初期の管弦楽曲の譜面を、たとえば、リストの交響詩と比較すればすぐに気づくが、シュトラウスの作品は、実に絢爛たる和声的想像力を発揮して、底知れぬ大胆さを示しつつも、あらゆるレヴェルの建築的概念において丹念な表現をしているので、和声言語はいっそう多彩かつ明晰に働くのだ。ほとんどロココ風の旋律と装飾にこの莫大な和声的資源を投入しつつ、シュトラウスは、きわめて単純でいかにもありふれた手段を用いて、圧倒的な情緒的効果を生み出す。終止を導く月並みな四六の和音さえ実に甘美で贅沢な響きに変えられる人がほかにいるだろうか。

　ドイツ・ロマン派の作曲家で、若き日のシュトラウスに匹敵するような無謬の和声を発揮できた人はほとんどいない。ロマン派の調性のとりとめもない構造の強化をする必要性に意識的で、和声上の根音の強調や方向付けに取り組んだのは、彼以前では、最高傑作を書いたときのメンデルスゾーンとブラームスだけだ。また、こう思いたくもなるだろう。シュトラウスはチェロやコントラバスの音を、足で（オルガン奏者がするように）思いついたのではないかと。なぜなら、どれほど大規模の楽譜であろうと、また、どれほど変幻自在な半音階的調性の相互参照が起ころうとも、あらゆる瞬間において、バスの旋律が堅固で、揺るぎなく、まるでバッハやパレストリーナのように、安定した重心を担い続けているからだ。

確かにシュトラウスはこうした努力を通じて明瞭な線を引き立たせようと努めたが、だからといって、彼が線的なテクスチュアで各声部に独立性を与えようと駆り立てられたとまでは考えるべきではない。対位法の名手ではあったが、シュトラウスは対位法自体を探求する作曲家では決してなかった。彼の音楽では、純然たる対位法的な形式（フーガやカノンなど）は、主にオペラに現われ（しかも頻度は低い）、台本の内容を意識的に強調する場合にほぼ限られた。これは純理論的な視点から論じても意味がない。ただ、シュトラウスがこう言っている気がするかもしれない。「見たまえ、私にだって書けるのだよ」と。こうした遊びは、彼にとっては、ともすれば沈んでしまう状況を活気づける手段なのだ。実際、二十世紀の大半の作曲家が動機相互の関連づけの方法を探求するために用いたような対位法的な仕掛けは、シュトラウスの膨大な作品にはほとんどみつからない。しかし、彼は彼なりに対位法的な意識の高い作曲家の一人だった。これは強調してもしすぎることはない。

シュトラウスの対位法の根本的な強みは、対称的な構造の中で各声部に自立性を与える能力ではない。彼の交響楽的な方向性自体が徹底して十九世紀的だったために、自律性を与えることがそもそも無理だったか、本人が望ましく思わなかったのかのどちらかだ。むしろ、強みは詩的な関連づけをする感覚にあり、ソプラノの巧みで高揚感のある旋律や、堅固で内省的で常に終止を意識したバスの動きや、そして何よりも緻密な金線細工のような内声部のテクスチュアといったものがつなげられるのだ。シュトラウスの線的な構成では、矛盾した緊張が生まれる箇所は、たとえばヴァーグナーよりも多い。ヴァーグナーの方が密度がひたすら高まり、緊張と緩和のバランスが整っていく傾向があるかもしれない。しかし、シュトラウスでは、この細かく整えられた対位法的な様式と、きわめて複雑な和声言語との混合によって、クライマックスや緊迫の瞬間や安堵の瞬間は、ヴァーグナーほど圧倒的ではなくても、芸術の複雑な現実をいっそうはっきりと示すのである。

ヴァーグナーの影響を受けたシュトラウスは、自由な和声から生まれる劇的な可能性を、交響楽の領域に変換するという課題を引き継いだ。シュトラウスは、交響楽作家としてキャリアを始めただけでなく（実際、当初は特に堅苦しい交響楽作家であった）、舞台の絶対的支配者でありながら、常に交響楽的な観点からまず考える人であったからだ。立派な半音階的調性の絢爛ぶりとある程度は関わりつつ、そこに含まれるすべての曖昧さを利用するような音楽的建築を開発するという問題は、もちろん、シュトラウスの世代のあらゆる作曲家にとって主要な問題であった。古典的なソナタ構造の型で交響曲を作る場合、調的な高原状態《プラトー》が暗黙のうちに想定されているのが伝統だが、テーマ性よりも発生論的な可能性を求めて素材を選ぶのであれば、不満足な作品しかできない。（もちろんこの問題は、シュトラウスよりもシェーンベルクの方が切実だった。シェーンベルクは、動機のあらゆる順列を使い果たすという、いっそう執拗な決意を常に持っていたらしいのだ。）

　若き日のシュトラウスは交響詩に解決策を求めた。交響詩はプロットがもともと決まっているので、音楽の輪郭形成の論理はそれに連関して成り立つ。それぞれの場面のテクスチュア、長さ、調性の高原状態《プラトー》はプロットが示唆する。だがこれは十全な論理ではない。大半の聴き手が『ティル・オイレンシュピーゲル』の法的な問題や『ツァラトゥストラ』の哲学的な態度についてほとんど知らないし、それどころか関心がないのはほぼ間違いない。シュトラウスは従来の交響楽に用いられてきた純然たる構造を捨てようと試みていたのだが、おそらく、聴き手は、音楽の輪郭とそれとの対応関係を認識しているか、認識しようとしているはずだ。それよりももっと大切なのは、この交響詩の論理がシュトラウスの思考に建築的なまとまりの感覚をもたらしたことであって、この感覚は外部から観察される必要はないかもしれない。よって、それまで常に現前していた完全に音楽的な論理をひたすら強化したのは擬似ドラマの論理だった。役割を果たすや、生まれてすぐに捨てられる運命の論理だ。音楽の中の出来事とドラマの中の出来事を絡ませるのは危険な営みだ。シュトラウスは、音楽以外の状況を音楽的に描写できることをたいへん誇りにしていたが（この才能は、後に彼を当時最高のオペラ作曲家にした）、交響詩の構造の本質は、ドラマの一連の出来事が理解できるように置き換えられていく状況にあるのではない。むしろ、ドラマの出来事の調和に基づいて音楽形式を作るという事実にあったのだ。（しかし、興味深いことに、トーマス・マンは常にこれと逆の手順を話していた。つまり、ソナタ＝アレグロ形式のように中篇小説《ノヴェレッテ》を構築するのだと。）

シュトラウスは年を重ねるにつれて、叙事詩的な小説家が紡ぎ出すプロットの言わば音楽版で聴衆を圧倒したいという意欲を失くしていった。交響詩の時代が終わったとき、彼は、まず、ギャラント様式と恥じらいつつ戯れ始めた。それから激しい気持ちを高まらせ、前古典派世代を席捲していた調性の精神を復活させてこれを強調したのだ。私は以前から思うのだが、シュトラウスの作曲活動において重要な意味を成した作品は、比較的地味で、北米ではやはり比較的知名度の低い《ナクソス島のアリアドネ》である。シュトラウスのオペラの中ではさほど輝かしくもなく、効果にも欠け、あまり印象の強くない作品であり、たいして親しみやすくもない。しかし、円熟期のシュトラウスの卓越した特徴に数えられるのと同じ資質が構想の時期からすでに現われていた。（議論の余地のある意見だが、これが、ストラヴィンスキーの《春の祭典》やシェーンベルクの《月に憑かれたピエロ》と同じ一九一二年に書かれた作品について述べられているという事実には好奇心をそそられるかもしれない。）《アリアドネ》は、うすうす気づいていたことを確信させてくれる。つまり、彼の感性は、新古典派でないとすれば、本質的には、高度に知的なロマン派なのだ。

《アリアドネ》以降、彼のテクスチュアはおおむね透明度がいっそう高くなり、和声様式の心地よさと安定感は目覚ましい発達を遂げる。シュトラウスは常に自分を〝二十世紀のモーツァルト〟だと思い込んでいた。ただし、そのうぬぼれた考え方はまったく支持できないわけではない。実際、《アリアドネ》から《無口な女》までの中期のオペラの多くには、実に心地よい透明感があって、新古典派的感性にふさわしい表現手段になっていると私は思う。だから、繰り返すが、調性を断固として守り抜こうとするシュトラウスの執念は、聖域ばかりか、出発点をも見出すのだ。

＊

霊感の消失は芸術家の誰もが無意識に恐れている問題だが、シュトラウスがそうした事態に見舞われた時期がなかったなどと言うつもりはない。第一次世界大戦直後の時期に、彼の将来が危ぶまれたのは、それなりの根拠があったように私には思える。確かに大戦後の十年間はシュトラウスの生涯で最も成果の少ない十年間である。この時期の作品も相変わらず卓越した技能が発揮されていたが、以前の作品に匹敵するものだとはどう考えても言えない。もちろん、シュトラウス本人は（出来の悪い子ほどかわいがる親と同様の特権を行使して）、《影のない女》は自分のオペラの最高傑作だと死ぬ間際まで断言し、上演を持ちかけては主要な歌劇場を悩ませた。また、精密な《薔薇の騎士》の指揮は長くて健康上無理だったが、それよりも長い《影のない女》なら喜んで指揮をするとさえ言っていた。《影のない女》のような中期のオペラには、確かに素晴らしい面もある。しかし、それ以前の作品（そして、それ以降の作品）でも感じられた、最初の音と最後の音を結びつけ、あらゆる巧妙な技法的逸脱を目的化せず、正しく手段としたあの神秘的な必然性の衝撃はそこには存在しない。

かくして次にわれわれが行き着くのは、芸術家シュトラウスの信じがたいほどの若返りである。晩年の流暢で暖かみがあり、限りなく感動的な作品群と出会うのだ。創造的精神の最も魅惑的な若返りとして認められるものに違いない。これは、ベートーヴェン晩年の作品になぞらえてみてもよい。ベートーヴェンもまた、無為の砂漠から脱して、若い頃の確かな足取りばかりか、晩年の熟慮を表現する手段をも見出したという事実があるのだ。晩年のシュトラウスの作品群も、哲学的な態度と、それと分かちがたく結びついた技術的達成とが融合したものを考えさせる機会を与えてくれると私は考える。また、私はこう考える。若い頃のシュトラウスには、芸術の技法を通じた物質的な秩序の克服を祝い、疑念なく世界に身を投じる人物（まさに《英雄の生涯》の主人公）を賞讃する傾向があったが、晩年のほぼすべての作品において、こうした傾向が昇華して、それこそ完全に克服されたのは、熟達した技能のおかげである。もはや存在が自明で、その力を誇示する必要もない技能だが、それと不可分なのは、高齢と長年の知恵による究極的な達成としての崇高な諦念である。

実際、ベートーヴェン後期の弦楽四重奏曲を除けば、究極の哲学的な安らぎをもたらす浄化の光を確実に伝える音楽として《メタモルフォーゼン》と《カプリッチョ》を超えるものを私は知らない。どちらもシュトラウスが七十五歳を過ぎてから書いたものだ。これらの晩年の作品にも、常に彼の特徴であった、多様な和声を操る想像力が健在である。かつての想像力には、単純な韻律を自信をもって肯定する能天気な態度があったが、晩年の想像力には、ためらうような、気まぐれな、均衡を欠く様子がときどき感じられる。だからこそ、大きな疑念に耐えて、なお肯定のできる人物の――つまり、創造の行為自体を疑うも、それを是認して、多面的な真実を理解した人物の――鮮やかな感覚を伝えてくれるのだ。

しかし、どれほど鮮やかにベートーヴェンになぞらえることができるのか、私は疑問に思う。確かにベートーヴェンは、後期の弦楽四重奏曲によって、ロマン派時代全体に橋をかけ、シェーンベルク世代の厳格で複雑な動機的処理への連結をもたらした。ところが、少なくとも現時点から見る限り、晩年のシュトラウスは、未来の世代に向けてこうした様式的な跳躍を示唆していたとは考えにくい。私の理解に間違いがなければ、彼は創造者としての自己の存在を必然的かつ痛ましい形で締めくくったにすぎないし、未来に対して何も約束しなかったのだ。私の世代がシュトラウスを何も評価しない理由はここにあるのではないだろうか。

私はリヒャルト・シュトラウスを崇拝しているが、彼の作品が未来の音楽に実際の様式的な影響を与えるはずだなどとは微塵も考えていない。そもそも、ある世代が別の世代に影響を与えるとはどういうことか。変化を続ける歴史の前線において、様式的な類似性が保たれていくこともある。だが、生涯において芸術的に完全な達成を果たした人物から霊感を受けることもあるのではないか。もちろん、周知のように、リヒャルト・シュトラウスと二十世紀との関係はほとんどない。彼が原子力の時代にいたのは、バッハが理性の時代にいたことや、ジェズアルドがルネサンス盛期にいたことと同じである。

われわれが用いるべきいかなる美学的な尺度や哲学的な尺度で測ったとしても、彼はこの時代の人間ではない。《影のない女》が、インフレーションに見舞われ、ラグタイムが大流行した〝狂騒の二十年代〟に上演されたなどと本当に考えられるだろうか（《影のない女》は一九一〇年代に構想され、一九一九年に初演された〔編者註〕）。《カプリッチョ》は、人生の秋において、ギャラント風で静かな教養の世界に別れを告げるような作品だ。あれが、戦火が世界を覆っていた一九四一年に作られたなどと想像できようか。

リヒャルト・シュトラウスの音楽が素晴らしいのは、芸術のあらゆる教条主義（様式や趣味や語法のあらゆる問題）を超越した主張、つまり、時代考証家の軽薄で弱々しい先入観を超越した主張を提示し、実証していることである。私たちに提示されるのは、時代に属することなく、時代を豊かにし、いかなる世代にも属することなく、あらゆる世代の代弁をした人物なのだ。これは、個性の主張の究極である。時間が強いる順応性に縛られることなく、人間は自分自身の時間を綜合できるのだという主張である。

18　リヒャルト・シュトラウスとやがて迎える電子時代（論考・一九六四年）

電子時代が及ぼす効果のひとつは、われわれが芸術と結びつける種々の価値を永遠に変えてしまうことにある。実際、ルネサンス以来発展してきた美の基準の語彙のほとんどが関わる用語は、電子的な文化の検証には耐えられそうにない。つまり、「模倣《イミテーション》」や「発明《インヴェンション》」や、何より「独創性《オリジナリティ》」といった用語だ。これらが使われるとき、さまざまな承認や非難の意味を暗に秘めていたが、それは、われわれの時代が受け入れてきた奇妙に歪んだ歴史的進歩感覚と協調していたからだ。しかし、かつてこれらの用語が表わしていた厳密な分析的概念は、これらの用語を使っても、もう伝わらない。

電子的な伝達手段に刺激されて、作り手がマルチプルな役割を担うという、新しい発想がすでに生まれている。つまり、作曲家、演奏家、さらには消費者の具体的な役割が重なるのだ。録音テープによる電子音楽の創作では、かつては別個だった作曲家と演奏家の役割がおのずと融合してしまう様子がすぐに思い浮かぶ。また、今後ありそうな例よりも卑近な実例を挙げるならば、家庭にいる聴き手が、ハイファイの再生装置を控えめに操作することで、限られた技術的ないしは批評的な判断を下せるようになった。思うに、さほど遠からぬ将来、聴き手の参加において、自己主張の傾向がいっそう強く見られるようになりそうである。つまり、ひとつだけ実例を挙げれば、レコード音楽のごく良識的な消費者にとって、ドゥー＝イット＝ユアセルフ的なテープ編集がその特権になる日は近い（未来の家庭音楽《ハウスムジーク》的な活動になるのかも！）。だが、消費者の関与がその程度で終わるならば、私はもっと驚く。電子文化では、創造的プロセスへのマルチ＝レヴェルでの参加という発想が暗黙のうちに受け入れられているからだ。

歴史の概念が「独創性」といった言葉の用法に与える影響を少々考えるならば、芸術家たちに関する従来の判断はとても不思議な光の中に見えてくる。その判断の例に、バッハが挙げられる。彼は偉大な人物だったが、その音楽的嗜好は間違いなく後ろ向きだったと言われ続けている。同時代の流行とは無縁だったため、才能がわずかでも足りなければ、霊感は大きく損なわれていたはずだ、という含意だ。メンデルスゾーンは、〝好し悪しメーター〟の針が何度か激しく振幅したあと、かなりの不人気側で再び落ち着いてしまった。音楽的な能力が欠けているわけではない。もっぱらの理由は、仲間の音楽家たちよりも革新性の度合いが低めであることと、それゆえに音楽の「独創性」が差し引かれてしまい、なぜか価値が低いとみなに思い込ませてしまうことだ。実は、メンデルスゾーンはかなり興味深い事例だ。なぜなら、歴史に埋もれずに識別される個性がどれほどあるかという問題は奇態指数《クワーク・クオティエント》とでも呼べそうなものの確認にしばしば委ねられるからだ。つまり、ある作曲家が構成的に不可解なもので有名になるとき、それがどれほどの間隔で、はっきりと無理なく発現するかを示すのがこの指数だ。たとえば、セザール・フランクは、逐語的な反復進行の移置で有名になった。これで彼の個性は識別されやすくなるし、西洋人の非論理的発想からすると、個性の識別に満足できる場合、その作品自体の統合性が高いことを意味する。ところが、メンデルスゾーンは、この種の肯定的な識別要素を拒絶し、否定的な要素とでも呼べそうなものを生かそうとする傾向がある。楽しみたい様式的な表現よりも、避けたい状況によってこそ、彼の作品は際立っており、だからこそ、あのように感動的で禁欲主義的な特徴が音楽に備わっているのだ。ただし、統合性を否定的に評価するのは今は流行らない。残念ながらメンデルスゾーン本人もそうだ。

特定の芸術的営為の妥当性の有無をめぐるこうした発想は、その大半の源泉に、ある歴史観が見出される。歴史の動きはクライマックスの連続であり、作曲家の価値は、直近のクライマックスにどう参加したか、あるいは、望むらくは、それをどう予期できたかによって決まるとわれわれが考えるのは、この歴史観のためだ。われわれには歴史的変容の概念をひどく誇張して想起する傾向がある。そして、歴史を近づきやすくかつ教えやすくするのに都合のよさそうな理由のためだが（歴史を囲い込んでしまうため、と言う方が的確かもしれないが）、歴史的な要所とそれを否定したものそれぞれの二項対立的な説明を好む傾向もある。これらの説明に充てられているのは、進歩と後退に関するあらゆる見当違いの概念によって結局だめになった用語である。

進歩主義をめぐるこれらの思い込みのばかばかしさは、さまざまなラベルを貼って、ある実験を行なったときにどんな判断がそれぞれに下されるかを考えればよくわかるかもしれない。誰かがハイドン風の様式でピアノ・ソナタを即興するとしよう。最初はハイドンの真作だと言って弾ききる。疑念を抱かない聴衆がその作品（輝かしい出来映えで見事にハイドン風だと仮定する）に見積もる価値は、この即興者が発揮するごまかしの程度に大きく依存する。ハイドンの作だと聴衆が信じ込まされている限り、ハイドンの評判に釣り合った価値が与えられる。

ところが今度は、実はハイドンの作品ではなかったと聴衆に打ち明ける場合を考えてみよう。ハイドンに酷似しているが、実はメンデルスゾーンの作品なのだ、と。これを知らされたときの反応は、こんな具合だ――「おもしろい小品だね。確かに古めかしかったが、初期の様式でうまく作られていたのは間違いない」と。つまり、いちばん下の引き出しに埋まっていたメンデルスゾーンの作品、と認められてしまう。

この仮想的な作品を用いて最後にこんな検証をしてみる。ハイドンやそれ以降の作曲家のものだと説く代わりに、即興者はこう主張するのだ。これは長らく忘れられ、新しく発見された、ほかならぬアントニオ・ヴィヴァルディの作品なのだ、と。ハイドンよりも七十五《ママ》歳（実際には五十四歳）も年上の作曲家である。あえて言えば、この条件を想定すれば、音楽史における真の啓示として迎えられる。つまり、あの偉大な巨匠の先見の明の証として受け入れられる作品であり、巨匠はイタリアのバロックとオーストリアのロココとを隔てた歳月をこの驚くべき跳躍で繋いだことになる。そしてこの貧弱な作品は最も畏れ多いプログラムにふさわしいものと認められるであろう。言い換えれば、芸術的判断の誠実さについてわれわれがどれほど誇らしく主張しても、われわれの美的基準の大半は、「芸術のための芸術」のようなアプローチに派生しているわけではない。派生元は「作品の生まれた社会状況に応じた芸術」としか呼べそうにないものである。

「独創性」といった用語で実際に分析的に説明できる構築的状況があって、その状況を手がかりにこれらの用語を検証するとき、こうした用語がもたらす記述には、芸術作品における模倣と発明の比率を単純な統計値の問題に実にうまく還元してしまう本質的な傾向がある。この統計値で確認する限り、真に「独創的」な芸術作品はひとつもない。たとえ存在したとしても、認識され得ないだろう。あらゆる芸術はそれ以外の芸術の変形である。「独創性」といった用語は分析的観察にはもってこいだが、そこからあえて遠ざけるほど、われわれが芸術の価値判断を築く地盤は不確かなものになっていく。

*

芸術家と時代が並立するというこの奇妙な推定による近年の最大の被害者と言えば、リヒャルト・シュトラウスにほかならない。彼が音楽的技巧において達人の域にあったことを公平な意見として否定できる人はきわめて少ない。だがそれでも彼は徹底的に流行遅れの芸術家となり、大きな誤解を受けた。シュトラウスへの批判は通常、次のような主張に基づく。（a）彼は二十世紀に生きることで得られる霊感を芸術家の糧として何も吸収しなかったこと、（b）初期の作品と較べて、その後の作品は半音階的傾向が減り、ゆえに「先進的《アドヴァンスト》」な様式とはますます言いにくくなったこと、（c）長生きしすぎただけで、作曲家としては「枯渇《ドライ・アップ》」したこと——である。彼が時代に逆行し始めたとされる具体的な瞬間を特定しようとまでする作品分析も珍しくない。近年よく耳にするのは、シュトラウスの偉大で真に霊感豊かな作品はすべて第一次世界大戦以前に書かれたものだ、とする意見である。いわく、名声ゆえの圧力があり、揺るぎない作曲の才能を持ち、自在に利用できる実演手段にすぐに手が届く立場は、その代価も大きかったのだ、第一次世界大戦後の作品群は初期の成果のぼんやりとした影でしかない、と続く。この種の意見で最も驚くべき言明は、このよぼよぼの反動主義者に身のほどを思い知らせようとした現代の書き手によるものではなく、シュトラウスについての一九二〇年の文章だ。執筆者はポール・ローゼンフェルド（米国の音楽批評家。一八九〇－一九四六）で、シュトラウスの人物紹介を出版したのだ。

> シュトラウスが秀逸で完全な芸術家であったためしは一度もない。若き日の彼が最初に才能を輝かせたときでさえ、彗星のごとく現われ、そのまばゆい姿で全世界の禿げ頭たちに音楽の未来の標準を見せつけたときでさえ、その魂に重大な欠点のあることは明白だった。……当時のシュトラウスはまぎれもなく天才であり、独創的で痛烈な表現力を発揮する音楽家であった。ただし、みずからの輝きゆえに欠点を容認していたか、半分しか意識していなかった。……リヒャルト・シュトラウスがこれほど大きな期待を抱かせていることも、ニーチエの「現代音楽の狂った夢」を実現可能にしたことも、ディオニソスの後光がいっときその姿を包んで輝いたことも、今日では理解しがたい。

続いてローゼンフェルドは、シュトラウスがニーチェの軌道から外れた瞬間を彼なりの見方で特定する。それは《薔薇の騎士》と《アリアドネ》で起こったと彼は感じているようで、こう述べた。「彼［シュトラウス］はますます安易で非独創的になり、メンデルスゾーン、チャイコフスキー、ヴァーグナー、そして自分自身さえ、恥ずかしげもなく引用するようになってしまった。……彼の内面の何かが曲がり、だめになってしまったのである。」

シュトラウスを描いた文章の後ろの方で、ローゼンフェルドはかなり重要な指摘をしている。つまり、シュトラウスがいちばんよいのはこの上なく残酷な場面であり、「煽情的なかわいらしさ」に向かう困った傾向がすべての作品（《エレクトラ》を含め！）にあるとする。正誤はともかく、シュトラウスに批判的な特定の偏った主張がここに現われていると思われる。この指摘は、次のような大多数の見解を代弁しているのだ。たとえば《マクベス》から《エレクトラ》に到る初期の作品群の質を直接決めているのはその動機の迫力であり、交響詩群から初期のオペラへの移行を特徴づける、強烈で、怒りを訴えるほどの大げさな表現の音楽の成長だとする見解である。別の言い方をすれば、シュトラウス初期の作品が、複雑さ、不協和音の配合分、リズムの洗練度における進化の度合いを示せば、歴史の概念は定義どおりに満たされる。しかし、その「煽情的なかわいらしさ」の音楽的体現が支配的になり、《薔薇の騎士》以降の作品が平凡な調性の保持や、有機的とは言えない補足的な不協和音や堅実なリズムにますます固執するようになると、おまえだって歴史的な運動の中にかねてより居場所を求めていたはずなのに、なぜそれを放棄したのか、とシュトラウスは非難されてしまうのだ。

この議論の欠点は、その支持者たちが耐えられないある事実に起因する。つまり、歴史的な運動への参加者はその運動の論理的な結果を受け入れる義務を強要されはしないのだが、彼らはこの事実にまったく耐えられないのだ。ほとんどの人間は自分の思考が招いた結果を受け入れたがらないのだが、それは人間の魅力のひとつではある。実際、シュトラウスはドイツ表現主義（ローゼンフェルドの言葉では「ニーチェのモダニズム」の具現化）の運動全般を見捨ててしまう。紛うことなき革新者アルノルト・シェーンベルクは、後年、かつて自分が開発した動機理論によってリズムを弱める方法を実践するのがきわめて困難になったが、この事実に較べればシュトラウスの選択はさほど見苦しいものではないはずだ。結局のところ、時代と存続性の問題もあるが、芸術を創造するのは理性的な連中ではないし、長い目で見れば、その方がよいのだ。

　シュトラウスには、全作品共通の野望がある。特定の調を中心とした調体系の語彙を拡大させつつも、それが崩れて半音階的な不動性の状態に陥ることのない新しい方法を見つけたいのだ。そこで若い頃のシュトラウスの調性言語の条件を検証してみればよい。それから、たとえば中期（《町人貴族》）や後期（《カプリッチョ》）に存在していた調体系をイメージしてみれば、その対比は鮮やかだ。結局彼は、ヴァーグナーの散漫で即興的な半音階主義と、ブルックナーの魅惑的だが決して満足に機能しなかった反復進行の変奏的な技法を引き継いだのだ。確かにシュトラウスの作品は、ブルックナーやヴァーグナーに劣らず、非全音階主義的な和声素材の比率が高い。しかし彼の場合、この二名が少なからぬ頻度において楽曲構造のバランスを欠くことになった飽満状態に近づこうとはしない。シュトラウスが行なったのは、後期ロマン派の調体系における半音階的言語をブルックナーやヴァーグナー以上に安定した状態に保てる手法を提供することだった。

　シュトラウスにこれを可能せしめた和声感覚は、調性の歴史において類をみない。最初期の作品、つまり、ヴァイオリン・ソナタ（二十三歳の一八八七年完成）や管楽セレナード（十七歳の一八八一年完成）といった十代《ママ》の愉快な音楽からすぐに判明したことだが、この作曲家が何を欠き、何を備えているかはともかく、調的な終止法の遠心的な意味合いをこれほど確かな耳で聴き取れる人は彼以前にはいなかった。シュトラウスがヴァーグナーの半音階主義の語彙を同化し、自前の驚くべき垂直的組織の内部でそれを働かせて、表現上の独自の目的に適合させたことを考えると、彼の和声開発の成果は実に意義深い。そのような営みの中で、作品構造の和声的なバランスに対する無謬の勘が養われている。つまり、シュトラウスは、その勘に従って、積極的に全音階主義にしなくてはならない領域を見定め、派手な半音階的表現に耽溺した部分との釣り合いをとるのだ。かくして彼が生み出した終止法は、累積させた力と響きによる独自のものだった。ただしこれは、彼の癖である、和声のバスの動きが調的基盤に磁力で引き寄せられるかのように演出する姿勢にもある程度は由来する。その意味で、後期ロマン派のどの作曲家と較べても、いやそれこそメンデルスゾーン以降の十九世紀のどの作曲家を考えても、垂直的構造の基盤であるところの声部や動機において、構造的な自律性を保った純然たるバロック的技法にいちばん近いのがシュトラウスだった。彼のバスの動きには、ほとんど固有の統一感があって、後期ロマン派音楽においてほかに見出せないような独立した誇りと目標なのである。

いかにも彼らしい響きを生むバスの形式の上では、その作品の本質や目的に基づいて、テクスチュアはほとんど対位法的になるかもしれない。どんなテクスチュアになっても、どちらにもとれそうな性質を頻繁かつ精緻に用いる和声言語となるのはまず間違いない。実際それは同時代のほとんどの作曲家たちの和声語法と変わらない。和声進行のヒントとフェイントの短期的な効果は、マーラーの第十交響曲やシェーンベルクの第一弦楽四重奏曲の語彙と同じく明瞭だ。いや、より正確に言えば、わざと不明瞭になっている。これらの二曲とも今世紀の最初の十年間に書かれ、どちらも調性言語をじきに崩壊させた半音階主義に浸っていた。しかし、この曖昧な和声言語がシュトラウスの作品群で異色の機能を果たすまでには長い時間を要した。長期的にみれば、シュトラウスの音楽において、曖昧な和声を操る仕掛けは、それほど根気よく使われるわけではない。わかりやすい例として、ある種の反復進行的な変奏を取り上げよう。これは非全音階主義的な、あるいは超全音階主義的な対比の何らかの形式を誘発する。ブルックナーがお家芸として好み、長大な和声を帰結させるために発展させたし、シェーンベルクは《浄夜》のような音楽でこれを活用して「無調性《アトーナリティ》」の変奏手法の役割をすでに準備していたが、シュトラウスが和声に認める倫理の範囲からは、はみ出ていたようだ。

シュトラウスの生涯を見渡すと、その調停の感覚がほぼ一貫して繊細で包括的になっていったのがわかる。つまり、不協和音あるいは不協和音を示唆する要素の緻密な導入と、そうした要素の全音階的、さらには非全音階的なつながりを特定するのに必要な終止法とのあいだの調停の感覚である。たとえば、八十歳の作だからといって記して賞讃する必要のない《メタモルフォーゼン》がある。あれは、半音階上の十二音の能力を三和音が分担する新しい和声——シェーンベルクがたまたま同時代に書いた《ナポレオン・ボナパルトへの頌歌》の基本音列として発展させたのと同じ三和音関係——が掘り当てられた作品なのだが、シュトラウスとしては、相互に補完的な音程関係（シェーンベルクはこれに基づいて構造を発展させた）の価値を認めるためというよりは、むしろ、さりげないが決しておざなりでない反復進行と純然たる全音階的終止法との関係を比較したかったのだ。実際、この全音階的終止法は三和音の新しい和声と似ており、作品のいちばん重要な瞬間に、新しい和声はこの終止法に静かに置き換えられた。

つまり、あらゆる実践的な狙いをもって、シュトラウスが調性への制約を認めたおかげで、実に純然たる劇的な結果がもたらされたと言えるかもしれない。また、その制約によって、彼は、不協和音自体の有機的な応用を危ぶみ、むしろ、新しい方法の探求に向かった。つまり、非機能的な不協和音の、装飾的かエキゾチックか（《オフィーリアの歌》に示された）神経症的な性質を取り込み、それに対応するべく拡張した調性の内部でこの性質との折り合いをつけるのだ。ここでの問題は、彼が成功したかどうかではない。なぜなら、世界が認めるほどまばゆい彼の成功にほとんど誰もが同意しているからである。あるいは彼が何か純粋に新しい貢献をしたかどうかでもない。時系列上の適合性という最も盲目的な仮定以外の基準に照らせば、彼のしたことは確かに新しかった。問題は、むしろ、われわれが彼を取り込みたい歴史の進展からみて彼の行動が正しかったかどうかにすぎない。曖昧さは今日の大半の芸術における刺激策だが、彼はこの曖昧さの条件や語彙を否定することで、より大きくはないが、いっそう妥当性のある達成をみずからに禁じたのであろうか。

＊

もしも電子時代の要求や状況が社会に対する作曲家の機能やその妥当な関わり方を変えるならば、芸術的な責任の問題をわれわれが決める際に用いる判断のカテゴリーも変えてしまう。このことを認識するのは重要だ。電子的なものが芸術にもたらすきわめて重要な貢献は、私生活に新しくて逆説的な条件を創り出すことにある。楽音が電子的に送信されるときの大きな逆説は、同時または遅延の形で、最大規模の聴衆に同一の音楽体験がもたらされるが、聴衆は捕虜にもロボットにもならずに、個々人としての、これまでにない内発的な判断による反応が奨励されることだ。そうなるのは、最も公的な送信は最も私的な状況において体験されうるからであり、また、聴き役（あるいは究極の作曲家＝演奏家＝批評家＝消費者のハイブリッドと言ってもいい）が驚くほど多種多様な語法に触れることができるからだ。しかもその際には、多人数で集まって聴くときや、同時代の状況に置かれるときに必ず伴う妥協が強く感じられる特定の社会環境で体験する必然性がないのだ。

音の保存技術は、音楽の作曲法や演奏法に確かに影響を及ぼすが（すでに起き始めていることだ）、この技術がわれわれの音楽への反応の仕方を決定づけないとすれば、驚きだ。そして、疑いの余地はほぼないが、録音芸術に固有の幻影の特質――既知の外的世界よりも理念化された内的世界として音楽を表現する性質――が最後には偏見そのものを崩すであろう。それは、芸術家の努力の価値を時系列で判断することに関心を保ってきた偏見であり、ルネサンス以後の世界において、この偏見のおかげで、独創性を時代で判断する事例が決定的になってしまったために、音楽は、創造性におけるいっそう大きな目的から切り離されてしまったのだ。

電子時代について、ほかにどんな予想を立てようと、あらゆる兆候が示唆するのは、社会的・芸術的構造における神話的な匿名性の回帰である。未来に起こることの大半が、未来になされることと関わるのは当然だが、芸術の新しい観念によって、過去の多くの判断が遡及的に改まらないとすれば、これもまた驚きだ。仮に改まるとすれば（私はそうなると思っているが）、近年を含めた過去の本当に重要な人物がたくさん登場するだろう。大きな再評価を受け、社会や年代に適合していたかどうかという狭量で想像力に欠けた発想からも解き放たれるのだ。

近年においてリヒャルト・シュトラウスほどその名声がこうした偏見によって損なわれた人物はいない。その個性の限界がどんなものであれ、その芸術的想像力がどれほど限られていたにせよ、彼はひどく暴力的な偏見の犠牲者だったし、その大望におよそそぐわない尺度で測られてきた。確かにシュトラウスは、生きた時代とは疎遠であり、かつ未来についてもまったく関知しないと思われた人だが、今述べたような未来の新しい方向性からすれば、本人の経験した以上の賞讃を集めることは大いに考えられるのである。

19　リヒャルト・シュトラウスの《イノック・アーデン》（アルバム解説・一九六二年）

《イノック・アーデン》が書かれたのは一八九〇年《ママ》（一八九七年の誤り。解題参照）。当時二十六歳のシュトラウスはにわかに知名度を上げ、中央ヨーロッパで最も話題にされる若手音楽家になりつつあった。それまでの約十年間の精力的な活動によって、彼は指揮者のポストを二つ獲得し（マイニンゲン宮廷管弦楽団とミュンヘン宮廷歌劇場）、ハンス・フォン・ビューローという手ごわい人物の導きにも恵まれ、また、目覚ましい勢いで作品を書いた。それらの作品は、ロマン派の調体系という言語を実に独特なバイエルン訛りで操るもので、極めつけは、《ドン・ファン》、《マクベス》、《死と変容》という、同世代で最もすぐれた三つの交響詩である。

音楽家を目指す者にとって、ドイツの一八九〇年代ほど刺激的な時代はなかった。リヒャルト・ヴァーグナーはすでに現世の舞台から退いていたとはいえ、若い世代の音楽家たちの大半が、その催眠術のような黄昏の輝きに幻惑されていた。かたやこの妖術に抗うことのできた者たちは、威風堂々たる正統主義者ヨハネス・ブラームスの熟達した名技性を誇っていた。そして先見の明のある若者たちは、遠からぬ未来にこれらの相拮抗する力がドイツ・

ロマン主義の偉大な伝統の中に神秘的な形で合流するのではないかと期待を寄せていたのだ。この時代は、音楽の規模自体や参加人数が大きければ壮麗だと勘違いされもしたが、興味深いことに、鋭い分析的な認識が高く評価される時代でもあった。新しい音楽形式や新しい響きのスリリングな未来が間近に迫っているのも予感できたが、未知の恐怖が待ち伏せもしていた。音楽技法は未曾有の域に達したものの、調性の秩序は衰退し、後戻りができなくなったのだ。

この時代に登場したのがリヒャルト・シュトラウスという活発な人物だ。生意気で、野心的で、立ちまわるのが上手で、きわめて有能。彼はブラームス対ヴァーグナーの論争のどちらかに加担するような人間ではなかった。確かにシュトラウスは堅苦しい秩序を守る交響楽作家として世に出たし、その手本はメンデルスゾーンだったが（十代の彼にはブラームスさえ過激に思われた）、早くから風変わりな音色や調性感に対する独特の感受性を発揮していたため、後期ロマン派の月並みな交響楽作家にはならなかった。また、二十代後半にヴァーグナーを絶讃していたのも、シュトラウスがブルジョワ的だっただけのことだ。さほど情熱を傾けていたわけではないのだ。結局、シュトラウスの理想は、ヴァーグナー的な高揚感とブラームス的な確実性や安定性を兼ね備えた芸術だった。この矯正的規律主義とでも呼ぶべき側面が、シュトラウスとその音楽には確かにあった（断わっておくが、節操のない官能的な響きにひたすら耽溺した音楽家という昨今のシュトラウス像は、時代とそこに生きた人を混同してしまう誤認の典型だ）。シュトラウス初期の作品を同時代の音楽と比較してみればよい。ほぼすべての作品において、見事な技能が発揮されつつも、構造の安定性が特に尊重されていることに気づくだろう。

もっとも、シュトラウスがきわめて知的な芸術家であったとまでは言えない。後年フーゴー・フォン・ホフマンスタールに嘲笑されたほど文学のわからない人では決してなかったものの、ときおり、特に題材の選択において、安易で軽率な態度の犠牲になることがあった。テニスンの『イノック・アーデン』は客間で朗読された種類の上品な叙事詩だが、このどこに魅了されたのかを想像するのはやはり難しそうだ。メロドラマの音楽作品化は当時たい

譜例 A

譜例 B

譜例 C

へん受けが良かったのであろう。また、青年シュトラウスは手っ取り早い金稼ぎを嫌うタイプではなかったので、アドルフ・シュトロットマンの翻訳をさっそく音楽に仕立て、そこそこのピアノの腕を発揮して入場料を稼ごうとしたのかもしれない。いずれにしても、少なくともこう言える。語弊はあるにせよ、《イノック・アーデン》は空疎な作品だ。ここまで居心地の悪くなるほど感傷的な音楽はシュトラウスに存在しないからだ。

《イノック・アーデン》の音楽には、構築しようという普通の意欲が希薄だ。構造的な展開よりも即興的な手法に強く結びついているのだ。シュトラウスの音楽の魅力のひとつは、ほぼすべての作品に奇跡のような内発性の感覚があり、また即興性を思わせながら、実際には構築的概念にあらゆる面から統括されていることにある。ところが《イノック・アーデン》では即興性が追求されるばかりで、強固な構造でこれを隠す気がない。今の私たちにはぴんと来ないかもしれないが、一般に、作曲家は自分の技巧を計算ずくで用いても、それを部分的に隠すことがある。ところが《イノック》の場合は、あくまでシュトラウスの息抜きであり、気晴らしにすぎなかった。ただし、《イノック》において、展開の姿勢が本当に欠けているとしても、作品全体は、何度も現われるいくつかのライトモティーフに基づく。それらは特定できるが

譜例 D

譜例 E

譜例 F

譜例 G

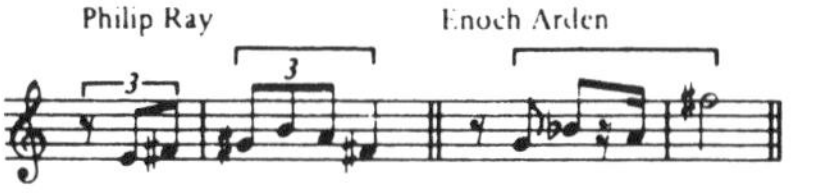

絶えず変化を続けるのだ。

この作品のピアノ伴奏で、シュトラウスは、音楽外の事象を音楽的に並べる能力を得意げに発揮している。つまり、ライトモティーフによる連想が贅沢に用いられ、種々の一次的・二次的な精神状態を象徴に託すことで、動機と調を関連づけるシュトラウスの発想が見事に実現している。そこで、主要な登場人物は次のように描かれる――イノック・アーデン（譜例A）、フィリップ・レイ（譜例B）、アニー・リー（譜例C）。

調号とは物理的にみれば相対的な存在だ。しかし、調号を絶対的なものと捉える考え方があって、調性に対するシュトラウスの執着はそこに密接に結びついていた。これは十九世紀の多くの作曲家にも言えたことだが、シュトラウスの場合、調性それぞれの特徴に対する奇妙な連想に終生囚われていたし、その程度はかなり大きかった。ゆえに、大胆で頑固で利他的な自制の人であったイノック・アーデンは、シュトラウスが英雄の調と考えていた変ホ長調が合致する。イノックの親友であり恋がたきでもあった、物静かで優しく頼りがいのあるフィリップ・レイはホ長調がふさわしい。「両方のかわいいお嫁さん」のアニー・リーはト長調。ある種の寛容と忍耐の性格だと多くの作曲家も認めてきたと思われる調である。

かくしてシュトラウスは調性をさすらうわけだが、そこで最も興味深いのは、かなり初歩的な水準とはいえ、転調で手っ取り早く済ませたり、対位法的に簡略化してしまう箇所である。

アニーの子の死は、アニーの動機をホ短調にしただけである（譜例D）。そして、アニーがイノックの思い出に苦しみ続けていることをフィリップが知る場面（譜例E）があり、それに続き、思い出を整理できて、フィリップとアニーが結婚する場面（譜例F）。

以上のものよりもわずかに高度か、とにかく多義性を増して聞こえてくるのは、ひとつは、フィリップとイノックの動機が形ばかりの連動をする箇所（譜例G）。そしてもうひとつは、作品冒頭のト短調で象徴的に描かれる神秘的な波である。これがいちばんよくできている。肉体を離脱したイノックの動機がどんよりとした深い海に閉じ込められていることが認められるのだ。

20　シベリウスのピアノ曲（アルバム解説・一九七七年）

作品番号で百十九も存在するジャン・シベリウスの作品のうち、十七の番号がピアノのために書かれた。しかもこれらの多くは「無言歌集」である。つまり、十か十あまりの独立した曲を選んで束ねたものなので、それらを数えれば、百をゆうに越すピアノ曲を残したと言える。どちらにせよ、この数には驚かされる。シベリウスの得意分野がポスト・ロマン派的な管弦楽曲であったこともあるが、定説のように、ポスト・ロマン派以後の交響楽作家には鍵盤楽器を軽視する伝統があったからだ。もちろん、シベリウスのピアノ曲の大半はバガテルのジャンルに属している。「松の木」や「村の教会」といった名前の標題的な小品であり、サロン向けの音楽しか目指していなかった。しかし、彼のピアノ曲には、本盤が紹介するレパートリーがあり、そのほかにも、ソナタ一曲、ロンディーノ二曲が存在する。これらが無視されてきた運命は不当である。少なくとも私にはそう思われる。

ひとつ言えるのは、時代を考えれば、決して小さな達成ではなかったことで、シベリウスは、ピアノという鍵盤楽器に逆らうものは書いていない。最善をつくした曲では、バルト海の南側では誰も書きそうもないような、生真面目で、実に簡素で、動機を極度に限った対位法を様式に取り入れていた。そして、最悪ではないにせよ、最もありきたりな曲でもそうかもしれないが、その鍵盤書法は、同時代の作曲家の大半が好んだような、オクターヴの音を重ね気味のテクスチュアからはずいぶんかけ離れている。

シベリウスが名人芸の披瀝に消極的であったことは驚くには値しない。ヴァイオリン協奏曲で、独奏ヴァイオリンにあのような生真面目で威厳に満ちた役割を与えたり、《ルオンノタル》というソプラノと管弦楽のための「交響詩」で、あのような絶妙な統一感のある歌唱旋律を作っていることを考えれば、独奏の表現に対する彼の姿勢がよくわかる。しかし、ピアノという楽器の場合、シベリウスはポスト・ロマン派で優勢な書き方にいたずらに反発するわけでもなく、他人を愚弄するような新古典派的なそぶりもみせなかった。当時の音の基準と考えられていたのはオーケストラの響きであり、ピアノを競わせても不利である。むしろシベリウスはハイドン風のテクスチュア

譜例 1

の展開や古典派以前の対位法的形式を通して、ピアノの有する最高のものを引き出す方法を発見した。ソナチネ作品六七がそうである。シベリウスのピアノ曲においては、すべてが機能し、すべてが鳴り響く。ただし固有の響き方であって、もっと豪華な音楽体験を期待しているのであれば、それは違う。

たとえば、ソナチネ第二番の第一楽章は、全音階に基づき、特に何も起こらないカノンである（譜例1＝第一楽章冒頭）。

ソナチネ第三番の第一楽章は、基本的には二声のインヴェンションの様式に占拠されているが、ところどころで通奏低音が響いて和声を豊かにする（譜例2＝第七―一二小節）。

ただし、このソナチネはこの譜例2で示した動機の上で固定楽想的に集約されており、第二楽章の末尾と最終（第三）楽章では、リヒャルト・シュトラウスの初期の歌曲の伴奏にあっても不思議ではないようなテクスチュアに変容するのだ（譜例3＝第三楽章冒頭）。

しかし、他のソナチネでは、楽章間の関係は意図されていない。ソナチネ全三曲の第一楽章は、コンパクトで展開部を省略したソナタ＝アレグロとして機能しており、どれほど保守的な教師でも添削をしたくなりそうな型どおりの再現部で完結する。これら三曲は一九一二年に書かれた。交響曲の展開における〝プロセスとしての形式〟という彼にとって最も急進的な実験（第四交響曲と第五交響曲の初期稿）にいそしんでい

譜例 2

譜例 3

る時期である。そうした作品に用いた尺度からすれば、ずいぶん保守的な構造に思われる。しかし、わずかに見方を変えると気づくが、この構成に合わせると想像力豊かな調関係を強調できるのだ。

　たとえば、ソナチネ第一番の第一楽章の提示部では、基調の嬰ヘ短調はどこにも見あたらない。右手によるアカペラの入りと、（あとから気づくのだが）左手による下中和音《サブメディアント》、下属和音《サブドミナント》、上主和音《スーパートニック》と認められる音の関係を通して、シベリウスは結論を述べる瞬間を先送りにするのだ。それでも最後には、この構造は嬰ハ短調の上に（ドナルド・トーヴィ（一八七五―一九四〇。英国の音楽学者。属調への一時的な転調を「上に乗る」、真正の転調を「中に入る」と形容した）の区別によれば、「中に」）落ち着く。つまり、シベリウスは、属和音《ドミナント》を確認するそぶりを示すことで、もともと主調がどこにあったのかを何食わぬ顔をして教えてくれる。（ただし、ここでさえも、私たちに気を抜かせまいと、シベリウスの好みの代理和音――ニ長調の和音――が響き、嬰ハ短調に対するナポリの六の和音として機能するばかりか、最初に下中和音が登場していたことを想起させてわざと混乱させるのだ。）

再び、この見方からすると、「展開部」にはつながりがみられない。再現部に向かってぶざまに駆け込むかのようだ（どのソナチネの「展開部」もモーツァルト的な迅速さで扱われており、たとえば、ソナチネ第二番第一楽章の中央のエピソードはたった九小節である）。そして、展開部では属調と主調が行き来していると事実上見なせるので、提示部が曖昧だっただけに、これはプロットに役立つ。実際、「本来の調」である嬰ヘ短調に収まっていると言えるのは、楽章の最後の二十五小節（再現部での第二主題群と短いコーダ）だけだとわかる。これは統計的に考えにくい状況だが、優美で繊細で、一音たりとも無駄にしない手法の結果にほかならない。シベリウスの、抑制の見事に効いた、心を揺さぶる喚起力のある作品群には、そうした手法が生きているのだ。

シベリウスの作品四一である《キュリッキ》を説明するのに、「慎み」という言葉は似合わない。レミンカイネンと掠奪して得た妻キュリッキとの関係を説明するときにもやはりこの言葉は思いつかない。民族叙事詩『カレワラ』の第一一章の場面だが、W・F・カービー（一八四四―一九一二。英国の昆虫学者・北欧神話・叙事詩の翻訳者）の韻文訳はこうである――

そこに赤ら顔のならず者がやってきた。／威勢のよいレミンカイネンだ。／持ち馬の中からよりすぐり／最良の馬でやってきた。／まっすぐに向かった緑の舞台には／うるわしき乙女たちが舞い踊る。／キュリッキを捉え、持ち上げて／そりの中に押し込んだ／座らされたのは／そりに敷かれた、すれた皮の上／雄馬に鞭が打たれ／その鞭の音が響きわたると／彼の旅が始まった。／馬を走らせながら彼は叫んだ。／「おまえたち乙女に

言う／生きている限り他言するな／私がここに押し入り／この乙女を連れ去ったことを。」（第一章）

この作品のフィナーレである第三楽章は、ショパンとシャブリエを混ぜたような、いささか目まぐるしいもので、このキュリッキとレミンカイネンの不幸な結末とどう関係しているのか、判然としない。しかし、かなり荒々しい第一楽章は、減七和音の滝と無声映画のようなトレモランドを伴っており、この二人の最初の出会いの雰囲気にかなり近い。（また、この楽章には、ベートーヴェンの作品一一一のアリエッタ（ソナタ第三二番第二楽章）風の五度で下行していく和音のサイクルが含まれているが、その冗漫さは実に精妙にしつらえてある。しかし、ベートーヴェンの厚かましい譜面とは異なり、このシベリウスの移行部は文字どおりの反復進行には程遠い。つまり、和声をつかさどる根音のリズムは不規則としか言いようがないため、この推移部全体は渦巻きの中に隠されている。シベリウスが人を引きつけようと仕組んだ場面ではないけれど、もしあなたが音楽的な探偵活動を楽しむのであれば、根音のサイクルはBからBまでだと伝えておこう。よい捜査を願っている。）

それはそうと、《キュリッキ》の中間楽章は、陰鬱な三部構成の夜想曲で、余計な小道具は必要ない。ポスト・ロマン派時代のピアノ曲の数はかなり限られていたが、シベリウスは、その比較的初期において、やや名人芸風のスタイルという伝統的な制約を受けつつも、ピアノ曲のレパートリーに実質的な貢献ができた。この曲はその顕著な証しである。

21　アルノルト・シェーンベルク論（出版された講演・一九六四年）

半世紀にわたる驚異のキャリアにおいて、シェーンベルクは現代の音楽的状況のジレンマを体現しましたが、それはたいへん特殊な形でした。五十年間の創作活動のうち、最初は当時の伝統に基づく音楽的前提を受容し、それをもとに見事な作品を次々と生み出すも、やがてこれに異議を唱え、無秩序な反動に危うく近づきかけ、その後、無秩序の恐怖に直面しました。積み重ねすぎた規則のためにがんじがらめになりかけ、ほとんど過度の組織化に到りますが、最後には、自分が開発した規則の体系を何年も前に放棄した伝統の諸側面と調整しようと試みることで、活動を締めくくりました。受容、拒絶、和解の環がここにあり、私たちはこれをたどることで、彼の壮大な年代的発展ばかりか、二十世紀前半に起きた多くのことの基本的なパターンを知ったのです。

シェーンベルクの年譜は、私がそれなりの長さで語る必要がいずれ出てくるでしょう。しかし、彼の仕事における個々の出来事の時間的な関係が、重要な現代音楽のあらゆる面を先取りしていると想像するのは禁物です。それは誤りだし、たとえそうであったとしても、様式の進歩と一定の歳月を関連づける理論はあてにならないので、それに頼りすぎるのはとても危うい。偉大な芸術だからといって、解放と分析される方向に進むとは限りません。むしろ、その時代からすれば危ういほど反動的に思われた芸術家でさえ、傑作を生んだと評価されることもあるのではないでしょうか。リヒャルト・シュトラウスがそうですね。結局、彼は二十世紀の真の巨匠に数えられますが、その様式的成長は、シェーンベルクを没頭させた時間との闘いにはまったく関わっていませんでした。シュトラウスは歴史的には退歩《レトログレイド》としか説明できない方向性を取ったのです。

私も含め、シュトラウスの晩期の作品が特に好きな人は、〝新奇性すなわち進歩すなわち偉大な芸術〟という考え方を押しつける価値体系ではなく、もっと柔軟な価値体系を受け入れるべきです。シュトラウスのような人物は専門家の目からみて絶望的に古めかしかったがゆえに、前衛《アヴァンギャルド》の先頭で人生の大半を過ごしたシェーンベルクのような人物よりも劣っていたとする主張を私は信じません。そういう価値体系を認めると、たとえばヨハン・ゼバスチャン・バッハも救いがたいほど古風な人物として斥けることになり、困惑するばかりです。

とはいえ、シュトラウスのような伝統の範囲に無難にとどまる作曲家の場合、少なくともその技能は、シェーンベルクのような作曲家の技能よりも精妙で無難で信頼できるはずだと考えるのは、妥当な主張でしょう。シェーンベルクは、革新的な理念の追求に携わるあまり、ときには技術的に破綻しかねない極限の状況を強いられていました。見事な証拠に基づいてたどれるはずの変遷を検証しないシェーンベルク論は想像できません。しかし、その輝かしい創意ゆえに（近年の誰よりも「特許出願中」の多い人だったゆえに）彼が最も偉大で最も重要な音楽家だったと機械的に信じるわけではもちろんありません。シェーンベルクの役割が歴史的に見事であったことはすでに明らかです。音楽が存在する限り、その評価は変わらないでしょうし、彼の地位も決定的です。しかし彼に備わっているかもしれない本当の偉大さは、他のさまざまな基準や判定方法によって見えてこなくてはいけません。

シェーンベルクの場合、あまりに安易なのは、発明する力（将来を見る資質）と実行する力（実際に作曲する能力）を区別することです。こうした区別がなされがちなのは、私たちの世紀が経験してきたような大きな推移と混乱の時代に限られます。シェーンベルクがきわめて重要な歴史的な影響を残したことを認めても、その音楽自体は断固として拒む人は多いでしょう。それに、言うまでもなく、私たちの時代にとって、シェーンベルクがきわめて重要で、欠くべからざる存在だったことを証明するのは、彼の深遠さや偉大さを証明するよりもはるかにやさしいのです。彼が具現化に努めた理論と、作曲家としての彼の実作とを区別する傾向が人々にはありますが、本人は生涯の大半においてそのことに悩まされ、苦しみました。彼は作曲家を自認していただけで、どんな体系を構築するにせよ、それは自作にのみ適用されると信じていたのです。

実際、シェーンベルクの教条主義的な性格は、一般に思われているよりもかなり希薄でした。彼は決して執拗に宣教に励む人ではなく、自作で発揮した技能の成果を受け入れさせようと無理強いはしませんでしたが、いずれは作品の認められる日が来るのを切望していたことは確かです。実は、一九五一年に没する直前、ロサンゼルスでの講演会で、作曲家と理論家のあいだの葛藤を総括しており、それはひどく感動的です（一九四九年の講演。後述）。そのときの講演を次の驚くべき一言で始めています——「いったい自分は何者なのかと思うことがあります」。そして、新聞にあった自分の講演の広告では、著名な「理論家で、今日の音楽にもたらした影響によって知られる賛否両論の音楽家」と宣伝されていたことを述べ、こうつけ加えます。「今日に到るまでそんな意図で作曲していたわけではないのです」と。

シェーンベルクは、傑作を自認した作品よりも、同時代の音楽的ジレンマに示した技法的な解決策によって歴史に記憶されることを心配しましたが、彼は正しかったかもしれません。なるほどシェーンベルクの名前は実に広く知られ、客間で話題に上る頻度で言えば、フロイトやカフカとほぼ同等であり、「格上《ワン・アップ》」の客間ではキルケゴールにも負けませんでした。しかし、おとなしくてロマンティックな初期の作品数点を除けば、彼の作品が世間の大きな反響を呼ぶことはこれまでなかった、と多くの人が述べる時代はすでに始まっていると思われます。

シェーンベルクを知り、彼の将来を明確に認識することが難しいのは、その創作活動が芸術の過渡期に行なわれたためです。少なくとも深刻な時期であり、必然的であったかもしれないという意味ではルネサンスの終わりの過渡期と同じです。そのかつての過渡期では、見事だが複雑な旋法による創作が、比較的単純な体系に取り変わっていきました。のちに調性《トナリティ》（初出の原文でイタリック強調。以下同様）と呼ばれる体系であり、今日までの三百年にわたる重要な西洋音楽のすべてをそれが生み出したのです。オランダのスウェーリンク、イングランドのギボンズ、イタリアのモンテヴェルディといった当時の巨匠たちも、歴史の深刻な過渡期に生きたのであって、神秘的で新しい旋法の技法を、一般の共有言語と呼べるかもしれないものの形で明示する責任を負っていたのです。

十七世紀初頭、ルネサンスの流麗で明晰な声部書法は、より堅固で厳格に制御された和声秩序の様相を呈し始め、ルネサンス時代のような線的で水平的ではなく、和声的すなわち垂直的に大きく把握され始めました。また、そこでは語彙の受け入れも意図的に限定されるようになり、和声的な事象は、重力に似た引力によって互いに結び付けられ、その引力はこの音楽に遠心的な衝動を与え、和声はまとめられ、優先的な秩序《プレファレンシャル・オーダー》（原文でイタリック強調）になりました。ゆえに、この十七世紀の新しい音楽は、たいへん簡潔かつ率直な音楽となり、私的な性格とは反対の公的な性格をもつ音楽だと思われました（少なくとも比較的にはそう思われたのです）。

　さて、シェーンベルクは、調性に向かったこの過渡的なプロセスがむしろ逆行する時代に現われました。それは十九世紀末の著しく豊かで官能的な和声が、線的で水平的な方向に再び取って代わられる時代でした。彼が登場したのは、作曲の諸要素にいっそう厳格なコントロールが求められる時代でした。それは、理論的なプロセスの根本に関わる諸問題に答えが求められた時代であって、ちょうどその三百年前と同じです。しかも、後期ルネサンスの巨匠たちの音楽と較べてひどく複雑さを欠いた十七世紀初めの作曲家たちの音楽のように、シェーンベルクの音楽も、その起源であったロマン派のヴァーグナー的伝統を極度に単純化したものだったと私は考えています。

　きっとこれはかなり奇妙な主張に響くはずです。厳格に規則化《レジスレイテッド》（原文でイタリック強調）された音楽は、複雑で、どこか把握しがたいものだという思い込みが私たちにはあって、一般にシェーンベルクの音楽がまさにそれだと考えられているからです。けれども、これは複雑さ《コンプリケーション》（前同）とは異なるのではないでしょうか。論理的であろうとして、つまり、存在理由の有機的な証拠を用いてその論理を吹聴しようと努力を重ねるシェーンベルクのもののような言語は、本当の意味で複雑《コンプリケイテッド》（前同）な言語ではないと思います。私見ですが、本当に複雑な言語とは、何らかの規則や統制があるばかりか、理詰めで説明できない要素を残したものであり、完全に実証可能ではなく、その要素はある程度は隠され、潜在意識にも関わります。芸術において最も複雑な企ては、合理的な決断のプロセスが直感的なプロセスと密接に結びついて行なわれる。私はそう主張します。

　シェーンベルクが引き継いだ言語は、ヴァーグナー、シュトラウス、マーラーのものでしたが、こうしてみると、ひどく複雑な言語だとわかります。その語彙からさらにどんな大きな力が引き出せるのかと思わせる言語であり、個々の作品において、この言語を用いて常に前作を超えた感動をもたらそうとする試みが行なわれていたことには驚きを禁じ得ません。この言語は、三百年にわたる音楽技法の集大成です。確かに進化を続けてはいますが、調性という、和音による特殊な重力に対する共通の経験に基づく技法です。また、この言語は、年月を経るごとに、種々の実践を経てその使い方を明確にし、具体化してきましたが、主に表現力を高め、秘められた可能性をいっそう自覚し、言葉の本当の意味での複雑さを増してきたのです。そして、この言語が古くなり、なじんでくると、その使用者たちは気づいた。この言語に残されているのは、頓挫していた身振りをやり直したり、規則をわざと緩めたり、表現を求めて自発的に間違えることだけなのだ、と。

つまり、シェーンベルクが音楽界に登場したのは、このような素晴らしい複雑さが存在する時代だったのであって（私なりの複雑さの定義に従えばの話ですが）、彼の主たる反応は、ある程度内在していたものを組織し、合理的かつ知的にして、外在化を試みるための規則化でした。もしもシェーンベルクがそこまでにとどめていたならば、今ではこんな結論を下されてしまったでしょう。シェーンベルクはそれほど繊細な芸術家ではなかったし、完全には理解できないものを理解可能にしようと考え、決して統治できないものを法制化する人間であったと。

しかし、シェーンベルクとその歴史的な位置づけに関して記憶に留めるべきは、当時の調性の健康を蝕む器質的な無秩序《オーガニック・ディスオーダー》（原文でイタリック強調）が存在していたことです。彼の引き継いだ語彙は途方もなく複雑で、当時の和声関係は曖昧なものばかりであったために、調性を確立する本来の目的であった単純さが、調的な語彙の拡大によって歪み、バランスを失いました。これは当然のことでした。つまり、調性が最終段階で生み出した自由が、表現を追求することで、調性の哲学の根本的な教義を弱めてしまったのです。

さて、これから数分間、シェーンベルクを時間軸に沿って考えてみます。そして、作品の中にはっきりと具体化した素晴らしい推移の様子をかなり細かく観察してみましょう。調性音楽の作曲家として、明確な調関係の範囲内で創作をした人物として、シェーンベルクは二十世紀初頭において最も輝かしい音楽のいくつかに貢献したのです。調性を逸脱しないこの時期の作品はおよそ十二年間にわたりました。まだ勉強をしていた頃に書いた最初の小さな歌曲に始まり、一個の調性への忠誠を誓うことで確実に束ねられた作品群の最後に数えられる一九〇八年作の弦楽四重奏曲第二番までがこれにあたります。この作品群に含まれるのは、それなりに人気のある弦楽六重奏曲《浄夜》、史上最大級の交響詩《ペレアスとメリザンド》、二つの室内交響曲※、二つの弦楽四重奏曲、そして巨大なオラトリオ《グレの歌》です。

〔※原文の註：第二交響曲の大部分がこの時期に書かれたが、完成は一九三九年まで持ち越された。〕

特に《ペレアスとメリザンド》に言えますが、この時期のいくつかの作品でのシェーンベルクは、リヒャルト・シュトラウスの語法的発想になじむことに何の抵抗感もなかったとうかがわれます。実際、世紀の変わり目にあって、シュトラウスとマーラーも、若きシェーンベルクを頼もしく思い、聡明で前途有望な若者だと期待していたらしい。しかし、どんな前途かを見極めていたわけでありません。《浄夜》や《ペレアスとメリザンド》のような作品でのシェーンベルクは、後期ロマン派の調性言語の前提を特に疑問もなく受容しています。内声構造には格段に生彩があり、よく統合されていますし、実に広範囲を動くことのあるバスの旋律が目立ちますが、それらを除けば、彼がどこに進みつつあったのかをうかがわせるものはヒント程度でした。

これら最初期の調性作品と較べると、そのわずか数年後に書かれた作品は、シェーンベルクの知力がいっそう直感的なプロセスに強く介入していることを物語ります。《浄夜》や初期の歌曲と較べると、二つの室内交響曲などには信じられないほどの活力と推進力があり、見事な手腕で確実にコントロールされています。《浄夜》は熱狂的かつ気まぐれで、けだるく、延々と続いていきましたが、室内交響曲は堅固で着実に進行し、機能的で、古典的な様式感があります。

これらの作品の多くにおいて、シェーンベルクの不協和音の使い方は驚くほど自由になりました。調性組織にお

譜例 1

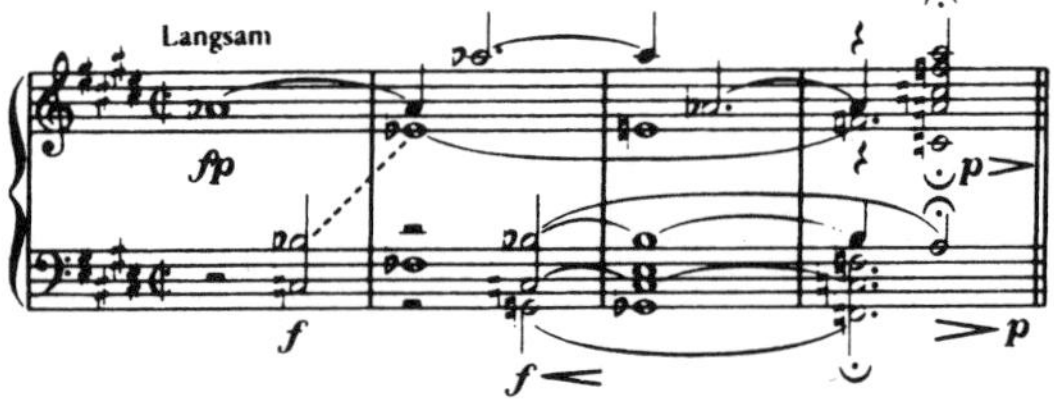

ける不協和音の理論では、不協和音は基本の進行から導き出され、解体してまたそこに収まるのであって、実はこの進行の装飾なのです。しかしシェーンベルクは、不協和音を用いて実験を始めました。つまり、不協和音を長く保持すると、予備と解決の和声に直結させることはさらに難しくなります。ご覧ください。以下の譜面は室内交響曲第一番の冒頭の四度和音ですが、彼はまだこのように和音を関連させていたのです（**譜例1**）。

ここで私たちは感づきます。和音の音程は、純粋に垂直に感覚を刺激するためだけでなく、旋律的あるいは線的な結果を導くのに使われているらしいと。それに、まさにこの進行において四度和音が用いられ、最後にへ長調の和音で解決しますが、解決によって満足が得られることが最初から決まっているとはいえ、同等な満足を得られる解決の方向はほかにもいくつかあって、この和音自体がそれを選べます。それがこの進行での四度和音とここでの解決の本質なのです。つまり、ここでのシェーンベルクは、不協和と受けとめられる和声進行を基礎的な三和音で成り立つ和声に関連づけるとどうなるかを実験しているのであって、三和音の和声構造のすぐ近くにある不協和音をただ抽出したわけではありません。シェーンベルク自身の様式の発展と、二十世紀に生きる私たちの音楽言語の発展の両方において、彼は一躍進を遂げたと言えましょう。

作曲の第一期は、弦楽四重奏曲第二番作品一〇（一九〇八年作曲）で締めくくられます。その終楽章で、激しく飛び上がるような九度と七度から成るテクスチュアが導入されることからすれば、整えられた調的中心に対する責任など重く受けとめているとは言えません。しかし、意義深いのは、この終楽章には、詩人シュテファン・ゲオルゲのたいへん意義深いテキストを用いたソプラノ独唱が付随することです――「私は感じる、他の惑星が呼吸をしているのを」。

ではシェーンベルクの第二期に移りましょう。明確な和声体系の恩恵をまったく受けずに奇妙な新世界に手探りで進もうとした時期です。この新しい音楽について批評家が再三指摘してきたのは、言語の場合、誰もが確認できる範囲内でゆっくりと実用的に発展するのに、この音楽はこんなに重大な変化をしてよいのか、というものです。現代詩の種々の手法が音列技法的な計算をある程度うかがわせるのは間違いありません。しかし、文学的な要素の特質に根本的な変化はおおむねなかったし、もしかしたら音楽家と聴衆のあいだに存在していたと思われるような、作家と読者層が別れそうな気配もないのです。

もちろん、無調性の初期の宣教者たちは、かなりの自尊心をもって次の事実を指摘しました。つまり、抽象絵画の運動は無調性とほぼ同時に始まったのだ、と。そして、画家のカンディンスキーと作曲家のシェーンベルクの経歴のあいだには、ある種の快適な類似性《パラレル》が存在すると。しかし、類似性の追求に近寄りすぎるのは危険だと思います。理由は単純で、音楽は常に抽象的だからです。高度に形而上学的な意味を除けば、音楽に寓意的な含みは存在しないし、音楽とは、コミュニケーションの神秘を別の神秘的な形式で表現する手段にすぎないのであって、ごく少数の例外を除けば、それ以上のものを装わないし、装ったこともないのです。

つまり、最近の音楽と他の芸術にあるかもしれない類似性がどれほど慰めをもたらすにせよ、本当に意味のある類似性は、私がルネサンス後期に求めたような、音楽史の過去の状況から得られるものに限られます。すると、もしも無調の相対性に対する私の説明が正しいならば、無調主義とその起源をめぐる指摘の多くは必然的に排除されなければなりません。特に、第一次世界大戦直前の不穏な数年間に無調が出現したことの意義に対する指摘はそうです。当時の世界が混沌とした状況にあったことは否めませんが、その状況が、無調主義の芸術的な機能と大きな関係があるとは私には思えません。これは芸術の抽象性すべてに言えます。自分の時代の出来事や緊張に、誰もが等しく感銘を受けたり、同じ方向に動かされたりするわけではないはずです。

また、英国のエドワード時代（一九〇一—一〇年）の人々が気楽に暮らした世界が受けた強烈な打撃を過度に劇的に語るべき

譜例 2

でもありませんし、ドイツのヴィルヘルム皇帝時代（一八八八―一九一八）を迎えるはるか以前から、苦痛の何たるかを世界はよく知っていました。しかし痛みや苦しみへの反応は、やはり個人的なものであって、必ずしも秩序の喪失を伴いません。苦悩は、それを埋め合わせようと芸術的な秩序に訴える努力によって表現されるものです。ゆえに、私たちの時代に起こる音楽の見事な推移に社会全体の意義を読み込むのは大きな間違いだと私には思われます。なるほど、社会的な階層の発展と、その周囲で成長する芸術とのあいだに相互関係が存在するのは否定できません。ちょうど初期のバロック音楽で、みなが共有する様式が十六世紀の商人階級の繁栄とそれなりに関わりがあるのと同じです。とはいえ、一個の芸術的な規則の範囲内での根本的に手続きに関わる変化を説明するために、複雑な社会論を推し進めるのはひどく危険です。

シェーンベルクが一九〇八年の弦楽四重奏曲第二番に続いて、第一次世界大戦の前までに書いた音楽では、ご想像どおりでしょうか、調性関係の痕跡がまだ実に多く残されています。しかしこの段階での痕跡には、過ぎ去った愛おしい時代の追憶と結びついたノスタルジアが漂います。たとえば、ピアノ小品作品一一の第二曲の部分がそうで、ここではニ短調が追想されているのがかすかに感じ取れるでしょう（**譜例2**）。

他方、別の例示ですが、これもたまたまニ短調を示唆します。《架空庭園の書》作品一五です。この歌曲の和声的な意味合いがどれほど精妙さを高めているかを確かめてください（**譜例3**）。

つまり、この音楽では、調的な手順をかすかに彷彿とさせることで決められる嗜好の優先度や選択のプロセスがまだある程度存在しています。私たちが今日用いる意味での

譜例 3

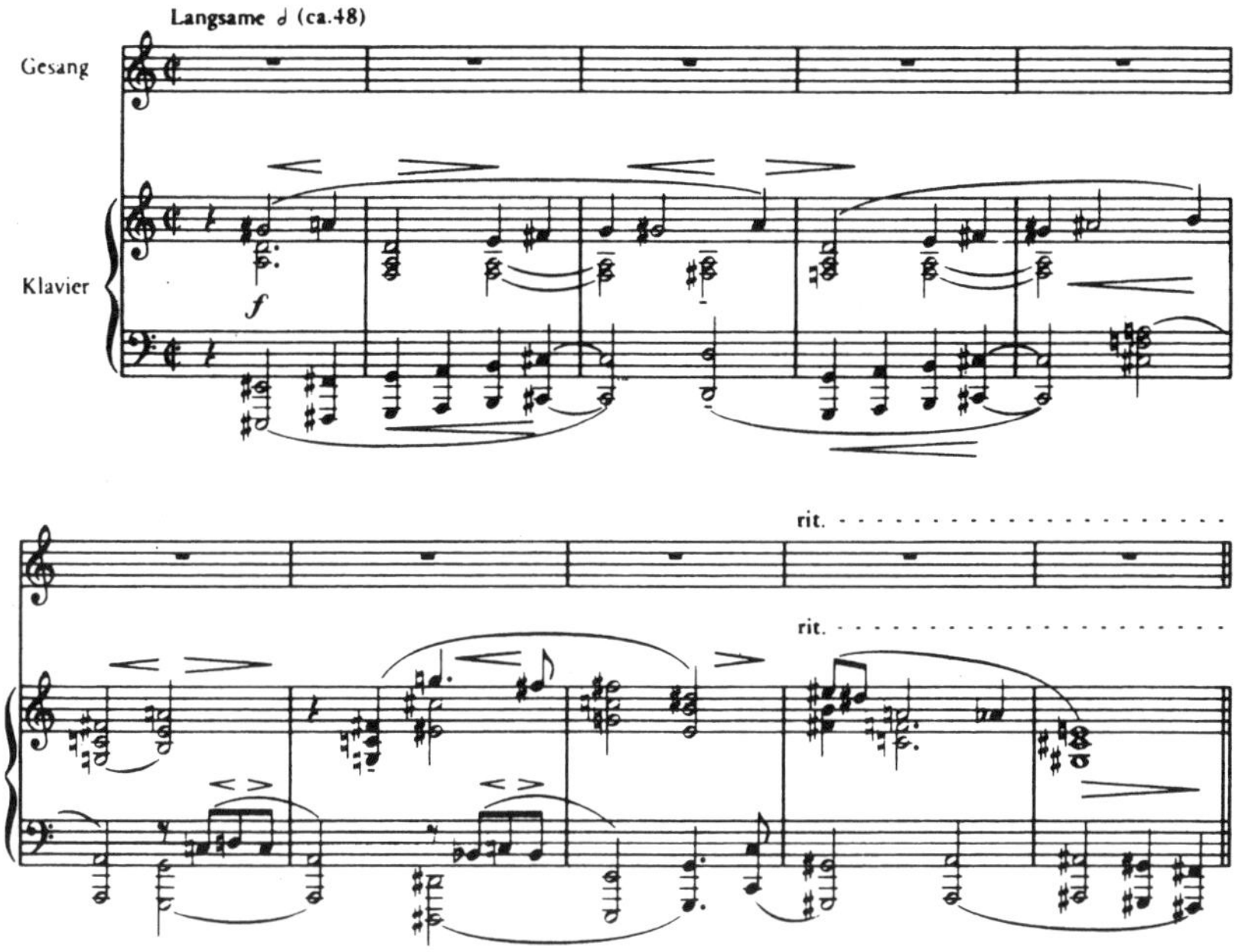

譜例 4

無調性《アトナリティ》は存在しません。しかし、シェーンベルクの作品一九から、次の短い例を検討すれば、そこにいかなる本当の調的な中心も見つかりそうにないでしょう**（譜例4＝六つのピアノ小品作品一九から第五曲の冒頭）**。

さきほどの歌曲とこのピアノ小品の時間的な隔たりは、わずかに三、四年です。けれども、後者の譜面はこのバガテル全体の半分近くを占めていますし、実際、含まれる作品一九は全六曲を演奏しても五分以下です。シェーンベルクの世界にどんな変化が起きたのか、想像できますか？　その十年前に《グレの歌》や《ペレアスとメリザンド》を書いた作曲家が小さなピアノ曲を作る活動に閉じこもることを強いた変化です。別にピアノのための小品を作ることが悪いわけではありません。しかし、これらの小品は一九一一年ないし一二年当時のシェーンベルクの絶望的な状況をどんな言葉よりも雄弁に語ってくれます。自分の知らない言語に身を委ねたのです。それは、生まれながらの音楽性を頼りにする以外に支配する方法のない言語でした。ほんの数年前まで自分が立っていた堅固な地面に戻りたいとどれほど思ったでしょう。未知の音の世界の恐怖を捨てたい欲求にかられていたに違いありません。しかし、もちろん彼はそうしなかった。いや、できなかったのでしょう。シェーンベルクはみずから選んだ道に立ち続けるしかないと覚悟を決めていたのです。たとえこの道を歩むことが、楽才の精力の使い道をピアノのための小品の創作に限ることになったとしても、です。実際、ほぼ十年にわたり、オラトリオ《ヤコブの梯子》を手がけながら未完のまま残した以外に、ほとんど何も書きませんでした。この時期、彼は自分の登場が早すぎたのではないかと悩みました。一生涯でこれほど大きな過渡期を経験した人はほかにいないかもしれません。

シェーンベルクの課題は、みずからが創り出した不協和音の虚無を編成する道を見つけることでした。どうやったら有意義な方法で操作できるのか――。この不協和音の奇妙な新世界では、進めそうな道は実にたくさんありましたが、優劣の違いなど本当にあるのでしょうか。シェーンベルクは次のように結論づけました。もともと音楽を無調へと反動的に駆り立てたものが、気恥ずかしいほど豊かな半音階風の調的和声だったとすれば、また、この半音階的な表現と関連するのがポスト＝ヴァグネリアン的な精緻な旋律的手法だとすれば、これらの延々と悶え苦しむような旋律線は、無調性の言語を組織するための手がかりになるかもしれない、と。そこで彼は動機の構築について考えました。関連する他の動機の核を提供するばかりか、旋律と和声双方での構造的要素のあいだの良好な関係を感受するための手がかりを与えてくれるような、十分な長さと持続性をもった動機を構築できないだろうか、と。

シェーンベルクの美学において自作の精神を基本的に支配していたのは、芸術作品は完全に理解可能で、かつ完全に組織化されているべきだ、という強い意識でした。これは芸術家としてのシェーンベルク像を大きな混乱に巻き込む考え方であり、また、これによって彼の歴史観はたいへん厳しく問われることになりました。なぜなら、この考えによれば、あらゆる芸術を支配する問題は、それがどの程度まで完全に論理的で、どの程度まで完全に実現の前から説明できるか、となるからです。しかし、これらの問題は、本質的には、確実な答えのない神秘であり、創造的な人間にとってはせいぜい相対的な答えしか期待できないことをシェーンベルクは充分にわかっていたはずです。それでも彼自身は、現実に先立つ観念が認められると確信していました。それは、ある種の胚細胞が創造的判断の支配因子として働き、そこから作品が生まれるというものでした。そして最後に、シェーンベルクが多年にわたるこの沈黙の時期を耐えたのち、この胚細胞の本質は、ある構造の中に結晶化された。それがのちに知られるようになった十二音技法でした。

もちろんこのシステムによって、シェーンベルクは現代音楽の批評家たちの格好の標的になりました。もはや彼は無調という奇妙な世界をさまよう自由を行使するだけでは済まなくなり、この世界全体が知るに値する応用的な論理が存在することを示したかったのです。つまり、不協和音全体の用い方を正当化する論理でした。当初、このシステムは理不尽で恣意的に思われたばかりか、ばかばかしいほどナイーヴに思われました。胚細胞、つまり音列といったものが、必ずしも作品の一部ではないという基本的な前提があったからです。ときには旋律的な単位として現われるかもしれませんが、本質的には作品から離れて存在し、作曲者の発明が適用されるときの参照先となるにすぎません。しかし、竜骨が船の一部を成すような意味での作品の一部ではありません。作曲者の机の上に置かれた、神秘的でまだ生まれていない標本のようなものです。そこから時間をかけて考え、検討し、それに基づく変奏をいくつか発案することで、作曲者は作品を創造します。音列と作品の関係がこのシステムの操作を支配する諸原則ですが、これはシェーンベルクの最初期の構想では、幼稚な数学ででっち上げたと見られかねない初歩的なものでした。ご想像のように、この奇妙で新しいコードの定型化によって、シェーンベルクは、同世代で、最も憎まれ、恐れられ、笑われ、そしてごくたまに、最も尊敬される作曲家となりました。

しかし、奇妙なことに、この単純化されすぎた、誇張されたシステムに基づいてシェーンベルクは作曲を再開しましたが、それだけではありません。約五年間にわたる特別な時期の始まりでした。それまでの彼の作品で最も美しく、彩りがあり、想像力に富み、新鮮で、霊感あふれる音楽がその時期に出現しました。幼稚な数学と怪しい歴史認識の混合から、シェーンベルクの生涯で並ぶもののない激しさや生きる喜び《ジョワ・ド・ヴィヴル》（原文でイタリック強調）が生まれたのです。なぜそうなったのでしょうか。彼のインスピレーションの源泉は最も息苦しい規則化によって阻止され、抑制されたときに最も自由闊達に流れ出ましたが、この人物はどんな奇妙な錬金術によって形成されたのでしょうか。その答えの一端は、シェーンベルクが常に数字に強く惹かれ、かつ数字を恐れ、数字に自分の運命を読み取ろうとしていた事実にありそうです（それにしても、自分の創造的な人生を数字に支配させるなんて、これを超える数字への愛情表現はあるでしょうか）。また、不協和音の海に漂っていた十五年を経て、再び堅固な大地を踏みしめる実感を味わったことにもあったのではないかと思います。さらに、あらゆる音楽にはシステムが必要で、特にシェーンベルクが私たちを導いた再生の瞬間には、システムに忠実であることと、その結果をそっくり受け入れることが、その後の成熟した段階以上に必要だったのです。

かくしてシェーンベルクは十二音技法による最初の慎重な創作を実践することで、その創作生活の第三の主要な時期を迎えました。システム自体がたいへん新しかったので、この時期のシェーンベルクの作品の形態は、十九世紀的な背景をもつ彼としては実に奇妙でしたが、ほぼ十八世紀的な基盤を得ていました。そうした最初の十二音技法の創作はどれも短い楽章で、ガヴォット、ミュゼット、ジーグ、単純なカノン、粗雑を装った前奏曲の形式にのっとっていたり、穏やかなメヌエット風であったりしました。

結局、今世紀初めの調的作品もそうかもしれませんが、これら最初期の十二音作品は、シェーンベルクの生涯で最も充実した創作として、いずれ認められるようになるでしょう。確かにこれら二つの時代はどちらも調和を模索する時期でした。また、十二音技法と十八世紀の音楽形式を結びつけた彼のアプローチは、せいぜい一時的な避難場所を設けたにすぎませんでした。しかし、考えてもみてください。無調の動機の活動域とその自由奔放な和声の可能性を、慣れ親しんだ形式の中に取り入れる方法があることを発見したときに、シェーンベルクはどれほど興奮したでしょうか。また、シェーンベルクの気質では保守性と急進性が結合していたので、彼の生涯において、二つの時期は特に充実していたかもしれません。彼が挑戦したものと、彼が心から愛したものの追憶とのあいだを調和させ、かつ融合させる手段があったからです。

シェーンベルクの後年の作品は、だいたいにおいて十二音技法の使い方に関する考えを集約したものと言えます。彼の存命中、すでにヴェーベルンが奇妙な「点描的《ポインタリスティック》」な手法で創作していたことを考慮すれば、シェーンベルクの作品が、歳月を経るにつれて、初期の十二音の楽曲よりも再び活動域を拡大させ、構想も広がる傾向があったのは、意義深いことかもしれません。実際、シェーンベルクが調号の範囲内で作曲する発想を得たのはまさに後期のことです。そういう作品は数えるほどしかありませんが、そのうち最も興味深いのは、合唱、語り、管弦楽のための《コル・ニドレ》、朗読、弦楽四重奏、ピアノのための《ナポレオン・ボナパルトへの頌歌》、そしてオルガンのためのレチタティーヴォによる変奏曲です。これらの作品における調性の勢いは実にさまざまで、オルガンのための変奏曲はニ短調に固定されていますが（どうもシェーンベルクの好きな調だったようです）、《頌歌》は重要な場面でのみ調性の中心が見えてきます。

ここでの調性感は、若い頃の派手な半音階主義に較べるとずいぶん灰色がかっており、色彩感に欠けます。実際、従来的な意味での半音階主義《クロマティズム》（原文でイタリック強調）とはまったく異なります。和声言語は、それこそマックス・レーガーのおどけた調子にわずかに似ていますが、かなり奇妙なものがここで展開していることにすぐに気づくのです。この音楽を支配する三和音の行動は、調的な声部進行に従って計画されたものではありません。むしろ十二音の原理に基

譜例 5

づくものであって、この原理は、三和音グループに分かれることを好む一個の音列を用いることでもたらされるのです。ここに例示する《頌歌》の一部では、ロ長調とロ短調、ト長調とト短調、変ホ長調と変ホ短調の和音の関係がみられ、この作品の和声サイクルの一部を構成しています。これは長調と短調の和音でできたサイクルで、一回並び替わるごとに十二音スペクトル全体と関わるのです（譜例5）。

シェーンベルクがあれほど年をとってから調性の活用法を気まぐれに模索し始めた理由については、誰も確かなことは言えません。少なくとも、彼が拠点としていたハリウッドの商業的精神に対する譲歩では決してなかったはずです。理由はともかく、この時期のシェーンベルクの擬似調性的作品は、私たちが彼から音列の使い方を学ぶ上で、最も価値のある教訓をもたらしてくれます。なぜなら、彼はこれらの作品を用いて、自身の初期の十二音技法にあった理想主義にたっぷりと異議を唱えているからです。また、音列が引き出した新しい和声の重要な実例を提供してくれてもいるのです。つまり、これらの作品から私たちが学ぶのは、音列は、嗜好性の存在する世界で機能させてもよい、ということです。和声一式にしても、統計的な均等性を許容範囲として限るのではなく、それを超えて強調的な反復が行なわれるのを認めようとする譲歩的な発展が今日起こりつつありますが、シェーンベルクはそれを先取りしていたのです。結局、これらの作品は、必ずしも満足のいく出来ではないとしても、シェーンベルク後期の十二音に対する考え方でいちばん大切な部分を体現しているのです。

　これらの擬似調性的作品は、後期シェーンベルクの仕事のうちでごくわずかです。アメリカ移住後の主要作品には、ヴァイオリン協奏曲、ピアノ協奏曲、弦楽三重奏曲などがあり、いずれも比較的従来どおりの十二音技法の規律を守って書かれています。どれをとっても技法の熟達ぶりは明らかにわかりますが、一九二〇年代から三〇年代初頭の彼の作品と較べると、むしろ冷ややかで、勢いに欠けた印象を受けます。ある種の冷たさ、つまり、構成上の正確さがあって、あちこちで優美さよりもそれが優先されたと思われます。また、過去の時代（この場合は十九世紀であり、また、その構築的な手法）が目指していたものと、彼自身の音列主義が求めるものとのあいだの奇妙な協力作業がここでも再び現われています。彼の後期作品には公平にみて評価を留保するべき点はやはり多々ありますが、近年で最も美しい音楽がそこに含まれるのも事実です。

　そうすると、結局、このシェーンベルクという人物について、何が言えるのでしょうか。私たちの世界にどんな影響を及ぼしたか――。思うに、私たちが認めざるを得ないのは、音楽の世界には根本的な変化が訪れたこと、そして、シェーンベルクの作品と思想がその変化のかなりの部分を担っていることです。今日使われている音楽語法はあまりに多種多様であるため、現在進行中のあらゆることに関して一名の人物を挙げて、その業績を讃えることも、あるいは逆に批判することもできません。しかし、確かロジャー・セッションズ（一八九六―一九八五。シェーンベルクとも親交のあった米国の作曲家）がかつて言ったように、「どんな創作をしていようと、私たちがそれぞれ異なった形で創作するようになったのは、シェーンベルクのおかげなのだ」と私は思います。だとすれば、シェーンベルクが導入した新しい音の世界とはどのような効果をもたらしたのでしょうか。

　その根本的な効果が聴衆と作曲家を隔てることであったのは間違いないでしょう。認めたくないことですが、事実です。聴衆と作曲家のあいだの合意を取り戻せない形で崩した責任がシェーンベルクにあると信じる人が周囲に大勢います。つまり、両者が共有していた価値判断の参照枠を壊し、深刻な敵愾心を生み出したのだと。そういう人たちは、シェーンベルクの言語は有効性を失ったと主張します。現代人一般に受け入れられている感情の参照枠を欠いてしまったからだという理由です。

今日の演奏会で取り上げられる音楽は、部分的にはシェーンベルクの影響も大きかったとはいえ、それが多くの人々の生活の中で果たす役割はごくわずかです。五十年前や六十年前、問題作が登場すると人々の好奇心はかき立てられましたが、それと同じ好奇心を今日の演奏会でかき立てるのは、とうてい無理です。なるほど世紀の変わり目において、リヒャルト・シュトラウスやグスタフ・マーラーやリムスキー＝コルサコフやドビュッシーの新作は、音楽通だけでなく、実に多くの一般聴衆にとっても大事件でした。そのことはぜひ覚えておきましょう。人々は聴いたものをすべて肯定したわけではありませんが、おおむね同時代の音楽は、聴衆が最も興味をもったレパートリーだったかもしれないし、五十年前や六十年前の演奏会の曲目とオペラの演目には、当時の音楽がかなり含まれていました。実は、今日と較べると、音楽的な関心の範囲がきわめて狭かったのです。一般に演奏会では、ベートーヴェンの時代くらいまでしか遡りませんし、モーツァルトやハイドンの作品はときどき取り上げられる程度でした。ヨハン・ゼバスチャン・バッハに到っては、その比較的有名な作品がごくたまに本当に古いものを愛好する人のために紹介されるにとどまりました。今日の私たちは、これとは対照的であって、このような、百年程度しか遡れない〝食事〟では、栄養失調に苦しんでしまうでしょう。とはいえ、私たちが他の時代の音楽に関心を移したのは、私たちの時代の音楽が私たちの愛情や関心を獲得しそこねたからにすぎないのでしょうか——。

今日の有意義な音楽的発展に対する人々の関心がどれほど低くても、いくつかの領域では、無調の語彙は間違いなく現代生活に貢献しています。ここでの無調とは、総体的な意味ですが、これはほぼ疑いようのない事実でしょう。これは音楽の役割の限られるメディアにおいて特に言えます。ある程度はオペラもそうですが（ベルクの《ヴォツェック》を「ヒット」と呼べればの話です）、いちばんあてはまるのは二十世紀の奇妙な専門分野、つまり、映画やテレビのバックグラウンド・ミュージックです。今日のハリウッド発のB級ホラー映画の大半につけられた音楽をきちんと聴いてみてください。子ども向けの宇宙旅行のテレビ番組でもよいかもしれません。こうしたメディアでは、無調の実にさまざまな語法がたっぷりと組み込まれているのを知って、きっと驚くはずです。

　こうしたバックグラウンド・ミュージックが、それこそ私たちの潜在意識に密かに訴えかけてくると、私たちは、不協和音の語彙の働きを完全に把握可能なものとして受け入れてしまうらしいのです。今日のあらゆる新しい音楽が発する不協和音は多くの人々の精神に組み込まれ、性格の一部を成していますが、この性格が認められるのは、人間という動物の根源的な野獣性を表現するときに限られます。不協和音の多様な情緒的表現力は他のいかなる音楽様式にも劣らないのに、これを発揮しようとすると斥けられてしまう。実に恐ろしい現実です。

　もっとも、作曲家は概して信じられないほど説得力を発揮しますから、それゆえ、作曲家と聴衆の良好な関係はきっと最終的に回復できるはずです。ホラー映画、SFの宇宙旅行ものといった、無調の参照枠が成功を収めたさまざまな形態の組み込み方が必要な絆をそれなりにもたらしてくれるかもしれません。別に私はホラー映画の永続を望んでいるわけではないし、宇宙旅行が音列主義と深い関係にあると言いたいわけでもない。ただ、こういう使い方は本質的にはクリシェであり、クリシェこそ無調の語法が一般の人々に訴える特徴だと言えそうですし、この奇妙で歪んだ時代にもたらしたのは、十六世紀後半に北ヨーロッパの教会礼拝でルター派のコラールが人々に与えたのと同じ公然の参照枠だったのではないでしょうか。疑いようがないのは、ルター派のコラールが多くの敵対的な教区民を奇妙で新しい体系に出会わせたことです。それがのちに調性として知られるようになったものでした。『成層圏隊長の冒険』（一九五一年米国の冒険SF映画 *Captain Video: Master of the Stratosphere* をもじったものか）といった、今の私たち（特に若者たち）を夢中にさせているあらゆる尋常ならざる作品が、敵対的な人々と現代の音楽のあいだの親交関係《ラプローチメント》（原文でイタリック強調）の樹立に大きな役割を果たしてくれるのではないでしょうか。

　そして、もしもこれが実現し、疎遠な関係が終われば、シェーンベルクは妖術使いとして扱われなくなりましょうし、実際、それは不可能です。音楽史で決定的に重要な作曲家に数えられるようになるでしょう。シェーンベルクについて私たちに残されているのは、その音楽自体の価値でしょう。彼の歴史的な位置の正当化とは無関係です。一年少しほど前、私はカナダ放送教会に依頼され、シェーンベルクの生涯を扱うラジオ・ドキュメンタリーを作りました（『アルノルト・シェーンベルク——音楽を変えた人』一九六三年八月八日放送）。制作中、彼を知る実に多くの人にインタヴューをしましたが、彼を愛する人や敬う人だけでなく、彼を恐れる人や嫌う人も慎重に選んだのです。その際、全員に同じ質問をすることで、実にさまざまな意見を集めた魅力的な横断図ができました。「二〇〇〇年にシェーンベルクはどうなっているか」という質問でした。

意見は多岐にわたりました。米国の代表的な全国誌のある音楽批評家は、シェーンベルクにとって、二〇〇〇年にはおそらく大したことは起こらないだろう、彼の様式はすでに衰退しているのだから、と述べました。また、ある著名な作曲家は、シェーンベルクの音楽的表現はたいへん強力だがたいへん痛々しいところがあり、いくつかの作品は間違いなく残るけれども、それは私たちの世代の混乱と不安定の芸術的な記念として残るのだ、と私に言いました。ほかにもさまざまな視点からあらゆる意見が出ましたが、どの意見にもまして興味深かったのは、晩年のシェーンベルクが書き、「私の進んできた道《マイ・エヴォリューション》」と名付けた講演原稿（一九四九年十一月二十九日、UCLAでの講演）にみつけた一節で、本当に魅力的です。講演は、彼がヴィーンにいた若い頃の思い出で始まり、フランツ・ヨーゼフ皇帝に関する辛辣なエピソードが語られます。こんな話です——「[約五十年前]われらが皇帝フランツ・ヨーゼフ一世には、重要な産業博覧会や芸術博覧会の開幕式にご臨席たまわりました。そのような機会において、実行委員長は来賓の著名な実業家や芸術家を皇帝に紹介することが許されていました。委員長は次のように来賓を紹介します。『陛下、こちらは偉大な実業家のこれこれ氏でございます』と。続いて当の人物に向き直り、こう告げます。『皇帝陛下であられます』と。このやりとりが数回繰り返されたあと、皇帝は穏やかにこう言いました。『将来、あの者たちが私が誰だったかを覚えてくれているとよいのだが』と」。この逸話を紹介したあと、シェーンベルクはこう述べます——「さらに五十年後、今度はこの私が誰だったかを覚えてくれているとよいのですが」。

私たちはシェーンベルクに近すぎて、本当の意味では評価ができません。今、彼について言えることは、憶測の結果か、盲信の結果か、あるいは、私たちが彼の音楽に託す重要性を彼の歴史的進化論に読み取った結果のいずれかです。それでも皆さんは、私の意見を知りたいでしょうか。この私は、作曲家シェーンベルクから理論家シェーンベルクを分離させようと真剣に取り組み、シェーンベルクの理論をときどき支配していた不完全な論理と、彼の作品に対する価値判断とを混同しないように努めてきた者です。そのような者の意見でよろしければ、申し上げましょう。いつの日か「彼が誰だったのか」を私たちは知ることになります。これまでで最も偉大な作曲家のひとりであったとわかる日が来るのです。

22　シェーンベルクのピアノ曲（アルバム解説・一九六六年）

アルノルト・シェーンベルクにとって、ピアノは便利な道具だった。独奏楽器としては五回頼っており（ピアノ協奏曲も加えれば六回になるが）、また、歌曲でもこれを用いて、声の伴奏をさせた。そして、各種の楽器を集めた室内楽曲のいくつかでも用いた。ゆえに、ある程度とはいえ、様式に関するシェーンベルクの発想の展開を、そのピアノ書法を通じてたどることは可能である。すると、次の作品が現われるたびに、彼にとってピアノ自体の意味が薄れていったことが結論として導かれる。ただし、シェーンベルクがピアノという楽器の機構面に冷ややかだったとほのめかすのは適切ではない。彼のピアノ曲のどれをとっても、鍵盤で音を出すのに向かない楽句はひとつもない。もちろん、楽器に反発する極端にひとりよがりな偏見もなかった。その点ではヴァイオリンとは異なる。ヴァイオリンでは、書法において偏見の程度が増していき、過密な音型や実現困難なハーモニクスを求める結果に到った。それが幻想曲作品四七である。

　シェーンベルクは、反ピアノ的な書き方はしなかったが、親ピアノ的な書き方をしたと非難されるわけでもない。彼の鍵盤音楽のうち、今日の鍵盤音楽の圧倒的多数において活用される打楽器的な響きの恩恵にあずかっている楽句はひとつもない。野人的リズム運動《モート・リトミコ・バルバリコ》メソッドが、必ず行き詰まることや（のちに証明されたことだが、当初これを見抜けた作曲家はごくわずかだった）、栄光も最後の腱が伸びきるまでの運命であることをシェーンベルクは理解していたのかもしれないが、そうでなければ、（私はこちらが正しいと思うが）作曲活動を始めた頃から、ピアノが自分にいちばん役立つ方法についてかなり異なる意見を持っていたにすぎない。ピアノの奇抜な弾き方を求めることは、ほとんどない。それでも、無節操な例として、作品一一の第一曲でのペダル・ハーモニクス（客席の最前列にしか、まず聞こえない）やピアノ協奏曲の非情なメトロノーム表示（楽譜の丁寧な序文に、額面どおり受けとめなくてもよい旨が記されている）は挙げられるかもしれない。しかし、ピアノの響板の機嫌を損ねるような指示を求めた事例はほかにほとんどない。確かにヴァイオリンの音楽では声楽のシュプレッヒゲザングにあたる器楽奏法を用いているが、ピアノ曲を書くときにそのような贅沢な表現を生かしたことはない。

　もちろんシェーンベルクは、遅咲きながら爛熟した調性主義という彼の最初の様式を捨てる準備ができるまで、ピアノ独奏曲は書かなかったし、少なくとも出版はしなかった。それでも初期にあっては、膨大な数の歌曲を残した。作品一と作品二、さらに作品三と作品六に含まれる最良の歌曲でシェーンベルクが採用できた伴奏の様式は、私に言わせれば、ブラームスやヴォルフの歌曲以上に独創的であり、楽器の特性にもよく合っていた。また想像力の発揮において、リヒャルト・シュトラウスの歌曲にも負けなかった（これは実はすごいことだ）。ピアノを対位法的に用いて交響楽的な可能性を引き出す意味では、〈戒め〉（作品三）や〈見捨てられた〉（作品六）を超える効果を発する歌曲はシュトラウスでは思いつかない。シェーンベルクの無調以前の鍵盤様式は、このようにポリフォニーをますます複雑化させていったのだが、この短い説明は次のことを指摘して終わりにしたい。すなわち、管弦楽伴奏による六つの歌作品八のピアノ伴奏版がほかならぬ権威アントン・ヴェーベルンによって編曲されたことである。加線だらけでまったく演奏困難だが、その程度はエドゥアルト・シュトイアマン（一九二七―一九六四。シェーンベルクにも師事し、その作品の実演にも加わったオーストリア出身の作曲家・ピアニスト）編曲による室内交響曲第一番や、私自身の編曲によるブルックナーの交響曲第八番（幸いにも未出版であり、演奏は営業時間外に限られる）に比肩しうるものだ。

弦楽四重奏曲第二番（一九〇七―〇八年）で、シェーンベルクは半音階的に拡張した調体系における最後の企てを実行した。（後期の擬似的な調性を用いた実験作の数々は、表面的には初期の様式と似ているが、和声上の焦点はまったく異なる。これについてはCBSの『シェーンベルクの音楽』第三巻に寄せたいくつかの解説で論じた（本書二二頁を参照）。）そしてこの弦楽四重奏曲の最終楽章において、かなりためらいがちではあったが、調性の重力圏外にきっと存在すると信じていた未知の宇宙の探査を開始したのである。

シェーンベルクがピアノを独奏楽器として用い始めたのは、まさにその頃、つまり一九〇八年頃のことである。シェーンベルクの将来と二十世紀の音楽を決定づけた意味では、作品一一（三つのピアノ小品）を超える作品はほかにはないかもしれない。ただし、これは彼が無調で書いた初めての作品ではない。弦楽四重奏曲第二番の終楽章や、《架空庭園の書》作品一五という見事な歌曲集に含まれる多くの歌曲がすでにあったからだ。だがそれでも、持続的な構造という意味では（第二曲は七分近くかかる）、作品一一は最初の大きな試みであった。三和音を中心に据えた和声軌道にもはや支配されない音楽的宇宙において、私たちが生き残る可能性があるのか――。それが問われた。そして作品一一から判断する限り、生存可能性は十分にあるとわかったのである。

作品一一の第一曲は傑作である。どんな判断基準に照らしても、この見事な小品は、ブラームスの間奏曲の最良作と比肩しうる。かたや第二曲はそれほどの成功作ではない。長くてややぎこちない構造をしていて、二音－ヘ音のオスティナートの上に、洗練された旋律的表現を留め置いている。シェーンベルクはみずから飛び込んだ和声的宇宙に不安感をつのらせていたとみえ、このオスティナートは、『ピーナツ』の登場人物ライナスが持ち歩く毛布に求めるのと同程度の慰めと安心感を得るためにあるのだ。第三曲は、シェーンベルクがこのような過渡期に実験し、その後ほどなく五つの管弦楽小品作品一六で用いることになる派手な響きの習作で、その最初の事例である。第一曲ほど成功していないにせよ、シェーンベルク中期において最も勇敢な瞬間がここにあるかもしれない。

　同程度の長さの小品集で（息つぎを含めなければ五分三十秒）、これほど多くの分析を徹底的に受けてきたものはあるだろうか。つまり、シェーンベルクの作品一九（六つのピアノ小品）のことである。これは、小説を溜め息に凝縮したと形容されたこともあるが、この五十年間にわたり批評の対象となり続け、皮肉にも、小さな百科事典ができるほどの反応があった。最初の反応は、学者たちのものだ。学者たちは、アウトラインや、構造内で発展していく反復進行や、豊かな色彩感を、西洋音楽の伝統に必ず伴うものとして考えるのが癖になっている。そのため、この作品は、十九世紀ロマン主義の主流を消滅させたか、そこからシェーンベルクを遠ざけたかのどちらかだ、という反応を示した。つまり、シェーンベルクは音楽の進歩を秩序づけて導く新しい方法を本当に見つけたか、情緒的な破綻を宣言したかのどちらかだ、と。

　真実は、この間のどこかにあると私は思う。何しろ不可解で、腹立たしくもなる小品群である。今紹介した最初の反応は、まったく不当な指摘だったとは言えない。しかし、あの巨大な作品《グレの歌》を作曲したシェーンベルクが衰えてつまらないピアノ曲を書いたとは認めがたい。さらに、この作品一九は、シェーンベルクの弟子たちに与えた影響という観点からも読み解きたいものである。短さという事実は、シェーンベルクの指導を受けた若い作曲家たちを魅了し、ほとんど即座にヴェーベルンの作品九（弦楽四重奏のための六つのバガテル）や、充実度をわずかに増したアルバン・ベルクの作品五（クラリネットとピアノのための四つの小品）として再現された（そこには、近年で言えば、偶然性音楽の崇拝や、呪わしいテープの逆回転に匹敵するほどの追従者的な熱狂があった）。そのとき、ミニチュア作家の技法が、突如として栄え始めた。ピアニッシモが増え、休符はフェルマータを手に入れた。〝目のための音楽《アウゲンムジーク》〟の新しい日がやってくるのだ。もちろん、この芸術は、ポスト＝ヴァグネリアン・ロマンティシズム号に忍び込んだ、乗り心地の悪い密航者のための脱出用ハッチであり、非常口であった。

しかし、シェーンベルクはこの仲間ではなかった。彼の《浄夜》、《ペレアスとメリザンド》、弦楽四重奏曲第一番ニ短調、室内交響曲第一番ホ長調は、後期ロマン派運動のおまけでは決してなかった。むしろ、強烈で、可能性にあふれたこの運動の頂点だったのだ。ただし、作品一九は、点描法の様式を刺激したものの、シェーンベルク本人にとっては有益な実験ではなかった。間もなく彼は引きこもり、内省と瞑想の十年に移ることになる。ミニチュア作家を続けることは、彼の役割ではなかった。ともかく、彼のミニチュアのうちで最も秀逸なのは《架空庭園の書》作品一五の最後から二番目の歌である。点描法的な新しさも理由だが、ロマン派歌曲集の傑作群の最後を飾るこの作品において、その広大な建築空間にそれとなく置かれて発揮するコントラストが素晴らしいのである。

一九二三年に作曲された作品二三（五つのピアノ小品）では、シェーンベルクは通常の演奏時間の規模に戻った。テクスチュアは作品一一に似ていなくはないが、動機の入り組み方ははるかに精緻である。というのも、シェーンベルクは、十二音列による作曲という、いまだ論争の的となっていた技法のブレークスルーを目前にしていたからだ。この作品二三の第五曲は、十二音技法の規則に忠実に従った最初の作品である。ただしこれは記録として意味があるにすぎない。それ以外の点では、第一曲から第四曲までを生み出した、系統化は不完全でも、すぐれて創意豊かな作曲プロセスと較べると、小さく感じてしまう。シェーンベルクの手法は、十二音の手順にきわめて近かったが、なかば体系化された動機的変奏の拡張であって、モノドラマ《期待》作品一七といった無調時代の作品で用いて大きな効果を上げた。つまり、音程の反復進行が際限なく繰り返され、リズム、移調、強弱の変化によって表現に区別がつけられていく。これらの主要な動機グループ（十二音体系の初期の実践でもそうであったように、動機のグループは一個に限らなくてよい）が続いていくため、第一主題、第二主題、エピソードなどといった、古典派からロマン派で用いられた構成概念は無効になる。あるいは、いずれにせよ、動的、リズム的、そして（プリンストン大学の用語法を借りれば）ピッチ＝クラスの条件に合わせて性格を変えていくのである。

作品二三の第二曲の「主題的」な楽節を考えてみよう。十音による音列で、最初の音と最後の音は異名同音である（譜例2＝第1小節）。そして、あとの方で現われる反復進行の部分では、第一音から第九音までが使われる（譜例1＝第10小節以下）。最後に、第一音を除いた音列が、反行形で三つの声部に同時に現われる。これら三つの音列の冒頭の音――ト、ロ、変ホ――は、半音四つずつ開きがある（譜例3：第18小節）。

一九二五年に作られた（誤認。二一―二三年作曲、二五年出版）作品二五（ピアノのための組曲）だが、私の場合、これについて偏見を交えずに語ることはできない。今世紀の最初の二十五年のうちで、これに匹敵するピアノ独奏曲を私は知らない。この曲への私の愛着は、十二音技法にシェーンベルクが全面的に依拠したこととは無関係である。確かに、シェーンベルクの傑作のいくつかが一九二〇年代後半に作られた事実は十二音技法を使ったことと関係があるのは疑いようがない。だがそれは間接的な要素だ。沈黙していた預言者が声を取り戻しただけのことだ。数学は初歩的であり、歴史認識には問題があるにせよ、これらを独断的に理論的根拠とすることで、稀有な〝生きる喜び《ジョワ・ドゥ・ヴィヴル》〟が生まれた。音楽を作るときの神聖な情熱である。そして、このピアノのための組曲は、同時期の他の生気あふれるネオ・ロココ風の作品（セレナード作品二四、管楽五重奏曲作品二六など）とともに、二部形式の舞曲への依存と前古典派の慣習に対する巧妙な皮肉（フランス風のミュゼットのペダル・オスティナートでは三全音を執拗に鳴らす）のおかげで、シェーンベルクの作品の中では最も自由奔放で、しかも不敵なほどに創意に満ちたものに数えられる。

実際、ここでシェーンベルクの創作能力を理解する鍵とは、制約である。十二音技法に厳格に従ったばかりか、さらに音程の選択を限るような音列の素材をあえて選んでいる。ピアノのための組曲で、聞こえてくる音列は四つの基本形しかない。原音列、ホ音で始まる反行形、そしてこれら二つの音列の移行形で、どちらも変ロ音で始まる

譜例 1

譜例 2

譜例 3

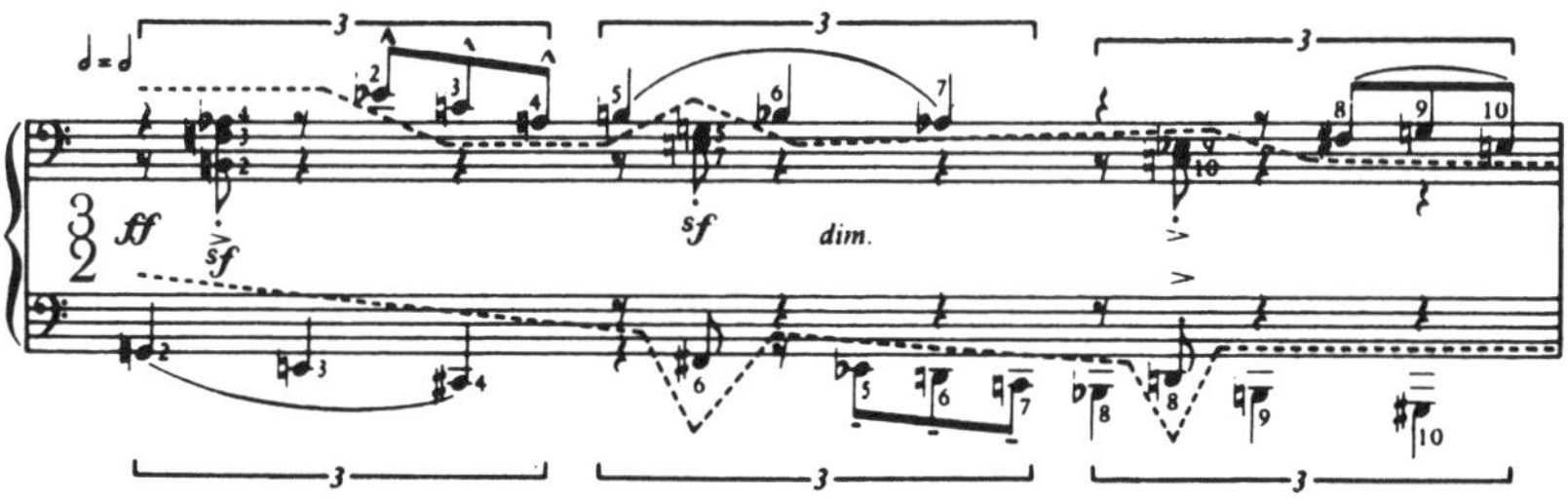

譜例 4

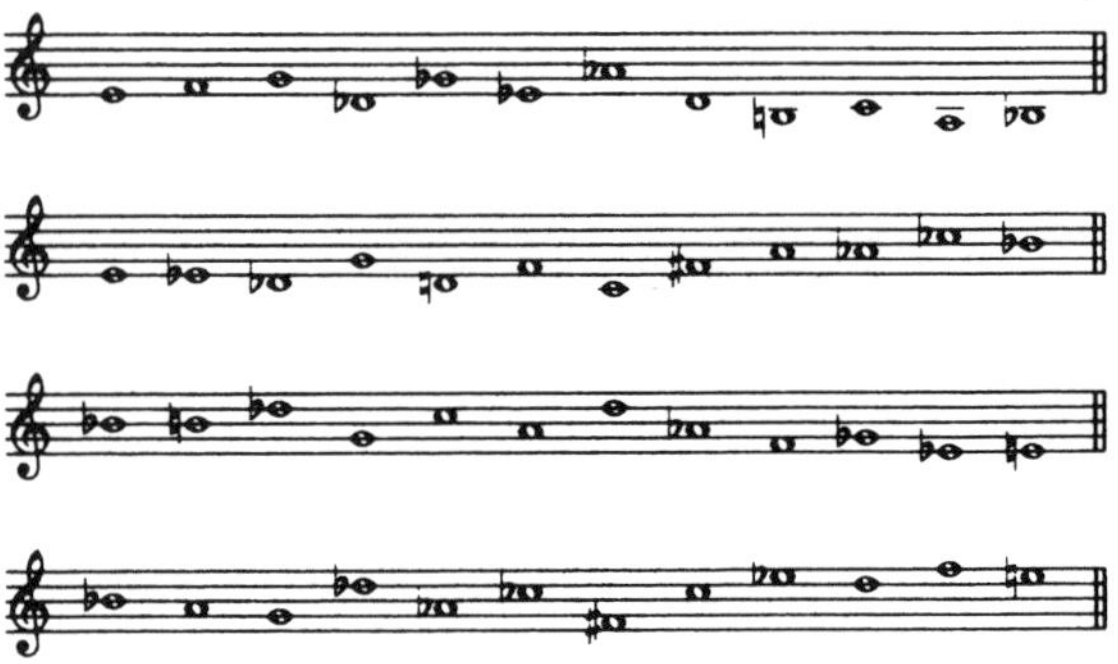

（これらすべてに共通の、ト-変ニの三全音に注目してほしい。また、第九音から第十二音の逆行に、変ロ-イ-ハ-ロ（つまりB-A-C-H）が現われるが、これはまったくの偶然ではないかもしれない）（**譜例4**）。

二つのピアノ曲である作品三三（一九二九年と一九三二年）は、いささか期待はずれであった。和声的に細分化された音列を仕掛けとして用いているが、それは、シェーンベルクがその生涯の最後の二十年間にますます没頭した手法で、《今日から明日へ》や《映画の伴奏音楽》（一九二九年と一九三〇年）以降の彼の十二音技法作品のほとんどに登場した。そしてこれは、いくぶん修整を加えた形で、耳に残る、擬似調性的な和声を生み出すものとなり、後期の多くの作品（《コル・ニドレ》、《ナポレオン・ボナパルトへの頌歌》など）に見出される。また、最後の時期のより厳格な十二音技法の試み（ピアノ協奏曲、ヴァイオリンのための幻想曲など）では、音列の素材に、反行可能なヘクサコードを応用することとなった。けれども、この作品三三では、音列技法の垂直方向がまだ十分にこなれていなかったため、結果として、三個ないし四個の音を粗雑に重ねて提示し、シェーンベルクらしからぬ硬直した旋律的発想によって装飾がなされているだけなのである。

実験とは、シェーンベルクの音楽体験の本質であった。実験のために、彼が五回にわたり、ピアノの独奏曲に取り組んだことに私たちは感謝したい。その作品はいずれも、シェーンベルクの発展における新たな章の始まりを告げるものであり、また、その始まりを共有するものでもあった。彼の楽器との実利的な関係を考えると、後年の彼が十二音技法と無調以前の様式を思わせる和声構造との調停を図る実験に着手したとき、ピアノがもはや目的にかなう楽器ではなかったことは、驚くにはあたらない。彼が新たに思い起こした交響的な語彙にとって、ピアノは副次的なものにすぎなかったからである。しかし、シェーンベルクの創作活動において、最も重要な実験の正念場、つまり、現代の音楽言語を作り直していた時期には、ピアノこそが彼のしもべであった。書くための費用も抑えられつつ、新しい語彙の危険性と可能性を即座に示すことができた。かくしてシェーンベルクはこのしもべに対して、現代の音楽における偉大な瞬間のいくつかを与えることによって報いたのである。

23　モーツァルトとシェーンベルクのピアノ協奏曲（アルバム解説・一九六二年）

本盤に収録された二つの協奏曲は、このピアノと管弦楽のための音楽の始まりと終わりに、事実上、位置する。対比のおもしろさや歴史的な意義のどちらか（あるいは両方）を強調するのなら、合奏協奏曲《コンチェルト・グロッソ》（たとえばヘンデル）と、別の合奏協奏曲（ヒンデミットか）を組み合わせればよかったかもしれない。しかし、協奏曲という立派な形式への移行とそこからの退出を説明するためには、これら二つの作品は実に役に立つ。もちろん、ここでの前提は協奏曲のイデーは今日の作曲技法にとってはほぼ役に立たない鋳型であるというものだが、推測できる未来において、作曲家たちは、目立ちたいという人間の本源的な欲求を満たす新たな手段をきっと見つけるであろう。

強弱の対比やリズムの強調という根本的な領域はバロックの巨匠たちが独奏と総奏の対照法を探求するのに役立ったが、モーツァルトのK四九一とシェーンベルクの作品四二を隔てた一五五年間に、可能性豊かな多くの変化がそこに加わった。十八世紀中盤にさしかかる途中で、個人対集団という発想の音響上の帰結――合奏協奏曲におけるピアノ対フォルテの様式――が主題的な対比における新しい交響的冒険と融合した。すると、協奏曲は古典派交響曲に付随する演目となったのである。以来、若干の風変わりな例外を除けば、協奏曲の作風の発展は交響曲の形式の発展と密接に結びついている。

協奏曲の技法と交響曲の模範的な技法とのあいだの大きな違いは、独奏と総奏の関係が求めた独特の冗長な素材配分にあった。独奏者に熱中してもらえて、しかも交響曲的な流れを台無しにしないような内容を提供することの難しさは、多年にわたり協奏曲の課題だったし、それはめったに解消することがなかった。そのためか、協奏曲で、いちばん人気のある成功作（決して最高傑作ではない）を書いたのは、たいてい、交響曲の構造を把握しきれていない作曲家たちだった。リストやグリーグがそうで、交響曲の様式の限られた楽節的《ピリオディック》概念を共有しつつも、まばゆい旋律を臆面もなく披露させ続ける。だからこそ交響曲の大家は協奏曲作りにおいてはほとんどいつも二番手にまわるのだろうか。協奏曲は比較的軽い分野なのだという広く知られた否定されそうにない考えが補強されてしまうのだ。（これは冗談めいた話にも発展する。妥協を許さない発言の期待されるベートーヴェンのような巨人が、交響曲を指して「これが私の最後の言葉だ」と述べながら、協奏曲については「これは私の最後の言葉だが、言い直させてもらいますよ」と言っているようなものなのだ。）

古典派の協奏曲の「言い直させてもらう」試みの最もすぐれた発達は、管弦楽の予備提示部ができた点である。開始楽章の基本素材を二、三分に押し込めたこのカプセルが生まれたおかげで、主題が最初から一定の見通しをもって紹介されているので、独奏楽器は途中から入るや、いっそうの自由をもって主題を扱えるようになった。また、独奏楽器は提示部のあいだじゅう、ますます一貫性をもって演奏できるようになったのである。

＊

モーツァルトの協奏曲ハ短調は、彼の最も高揚した楽想が含まれているためか、あまり成功した協奏曲ではない。

厳かに構築された管弦楽の総奏で始まるが、かのサー・ドナルド・トーヴィがなぜベートーヴェンはこういうものを書かなかったのかと苦言を呈していた予備提示部である。実際、モーツァルトの書いたあらゆる音楽のうちで、最も手際よく書いた数分間のうちの二分か三分がここに含まれている。しかし、独奏ピアノが初めて登場すると、私たちの高まった気持ちはかなり抑えられる。管弦楽の総奏部分では平行調（変ホ長調）のムードと喜びが見事に回避されるのだが、そのあとピアノは猛烈な勢いでこの調へ私たちを導き、やがてこの調で立ち往生する。一度、二度、三度と想像力に欠けた反復進行によって区切りをつけたあと、独奏者は、導入の威厳からすればまったく価値のない素材を用いて、この変ホ長調をそっと撫でるのである。総奏の素材が展開部で再び戻ってくるまでに、私たちはこんな気持ちにさせられる。モーツァルトはこの総奏と数回のピアノの練習をハイドンに託していたらよかったのに、と。ハイドンなら楽想を展開させる無限の能力を発揮して展開部を築いてくれたはずだ。

おまけに、独奏楽器の書法はいくぶん時代錯誤であって、独奏者の左手はチェロや（あるいは）バスーンの声部とたいてい重なる。その結果、独奏者の貢献の総体的な印象は、高音域での気まぐれな名人芸と左手の気づかざる通奏低音のわずらわしい混乱となる。（これに関して、演奏にあたった筆者は、ごくわずかな裁量権を行使しているが、当該作品の精神と本質の認める範囲内にとどめたと筆者は信じている。）

第二楽章には繊細な意匠の施された木管楽器の書法があり、独奏楽器が奏でる純粋無垢な主要主題と鮮やかな対比を成す。ただし、この主題は、嫌になるほど洗練された今日の楽器で演奏されると、その純粋無垢さの再現はほとんど無理である。

終楽章にこそ私たちの夢見るモーツァルトの世界がある。この上なく美しい変奏に構造的な存在理由がある。独奏ピアノが他の領域を侵すことなくそこにいて、変奏を次々に弾くうちに、哲学的な気分のモーツァルトが憧れた半音階的なフーガ手法が協奏曲という束の間の領域に見事に適用される構造なのだ。

モーツァルトのハ短調協奏曲が名人芸の伝統に溶け込む協奏曲の形式を体現するとすれば、シェーンベルクの協奏曲はその伝統の終わりの始まりを体現する作品である。全曲（カデンツァは除く）を通した独奏ピアノの貢献は、拡大されたオブリガートでしかない。作曲当時（一九四二年）のシェーンベルクは、大規模な建築的関心への回帰を経験し、また、ときどきではあるが、調性を使用する実験を再び行なっていた（ただし、初期の頃の調性よりも、いくぶん灰色がかっており、いっそう厳格に制御された調性だった）。ヴァイオリン協奏曲とピアノ協奏曲が書かれたのが、彼がロマン派交響曲の伝統とのつながりを最も意識していたこの時期だったのは、おそらく偶然ではあるまい。ただし、ピアノ協奏曲は（反対の立場の著名な研究者もいるが）、この調性回帰の一連の作品のひとつではなく、実際には、後期シェーンベルクの十二音技法によるかなり典型的な作品である。

シェーンベルクが暫定的な十二音技法を初めて使い始めたのは、新古典主義的な環境にあった中期だった。当時の彼は調的な自由貿易のできる驚くべき免許を入手したようなもので、それを用いた結果、合理的な古典主義に引き寄せられていった。この古典主義では、十八世紀の構築的手法が衒学的な規律をもたらしたのだ。

その十八世紀のモデルにふさわしく、十二音技法による彼の最初の作品は、音列技法をそのまま使う練習だった。たとえば、舞曲組曲のような構築的形式は、最初の十二音を流し込むのに便利な鋳型だった。こうして実現した初期の十二音技法の試みの最も顕著な特徴は、かなり外的な安定感と品格だった。

シェーンベルクがかねてより認識していたのは、十二音の音楽が独立した地位を獲得したと言えるには、それによって生み出される形式が、十二音の手続きに特に関連したものでなければならないことだ。つまり、最も微細な有機体である音の胚細胞の成長が反映されるようなものを所有しなければならない。これまで実に真面目に語られてきたように、シェーンベルクが音楽にどのような形式を適用するにせよ、彼の作品で安定した構成力を発揮しているのは変奏の原理だけである。実際、最も自然な状態での変奏の概念、つまり絶え間なく発展していく変奏という概念こそが十二音技法の理論を最良の形でまとめてくれる。

譜例 1

譜例 2

初期の十二音技法作品でのシェーンベルクは、ひんぱんに移置をした二つの音列を同時に示し、旋律的な関与と和声的な関与とを明確に分けた。三〇年代なかばになると、一度に一つの移置しか使わないことが多くなり、これを分割して和声グループを作り、音列から和音の進行を形成させた。そして、これらの和音のいちばん上の音をつないで旋律線を作るのである。すると、音列の和声コントロールは厳密になったが、旋律面は束縛からある程度解放された。三〇年代後半になると、シェーンベルクは一個の音列の二つの移置を用いた同時的な提示によって二つの手続きを融合させようと試みた。しかし、音列は、もしも特定の音程で再生され、（たいていは）反行されるならば、原音列の最初の六音は、順序は組み替えられるが、反行形の後半の六音になる。――ここまでの説明にまったく混乱していない読者がいたら、さらに言っておこう。〝この逆も成立する《ヴァイス・ヴァーサ》〟である。

このピアノ協奏曲もこうした音列を持つ。原音列と、それの半音五つ上での反行形は、次のようになる（**譜例1**）。

これら二つの移置形が組み合わされると、原音列の前半の六音と反行形の前半の六音は、完全な十二音スペクトルとして発光する。これは音列の半分の音程関係の組み合わせを用いたにすぎないが、かくして一個の完全な音列の和声域で音程構造がいっそう倹約されたことになる。

このピアノ協奏曲の音列が三音で構成される四つの和音に分割されるならば、位置をずらした同じ七度の和音が、第一音から第三音までと、第四音から第六音までを重ねることで作られる（**譜例2**）。

譜例 3

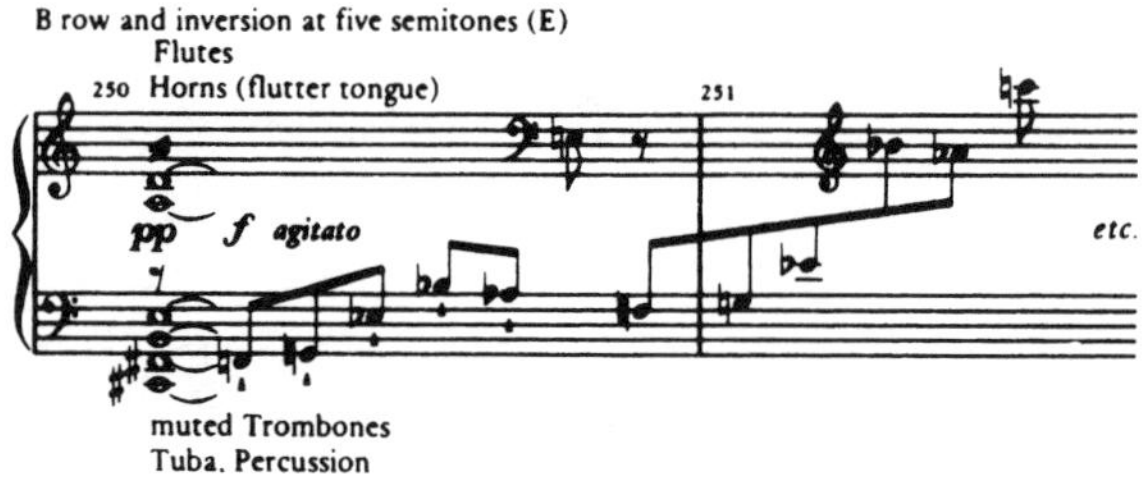

譜例 4

第七音から第九音までと第十音から第十二音までに同じ手続きを施して、四度の和音と全音ユニットの組み合わせを作る。すると次のようなパッセージができる（**譜例3**）。

いくぶん精妙さを高めた形で、音列の前半と後半は、明確に区別のつくリズムの型を与えられることが頻繁にあり、あるいは別個の音部記号に割り当てられるかもしれない（**譜例4**）。

この作品は休止をはさまずに続く四つの部分で——いや、いっそう正確には、アポストロフィ（楽譜ではフェルマータ記号）で区切られた四つの部分で——書かれており、それぞれの部分が音列の和声的処理の具体的な一面を展開させる。主題と変奏で作られた第一部では、主題はピアノの右手が担う。この主題は十二音列の四つの基本的応用——原形、反行形、逆行形、逆行反行形——として現われる。反行形と逆行反行形は、半音五つ分の移置形で出てくる。また左手の伴奏は、使用中の音列から引き出した別々のコメントで構成される。よって、第一部の主題は、原音列の移置を一度に限ることで（半音五つ分の移置での反行形も最初からそこにあるとみなすならば）、擬似調性的な団結をもたらしている。続くそれぞれの変奏（リズム的な予備音を用いた移行

譜例５

譜例６

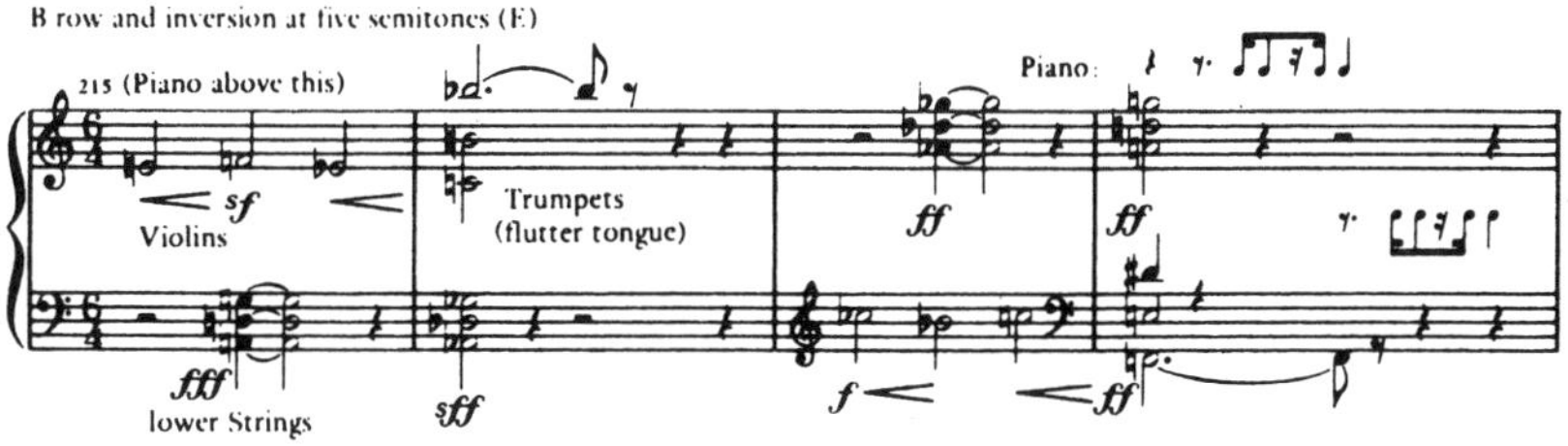

譜例７

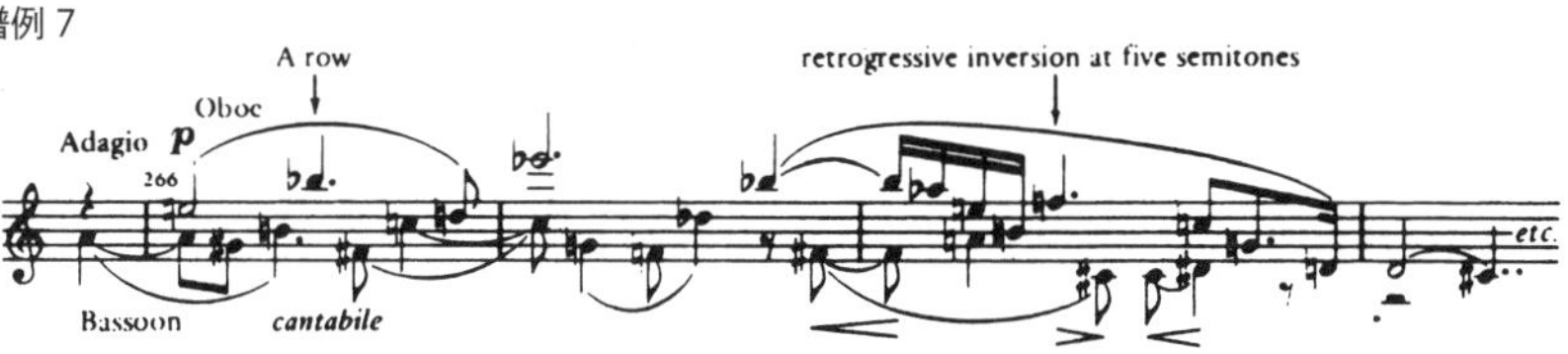

部によって三つの変奏に分かれている）は、加わる音列の移置形の数を増し、和声の進行を圧迫し、主要主題自体の省略に到る。第三変奏の最初の八小節での、原主題あるいはその四つの楽節の最初の部分は、七つもある移置形とそれを補完する反行形から導かれた個々の音を抜き出してアクセントをつけることから生まれた。

第二部は、次のリズム単位（譜例５）で推進される精力的なスケルツォである。

この第二部において、シェーンベルクは、譜例２と譜例３にある三音の和音ユニットの耳なじみの良さをいっそうあてにしつつ、原音列で連続していく音をばらばらにして、ひとつおきの一・三・五、二・四・六の音を用いて新しい旋律や和声の素材をひねり出す。さらに七・九・十一、八・十・十二の音でも同じ処理がなされる。先行部分の偶数音（二・四・六）と追行部分の奇数音（七・九・十一）は半音階的に隣接していく四度和音を構成し、残りの音（一・三・五と八・十・十二）は、原形の十・十一・十二をねじった縮小形を生み出す（譜例６）。

音列のこのような分割を活用し、四度和音における全音ユニットの原音列の追行部分の断片とこれを対比させることで、シェーンベルクは他のすべての動機を次第に除去し、このスケルツォの最後の数小節で、技術的にほぼ完全な動きの停止状態に到る。

もしもスケルツォがこの作品の強弱の渦の中心だとすれば、情緒の中心は第三部の見事なアダージョに違いない。シェーンベルクの技能を讃える最大のモニュメントである。先行する第一部、第二部の手続きが入念にまとめられ、組み合わされる。スケルツォで分奏されていた跳ねるような旋律は、第三部の開始の総奏で、実に雄大で荘重な新しい旋律を創り出す（譜例7）。

再度のことだが、シェーンベルクは聴き手が心理的な把握を強めることを前提として、十二音による縛りをさらに緩和する。原音列の四つの和声ブロック（譜例2と譜例3）は、ピアノの長い独奏が凝縮する。それから達人の技によって上述の二つの処理が管弦楽の総奏において統合されるが、これは円熟したシェーンベルクが生み出した最大の建築物である。

結末の第四部はロンドである。純粋で古典派風の均整のあるロンドで、その中心の移行部は第三部の主題（譜例7）による三つの変奏から成る。この第四部でシェーンベルクは第一部の簡明な音列技法に基本的に立ち戻り、音列という手段の立派な制約を守りつつ、勇壮だがどこか滑稽な主要主題を構築する。この最終部では、奔放な名人芸が披露され、その簡潔さは不滅だが、これはモーツァルトやベートーヴェンのロンドにあるものと同じである。

24 シェーンベルクの室内交響曲第二番（アルバム解説・一九六五年）

シェーンベルクが室内交響曲第二番を完成させたのは一九三九年。渡米から六年後であり、着手から三十三年後のことだ。本来は十五の独奏楽器のための華麗な交響曲（一九〇六年）（室内交響曲第一番作品九）と対を成す作品として企図され、この姉妹作と同じ年に作り始めていた。通常の場合、シェーンベルクは、着想が得られれば仕事は早かった。しかし、何度か再着手して（特に一九一一年と一九一六年に）、原案の漠然とした輪郭を取り戻そうとしたが、この作品の素材と情緒面の見通しを再検討しても、完成には結びつかなかった。オラトリオ《ヤコブの梯子》と同じで、シェーンベルクにとっては、三十年にわたってクローゼットに隠し続けた忌まわしい骸骨だったのである。一九三九年に立ち戻ったとき、今ある変ホ短調のエピローグが第二楽章に加えられ（一時的に構想していたマエストーソの性格をもつ第三楽章を削り、それの代わりとするためだった）、第二楽章の主要部分であるト長調のスケルツォは初期のスケッチに基づいて完成され、和声的かつ管弦楽法的に、ある程度磨き直された。結果は、彼の「後期《レイト》」の作品の中で忘れがたいほどに美しい音楽となった。

「後期」という語を意図的に用いたのは、この室内交響曲第二番は――一九三九年に書き足された部分に限らず――後期シェーンベルクの作風にかなり傾いており、初期の嵐のような半音階的な様式以上にそれが強かったからだ。第一楽章と変ホ短調のエピローグ（実は第一楽章の再現）の和声様式の区別はつくにせよ、第一楽章は、間違いなく初期の産物であり、ある種の問題づくめの和声的状況を提起しているとわかる。実はこの状況が待ち望むのがエピローグでの答えと解決策なのだ。これは、一九〇六年のシェーンベルクには解けなかった和声様式の問題であって、これこそが作品の完成を久しく妨げてきた本当の障害物だった。別に霊感が不足していたのではない。私はそう申し上げたい。

困ったことに、米国でよく見かけるようになったのは、シェーンベルクの作品を対抗し合う二つのグループに分ける研究だ。一方は、彼のヨーロッパ的な十二音技法の様式の継続を示す作品群であり、ヴァイオリン協奏曲、ピアノ協奏曲、弦楽三重奏曲、ヴァイオリンのための幻想曲などが含まれる。他方は後期の調性回帰を表面的に示唆する作品群で、オルガンのためのレチタティーヴォによる変奏曲、《コル・ニドレ》、吹奏楽のための変奏曲などがそうだ。この奇妙な対称性はシェーンベルクの性格上の心理的な分裂と関わっている——そんな主張もたまに聞く。つまり、後期の十二音作品は、彼の中心的な音楽思想の進歩を表わし、まっすぐ未来に向いているが、これに「対抗《オポウズ》」する一連の調性回帰の作品は、若き日のノスタルジックな追憶であり、失われた世界への時代錯誤的な執着にすぎないとする理解だ。この理解の前提には、これら後期の作品は従来的な調性音楽にすぎないという考えがある。また、現代音楽の急先鋒のあからさまな調性回帰は、シェーンベルクを手本に若い世代が学んできた音楽思想に対する裏切りだと受けとめられているのだ。もちろんこの回帰を老人の繰り言として寛大に認めるのならば話は別だが。

シェーンベルクの音楽活動を二つに分けるのは危険だと私は思う。誤解に基づくからで、それは調性と音列主義の本質に対する誤解（いや少なくとも音列主義に関するシェーンベルク本人の清教徒的に厳格な理解に対する誤解）だ。後期の「調性のある《トーナルな》」作品は、どれをとってもシェーンベルクの発展において欠くべからざる存在であり、その点では後期の十二音技法の作品と同様だ。それに、どちらの作品群も、本質的に同じ問題に取り組んでいたと私は思うし、シェーンベルクが晩年に「調性のある」作品を書かなかったとしても、あるいは十二音作品を書かなかったとしても、この検証は完結しなかったはずだ。実際、どちらの作品群が生まれたのも、管楽五重奏曲、弦楽四重奏曲第三番、管弦楽のための変奏曲などの、初期の十二音技法による一連の輝かしい傑作を手がけたことで獲得した新しい認識と技術上の自信があったからだ。

もちろん、シェーンベルクの後期の作品では、調性があるのか、そのように聞こえるだけなのかを識別するのが難しい場合がある。十二音構造の提唱者であったシェーンベルクは動機を気ままに選んだが、そうした動機は、後期の作品になると、調性を匂わさないまでも、少なくとも三和音を匂わす音程への依存度を増していくからである。

譜例 1

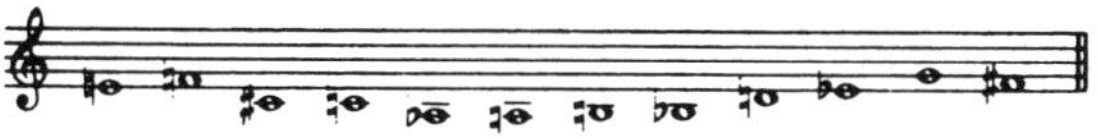

譜例 2

三和音を構成しかねない音列をシェーンベルクが好んだのは、三和音自体への関心よりも、十二音列の探求にあった。つまり、音列の前半と後半が半音階を補完的に分け合うばかりか、前半と後半双方の内部に秘められた同じ音程の組み合わせを強調できるような十二音列を見つけたかったのだ。このように同じ音程を見つけたがる理由は、厳格に管理された動機的資源を注視しつつ、半音階全体の均衡を達成したいという願望に要約される。また、そもそもシェーンベルクのあらゆる作品を実際に支配しているのは統一性の中の多様性という原則だが、それがここでは十二音技法による編成特有の形で表出しているのだ。この課題を解決するために、シェーンベルクは、彼特有の教育的な本能に大幅に訴える策を見出した。その結果、「奇跡の音列《ミラクル・セット》」と嬉々として呼んだ音列をこしらえたのだ。その音列は、小さな変更を加えつつも、《ナポレオン・ボナパルトのための頌歌》の基本音型となった（**譜例1**）。

　こうした材料を用いた以上、三和音的《トライアディック》な一連の関係が生まれたのは無理もないし、この関係は、これに伴うテクスチュアが強いる条件に依存するため、擬似調性的な性格がさまざまな印象として現われる。

　こうした印象は意図的で、計算されているときもあり、音列の素材は、それに応じた操作を受ける。たとえばこの《頌歌》では、ハ短調の「勝利」の動機の素材がそうであり（**譜例2**）、あるいは同じ《頌歌》を締めくくる変ホ長調の終止もそうだ。しかし、一般論で言えば、こうした作品の最大の関心は、音列主義の和声面に迫る参照点の提供にはない。はるかに関心を寄せているのは、ある和声的な趣向を音列主義の内部で試みることであって、この趣向とは、特定の調中心の音組織を超えた三和音的な関係の語彙の探求だと説明すれば、より正確かもしれない。

シェーンベルクの「奇跡の音列」のような線的な素材の垂直の重ね合わせが、もっぱら三和音の型を示すように強制されるならば、当然ながら、そうした重ね合わせは、調性的な連想に必ずや満たされる。しかし、調性主義が本質的に関わるのは三和音自体ではなく、この三和音を束ねて調的なテクスチュアの緊張感を統御する結合能力の方である。そこでシェーンベルクは、三和音の型を体系的に音列化した結果、いつまでもバランスが失われず、果てしなく続く三和音風の流れを手にした（同じ方法を用いれば、不協和の状態を永久に続けることもできる）。彼の場合、対比や強調なしに三和音風の表情が現われる状況でそういう流れの単位を用いることは稀だったが、後期の十二音作品の和声的テクスチュアが大きく依拠していたのは、二元論的で六音音階風に設計されたバランスであって、そのバランスは、この種の反行可能な三和音風の進行に固有のものだったのである。そしてこの種の十二音の操作が後期の新調性主義的《ネオトーナル》な音楽の作品に反映する度合いにはまったく驚かされる。そうした作品も、さほど入念に設計されていなくても、当時のシェーンベルクの十二音実践と間違いなく関わりのあるテクスチュアだらけだ。もちろん三和音自体はたくさん現われる。ただし、少なくとも短時間は特定の調を中心にした配置は保留し、しかるのち、三和音のあいだに不協和音を挿入するばかりか、これらの三和音をきわめて敏速に交替させる——たいてい、そんな形態となる。三和音は、否応なく喚起される調性疑惑を肯定も否定もしないのである。

三和音が循環していくこのような形式の語彙は、十二音作品と「新調性主義的《ネオトーナル》」な作品の双方に、確かに同程度は存在するが、加えて、シェーンベルク後期のこれら二種類の作品群のあいだには、テクスチュアの構成を支援する方法においても顕著な類似性がみられる。後期の新調性主義的な作品は、半対位法的な音型に満ちていて、そうした音型は初期の音列作法の実践が発展したものだ。かつてのシェーンベルクは、その実践にあたり、基本音列を移高したあらゆる音列を調べ、近い移高をしたときの音程グループを再現したり拡大したりできる音程グループを絶えず求め続けた。後期の十二音作品も、この種の内声書法に満たされる傾向があり、これを支えるテクスチュアの多くが、呼応する音程グループ（さまざまな音列移高から生まれた）のあいだで相対的な価値と関連性を持つ**（譜例3＝ピアノ協奏曲から第一八八―九八小節）**。同様に、新調性主義の作品も、念入りな対位法的な処理に依存し、この処理は、まるでそれが、あらかじめ決定づけられた動機的進行に順応しているかのように正確に機能する。この処理の内部では、副次的な動機の統制が行なわれ、短い二次的動機が相対的に認識される。それらの動機はしっかりと統制された音程支配の中で相互反応をしているように思われる**（譜例4＝室内交響曲第二番から第三四一―四九小節）**。

ある芸術作品を分析するのに、それの出自に関与していない構造をあてはめようとすることほど不毛な営みはない。また、室内交響曲第二番を分析するときに、そこには後期ロマン派の作曲家たちの用いた和声進行の事例など都合よく見つかるはずがないように言うのも愚の骨頂である。もちろん、実際には存在するのであって、この作品はシェーンベルクの様式の和声的進化を理解する鍵となるし、彼の技法が精妙に変容を遂げたことの顕著な証拠である、と私は提唱したい。

本質的には、シェーンベルクにおけるヴァーグナー風の調的拡張の進化は三段階に分けられる。その最終段階は、後期作品について広く喧伝された偏見のために、しかるべき評価をまったく得ていない。まず、第一段階は、もちろん、奥深さを生み出す方法論である。つまり、曖昧な状態を意図的に奨励する営みであり、これはポスト・ヴァグネリアンのあらゆる作曲家たちの特質でもある。この段階でのシェーンベルクは、九度の和音の減音程を異名同音で変幻自在に読みかえるときに、これを常に尊重して多種多様な解決を実行する。また、同じ手段を講じることで、解決をいつまでも遅らせたり、挫いたりする和声戦略を果たす。たとえば、《グレの歌》といった彼の最初期の作品は、こうした方策に忠実に応じたものだ。どれもまだ解決にこだわっている。しかし、解決に到る劇的効果が高まるのは、主要な終止形成をほぼ無限に先送りにすることも確保された構造になっているからである。

シェーンベルクが携わった半音階的拡張の第二段階は、いわゆる無調作品（一九二八―二三年）の大半を支える

譜例 3

譜例 4

ものを指すが、比較的初期の十二音作品の和声的条件もこれにあたる。ただし、その起源は最初の調性時代の後期作品に認められ、特に作品九の室内交響曲第一番はわかりやすい例である。つまり、彼にとっては、掛留を施す装置の本質の方が、先送りされた解決以上に重視される段階なのだ。この室内交響曲における四度の和音の進行（彼の有名な教科書『和声学』の結末の数章から飛び出したかのようだ）といった連結的な要素の開発において、私たちは思い知らされる。つまり、彼の方法論では、三和音的な解決を先送りにする素材の多様性や性質の方が、不協和な係留音を三和音で安定させることよりも優先されるのだ。これに関しては、シェーンベルク初期で特に入念に作られた十二音作品では、重複的な要素あるいは三和音的な含みをもつ要素を何が何でも回避しようとする断固たる信念が働いていたことを思い出せば十分である。

シェーンベルクの和声的進化のこれら二つの段階に加えて、私は次のような第三段階があると考える。言わば、低出力不協和音（「低出力核兵器」になぞらえた表現）を生み出す和声形式に関わるものだ。つまり、三和音的な単位あるいはその変種にしばしば関わり、その意味で、素材に見込む可能性は第一段階とはそれほど変わらない。しかし、第一段階とは異なり、シェーンベルクの和声思考の第三段階では、三和音の関係を瞬間的な繋がりとして、あるいはその能力を秘めたものと考える。不協和な掛留の役割を、除去しないまでも、最小化し、垂直的かつ水平的な多様性の中で動機的な統一性を表現しようと試みる。私は思うのだが、後期の新調性主義の作品でシェーンベルクが忙しく従事していたのがこの段階であり、まさにこの段階で再着手したのが室内交響曲第二番だったのだ。

この、離れた三和音どうしの連結は、ある意味ではそんなに真新しいものではない。アントン・ブルックナー後期の交響曲を考えてみよう。そのどれでもある程度言えるのだが、通常の調性音楽ではそれなりの準備と仲介なしには和声的に成り立たないような反復進行のパターンがそこに存在する。ブルックナーが行なっているのは、心理的効果を狙ったかなり意識的な実験であって、まず連結的な要素を完全に用いて遠距離の関係を設定する。しかるのち、そこにできた連結的な和声を除去し、その介入の記憶だけを頼りに、最も離れた関係にある二つの極を表出させる。ここにブルックナーの「モダニズム」があるのだが、シェーンベルクの営みもまったく同じで、異なるのは、楽句や楽節の次元ではなく、隣接する和音の関係だけである。

室内交響曲第二番では、明白な構造的レヴェルで、楽章間での基本調を見極めるならば、変ホ短調とト長調の交替は「奇跡の音列」の六音音階的な特質だとわかるが、加えて、この作品全体は、強く影響を受けた三和音的関係に満たされており、私たちはここに新しい意義を見出すべきである。なぜなら、この関係には、初期作品のパターンとの呼応よりも、十二音作品の和声的操作との呼応があるからだ。第一楽章のテクスチュアには、ある種の調的な倦怠感がうかがわれる。つまり、和声的並列主義や、階段を上がっていくような反復進行や、無調節の半音階的な動きに満たされており、その数は（シェーンベルクにしては）驚くほど多い。しかし、確かに初期の調性作品のきらびやかな対位法の名人芸と較べると、第一楽章の和声的なテクスチュアは鈍重に感じられるかもしれないが、それは別に彼が文脈的背景への関心を弱めたり、手段よりも成果に関心を寄せるようになったためではない。断じて違う。意識的だったかどうかはともかく、彼はすでに三和音が循環していくプリズムを試みていたのではないだ

譜例 5

ろうか。何年もたって、和声において彼のいちばんの関心事となる定めにあったプリズムである。第一楽章と一九三九年に加筆した変ホ短調のエピローグを較べれば、このことは一目瞭然で、エピローグでは、焦点の絞り込まれた動機的な強調や、鋭さを増したリズムもさることながら、第一楽章の基本動機が、こうした「三和音的な」形式を伴っている。この形式は、仲介的なユニットの補助なしで、調的な軌道の遠い両極をつなぐのである（**譜例5＝室内交響曲第二番、第四五三―五九小節**）。

　かつてシェーンベルクはこう述べた。ハ調で書かれるべき素晴らしい音楽はまだかなり残っていると思われる、と。革命的な人物の弟子たちに言わせると、この意見は彼の寛大さの表明であって、比較的保守的な作曲家仲間を慰めるための発言にすぎないのだそうだ。確かにそんな解釈が広く伝えられてはいるけれども、本当にそれだけの意味だろうか。ここには一般に認識されている以上に切実な思いがこめられているかもしれない。シェーンベルクは、音楽をめぐる何らかの具体的な葛藤があったからこそ、この意見を口にしたのではないだろうか。また、私はさらにこう言いたい。シェーンベルクは、不協和音の低出力な形式を再検討し、再組織化する実現性があることを、ひいては調性の地位を優先させる新しいアプローチがあり得ることを、この発言を通してほのめかしている。シェーンベルク本人がこうした歩み寄るような見解を述べたことで、その音楽思想の体系に、真に変革的な要素が追記されたのである。

25 鷹、鳩、フランツ・ヨーゼフという名の兎（シェーンベルク研究の書評・一九七八年）

アルノルト・シェーンベルクは、伝記作家にとっては手強い存在だ。もちろん彼は今世紀で——いや、今世紀前半で——最も騒がれた作曲家であり、その騒ぎの多くは、複雑で奇態な様式的進化における論理や論理の欠如に関わっていた。初期の後期ロマン派的な調性作品どうしの関係、巨大主義（《グレの歌》）から「無調の《アトーナルな》」時代の開始を告げたミニチュア主義（六つのピアノ小品）への変容、「無調主義《アトーナリティ》」から十二音技法への移行（違いは聴き手の大半にはわからないし、シェーンベルクも理解を求めてはいなかったが、それでも意味するところは大きい）、晩年の調性的な響きと十二音原理との融合——これらの軌跡を追うだけでも、立派な音楽学的業績になる。

しかし、加えて言えば、彼は最近の音楽史において最も複雑で気難しく、矛盾を抱えた人物に数えられる。カトリックに改宗しながらその後本来の信仰を取り戻したユダヤ人であり、君主論に転向した社会主義者（ハプスブルク家の再興を支持）でもある。第二次世界大戦中と大戦後には反戦論的作品（《ナポレオン・ボナパルトのための頌歌》や《ワルシャワの生き残り》）を書いた作曲家でありながら、第一次世界大戦中には戦争支持の作品を残した（一九一六年の行進曲《鉄の旅団》は、シェーンベルク二等兵の高等ドイツ・マイスター部隊での兵役一年目を祝したものだった）。

まさに多くの点で、シェーンベルクはケン・ラッセル（一九二七―二〇一一。英国の監督。突飛な作風でマーラーやリストなど多数の音楽家の伝記映画を残す）が脚本を書きそうな人物だった。家庭では比較的静かな生活（二人の妻、五人の子ども、数匹の犬、一匹の兎）を送っていたにもかかわらず、彼はヴァーグナー的なエゴを全開にした。一九二一年に十二音技法を考案したとき、彼は「私はこれからの百年間、ドイツ音楽の覇権を確保した」と、たいへん控えめに宣言した。（評者注：そういえば一九三五年にも似た話があった（この年前後のヒトラーによる「千年帝国」宣言を指すか）。）高圧的な教師であり規則の制定者であった彼は、弟子たちに権威を奪われ、革新的な主張を先取りされるのではないかという思いに悩まされるようになった。「ヴェーベルンに小品について話した。……ヴェーベルンはどんどん短い曲を書き始める――私の発展にすべて従う（誇張がある）。……ヴェーベルンはいくつかの曲で十二音を使っているようだ――私に無断で［シェーンベルクによる強調］。……ヴェーベルンは、おのれを革新者にしようと意図して、多くの不誠実な行為を働いた。」

シェーンベルクはこうした暗い思いを一九四〇年の日記に綴っていた。これらの出来事からほぼ四半世紀がたったときの記述である。しかし、シュトゥッケンシュミットによれば、「友人から長い間連絡がないと、自分が忘れられたか無視されたと彼は思った」そうだ。こうした気持ちの傾向は米国亡命後の年月において（一九三三年から亡くなる一九五一年まで）、確かに急速に強まっていった。実際、晩年になると、このような疑念は、第二次世界大戦によって連絡が途絶えたヨーロッパの音楽家たちにとどまらず、アメリカ国籍の人々や亡命仲間にまでも及んでいた。死の前年、アメリカン・ミュージック・センターに、一九三九年以降の作品表の提供を求められた。シュトゥッケンシュミットの記述によれば、この事務的な要請に対する反応からシェーンベルクの変人ぶりが老齢化と融合したのがうかがえる。彼はこの問い合わせに答えなかったが、代わりにメモを書き残した――「シェーンベルク氏に頼み事をする者は、まず最低限の敬意を払うべきである。シェーンベルク氏に便宜を図ろうとする者は、まず最低限の敬意を払うべきである。シェーンベルク氏は敵を助けたくはないのだから。」

シェーンベルクの無数の確執、断絶、騒動の中で、最も有名な――当然ながら最も喧伝された――ものは、同じ亡命者であるトーマス・マンに関するものだ。多くの点で、彼らは互いによく似ていた。特に、マンも、シェーンベルク同様、第一次世界大戦中は鷹派であり(『非政治的人間の考察』『パウル・アマンへの手紙』)、第二次世界大戦中は鳩派に属していた(ヴォイス・オヴ・アメリカの海外向けラジオ放送「ドイツの皆さんへ」)。そして、驚くには値しないが、両者がロサンゼルスに居住していた最初の数年間は親しくなったのだ。けれども、一九四七年にマンの小説『ファウスト博士』が出版される。悪魔に魂を売り、十二音技法を発明する作曲家の物語だ。深刻な目の病気に苦しんでいた晩年のシェーンベルクは、実際にこの本を読むことはなかったが、もしも読んでいたら、この本がシェーンベルクの作品や人物像を扱ったものというよりは、ヴィルヘルム二世以降のドイツ文化の崩壊を描いたものだと気づいたかもしれない。その代わりにシェーンベルクは、アルマ・マーラー゠ヴェルフェル(マーラーの未亡人)や自分の妻ゲルトルートといった噂話の天才たちを信頼し、ある友人にこう書き送った――「妻やほかの人たちからも聞いたが、彼は私の十二音技法を作品の主人公のものにしてしまったらしい。歴史家たちがこれを利用して私を不当に扱うかもしれないと私は彼に注意を促した。長らく渋ってはいたが、この技法の創始者がシェーンベルクであるという記述をあらゆる言語の版に加筆する用意があると宣言した。」マンはこれを誠実に実行し、十二音技法が「現代の作曲家で理論家」のアルノルト・シェーンベルクの発明であるとの記述を第二刷に加えたのだ。しかしシェーンベルクは満足しなかった。『サタデー・レヴュー・オヴ・リテラチャー』誌で、自分の文化資産が盗まれ、ただし書きによって罪をもみ消されたと非難して、こう述べた――「あと二十年か三十年もすれば、どちらがどちらの同時代人だったのかがわかるはずだ。」

こうしたシェーンベルクの立腹の大半は、時代精神との曖昧な関係に由来する。世間は彼を革命家と賞讃したが、シェーンベルク本人は徹底的に保守的な人間であり、伝統の墨守ばかり考えていた。自作こそオーストリア゠ドイツ・ロマン派の論理的な継承だと信じて疑わず、歴史のプロセスから異論を導く人々を断固として認めなかった。

だが彼の音楽史の知識は驚くほど限られていた。基本が独学であった彼は、バッハの時代以前の音楽にほぼ無関心で、クシェネクやヴェーベルンといった音楽的に博学な弟子たちを訝かしく（ともすれば少し妬ましくも）思い、中世の旋法を「人間の精神の原始的な誤謬」と見なしていた。

シュトゥッケンシュミットは、シェーンベルクの「伝統《トラディション》」の用法が変わることなくドイツの伝統を意味することを明らかにする。ただし、この信念があっても、プッチーニ、ミヨー、ガーシュインといった意外な人物に対して時折発揮した情熱は妨げられはしなかった。そして、本書で最も生き生きとした場面に数えられるのは、西海岸の生活様式に対するシェーンベルクの反応である。彼はこれに敬意を表して、サンセット大通りに出入りする七十代の老人らしい個性を発揮した。チャーリー・チャップリン、グルーチョ・マルクス、オスカー・レヴァントといった仲間たちと訪問しあい、また手紙を交わした。十代の息子ロニー（ロナルド・シェーンベルク。一九三七年生）のテニスの腕前を盛大に祝ったりもして、息子はあやうく〝ブレントウッド・パーク（シェーンベルクのロサンゼルスの住所。西サンセット大通り沿い）のジミー・コナーズ選手〟にされるところだった。占星図を作り、自分はいずれかの月の十三日に死ぬと信じ切っていた。実際そうなったのだが。

要するに、すでに述べたように、伝記の書きにくい人物だ。しかし、H・H・シュトゥッケンシュミットには、この課題に取り組む能力がある。シェーンベルクに師事したことがあり、ラヴェルやブゾーニの伝記も書いている。ヨーロッパの音楽批評家の長老として広く知られる。どの大陸にもめったにいないが、音楽業界で誰からも尊敬されるような批評家のひとりである。さらに、彼が関連資料のほぼすべてにあたっていることは明らかだが（この本にはシェーンベルクの娘ヌリアとその夫ルイジ・ノーノへの献辞がある）、シェーンベルクのひどく複雑な性格への驚異的な洞察を示すことで、「公認の《オーソライズドな》」伝記と思われないように努めている。この本の各章には、どんな類書よりも奇妙な逸話が多く収められているが、読者は次の事実を否応なく突きつけられる。どんな奇行があったにせよ、シェーンベルクが史上最高の作曲家のひとりだったことは間違いないのだ。

けれども、問題もいくつかある。シュトゥッケンシュミットは、自分の研究は将来のあらゆるシェーンベルク研究者が必ず参照する本にしようと決意して執筆したと思われる（実際、それは成功したはずだ）。その結果、シェーンベルク一家に起きた日々の出来事について、私が本当に知りたかった以上のことが述べてある。（現実を直視したくない態度は、私個人が偏屈なだけかもしれない。崇拝する芸術家に関する限り、私は幻影を重視するが、シュトゥッケンシュミットの研究を丹念に読んでしまうと、私の幻影はもはや維持できない。）とはいえ、彼は普通なら些末な話だと片付けられる内容ばかりのパラグラフに、実に深い洞察力を発揮するコメントを頻繁に差し挟む。ゆえにどんな記述を載せるかという編集上の重い課題について読者に考えさせるのだ。たとえば、三四二ページで、著者は粗雑な意見を述べる――「旧約聖書的な選民意識に加えて、シェーンベルクは実にキリスト教的な苦しみにも誇りを抱いていた」と。もしも私が著者でこう述べたならば（もちろんそれができたら素晴らしいが）、この一言をせめて示導動機《ライトモティーフ》に用いて、シェーンベルクの精神的な発展を扱う章を書いただろう（私もこの発展に倣って自分の引退を表明すればよかったとさえ思う）。だが、シュトゥッケンシュミットがこの驚嘆すべき洞察力を発揮したのは、シェーンベルクが義姉（病気を患っていた）（ミッツィ・セリグマン。一八九六—一九八七。シェーンベルクの妻ゲルトルートと、ヴァイオリン奏者ルドルフ・コーリッシュの姉）に宛てた手紙にコメントを付すくだりである。まさにこの手紙を資料として短く引用したあと、次のパラグラフはこう展開する。「シェーンベルク夫妻は旅行を計画した。そこで何よりも望んでいたのは、ルドルフ・コーリッシュや、彼の四重奏団やミッツィ・セリグマンとテニス・クラブを結成することだった」（対象書三四二頁）。はたしてシェーンベルクが「発展的変奏」と呼びたかったものに見合う記述だろうか。

本書が提供するのは、こうした数々の啓示的な洞察ばかりではない。挿話的な章もいくつかあり、「シェーンベルクとブゾーニ」など、全体を占める日記風のアプローチとは趣きを変えて、それぞれが大論文を成す。しかし、主な部分は、執拗に時系列に沿って記述される。ときどき逸話的な材料が提供されるが、そういうアプローチなら、もっと解明するべきだ。たとえば、一九一七年七月にさしかかると、著者はこう記す――「ケラーと呼ばれる謎めいたアメリカ人［シュトゥッケンシュミットは、思わせぶりのエキストラを多数起用するが、特に怪しいスパイ風の人物が大好きだ」が通商・政治使節団の一員としてヴィーンに送られた。彼は……《グレの歌》を作曲者本人の指揮でニューヨークで演奏する計画を立てた。十回の公演に五千ドルのギャラの話が持ち上がったのだ。だが、シェーンベルクは懐疑的だった。米国はその三ヶ月前に戦争に突入していたからだ」（対象書二 四二頁）。

本書では、シェーンベルクのほぼすべての作品の分析的な素描が行なわれている。それは一種の幕間になるが、そうした場面ほど著者は見事に想像力を喚起してくれることが多い。シェーンベルク初期の歌曲〈戒め〉（作品三 第三）について、彼は「何があっても躊躇のない攻撃的な情熱が初めて見出される」と述べる。若きシェーンベルクの調性の曖昧さと不安定な心を説明しており、期待を裏切らない絶妙な表現である。

確かに彼はあちこちで独断的になる。たとえば、ピアノ協奏曲作品四二の音列を論じるときに、音程は正しく示すが、音列をイから始めている。しかしこの曲の原音列は本当は変ホから始まるのだ。変ホは心理的にイから遠いし、調的な文脈に照らしてもそうだ。もちろんピアノ協奏曲は従来の調的な文脈に置かれているわけではない。しかし、これは形式上の楽章間の継続性が具体的な音列の移高につながる後期シェーンベルクの作品に数えられるため、このヴァリアントが実際には原音列の型と同じだとするシュトゥッケンシュミットの根拠のない主張には困惑させられる。また、さほど深刻ではないが、どちらかと言えば根拠に乏しい瞬間として、ミセス・ロートナー（一九〇〇―一九七九?・作曲家）なる人物からの手紙を引用するくだりがある。彼女はシェーンベルクが米国で教え始めたボストンでの最初の教え子で、「[シェーンベルクは]私たちの小さなクラスを置いて、完全に消えてしまった。仕方がないのでモルキン音楽院は、ニューヨークでの彼の授業を受けさせるために、私たちを船で送った。当時、船はいちばん安い旅行手段だった」（対象書三 七七頁）と記されている。

本書は、もともと一九七四年のシェーンベルク生誕百年にあわせてヨーロッパで出版された。ハンフリー・サールの訳業によって英語で読めるようになったが、ドイツ語原文に基づくぎこちない箇所もあちこちに残る（たとえば、“When the first generation of his pupils were fledged,”——「シェーンベルクの弟子の第一世代が羽毛が生えそろったとき」――や、“Schoenberg’s end of being employed at the bank has been described in various differing ways.”――「シェーンベルクが銀行で雇用された状態の終焉はさまざまな異なる方法で描写されてきたが」といった記述である)。しかし、もっと気になるのは英語版の出版社ジョン・カーターのロンドン・オフィスでの校閲作業が明らかに足りなかったことだ。カンマが知られていないらしい(“In spite of his friendship with Dr. David Josef Bach[,] Schoenberg felt himself no longer allied to Austrian social democracy”――「ダヴィート・ヨーゼフ・バッハ(一八七四―一九四七、オーストリアの音楽批評家)博士との友情にもかかわらずシェーンベルクはオーストラリアの社会民主主義への帰属意識を感じられなくなっていた」)。そして誤植も多い(たとえば、弦楽六重奏曲《ストリング・セクステット》《浄夜》が“strong sextet”――「強壮な六重奏曲《ストロング・セクステット》」――となっている)。また、不完全で意味を成さない文もある(“When Schoenberg was represented in the first exhibition of the ‘Blaue Reiter,’ founded about the ‘green-eyed water-bread with its astral appearance.’”――「シェーンベルクが第一回「青騎士」展に代表されたとき、この世のものならぬ外見をもつ緑色の目をした水パンについて確立された」(対象書一四二頁。誤記・誤植を考慮して、続く記述とつなげれば、一九一一年の第一回「青騎士」展にシェーンベルクが自作の絵画を出品したときにアウグスト・マッケに気に入られたのは後ろ向きの自画像だけだった、という概略))。私のお気に入りの傑作は三二〇ページにある。“More than twenty years later Schoenberg remembered this period in a letter written more than twenty years later.”――「二十年以上たって、シェーンベルクがこの時代を思い出すのは、二十年以上のちに書かれた一通の手紙からだ」。

こうした編集上の不備はあっても、シュトゥッケンシュミットの本は生き残る。分析の才能はもう少し発揮するべきだったかもしれない。そして「シェーンベルクとブゾーニ」といった調子の論考の章がもっとあればよかったし、逆に社交上の細かな話は厳選してほしかった。それでも、彼はシェーンベルクの悩める人物像のあらゆる面に触れることができたし、その過程において消しがたき印象を残した。そして今後の私は、シェーンベルクの晩年を見つめたり、アメリカに亡命したディアスポラとしての放浪を考えるときに、戦時中を描くのに費やした一章に著者が含めた逸話について思い出さずにはいられない。一九四一年十二月、真珠湾攻撃の数日後、シェーンベルクの庭師だった日系のヨシダと、その妻で掃除婦のミオが隔離されたばかりのときのことだ――「ある晩……息子たちのロニーとラリー、そしてだいぶ年長だった姉のヌリアが一匹の白兎を携えて現われた。ミオの贈り物だった。シェーンベルクは日本の兎を家に入れることをためらった。子どもたちとの話し合いが延々と続いたが、やがてヌリアが、アメリカで生まれたから日本の動物ではない、だから家で飼うべきだと主張した。かくして兎に名前がついた。皇帝フランツ・ヨーゼフである」（対象書四五二頁）。

26　ヒンデミット――終焉か始まりか（アルバム解説・一九七三年）

一九三〇年代は、多くの選択肢があった。「進歩派」にとってはシェーンベルクがいた。といっても、シェーンベルクは二人いて、弦楽四重奏曲第三番、第四番やヴァイオリン協奏曲を書いた妥協を許さぬ十二音作曲家としての彼と、《コル・ニドレ》やオルガンのための変奏曲を書いて和声的な調停に持ち込んだ彼、である。新古典主義者にとってはストラヴィンスキーがいた。あの十年間に《詩篇交響曲》、《ペルセフォネ》、交響曲ハ調を作曲している。そして、教義やドグマといった極端な論争を避けたい人たちには、中道的な選択肢の作曲家たちが豊富に用意されていた。民俗学的様式（バルトーク）、民俗学的調体系（コープランド）、ポスト・ロマン派の交響楽的悲観主義（プフィッツナー、シュミット、ベルク――ええ、この括り方には無理がありますね）、ポスト・ロマン派の交響楽的楽観主義（プロコフィエフ、ショスタコーヴィチ、ウォルトン）、アメリカ的折衷主義（ハリス、ハンソン）、英国的孤立主義（ヴォーン・ウィリアムズ）、フランス好みのプラグマティズム（ルーセル、マルタン）、フランス好みの観念論（メシアン）、ゲルマン的プラグマティズム（オルフ、ブレヒト（ブレヒトは劇作家なので、ヴァイルとアイスラーを指すか（編者註）））、ゲルマン的観念論（ヴェーベルン）。そして、忘れてはならないのは、老齢でどこの区分に入れることもできない伝説的存在であるリヒャルト・シュトラウスだ。彼の最盛期はずっと以前であり、また、当時は誰も想像していなかったが、その先にもあった。

私はラベル貼りやリスト作りは嫌いだ。このリストも、ありがちなことに、穴だらけだ。こんな感じかな、という程度でまとめた半分程度の真実だ。（読者ご自身のリストを募集します。ただしラベルは貼らないこと。手際の良さ、筆跡、視野の広さで審査します。）しかし、一九三〇年代にパウル・ヒンデミットの評判は絶頂にあり、今述べた中道派において安全な地位を得ていると思われたが、私は彼の名をリストに加えなかった。中道派のどこに所属させたらよいか、わからなかったからだ。ゲルマン的プラグマティズムはどうか。そうかもしれない。しかし、晩年のかなりの時間を初期の作品の再構成に費やした人物は、プラグマティスト以上の存在に違いない。ではゲルマン的観念論か。考えにくい。彼は管楽器群の全員にそれぞれのソナタを作曲し、しかもテューバをはずす理由を見出さなかった。（ヴェーベルンならこんな企画には手を染めなかったはずだ。）

ある意味でヴェーベルンが物差しを与えてくれる。あらゆる点でヒンデミットと正反対の実例なのだ（表を参照）。

今日において、重要なのは最後の二項目である。生前のヴェーベルンは、仲間のあいだでしか関心を持たれていなかった。死後の列聖化は、その作品が生み出した発想がもっぱら評価されたためで、作品そのものの貢献は二次的にすぎなかった。（GGへ編集部注：「問題発言」のファイルに加え、批判に備えよ。）一方、ヒンデミットには、常に聴衆《パブリック》がいた。その聴衆は、たとえ同志ドミトリー・ショスタコーヴィチの最新作が『プラウダ』紙や最高会議幹部会に拒絶されても、新しい交響曲の初演に予約して駆けつけるような人々ではないかもしれないし、サー・エイドリアン（一八八九―一九八三。エイドリアン・ボールト。英国の指揮者）がレイフ《R》・ヴォーン《V》・ウィリアムズ《W》の新作に取り組む際に、たとえ交響曲第四番

	ヴェーベルン	ヒンデミット
作品	生産性極小	生産性極大
形式面	素材主導かつ（または）二部形式が好まれる	素材には無頓着かつ（または）三部形式が好まれる
和声面	無調性	擬似調性
テクスチュアの密度	ケチな点描主義	金払いによる
対位法との関わり	カノンが好まれる	フーガが好まれる
リズムの傾向	非対称的	対称的
楽器の好み	室内楽	手広く応じる
同時代の位置づけ	目立たない	目立つ
後進への影響	莫大	無視できる程度

がロイヤル・アカデミーの命ずる行儀作法や声部進行に反していても、あいつは俺たちの仲間だし、そういう意味で、「ノスタルジアは規則《ルール》を無効化《ウェイヴ》する」と信じてやまないロイヤル・アルバート・ホールに出向く人々とも異なるかもしれない。（GGへ：「潜在的な駄洒落」のファイルに加え、批判に備えよ（「英国は七つの海（ウェイヴ）を支配（ルール）する」を指すか）。）

しかし、ヒンデミットの場合はノスタルジアに動機づけられる聴衆ではなかったし、イデオロギーによって間接的に動機づけられていたにすぎない。むしろ、教条主義的な異論が横行する音楽界において、ヒンデミットが知的な「平静《リポウズ》」（彼の好きな褒め言葉を借用）の風土を一貫性をもって提供してくれるのではないかという、決して非現実的ではない期待をもって、人々は彼のもとに集まったのではないだろうか。これこそが、きわめて生産的なキャリアを通じて、彼が目指したものである。実際、キャリアが終わりに近づくにつれ、ヒンデミットはライナス（一六〇頁参照）が持ち歩く安心毛布のように、自分のまわりに一貫性を取り込んで手放さなかったのだ。

一九二〇年代のヒンデミットは自由奔放な不協和音を用いた。神経を逆なでするようなその傲慢な和声は、ヴァイオリンと管弦楽のための《室内音楽》作品三六第三（一九二五年）といった音楽にみられ、その最も耳障りな箇所が適例だ。しかし彼は、三〇年代になると、構造的な結束を確保するために不協和音を抑制するようになった。それは実に目立たない決断だったが、ヒンデミットが全音階主義者に転じたわけではない（半音階的資源に対するきわめて個性的なアプローチが、三〇年代半ば以降の彼の作風の垂直面と水平面双方を理解する鍵であった）。だが、それでも彼は、和音構造をそれぞれの不協和音の配合分に従って綿密に分類し、それぞれに重力的な意図があるとした。これを認めたことで、ロマン派やポストロマン派の根音の概念は考慮されなくなった。心理的には知覚できても物理的には必ずしも実証できない存在だったのだ。

ヒンデミットの手法は、語法的な一貫性を後期の作品に与えたが（作曲家名をあてる「二十の扉」クイズで、これほどヒントのわかりやすい人も少ない）、根本的には現象的なものだった。「我は振動する、ゆえに我あり」が彼のモットーだったのかもしれない。その結果、語法的な確信が深まり、様式的な同一性が高まるにつれて、作品自体はどうしたものか衰退していったが、それは、曖昧なもの、両義的なもの、あるいは分析に抵抗を示すもののすべてが体系的に排除された結果である。大作の歌曲集《マリアの生涯》の二つの版がそれを如実に物語る。第一稿（一九二三年）は、未整理な箇所もあるにせよ、情熱的な傑作である。第二稿（一九四八年）は、冷静で、まさに完全無欠の改訂版で、エクスタティックにのめり込む代わりに、健全な敬意をもって主題に取り組んでいる。

いずれにせよ、一九五〇年代、ロバート・クラフトが、ストラヴィンスキー＝シェーンベルク枢軸なるものをひねり出し、一九六〇年代の折衷主義が過去十年間の厳格な音列作法を緩和すると、ヒンデミット的「平静」の先物市場はパニック売りに見舞われることになった。確かに、彼の作品のいくつかはレパートリーとして定着している。《ヴェーバーの主題による交響的変容》（一九四三年作曲、四四年初演）、弦楽と金管のための《協奏音楽》（作品五〇、一九三〇年作曲、三一年初演）、そして何よりも歌劇《画家マティス》からの壮大なトリプティーク（歌劇は一九三四―三五年作曲、一九三八年初演の歌劇と、それに基づく一九三四年作曲・初演の三楽章の交響曲）はそうだ。しかし、今や彼の作品の大半は、学生演奏会のプログラムや（大志を抱くテューバの名手を喜ばせた大作曲家がほかにどれだけいるだろうか）、オルガン・リサイタル（もともとオルガン族は保守的で、ヒンデミットはラインベルガー（一八三九―一九〇一。ドイツの作曲家、オルガン音楽の大家）やS・カルク＝エーレルト（一八七七―一九三三。ドイツの作曲家・鍵盤奏者）がかつて占めていた座を狙っているようだ）、あるいは本作のようなアーカイヴ企画（「盤一枚に全曲が収まるか試してみよう！」）に際して登場する程度である。残念だ。なるほど彼の作品に対する陳腐な指摘（「聴くよりも演奏する方が楽しい」「いつも満足できるが、めったに感動しない」）には、いくぶんの真理も含まれているが、作品自体にはそんな指摘を結局は無意味にするだけの力があるのだ。実際、よく作られている。楽章が何も考えなくても予想がつく筋書きになっていることは否めないが、その楽段やページは、個性豊かな音楽的共感と洞察に満ちている。しかもそこには、細部への禁欲的な没入があり、その没入は、儀式とエクスタシーの中世的な交合を思わせる。

　ヒンデミットの作品では、エクスタシーとはフーガ的な場面で最も頻繁に提供される商品である。これは間違いない。そしてピアノ・ソナタ第三番の終楽章はこのアルバムが提供する最も顕著な例かもしれない。時折、ヒンデミットの緩徐楽章は、それに匹敵する強さを獲得することもある。ピアノソナタ第一番の葬送行進曲の外側の部分（第二楽章、三部形式（ABA）のA）がそうだ。しかし、ここでも、テープ編集の専門用語を使うなら、スプライスでつないだのがわかる。この楽章の中間部は、和音群のゆらぎ、導音志向、旋律の多様化といった、ヒンデミット個人の物差しには間違いなく合致するが、その挙動は、むしろ、隣の子どもと友だちになれるか、あるいはなるべきかどうか迷っている、新しく引っ越してきた男の子のようだ。同じような失態は、ソナタ第三番のアダージョ（第三楽章）にも認められる。この楽章は、その点を除けば見事な構成である。ここでは、副次的なエピソードとして、何ら明確な理由もなく、二十四小節半を用いて、終楽章の三重フーガの輝かしい第三主題を、ほぼ半テンポで予告している。ここから、彼が対位法的ないたずらを好むばかりか、舞台演出においても、しばしば誤算を犯していたことが証明される。つまり、この誤算は本来音楽的なものでなく、演劇的なものなのだ。

　しかしヒンデミットの場合、本人も認めているように、創造的な発想の展望よりも、技能の作法が重要だったのだ。この点からすると、スクリャービンの対極に位置すると考えるのが有意義かもしれない。スクリャービンは、理性をエクスタティックな体験の副産物として捉えていた作曲家である。そしてヒンデミットは、スウェーリンク、テレマン、レーガー、ミャスコフスキーといった優先順位で並ぶ作曲家たちと同様に、復興と再評価の試みの対象として何度でも扱われ続けるだろう。いつの未来のどんな世代であれ、桁外れの才能の作曲家と否応なく向き合うことになる。その作曲家は、世紀末の様式的なジレンマを抱えながらも、自分の体系の有効性を証明して、自分の理論を普及させたいばかりに、これらの実行において、日頃から目指していたゴールを見失うことがあった。そのゴールとは、証拠が揃えばわかるはずだ。エクスタシーと理性の真の融合体、つまり「平静」の境地である。

27 二つの《マリアの生涯》をめぐる物語（アルバム解説・一九七八年）

《マリアの生涯》は、ヒンデミットの作曲家としての成長をたどるときに大切な作品である。四半世紀を隔てて出版された二つの版は、音楽家として、また思想家としての彼の発展を如実に示しており、その過程でまさに歴史的な先例のようなものを作っている。実際、偉大な巨匠が、若き日の最も有力で充実した作品をもとに、円熟期の技法や語法の光を当ててそれを再創造した例を私はほかに思いつかない。

もちろん、すぐに思いあたる例もある。ベルクが初期の歌曲〈私の両目を閉ざしてください〉を十二音技法で書き改めた場合がそうだ。しかし、規模の問題はともかく、二つの《マリアの生涯》の違いは、ベルクの作品のような調性と無調性という単純な対立よりもずっと微妙なものである。想像の域を出ないにせよ、ヒンデミットが成し遂げたことをより正確に説明するには、バッハや、最近ならリヒャルト・シュトラウスといった、彼と同様に、執拗に有機的な方法で様式を変容させた作曲家との比較をすればよいかもしれない。ヒンデミットもそうだが、両巨匠も表面的には平穏な発展を追求したのであって、革命的な意図に基づく技法上の革新は聴き手に感じ取らせなかった。ただし、比較をするならシュトラウスの方が向いている。バッハは、おおむね単純なものから複雑なものへと進んでいった。彼のトッカータに含まれる全音階的で冗長な初期のフーガは、《フーガの技法》では複雑な半音階的手法で書き直されたため、ここでの比較対象にはなりそうにない。しかし、シュトラウスは、ヒンデミットと同様に、複雑さから単純さへという反対方向へ、しかも、大胆な身振りを自信に満ちたありふれたものに徐々に置き換えていく道筋を歩んでいった。それゆえ、もし、リヒャルト・シュトラウスが《ティル・オイレンシュピーゲル》をオーボエ協奏曲の作風で書き直していたならば、ヒンデミットの仕事との合理的な比較ができたはずだ。

……というのは、この二つの《マリアの生涯》の関係は、第一稿と第二稿の関係といったものとはまったく異なるからだ。素材のうちで膨大な量が再加工されており、そのまま再現されている曲もあれば（〈キリストの復活によるマリアの慰め〉）、逆に、どうでもよいほどの小さな変更を誇る曲もあるが（〈ピエタ〉）、二つの版が基づく構成概念は大きく異なる。最初の《マリアの生涯》は、ヒンデミットの若い頃に書かれた。当時は変化の気運があり、調性が拡大し、その崩壊が危ぶまれていた時期である。二十七歳のヒンデミットは、浸蝕されて消える寸前の調性的和声の土台を支えるために、対位法の復活の最前線に立った。万人を惹きつける内発性をもち、宗教的な直観に満ちた作品であり、そこには、聖書解釈学を待つまでもなく、いろいろな連想が感じられるのだ。他方、第二の《マリア》は、ヒンデミットが生涯をかけて追求した体系的な一貫性の総括である。熟考を重ね、徹底的な計算をして、歌手や奏者への深い配慮もなされている。

一九四八年の出版に際し、ヒンデミットは補足的なエッセイを添え、後者の改訂版を好むことを表明したが、意外ではない。輝かしいエッセイであり、手堅い主張がなされている。実際、ヒンデミットの少なからぬ文筆活動においても最も優れた文章に数えられる。また、当時の音楽界に対する鋭い指摘（まるで昨日書かれたかのようだ！）

や、最初の《マリアの生涯》が構想された二〇年代の作曲界の状況を生き生きと伝えているほか、音楽的にも神学的にも驚くべき洞察が示されている。さらに、ヒンデミットは、次のような大きなテーマを掲げて、改訂版の方が（彼にとって）本質的にどうすぐれているかを宣伝しているのだ――（1）初版は、歌手が喜ばしく思わないものであったこと、（2）初版は、劇的な一貫性に欠けること、（3）新しい版は、その複雑な神学的主題にふさわしい動機と和声の関係を取り入れていること。彼は、最初の《マリアの生涯》にこの三番目の性質が欠けていた旨を詳しく述べる代わりに、むしろ、こう示唆する。「《マリアの生涯》では私の中にあった最高のものを捧げたが、この最高のものは、最善を尽くしたにもかかわらず、完成したものとして、放念できるほどの質ではなかった」と。

（1）については、反論できないし、初版を歌おうとする誰もがきっとそう思うだろう。声の旋律は、ベートーヴェンにありそうな無頓着な態度で考えられており、ノンストップの器楽風の動きに従わなくてはならない。また、対位法がいっそう顕著に現われる部分では、独唱者は息つぎがほとんど許されない。しかし、この室内楽的な迫力こそ、私にとっては初版の輝かしい特徴である。ソプラノ・パートは、ピアノ独奏が余分に加わって負担を軽減されるわけでもないし、同じ音を重ねて弾いてもらえるわけでもなく、入りの合図に安心させられることもない。だがその結果、声楽家は、特にテキストの雄弁な箇所にふさわしい切迫感が表現できる。また、歌曲の分野では類例のないほどの抽象的な表現を開拓できるのである。この題材にふさわしいアプローチだと私は思う。

他方、改訂版には、そのような曖昧さはない。ピアノ・パートは、おもしろみに欠けるばかりか、奇妙なことに、ピアノらしい語法にはるかに欠けるのだ。（ヒンデミットは四〇年代にピアノのテクスチュアの悪い癖を身につけた。一九四五年に書いた協奏曲には、みっともないほど冗長なオクターヴの連結が含まれており、レーガーのへ短調以前でこれほど多いものはない。）初版には、弦楽器風のしなやかなテクスチュアがあったのに、それが自己満足的な和音の塊と、予測可能で合図優先の間奏に変わっている（**譜例1・2**）。

ヒンデミットの第二の主要な指摘は、初版は「本質的に、テキストとその中で展開される物語によってまとめら

譜例１（初版）

れた一連の歌曲であったが、それ以外は全体の構成計画に従っていない」というものだ。つまり、彼の指摘によれば、この曲集は、四つの「明らかに別個のグループ」に分かれており（初版もそうであったが）、最初のグループ（第一―四曲）は、聖母の「個人的な経験」を扱っていること、第二グループ（第五―九曲）に含まれるのは「より劇的な歌」であり、「そこには相当数の人物、行動、場面、状況が示されている」こと、第三グループ（第一〇―一二曲）では「苦しむ者としてのマリア」が歌われること、そして第四グループ（第一三―一五曲）は「人物も行動ももはや何の役にも立たないエピローグ」である。

　ヒンデミットは、グラフを掲載し、各曲で達成された表現力と劇的強度のレヴェルを詳述しており、そこには大きな構造的変化がひとつあることが確認できる。第九曲〈カナの結婚〉は、初版では第三グループの前奏曲として扱われていたのが、第二グループの頂点として考えられているのである。さらに、ヒンデミットはこの曲を「全曲を通じての動的クラ

譜例２（改訂版）

イマックス」であると主張する。「……この曲は、響きの大きさ、採用された和声の数、多様で力強い調性、形式が示す極度に単純な構造からみて、全曲中で最高度の肉体的労力が求められることを示す。……力の消費の曲線は、歌曲集の最初からこの〈結婚〉まで上昇し、そこから終わりまで下降する。」

このように強調することで、ヒンデミットは、聖ヨハネ伝本来の解釈よりもリルケのテキストに忠実になったという意味で、実に適切である。しかし、改訂版の設定でこの歌を重視した結果、彼は、救世主イエスの時間がカナの婚宴の物語から歴史に刻まれたと解釈する学者の陣営にしっかりと組み入れられてしまった。リルケは「私の時はまだ来ていない」というキリストの謎めいた返答を、水、ワイン、血の象徴の融合へと変容させ、ヒンデミットは両版ともこのリルケ流の洗練を、第三グループの受難の歌の舞台となる長いコーダへと変容させたのである。その過程で、〈カナの結婚〉は初版では八十二小節だったものが、改訂

譜例3（初版）

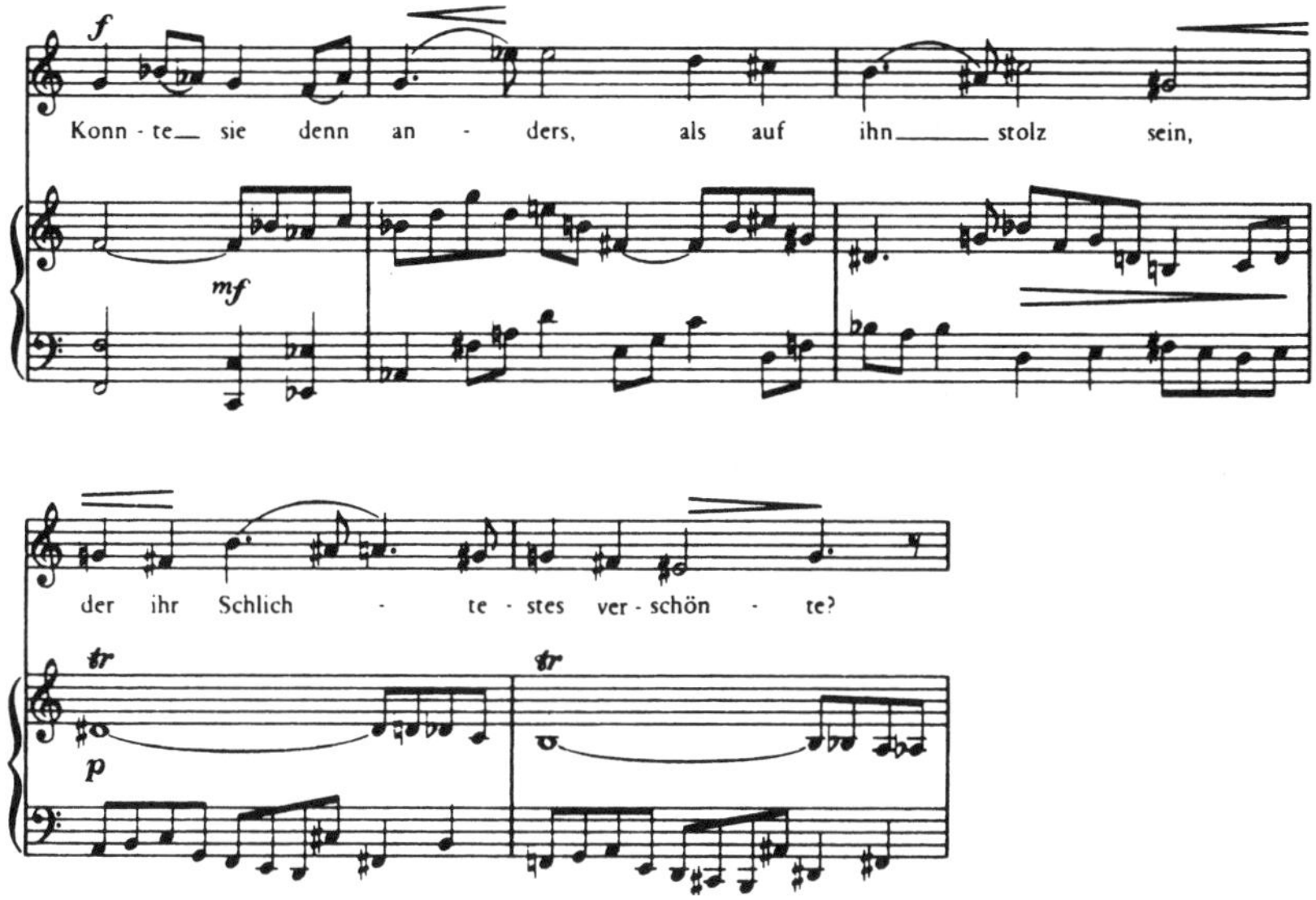

版では百六十六小節に拡大し、小型のフガートだったものが、四十八小節のピアノ独奏を前半に据えたやや煩雑なアリアへと拡大された（**譜例3・4**）。

しかし、改訂版には、ひどく胸を打つ瞬間がある。〈ピエタ〉の冒頭の和音が先取りされ、次の言葉が強調される――「犠牲の生涯は定められていた／それは記されていたことなのだ」（〈カナの結婚〉第五―六連）。ただし、この曲全体としては、結婚式の群集の喧騒が次第に薄れていき、奇蹟が預言を意味することをマリアが不意に悟るまでの展開は、初版の規模の方がはるかに効果的に営まれている。

和声的な構築法に関するヒンデミットの指摘には、それほど簡単に反論できない。彼は、精妙に作った一連の調的象徴を提示する。つまり、ホ調はキリストの人格、ロ調はマリア自身、イ調は神の介在、ハ調は無窮の概念、嬰ハ調または変ニ調は必然性、変ホ調は純潔といったように。もちろん、これらの調性連想の観念は、ハ長調＝赤、ニ長調＝黄といったスクリャービン的な絶対的な観念とは無関係であることは指摘しておくべきだろう。むしろ、任意の根音に応じて相対的にすべてを判断する体系である。つまり、たとえば、ヒンデミットがキリスト

譜例４（改訂版）

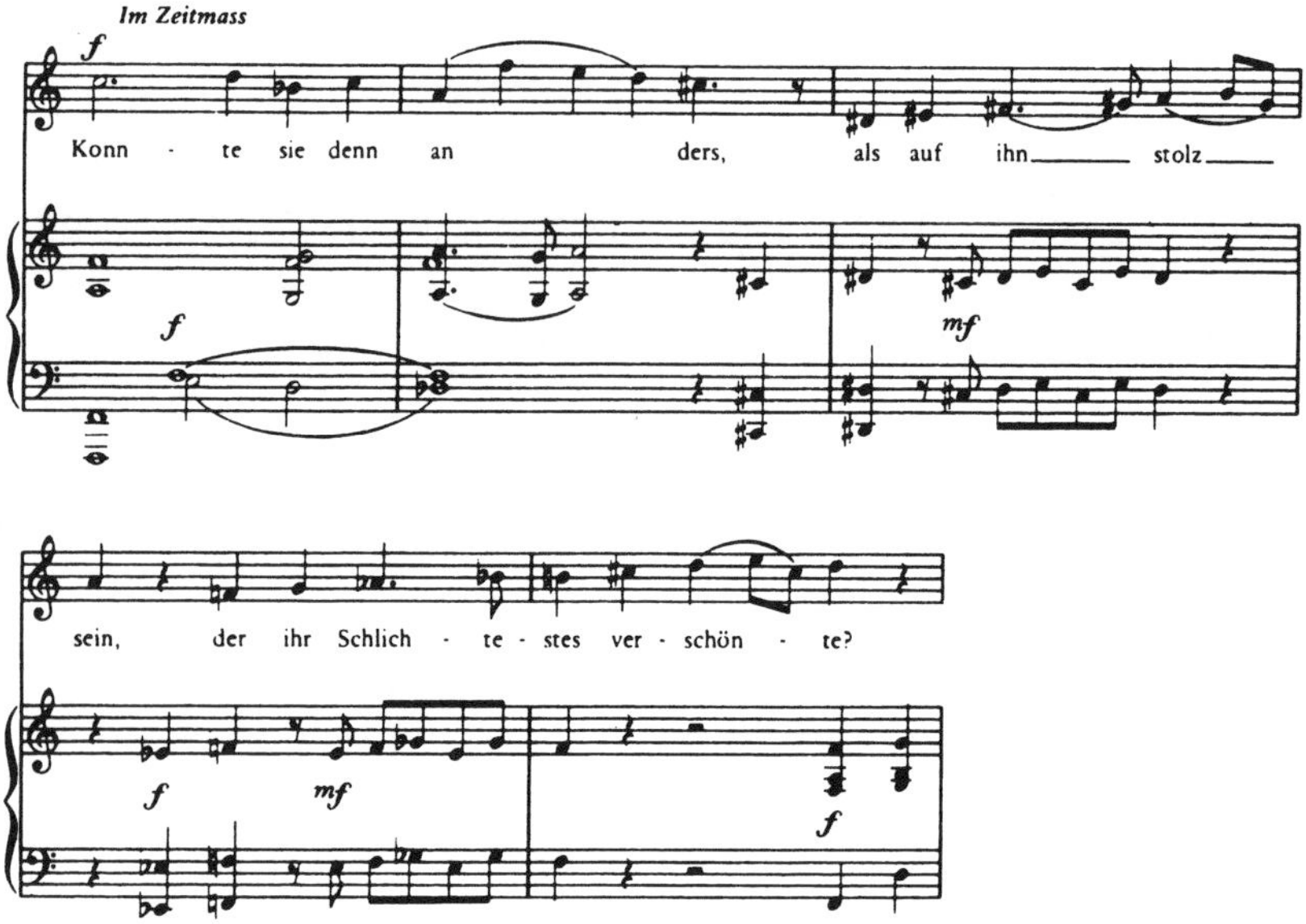

を表わすのにロ調を選んだならば、その属調の嬰へ調はマリアを、ホ調は神の介在を表わすと考えられる。ヒンデミットは、「私は、楽音にいくつもの観念を詰め込む傾向に、あまり積極的な同意を得られるとは思っていない」と述べている。彼は、十四世紀の定型反復リズム《イソリズム》によるモテットの例を挙げ、「あれと同じで、ここで大切なのは表面的な響きの克服である」と述べている。「ただ聴いていても、作曲中に働いていた知的な構成原理はまず認識できない」のだ。

私は、ヒンデミットの分析がなければ、次の事実を知ることはなかったと告白する。すなわち、へ調は、マリアを象徴するロ調と三全音の関係にあり、ゆえに「その誤りや浅はかな見方によって後悔や哀れみに心を動かすすべてのものと結びついている」のだ。ただし、これに気づかなくても、第五曲〈ヨゼフの疑い〉――両版ともへ調を志向する音楽――に対する評価が下がるとは、まったく思えない。むしろ私には次のように思われる。ヒンデミットの調性と象徴への執着ゆえに、改訂版は、初版の持つ魔力や曖昧さの多くを失ってしまったのではないだろうか。結局、《マリアの

譜例5（初版）

生涯》は、神秘を扱う曲集なのだ。有限の調的象徴のネットワークを最初から確立して不可解なものを適合させることは（不可解さ自体を固有の和声で十分に表現できていても）、ドラマそのものを自己破壊しているように思われる。

たとえば、第三曲〈マリアへのお告げ〉では、リルケは、詩の途中に崇高な括弧を作り、そこに一角獣の伝説を記載する——「想像できないほどにマリアは清らかだった／森で横たわっていた牝鹿が／その姿に見とれると、牡鹿と交わってもいないのに／一角獣を身ごもった／あの光り輝く清らかな生きものを」。ヒンデミットはそれぞれの版で、次のようにこれに応じている（**譜例5・6**）。

初版では、改訂版のような変ホ

譜例 6（改訂版）

4
(O, wenn wir wüss - ten, wie rein sie war. Hat
ei - ne Hirsch - kuh nicht, die, lie - - - - gend, ein - mal sie im Wald er - aug -
5
te, sich so in sie ver - sehn dass sich in ihr, ganz oh - ne
Paa - ri - gen, das Ein - horn zeug - te, das Tier aus
Lebhaft (𝅗𝅥 = 80)
Licht, das rei - ne Tier–.)

調（純潔の象徴）ではなく、嬰ハ調（ヒンデミットがのちの熟考の結果、固定的で必然性のある場面に割り当てた調）に焦点が当てられているが、初版は、わずかにそれを対価とするだけで、壮麗な叙唱が得られていたと私には思われる。オルガヌム風の伴奏のネオ＝グレゴリアンな反復があり、従来の韻律的な約束事にとらわれない朗読法にのっとり、第一グループの劇的な山場のひとつである。かたや改訂版では、ヒンデミットはミシンのリズムと素朴なハーモニーへの偏愛に屈したばかりか、その過程でリルケの霊感豊かな内的独白をさりげない傍白に格下げしてしまった。

第六曲〈羊飼いたちへのお告げ〉で、「畏れを知らぬ者たちよ、おまえたちはわかるまい／見つめるその顔に輝く未来のあることを」という歌詞の部分は次のようになっている（**譜例7・8**）。

この比較に説明は不要であろう。初版は、羊飼いたちの現実的な不安と、迫り来る光の輝きを彼らに伝えようとする天使の熱意ある決意を対比させるものである。初版は、対位法の見事な独立性と、三拍と二拍を重ねるリズムでこれを実現している。一方、改訂版では、ハノンの練習曲のような音型、不必要な重音、リズムの工夫を犠牲にして終止を強調するといった、ヒンデミット晩年の定番の手法をいくつか持ち込んでいる．これでは二重の目的が感じられない。なぜ天使が介入するのかわからない。これでは羊飼いたちは黙ってお告げを聴かされるだけだ。

明快な構成に執着したヒンデミットの姿勢が《マリアの生涯》改訂版に貢献したことは確かである。たとえば、第一〇曲〈受難の前に〉は、初版もそうであったが、ヒンデミットにとっては無調すれすれの創作かもしれない。しかし彼の芸術の本質は、調的な中心から切り離された体制には決して合わなかった。名状しがたい悲痛の念を調的な中心の不在を通して伝えようとする彼の意図は明白だが、実際にはそれほど成功していない。この曲は改訂版でも調的に散漫なままだが、ヒンデミットはその不協和音の相対性にいっそう入念に重みを加えている。

両版ともに、長めの曲は変奏曲風の観念に支配されている。第二曲〈マリアの奉献〉は、七小節の低音動機を二十回（改訂版では十九回）繰り返すパッサカリアであり、音程の取り方は両版でまったく異なる。マリアの死を歌

譜例７（初版）

った三曲のうち、第一三曲〈マリアの死・第一の歌〉は、三部形式の前後の部でバッソ・オスティナートを用いている。他方、第一四曲〈マリアの死・第二の歌〉では、通常の主題にあまり通常とは言えない六つの変奏が続く。二度目の受肉化がなされたとき、このような構成には、対位法の名手であったヒンデミットの膨大な経験の蓄積が活かされたと期待する人もいるかもしれない。確かに、半音階的な関係のコントロールや声部の主導権の細部は、改訂版の方が安定している瞬間もある。しかし、初版では声とピアノが対位法的に見事に絡み合っていて、バッハのトリオ・ソナタにも匹敵するものだったのに、改訂版では、予測可能な鍵盤の音型と創意に乏しい声の書き方に置き換えられていることの方が多いのだ（譜例９・10＝第二曲〈マリアの奉献〉の比較）。

　マリア自身が前景に置かれるこれらの歌は、三拍子に限定される。第一グループ全体がまさにその構成で、第一曲〈マリアの誕生〉と第二曲〈マリアの奉献〉は四分の三拍子、第三曲〈マリアへのお告げ〉は四分の六拍子、第四曲〈マリアの訪問〉は八

譜例 8（改訂版）

分の一二拍子と八分の九拍子だ。後年、こうしたリズムは、特にゆっくりとしたテンポでは、ヒンデミットの作品を損ねた。彼が頻繁にこれを使ったのは子守歌風の穏やかさを伝えたかったからだが、ほとんどの場合、動機と和声におけるある種の自己満足とつながっていた。初版であっても、この誘惑は完全に克服されていたわけではない。〈マリアの誕生〉のグレゴリオ聖歌風の高潔な旋律を支えるのはどうみても冴えないV－Iの和音の連結だ。とはいえ、ヒンデミットの和声の想像力はこの曲集を通じてパワー全開の状態であり、ほとんど常に成功している。

第五曲〈ヨゼフの疑い〉と第六曲〈羊飼いたちへのお告げ〉ではヒンデミットの生涯を通じて最良の作品を刺激してきた表現法が採用されている。ヨゼフの職人気質の現実主義（第五曲）と、俗世にとらわれ、啓示を受け入れることに消極的な羊飼いたちの様子（第六曲）は、弱まることのない筋肉運動的なエネルギーによって伝えられるのである。そこには岩のように頑丈な二拍子によって確保されたバロック的な動機が伴う。

譜例９（初版）

第七曲〈キリストの誕生〉は、ヒンデミットが、用いる拍子をわざわざ初版の楽譜に記入した三曲のひとつである。実は、この曲は拍子の脱落があり（四分の三拍子と四分の二拍子の組み合わせとなる）、またヒンデミットにしては珍しい多調性の試みもなされている。ヒンデミット本人が初版の分析を提供していないため、二つの調性や二つの拍子を用いた意味は想像するしかないが、神が人として現われ、天上の存在が地上の形をとるという観念に関わる説明は確かにできる。実際、この歌がきわめて多層的であること（表面的には穏やかな子守歌である）は、「その子は喜びをもたらす」という末尾の歌詞に続くピアノ伴奏によって強調される。ピアノの応答は実に嫌な不協和音だ。嬰ハ長調の四六の和音を右手が鳴らし、左手はそれをハ長調の主音と属音で支える。キリストの生誕の際にマリアが未来の苦しみを予期するかのようだ。リルケもヒンデミットもマリアの視点から物語の全篇を述べていることが、ここで改めて思い出されるのである。

第八曲〈エジプトへの脱出の途中での休息〉のた

譜例 10（改訂版）

めに、ヒンデミットは三拍子に戻る（ただしひどく速いテンポの三拍子であることに注意！）。そして、幾多の歌曲《リート》の中で最も感銘を与えるミニドラマのひとつを展開するのだ。（これほど短い時間でここまで多くのムードを描き出そうと試みた歌曲は、ほかにはエルンスト・クシェネクの歌曲集《過ぎ去りし歳月の歌》の第一曲〈秋にさまよえる者の歌〉しか私には思いつかない。）この〈エジプトへの脱出〉は大切なムードのひとつひとつを扱う。慌ただしく逃げ出す様子（衝動的で活発《レープハフトリヒ》なハ短調）、イエスの平静さと両親の不安（一連のレチタティーヴォと不完全な生気《ラッヴィヴァンド》を与えてが交互に現われる）、そして最後には、まさに「休息」（変イ長調のオスティナートで、恍惚とした彫琢が二十回施される）が描かれるのである。

もちろんヒンデミットは従来的なドラマが決して得意ではなかった。彼は、ブラームス同様、純粋に音楽的な問題に没頭していたので、あからさまに芝居がかった演出にのめり込みはしない。しかし、ここでは、四分強の長さにおいて、歌詞に込められたあらゆる身振りや衝動や傾向にかなう音楽を呼び出したのである。この独特な感動を呼び起こす歌の輝かしい成功の鍵は、レチタティーヴォとラッヴィヴァンドが交替する進行が筋肉運動的なまとめ方に挑んだ点にあると私はにらんでいる。リズムの衝動がいっそう一般的な形式主義的関心と結びついていた多くの作曲家（たとえば、メンデルスゾーンやブルックナーだろうか）と同じく、筋肉運動的な連続性を実際に脅かす推移の瞬間に彼は意固地になって最高の力を発揮したのだ。（たとえば、ブルックナーの弦楽五重奏曲の第三楽章と第四楽章のあいだの三部構成で連続する進行の部分は、この誤解されがちな作曲家の作品のうちで間違いなく最も劇的な瞬間である。）〈エジプトへの脱出〉同様、第九曲〈カナの結婚〉は劇的で律動的であり、強弱で言えばデクレッシェンドするように構想されており、受難を描いた一曲目（第一〇曲〈受難の前に〉）へと滑らかに続いていく。さらにこれを引き継ぐのが曲集でいちばん簡潔な二つの歌（第一一曲〈ピエタ〉と第一二曲〈キリストの復活によるマリアの慰め〉）である。この二曲は、前述のように、のちの版ではほぼ手を加えられずに収められた。

前にも触れたが、「マリアの死」を扱う最初の二曲は変奏曲の傾向を発揮する。第一三曲〈マリアの死・第一の歌〉では、外側の部分のバッソ・オスティナートを用いて、壮麗なレチタティーヴォ付きの聖歌が組み立てられる。第一四曲〈マリアの死・第二の歌〉（主題と変奏）で、ヒンデミットはいくぶん不安定な多調の基盤を再導入する。主題の提示はピアノが行ない、ハ短調と嬰ハ短調の要素を融合させる。作品はそのまま進み、やや説得力に欠けるニ長調の末尾に到る。この曲の聴きどころは、ニ調が主要な役割を担う秀逸な二つのカノン変奏（第三・四変奏）と、風格のあるコーダ（第六変奏）である。この一連の流れでは絶妙な作業分担がなされる。ピアノの上音域にはカノン風のオスティナートが割り当てられ、これの基盤に置かれるのが葬送歌風の左手の動機で、この動機は主題において、マリアの死を描いていた。ソプラノにはいちばん低い声部が割り当てられ、霊感を受けつつも単調に弾かれるピアノの下に宙吊りにされて、本来ピアノの右手で弾かれた動機を切り詰めたものを歌う。調性をめぐるヒンデミット本人の言葉を借りれば、これらが、マリアの「無限への旅立ち」の「冷厳さ」を決定づけたという。この役割を逆転させた反行の対位法という霊感に満ちた手法を用いて、ヒンデミットは独特な説得力をもつイメージ作りに成功する。これは復活の観念の完全な音楽版なのだ。

ヒンデミットは、内容のある作品をきちんと要約する能力には、決して長けていなかった。（この点でも、彼はブラームスやブルックナーと同傾向だ。）彼には最後の最後で一気に変容させる力に欠ける。その力とは、動機的展開という重荷を捨て去る意欲かもしれないが、ヴァーグナーの歌劇やシュトラウスの交響詩の最後の部分でよく起こるような、動機の脈絡自体を消し去る資質にほかならない。ヒンデミットの極上のソナタ形式の作品は、どれをとっても、コーダが甘い。材料を超越させる能力に欠けているためであり、作品の結末のプロセスをさらにはっきりと示したいという衝動に駆り立てられるからだ。たとえば、ピアノ・ソナタの場合、コーダはしばしば台無しになっている。不必要な三和音が埋め込まれていたり、不便な音域での和音のクラスターがあったり、主題に対する偏愛がみられるためで、この偏愛は「迷ったら拡大せよ」という表現で最もよく説明できるかもしれない。

第一五曲〈マリアの死・第三の歌〉について、私はこう言いたくてたまらない。このような例外があってこそ、通例が証明されるのだ、と。だがこの結びの歌では、いつものフィナーレの誘惑にヒンデミットはまたも屈しているのだ。中央の部分は最も軽快なトリオ・ソナタのムードだが、主要主題はマリアの誕生の動機を威勢のよいアラ・ブレーヴェに変容させたもので、ピアノの音域でオクターヴの重音で鳴らしていた和音を最上音から最下音まで五オクターヴも引き離してしまった。最後の四度の和音は——ハ長調と変ロ長調それぞれの空虚五度を構成するのだが——は、五線の上方で恥ずかしくなるような補強として打ち鳴らされる。この種のまとめの表現は、ロイヤル・オーダー・オヴ・インペリアル・ムース（米国イリノイ州ムースハート発祥の友愛団体を指すか）の集会の締めくくりの音楽なら許されるかもしれないが、超越の奇跡を扱う作品にふさわしい結末を与えるものでは断固としてない。その結果、この作品は、ぞんざいな終わり方をする。強い宗教的な雰囲気が情緒的に醸し出されることもない。本来、そういう雰囲気が作品に浸透していたはずなのだ。私はこの点を認めざるを得ないのが悲しい。というのも、読者はもうおわかりかもしれないが、私は《マリアの生涯》の初版こそが、史上最高の歌曲集だと信じて疑わないからである。

［初出の脚註］一九四九年一月の日記に、あまりに著名な評論家が次のように記している。「《マリアの生涯》が新しくなった。P・Hも認めているように、先の作品は力の誇示に過ぎなかった。何かを乗り越えなければならなかった。だが、これが霊感の結果だと信じる人がいるとすれば、それはまったく間違っている。」批評家とは、アルノルト・シェーンベルクである。彼の伝記作家H・H・シュトゥッケンシュミットによれば、彼は「正統派シェーンベルク主義者が好む以上にヒンデミットの才能に共感し」ており、「［《マリアの生涯》の］修正を不愉快に受け止めていた」のだ。私も同感だ。

28　スクリャービンとプロコフィエフのピアノ・ソナタ（アルバム解説・一九六九年）

十九世紀のロシア音楽の発達は、はっきり三段階に分けられる。まず大切なのが第一段階で、一八〇〇年前後のペテルブルク流のサロン文化を構成していた宮廷主催のイタリアのオペラやフランスの笑劇から生み出された時代がそれである。この段階はミハイル・グリンカの初期の作品で頂点に達した。中期ベートーヴェンのアレグロ・フリオーソ風のギャロップや、ルートヴィヒ・シュポーアの和声法やファニー・メンデルスゾーンの比較的ましな旋律を安易にまとめてシロップで煮込んだデザートであった。ピョートル大帝が臣民に推奨したことのすべてが達成されたのであって、音楽も、建築同様、西欧ではすでに廃れた最良のものの、冴えないが完全な複製となった。

グリンカは第二段階への橋渡しをした。第二段階とは、思い詰めるようなアイデンティティの探求であり、それは、直近の後継者たちの作品を特徴づけた。後継者には、たとえば、ロシア的な魂をひたすら求めたモデスト・ムソルグスキーがいる。ムソルグスキーの本能は、コーヒーハウスに出入りする芸術好きのそれであった。そのような人物は、善良だがどうしようもなく放埒で、ごくたまに冴えを見せて高邁な思想をつかみ取り、技術的な配慮に妨げられることなく、創造的情熱の狂おしい噴出によってそれを書きとめるのだ。その様式のぎこちなさに恥じることのないムソルグスキーの存在は、ロシアの音楽が成人したことを意味していた。

そして、ムソルグスキーと時期が重なるが、第三段階の〝輸出世代〟がやってくる。この時代に最も成功した芸術家であり、実際、当時のロシア人作曲家の中で唯一、世界的に認められたのは、ピョートル・イリイチ・チャイコフスキーであった。何でもこなす実に卓越した才能を発揮した彼は、ムソルグスキーのような民族主義者の影響を臨機応変に取り入れたり軽んじたりすることができた。今なお彼は、ロシア音楽ツアーにおいて最も重要な観光地であり続けている。彼の成功は、ロシアの閉鎖的なイメージを見事に打破した証であり、その意味では、二十世紀のコスモポリタンであったセルゲイ・プロコフィエフも同じだ。しかし、チャイコフスキーの時代であっても、ロシア音楽の気難しさは清算されずに残されたために、革命後世代の党主導の路線は、ある意味で、ムソルグスキーの探求への回帰となり、そして（あるいは）その延長線上となった。

しかし、危うくも精妙な独自の道を歩んで、ムソルグスキーの内向性とチャイコフスキーの外向性を、「神秘的」と呼ぶべき様式で融合させたロシア人音楽家もわずかだが存在する。代表はアレクサンドル・スクリャービンで、一八九七年にピアノ・ソナタ第三番を作曲したときに二十五歳だった彼は、近代に試みられた最も魅力的な和声実験を始める直前だった。（ソナタ全十曲のうちの後半六曲を含むスクリャービン後期の作品は、確定性と突発性の奇妙な調和を通して、和声とその旋律的な音型との相互作用に対する取り組み方を探求している。そこに現われる音型は、シェーンベルクの作品を正確に予見するものではなかったにせよ、それを補完するものである）。

それに較べると、この第三ソナタは、従来の型どおりに構成されている。適度な長さであり（演奏時間は三十分強）、四つの楽章は、強い重力を発しており（終楽章のいくつかの反復進行は別かもしれないが）、めまぐるしさを複雑さと、規模を壮麗さと、反復性を統一性と混同するようなことは、まったくない。ミャスコフスキーやショスタコーヴィチといった最近の作曲家のソナタや交響曲にときどきみられる傾向とは無縁なのだ。

多くの分析者は、スクリャービンの初期の作品にショパンの影響を指摘する。けだるいカンティレーナや、アルトとテナーの声部への愛着がそうだ。もっとも、これはひと味違うショパンだ。我らがフレデリックは、スクリャービンがこのソナタに与えたような勢いを用いて大規模な構造を維持できた試しはまずなかった。だが、このソナタでのスクリャービンは、ルバートの解釈がもたらす構築上の問題をこの勢いによって解決し、主要な転調では、調の切り替えが明快にわかるはずの箇所を「パラグラフ内部での曖昧さ《イントラパラグラフ・アンビギュイティ》」を発揮して目立たなくする。

第一楽章は典型的である。壮大で朗読風のソナタ＝アレグロ構造で、第二主題グループの苦くも甘美なノスタルジーは、第一主題の主要な構成リズムに含まれていた不吉な二重付点音符の挿入によって抑え込まれる。これは「音楽で読む『嵐が丘』」だ（一九六五年発売のLP盤『音楽で読むジェームズ・ボンド』になぞらえたか）。催眠効果があり、運命を予言する自己中心的な作品だ。

第二楽章は、堅苦しく小節線で区切ったスケルツォだ。左手で弾かれる主要動機は無視されて、両手ではヴァンサン・ダンディ風の歪んだ和声が加えられていく。第三楽章では、スクリャービンはその確かな和声感覚を発揮して、終止で予想される盛り上がりを弱めることに傾注する。ヴァーグナー以後のゼラチン状の半音階的テクスチュアが、《英雄の生涯》風の力強いクライマックスを予感させるとき、スクリャービンは慎ましくそこから身を退き、弾き終えたばかりの楽節を精妙に繰り返し、またも身を退く。

この音楽では、否定の心理学に対するほとんどパヴロフ的な見事な洞察が発揮されている。響きはよく似ているが、リヒャルト・シュトラウスの準即興的な手法に対するアンチテーゼだ。ちょっと聴くと、五十九丁目（ニューヨーク市内マンハッタン）界隈の上品なバーのカクテル・アワーで弾かれるピアノの響きを思わせるかもしれないが（こんな声が聞こえる――「そこで私は彼女に言ったよ。『ねえ、マーシャ、本当に素敵な服だね』と。……ウェイター、会計を頼む！」――「ああ、ハリー、どうやらJ・Dはコーナーストーン合同会社を辞めるらしい」）。とにかく、終楽章になったら、おしゃべり禁止である。リズムの継続性が垂直に力を及ぼす可能性について緻密な論説が展開するのだから。

*

一九四二年、セルゲイ・プロコフィエフがピアノ・ソナタ第七番を完成したとき、ソヴィエトの音楽は北米の主要な音楽的中心地において未曾有の高評価を得ていた。当時、ウォール街の大物たちが、ロシアの戦争救済のための募金を呼びかけ、ヨシフ・スターリンが一時「ジョーおじさん」に変身し、あの躍動的な怪作であるショスタコーヴィチの交響曲第七番のスコアがニューヨークに空輸され、ストコフスキーとトスカニーニがその初演の名誉を得ようと競った時代である（トスカニーニが勝った！）。

ショスタコーヴィチの第七番のような、当時としては少々冴えない傑作に対するアメリカ人の熱狂は、ジョゼフ・マッカーシー（一九〇八―五七。五〇年代の赤狩りを推進した米国の政治家）の時代になると消えた。また、こうした膨張しすぎたスラヴの詩的な交響楽は、第一主題が前線の英雄主義を描き、副次的な動機群が夫を失って喪服姿の犠牲的な乙女たちの気高さへの敬意を示すもので、これは標準的なレパートリーからはとうに姿を消していたのだ。しかし例外もある。一九四四年に作曲されたプロコフィエフの交響曲第五番と同様、彼のピアノ・ソナタ第七番は耐久性にすぐれた作品だ。三九年、同志モロトフが外務大臣フォン・リッベントロップと結んだ独ソ不可侵条約がもたらした不安定な非戦の状況下で、この曲は着手された。その後、創作は断続的に進み、四二年に完成する。ドイツ陸軍元帥フォン・ボックのモスクワ郊外撤退を経て、ドイツの「バルバロッサ作戦（四一年六月二十二日開始のソ連への侵攻作戦）」が初めて本格的な敗北を喫した頃である（またこれは「要塞ヨーロッパ《フェストゥング・オイローパ》」自体の前途を暗示するものだった）。

そしてこのソナタは、統合失調症的な落ち着かないムードであり、調性も神経質で不安定なため、なるほど戦争の音楽である。苦くも甘美な嘆き、打撃音の激しさ、「より賢明な外交政策の恩恵を受けて我らは進む」といった態度の抒情性――これらがいかにもプロコフィエフらしい独特の形で調合されて、作品に満たされている。

だがこれは、この異種混合的な豪華絢爛ぶりゆえに、並外れた作品だ。第一楽章は、そこにプロコフィエフの最良の音楽が含まれているだけではない。即時の理解可能性というソヴィエト音楽学の信条に公然と反抗している。彼が採用した最も無調に近い和声法かもしれない。これに較べ、第二楽章の主要主題はくどいほど甘美なので、おかげで彼の属する作曲家集団のノルマが消化できる。終楽章は八分の七拍子で、「我らの戦線は今にも崩れそうだが、我らの強固な戦車の縦隊がまたやってくる。たとえそれが先週ムルマンスク港に到着したばかりの貸与された米国戦車シャーマンであっても」といった調子のトッカータだ。

この作品にプロコフィエフの付与したテンポ表示は、この作品自体とその時代について、想像力を著しく喚起する。第一楽章アレグロ・インクイエート（不安げに）、第二楽章アンダンテ・カロローソ（熱意をこめて）、第三楽章トッカータ、プレチピタート（まっしぐらに）。

29　ソヴィエト連邦の音楽（講演・一九六三年）

新聞を広げ、あるいは雑誌を開いたときに、ソヴィエト連邦の芸術における危機的状況をめぐる記事を見かけないことは、この頃ほとんどありません。最近紙面をにぎわせた記事をいくつか挙げるならば――ロシアの若き大詩人エフゲーニー・エフトゥシェンコ（一九三二―二〇一七）がニューヨークのグリニッジ・ヴィレッジのコーヒーハウスを歩きまわり、アメリカのビート派を相手に詩を読んでいたところ、急に本国の不興を買いました。ピアニストのヴラディーミル・アシュケナージ（一九三七年生まれ）が祖国を去る驚きの亡命事件（一九六三年）も起こりました。目下、友好的に収まりそうですが、昨年に舞踊家のルドルフ・ヌレーエフ（一九三八―一九九三）が庇護を求めたことも思い出されたのです。

そして数ヶ月前、フルシチョフ（一八九四―一九七一。五三―六四年ソ連共産党第一書記）氏が抽象芸術の展覧会を初めて訪れて、東側と西側双方で不満を募らせていた多くの人同様に、目の前の作品について反応したのです。牛の尾がカンヴァスを叩いた方がうまい絵になるだろう、と。ソヴィエト文化省がこれに唱和して見解を示さなければ、この独創的な悪口が目立つことはなかったでしょう。同省の説明はこうでした。抽象画はソヴィエト人民に資すると考えられてきたことはないし、そもそもこれはブルジョア社会の頽廃的傾向の現われである。このスタイルで絵を描こうとする芸術家は、一般の人とコミュニケーションをする義務を思い出し、市民が容易に理解できない難解な言葉を放棄しなければならない。そう念を押したのです。

この種の事件でいちばん驚かされたのは、ソヴィエトの新聞に掲載されていたイリヤ・エレンブルク（一八九一―一九六七）の回想録の連載が打ち切られたことかもしれません。エレンブルクは保守的なボルシェヴィキ（そのようなものがあればですが）であるとともに作家であり、革命後のロシアの芸術的趨勢に合わせる風見鶏のような存在だったからです。彼の代表作が、数年前に書いた『雪解け』という小説で、芸術の自由が有意義な趨勢としてソヴィエト全土にじきに感じられるようになると予言したのは、偶然ではなかったかもしれません。西側の識者たちの多くがこの作品を取り上げて予測したのは、ソヴィエト政府による芸術統制が次第に緩和され、自由化が進むことであり、フルシチョフ氏の権力掌握によって、スターリン時代の抑圧的な制約が終わることでした。つい先頃まで、この予測は当たっていると思われていたのです。

ソヴィエトの芸術界の困難な状況については、これからもさらに話が聞こえてきそうです。なぜなら、ほんの数週間前、ソヴィエト芸術の進路について具体的な判断を下し、ソヴィエト芸術が従うべき基準を確立する目的で、共産党中央委員会の特別会議が召集されたからです。この会議で実際にどんな結論が出るのか、もちろん誰にもわかりませんが、せっかく勝ち得た芸術的自由は、控えめにみても、少なくとも一時的には再び挫折しそうです。

もちろん、ソヴィエト政府が興行主の役割に手を出し、芸術を職業とする人たちを法律で縛り、ソヴィエト社会で比較的裕福な地位の確保を見返りにこれを遵守させる動きは、今回が初めてではありません。実際、ソヴィエト政府と芸術界の奇妙な関係は、西側の発想ではほとんど理解不能の状況を生み出しています。二つの勢力のあいだで調和と幻滅が交互に繰り返されている状況です。この周期的なパターンの中には、証券アナリストの表現を借りれば、ソビエト芸術の長期的な値動きと短期的な値動きを予測するのに適した基準があるように私には思われます。そこで、このような循環的な傾向を観察した上で、私がやっている株式相場の予想よりも良い結果が出ることを期待して、ソヴィエト芸術の将来について一定の見通しが立てられる理論を構築してみるつもりです。

まず、短期的な値動きです。これは、革命以来の長年にわたる政府と芸術のあいだの対立のパターンに基づきます。目安のひとつは、ソヴィエト経済が豊かな成長を遂げているときは、芸術界のエキセントリックなふるまいに対して、政治委員会側が自由放任的な態度を強める傾向がある点です。ナショナリズムへの情熱のはるかに希薄な他国との芸術的な関係も同様に扱われます。ところが、対外関係でも国内経済でも、物事がさっぱりうまくいかない時期には、芸術をより厳しく管理し、適合性を要求し、ナショナリズムにのめりこむ傾向が生じます。実際、政治機構の側には、国家のために芸術界を直ちに厳しい監視下に置かなければならないという信念が生まれがちです。一九三六年と一九三七年のスターリンによる粛清の状況がすぐに思い出されます。この粛清は、ソヴィエト社会のほぼすべての階層を対象としており、軍や産業界の指導者ばかりか、共産党員も投獄され、処刑もされています。そうした激しい血しぶきと比較すると、芸術界の人間に対する報復は、比較的軽かったと思われますが、いずれにしても、近代国家において芸術に対して最も容赦ない官僚的な判断が下された時代だったことは確かです。

しかし、当時の対外的な政治状況を少し考えてみましょう。一九三六年、ソヴィエト政府の第二次五カ年計画はすでに始まっています。革命で生まれたこの国家は強固で揺るぎなかったものの、西ヨーロッパにおけるファシズムの優勢が実に深刻な脅威でした。政治的な懸念は、ドイツとイタリアだけではありません。当時のフランスでもかなり大きなファシスト運動が起きていたのです。この苦況に対処するために、スペイン内戦へのソヴィエト連邦の関与の程度はかなり慎重に決定される必要がありました。当時のソヴィエト連邦は大規模な武力紛争への準備ができていたわけでもありませんし――。以上の外的脅威へのスターリンの対応策は、国内外のあらゆる人を国家の潜在的な敵として疑うことでした。こうした背景から、当時の恐ろしい粛清が実行され、芸術的なものも含めて、言論統制が敷かれたのです。

政治的な不安や緊張と、芸術的な制限のあいだには、この種の事例は多々ありますが、これほど派手な芸術的粛清は類がない。とはいえ、一九四九年と一九五〇年にも、ソヴィエトの芸術家たちが享受していた自由を厳しく糾弾する動きが生まれました。朝鮮半島をめぐる緊張が、当時最大の国際問題であった時期です。またこれは、西側と核の均衡を得られていないソヴィエト連邦が、大きな国際紛争が再発しないかとひどく神経をとがらせていた時期でもありました。当時、ソヴィエトの作曲家たちは、故ラフマニノフよりも進んだ音楽様式を用いるな、と指導を受けていました。しかし、これは実に不幸な選択でした。ラフマニノフは、求められるとおりの保守的モデルでしたが、米国市民として亡くなった点は政治的にマイナスだったからです。

話を現代に戻すならば、今回の数々の事件は、そのほとんどがフルシチョフ氏を悩ます政治的な困難の状況下で引き起こされたもので、偶然の一致とは考えにくい。キューバの問題、ラオスの問題、あるいは北京との対立の高まる状況ゆえにフルシチョフ氏の政治生命が危ぶまれるときに、芸術家への厳しい措置が報道されるようになったのは、やはり偶然ではありません。

一九三六年以降、ソヴィエト文化省は、ソヴィエト全土のあらゆる音楽家の生活と仕事に（さらに、もっと具体的に言えば、ソヴィエト社会における音楽の未来の予測に）関心を寄せてきましたが、それは、まったく受け入れがたい歴史分析に基づくものでした。その理論にのっとれば、音楽とあらゆる芸術は、それぞれの時代の象徴であり、時代の反映です。ゆえに、社会が進歩する時代は、活力に満ちた音楽に反映され、社会の停滞する時代は、頽廃的でディレッタントな性質の音楽に反映されることになります。個々の芸術の絶対的な価値は、それを生み出した社会の価値が決めると信じられています。もちろん、過去を振り返れば、自分の時代を超えた芸術家も、何らかの行動の仕方で（たとえそれが芸術家としての創作活動とは無関係であったとしても）、自分の生きた社会に反抗した人もいたはずです。ベートーヴェンは、ソヴィエト連邦で実践されているこの奇妙な似非音楽学の参照点として好まれています。ベートーヴェンはフランス革命期の根本的な特徴を音楽に反映しており、ゆえに、当時の貴族社会に対するまぎれもない不快感を表出していると主張されます。飢饉の数年間、最も統制的な音楽政策下においても、ベートーヴェンは歴史上の人物としてたいへん好まれました。ただし、それだけ好まれても、あの第九交響曲のシラーの詩「歓喜に寄す」を社会主義的な歌詞に置き換えた演奏は阻止されませんでした。

　バッハの場合は、やはりもっと説明が必要でした。第二次世界大戦直前までのバッハは、学術的な研究対象であり、また、音楽院で演奏され続けてはいたものの、キリスト教への傾斜が顕著でしたから、プロレタリアートにとっては危険な存在と考えられていました。しかし、嬉しいことに、この問題はすでに解決済みだと言えます。モスクワ音楽院でミス・スヴェトラーナ・ヴィノグラードワ（一九二六―二〇一九）が最近行なった口頭発表にあるとおりです。ミス・ヴィノグラードワは根気よく研究を続け、バッハを大衆の手に見事に取り戻したのです。彼女はフリードリヒ・エンゲルスの次の意見に飛びつきました。「バッハは完全なる頽廃の闇に射す一筋の光である」。もちろんこれは誰もが賛同して復唱できる言葉です。ミス・ヴィノグラードワはこう続けました――「ソヴィエトの批評家の中には、バッハの音楽は厳格すぎて窮屈だと書いてきた人もいますが、それは、朽ちつつあった封建社会で抑圧されていたからです。しかし、われわれが彼を評価できるのは、その旋律が大衆の心に響くからです。バッハの旋律の才能はそこにあります。大衆の心に寄り添っているのです」。

なぜこのように考えるのか不思議です。バッハは素朴な一市民でしたが、音楽的には自分の時代との接触をまったく欠いた天才の典型だったからです。歴史的、年代的にみて進んでいたのではありません。彼の音楽で最も重要なもののすべては、ポリフォニーが輝く時代に向けられていたからです。それは彼を囲む世界からは閉ざされて久しい時代でした。しかし、ミス・ヴィノグラードワには黙っておきましょう。気分を害されるだけですから。

＊

アンドレイ・オリホフスキー（一八九九―一九六九。ウクライナ出身の音楽学者。四九年米国に移住）は、ソヴィエト連邦の音楽美学に関する鋭敏な分析において（『ソヴィエト政権下での音楽――芸術の苦悶』ニューヨーク：プレイガー、一九九五年）、次のように指摘しています――「芸術に関する党の原理原則の本質は、次のような教えに集約される。すなわち、芸術は経済的基盤の上部構造であること、それゆえに、常に階級的現象であること、そして、芸術の領域において、独立した中立的な非政治的な価値は存在しないし、存在し得ないことである」と。ソヴィエト美学の専門用語において、この融通の利かない概念を強化するために用いられる最も忌まわしい決まり文句は、西側諸国では廃れたために適切な訳語も事実上存在しない言葉、すなわち、「フォルマリズム」です。寛大に訳すならば、存在自体が役割であり目的である芸術に――つまり、芸術のための芸術に――関わるものを意味します。本来、この言葉には折衷主義や学術的性質に発する意図や批判的な含みがあったかもしれません。しかし、ソヴィエト連邦において、この四半世紀にわたり濫用されてきたため、そうした意味を失って久しい言葉です。これはまず考えられない場面で現われる可能性があり、また実際に現われ、さらにまず考えられない人たちによって適用されます。苦難を受けたあるチェコの作曲家がこう言いました。「フォルマリズムは、同業者が今書いている作品に適用されるものです」と。ここにはやはり次のような意味が読み取れます。すなわち、芸術の目的はそれ自体への奉仕ではなく、全知の国家の目的への奉仕にあるということです。つまり、個々人に対して、芸術自体から好きなものを選び取らせるのではなく、鑑賞する大衆に対して、美的に表現された国家の目的を伝えるのが芸術だということです。ソヴィエト音楽学の「論法《リーズニング》」は（この用語で威厳が得られればの話ですが）、もちろん、芸術の存在意義は社会に与えられているのだから、その返礼として、芸術は国家の変容を記録に残し、それを補完するべきだという信念に基づくのです。社会的な力としての芸術の価値という議論の枠内でさえ（しかもこの議論には巨大な留保がつきますが）、ソヴィエト社会は芸術の批判的機能を拒絶します。つまり、芸術家が国家に反対を唱える可能性を認めません。過去の時代の芸術家がそうした美徳を絶えず発揮していた事実を賞讃しているのにもかかわらず、です。芸術家の良心の個々の方向性も同様に拒絶されます。良心に従う場合、芸術家の活力は社会の目的とは相矛盾する表現にのみ存在するかもしれないのです。しかし、ソヴィエト社会が、何よりも、皮相的で自意識過剰だと決めつけるのは、芸術家の個性において最も純粋な部分のすべてです。つまり、一個の人間の仕事と、その人が現われた社会との、無意識で漠然とした深層心理的な関係がそのように片付けられてしまうのです。

ある芸術家がその社会で考えられる最高の関心を黙諾したからといって、その社会とこの芸術家の関係が決まるとは言い切れません。かたや、その芸術家の作品は、鑑賞者に影響を与え、その反応を呼び、さらには、バッハがそうであったように、未来に多くの世代の鑑賞者を生み出すかもしれません。それゆえ、現在の芸術は共同体の現在の活力に不可欠であるという前提には議論の余地があります。少なくとも、共同体の善をもって芸術の善の行方を占えるとは限らないのであれば、芸術的に最も賞讃されるべき価値でも、共同体の厚生に資する点では同じ評価ができないことは認めるべきです。つまり、芸術が固有の役割を演じるのは（何の役割も演じない場合もありますが）、共同体を治めるために構築された、倫理的な善と悪の関係の外側に立つことを許すときに限られます。ジャック・マリタン（フランスの哲学者。一八八二―一九七三）が表現したように「解放された」ものであり続けなくてはなりません。

ただし、問題があります。ソヴィエト連邦において、政治と芸術の関係を苦しめているのは何か、です。芸術の目的と政府の目的は同じであるべきで、芸術家は他の労働者集団と同様に国家の現在の目標に奉仕するべきだ、という考え方に、この国をこれだけ厚かましく固執させるものは何でしょうか――。それが共産主義国家自体の本質なのだ、と言うのは簡単です。しかし、本当の意味で満足のいく説明ではありません。共産主義の倫理には、社会の必要に役立つように個人的な利害を求める傾向があるのは事実です。つまり、共有される思想や分析が、それが真実かどうかとは関係なく、共同体の目下の利益に反する場合、コミュニケーションのプロセスを検閲する傾向があります。ただし、たとえば、ポーランドや東ドイツでは、政治的話題は慎重に扱われるとはいえ、ほとんどの芸術家は、好きな語彙を用いてコミュニケーションをすることが認められています。音楽家も画家も、また（今述べた点は留保するにせよ）作家も、西側の同業者が用いているのとほぼ同じ多様性をもつ表現法を用いて自分たちを表現する傾向にあります。つまり、これらの諸国の画家たちの多くも、昨秋にフルシチョフ氏の逆鱗に触れたのと同じ、抽象的な表現法で創作しているのです。作曲家たちも、重要な現代の技法、特に前衛的な技法に触れているし、また、それを用いています。シェーンベルクとその楽派の技法体系はまさにそれであり、ソヴィエト連邦では嫌われ、かつ禁じられてはいますが――。衛星諸国もソヴィエト連邦同様、（実現の度合いはともかく）共産主義を決然と目指しているのですから、この状況を生み出しているのは共産主義そのものではないという結論に達せざるを得ません。

つまり、原因はロシア民族の歴史にかなり遡れると私は考えています。つまり、現在の状況は、比較的短い期間に共産主義国家が創り出したものではなく、長い歴史的な問題の最新の例にすぎないのです。芸術、特に音楽において、ロシアはどの西洋諸国ともかなり異なる道をたどってきました。十九世紀の第二四半期になるまで、有力なロシア人作曲家による作品はロシアには存在しませんでした。ベートーヴェンがすでに他界し、比較的モダンなヴァーグナーやベルリオーズがまだ若かった頃、ロシアはまだ名だたる作曲家を一人も産みだしていなかったのです。もう少し広く見渡すならば、さらに百五十年ほど遡り、十七世紀末、バッハやヘンデルといった作曲家が活躍をすでに始めていた頃、西欧の耳になじみ深い音楽はロシアでは演奏すらされていませんでした。ピョートル大帝といった、わりあい進歩的な皇帝《ツァーリ》たちの影響で、およそ流行を求めた結果、宮廷と貴族社会が、西欧の美術品の愉快なものを鑑賞し始めたのは一七〇〇年頃になってからです。

内実はこうです。そのときまで、ロシアの音楽は、今の共産主義国家よりはるかに強力な権威によって牛耳られていました。正教会です。正教会は、音楽をたいへん罪深い行為と堅く考えてきました。礼拝におけるあらゆる音楽的要素の表出を法的に禁じ、きわめて厳格な聖歌のみを認めたのです。あらゆる世俗的な音楽は（当時のモスクワの貴族が浴槽のような場所で歌うときに発する偶発的な音は除かれたと思いますが）禁じられていました。その結果、ロシアでは音楽の教会での利用とその世俗的な応用のあいだに絶対的な区別がつけられました。教会でもっぱら聖歌がうたわれることに内在する制限——一本の旋律のみで、他の旋律線による和声をまったく伴わないこと——によって、ルネサンスの音楽的体験がロシアではまったく理解されないこととなりました。言うまでもなく、ルネサンス音楽の本質は、音楽的な装飾にあって、音楽のテクスチュアをたくさんの声部がたくさんのことを同時に行なったり歌ったりして絶えず豊かにしていくものでしたから。

十五世紀のフランドルの巨匠ジョスカン・デ・プレのような作曲家が吟遊詩人の恋の歌から主題をとって、それを基礎にして礼拝の音楽を作ることなど、ロシアの教会では考えられなかったでしょう。同様に、バッハのような作曲家が自作の教会音楽でルターのテキストや主題の上に大規模な作品を構成し、現代人の耳にも驚異的な複雑なそびえ立つような構造を示すことも想像できなかったでしょう。当時のロシアでは、聖なる様式と世俗の様式のこうした区別のない並列は、不純で、罪深く、ロシア人の精神生活を汚しかねないと考えられたでしょうし、フルシチョフ氏の機嫌を損ねた現代の小説や絵画同様、そうした芸術は禁止されても仕方のないものでした。

そういうわけで、ロシアでは、西欧の音楽体験と同じものは何も知られていませんでした。和声の発展も、宗教音楽と世俗音楽の技法のごく普通の結びつきも知られていません。実生活における善と悪が芸術作品の創造において混ざり合っているルネサンスの観念も無縁だったのです。ロシアはルネサンスを経由しませんでした。そのため、過去五百年にわたった大きな文化的前進をもたらした興奮と改革の特質がロシア人には意味をなさなかった。ロシアは中世を継続する国でした。とは言っても、「中世《メディーヴァル》」という言葉自体、ロシアには不適切です。ロシアの文化の基礎であるビザンチンの遺産は、東洋化されたヘレニズムの伝統であることを加味しても、本質的に揺らぎも変わりもしない精神世界の見方の本質にあるからです。

近代ロシアの歴史のほとんどの時代を通して、神聖で観想的な活動のいちばん高いところに奉仕する芸術と、世俗的で、気晴らしや娯楽のみを目的とした芸術との間で、このような驚くべき区別が続いてきました。もちろん、他の西洋諸国でも、同様の区別は確かにあります。よい観想の境地をもたらしそうなのは、どう考えてもバッハのカンタータであって、ブロードウェイのミュージカルはそれほどではなさそうです。しかし、そうした作品を作るときの技法に、基本的な違いはおよそ存在しません。バッハのいわゆる《コーヒー・カンタータ》は、彼の声楽曲の中で、これほどあからさまに世俗的な作品も少ないのですが、これとて音楽的テクスチュアや主題は、彼の最も熱意ある教会音楽にみられるものと変わりません。この統合された美的衝動の概念こそが、芸術のために存在する芸術という観念を西洋文化に与えたのです。

この、芸術のための芸術、という観念も、西側において試練を受けないわけではありません。これについて、私たちはみな、ある種の自己欺瞞を働いています。というのは、私たちは、この観念について語るのが大好きですし、ソヴィエト文化の一枚岩的本質として観察されるものの対極としてこれを手軽に利用するのも大好きなのですが、私たちにはもともと偏見があるため、本当に納得のいく、社会と関わる形でこの観念を実践したことがないからです。とはいえ、私たち西側の人間は、(あとで無視される公理だとしても)次のような考えを受け入れるようになりました。つまり、芸術家には、きわめて不都合なこと、私たちがなるべく聞きたくないことについて、私たちに向けて語りかける権利がある、というものです。そして芸術家の言いたいことの究極の価値とは、耳に響くものの心地よさとは無関係かもしれないことを、私たちは経験から学んでいます。

しかし、こうした自由な立場はロシアではほとんど理解不能です。社会は本質的に堕落していること、芸術家はその最たるものであること、芸術家に策略が残されているとすれば、社会に対するその無責任さが社会組織全体を倫理的に破壊すること——これがロシアの見方です。この大きなジレンマは、ロシア的な良心において、世代間で受け継がれて再生産されているのがわかります。またこれは、コミュニケーションの概念や芸術における即時的な受容の重要性の概念とも混同されています。アーネスト・サイモンズ（一九〇三—七二。米国の代表的なロシア文学者。作家の伝記等多数）は、そのトルストイ伝（一九四九年）の中で、トルストイがこう信じていたと書いています。すなわち、上流階級の生み出した芸術の大半を、大衆は決して理解しないし、この洗練された芸術は上流階級の喜びのためにのみ意図されたもので、労働者は喜びとして理解できないのだと。トルストイの信じるところでは、貴族階級の芸術における主題を構成する感情は基本的に三つのくだらないものであって、それはプライド、性欲、生活の退屈だそうです。また、最良で最高の芸術とは、キリストの教えである神への愛と隣人愛を呼び起こすものであって、こうした宗教的な認識が万人によってなされるとき、下層階級の芸術と上流階級の芸術の区別は消えるのだそうです。

もちろんトルストイはたいへん信仰に厚い人でしたが、当時の倫理的な個人主義の立場からもこの状況を見据えていました。だから彼の見方はロシアの過去である正教会の伝統に必ずしも合致していたわけではありませんでした。正教の伝統が強く示唆するのは、正教の清めの中世的な儀式を理解することであって、それは何世紀も前のロシアの信徒たちの日常生活で重要な役割を果たしていました。正教は、ロシアの貴族文化の輸入された本質を背景とした、（気づかれないとしても）なかなか消えない怒りをも示唆していました。十九世紀末ロシアにあって、何世紀にもわたるロシア人の良心を支配してきたものと本質的に変わらない教えを、独創的な議論と見事な著作によって、強化する人がいたとは素晴らしいことです。

さあ、この問題をもう一歩進めて、現在の状況を考えてみましょう。教会の母性的な役割が父権的な国家に引き継がれた社会です。まず、芸術の目的については、同じ議論が存在しています。芸術は別に仕向けられなくても慈悲深く倫理的な慰めの効果を生み出す力があるのに、その事実を受け入れたがらない状況が認められるのです。そして、国家が芸術家への指示という形で自己表現をしている状況があります。国家が不可知論を公言していることを除けば、それはトルストイの倫理的な宣言や正教会の道徳的で精神的な主張と実によく似ているのです。大衆と容易にコミュニケーションできる芸術への偏愛、明白なメッセージを伝達することへの執着、創意工夫を発揮できる芸術家が破壊的になるとは限らないという事実を受け入れたがらない状況も同じだとわかります。

そこで、ロシア音楽の歴史では、教会音楽を除いて、ほぼ二五〇年ほどの期間を扱うことになります。その半分の期間、つまり、ピョートル大帝が教会に背き、宮殿や貴族たちの世界に西欧芸術を導入し始めた一七〇〇年頃から一八二五年までは、芸術全体がほぼ極上の輸入品でした。大半は軽薄なもの、つまり、イタリアのコミック・オペラやフランスの娯楽的なお芝居です。それが当時の本当に重要な音楽や演劇であることはかなり稀でしたが、ロシア人たちのある層と、当時の芸術界の主力の層（あまり厚くはないにせよ）との接触が初めて実現したのです。こうしてロシアの作曲家たちが世間に対して堂々と自己主張できるようになったとはいえ、彼らの提供する音楽は、西洋の最新の流行と言われる輸入された音楽の、どちらかといえば味気ない模倣になりがちでした。

これについては、グリンカなどの作曲家たちを思い出します。グリンカは、西欧の流行を吸収する意味で、ロシアが生んだ最も器用な人に数えられます。その最初期の作品にはロッシーニ的なイタリアの影響があり、そこに中期ベートーヴェンの情熱的なアレグロの流儀が少々加わり、フェリックス・メンデルスゾーンの姉ファニーが客間に漂わせた香料がかすかに感じられるものでした。その後、世の中でイタリア的な作風が弱まり、ドイツ的な技能が強まると、グリンカは、はっきり彼の個性とわかる特徴的な旋律やリズムを用いてこれに応えたのです。

グリンカに続く世代の大半は、その後期の作品から大いに刺激を受け、その世代の一部はロシア音楽はかくあるべしという観念を打ち立てました。その観念は、西欧の潮流を模倣する芸術作品はどれも不道徳であり、ロシア民族の最善の利益に反するとしたのです。そして十九世紀半ばに向けて、ロシアの音楽家たちのあいだでは激しい衝突が起こるようになりました。

一方には、ほぼ西欧ばかりに目を向けて刺激を求める集団がいました。西欧諸国が拠って立つ伝統を欠いた自分たちにとって唯一可能な解決策は、西欧文化の基本概念を受け入れることではないか、と考えたのです。また他方には、ロシア民族の魂の深奥には特別な創造の力が存在するのだから、西洋の伝統にとらわれずに表現できるはずだ、と信じる人々もいました。ムソルグスキーなどの作曲家たちです。アカデミックな洗練には欠けますが、スラヴ的憂鬱というとても稀有な資質を備えており、その音楽は同時代のいかなる音楽とも一線を画していたのです。

ムソルグスキーで興味深いのは、同世代で彼ほど技法的に不器用な作曲家はいなかったことです。ムソルグスキーが発揮する最大の効果は、学者の目から見れば、まともな処理とはとうてい言えません。彼は対位法の均衡や調和をかなえるドイツ的な規則について何も知らなかったし(彼のバス・ラインは、ほとんどの場合、上声部の旋律的な萌芽のすべてを無差別にぎこちなく複製したもので、適切な均衡感をもたらすことはめったになく、あったとしても、たいていは偶然と思われます)。彼は形式のフランス的な明晰さもほとんど知りませんでした。(彼の作品の構造は、支離滅裂で、洗練された構成感覚に欠けています。)

しかし、それでもムソルグスキーは、彼なりのぎこちないやり方で、ロシア的信念の不安で悲痛な存在感を捉えています。彼の和声的な効果は、桁はずれにぎこちないためか、不思議に真実味と人間味を醸し出します。そして形式上の求心性がいちじるしく欠けているために、その音楽から修辞的才能の発揮を遠ざけ、奇妙で独特と言える実直さの感覚を私たちにもたらしてくれるのです。彼は語ることがなくなれば、即座に口をつぐむ人物です。

それから第三の世代が登場し、それまでの二つの立場の折り合いをつけようとしました。ムソルグスキーが生来備えていたリズムの衝動性と旋律の独特の気難しさを、西洋音楽の技術的達成に大きく依存する芸術の中で調和させようとしたのです。そうした作曲家たちの中で最も成功した人、つまり、音楽界全体に本当に深い衝撃を与えることのできたロシアの作曲家は、チャイコフスキーでした。彼がそれができたのは、何よりもまず、たいへん技巧的に秀でた、実にすぐれた手腕の持ち主であったからであり、また、コスモポリタンとしての鋭い判断力を十分に備えていたからでもあります。おかげで彼は民族主義者たちの影響を取り入れたり、遮断したりすることが自在にできました。チャイコフスキーは、ロシア音楽ツアーで人々が最もよく訪れる観光地であり続けているのです。

基本的に、革命後の状況について言えることは、十九世紀の作曲家たちに関するこの簡単な要約がすべて示唆しています。ソヴィエト連邦の作曲家たちは、自分たちの芸術のとるべき方向性について、まだ確信がないようです。現在の西側の音楽の技法や語法を援用すべきか、それとも自分たちの文化に特有のものに全面的に集約すべきか——。実際、集団労働者の楽観的な精神を扱うと称する音楽や、ドニエプル川の最新のダム建設事業の音を模倣しようとする音楽があります。（A・モソロフ（一九〇〇―七三。ロシア前衛派の代表的作曲家）という人の作品《鉄工場》（一九二六年の管弦楽曲）を知りましたが、この人が他に何を書いたのか、私には調査する気になれません）。

他方、もっと洗練された作曲家たちもいました。西欧の音楽ついてある種の幅広い経験があり、チャイコフスキーと同じく、その経験をロシアらしい性格にまとめた者たちです。その中で特に際立った成功を収めたのがセルゲイ・プロコフィエフです。彼こそが革命前のロシアで本当に偉大な唯一の作曲家だと個人的には考えています。芸術の国際的な場で真の個性を発揮したプロコフィエフのような重鎮たちが最大規模の中傷を受けるのは偶然ではありません。かたやソヴィエト社会において職人的な作曲家の模範とされているのは《鉄工場》などを書いたモソロフのような人たちです。議論を挑みそうにない、国家の指図に最も従順な種族です。

総じてみると、ソヴィエト連邦の音楽の現況には、かなり暗澹たるものがあります。プロコフィエフ以外にも、大きな才能をもった人たちは革命以降、芸術的な衝撃をもたらしてきました。しかし、その数は少なく、そのわずかな数の人たちでさえ、当惑させるような音楽的変容を遂げる傾向がありました。よく知られているように、一九二五年頃において、最も才能あふれる若い音楽家はドミトリー・ショスタコーヴィチでした。聴いた人なら誰もが認めてくれるはずですが、当時に書かれた第一交響曲は、明晰で想像力豊かな作品で、しかも、第一交響曲らしい喜びに満ちた自伝的性格を備えています。実に見事な作品でした。その中で、このティーンエイジャーは、西欧音楽の文化的蓄積を何の屈託もなく試していたのです。つまり、グスタフ・マーラーの表現主義的な豪華絢爛ぶりに慎重に浸ったかと思えば、新古典派の筋肉運動的なリズムを少々借用したり、初期シェーンベルクの両義的な軸となる和音を持ってくる。そしてこれらのすべてをかき混ぜて甘い菓子を作りました。それは、並外れた才能の若者の青春時代を記録するもので、この才能こそが次世代の偉大な存在になると、期待が当然寄せられたはずです。

そうならなかったのは、二十世紀の純然たる悲劇に数えられるかもしれません。今日のショスタコーヴィチは交響曲で言えば十四番目あたりに取り組んでいますが、その作品の語り口には、もはやマーラーの情熱はありません。情熱的になりたいことが何もないからです。初期の作品の推進力のあるリズムは、止まることのない脈動《パルス》に変わりました。といってもそれは、歴史に囚われた妄想によって駆り立てられ、疲弊しつつもそこから逃げられないでいる生物の脈動です。この妄想が生産力向上を求めることを止める気配はありません。二重の意味を備えたシェーンベルク風の技法的曖昧さは、冷淡で下品な、様式化されたクリシェに転じてしまい、またそれが頻出することに当惑させられます。すべての要素が健在なのは、奇妙でエクスタティックなアダージョでたまに訪れる瞬間のみです（ショスタコーヴィチは、真の交響楽作家として、常にアダージョのセンスがありました）。とにかく、皮相的な見方かもしれませんが、ショスタコーヴィチは、体制に服従を求められて摩耗させられた犠牲者に思われます。

しかし、ショスタコーヴィチの場合はいろいろ考えてしまいます。彼の自尊心が初めて傷つけられ、創作活動が本格的に干渉されたのは、やはり一九三六年の事件でしょう（一月二十八日『プラウダ』紙で批判される）。歌劇《ムツェンスク郡のマクベス夫人》が糾弾されたわけですが、その糾弾がショスタコーヴィチの将来に及ぼした結果を、私たちは誇張しているかもしれません。一ヶ月ほど前の私なら、まだこの作品をよく知らなかったので、こんな発言はしませんでした。しかし、数週間前、私は（少し苦労して）《マクベス夫人》の、削除された箇所のない、もとの楽譜の複写《フォトスタット》を入手できました。その結果、この作品を非難した人々は、まさに正しかったと告白せざるを得ません。どう考えても駄作《トリヴィア》ですよ。ただし、勘違いの非難をしていた可能性はあります。つまり、不倫と殺人の物語に、党に逆らう動きを読み取ったのです。また、ショスタコーヴィチのようなたいへん繊細な感受性の持ち主にとって、こうした批判は長期的な抑制や監禁状態としての効果があったかもしれません。しかし、ショスタコーヴィチの芸術家としての創造の問題は、この作品を書く以前からすでに始まっていたのです。

確かにショスタコーヴィチは、党の指導によるしつこい迫害に苦しみました。結局、彼のような独創的な人間は、自分の作品という精神的な象牙の塔に閉じこもることで、この迫害をある程度切り抜けられたに相違ありません。しかし、彼の苦しみは、むしろロシア的な罪悪感の過剰摂取の方が原因としては大きかったと言うべきでしょう。彼の場合、自分の才能を存分に発揮しなければならないという気持ちが強く、それに逆らえない。結局、その実現に求められる方法に自分を合わせるはめになるのです。ドミトリー・ショスタコーヴィチは、また傑作を書くかもしれませんが、私は期待していません。あの引きつったような弱々しい目をした十代の若者が、西欧文化を愛していて、好きでたまらない気持ちを一気に凝縮したのがあの最初の交響曲だったのでしょう。その若さを率直かつ鮮やかに表現したあとの彼は、義務と責任という揺るぎない観念に縛られ、麻痺させられてしまったのです。この種の愛情と賞讃が糾弾される社会にあって、彼はその囚人になりました。

数年前、私がソヴィエト連邦を訪れた際、レニングラード作曲家会館で、比較的著名な若手作曲家たちと会う機会がありました。もちろん、西側諸国でも同様の組織のほとんどがそうであるように、内輪の事情によって、いちばん会えそうなのは、政治的な才能に秀でた人たちばかりであったりもします。その意味では、彼らが今の若い作曲家をどれほど代表するのかはわかりません。それでも、たいへん興味深い事実に気づきました。今の世代のソヴィエトの作曲家の技能には語法的な制約があって、作品を公開の場で聴かせたい者は、それなりに厳しい規則に従わなくてはなりません。ところがそれは、ラフマニノフ風の様式追求を強要する一九四九年の見解に基づくものというよりは、どれほど破格であっても、今世紀初頭に好まれた語法や素材のパラフレーズをほとんど越えないのです。最も大胆な作風を想像するに、それは、アーロン・コープランドの通俗的なバレエか、ベンジャミン・ブリテンの初期にほぼ近いでしょう。

この程度の形式的な自由さえもあえて享受しない作曲家の中で、技術的に最高の音楽を書いているのは、自由を渇望していない作曲家たちです。たとえば、ドミトリー・トルストイ（一九二三―二〇〇三）がそうです（私の知る限り、文豪レフ・トルストイとは無関係です）。彼らは、マックス・レーガーとセルゲイ・タネーエフの間のような恐るべき対位法的な様式で作曲しています。この種の音楽は、私にはあまり重要でないように思えます。しかし、特に不健全な感じはしません。様式的な探求はひとりよがりですが、アカデミックな技法を特に洗練させることでバランスがとれるため、少なくとも一時的には、作曲家たちはかなりの満足感を得られるからです。もちろん、二十世紀を通じて、ロシア文化を強く抑制し続けてきたのがこの自意識過剰なアカデミックな伝統であったのは事実です。そして音楽の場合、実験をしてはいけないという独断的な掟があったことを考えれば、専門家が多少なりとも信用に値する成果を出せたのも、この伝統のおかげだったのかもしれません。

様式において見事な折り合いをつけたという点で、こうした統制で最も影響を受けたのは、ニコライ・ミャスコフスキー（一八八一―一九五〇）かもしれません。今の私たちの大半が彼の名を知っているのは、ハイドン以降、交響曲を誰よりも多く書いたという怪しげな特徴を持つ人だからでしょう。しかし彼の特徴はそれだけにとどまりません。形式の実験をした意味では、一九〇〇年代初頭のロシアにおいて、スクリャービンを除いて最も興味深い作曲家であったかもしれません。技術的には万全と言える作曲家ではありませんでした。同世代の作曲家たちの大半がそうであったように、せわしさと複雑さが同じであり、大きさが豪華さと同じであり、反復が統合と同じであるという支離滅裂な発想の持ち主でした。しかし、ミャスコフスキーには（再びスクリャービンを除きますが）、同世代のロシアの作曲家たちに欠けていたある種の信念を持っていました。それは、主観的な性質であり、形式を深く何度も考える姿勢です。

ミャスコフスキーのピアノ・ソナタ第一番は、一九〇七年に書かれたもので、その背景と時代を考えるとたいへん革新的な作品です。その第一楽章はフーガで書かれている点で特徴的です。正直のところ出来のよいフーガではありませんが、それでもフーガの様式であることには変わりません。ミャスコフスキーには、仲間のタネーエフを特徴づけていた線的なものにやはり愛着を持っていました。その概念は同じです。単一の旋律があり、仲間の旋律たちがそれを模倣して加わり、行列のような和声が進行していくという神秘です。しかも、世紀末の伝統から生まれたピアノ・ソナタの中でこれが起こるのですから、実に驚くべきものがあります。

ミャスコフスキーはこのソナタのそれぞれの楽章を同一のフーガ素材で構成します。ただし第一楽章以外では、明確なフーガ様式は採用しません。後期ベートーヴェンの比較的本格的な模倣があり、楽想に根本的な豊かさがあり、ムソルグスキーの世代の哀調を帯びたアイデンティティの追求を直接に受け継いだと思われる主観主義に基づくという意味で、この作品は同時代で最も注目に値する作品のひとつかもしれません。

それから十年ほどたつと、ミャスコフスキーはいっそう魅力的な作品を書き始めます。彼の語法の志向性は、ときおりチャールズ・アイヴズに驚くほど似る傾向がありました。アイヴズ同様、実験に積極的で、贅沢なほどの色彩感や衝撃的な対比を示してくれました。カンヴァスに展開した音と質感の広がりを通して、根本的に偽りのない、親しみのわく芸術家であることが伝わってくるのもアイヴズと同じです。けれども、ミャスコフスキーの創作活動には、ショスタコーヴィチの場合以上の悲劇が起こりました。一九五〇年に没したとき、彼が作曲をしていたのは簡素なソナタや子ども向けのソナチネです。疲れの色がうかがわれる、とぼとぼと歩くような音楽で、彼の邁進してきた道について、その音楽自体が悲しい所見を述べています。

感情が損なわれ、芸術家の人格の崩壊するこのような実例によって思い知らされるのは、ロシアらしさの本質的な部分は、現在の政権による重苦しい制約の下では養われないことです。しかし逆に、西欧文化を追いかけた場合、たとえ向こうから不意に冷たくあしらわれても、ロシアらしさは開花するのか、それはどの程度なのか、という問題もあります。ロシア人はこれまで何度も国外へ出て、自分の可能性を追求してきましたが、たいていの結果はあまり芳しくありませんでした。今日、世界で最も有名なロシア人海外移住者は、おそらくイーゴリ・ストラヴィンスキーでしょう。ストラヴィンスキーは、二十世紀の音楽史の中で実に特別な位置を占めており、彼を世紀末ロシアの特定の傾向の典型として語ることは非常に困難です。しかし、見方によっては、そして過度な矛盾が生じないことも考慮すれば、彼は実に典型的な人物だと言えます。もちろん、奇妙にも彼が様式を次々に変えていったことには触れなくてはなりません。まず使い始めたのはスクリャービンやリムスキー＝コルサコフの交響的な言語と手法でした。それから数年もたたないうちに、《火の鳥》の豪華で官能的な語彙を捨て、《春の祭典》では、簡潔でいて饒舌で、また、痛烈で皮肉な表現を用いるようになりました。さらに数年後、彼は新古典主義の国際的な大流行に屈しましたが、やがて当時の彼が得意であった狂騒的な誇張によって、新古典主義の意図をねじ曲げて、不条理なパスティーシュに貶めたのです。

ストラヴィンスキーは、《プルチネッラ》や交響曲ハ調のような、新古典主義の本来の意図を裏切る音楽を書きました。その再構築の力を懸案の技術的問題の解決にすぐに使うべきなのに、そうしなかったからにほかなりません。別の言い方をすれば、中期ストラヴィンスキーの新古典主義は、シェーンベルクが取り入れた十八世紀の形式や、ヒンデミットが取り入れた精妙なソナタ風の構造のような必然性はなかったのです。この二名とは違って、ストラヴィンスキーにとって、新古典主義は同じ家の模様替えを意味しません。むしろ、こざっぱりとした新しい地域への完全な引っ越しでした。しかしその地域には木も生えていなければ、芝生もありません。快適な生活環境が皆無でした。ストラヴィンスキーに妥協のない活力を見出すからこそ、こんな殺風景な場所でも人間のエネルギーによって改善できると希望を抱けます。しかし、彼の新古典主義の復興させる力を私たちはそれほどありがたく思っていません。復興を待つような伝統は引き継がれていないからです。私たちは新古典主義の登場を許容し、いつ別のものに変わるかと考えているだけなのです。

そして実際にそうなりました。この十年間のストラヴィンスキーは、現代において最も優れた音列作曲家となりました。二十世紀の音楽に対してそれまで自分が公言してきた意見のほとんどに逆らったのです。テクスチュアの快楽という意味で、ヴェーベルンの洗練を取り入れました。ただし、初期の作品に特徴的だった野蛮なリズムのエネルギーが、ごくわずかながら、あちこちにうかがえますね。（私見を付け加えるならば、彼の音楽は、この十年間の作品が最も愉快です）。しかし、彼は音列を用いる作曲家としては保守的な部類に入ります。それでも、高齢であるためか、この転身ぶりは瞠目に値すると受け取られたため、そのまま前衛の指導者にまつり上げられてしまいました。実際、彼の全人生は、出来事だらけだったけれども、信じられないほど見当違いの旅でした。そういう意味では、信じられないほどの転身を遂げることができたのです。

ストラヴィンスキーの人生を振り返るに、彼とその活動領域をどれほど好意的に認めるにせよ、これだけは強調しておくべきでしょう。彼は自分の経験を綜合するすべをまだ習得していません。目を大きく見開いた、音楽の世界の観光旅行者――。ストラヴィンスキーはずっとそういう人です。好奇心旺盛で（それはよいことです）、何でも試しに用いて、多くのことに大規模に参加する（その誠実さは殊勝なことですが、その態度には生来の癖があります）。しかし、自分の気持ちにしっくりくるものと、表面的に終わるものとの区別が今なおできません。彼は多くのものを順々に、差別なく受けとめ、愛し、取り入れました。短期間の自己同一化が次々と推移していくばかりで、ストラヴィンスキーの本当のパーソナリティを見つけることはできませんでした。もちろんこれは悲劇です。

それにしても、世界との関係におけるストラヴィンスキーのこの優柔不断な態度は何なのでしょうか――。十年ごとに新しい誓いをたて、それまでの誓いを放棄するのはどうしたことか。何かに夢中になっては、それを過去の体験として熱意を急に失うのです。ロシアの精神的問題の典型でしょうか。自分の巨大な能力や技能や見識も結局は不十分であり、自分に歴史上の偉人の役はまわってこないと理解した人間の究極の困惑でないとすれば、いったい何でしょう。確かに彼は、アイデンティティも信念も安らぎも、この偉大な世界には必ず存在することも、同時にこれらを見つけられそうにないことも、わかっています。しかし、それだからこそ、彼は自分の人生を、これらを求める涙ぐましい努力に変えてしまうのです。ストラヴィンスキーのような才能の持ち主は、ドイツやイタリアや、それこそイギリスに生まれるとは、とても思えません。あれだけの才能があれば、あそこまで具体的な使い方はしなかったにせよ、あのように高齢になってから、満たされない人生を不幸な見せ物として、さらすことはなかったでしょう。

ストラヴィンスキーは特にすぐれた精神的亡命者です。しかし、彼は、今日では珍しい、ひたすら影響を受ける人でした。ただし、西洋の好みを探求し、次々と適用させていくけれど、確立されたロシア的な伝統を何も背景に置かない点は玉に瑕《きず》でした。独特な形で開花していくある種の芸術家的気質があります。すなわち、あらゆる影響をほぼ同時に吸収するのではなく、一度に一個の影響を、子どものような驚きとともに、何気なく受け入れる開花の仕方です。ひいき目には見ていませんが、ある種の創造的な努力の段階（ロシアが現在到達している段階）では、より洗練された民族がすでに吸収した影響をふと発見するときに、こうした子どものような喜びが、ある種の刺激の原因となり得るのです。ストラヴィンスキーに見出される、子どものような愛すべき驚きとはまさにこれです。もっとも二つの文化のあいだの時間差の現況にふさわしい事例かと言えば、極端すぎるかもしれませんが。そしてソヴィエトの音楽は、こんなにすぐに影響を受ける傾向の芸術家を生み出すことはまだ無理かもしれません。

しかし、芸術の「冷戦」構造において、私たち西側の人間が、マーシャル・プランの文化版のようなものでソビエト連邦の音楽的で芸術的な生活を沈黙の数世紀から甦らせるのだ、などと考えるのは大きな間違いでしょう。そんな慢心は認められませんし、もしもそのとおりに実践したならば、西側の人間が体験しうる実に有益なものを秘めた文化的状況を歪めることになります。

つまり、文化の貯水池は万人が平等に共有するべきだという確信や信念は自己満足であり、私たちはそこに陥りがちだと言いたいのです。確かにこの貯水池に浸り込めば、芸術家は模倣のやり方を学べるし、究極的には技術が洗練されます。よって、ロシア人が西側文化への同化を目指すのがそれなりに有益であることは否めません。しかし、両文化のあいだに音楽的かつ芸術的な歴史の時間差が存在し、それを解消するための方策が、ロシア人に西側の最新の商品をこれでもかと供給し、今の流行や人気の発露で彼らの生活を彩ればよいのでしょうか。それはひどく短絡的な発想で、偽善的ですらありましょう。現在、ロシア人の最大の価値は、この隔絶という悪条件に直接に由来します。この価値は、ある種の孤絶が創造的な精神を刺激する傾向もあるという事実に内在するのです。

　これはロシア社会の多くのレヴェルで認められます。先週、指揮者のヴァルター・ジュスキント（一九一三―八〇。チェコ出身）と話しました。彼が言うには、最近チェコスロヴァキアを訪問したとき、服装や、ある種の贅沢な便利さについて、現在と西側の流行から隔絶しようとするロシアの情熱が、衛星国においてどれほど過剰な禁欲性をもって実現されているかを知って、驚いたそうです。少なくとも官僚のレヴェルでは、ものへの執着を慎むこと自体が美徳であると考えられているのだとか。アングロ＝サクソンの禁欲主義は、不快さ自体の価値を強調しますが、もちろん、それよりもずっと深い意味がこめられています。ロシア人にとってのこの禁欲主義は、ロシア人の中世的な宗教心の奥底の態度とある程度結びついていて、時間を超えた不変の見方をすることで歴史に関与するという発想がそこに強調されています。（ここでひとつ留保が必要です。この観想的な伝統を静かに受け入れる態度を、火山の噴火のような乱暴な社会的発作をもってときどき妨げるのもロシア的です。ただしロシア的なるものは根本的におおげさで難解なので、この噴出は、通常、ロシアの存在感が徐々に増すうちに再吸収されてしまうのです。）

　隔絶された状況を生き抜くこの特殊な能力は、将来、奇妙で素晴らしい反響を呼ぶかもしれません。あと一世紀か二世紀たてば、編成された音楽に対するロシア人の経験は、西欧人の経験ともっと釣り合うようになります。そして、その隔絶の状況が、規則で定められたものとしてではなく、芸術的な環境における理想的な選択肢として一貫して育まれるならば、時間差の問題はある程度解消します。そのとき、今日のロシア人音楽家が示す不利な経験不足は、自信をもって語る能力によってバランスがとれるでしょう。しかも、西側の流行という国際的な決定要素に完全には依拠しない立場から語るのです。ロシアの隔絶の経験において重要なのは、以上のことです。

言い換えると、もし私たちがロシア文化の完全な開花を望むなら、ある時点で、十九世紀ロシアの芸術家たちがはっきりと認識していた、固有のジレンマと向き合う決意を固めなければなりません。つまり、東西が競いあう当面の現実問題を急速な同化によって解決するべきかどうか——。いや、むしろこう言うべきでしょうか。今の世代のためでも、次の世代のためでもなく、いつか来る未来のために、ロシアの魂という、神秘的で、塞ぎ込んだ存在を、西側が比較的理解しやすい芸術をとおして表現する創造力を育てる態度を広めるべきなのかどうか——。

私はさきほど、この魅力的な状況について、短期的な分析だけでなく、長期的な分析も試みようと申し上げました。短期的な分析とは、革命後の芸術家の自由の周期的な上昇と下降、および国家が関与する外交との関係の分析です。これが有用なのは、当面の未来に何を期待すべきかを教えてくれる場合に限られます。実際、どうやら、芸術界にとって、今よりも厳格な規制の時期がすぐに待ち構えているようです。公的な傾向としては、西側の芸術家への好意は減じ、ソヴィエトの芸術家が西側の表現技法を取り入れることにもあまり寛大でなくなりそうです。

けれども、長期予測のグラフはまた別です。法律を用いて芸術を外からコントロールする発想は、ロシアではこれまで常に存在してきました。また、音楽芸術におけるロシア的なアイデンティティの探求は、涙ぐましいほどの努力ですが、何世代にもわたり、対立を生み出す傾向は変わりませんでした。しかし、これはロシア人の途方もない音楽性の証明にもなります。大半の西側諸国の音楽史であれば断片にすぎないほど短い期間なのに、ロシアはすでに大作曲家と呼ぶべき人を何名か出しているばかりか、ときには、人間の気高さという驚嘆するべき特質をもたらしてくれます。人間の気高さは、ドストエフスキーの小説のような偉大な文学でさらなる一貫性をもって語られるのですが、切実さの点では音楽にかないません。（プロコフィエフの交響曲第五番などの作品を思い出すだけで、ロシア人の表現力にどれほど大きなものが備わっているかがわかるでしょう。戦争と破壊、テロル、官僚主義的陰謀といった外的な試練を乗り越えて、この上ない輝きと刺激に満ちた芸術を生み出せるのです。）

すると、長期的予測においては次のことがわかるかもしれません。つまり、ロシア的精神を苛む倫理的混乱（芸術とは必然的に現在とのみ関わるコミュニケーション的経験なのかという問い）と、美的混乱（芸術的良心の完全な自由は有益なのか、あるいは破滅を招くのかという問い）があるからこそ、ロシアのかなり繊細な音楽文化は、本能的に守られ、育てられるのです。そもそもロシアの文化的伝統には何世紀もの経験が欠けており、ロシアには西側諸国が享受する自由貿易を行なう余裕がありません。そこでこれらの混乱は、外の世界に対して本能的に適用される関税の役割を果たしているのかもしれません。

しかし、政治的な干渉による当面の危険はともかく、次のことは言えそうです。まず、ロシアの創造的な精神は、この苦悶に満ちた問題に関心を抱き続けるでしょう。次に、音楽言語の累積的な経験は、やがて飽和状態に達し、そこからコミュニケーションの新しい発想や語法が必然的に生まれましょう。これらの新しい音楽語法が、西側の音楽言語と呼応する現在の道をたどるかどうかはわかりません。それでも、西欧的な経験という大きな枠の中でロシア人の精神的特質を何とか集約したい作曲家たちがいて、その者たちが支持する可能性はきわめて高いのです。

私たちが期待したいのは、世代が交代し、音楽的経験が豊かになるうちに、ロシアが、ルネサンス志向の西欧文化をそっくり再現するのではなく、独自の文化的連続性を生み出すようになることです。この連続性の中で、ロシア人の精神には、技術的資源と、それを正当に評価するための美学的用語が提供されます。この実現を私たちは強く願わなくてはなりません。その理由は、私たちの西洋文化の莫大な歴史的資源をロシアの芸術家に提供できるからだけではありません。これほど魅力的で、恐ろしく、やっかいで、深い感動を呼ぶ精神的遺産を持つロシア人に対して、その遺産を私たちに伝えることのできる形式を見つける機会を与えるべきだからです。

30 アイヴズの交響曲第四番（演奏会評・一九六五年）

まず、私にはチャールズ・アイヴズの音楽を評するに足る資格などないことを急いで告白しなくてはならない。つい数週間前にＣＲＩレーベル（一九五四年創設の米国の現代作曲家を中心に取り上げた非営利レーベル）のレコードを短期集中コースで聴くまでの私のアイヴズ体験は以下のものですべてだ。まず、バランシンが振り付けをしたバレエ《アイヴェジアーナ》（一九五四年頃）。これまで比較されたことのないある現代の巨匠との関係に気づいて感銘を受けたように記憶している。つまり、アルバン・ベルクとの関係だ。それから、二年ほど前に聴いたバーンスタインが振った交響曲第二番。アイヴズの音楽史上の位置づけが皆目わからなくなった。そして、いちばん消しがたいのは、十代の頃に《コンコード・ソナタ》を譜読みした記憶だ。あれはひたすら疲れた。せいぜい言えるのは、私は比較的多数の聴衆をそれなりに代表しているということくらいである。つまり、そうした聴衆にとっては、アイヴズ体験がいまだに特殊であり、たいていは困惑に終わるのだ。

これは私にとっては第四交響曲についても言える。一九六五年四月二十六日、カーネギー・ホールでレオポルド・ストコフスキー指揮アメリカ交響楽団によって初演された作品である。この作品にはかなり複雑な経緯がある。これを解説するにあたって、私が大きく依拠するのは、レナード・マーカスの書いた情報豊かで有益なプログラム・ノーツ（讃美歌の特定という実に驚くべき仕事を含む）である（讃美歌の特定によって、勤勉な極北の鳥類学者がアカエリヒレアシシギの不意を狙って捕獲するときに味わう喜びが献身的なアイヴズ・ファンにも提供されるのだ）。以下に抜粋しよう――

チャールズ・アイヴズの交響曲第四番が全曲演奏されるまでに半世紀を要したことになる。完成から十一年後に、ユージン・グーセンスは、……ニューヨーク・フィルハーモニックの団員たちによるオーケストラを組織し……最初の二楽章をタウン・ホールで指揮したのが一九二七年一月二十九日だった。……この第四交響曲の第三楽章もかつて演奏されている。一九三〇年代初頭にバーナード・ハーマンがこのフーガのオーケストレーションにわずかに手を入れた版をCBSラジオで数回演奏したのだ。……［第一楽章］は一九一〇年から翌年に書かれた。……［第二］楽章は《コンコード・ソナタ》の第二楽章（「ホーソーン」）に基づき、一九一一年から翌年にかけて、このソナタの完成直後に書かれた。……［第三楽章］は実質的に、一八九六年に書かれた弦楽四重奏曲第一番の第一楽章（「伝道集会」）の管弦楽編曲版にほかならず……。一九一一年から一九一六年に作られたゆっくりとした不気味な終楽章は、一九〇一年のオルガンのための《メモリアル・スロー・マーチ》に由来する。……［この楽章は］アイヴズの家財の中に散在していた判読困難で未校訂の大量の草稿として存在していたにすぎない。……［彼の死後］、第四楽章のページは集められたが、その約四分の一のページが欠けていると判明した。……何の作品かわからないトランクいっぱいに詰まった楽譜を分類するうちに、アメリカ作曲家同盟で働いていた［ジェイムズ・リンゴ］は、……どの作品のものか一見わからない楽譜を積み上げた。結局それは第四交響曲で欠けていたページ群だとわかったのだ。……十年以上前のことだ。これを解読し、編集し、再度記譜し、パート譜を作るのにこれまでの時間を要した。……

きわめて感動的な体験となったことには何の疑いもない。しかし、これが通常の意味での音楽的体験として感動的であったと説明するのが適切なのか、まったく自信がない。私は敬意を示さないつもりはないし、別に気難しいわけでもない。ただ、アイヴズの音楽の秘密は従来の分析的手法では必ずしも解けないと言いたいだけだ。

アイヴズに好感を抱くには、音楽以外の理由も十分すぎるほどにある。まず、魅惑的なアイヴズ物語がある。如才ない孤独なニューイングランド人で、実業界でまばゆいばかりの成功を収め、その成功を担保にして（別に彼の本職の保険業にちなんだ表現を選んだつもりはない）自分の芸術の生産的な自律性を手にした。その点では化学者だった作曲家のボロディンにかなり似ていると思われる。そしてここにアイヴズの郷愁が重なる。彼の音楽は農地と牧場の混ざったニューイングランド南部の穏やかな地域を想起させる。ちょうどフォークナーがミシシッピを、あるいはスティーヴン・リーコック（一八六九―一九四四。カナダのユーモア作家・経済学者）が私にとって懐かしいオンタリオ州のクーチュチン湖（グールドが親しんだトロント北の町オリリアにある）を想起させるのと同じだ。

加えて、革新者としてのアイヴズ、いや、より正確には、革新を先取りする者としてのアイヴズがいる。ストラヴィンスキーやバルトークなどよりも数ヶ月か数年も早く、多調性《ポリトナリティ》の最初の衝撃や、ルネサンス以後としては初めての本格的なポリリズムの衝撃を与えたとして、熱烈な支持者たちに頻繁に賞讃される人物である。このような主張や議論、あるいはそれが何であれ、そうしたものが本当にアイヴズの天才にまつわる何かを十分に証明するのか、私には断言しかねる。ヨーゼフ・ハウアー（一八八三―一九五九。オーストリアの作曲家）がシェーンベルク以前に十二音技法を考案していたと主張しても重要な作曲家と認められなかったが、それよりましであろうか。もちろんアイヴズが見事な予知能力の持ち主だったことに疑念はない。時代が発信した精神を傍受した彼は、第一次世界大戦直前に生じたあの騒然たる変容のある部分を自分の芸術の中に結晶化させたのだ。ただし、彼がそれを感受したことや、他の作曲家に先んじてある種の技法的な反応を示したことは、あくまで豊かな創意の証拠であって、偉大さの証拠ではない。なぜか私には思えてならないのだが、多くの人にとって、アイヴズの極上の素朴な才能は、アメリカの、隔絶の中で自意識過剰となった文学に対する解毒剤の役割を果したのではないか。ここでのアメリカとは、ヘンリー・ジェイムズの『大使たち』（一九〇三年作）が呼び起こすアメリカであり、シンクレア・ルイス（一八八五―一九五一）の『ダズワース』（一九二九年。三六年の映画化『孔雀夫人』）が戯画として描くアメリカ。つまり、旧世界の洗練されているとおぼしき文化から疎遠になり、またその文化に不快感を覚えているアメリカである。だからこそ、アイヴズという、当時のアメリカで間違いなく最も想像力豊かな芸術家がここにいるのだ。彼は、ヨーロッパの教養人たちがじきに議論し、分析し、最終的に楽壇に取り入れた新しい手法のすべてを生み出すことに成功したのである。もっともアイヴズ本人は、こうした流れの中で、これらのことをただ「やった」だけで、自分が先んじたことや、その意義や、その（あるいは彼の）歴史的な役割についてはほとんど無頓着だった。結局のところ、熱烈な支持者たちがもっともらしい弁明をして讃えているのは、実はそういう生まれながらの芸術家であり、計算づくというよりは直感的な革新者としてのアイヴズではないか。そうだとすれば、アイヴズを扱うには問題が残る。彼の作品には、検証に耐え得る理論が欠けているのだ。つまり、あの簡単明瞭で、実際的で、まったく伝統からはずれた自由奔放さというアイヴズのトレードマークが問題の根源にある。

ここで交響曲第四番に関わる問題を例に挙げたい。第三楽章を考えてみよう。まるでブラームスの《大学祝典序曲》をタネーエフが何らかの機会を得て作曲し直したかのような種類のフーガである。ハ長調で書かれ、調的にさまようことは比較的少ないが、ぎこちないというよりは冗長な声部進行ばかりである。順次的な低音の動きなどは、反復進行でどうしようもなく難儀してしまう。もしもこれが学習課題として提示されていたならば、十分に前途有望な者の作品だと断言したくなるだろうし、第四類対位法をもう少し勉強したらよいと勧めたくもなる。そういう種類のフーガである。

しかしここで、アイヴズを論じるときの本当の問題と私が思うことに行き着く。二つの分析に引き裂かれるのだ。このフーガを緩慢な対位法だと片付けてよいのか、それともアイヴズはこの創作プロセス自体を超える価値を目指していると考えるのか。言い換えれば、交響曲において、これは十分に練られていない第三楽章なのか？ それとも、おそろしく複雑な第二楽章と第三楽章のあいだにあって、アイヴズの言う「形式主義と儀式偏重に対する実生活の反発」を表現するべく、ミセス・ペニーウェザーの事件の一部始終をそっくり聴覚的に再現しているのか？ 彼女はウェスト・グウィリンベリー（オンタリオ州シムコウ郡の町）のメソジスト教会のオルガン奏者で、ある日曜日の礼拝で、奉献の奏楽を引き延ばすはめになった。献金皿のまわるのが遅れたためだが、フォー・ブルドン三十二フィート管が自鳴していて、おまけに「マリーおばさん靴」の左のかかとが取れてしまい、また低いペダル・オクターヴがまったく制御できない。そういう困った状況だ。

するとアイヴズのもうひとつの側面に考えが及ぶ。この交響曲の第二楽章と、ある程度だが第四楽章にも現われる側面である。要するに、ポリリズムのアイヴズ、多調性《ポリトナリティ》のアイヴズ、ストレットの広大な密林を成すアイヴズである。ここには、おそろしく不可解で複雑な響きがあって、オーケストラ全体はリズムの小隊に分かれる（ところでこの第四交響曲には、補助指揮者二名が含まれる）。ある意味で複雑さ自体が目的となった複雑さである。主題素材を幾重にも撚り合わせた糸で編み込むアイヴズの関心はただひとつであって、それは複合的な音の統合体を作ることにあるのだが、彼はほとんどの部分で素材内部での連動性を忘れているように思われる。ふと思い出すのは、シェーンベルクが語っていた学生時代の話だ。彼は仲間たちと、あるゲームを考案したらしい。《トリスタン》で未確認の動機を見つけ出すもので、「二度現われる旋律的要素は示導動機《ライトモティーフ》である」といった規則を伴ってゲームに興じたという。結局は、やはりこういうことだ。つまり、《トリスタン》のテクスチュアであれ、迷路のように入り組んだドイツ表現主義者たちの産物であれ、要素やテクスチュアの一部分を区別したり切り離して理解できるからこそ、複雑さが意味を成すのである。

ところがアイヴズには、これがあてはまらない。彼の音楽はまったく信じられないほど複雑だ。十六もの讃美歌や行進曲が集められ、彼がその気になれば幾多のリズムの複合体にもなる。だが、このテクスチュアを織りなす主要な撚り糸どうしの統合的な関係を説明しろと迫られても、それが困難であるのは今後も変わるまい。アイヴズには、独墺の伝統である有機細胞的な動機による継続性が欠けている。それに、少し前に述べたように、これに関して私が想起するのは、実に奇妙だが、アルバン・ベルクだ。つまり、ベルクには、劇音楽に何よりも関心を寄せる一面があり、アイヴズが求める以上に厳格な組織化を始終確保しつつも、アイヴズ同様の客観的な密度のようなものをしばしば用いた。どれでもよいので、後期アイヴズで、点描的ないたずら書き風のピアノのオブリガートのついた、わくわくするようなパッセージを選ぶ。そして、低音を少し引き締め、リズムを少し整え、セックスを匂わすために編成にサクソフォンを加えれば、《ルル》風のエピソード的な音楽となる。認めざるを得ないのは、アイヴズがこうした信じられないほどの密度を実に専門的な韻律感によって支える点である。つまり、確かな感性を発揮して、入念に管理された限界点を次々に経由してクライマックスを築いていく。アイヴズは、劇音楽でのベルク同様に、見事に考え抜かれたディゾルヴの中にこれを導くのだ。

　この作品の内側を成す第二楽章と第三楽章がアイヴズの気難しい語法の極端な例だとすれば、外側の第一楽章と終楽章の方がはっきりと従来の交響曲らしい呼応関係になっていると私の耳には聞こえる。どちらも本質的には参照先はニ長調である。讃美歌と行進曲は、やはり到るところに現われるのだが、ただの引用にとどまらない動機的な個性化がかなりなされており、またこの両楽章は小さな合唱を慎ましく採用する（終楽章では歌詞無しで歌われるが、第一楽章では讃美歌〈夜を守る友よ〉の祈りの声が響く）。

　レオポルド・ストコフスキーの演奏は、この作品と見事に一体化していた。彼がこういう音楽のためにあるのか、いや、こういう音楽が彼のためにあるのかと思わせるが、いずれにせよ、この超一流の指揮者に私たちが多くを負っていることを再認識しようではないか。今日の、傑作であり（あるいは）問題作との出会いに私たちを何度となく導いてくれたのはこの人物なのだから。

　初演当日のプログラムはバランスがとれていて、アイヴズの第四番のあとにはベートーヴェンの第五番が続いた。これらの前にはシベリウスの《トゥオネラの白鳥》が演奏された（アイヴズとシベリウスに共通点があるという意味で、彼らをつなぐ絶妙な選曲だ）。開始はヴァーグナーの《さまよえるオランダ人》序曲だったが、あの音楽でのストコフスキー船長は、十分に整備された、実に現代的な船を操っていた。ディーゼル船で、安定装置が施され、見張り台にはレーダーが搭載されている。私は酔い止め薬《ドラマミン》を持参しなくてもよかったのだ。

31 「エルンストなんとかさん」記念文集（クシェネク著作集の書評・一九七五年）

一九五三年の夏、トロントのロイヤル音楽院での大ニュースはエルンスト・クシェネクの来訪だった。これについて最初に聞こえてきたのは、彼の身なりのことだった。

「信じられるかい？」と仲間がこっそり教えてくれた。「靴下をはいていないんだよ。」

「まさか？」

「本当だ。ユニヴァーシティ・アヴェニューを横切っているのを見た。しかもサンダルだった。」

「信じがたいね。」私にとってのライナスの安心毛布である予備のマフラーを引っ張り出しながら、私はこの事実を受けとめた。「でも、ロサンゼルスは変人の繁殖地だから。」

さらに聞こえてきたのは、実際に対面した人の話だ。クシェネクは学識をひけらかす人ではないらしい。この町に来たのはマスター・クラスを指導するためで、彼は理知的な排他主義の危険と闘う輝かしい分析家として印象づけられた。私自身の思い出はこうだ。実は、クシェネクにシェーンベルクのピアノ協奏曲を突きつけた。十二音の正誤表、つまり、用いられている音列から逸脱する箇所の一覧表を用意していた。

「この中で、ひょっとして［赤面しつつ、口ごもりながら――というのは、一九五三年当時、私たちの大半は徹底的な構造主義者だったのだ］、書き損じでないものはありますか？　つまり、この中で［私は唾を呑み込んで続けた」インスピレーションの結果のような箇所は存在するのでしょうか？」

「後知恵でシェーンベルクを論じたくないけれど、存在しないとは言い切れませんね。」クシェネクはそう答えた。

クシェネクは、手短かに言えば、学者であり、また紳士である。あるいは、（ロバート・クラフトが脚色した）イーゴリ・ストラヴィンスキーの不愉快なほど傲慢な見解を引くならば、「知識人兼作曲家という扱いにくい組み合わせ」の人物である。また、クラフトの伝えるところによれば、「かなり信心深い人で、作曲家であることとは見事に両立していたが、他のこととはあまりうまく両立しなかった」という（出典は解題参照）（ボブとイーゴリがエティエンヌ・ジルソン（一八八四―一九七八。トロント大学に中世研究所を設立したフランスの哲学者）に結びつけようとしなかったのは残念だ。）

クシェネクが現代の音楽界でいちばん理解されていない部類の人物に挙げられることは間違いない。今日の主要な作曲家のうちで最も創作力旺盛なのは故ダリウス・ミヨーであり（主要な作曲家の定義にもよるが）、作品数で比肩しうるのはこのミヨーくらいなのに、聴衆全般にとってのクシェネクはせいぜい、「エルンストなんとかさん」として知られる程度かもしれない。作品はこれまでに二百二十五曲を数えるが、現在のシュワンのレコード・カタログに載っているのは半ダースにも満たない（しかも主要作品は皆無）。ただし、ヨーロッパでの評価はもっとよい。二十数曲あるオペラ（彼の基盤となる作品群）のいくつかは、それなりの頻度で上演されるし、委嘱作品の大半はヨーロッパからの求めに拠る。しかし多くの者にとってクシェネクが謎であり続けているのは、あの膨大な作品群には、たとえばヒンデミットやブリテンやショスタコーヴィチの様式にみられるような語法的な特徴がないからだ。これらの作曲家の場合、その作品を半ダースも選べば、それぞれの美学の全体像が十分にわかるが、クシェネクの作品には、悩ましいほど多岐にわたる語法が集められ、膨大な量の技法が配備されている。二〇年代の彼はバウハウス的バロックに傾倒し、それからジャズと戯れ、社会的発言を重ねた。三〇年代にシェーンベルクの十二音技法に転向し、四〇年代にはこれを彼なりの合理的な体系によって調整したが、それはアルバン・ベルクの馬跳び風の音列技法に近いものだった。五〇年代、彼は複数パラメーターの音列主義を採用。六〇年代になるとテープ技術に時間を費やし、近年は、選択と偶然のあいだのポスト音列主義的なジレンマに取り組むようになった。

このようにざっと並べてみると、ディレッタントが見境なく手を出しているようにも見えるし、天性の折衷主義者が過度な不安に陥った結果の「私も主義《ミー・トゥーイズム》」のようでもある。だがそれは違う。音楽的好奇心が旺盛であり、外からの刺激に対して「一度は試してみよう精神」を十分に発揮できるのがクシェネクだ。しかし、シュトックハウゼンのように、分析的な意見を述べる代わりに放射性炭素年代測定法を用いて異議を唱えて、ヨーロッパの多くの音楽雑誌を騒がせる能力はない。(「拝啓、貴誌の記事「聴取不可能性の構造的諸原則」をめぐって、ご指摘申し上げます。定型反復リズムによって組織されたフェルマータを始めたのは、わが同僚ハンス゠ハインズ・ホプフリンガーではなく、この私です。私の《パーミュテーションズⅣ》において音を発しないティンパニをご確認願います。ホプフリンガーの《アシンメトリーXVI》よりも十七日も早かったのです。実際、完成は一九五五年八月二十一日でした。さらなる検証が求められるのであれば、私の元複写係のフェリックス・ダウプを紹介します。チューリッヒのツァウバーベルク・サナトリウム気付で連絡可能です。」)

クシェネクの成熟した作品は、どれも、用いる語法を問わず、独特な音楽的情緒によるまとまりを成す。抒情性、哀調、快い響きが作品の傾向であり、その著しい雅量と、観想的で、非攻撃的な個性がここに反映している。つまり、自己中心主義者としての芸術家像のアンチテーゼを体現するのがクシェネクであって、宣伝活動がふるわない根本的理由もここにありそうだ。また、このことから故アルノルト・シェーンベルクとの関係が理解できるかもしれない。現代の偉大な天才の典型のような人物との、妥当だったが少々緊迫した関係である。「彼に試されている、と常に誰もが感じていた」と最近クシェネクは述べた。「ミスをするのを待ち構えていたのだ。ミスをすれば、彼から攻めてきた。こちらを破滅させようと——。」

言うまでもなく、自信喪失の危機にありながら二百二十五作品も生み出す人はいない。また、クシェネクは自分の貢献の価値に無意識だったわけでもなければ、後世の人に与える影響に無関心だったわけでも決してない。一九五一年の文章「我が回想録の執筆について」に見出される、そっけない、かなり没個性的な意見を述べる中で明かしていることだが、クシェネクは、死んだら十五年後に公開してもらう約束で、自伝的な私文書を米国議会図書館に収めてもらうことになったという。「私が他界して十五年以上過ぎてからワシントンまでわざわざ足を運んで、生前の私が自分の活動にかけた思いを知ろうとする人を期待する理由は何か？　この長大な自伝を私が著わす主たる理由は、いつか私の音楽作品が今現在よりも格段に重視されるようになり、私の真意を知りたがる人が現われるという確信があるからだ。」

けれども、クシェネクという存在の核は安らぎに満ちており、そこから発せられる音楽は緊迫感に乏しく、煽るところがないため、拍子抜けするほどあっさりとした印象を与え、初めて接する者にとっては時に取りつく島がない。だが、この特質があるからこそ、《預言者エレミヤの哀歌》は現代の偉大な宗教的な音楽体験となったし、ヴェーベルンの死を悼んで書かれた《交響的哀歌》は、一人の音楽家が別の音楽家に捧げた最も感動的な作品となったのかもしれない。私はさらにこう思う。この全体を見通す感覚、つまり超然と見守る感覚は、クシェネクの音楽の実に多くを特徴づけるが、これがいかに今風で皮相的に思われたとしても、巧みな技能の産物だと指摘するだけでは片付かない（もちろん、一音一音に苦悶をこめるベルク風のやり方はクシェネクには理解できなかった）。また、マルクス主義者の積極性とキリスト者の自制の弁証法的な折衷は、バーナード・ショーを思わせる独特の豊かさを彼の内面にもたらしているが、そこにばかりクシェネクの感覚の源泉を求めても始まらない。むしろこの感覚は、彼が歴史感覚を備えた稀有な作曲家であるという事実と関わるのである。

およそ作曲家というものは、歴史を学びたがらない。ポップ・スターが読譜の習得を嫌うのと同じだ。どちらの種族も書物に学ぶことに臆病で、インスピレーションは自然に湧き出ると思っている。どうして地底から湧き出るのかを地質学的に考えない。クシェネクにとっての歴史とは、私的な聖戦に挑むための武器補給所であるにとどまらない（もちろんその広範な研究調査が十五世紀フランドルの巨匠ヨーハネス・オケゲムに及んだことで、十二音を展開させる彼の諸理論の武装は強化された)。おそらく、むしろ、歴史をとおして、いっそう大きな価値との関係で自分の貢献を確かめたいのだ。もっとも、彼もやはり作曲家である。ハムレットのように、あのやっかいな葛藤に陥って創作の苦しみを味わうときもある。

本書『円を成すいくつもの地平線』の中核を成すのは四つの講義だが、その初回において、クシェネクは次のように述べている――

> 私が批判を受けてきた理由は、現代の作曲技法を正当化するには歴史の中に手本を求めるべきだ、と私が考えているようにみえたからです。しかし、これは誤解に基づく批判のような気がします。確かにグレゴリオ聖歌のメリスマは反行や逆行をしていたし、デュファイといった中世の作曲家は定旋律を基本的な旋律パターンに用いて個別の動機型を作り、多声的な構想を立てていた。これらは事実です。しかし、だからといって、これらの手法の十二音技法への導入が正当化されるわけではありません。私はそう考えています。[……]私の関心は、いくつかの音楽的思考法の普遍性を観察し、それを実体験することにありました。加えて私が関心を抱いたのは、既知の西洋音楽史を通じて現われ、ときおり様式的に実体化すると思われる元型の存在でした。[……]歴史研究に影響を受けた私としては、歴史を重視する志向の必要性や有用性を訴えたいところですが、今はそれほどの確信はありません。[……]もしも私たちが、歴史は冷徹な内的必然性に従って勝手に進むと思うならば、すでに運命づけられたパターンに私たちが自覚的かどうかに大した違いはなくなりそうです。もしも私たちが、自由人として歴史を新しく作っているつもりであれば、前例をあまり気にしないかもしれませんが、その努力はかつて起こったあらゆることの論理的帰結だったとあとで言われるのです。「歴史志向であるべきかどうか」は「生きるべきか死ぬべきか」という問いと同じくらい答えが難しいのです。(対象書三一–三三頁)

これらは、もともと一九七〇年、クシェネクがカリフォルニア大学サンディエゴ校の指導講師に任命されたときに行なわれた連続講義で、そこでは、一般的な観察と個人的体験が手際よく照合される。第一講義では、歴史を振り返ることで、彼自身の様式的発展を考える。第二講義は、芸術の政治的問題を探求しており、そこで傑作オペラ《カール五世》(ナチスのブラックリストに名前が載る契機となった作品)を、母国オーストリアのナチスによる併合策とからめて説明する。

第三講義は、芸術にこめられた社会経済的力学の分析。第四講義は、総論としてはセリー主義を論じるもので、具体的にはソプラノと十楽器のための《セスティナ》が扱われる。この作品は(セリー主義の「論理《ロジック》」への懐疑論者にとってさえ)、プロセスに対するコミュニケーションの勝利であり、演奏者にとって、クシェネクによる組織的な解析は実に価値がある。彼は、偶然性の音楽や集団即興やミックスト・メディアに対してはやんわりと皮肉をこめた所見を述べたが(「オーストリア皇帝に競馬観覧に招かれたペルシャ王は、〝陛下、厚く御礼を申しあげる。さりながら、速い馬もいれば遅い馬もいることを承知しているゆえ、馬の勝ち負けには関心がない〟と言ったが、私の姿勢はこれに通じる」)、それにもかかわらず、この第四講義は、一般読者にとっては手強い。実際、この書名の由来する管弦楽曲を詳細に分析したウィル・オグドンの論考「《円を成す地平線》を観察して」もそうだ。

他方で、「ウィル・オグドンとエルンスト・クシェネクのあいだの対話の数分間」の章では、現在の音楽界に対するクシェネクの姿勢が簡潔にまとめられている。ここでのオグドンは、シュトックハウゼンとの対話(一九七四年)の著者ジョナサン・コット(一九四二年米国生まれ。七四年にはグールドのインタヴューも公表)と同じ役割だ(ストラヴィンスキーの本をまとめたクラフトの方がわかりやすいが、クシェネクにゴースト・ライターは常に不要だったから、この喩えは避ける)。さて、このクシェネクの七十五歳の誕生日を祝う記念文集である本書には、ほかに、彼の全音楽作品と全著作を編年順に並べた付録と、ジョン・スチュワートによる輝かしい論考が収められている。この論考はもの書きとしてのクシェネクを扱ったもので、特に価値が高い。クシェネクは控えめに言ってもなかなかの名文家であって、その言葉の技能に対する分析は長らく待たれていたのだ。

クシェネクはオペラのうちで十六曲の台本をみずから書いており、数え切れないほどの独唱曲や合唱曲の作詞者でもある。ただし、リルケ、カフカ、ジョン・ダン、ジェラード・マンリー・ホプキンズ、聖パウロ、そして、（驚くなかれ）サンタフェ鉄道の時刻表も、折に触れて書かれた作品の歌詞を提供することになった。最初はドイツ語を用いたが、またここ最近は、翻訳に頼ることなく、実に緻密で精巧な英文を書いてきた。テーマはヨハン・シュトラウスもあれば、フランツ・カフカ全集も扱う。もちろん厳密に音楽学的な研究にも及ぶ。

昨年、本誌において、クシェネクをジョージ・サンタヤーナに喩えた（二八七頁参照）（ただし、様式面に限る話であって、性格や外見が似通うことはめったにない）。これらの書き手の両方ともに終止のリズム感が実に見事なのは、母語話者ではないからこそ、ヨーロッパの中心地の思いつきのようなリズムをその言語のデータで補強しなくてよかったためだ。私は音楽家だから、何よりも韻律が気になって仕方がなかったが、文学の教授であったスチュワートがいっそう関心を寄せたのは主題のアナロジーであって、次のように主張した——


今日の多くの書き手と同様、彼［クシェネク］は、集団の一員としての人間に関心を抱いている。つまり、その関心の対象とは、共同体における自己存在を可能にする伝統という観点から見た個人のアイデンティティであり、あるいは、無秩序に脅かされている文化がたどってきた歴史における個人的体験の瞬間の意味である。彼に特に近いのは、イェイツ、エリオット、マン、フォークナーといった文学者である。また、彼の不条理への意識からすれば、ジョン・バースやベケットがいる。

しかし、いちばん似ているのは、気質は異なるが、ジョイスである。どちらも人間模様の観察が鋭く、滑稽なものを楽しむ。歴史的な類似性にかなり敏感で、ギリシャ神話と祖国の伝説をもとに現代を解釈する。ともにカトリックの教義に通じており、人間がそうした古い教義にすがりたい一方、自分の個性を主張して譲らないという逆説をよく理解している。両者ともこの逆説を用いて、自由、秩序、芸術の「進歩《プログレス》」、予言者としての芸術家、芸術と行為との関係——といったものの問題を探求してきた。同時代の深刻な諸問題について、自作をとおして語ろうとするが、両者とも、みずからの創造性の勢いに駆られ、また、妥協を拒絶したいと思うあまり、たどり着きたい人たちから自分を遠ざけるような語法を選んでしまう。ただし、両者とも同じ芸術家仲間からの賞讃を浴びてきたのであって、仲間たちは誰よりも容易に作品を理解し、その努力と誠実さと成果を評価できたのだ。（対象書一一九―一二〇頁）

最後に、特に脈絡はないが、ファンとして一言つけ加えたい。一九六四年、復活祭の日曜日、シカゴのオーケストラ・ホールで、私は最後の公開演奏会を開いた。十年来の念願がかなったのであり、これを祝うべく、必要の有無はともかく、練習に三日間を費やし、この多年にわたり、私にとって特別な意味のあった作品を選んだ。曲目は、バッハの《フーガの技法》、ベートーヴェンの作品一一〇、そして、エルンスト・クシェネクの第三ソナタである（実際には最後の演奏会ではなかった。解題参照）。

32　ベルク、シェーンベルク、クシェネクのピアノ曲（アルバム解説・一九五九年）

一九〇八年、アルバン・ベルクという名の若者が、ピアノのための単一楽章を作曲したが、やはりこれは、今日まで最も幸先《さいさき》のよい作品一《オーパス・ワン》だったと考えざるを得ない。二十三歳のベルクは、当時、誰よりも冷酷で厳しかったアルノルト・シェーンベルクのもとでの勉学を終える段階にいた。この作品は修了制作にあたる。彼がシェーンベルクに弟子入りしたのは賢明な選択だった。当時のシェーンベルクは急進派であるとの評判が高まっていたが、実際には音楽理論家としては無法状態からは最も遠くにいた。確かに古典的な調性の法則を破壊する作品を生み出していたが、当時でさえ、その解明にも忙しく従事していたのである。そのような人物であったからこそ、ひたむきで情熱的なロマン主義者である若きベルクに影響を及ぼしたのであろう。彼がシェーンベルクから学んだのは、伝統に逆らう人は、その伝統に対していっそう大きな責任を負うようになることだ。ヴァーグナーの旋律の溶けたような流れは、ブラームスの建築的な論理と必ずしも反発しないことを学ぶに到ったのである。

　かくしてベルクの生み出した作品一は、彼の書いたどの作品よりも素晴らしかった（この見解が反論されかねないことは承知だ）。なぜなら、休みを知らぬ才能を強調し、かつ放埒な生活を覆い隠すための完璧な語法がここに発揮されていたからだ。これこそが崩壊と不信の、音楽的な世界苦《ヴェルトシュメルツ》の言語である。語法の産みの親であった半音階主義によって裏切られ、その横溢に圧倒された調性が示す最後の抵抗なのだ。この語法によってベルクの恍惚とした緊張感、憂いを帯びた決断力、臆面のない自己顕示が解き放たれた。また、ベルクは自分の弱さへの耽溺も容認された。舞い上がるような反復進行、七度音程の半音階的なスライドに支えられた旋律、そして全音音階の盗用がそれであった。

　このソナタは、名目上、ロ短調で書かれている。少なくとも、その調性の中で始まり、かつ終わるという点、そして第二主題群が三回登場し、それぞれイ長調、ホ長調、ロ長調の暗示によってこの調に形ばかりの敬意を表する点では、そうである。だが、調性的に安定したこれらの箇所の間では、和声のテクスチュアは絶えず変化する。さらに驚くべきは、和声進行が空疎であり、次々に現われる楽節が根音の特定化に抵抗を示すのに、作品全体からは充実感が伝わってくるし、そこに大きな絶頂と比較的小さな山がはっきりとわかる。これらの山場は、慎重に計算

譜例 1

譜例 2

譜例 3

されて作られており、その必然性の度合いは従来の音楽と変わらない。では、それはいかにして実現しているのか。

まず第一に、複合的な旋律の中での動機的な意図の統合化がみられることによる。その構成は、強固かつ相互依存的で、線的な流れに完全な一貫性を与えている。たとえば、冒頭の三音の動機は、この楽章における中心的な生成細胞であり（譜例1）、それが生み出す変種とは、悩みと疑念（譜例2）、そして優しさと切なさ（譜例3）――である。このような要領で、水平的な関係には、少なくとも一個の共通分母が与えられているのだ。

しかし、崖に立ったまま、いつまでも耐えているわけにはいかない。二十世紀初頭のベルクのような作曲家の立場は、そのようなものであった。調性関係の絶対的な限界はすでに乗り越えていた。半音階主義は、三和音に支配された和声進行の勢力圏を大きく損ねており、残る最後のステップは（その方向に進むとすればの話だが）、調性の軸となる和音の組み立てへの忠誠心を否定すること、つまり、模範的な和声を体現するものとしてバス声部が受け継いできた発言権を否定することであった。

＊

シェーンベルクがおずおずと踏み出した無調の世界への第一歩は、弦楽四重奏曲第二番作品一〇だった。この歩みを確たるものとしたのが、ベルクのソナタと同じ年に発表された三つのピアノ曲作品一一である。その三曲は、それぞれが当時シェーンベルクが直面していた諸問題のある面を扱っているが、その点を除けば、今、これらをまとめて並べる必然性はほとんどない。第二曲は作曲時期が最も早く、調性を追憶のように甦らせる過渡的な効果が際立っている。第三曲に姿を現わすシェーンベルクとは、トーン・クラスターの雷鳴をとどろかせ、オクターヴの重音によって擬似的な和声の強調を求め、ひどく極端な強弱の交替に耽り、潜伏する休止と激情的な頓呼法によってリズム構造に区切りを施そうとした（終止法を目指していたのだろうか）人物である。

作品一一の第一曲は傑作であって、ブラームスの間奏曲の最良の作品を真に継承する。ベルクのソナタと同様に、動機という内部細胞から紡ぎ出されているが、この動機自体には特に帰結がない。この種の作曲技法と、旋律線（どれほど組織的かはともかく）それ自体が重視される別種の技法との根本的な違いはここにある。ここでの素材は、それが何であるかよりも、それが何になり得るかが大切なのだ。

作品一一の第一曲の最初の数小節はこうである――（譜例4）。

動機を確かめよう。最初のフレーズは三音ずつの明確な二つの動機に分解できる。その二つ目は最初の動機の拡張であり、第二小節のイ－へは、第一小節のロ－嬰トを拡大したものである。この動機の並びは、その後の音程の増減や、第三小節（低声部）のような垂直方向の表現とともに、この楽章の大部分を支配している。しかし、シェーンベルクはすでに、リズムのグループについても、さらに、グループのあいだの関係についても、考えていた。このように、第二音、第三音、第四音のあいだと、第三音、第四音、第五音のあいだには、数学的に対応する二つ

譜例 4

の別の音程グループが存在する。どちらのグループでも、最初の音程は二番目の音程のちょうど半分で、第三音、第四音、第五音はまとまって第二音、第三音、第四音の拡大反行形を構成している。ソプラノ以外の声部では、第二音から第四音と第三音から第五音にあるような半音から全音という音程の関係も浸透していることがわかる。アルトでは第二音から第四音の逆行が二種類現われる（二つ目は反行）。バスは第三音から第五音を反逆行させ、テナーは第三音から第五音を拡大（正確ではないが）して進んでいく。

　これらの動機に伴う垂直の音の並び（第二小節と第三小節の二拍目、第四小節の三拍目）は、第一音から第三音の重ね合わせを除けば、同様の動機的な浸透は示されていない。これら三つの和音は、強度の比率の減少の上に構築されており、そのために、旋律線が不協和音の緩和に支えられるようになっているのだ。つまり、第四、六、八小節の低声部にある減三和音は、引き伸ばされた終止のような効果をもたらす。無調の和声的側面（つまり垂直的側面）を論じるときに扱うべき問題では、数学的な正確さは否定され、分析で許容される以上の推測が求められるものだ。実際、シェーンベルクが常に意識していたのは、いかなる音程の構成も、水平と垂直の両方の次元で同時に同等の熱意をもって機能を発揮することはできないという事実である。しかし、彼は、和声面と旋律面を調和させる問題（もともと秩序づけられた核に対する同等の関係の調和）を熟考し、最終的に和声を考慮した音程グループを思いついたのであった。これは、人生最後の四半世紀となった、かの十二音時代の一面である。その十二音技法の実験がたどったひとつの方向があるとすれば、それは音列の和声的責任の明確化であった。一九二四年に生まれた最初の音列は、作品一一の冒頭を拡張したようなものだったが、彼は次第に和声的な音列の技法を開発し、それは、ピアノ協奏曲やヴァイオリンのための幻想曲といった、のちの作品でさらに頻繁に出現し、やがて一個の作品においてこれが全面的に用いられた。《ナポレオン・ボナパルトへの頌歌》である。

一般的にみて、こうした作品の音列が生み出す動機の組み合わせは、活用できる素材を増やすよりも、むしろそれを意図的に制限するように仕組まれている。音列でいちばん多いのは、きれいに二分され、後半が前半の反映や複製となっている形だ。特定の音程をとって移調や反行をさせると、基本音列の最後の六音が最初の六音になったり、ひいては基本音列の最初の六音が最後の六音になったりする。そのような列をシェーンベルクが好んでいることが明らかになった。このように両方の列を同時に用いることで、わずか六つの音の間隔の中に完全な十二音列が提示できるし、その結果、作品の和声単位にも水平方向の音列が浸透して関与していることが示唆されるのである。

しかし、いかなるシステムも、どれほど徹底的に開発され、またそれが誠実に遵守されたとしても、その実践者の好みや良識という漠然とした資質の発揮を許す以上のことはできない。作曲家たちが理解し実践する十二音信仰の教義を厳守した何百もの作品の中で、その形式、語法、活力（つまりその存在）が、この採用されたシステムによってもたらされたという印象を与えるものは、ごくわずかだ。十二音という枠の中で自分をのびのびと表現する規律を備えた作曲家はほとんどいない。音列を誉れ高い鉄の掟のように考えず、その可能性に大きな喜びをもって接することが作曲家にとっては実に大切である。敬虔かつ誠実に枠組みを守ってこそ、時折の逸脱、内発的な拡張、構造的な持続性が、注目を集めるのである。空想力をかき立てることができるのは、音列の規則を意図的に裏切るときであって、ベートーヴェンのフーガの歪みが生み出す劇的効果や、エリザベス朝時代の苦しげな対斜関係に付随する悲哀がそれだ。事前に計画できるあらゆる創意工夫を尊重しつつも、実際の創作の瞬間は、今なお、最高のひらめきを与えてくれるのである。

＊

エルンスト・クシェネクのピアノ・ソナタもこのような特質に恵まれた作品である。クシェネク氏はたくさんの

譜例5

多彩なピアノ曲を書いていて、それらについてこう述べている――

一九一八年に作品一（ピアノのための二重フーガ）を書いて以来、私は新しい様式や技術的なアイディアを試したくなると、何度もピアノという楽器に戻ってきた。私の初期の「無調」スタイルはトッカータとシャコンヌ（一九二二年）に、私の「ロマンティック」な時期は第二ソナタ（一九二六年）に反映されている。十二の変奏曲（一九三七年）では、私の最初の十二音技法の段階の経験を集約した。第三ソナタで実験を始めた音列の「循環《ローテーション》」の原理は、完全な音列統合という今の私の作風を導いた。

このピアノ・ソナタ第三番の音列の基本形は、三音ずつ四つの分節でまとめられている。そのうち最初の分節と最後の分節は完全四度の和音を、第二と第三の分節は増四度の和音を構成する（譜例5）。すると、この音列は、のちのシェーンベルクの音列作法に特徴的なあの対称性を備えていると思われるかもしれない。だが、この三和音と同族であることの実力は、和声の参照手段としては見過ごせないし、この列が相補的な二つの六音グループに自然に分かれていることから、クシェネク氏の呼ぶところの音列循環の原理が存在感を増すのであって、その扱い方は、後期シェーンベルクの十二音による和声ブロックの並置とはまったく異なる。

クシェネク氏の穏やかで抒情的な傾向の強い作風が関心を払う対象は、音列内部で中継していく組み合わせ、つまり四度和音による各分節の接合部を意識した動機群である。したがって、彼の音列の使い方は静的というよりも、パノラマ的である。音列を先行部と追行部に分けると、第六音と第一音、第一二音と第七音は隣接するとみなされ、列の各半分はこの軸で回転させられる。

譜例 6

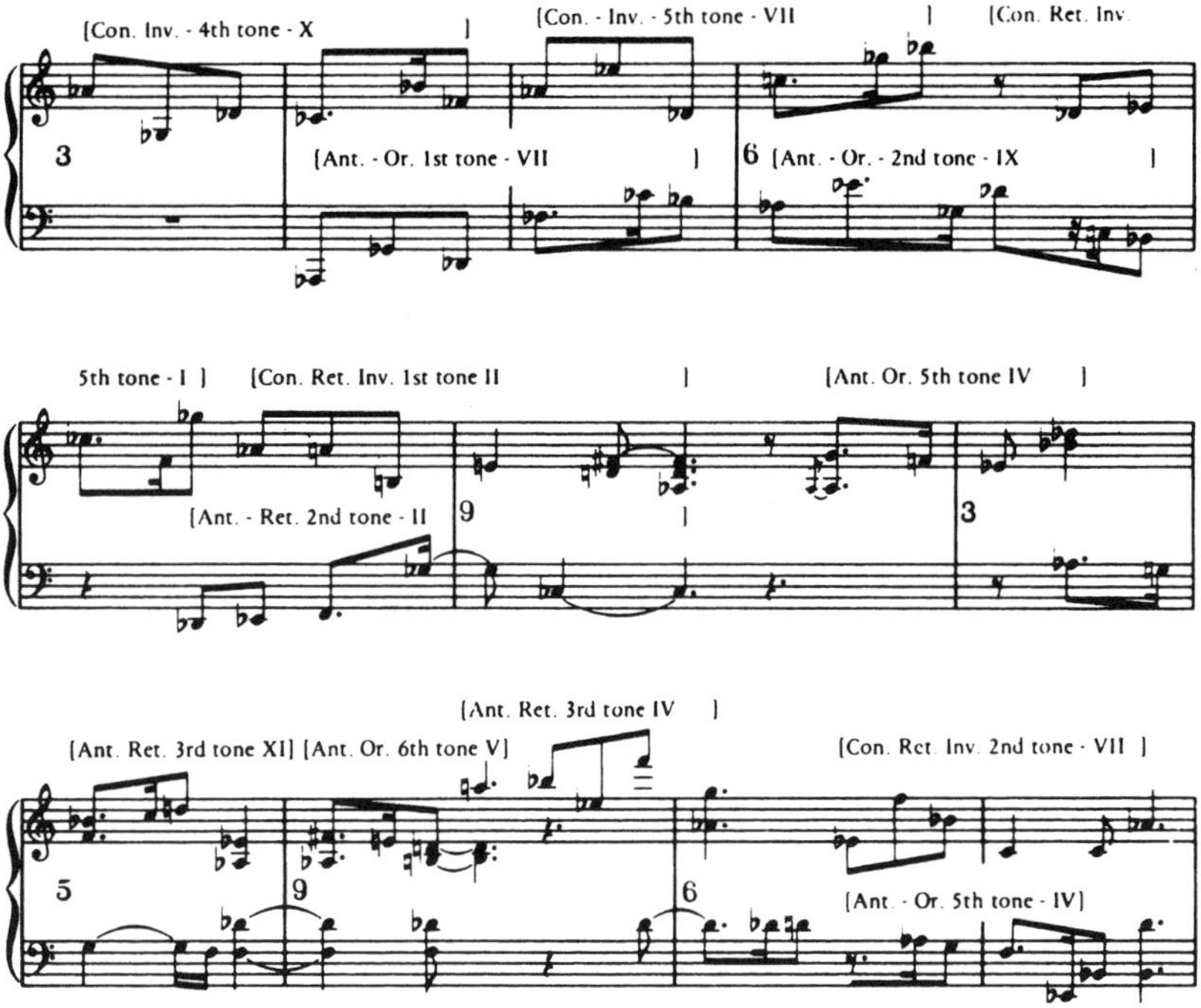

たとえば、第二楽章（主題、カノン、変奏）の開始の部分がこれをよく示す。譜例の［ ］に記した注は、それぞれ、先行部（Ant.）、追行部（Con.）、基本形（Or.）、反行形（Inv.）、逆行形（Ret.）、そして先行部、追行部それぞれを始める音の番号を示す。ローマ数字は基本形から移置した距離を意味する（**譜例6**）。

遠心力のある調体系がここで示唆されていることは見過ごせまい。六音のグループが十三回現われるのだが、一回を除く残りすべての回が変イで始まるか終わる。また、五回が変ニで、四回が変ロで、それぞれ始まるか終わる。もちろん変イ長調の効果は発揮していないが、明確とは言えないまでも安定した両極性が示される。これらのグループの精妙な相互関係は、和声的なバランスと秩序に対する稀有な感受性の証であり、いちばん印象的な特徴は、意識的なコントロールを実行しているのに、最終的な効果が素朴な誠実さにあるという事実だ。

このソナタは四楽章構成で、第一楽章は風格のあるソナタ＝アレグロ形式である。第二楽章は、その題名が示すとおり（「主題、カノンと変奏」）、牧歌的な主題、明敏なカノンの反復、もの問いたげな変奏が連なる。第三楽章は激烈なスケルツォで、終楽章は哀歌風で少々誇張しすぎのアダージョである。

結局のところ、このソナタは、現代の鍵盤曲のうちで最も誇るべき作品に数えられる。

33　コルンゴルトとピアノ・ソナタの危機（アルバム解説・一九七四年）

いくつかの意味において、コルンゴルトの第二ソナタは、ピアノ音楽という、ヴィルヘルム二世の統治した時代の副産物の元型である。本質的には完全無欠の構造なのに、ときおり誇大な表現がなされ、見事な名人芸を発揮しつつも、器楽上の誤算も少なからず存在する。こうした特徴は、模範的な同等のオーケストラ曲よりもピアノ曲が格下に見られる風潮から生じたものだ。あの時代にあっては、壮麗なポスト・ヴァグネリアンのオーケストラが音の規範を作っており、室内楽の分野での主要な労作のほとんどや、独奏楽器のための大規模な作品の事実上のすべては、その規範に基づく複製品として着想された。当時、ソナタ＝アレグロ形式は構造的な危機を迎えており、曖昧な転調の必然的な結果で危機を煽ることなく、テクスチュアの洗練によってこの形式をどれほど補強できるかという悩みがあった。直面していたのは交響曲自体にほかならないが、この悩みは、ピアノなどの比較的小規模なメディアに自動的に移し替えられたのだ。

もちろんこれは「ヴィルヘルム二世《ヴィルヘルミアン》」の統治下に限られる。室内楽の分野において、ラヴェルとドビュッシーは、今述べた一般化にあてはまらない。また、独奏曲では、アレクサンドル・スクリャービンの後期ソナタはいかなる交響楽の基本設計にも隷属していない（「ソナタ」とは名ばかりだが、おそらく二十世紀で最もピアノらしい着想の作品である）。だが結局、交響楽の大部分をもたらしたのはオーストリア＝ドイツの楽派だった。ライン川以西やオーデル川以東からやってくる、その場しのぎのような着想の発揮とは対照的に、少なくとも科学を意識した一貫性をもって構造の進化の問題に彼らだけで取り組んでいた。そうなると、この時期のオーストリア＝ドイツの巨匠たちの中にピアノ曲に情熱的に取り組んだ者がいなかった事実も示唆に富む。

ところで、はっきり言うが、楽器選択の自由を与える発想に、私は何の非も認めない。《フーガの技法》を演奏するときの設定は、この発想で容易になる。カール・ラグルズ（一八七六－一九七一。米国の作曲家）は自作の実演時の楽器編成は自由に決めてよいと表明し、当初より気難しいヤンキー偏屈主義だとしか思われてこなかったが、この発想をとれば、それ以上の価値が出てくる（実際、ラグルズの態度は、抽象性の本質に対する的確で鋭い評釈を成しているのだ）。逆に、私が強く異を唱えるのは、世紀の変わり目のピアニズムを演奏の伝統のある種の頂点とする一般通念である（もちろん誤認にほかならないが、フランツ・リストのピアノ演奏の遺産である、目よりも速く手を動かすトリックは、バッハのインヴェンションよりも容易に習得できる）。さらに、この頂点を支えるために提供された音楽には並みならぬ名人芸的な独創性が存在するとか、だから往年の巨匠たちは広大なオーケストラのカンヴァスを模倣することができたのだ、といった通念も、言うまでもなく、誤りでしかない。

証拠A。グスタフ・マーラー。点描主義の擁護者であった彼は、ヴィルヘルム時代以降の、分奏のなされるオーケストラの音色改革の舞台を自力でこしらえた芸術家である。理詰めで考えれば、ピアノがもたらすピアノならではの可能性を活用することは、少なくともカウベルに注いだのと同じくらいの細やかな配慮をもって行なったはずである。しかし、改訂を繰り返しながら未完に終わったピアノ四重奏曲では、一般化されたオクターヴの重音を鳴らし続けるばかりで、ピアノならではの可能性をまったく無視していた（元来この曲はヴィーン音楽院でアントン・ブルックナーの対位法の授業をずる休みしているときに着手したものだ）。

証拠B。アントン・ヴェーベルン。実にすぐれた小品作曲家にして、ときに音色旋律《クラングファルベンメロディ》の作者。マーラーの精神的な子孫である。その円熟作であり、特に唯一のピアノ独奏曲である変奏曲作品二七は、モンドリアン風の幾何学的な関心に満ちており、それが音色上の配慮を迂回してしまう。青春期の作品、単一楽章のピアノと弦楽のための五重奏曲は、マーラーの四重奏曲よりはわずかに鍵盤上の可能性に開かれていたにすぎない。師シェーンベルクの課題としてこなした師の作品の編曲（管弦楽伴奏のために編曲した歌曲作品八、室内交響曲作品九（フルート、クラリネット、ピアノに編曲）、など）では、〝あり得る音は全部置く〟という方針をとった。

証拠C。アルノルト・シェーンベルク。見方によって、立法者にも革命家にもなれば、保守派にも急進派にもなる。かなり慎重に、かつ鋭敏な感覚をもってピアノ曲を書いたが、五つの独奏曲の構想は何よりも新しい形式を試みるためだったし、この構想をもって彼とその弟子たちはやがていっそう交響楽的な大規模の作品に携わることになる。つまり、作品一一（三つの小品）の最初と最後は、意識の流れの技法（反技法？）を導入したもので、最もジョイス的な音楽劇《期待》に用いられた。作品一九（六つのピアノ小品）はヴェーベルンが生涯をかける活躍の場を用意した。そしてピアノ曲の傑作、組曲作品二五は、十二音技法を一貫して用いた最初の作品として、特別な位置を占める。

だが、シェーンベルクのいずれの作品もソナタ形式固有の問題を直接扱っていない。代わりに、もう一人の優秀な弟子のベルクが少なくとも単一楽章の作品一によってソナタ＝アレグロ形式に別れを告げた。これをエクスタティックに果たしたソナタ作品一は、この形式で最も成功した二十世紀の音楽に数えられよう。

皮肉なことに、大々的にではないにせよ、少なくとも助かる程度にはピアノ曲を書いてくれたのは、ロココ風を呼び覚ますのが好きなリヒャルト・シュトラウスだった。たとえば、《オフィーリアの歌》作品六七でのピアノの貢献ぶりは、自在な伴奏という意味で、シェーンベルクのゲオルゲの詩による歌曲集《架空庭園の書》に匹敵するし、《町人貴族》の音楽で通奏するオブリガートは、ヒンデミットのバウハウスに触発された合奏協奏曲風のピアノ様式の先駆だった。ところが残念ながらシュトラウスはピアノのために多くの作品を書かなかった。唯一の大曲《ブルレスケ》は、ビューロー（一八三〇－九四。ドイツの指揮者・ピアニスト。この曲を献呈されたが評価しなかった）が思ったような迷惑な創作では決してなかったものの、ピアノ曲としても、管弦楽曲としても、構造的にみても、彼の最良の作品ではない。

つまり、これらの作品の大半は、シェーンベルクの場合と同様、今後よくなる途中段階のスケッチであるか（ただしラヴェルの場合、オーケストラ以前の試作は、特別なカテゴリーを設けるべきだと私は思う）、あるいは、（これが本当に問題だが）主流の管弦楽曲の事実上または想像上の編曲にすぎない。ここで注目したいのがエーリヒ・ヴォルフガング・コルンゴルトと彼のピアニズムに固有の諸問題だ。

もちろん、コルンゴルトは神童ピアニストだった。必然的に、彼の第二ソナタには器楽的な知見がたっぷり生かされており、デリケートな触感をまったく欠くような素材は用いられていない。ところが、このソナタは当時の慣例を尊重するあまり、冗漫なテクスチュアで、ピアニストを自滅させかねない部分が多い。慣例としては、活用できるあらゆる動きを重音化して、金管楽器が支えにまわるヴァーグナー的な技法を模倣したり、木管楽器風のメゾピアノの歌いまわしでシンコペーションを錯覚させたり（コルンゴルトはソナタの第三楽章でこの仕掛けを徹底的に活用する）、独立したコントラバスの旋律線を作る代わりに低音の前打音をすくい上げるように鳴らしたり、あげくには、オクターヴのカノンが現われ、ストレットに追い立てられるうちに、無情にさらされた鍵盤の両端の音域になだれ込む。このソナタの緩徐楽章で、主要主題グループが回帰する直前に、コルンゴルトは、わずかに四オクターヴ離れた二つの変イの重音を聞かせる。両方とも（ただし低い方はなぜか嬰ヘ音をついでに通過して）ト音の港に接岸しようとして、曳航されていく。曳航するのは、高音域のオクターヴで哀愁を帯びて力の抜けた短三度

（ニとヘ——属九和音のほのめかし）である。

言うまでもなく、これらの難点は、いずれも、オーケストラの環境では必ずしも禁じ手ではない（あり得る例外は変イのオクターヴの重音で、これはどれだけ巧みにオーケストレーションをしても、J・J・フックス（一六六〇—一七四一。厳格な対位法の教科書を記したオーストリアの作曲家）の亡霊を驚かすことになる）。実は、特記するべきは、コルンゴルトが後年このソナタを自分で録音している事実である。かなり前に廃盤になったその雄弁な録音からわかるように、少なくとも緩徐楽章の構造的データは一種の逆の音型の低音として用いる癖があった。確かに、ところどころでこれを追加しているが、むしろ、冗漫であり（または）ピアニスティックな発想に欠ける順列をもっと頻繁かつ有意義に抜き取っているのだ。

すると、問題は、作曲家本人がよく自覚していたように、素材の配置の仕方である。シンクロニシティが多すぎ、差し控える情報が少なすぎるのだ。コルンゴルトとヴィルヘルム時代の作曲家たちは、印刷譜で提供された素材（そこにはピアノの楽譜を成功させる真の秘訣が詰まっている）を聴き手に肉付けしてもらう代わりに、指の力だけで私たちを引き込もうとした結果、ピアノならではの独創的な構造を築く機会を犠牲にしてしまったのだ。

確かにこの曲は、ブラームス以後のほとんどあらゆるピアノ曲にみられるオクターヴ過多の運命に苛まれている（ここではソナタだけの話で、併収の《妖精の絵》は、構想はそれほど野心的ではないが、器楽的にはもっと成功している）。このことは残念である。なぜなら、これはこの時代のすぐれた交響的作品になってもおかしくないものの青写真だったからで、若い頃に書かれたことはどうでもよい。

34　二十世紀カナダのピアノ曲集（アルバム解説・一九六七年）

このアルバムに選ばれた三つの作品は、その作曲家たちに対する演奏者の（たいへん偏見に満ちた）敬意の表明にすぎない。近年のカナダの音楽界は、その顕著な特徴として、選ぶのに困るほど多種多様な音楽語法にあふれているが、これらの作品がこの状況を縮図として見せるものでは決してない。

第二次世界大戦以前のカナダの音楽界は、現議会でピアソン首相が野党議員諸氏から頻繁に厳しく非難されている二国民間政策と同等の観点から評価すればよかった。実際、音楽における英系と仏系の二項対立の守護聖人は、長い間、それぞれ、ヒーリー・ウィラン（一八八〇年生（一九六八年没））とクロード・シャンパーニュ（一八九一－一九六五）だと認められていたのである。

ところが、戦後の移民によって、カナダの海岸にも世界の縮図がもたらされた。本盤で扱う三名のうち二名が海外からの移民の作曲家であることは偶然ではないのかもしれない。ジャック・エテュは一九三八年にケベック州トロワ・リビエールで生まれたが（二〇一〇年没）、オスカー・モラヴェッツ（一九一七年生（二〇〇七年没））は一九四〇年にチェコスロヴァキアから、イシュトヴァン・アンハルト（一九一九年生（二〇一二年没））は一九四九年にハンガリーから来たのだ。

彼らのほかにも、有能な移民の作曲家たちがカナダの音楽的展望の国際化に貢献してきた。カナダにおける現在の作曲活動を少し調査するだけでも、国際的なフェティシズムの主要なもののそれぞれに忠実な信奉者がいることがわかる。ブーレーズに傾倒した音列作曲家もいる。モントリオールのセルジュ・ギャラン（一九二九－一九八六）は中でも最も説得力のある人物かもしれない。同じくモントリオールの、如才ないオットー・ジョアキム（一九一〇－二〇一〇）のような偶然性を標榜する人も数名いて、私たちにしたたかに選択肢を与えてくれる。フランソワ・モレル（一九二六－二〇一八）のようなメシアン風の変わり種もいるし、ヘンツェ風の折衷主義で、それ以上細かい分類を拒む作曲家も一人か二人いる。

ジョン・ワインツヴァイグ（一九一三―二〇〇六）は、比較的断片化されない響きを冒険的かつ生産的に探求してきたが、現在は修正ポスト・ヴェーベルン風の点描主義に励んでいる。ハリー・サマーズ（一九二五―一九九九）は、オペラ、バレエ、交響曲、ソナタを作曲しており、表現主義的なエクスタシーのムード（管弦楽のためのパッサカリアとフーガ、一九五四年）や、後期シェーンベルク風の和音炸裂（バレエ音楽《アトレウスの家》、一九六四年）もあり、さまざまな作品があるが、最近では、十二の（まさにここが重要！）の日本の俳句形式による透明感の強いテクスチュアを音楽にした（《俳句に基づく十二のミニチュア》一九六三年）。

近年、フォンテーヌブローの大祭司であったマダム・ナディア・ブーランジェ（一八八七―一九七九。フランスの作曲家、世界的な音楽教師）の新古典主義的な批判は割り引かれている。ただし（その煽動的な教育活動にもかかわらず）彼女は〝キャンプ生活指導員〟として、カナダ生まれの多くの才能に好まれてきた。その一人はたいへん有能だった故ピエール・メルキュール（一九二七―一九六六）である。また、バークシャー・ヒルズを目指し、それを越えていったアメリカの新原始主義者や牧歌主義者たちの影響力も低下している。コープランド、ミヨー、ハ長調で書いたときのストラヴィンスキーをたばねて説得力ある統合化をいまだにやってのけている主要な作曲家は、サスカチュワン州のマリー・アダスキン（一九一六―二〇〇二）だけかもしれない。電子音楽はトロント大学やモントリオールのマギル大学の研究室で秘密裏に進められてきたが、後者の都市で開催される六七年万博では、多くのパビリオンからの委嘱があった。これは正弦波を操る地元の電子音楽家たちにとって大きな励みになるかもしれない。もちろん、諸外国同様、カナダでも、筋金入りのケージ主義者たちが各地の素敵なコーヒーハウスで、粛々と沈黙を守っている。

これが、カナダが国家として次の百年を始めようとしている今の光景である。目下のところ、この国を支配するような偉大な孤高の人物はまだ現われていない。それでも多くの重要で魅惑的な作品が書かれつつあり、思うに、そのうちの三つが本盤に収録されている。

オスカー・モラヴェッツの幻想曲（一九四八年）は、その名を冠した三つのピアノ独奏曲のうちの最初の作品である。一九五一年に私が初演したが、その時、題名には「（ニ短調）」という、まったく論理的だがいささか流行遅れな括弧書きが付されていた。

＊

一九四八年当時でも、作曲家が題名で調性を宣伝するのはなかなか勇気のいることだった。しかし、モラヴェッツの音楽は勇気あるものばかりだ。彼は四半世紀にわたり、情熱と技術をもって、立派な作品目録を作り上げてきたが、その作品群は、前世代の形式的前提に執着している点で一貫しているのである。

この作品の場合、調性についての括弧書きは、「幻想曲」という題名以上に実は大切である。というのも、この作品は、その長さと豪華な構想にもかかわらず、主題とそこにこめられた調性の秩序（第一主題：ニ短調、第二主題：ヘ長調、第二主題の再現部：ニ長調、など）をにらみつつ、おおらかに拡張したソナタ＝アレグロ形式にほかならないからである。

その幻想的な特徴は、比率の感覚と関係している。このソナタ＝アレグロ形式の展開部では、相当量の新素材が導入される。コーダは、冒頭の数小節を対位法的に強化したものだが、それ自体は、三部で構成されるソナタ形式を締めくくる物悲しい後奏の付属物である。補足的な調の関係も、ブルックナー的な自由度をもって扱われている（実際、第二主題の激情的な副次グループは、驚くなかれ、ヘ短調の表現として提示部に現われ、その後、再現部に現われ、原調との関係で、変イ短調の三全音のあいまいさを強調する）。

この作品やモラヴェッツの作風全般はどんな影響のもとに生まれたのか、それを知るのは難しくはない。このようなピアノ書法には、しばしばプロコフィエフを思い起こさせる触覚的な流暢さがある。また，いくつかの橋渡しのパッセージ（そこでは主要主題の断片が気まぐれに現われる）が生み出す、動機を地道に蓄積する感覚は，フランツ・シュミットを思わせる。彼の調性の追求は、念入りな半音階的処理の挑戦に耐えつつ、この作品の確実な修辞法を受け入れており、マックス・レーガーからパウル・ヒンデミットに到るロマン派以降の最高の対位法の作家たちと比較することができる。また、モラヴェッツのトレードマークかもしれない奇態なリズムは、のちの作品でいっそう顕著に表われるが、それはボヘミアの草原、森、音楽院と個性的に結びつくのだ。

＊

イシュトヴァン・アンハルトの幻想曲（一九五四年）は、カナダで最も寡作だが最も頼もしい作曲家の実力を示す作品である。この作品は、真剣な論争を呼んだ交響曲（一九五八年）や、いかめしく受けとめられた《葬送音楽》（一九五四年）など、彼が電子音楽に向かう以前の作品同様、雄大だが控えめで、いくぶん内気な音楽になっている。特にオスティナートの何気ない使い方や、音列の動機に対する全般的な拡大解釈など、後期シェーンベルクの様式に負うところがあるが、タイミングよく小言を語りかける。しかも、語り口が魅力的で自由自在なのだ。アンハルトの音楽でいちばん印象的な特質は、仰々しさのないところかもしれない。このように、アンハルトの音楽の提示には常に説得力があるが、その構造自体が主張をしたがりはしない。また、卓越した一貫性をもって組織されているだけで、決して名人芸で感動させようともしない。彼の音楽は、その操作の巧妙さによって聴く者の気を散らすことのないように、たいへん慎重に自分のペースを保っている。反行するカノンが次々に現われては消える。四つの音の破片が列から離れ、無気力なオスティナートへと解き放たれるが、跳ね返ってクラスターになる。クライマックスの部分は、高音や低音のアウトラインによって無骨かつ粘り強く描かれ、アルバン・ベルク風の冷徹さで維持されているが、ベルク風の誇張は斥けられている。聴く者が意識し続けるのは操作方法ではない。操作の結果、話すことを許された、目的のきわめて明確な声にほかならない。

アンハルトの音楽は、これまで正当な評価を受けてこなかった。もしかすると、最も忠実な支持者であっても、彼の音楽の味わい方は後天的に獲得するべきものかもしれない。だとすれば、この幻想曲を通じて、ぜひその味を覚えてほしい。なぜならこの作品は、憂いに満ちた、控えめな音楽だが、この時代の最も優れたピアノ曲のひとつだからだ。

＊

「控えめ」という表現は、ジャック・エテュの音楽にはあてはまりそうにない。彼の《変奏曲》（一九六四年）は、感情のほとばしる、舞台で演じているような作品だ。エテュはピアノに対する抜群の勘を発揮している。すべてが機能し、よく響き、弾いていて手応えがある。しかし、この変奏曲が目覚ましいのは、その臆面もないほどに芝居がかっていながら、素材に内在する純粋な音楽的価値を確かに感じとって曲全体をまとめているところだ。

ここで言う素材とは、調的な特徴をはっきり示す音列である。シェーンベルクが後期の作品で採用した多くの音列と同様に、この音列も六音ずつの二つのグループに分かれ、二つ目は一つ目の反行形となっている。どちらのグループにも、短三度音程で四音を重ねたものが含まれており、これを同時に鳴らすと、神聖化された十九世紀の記憶のどこにでも現われる減七の和音となる。フランツ・リストが甦ったような曖昧な響きであり、これは名人芸的な程度を増した瞬間でも、作曲者の意識から消えることはない。

序奏部は、主題にあたり、アクセントをつけた高音域のオクターヴの動きで音列が提示される。これに四つの変奏が続くが、それぞれでは、音列がいっそう濃密に用いられ、かつ（あるいは）音列が次第に変容したりする。第一変奏はもっぱらカノン風の表現を用いるが、第二変奏では、この音列から和声を推測して導き出す。第三変奏はフゲッタで、やや堅苦しい半音による対旋律はヴァンサン・ダンディを想起させる。そして第四変奏は、激しいトッカータで、推進力のようなものがあるが、これは十二音技法が斥けるはずの反復進行とストレットの工夫に熱中したおかげで獲得したのだ。

この変奏曲全体をとおして、エテュは音列の主要な移置を優先的に実行している。いちばん大切な箇所では、音列を嬰ハ音で始めるが、これは序奏部で最初に示されたときと同じである。その結果生まれるのは、十二音素材へのきわめて耳なじみのよいアプローチだが、これは、嬰ハ音に基づく調性を無限に拡大したものに似ている。このような洗練された妥協の求められる語彙を発達させるのは簡単ではない。しかし、エテュは、それを精力的かつ内発的に進めており、今後の活躍が期待される。

35　十二音主義者のジレンマ（論考・一九五六年）

かつて憶測に基づいて自信満々に主張を述べた論文があって、それを思い出して読み直すことほど気の滅入る営みはあるまい。一九五一年にシェーンベルクが没したとき、私は彼を偲んでトロントのロイヤル音楽院で追悼講演を行なったが、その原稿を最近読み返したところ、これを痛感した。この原稿は、もっぱら賛辞であり、大部分は、亡くなった十二音主義《ドデカフォニー》の専制君主を神格化したものであった。しかし、終盤での私は古くから伝わる演説家の呪いの犠牲になっていた。つまり、効果的な閉じ方を探す必要があった。シェーンベルクの審美的宇宙が損なわれることのないよう、私の揺るぎない信念を改めて確認する歓喜の文句で締めくくるのが唯一の選択のように思われた。結局、これは克服できた。主題を巧みにはぐらかし、代わりに不特定の若い追随者たちへの信頼を表明したのだ。彼らの忠実な手に未来を託すことは、私自身も大きな満足感を得たし、たいへん効果的な結語となった。

　このずいぶん早い表明については、次の事実を踏まえれば、いっそう驚くだろう。つまり、無調の世界を拓いた始祖たちの作品にはそれなりに通じていたものの、当時の私は若い十二音の作曲家たちの作品を何ひとつ知らなかったのだ。しかし、私が断固たる自信と朗らかな楽観主義を発揮してトロント音楽院を慰めていたまさにその学期中に、ムッシュー・ピエール・ブーレーズというあまり従順でない若者がいささか憂慮するべき題名の記事を公表してシェーンベルクの体制にとどめの一撃を与えようとしていた。「シェーンベルク・エ・モール」つまり「シェーンベルクは死んだ」である。かつて彼を雇い、芸術的な助言をした俳優のジャン＝ルイ・バローに、若い虎のような気まぐれな性格の持ち主だと評されたブーレーズは、シェーンベルクが音楽建築の伝統的な要素を捨てていないことを痛烈に批判した。

かくしてこの文化の地震波がトロントの音楽地震計に達したとき、十二音主義同業者組合の友愛は初めて重大な激変に見舞われ、教義上の分裂が起こり、新しい秩序に忠誠を誓うか反発するかの二者択一を誰もが迫られた。

私は特に急を要する決断を迫られた。私は音楽的共生の栄光の未来を宣言したばかりの熱心なシェーンベルク主義者だったからだ。私は、激変の時期にあって、ますます広がりつつある大地の裂け目をまたいだまま、イデオロギー的な分断に直面する危険な状態だった。このバランスの危うさを解消し、またそれなりの好奇心を満たすために、ムッシュー・ブーレーズとその仲間たちの作品に親しもうと画策した。この一九五六年は、このパリの若き冒険家の第一次五ヵ年計画の完成を記念する年らしいのだが、こうすると、私にとっては、彼の目的や計略を見据えた結果の所見を少し述べるのがよさそうに思われる。

ただし私は現代の十二音技法の到達点を批判的に要約したいわけではない。むしろ、十二音の書法のうちで、あまりに長きにわたり批評家たちに放任されてきた一面を主に扱いたい。和声の妥当性の問題である。そこで、十二音技法の原則の和声的な応用を年代順で概観してみるが、そのときブーレーズの作品は、彼が継承しかつ拒絶した音楽の世界を調査するための格好の視点として働いてくれるであろう。

ブーレーズは、現代で最も大胆で冒険的な音楽家として、急速にその名を馳せたが、戦後世代の音楽的信条の体現者であったのは確かであり、実際、彼の個性によってそれを推進していた。そういう意味では、〝狂乱の二〇年代《ローリング・トゥエンティーズ》〟の知的風土をストラヴィンスキーが体現していたのと同じである。この二人の野望がどれほど対立しあうものであったにせよ、野望の実現に訴えた策は驚くほど似ている。ストラヴィンスキーもブーレーズも、近い過去の潮流に反発するだけの煽動家ではない。大昔の音楽の大海原にわずかな数の確実な小島を見つけて利用するのだ。両者とも、過去の時代の外面的な特徴を受け入れる傾向がある。その時代の作曲家が自分の問題と類似した問題を克服したことの証明になるからで、そうすることで、集結した反乱軍は、過去の時代とのつながりを宣伝できるのだ。しかし、「モーツァルトに戻ろう」を掲げた三十年前のネオロココの運動が「ジョスカンに戻ろう」に今日置き換わったとしても、今の世代の歴史的志向が昔よりも洗練されたことがわかるにすぎない。十八世紀のドイツ神学に対するアルベルト・シュヴァイツァーの鋭い観察を採用するならば、「人類の思想が強く逞しかったあらゆる時代がそうであるように、歴史とはまったく関係がない。求めているのは過去ではない。過去における自分自身なのだ」。

ブーレーズが探し求めているものは、どうやらシェーンベルクの中には存在しなかったらしい。確かに彼は、このヴィーンの巨匠の先駆的な十二音技法に負うところはあるし、たいへん有能なシェーンベルク学者ルネ・レイボヴィッツ（一九一三―七二。ポーランド出身の理論家・作曲家・指揮者）の指導を受けたけれども、その精神的なつながりは、むしろシェーンベルクの弟子アントン・ヴェーベルンにあった。つい最近まで、ヴェーベルンと言えば、シェーンベルク、ベルクと構成する永久不変の三位一体の要素として位置づけられることが一般的だった。しかし、今やブーレーズによって、私たちは次の認識を得ている。十二音技法のヒエラルキーにおける（少なくとも）ヴェーベルンの派閥にとっては、ヴェーベルンは弟子ではなく、主唱者であること、そして、彼の作品はシェーンベルクが獲得したもののおまけではなく、音楽言語の若返りの薬なのだ。

自作のソナタ第二番を紹介する解説で、ブーレーズは「すべての対位法は等しく重要である。つまり、主要な要素もなければ副次的な要素もない」とフランス語で述べている。この驚くべき告白は（シェーンベルクには主要声部と従属的な声部を設定する習慣があったが、それに対する反撃にもなるかもしれない）、ブーレーズの十二音哲学をはっきり示す。作品が求めるのは、聴き手があらゆる旋律線を完全に等価なものとして受け入れることである。この等価性は、和声的な緊張の求めるものが否定されるとき、つまり、対位法的テクスチュアがポリフォニックな回避の役割を放棄するときに初めて現実となるのだ。

もっとも、理論的にみれば、このような前提は、十二音技法の実践者が追求する理想に常に育まれてきたものだ。ただしシェーンベルクの場合は、分割した音列の素材を連結することで垂直線方向を揃えたいという願望がまさり、この前提は二の次となった。そのため音列を三音ないしは四音のグループに分ける必要が生じた。このグループは、和音ユニットとして重ねられると、音程構造の画一性を通して（《ナポレオン・ボナパルトへの頌歌》）、あるいは、声部の順次進行を通して（ピアノ協奏曲）、互いに関連づけられた。推論的な変奏をたっぷり実行し、そこから和声的な副産物を取り出したい、しかも、従来の調性感を少しも甦らせないようにする——これこそが、生涯最後の二十年間に彼が執着していた課題である。

アプローチは作品ごとに異なるが、それでも一般化した結論はいくつか導き出せる。シェーンベルクは音列を連続的に提示することへの関心を次第に失っていったと考えられる。初期の実に多くの十二音列では、種々の音程パターンを取り入れて動機の自由度を最大限に高めようとしたが、これとは対照的に、音列素材の選択はますます限られていく。シェーンベルクは、区分化した音列の可能性に夢中になっていたらしく、前半と後半の音程の輪郭が呼応するものや（譜例1）、移置された先行グループが、移置されていない追行グループの和声的可能性を表現し、またその逆が生じる独特な移置を仕組むものがある（譜例2）。

このプランの操作がうまくいくと、調性の根本的な進行（Ⅳ－Ⅴ－Ⅰ）と案外似たやり方で、和声的領域が並置される。しかし、調性に基づく受容に心理的に順応した耳が、こうした音列技法の中に、半音階に満ちた調性感の意味合いを読み取らずに済むかどうかはたいへん疑わしい。では、読み取らずに済ませる努力をするべきかどうかとなると、それは、なおさら疑わしい。ここに示す、ヴァイオリンのための幻想曲の美しいエピソードのパッセー

譜例１　《ナポレオン・ボナパルトへの頌歌》

音程の輪郭が前後で呼応する

譜例２　ピアノ協奏曲

移置

半音５つ分の反行移置

譜例３　ヴァイオリンのための幻想曲

ジでは、この古典的な低音線の実に繊細な和声的な処理を説明するのに、従来の分析用語を適用しないのは難しいし、変ロのバスの音型を見つけたいという教育的衝動を抑えるのもやはり困難だ（譜例3）

あいにくシェーンベルクはいつもそうした繊細さを好んでいたわけではない。かなり多くの場合、このように音列を区切る方法は、音列で無視された音を滑り込ませる便法となった。その瞬間が音楽的にそれを求めているのかはともかくとしてだが。《頌歌》のような音列（譜例1）では特に気づきやすいことであって、垂直方向で長音程の三六の和音と短音程の四六の和音が交替するので、ほかならぬ三和

譜例4

音を構成する。ちなみに、この音列は、さらなる整合性を求めることに熱狂的である。半音一個分しか移置ができない。それを越えた移置はどれも、もとの最初の移置の和声単位を反復しているにすぎないのだ。《頌歌》でのシェーンベルクは、彼独特の三和音を意識した音列を根気強く探求した結果、調性が永久にうねり続けるような印象を残す。これは、音列の先行部と追行部をピアノと弦楽器群に分ける習慣に顕著に現われている。全十二音の重ね合わせを仕組む正統的な手段とはいえ、不協和音の解放を吹聴するようで、いささか品がない（**譜例4**）。

　こうした実例からも想像できるかもしれないが、後年のシェーンベルクは、マックス・レーガー風の特徴を発達させ、一個の和音のあらゆる構成要素を可能な限り用いた。平然と調性を支持する作品では（たとえばオルガンのための変奏曲がそうだ）、この特徴の効果として、対位法的に考案された準備部分と解決部分が浸蝕される。半音階的に獲得した経過和音の機能は、並行的に進む三和音のブロックにしばしば譲られるが、そのときには、属和音による終止感が、半音下がった上主和音による不安定感に置き換えられることが多い。

もっとも、オルガンのための変奏曲や、調号を示す四〇年代初めの作品は、別に第二の調性時代を構成するわけではない。若き日の力強くてロマンティックな創作から取り除かれた別の時代を構成するのであって、まぎれもない（わずかに拘泥しているが）調性を領有しながらも、その和声進行は、《浄夜》のような作品の分析的基準を完全に満たすものではない。実際、彼の音列実験の別の場面にすぎないのだ。英国の書き手オリヴァー・ネイバー（一九二三―二〇一五。英国の戦後世代を代表する音楽学者のひとり）が最近書いた記事によれば、このオルガンの変奏曲と、厳格な十二音技法による弦楽四重奏曲第四番の和声進行のあいだには驚くべき呼応関係が存在するという。

つまり、晩年のシェーンベルクが求めていたのは新しい音列の論理であって、それは、音列の構成要素の和声的関係に基づいて、擬似的な調性組織の確立を可能にするものだった。では、これとは違うものを目指していた他の作曲家たちはどうか。

最近、アントン・ヴェーベルンの未発表だった学生時代の作品の手稿譜を運よく取得した。ピアノと弦楽器のための五重奏曲である。シェーンベルクの指導を受けていた二十三歳のときの作で、十二音の問題に対するのちの彼の扱い方について多くの示唆をもたらしてくれる。名目上の調性（ハ長調）や、シューマン的な勢いのある目覚しい旋律にもかかわらず、根本的な多声部は、実に細かい動機的な処理を示すが、これに対して簡潔な調的枠組みはまったく役に立たない。和声的なリズムは、熱のこもりすぎた動機的輪郭によってひどく損なわれてしまい、軽薄で迷える伴奏部を支えたくてもあきらめざるを得ない場面があまりに多いため、選択した語法に不可欠な調的方向性に対する勘がまったく働いていない。鍵盤和声の短い講座でも履修していればよかったのに、といった無慈悲な意見が出かねないが、それでもこの五重奏曲には、置いた石をそのまま放置しないというシェーンベルクの習慣を少年なりに祝った作品という事実以上のものがある。調的な軌道の要請からすれば、ここにある構築的な発想がどれほど非現実的であったとしても、この発想の中で、個々の音が不可欠な要素として加わり、機能するように計算されているのは明らかである。

五重奏曲の冒頭（**譜例5**）をみると、第八小節から第十四小節にかけて、終止への準備、いやむしろ終止の準備の欠如がわかる。第六小節は、二度の和音上での結末の二次ドミナントを避けて、バスの変ホを居心地は悪いがトまで下げる。半音と短三度で常に交替させていくベース・ライン（ハ－ロ－嬰ト、嬰ト－ヘ－ホ、ホ－変ホ－ト）に注目したい。ヴェーベルンらしい動機だ。

ヴェーベルンが出版した作品で間違いなく調性を示す唯一の作品は管弦楽のためのパッサカリア作品一（ニ短調）である。今触れた五重奏曲とは対照的に、こちらは傑作である。何と言っても、ヴェーベルンの動機的な逸脱が、八小節のグラウンド・バスというバロック音楽での最も厳格なお目付役に徹底的に監視されているからだ。緩くつながれた五重奏曲と力強くて規律正しいパッサカリアというこれら二つの作品の対比は、ヴェーベルンの小品作曲家としての役割について最近提起された難問に対する答えを出してくれるかもしれない。作品二に始まり、十五年後の十二音技法の形成に到るまで、ヴェーベルンの空間概念は縮まる一方だったように思われる。最後には、弦楽四重奏のための十五秒の作品のほとんど時間性を超えたものが、展開に対する完全な不信を明らかにしたのである。私見では、成熟したヴェーベルンは、多くのすぐれた才能の持ち主とは異なり、自分の欠点を本能的に理解したのだ。調性の王国が解体し、音列技法が採用されるまでの過渡期の数年間において、彼は慎重になり、なるべく小さなカンヴァスに創作の場を限った。しかし、奇妙な話だが、彼を最も熱狂的に支持する有力者たちは、この消極性を長らく肯定的に評価してきた。そこに快楽主義的《エピキュリアン》趣味の最後の喜びを、つまり、芸術的なコミュニケーションの完全な綜合を発見したのだ。（私の知る限り、ベートーヴェンのバガテル作品一二六が第九交響曲作品一二五よりも独創的で洗練されていると述べたベートーヴェン・マニアはこれまで誰もいない。）

今ほど述べたヴェーベルンの初期作品をめぐる説明が示唆するのは、若き日の彼は、パッサカリアのような、外的な圧力によって統制されていたときこそ最良だったということだ。ヴェーベルンの線的な饒舌ぶりを切り詰めたばかりか、ときに衰えを示す和声的脈動《パルス》に活力を与えた。作品全体を通じて、彼が多大な信頼を寄せたのは、無理

譜例 5

やり押しつけられた数学的な手法だった。特にカノンがそうだ。ヴェーベルンのカノンでは、臨時記号で控えめな変化を加えて、五度でさりげなく応答するといった使い方は無縁だ。つまり、古典的な対位法に不可欠な宥和的な配置をしない。ヴェーベルンはこうした手法を杓子定規に用いる人である。過渡期の数年間に書かれた作品では、確かにカノン、反行、逆行があちこちに用いられていたが、どれも音程構造に対する確固たる信頼性を伴って扱われており、和声的な次元での要請に妥協することはなかった。

一九二六年頃からそれ以降のヴェーベルンは、十二音技法ばかりを用いるようになっていた。以後の彼の作品は、古典的な簡潔さに支配されつつも、さらに拡張された形式を活用し、さらに劇的な拡がりをみせて、新たに得た自信を発揮していた。何しろ、この十二音技法というシステムのために生まれ、これなしには本領を発揮できなかった作曲家がいたとすれば、それは間違いなく彼だったのだ。ヴェーベルンが十二音技法をかなり厳格に守っているにもかかわらず、その作品は、逆説的にも、いっそうの柔軟性を示す。本論で検討している不協和音の規則に関しては特に柔軟である。その理由には、ヴェーベルンが自分の音列が加わる可能性のあるさまざまな寄り道をあらかじめ計算できるようになったからでもあるが、また、反行、逆行、移置を通じて原音列を動機的に追憶させる音列のセットを図表化できるようになったこともある。さらに、音列を組み合わせて関連箇所が重なり合ったり、そこで互いを引き継いだりして、安定化を導く力の供給が実現したこともあった。

シェーンベルクとヴェーベルンの和声的特質を調和させる試みは、すでに何人かの著名な作曲家が着手しているように思われる。ルネ・レイボヴィッツは《メタファーの説明》という作品（作品一五。一九四七年）で、シェーンベルクの《ナポレオン・ボナパルトへの頌歌》の音列からヴェーベルン風の無限二重カノンを発達させている。ギーゼルヘル・クレーベやルイジ・ノーノといった、比較的保守的な十二音作曲家の多くは、音列の移置のいくつかが共有する持続音や和音が、錯綜する多声的な企ての中で保持される効果を実験してきた。しかし、そうした試みは、様式のうわべの部分を手直しすることにしか関わっていない。ブーレーズには誰よりも個性がある。軽率で不適切な主張も

譜例6

するが、才能と想像力には疑問の余地がない。リズムの切り替え、強弱の対比の仕方、そして何よりも動機どうしの応答といったものの操作には説得力があり、さすがはヴェーベルンの子孫だ。しかし、ここでの私たちの懸案である動機的な細部と和声的な細部の協働性に関する限り、彼がもっぱら集中するのは、ヴェーベルンの技法の一面を高めることに限られる。そこでは、音型の最終的な構成音は、反復を経て和声的な含意の中心として現われるのだ（譜例6）。

だがブーレーズは極度に複雑な対位法による巨大な構造を誇る作曲家である。彼の跳躍的で湾曲的な響きは、ヴェーベルンがひたむきな対位法的な努力において常に示したような相対的な不協和音の堅固な制御を無視するものではないはずだ。ブーレーズは劇的なペースを見事に把握しながら大きな形式を扱うのが得意なので、もしも彼が大きな形式での創作を続けるならば、現代に突きつけられたこのジレンマと必ずや一戦を交えねばならない。

ピエール・ブーレーズをはじめ、ヴェーベルン以降の世代の作曲家たちの内部には、十二音の垂直方向と水平方向の働きを関連づけられる芸術家が住みついている。私はそう信じたい。けれども、目覚ましい新世界が間近に迫っているといった景気のよい宣言をもって本稿の結論とすることはもはや無理だ。私には次のように思えるときがある。年老いてからのシェーンベルクが書いた清教徒的な作品の数々は、音楽のあまりに早い変容ぶりを伝える終了宣言だったのではないか、と。しかし、この五年間に目の当たりにしてきたものは、始まりにすぎないのかもしれない。始まるのは、後進の作品を否定する物憂い倦怠感を万人にもたらす、一生かかるほど長い、想像力の石灰化である。

36 ピエール・ブーレーズ伝（書評・一九七六年）

北米の私たちの多くにとって、ピエール・ブーレーズが初めて悪名をとどろかせたのは、作曲家としてでも、指揮者としてでもない。英国の雑誌『ザ・スコア』に掲載された、ひどく意地の悪い不機嫌な文章の書き手としてである。一九五一年のことで、雑誌はそれに先立つ七月に他界したアルノルト・シェーンベルクを偲ぶ特集号という体裁だった。しかしブーレーズは、場をわきまえて自分の意図を歪めるような人ではなかったので、高圧的な宣言をした。題して「シェーンベルク・エ・モール」つまり「シェーンベルクは死んだ」である。その主張は予想できる内容だった。シェーンベルクは、かつては革命的であったその情熱をもって、十二音技法と後期ロマン主義の構造的規範を融合させるという不毛な企てに生涯最後の四半世紀を費やし、一言にまとめれば、見当違い《イレレヴァント》で終わった。（当を得たこと《レレヴァンス》、あるいはこれに見合った同義語こそが、ブーレーズの語彙の中では大事な言葉であった。）たいまつはすでに若い世代に引き継がれており（率いるのはもちろん……）、未来の音楽は、結局、そうしたシェーンベルクの理論の音高《ピッチ》に関連する部分のみを借用し、それを、リズム、強弱、音色といったパラメーターの規定する場所に適合させるのだ――。

　議論自体は、出色のものではまったくない。ブーレーズは、彼の信ずる音楽的イデオロギーを説得力をもって擁護していたのだし、それは今も変わらない。前述の複数のパラメーターを統合した技能を意味する音列作法《シリアリズム》は、五〇年代の標語となった。最初はまずヨーロッパで。続いて、浸透の度合いは低かったにせよ、米国で。ブーレーズはその最も声高な擁護者であったし、最も説得力のある実践者だと見なす人もいた。かくして、このあまりに意地の悪い攻撃的な文章が記念号の追悼文に含められたのであり、おまけに、寄稿を求めたのは、BBC音楽部門の責任者ウィリアム・グロック（のちに「サー」の称号を得た）（一九〇八―二〇〇〇。音楽批評家。ブーレーズ紹介に熱心だった）で、冒険的だが完全に体制寄りの人物だった。これらの事実からすれば、当時まだ二十六歳だったブーレーズがヨーロッパでどれほどの名声を獲得していたのかがよくわかる。もっとも、この記事が出てからたっぷり十年たったときでさえ、シェーンベルクの未亡人ゲルトルートはブーレーズの名を口にしようとはしなかった。本評者が一九六二年にテープ録音をしたラジオ番組用のインタヴューで、彼女はこうコメントした――「あのようなことではシェーンベルクはびくともしません、むしろ評価を上げるだけです。とにかく、私は個人攻撃は控えます。」

　この「シェーンベルクは死んだ」事件は国際的な騒ぎにもなったが、ブーレーズが筋の通った解釈を挑発的言動で混乱させたことはこれ以前にもあった。一九四五年、戦後のパリで初めてオール・ストラヴィンスキー・コンサートが開かれたとき、シャンゼリゼ劇場において声によるサボタージュの一団を先導したのはブーレーズだ（学生たちによるブーイング騒動。ストラヴィンスキーの新作二曲が演奏された）。これはナディア・ブーランジェが率いる地元の新古典派の動きに対する嫌がらせだった。不幸なことに、これらの出来事は例外的な事件でもなければ、頭の鈍い若者の虚しい悪ふざけでもなかった。ブーレーズの人生は、著者ジョーン・ペイザーが詳述するように、プロットとカウンタープロットの、仲違いと和解の際限のない継続から構成されてきたように思われる。政治的な優位性と音楽的な信念が常に交差する。同じ作曲家たちはその最新の作品で披露する潮流にしたがって敵対者呼ばわりをされたり、共犯者にさせられたりする。この作曲家兼指揮者は、ニューヨーク・フィルハーモニックとの六年間にいくぶん柔らかくなったように思われるけれど、本書は気の滅入るような、わずらわしい物語であり、戦慄を覚えすらする。

これはまた、少なくともある面を考えれば、ずいぶんややこしい物語だ。ペイザーがその語りのテクスチュアに編み込むのは、準軍事的な語彙であり、しばしばブーレーズ本人の語り口との区別ができなくなってしまう。たとえば、「交戦中の駐留地」、「戦闘」、「交戦状態に入る」、「破壊する」、「撃破する」、「粉砕する」、「全滅させる」、「打破する」があり、「[互いに]抹殺する」も驚くほどの頻度で登場する。もちろん、こうした「勝利」がもたらされるのは、「英雄」すなわち「鋼のように強靱な気性の人物」あるいは「王」までもが、「戦線が堅固に引かれる」ように取り計らい、また、「対抗者」や「敵」や、それこそ大敵が、「とどめを刺される」のを待ち、結局、「絶滅」させられるのだ。「抗争」のあと、「指導者」は、たとえまだ戴冠式を終えていなかったとしても、「冠を授かる」のであり、その地位にいた者は、そこから「引きずり降ろされる」のである。幸福な時期においては「休戦」が宣言され、「同盟国」探しがなされ、「交渉」がもたれるが、不幸なことに、その大半は「荒れ果て」る。もちろんこれは、必ずや「虐待」や「嘲弄」や「侮辱」につながり、頻繁に「ゲリラ戦」が起こり、ひととおり終わると、また次の新しい周期が始まるのだ。

言うまでもなく、この軍事体制の言語的考案がいつまでも続くはずがなく、ときどき歴史の流れの間違いが生じる。つまり、たまに「マフィア」が現われ、宮廷に仕える者たちは、それぞれ不運にも「頭を殴られ」たり、「足元をすくわれ」たり、「刃物で刺され」たりする。だが、そのあと、主人《メートル》であるブーレーズが指摘したように、「歴史はギロチンによく似ている。隠喩的に言えば、正しい方向に進まない作曲家は斬首される」のだ（一九五五年初演の代表作《主人のいない槌（ル・マルトー・サン・メートル）》の存在を意識した記述）。

著者の言葉を引用すれば、この伝記の雰囲気が伝わるかもしれない。「とにかく、フランスでどこに行きたいとしても、その点では大半の国もそうだとは思うが、鋼のように強靱な魂を持つのがよい。作曲家にせよ、教師にせよ、芸術のカウンセラーにせよ、その強力な父親と一戦交えるよりも、この鋼の質を試すことの方がどれほどよいことか。この問題にもう一歩踏み込むならば、自分の究極的な力を試す方が、自分の国を侮辱したり、攻撃したり、拒絶して、いっそう大きな国に移るよりもどれだけましか」（対象書一一四頁）。「強力な父親」への言及こそが、著者の主張の中心にある。エリク・エリクソン（一九〇二―九四。ドイツ生まれの発達心理学者）に負う旨をしかるべく宣言した著者は、心理学的な伝記としての描写を始める。そして、あいにく、対象とされた人物にとっては迷惑な話だが、それを実現するのだ。ブーレーズは自分の父親を拒絶した、と本書は伝える。「今日、その闘いを再構成するにあたり、ブーレーズは自分自身と姉の力に誇りをもって語る――『両親は強かった。だが最後にはわれわれの方が強くなった。』」彼は五歳のときに、同じ名の兄が幼児期に死亡していた事実を知る。「子どもが死を初めて意識した年に、ピエールは小さな墓石を前に立ち、「ピエール・ブーレーズ」の名が刻まれているのを読んだ。『私はダーウィン主義者だ』とブーレーズは説明する。『私が生き残ったのは、私の方が強かったからだ。兄が素描なら、私は線画だった。』」（対象書一二二―一二四頁）

　ペイザーが徹底的に探求するのは、彼女の対になったテーマ、子としての怒りと兄弟への罪悪感である。若い頃のブーレーズは、あらゆる父親的な人物を――たとえそれが教師（ルネ・レイボヴィッツやオリヴィエ・メシアン）であろうと、年長の権威（イーゴリ・ストラヴィンスキーやアルノルト・シェーンベルク）であろうと――「殺す」ことを求められていたように見受けられるし、比較的最近であれば、彼の立場を脅かす「弟たち」（カールハインツ・シュトックハウゼンやアンリ・プスール（一九二九―二〇〇九。ベルギーのセリー主義の作曲家））を後ろを振り向いて攻撃することが求められていたようだ。こうした追撃の最初の共犯者は、姉のジャンヌだった。この本の功労者であり、とても魅力的な人物だ。著者によれば、弟にとって唯一の親友であった。ジャンヌはピエールを「イエスのような存在」と見なし、「父親に対する明確な決断」を祝福する（彼女はその決定において武装した同志として仕える）。彼女はまた、弟の策略に対抗する能力がある。「弟は強い。だが私も強いから」だ。こうした事情に刺激されて、トーマス・マンの

『ヴェルズングの血』（一九〇五年作の短篇。双子の兄妹の近親相姦が描かれる）の主題による変奏曲を書いたが、そこには一定の慎重さがある。もっとも、そうした慎重さは、ブーレーズの性的な傾向に関する調査には発揮されない。友人たちの助けを少々借りて行なったものだが、繰り返しが多く、無味乾燥で、結局は何も生まない調査だった。

比較的隔絶した州に住む者として言わせてもらえれば、本書はアメリカ東海岸の巨大都市的メンタリティが生み出した原型的な産物だ。精神医学者を夫にもつペイザーは、つい精神分析的用語に引き寄せられてしまうらしい。必然的に彼女は問題を泥沼化させることに成功した。読者にとっても、対象者にとっても、未来の有望な伝記作家たちにとっても、それが言える。

もっとも彼女の文章はたいへん上手で、『ニューヨーカー』誌の人物紹介記事を拡大したような調子で書いている。細部もよく観察しているが、同誌で活躍したレナータ・アドラー（一九三八年生まれ。イタリア出身の米国のジャーナリスト、映画批評家）の文章のような、映画的な緻密さと個人的な思い入れを併せ持つ時代感覚を喚起するわけではない。それでも一九五〇年代の音楽界の説明は的確で調査は周到だ。そして近年のブーレーズの活動を述べるにあたっては、印象的な短い場面をいくつか用いており、ディック・キャヴェット（一九三六年生まれのパーソナリティ）のテレビ番組に出演したときの、ひどく勉強不足なこの司会者とのやりとりも実に滑稽に描写されている。こう判断してよければ、ペイザーは耳もよい（いや、信頼のできるカセットテープを持っているか、その両方かもしれない）。しかし、ＣＢＳのもとでニューヨーク・フィルハーモニックと共演したブーレーズの最初の録音セッションの模様は（これは『ニューヨーク・タイムズ』紙日曜版からの転載だ）、プロデューサーのアンドルー・カズディンの次の一言で始まるのだ。「インサート1《ワン》、テイク1《ワン》」。私の個人的な体験から証言するならば、スタジオでのカズディンはしっかりしている。彼がセッションを「インサート」で始めるとはどうにも考えにくい。「インサート」は基本となる「テイク」を修復したり、拡張するためのものだし、本質的に、作品冒頭以外で始まるものだからだ。

もしかして、ペイザーはブーレーズの指揮者としてのキャリアを作曲からの逃避であり、ゆえに堕落だと受けとめているのか、ニューヨークの数年間（今シーズンまで）の説明はかなり詳しいが、迫力に欠け、時には、シャーロット・カーティス（一九二八−八七。『ニューヨーク・タイムズ』紙で女性初の編集委員）とロナ・バレット（一九三六年生まれ。ゴシップ・ジャーナリスト）の中間の、実に軽妙な調子で書くのだ。たとえば——

エイミー・グリーンは、ニューヨークで最もお洒落な店であるヘンリ・ベンデルに美容室を構えている。その夫はマリリン・モンローの写真を撮っていたミルトン・グリーンで、二人はレナード・バーンスタイン夫妻と親しい。ある日の午後、美容室に行ったときに彼女の話を聞いた。それによると……バーンスタインが去ってからはフィルハーモニックを聴きに行っていない、なぜなら「よいものをまったくやっていない」と耳にしたからだ、と。……アイシャドウを試し塗りしてもらっていたロング・アイランドの女性がこう言った——「定期演奏会はやめましたわ。夫が言うのです、一日の終わりは疲れているから、好きな音楽しか聴きたくないと」。（対象書第二二章二一九頁）

これより前の方の章で、ペイザーはブーレーズの主要作品を分析することなしに説明し、特徴を述べる。これはこの種の書物としては適切な対応だと私は思う。著者がその調子で進めていれば、本書はブーレーズの音楽の一般読者向けの有用な入門書となっていたはずだ。だが、あいにく、著者は、本書で描いた人物と同様に、何が当を得ている《レレヴァント》かという観念に囚われている。序章では彼を「天才」だと断定するけれど、章が進むにつれて次第に明らかになるは、彼は最盛期を迎え、すでにそれを終えた作曲家だとする著者の見解だ。つまり、「シュトックハウゼンに場所を譲」り、ジョン・ケージに「足元をすくわれ」た作曲家である。これを解釈すればこうだ。ブーレーズはある一連の原理を信奉していて、そのおかげで、短い陶酔的な時期（四〇年代後半から五〇年代前半）に、前衛芸術家の誰もが望むような流れに乗ったが、わずかな修正を施す程度でこの原理を堅持したために（それは頑固なイデオロギーに見えた)、五〇年代後半の偶然性音楽の発展や六〇年代のミュージック・シアターの創作に乗り遅れてしまった、と。(ペイザーはリヒャルト・シュトラウス晩年の充実ぶりをどう扱うのか、ブルックナーのミサ曲ホ短調のパレストリーナ的な対位法をどう説明するのか、考えるだけでぞっとする。)結局、彼女は、私が別の機会に述べた「時代精神の呪い《ザ・カース・オヴ・ザ・ツァイトガイスト》」のもとで、仕事に励んだのだ。ここで皮肉なのは、ブーレーズ本人も同じだったことだ。ブーレーズが仲間への思いやりを発揮する話は聞いたことがないが、ここでの彼はほとんど誹謗中傷の犠牲者だ。ペイザーの伝記は「剣に生き、剣に死ぬ」道徳的な寓意劇となった。だが著者はそれに気づいていない。剣の犠牲者よりも剣自体に共感を示しているとしか考えられない。

歴史とは、ありがたいことに、そうなるはずがなく、実際、そうならない。周知のように、歴史の淘汰のプロセスは、誰が初めてどこに到達したかには鈍感だが、誰が何をしたかについては敏感で、そこに深く関与する。ペイザーはみずからがオリヴィエ・メシアンの言葉を引用し、それを序章の最初のページに掲げたことを思い出せばよい。また、第十四章の末尾でもそれに少し改変を施して示したのだ——「変化の途中でもあわてない人がいる。バッハしかり、リヒャルト・シュトラウスしかり。……だが、ブーレーズには無理だ。偉大な音楽家だけに、たいへん悲しいことだ」(対象書二四七頁)。もしもペイザーがこの引用をライトモティーフにしていたならば、もっとバランスのとれた、穏やかな研究書が生まれていたはずだ。ブーレーズは「偉大な作曲家」ではないかもしれない。しかし、興味深い作曲家には違いない。自意識過剰の状態で自己破壊的に歴史を読む人だが(いや、正確には、それだからこそ)、彼と同じ自負によって判断が損なわれず、本書以上に客観的な取材のできる伝記作家が求められる。

37 未来と「フラット＝フット・フルージー」（『現代音楽事典』の書評・一九七四年）

「永遠性のための音楽」という一九三八年に発表された文章がある。そこで作曲家のエルンスト・クシェネクは、戦前のアメリカ最後の大はしゃぎの行事であった一九三九年のニューヨーク万国博覧会で埋設されることになっていた音のタイム・カプセルの内容を列挙した。彼によると、博覧会の文化委員たちは、六九三九年（魚雷の形状のカプセルには五千年間ロックされる仕組みだった）にその時代の民族音楽者たちを混乱させることにしたそうだ。音楽のミイラ棺には、ミニチュアのスコアが含まれる。具体的にはシベリウスの《フィンランディア》、スーザの〈星条旗よ永遠なれ〉、そしてボブ・グリーン、スリム・ガリャード、スラム・スチュワートという有名な三人組による〈フラット＝フット・フルージー〉（スリム&スラムの歌唱・演奏による一九三八年発表のヒット曲）という作品だった。さて、どういうわけか、まさにこのエルンスト・クシェネクが、本事典の編纂の監修者《アドヴァイザー》三十名のひとりであり、主たる解説項目の寄稿者である。彼は「音列作法《シリアリズム》」を取り上げて、守りの姿勢がやや強めだとしても、実にバランスの取れた解説を書いた。その雄弁で上品な文章を読むだけでも、少々高めの入場料を払う価値がある。（クシェネクにとって英語は母語ではない。そのごく平凡な韻律に、彼は中欧の奇抜なリズムを無意識に組み入れた。彼の英語が完璧なのはこの事実に多くを負っており、ジョージ・サンターヤナの場合と似ているが、これについて誰かが注釈を施してくれる日が来るのはいつだろうか。）

この事典は、アメリカ東海岸の音楽界が共有する最も綿密で公正な世界観を提供するものである。監修者三十名のうち二十五名が、米国生まれか、米国に帰化しているか、米国の長期在住者だ。ミルトン・バビットやロジャー・セッションズのようなアカデミックな大物が影響力を発揮する一方で、ジョン・ケージやクリスチャン・ウォルフのような偶然性という別の選択肢を与える人たちの存在によって、慎重かつ数量的に釣り合いがとれている。

なるほど諸外国の音楽の概説はそれぞれの国の人たちに割り当てられている（と思われる）。チリとオーストラリアに関する私の知識は不十分なので、それぞれについてファン・パブロ・イスキエルドやラリー・シツキーの書いた記事をきちんと評価することができないが、シツキー本人の書いたオペラ作品《レンツ》（一九七〇年）に関する生き生きとした評釈には、思わず想像力をかき立てられてしまう。この作品は「エクスタティックな神秘主義と冒瀆」のあいだを転々とするというのだ。他方、英国の項目は、一九四五年以前と以後に分けられ、ジェフリー・シャープとティム・サウスターがチームを組んでそれぞれを担当する。自制の手本のような項目であり、エルガーの「感情的な深みは……他のいかなる音楽にもみられない」というシャープ氏の告白のおかげで、帝国の沈む太陽のもとでは新しいものなど何もないことを気づかせてくれるのだ。カナダの様子も、同じく地味な調整を経て描写される。ジョン・ベックウィズ（一九二七―二〇二二。カナダの作曲家・ピアニスト。グールドの兄弟子）が時代と風土を根気強く記録するのだ。さらに個々の作曲家については、特に海外の人物は、等しく好意的な書き手がその伝記項目をまとめている。たとえば、アンリ＝ルイ・ド・ラ・グランジュ、H・H・シュトゥッケンシュミット、ルチアーノ・ベリオは、その対象となる人物の肖像をわかりやすく描いている。それぞれグスタフ・マーラー、ボリス・ブラッハー、アンリ・プスールのことだ。

本事典の各作曲家の項目には、略歴に続いて年代順の作品表と文献表が付いており、現役の音楽家にとってはたいへん役に立つ。しかも短い項目は驚くほど少ない。たとえ主要作品が数行の要約で済む作曲家でも、補助的な一覧表が半ページに及ぶこともある。ただし、指摘するべき皮肉な例外は、前述のクシェネク氏だ。そのバロック的な規模の作品群をどう扱うべきか、どんな編集者も一瞬考え込むはずだ。

しかし、この事典の不朽の価値は――実際、もしも不朽であることが百科事典の事業に固有の追求目標だとすれば――一九七〇年頃のアメリカ音楽界の好みと偏見を捉えた写真を集めたアルバムとしての機能にあるだろう。理屈ではそれが最大の強みのはずだが、まさにその次元において私はこれが後世のためになるのか危ぶむし、現時点での価値にすらあえて疑念を呈する。主たる米国人の場合、その多くの肖像を精査するには、彼らそれぞれのキャリアに含まれていた政治的策謀に関する知識にもあたることが必須と言えそうだ。クシェネクのまとめた秀逸な文章や、カート・ストーンによる学術論文ばりの「記譜法」、バーニー・チャイルズが全体像をまとめた「不確定性」といった手引き的な重要な項目を読んでいるあいだ、私はずっとこう願わずにはいられなかった。今から千年後、意欲的なアーキヴィストがこの事典を掘り出して、これに基づいて、私たちの時代の音楽について即断しようとするときに、その現場にいられたらいいのに、と。

＊

二九七四年十一月三〇日【惑星間ニュース・サーヴィス特約】無限《インフィニティ》大学サウンド・コレクション名誉学芸員であり、新たに沈黙監視総監に任命されたヴェルナー・フォン・ブラウ教授が、銀河間研究のためのフォン・ダニケン賞を三年連続で受賞した。受賞理由は「『周波数操作《フリクエンサイジング》』として知られる典礼風の音響的儀式——二十世紀の第三四半期に存在していたと思われる儀式——が、地球という、久しく誰も住まなくなっていた惑星に存在したことを示す証拠を発見したこと」である。表彰委員会によれば、フォン・ブラウ教授が、ニュージャージー州プリンストンのコミュニティで新たに確認された遺跡の発掘調査から、当時の主要な周波操作の儀式について詳細に記述された、八百ページほど（〇・〇〇六四ヴェルブ《ヴァービューン》単位に相当）の本を発見したことが、特に重要であった。同教授は、この賞を同僚のハンス＝ハインツ・シュレッセマンと分かち合いたいと、彼らしい謙虚さで主張した。「プリンストンでの彼［シュレッセマン］の情熱的な基礎研究がなければ、この本から得られるデータを十全に評価することは私には不可能だったはずだ」とフォン・ブラウ教授は述べている。

　教授によれば、シュレッセマンは「プリンストンのコミュニティが、地球戦争Ⅰのあと、当時の有名な占星術師アルバート・アインシュタインのためのセキュリティ最高度の保護施設として設計されたことを説得力をもって論証した。アインシュタインの宇宙論は、当時カルト的な人気を得て、地球戦争ⅠAのアメリカの交戦能力に決定的な影響を与えたとも考えられている。休戦後、このコミュニティは事実上、セキュリティ中程度の敵国者収容所に変容し、その後は学際的な数秘術の実践者を住まわせるために利用された。この実践者たちの存在と（想像するに）その幅広い支持は、近隣のマンハッタン島にいる科学的に意欲の高い同業者たちから脅威とみなされた」のである。

科学に携わるほとんどの人間と同様、フォン・ブラウ教授は、進行中の研究調査について要約を公表することに消極的であるが（発見については、発表予定の論文「六音音階と氷河層との関係」で仔細に説明する計画だ）、弊社のために次のような概略をまとめてくれた――

手元にある本書の印刷の割り当てに基づくならば、二十世紀第三四半期の主たる周波数操作士《フリクエンサー》は、プリンストンに収容されていたミルトン・バイロン・バビットなる人物と推定して差し支えなかろう。盛んに賞讃されたこの音響施与者《サウンド・ディスペンサー》については、その伝記項目の執筆者ベンジャミン・ボレッツは「音楽の世界を多方向・多方面にわたって拡張し、人間の概念的・知覚的能力の限界に近づけると同時に、同時代の知的達成の高みにまで到達させた」と評している。ゆえに彼が五ページ半（〇・〇〇〇〇四四ヴェルブ単位）という最も充実した単一項目を授与されているのは理解できるが、ほかにも重要な周波数操作士も注目されているのがわかる。ジョン・ケージ（四ページ）、アルノルト・シェーンベルクとイーゴリ・ストラヴィンスキー（各三ページ）、カールハインツ・シュトックハウゼン（二ページ半）である。バビットの主たる関心事には十二という数の音の変化が含まれていたと思われる。その伝記項目の書き手が妬ましいほどの明晰さをもって指摘しているとおり、「移高形は〝定数〟の足し算となるように、反行形は相補集合すなわち〝定数〟からの引き算になる（〝定数〟とは十二の半音を〝数量〟とする八度音程である）。すると逆行形は補集合を成し……。すると、十二音組織による音楽の構成法の基本としての分節ごとの不変性《セグメンタル・インヴァリアンス》という概念が現われる。そして音高に重複が生じないという特殊な場合が組み合わせ論の概念として一般化される。……これこそが、厳密な意味でのバビットの音楽的思考における数学の役割だ。」

今回の調査の範囲を越えており、まったく憶測の域を出ないが、バビットが、十四世紀の音波探知師《ソナリスト》でフィエーゾレ出身のランディーニの呪術的な観念に通じていた可能性は十分にある。ランディーニの周波数操作の理論は、洗練の度合いこそ明らかに上だったが、アメリカの後継者のものと本質的には変わらなかった。

前述のように、ジョン・ケージなる人物や、その弟子たち数名には惜しみない説明が施されている。特にクリスチャン・ウォルフ、デイヴィッド・チューダーがそうだが、格別に扱われているのはラ・モンテ・ヤングである。これらの周波数操作士たちはみなニューヨーク市かその近隣に暮らしていたが、それぞれに顕著な科学的傾向があった。ただしその特徴はバビットの算盤風の実験とははっきりと異なる。ラ・モンテ・ヤングの伝記項目の書き手（無署名）によれば、彼は音楽家の集団「永遠の音楽劇場」のために《亀、その夢と旅》という題名の周波数操作物を作った。これは「たいへん長く、包括的で、毎日いくつかのセクションを演奏することで転回する」。周波数操作士ヤングは、さらに「特にこれを継続的にパフォーマンスする目的で〝夢の家《ドリーム・ハウジズ》〟を建て、この作品を不朽のものにする」ことを望んでいた。さらに私たちが知るのは、一九六六年にヤングが《亀》の一部として《四九年の夢の地図・銀河的音程の十一組から成る二つのシステム・装飾的光年の網目模様》を始めたことである。それは「音と光の継続的な周波数から成り立つパフォーマンスで、少なくともおよそ一週間は続く」という。

以下のような推論は妥当であろう。すなわち、「銀河的音程」と「装飾的光年」を生み出そうとする企ては、時期尚早とはいえ感動的であったが、これを伴うこうした環境的な構造物は、アメリカ帝国の最後の数十年間にその東部海域を包み込んだ大気汚染を受けて、その音波による昇華を表現するのに設計したものであったこと。そして、この信念を抱く周波数操作士たちの多くが利用したプレイバック機能は、反射的で通常は電子的に動機づけられていたが、視認性と放射線レベルを検査するために設計された音波探知機としては合格しなかった構造物であったこと。さらに、当時の原始的な電子設備では、環境状況を充足させることも、解釈することもできなかったこと、である。以上の推論はすでに言及した〝潮汐〟によって証明されている。つまり、《亀、その夢と旅》のことだが、これが二十一世紀の氷河の急増に対応してヒューマノイドたちが見切り発車で実行した海底への避難と結びついていることに疑念の余地はない。つまりここでの亀は、両生類の象徴と思われるし、周波数操作士ヤングの言及した「夢の家」とは海底に避難するために用意されたモジュールだとわかる。ただし、以下のことは断わっておく。確かに周波数操作をもっぱら気候現象に重ねる理論は広く支持されてきたし、それこそが温暖地域のヒューマノイドの関心事だったが、今では支持できない理論であること、そして、本書では、「第四」と呼ばれる交響曲を書いた、シベリウスという名のフィンランドの周波数操作士については、項目としてパラグラフ一個が割かれるのみであることだ。

フォン・ブラウ教授はこのデータを正当に評価するにはさらに何年もの調査が求められることを認めたが、シュレッセマンがニューヨークのフラッシング・メドウズで音波探知機を使って大発見をしたニュースには特に満足した。その発見物には、前述のシベリウスや、スーザ、グリーン、ガリャード、スチュワートといった著名な周波数操作士たちを偲ばせる操作物が含まれている。

フォン・ブラウ教授はさらにこう述べる——

どうやらこのコレクションは、地球戦争ⅠＡの直前に運よくカプセルに詰められたものらしい。収容された周波数操作士たちの作品は、ケージの仲間たちの実用的かつ科学的な追求からも、バビットの弟子たちの呪術めいた音楽占星術的な伝統からも刺激を受けていなかった。予備調査が示唆するのは、これらの証拠物件に共通する唯一の特徴は「エンターテインメント」として知られる観念を促す傾向である。地球戦争ⅠＡと地球戦争

IBに挟まれた数年間の周波数操作において、この観念がいかなる役割を果たしたのかはわかっていない。ただし、ホロコーストの差し迫る緊迫した状況を考えれば、これらの作品が大急ぎでコード化されたことは明らかである。同僚たちはこのコードをまだ解読できていないが、最終的に解読できれば、当時のヒューマノイドの本質と、その周波数操作の傾向についてはるかに有益な情報が得られると私たちは確信している。

プリンストンでの発見は［とフォン・ブラウ教授は続けた］、初歩的な音楽魔術の実践と、音波探知による波動制御の分野でのかなり洗練された試みが、そこにはっきり区別されて共存していることを考えれば、証拠としては比較的理解しやすい。他方、フラッシング・メドウでの発見には、どこに実用性があるのかはっきりしないし、すぐにわかるような分野横断的な関係もみられない。そのため、シュレッセマンのあらゆる回収物のうちで最もとらえどころがなく、分析に手間取りそうである。

「私がもっと若ければねえ。」フォン・ブラウ教授はため息をつきながら、そう言った。

38　テリー・ライリーの《Cで》（番組台本・一九七〇年）

おや、カール・オルフは安易な稼ぎ方をみつけたな、と、お思いになりましたか？　実は今お聞かせしていることの反復の音楽は、米国の若い作曲家テリー・ライリーのもので、ここにはいたずら書きのようなフレーズが全部で五十三個あり（その平均的な長さは音十個分です）、曲に参加する十一人の器楽奏者はこれを読みとることが求められています。指揮者はいません。参加者は時間を好きなだけ浪費してそれぞれのフレーズを演奏していきます。ただし、前もって相互に了解した約束事がひとつだけあって、それは、あと戻り禁止、というものです。この作品は、十一人目の奏者が最終地点のフレーズ第五三番にたどり着いたときに終わりとなります。作曲者の無干渉主義《レッセフェール》的な序文によると、この探索の所要時間は四十分から九十分まで許されるのです。

これは《Cで《イン・シー》》と呼ばれる曲です。全部で五十三のこれらのフレーズが示すのは、このCという調性における三和音のクラスターを守らなくてはという極度の強迫観念です。調性は単純であり、ゆえに退屈さをもてあそぶところがあるため、カール・オルフを髣髴とさせますが、しかし、彼の《カルミナ・ブラーナ》に承認の印を与えたナチスの幹部たちも、さすがにこの《Cで》には「文化的ボルシェヴィズム」のラベルを貼ったのではないでしょうか。オルフの音楽的催眠術の実践と確かに皮相的には似ていますが、実はこれは、六〇年代に起こったことのほとんどすべてを要約する作品なのです。

第一に、《Cで》は「おかしな《ファニーな》」作品だと思います（わかりやすいユーモアがあるからというよりは、皮肉なコメントを引き出すという意味において、かもしれませんが）。というのは、これは時代のしるしだったのです。つまり、小話で楽しませる芸はソフト・ペダルが踏まれたように静かになり、代わりに、用いるメディアそのものから多くの発想を得た新種のスラップスティックな芸が急に現われたのです。確かにボブ・ニューハートが手がけた、愉快だけれども、マクルーハン氏の言葉を借りれば、「線的《リニア》」と形容されてしまうお決まりの番組は、この十年間の最初の数年は、たいへんもてはやされました。しかし、六〇年代末の雰囲気となりますと、テレビ番組『ラーフ＝イン』の手法にあった、当て逃げ方式の点描画法の方が、これを正確に捉えています。何が違うのかを考えてみますと、線的なユーモアの場合、語りに多少のゆとりが求められる題材を開拓しないといけなかったこともありますが、むしろこのユーモアでは、それが関わったテレビというメディアの外側にあるものを話題としていたのです。ところが、六〇年代後半のユーモアのほとんどは違います。どんなユーモアか最初からわかってしまうような工夫があって、しかも工夫とユーモアは渾然一体となってメディアに包み込まれていたのです。

《Cで》について言える第二の点は、マクルーハン主義者たちの好きな言葉を使うなら、「参加型《パーティシパトリー》」であることです。一九五〇年代の厳格な音列作法は、この過去十年間に、すっかり評判を落としたわけではないにせよ、衰えました。やがて用いられなくなり、この十年間の終わりまでには、最も熱心な支持者たちからさえも、割り引いて受けとめられるようになりました。ピエール・ブーレーズは、五〇年代、自作で経済的な音列処理をしたことだけでなく、彼の手法との違いを出そうとするあらゆる手法を激しく非難したことでも高名ですが、彼はこの十年間に比較的有名な棒振りへと変身を遂げました。——クリーヴランド管弦楽団の主席客演指揮者、BBC交響楽団の主席指揮者、さらに、契約上の義務がすべて果たせたならば、ニューヨーク・フィルハーモニックの次期音楽監督にもなります。ブーレーズの指揮者としての能力を侮辱することにはならないと思いますが、これらのオーケストラを統治してきた畏れ多い殿方の面々は、ブーレーズが観念的には正統性の究極を堅持する敬虔な人物であるという事実を実績のひとつに数えています。正統性の究極とは、結局、教育的配慮を怠らない最新の作曲活動を意味するのです。《Cで》のような作品は、単一的な指導によって成り立つ音楽ではなく、むしろ、いくつもの指導が求められます。これははるかに主観的な営みにほかなりません。

《Cで》について指摘するべき点の第三は、本当にC調で書かれていることです。かつてアルノルト・シェーンベルクが指摘したように、この調で書かれるべき音楽はまだたくさんあります。もちろんシェーンベルクは字義どおりの意味で言ったのではありません。十二音技法が呼び起こしたノスタルジアに浸りつつ、その優位ある立場から、調体系に基づく書法に対する寛容ぶりを示したのです。同時に、ライリー氏の作品のような単調かつ単色の音楽がかつての彼の念頭になかったのは確かです。それにしても、実際とはどんなずれがあるにせよ、予言がまがりなりにも成就してしまったのは皮肉です。シェーンベルクが調性を締め出せなかったこと——少なくともほかの作曲家の調性による実作を止められなかったこと——は、六〇年代に実証されてしまいました。かたや、数学的に論証可能な生産物としての音楽に没頭したブーレーズですが、こちらも行き詰まったことが判明しています。ちょうど二十年前に彼が行なった残酷で皮相で分析的に鈍い表明が希望的観測であったのと同じです。彼はこう言っていたのです。「シェーンベルク・エ・モール」つまり「シェーンベルクは死んだ」と。今日、最も活力ある音楽の多くは、海の真ん中で《アット・シーで》途方にくれた曲でないとすれば、おおむね「Cで《イン・シーで》」作られた曲なのです。

39　グールドの作曲した弦楽四重奏曲作品一（アルバム解説・一九六〇年）

この弦楽四重奏曲は一九五三年から一九五五年にかけて書かれた。当時の私は、演奏会のあらゆる曲目でも、ちょっとした会話の中でも、自分は十二音音楽とその代表的な作曲者たちの勇ましい擁護者であると表明し、そう思い込んでいた。それゆえ、不意に、しかし実にまっとうな疑問が湧いてくる。前衛的な運動を支持する当時の熱狂の中で、どうしてこのような作品を書けたのか——。これは、世紀末の楽壇では申し分なく通用したであろうが、調性の重力法則に対する挑戦において、ヴァーグナーやブルックナーやリヒャルト・シュトラウスを越える大胆さを発揮しない作品である。私はただ自分や自分の聴衆にとってひどく身近な言語を模倣しているだけで、コミュニケーションに何の特別な障壁も設けようとしなかったということだろうか。それとも敬愛する先人たちの楽想をおこがましくも、分不相応にも再現させようとしているだけだったのか。

とにかく、この二十世紀において、ヴィーン風のロマン主義の追憶を呼び起こしそうな若い音楽家の作品に出会うなんて、この事実自体が恐るべきことだ。この作品をピアノで弾くのを初めて聴かされた友人たちは驚いたし、衝撃すら受けた。みなが私に期待していたのは、厳格な点描法的な作品だったのかもしれない。私は抗議を受けた。君は、シェーンベルクやヴェーベルンへの傾倒を公言しながら、なぜこのように乱暴な転向をしたのか、と。

そう、答えは実に簡単である。多くの学究の徒と違い、私は何かに情熱を傾けても、それと釣り合いをとろうとして別のものに敵意を抱くことがまずないからだ。私がシェーンベルクの音楽に深く傾倒しているのも、その前世代のヴィーンのロマン派への敵意を増長させる反対刺激法で強化されたためではない。悲しいけれども、賞讃がスノビズムを招くことは今日では避けられそうにない。あちこちで見かけるのは、博識で歴史に明るい若い音楽家たちだ。一八六〇年から一九二〇年までのあらゆる音楽のどこがまずかったのかを熱心に語るばかりで、ことあるごとに二十世紀の書法の発達を十九世紀の伝統から切り離してしまう。しかし、私個人としては、何かを愛するときに同時に何かを嫌ってバランスを保つべきだとか、何かを選び取るたびに何らかの拒絶が起こるのが必然だといった考え方は決して認めたくはなかった。シェーンベルクとヴェーベルンの中に、ロマン派の調性の黄昏から言い訳なしに勢いよく立ち上がる作曲家たちの姿を見ることや、シェーンベルクの手中にあった十二音技法に、十九世紀の動機処理の論理的拡長を認めることを、私は好んだ。私にとってシェーンベルクが偉大な作曲家なのは、十二音技法を用いたからではない。あれだけの天才が十二音技法を開発してくれたことがまたとない幸運だったのだ。

私はしばらく前からこんな作品を書きたくてたまらなかった。つまり、調性に基づく確固たる和声を用いて、その規則の認めた語法で動機を操作するのだが、そこにシェーンベルクが達成した動機概念の統合法を持ち込む作品だ。もちろん調整は施すが（全音階の本質上、妥協が必要）、あきれるほど小さな動機を、作品全体の和声的リズムを乱さずに、すべての主題の核となるようにどこまで拡張できるかを確かめるのは楽しかろうと私は考えた。対位法的な策略ばかりが好評を博する作品になってもいけない。実際、そうした策略は、動機的な手続きの展開によって調整され、強化されるはずだが、判然とした形式であり続けるはずの構想全体に、自然に（ときには偶発的にさえも）溶け込まなければならないのである。

この種の理論化は、あらゆる作曲家が様式を試みるときに抱くのと同様の、断固たる意志を示唆するかもしれない。もしもそうであるならば、私の当初の学究的な動機が何であったにせよ、ほんの数小節を書くのに、この新しい経験の産みの苦しみを味わったことを私は述べねばなるまい。私の場合、敬愛する作曲家たちの用いた和声法の枠を越えずに作曲を進めていたが、同時に私は、この和声法の中で、ある種の対位法的な独立性をもって取り組んでいた。この独立性とは、比較的最近、しかもはるか昔の巨匠たちから学んでいた手法である。その意味で、私は自分が何か独創的なことを語っているのを実感したし、私が芸術的良心に忠実でいることは疑いようがなかった。だが蘊蓄を傾けても仕方がない。じきに次のことが明白になったからだ。私が弦楽四重奏曲を作っているのではない、弦楽四重奏曲によって私が作られているのだ、と。

あらゆる主要な主題的展開と関わる四音の動機は次のもので、まず、低弦の持続音の上で第二ヴァイオリンによって演奏される（譜例1）。長い序奏部のあいだ、この動機は、絶えず練り上げられていくパターンの中で、四重奏団の全声部に浸透していく（譜例2）。

この弦楽四重奏曲は、簡単に言えば、古典的な第一楽章の設計であるソナタ＝アレグロ形式を先例にして巨大に拡大された楽章で、主題群の関係はいたって正統的である（つまり、ヘ短調の厳しさを、提示部の変イ長調、再現部のヘ長調の副主題群がそれぞれ和らげる）。しかし、この規模の作品には、無数の転調の段丘があって、それが和声の勢力圏を著しく拡げていることは言うまでもない。

提示部の主要主題は、形成動機（譜例1）から「引き出された《ディライヴド》」というよりは、そこに「到達した《アライヴド》」と言えそうだ（譜例3）。

ヴィオラで最初に現われるまでに、この主題は、序奏で準備された多くの動機やリズムの変化の複合体を表現し

譜例 1

譜例 2

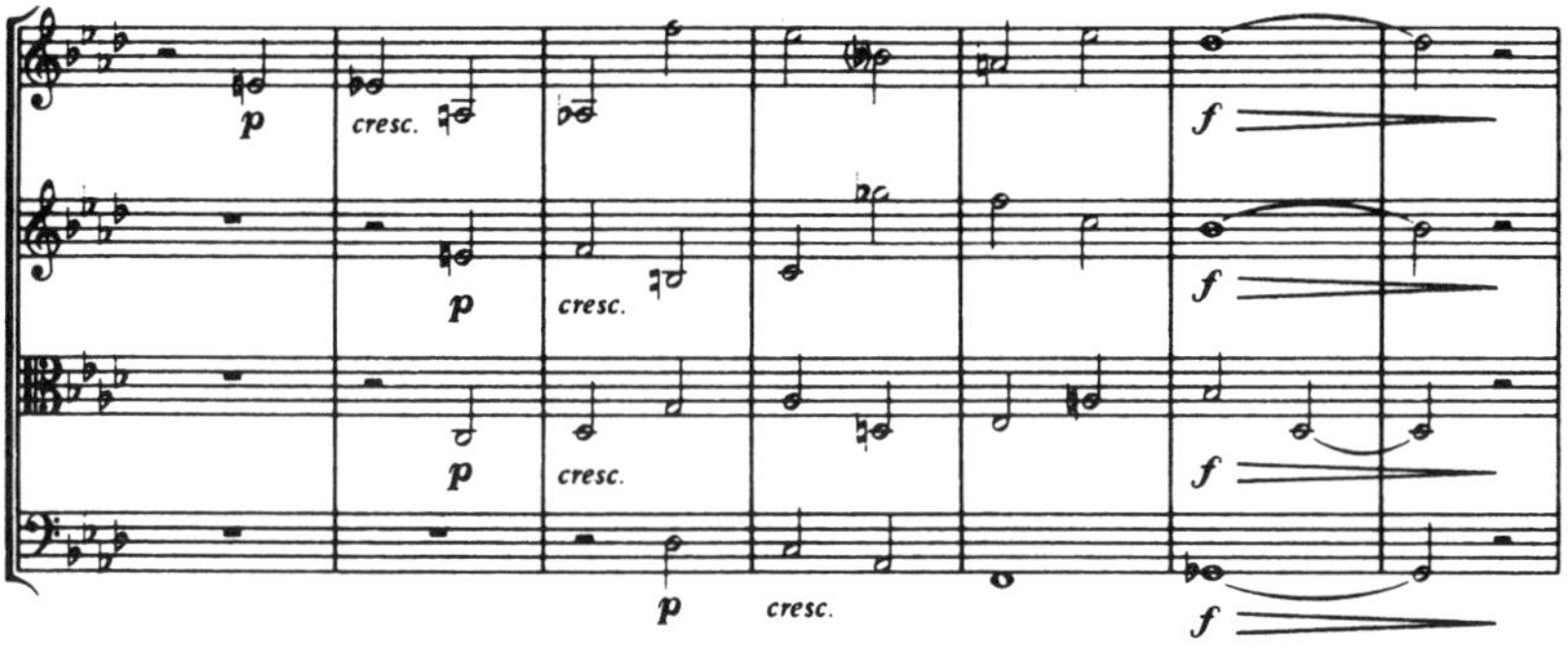

譜例 3

ていたのだ。副次的な変イ長調のグループはこの主題から次のように始まり（譜例4）、その後に発展して譜例3に加わるのである（譜例5）。

　中央の展開部はロ短調で、本来のへ短調から遠く離れる。独立した形式でフーガが始まり、その後、一連のコラール風の叙述が続き、へ短調へと戻っていく（譜例6）。フーガでは主要主題（譜例3）が対主題として現われる（譜例7）。

　フガート風の序奏で始まる再現部も、決してぞんざいなものではない。それまでに聴かれた主題的な要素がすべて存在し、対位法的

譜例 4

譜例 5

譜例 6

に成長し、混ざり合う（**譜例8**）。

つまり、ここまで説明をした形式は、まずその前に約百小節の長い序奏があり、またその後ろには、約三百小節からなる部分が続くが、この私ですらこれをコーダと呼ぶのに勇気がいる。この部分は、全曲の中で最も異色である。楽器たちは、四音の動機が引き起こす多くの対位法的な展開に再び取り組むのだが、その際に、作品の主要部分を形作る主要な主題のどれひとつとしてそのまま引用することがないのだ（**譜例9**）。

この部分では、強弱の表現が段階的に抑制されていくように構想した。副次的なクライマックスがいくつも築かれるが、次第にひとつの調和に戻っていく。つまり、作品冒頭の、沈着な持続音に基づく調和である。

この弦楽四重奏曲は私の音楽的成長の一部であり、感傷を交えずには語れない。

譜例 7

もちろん、若い作曲家の青春期の心を最も深く揺さぶった《アフェクトした》（「影響を与えた《インフルーエンスト》」とまでは言えないかもしれない）あらゆるものの主観的な綜合をうかつにも示してしまう〝作品一〟が見つかるのは、それほど異例なことではない。そうした放蕩の総括は、真の創造的生活の前兆となることもある。また、過去を反映する輝きが以後の全作品よりも優れていることもある。とにかく〝作品一〟は清算されなければならないが、この方法で精神的なカタルシスを得ても、創作力がもともと欠けていたら何にもならない。問われるのは〝作品二〟だ。

譜例 8

譜例 9

40　フーガを書いてごらんなさい（作品解説・一九六四年）

プロテウスの音楽——フーガ形式の主観的特徴に関する覚え書き

本誌のあとの方にレコードが挟み込まれている。これは実は五分十四秒のコマーシャル・ソングである。だが、スポンサーのいないコマーシャルだとすぐにわかるであろう。ほかの意味でもかなり特殊だ。気軽に勧めるこの製品は、普通に包装されたものではない。売り込む商品は形式的な思考のうちで、歴史上最も長く続く創作装置のひとつであり、音楽家の尊い実践のひとつである。この装置はフーガと呼ばれ、その操作手順がフーガ書法である。この装置と書法が始まったのはコロンブスが西へ向かうよりも一世紀前で、ほとんど同じくらい古い実践に輪唱がある（輪唱はフーガほど洗練されてはいないが、最初期はいくぶんフーガと似ていた創造的な営みである）。言葉と旋律《チューン》を活用することで、ここに録音された作品は形を得る。フーガを書くこと自体を扱うフーガである。喜び、満足、危険、面倒くささ、さらには恐怖まで、やっかいだがおもしろい対位法のパズルから長年切り離されることのなかったこれらの感情をほのめかしつつ、私のフーガは四人の歌手のあいだで交わされる音楽の会話となる。しかも弦楽四重奏の加えるコメントに助けられ、また時には反駁されるのだ。かつてアナウンサーがメロドラマ番組の予告をしたときのあの口ぶりで、このフーガは問いを投げかける——「どうです、これでフーガが書きたくなったでしょう？（フーガを書いてごらんなさい）」と。この問いはまずバスが提起する。教科書的な言葉遣いをするならば、これを提起した旋律は、言うまでもなく、フーガの「主題《サブジェクト》」である。

ほかの声部がこの旋律に「応答《アンサー》」するにつれ、つまり、テナー、アルト、ソプラノが次々と繰り返しを行なうにつれて、この奇妙な企てに求められる特別な性質についての議論が展開する。バスは、「フーガを書きたいその心臓、じゃあおやりなさい」とそれなりの勇気が必要だとほのめかすところから始める。テナーは「じゃあおやりなさい、歌えるフーガをお書きなさい」と歌う。最後に完成する作品の実用性を懸念しているのだ。アルトは、対位法における自分の行動には何の問題もないにもかかわらず、慎みのない型破りな手法を擁護するために、「言われたことは守らない、言われたことは気にしない、言われたことはいっさい忘れて、本の理論もいっさい忘れて」と歌う。その点からすれば、ソプラノも潔白で、少なくともこの時点では、フーガの規則に何ら背いていないのに、アルトを支持する。「言われたことは守らない、言われたことは気にしない」といった所感は、「フーガを書いてごらんなさい」というもとの主題に対抗する素材を形成する。主題は今度は調をさまざまに変えて、次のようなさらなる考えを歌詞にして現われる――「だってフーガを書くのなら、勢い込んで書くしかない。規則を忘れて書くしかない。やってごらん」。この極端な忠告のもつ陶酔感は、結局は節度をもってフーガに組み込まれる。歌手たちの声部はいっそう間を空けずに重なりあっていく。つまり、模倣的なストレットの不安定な反復進行に飛び込むのである。ここでついに、純理論的《アカデミック》な正義の女神が厳しい態度を示し、歌手たちからの自由剝奪を求める。「書く楽しさに夢中になるから、書く喜びのとりこになるから。きっと思うよ、ヨハン・ゼバスチャンは、とても素敵なやつだったって」と四名でフーガ書法の守護聖人を讃えているのに、バスとテナーは独立独歩の自尊心を放棄し、平行五度のもたらす無意味な破滅に身を委ねるのである。これはどのフーガの入門書にも記されているように、実に醜悪な和音の崩壊である。形ばかりの讃辞として（そして酔いを覚ませと求めるように）、今度は弦楽四重奏が、バッハの比較的有名な四種の主題を重ねたクオドリベートを演奏する（ブランデンブルク協奏曲第二番が含まれていることに気づくだろう）。それから、その場にふさわしく、弦楽四重奏は自己顕示の危険について短い説教をアルトに求めると、アルトは「才気をみせんと才走ってはだめ」と応ずる。これは「転回カノンは危険な娯楽、拡大技法はゆゆしき誘惑」という付随的な戒めを伴って、まったく新しい主題を創り出す。その直後、弦楽四重奏が《マイスタージンガー》から、短調に変わってはいるが、大げさな引用を演奏する。これは音楽の才走りの元型《アーキタイプ》のような実例にほかならない。このあと、歌手たちも弦楽四重奏も、喜びに満ちた再現部に取りかかる。バスとテナーは「フーガを書いてごらんなさい」という主題に戻る。アルトとソプラノは「でも才気をみせんと才走ってはだめ」という先ほど新たに提示された対主題を同時に歌う。以後、弦楽四重奏は、バロック的な断片を用いて奏者たち自身の対話を延々と続けていくのである。

＊

この面々によるフーガの実践にこめられたさらに大きな意味合いを探求する前に、用語について断わっておこう。今書いているこの文章において、私は定義もせずにフーガの議論に欠かせない用語をたくさん使っている。「提示部」「展開部」「再現部」「主題」「応答」といったものだ。私がこれらを定義しないのは、多少なりとも音楽形式を知る人にとっては自明だからだ。大学レヴェルの事典の主要な見出しとなっている用語もある（加えて、対位法に関する学生の教科書には三世紀にわたり掲載されている）。

しかし、フーガが二十世紀の意味論の森を進むにつれ、今述べたような単純で親しみやすい名詞よりもはるかに不可解な言葉による分析を受ける場面がますます増えている。たとえば、フーガは事物ではなくプロセスであると言われるのを聞くだろう。形式ではなく、テクスチュアであるとさえ言われるはずだ。また、フーガをめぐって「歌《チューン》」や「旋律《メロディー》」といった言葉を口にすれば、フーガを管轄する役所の窓口で顰蹙を買うのは間違いない。だが確かにこのような言葉は誤解のもとだ。〈ヤンキー・ドゥードゥル（日本では「アルプス一万尺」の歌詞で知られる米国の愛唱歌）〉がそうであるように、通常、歌や旋律とは、明確で、自足的で、完結したものである。つまり、始まりがあり、途中があり、終わりがある。しかし、フーガはそのような旋律を使わないし、使うこともできない。なぜならそれを使ったら止まってしまうからだ。「歌《チューン》」という意味では永遠に完成しないまま絶えず変化を続ける旋律的断片を用いて、こっそり済ますことの多い作業をこなすのがフーガなのである。だが、目の前の問題の方がもっと切実だ。現代のフーガについて、私たちはどんな言葉で語るべきなのか――。現代のフーガが出現するのは、地図もないような和声の荒野であり、そこでは親しみのある調体系は消滅したのに、それを否定する者の記憶にさえ残っているのだ。こうした事態に私たちは注意を喚起され、いっそう抽象的だが安全な概念を用いるようになる。たとえば「歌」の代わりに「動機的素材《モチヴィック・マテリアル》」を、「旋律」の代わりに「線的要素《リニア・ストランド》」を用いるし、ほんの十年前には流行っていたむき出しの「無調《アトナリティ》」という言葉の代わりに「無方向な調体系《ノンオリエンティッド・トナリティ》」が充てられるのだ。よほど気をつけていないと、このような慎重な言葉選びによって、私たちは、徹底的な業界用語に導かれる。これは専門家でさえ運用性に疑問を抱くような奇抜な言葉の錬金術なのだが、知的な時代の気分はこの危険を私たちに強いる。ほんの一瞬のうちに「偶然性《アレアトリー》」という言葉がこの危険を伴って私たちに迫ってくるかもしれない。

この企画の演奏家たちに戻ろう。彼らの努力の最終成果は（バッハとヴァーグナーからの場違いな引用を除けば）、純理論的《アカデミック》なフーガの伝統の典型にほかならない。提示部、転調する反復進行、対主題素材の導入、再現部でのこれらの要素の重ね合わせ——といったものにおいて、この作品はフーガの伝統的な約束事に厳密に則っている。この伝統は、何世紀もかけて対位法の規則が形成されてきた結果だ。もしも本気でフーガを書きたいのなら、これに従うことに議論の余地はない。衒学的な対位法の要件を小馬鹿にする内容が歌われている最中でさえ、音楽は承認された純理論的な手続きというマントの陰に庇護を求めていた。このマントは、何世紀にもわたる冴えない使われ方によって汚れ、傷んでいるけれども、それでも非凡な音楽活動の数々を今も守る。私たちの世代は純理論的なものへの反発が激しいが、この世代にあってさえ、フーガはジャズ・コンボが奏でたり、偶然を導く図表《アレアトリー・チャート》に基づく即興や再現がなされたりもする。なるほどフーガは無方向な調体系の音列作法でも試みられているとわかるが、こうした新奇な状況のどの場合においても、フーガはある種の矛盾を示す。なぜなら、フーガ独自の構成法は、調号に基づく調組織と大きく関わるからであり、それなのに、この組織が解体のプロセスに入ったかのように思えてくるからだ。しかし、フーガという構造に固有のある種の仕掛け（つまり、主題と応答や主唱と応唱といった仕掛け）は、音響的にも心理学的にも、現代人の意識の内面に埋め込まれているので、その限りにおいてフーガが滅びることはない。こうした仕掛けにバランスや重力やある種の均衡がもたらされたのは調性への執着があったためだが、この執着が一般的に消えてからも、仕掛けは効果的な構成法として生き残った。その主たる理由は、これらの仕掛けが、決して調性に固有のものではなかった点かもしれない。フーガの効果のすべては（調や調の対比による垂直的な重力効果は除くが）、ルネサンス初期の時代に形成された。すなわち、緊張と緩和の調的な文法が明確化される以前のことだったのだ。そしてこれらの仕掛けが、均衡とバランスという遠心的な和声に加わることは、蜘蛛の巣のような終止構造に絡みつくことであり、これはせいぜい、この仕掛けが自発的に同時性を発揮した結果のように思われる。

＊

このように、フーガは、調性が確立する以前に線的な音楽をあらかじめ経験していたからこそ、将来のはっきりしない調性以後の現在においても存続できるようになった。そして、調性の歴史的発展とフーガとのあいだに驚くべき関係がもたらされているのは、（ルネサンス以降という意味において）調性が力を及ぼさない状況に、これらのフーガの仕掛けが通用したからである。実際、フーガの構築にあたっては、それぞれの世代固有の和声的な関心は常に斥けられてきた。特に、対位法的な視点を執拗に貫く態度を志向しない世代の和声的な関心はそうだ。線的な構造の統合が時代遅れだと考えられていた頃に書かれたフーガには、安易な和声に迎合して時代の奉仕者になることに抵抗する傾向があった。モーツァルトのフーガなのにブラームスの作だと誤認されたり、メンデルスゾーンのフーガがミャスコフスキーの作だと勘違いされるといった、分析的判断のほんのわずかなミスが起こる事態も、ここからある程度説明できる。かつてジョゼフ・ド・マルリアーヴがベートーヴェンのフーガを悪魔の作品呼ばわりしたのもよくわかる。今回の私の小品でさえ、その和声が誠実に依拠する参照先には、驚くほど多種多様な語法がある。全体の和声的効果は――つまり、かなり頻繁に観察される不協和音と協和音の比率は――メンデルスゾーンのものにほかならない。実際、この作品が利用しているのは、大げさだがきわめて礼儀正しい半音階である。それはメンデルスゾーンから発し、フンパーディンクとサンサーンスがオペラ座に運び、サー・ジョン・ステイナー（一八四〇―一九〇一、宗教音楽で知られる英国の作曲家）とサー・アーサー・サリヴァン（一八四二―一九〇〇、オペレッタ《ミカド》等で知られる英国の作曲家）が聖歌隊席に持ち込み、アントン・ルビンシテインがコンサート・ホールへと届けた、一時は十九世紀で最も広範囲に伝播した和声的要素だった。カメラで物体を一枚ずつコマ撮りをしてアニメーションを作る技法があるが、その音楽版がこのフーガに適用できるとすれば、あちこちに、様式をほのめかす領域がさらに存在することがわかるだろう。たとえば、冒頭の提示部は、明らかにバッハ風で、縦線での不協和音に推進力があり、主要な主題の流れが移行部やエピソードに入る箇所では模倣的な音型が集中する。他方、コーダ直前の数小節では、歌手全員が動機の衝突に加わり、激昂したソプラノが露わにする苛立ちを支持する（彼女は「私たちが歌えるフーガを、さあすぐ書いて！」と叫ぶのだ）。この熱狂的な数小節は、歌詞がまったくホフマンスタール的でないことを除けば、リヒャルト・シュトラウスの華麗きわまる楽譜の一ページを借りてきたかのようだ。

フーガの和声環境を分析する際にいちばん難しい点は、根本的に別の創造物である古典派の交響曲と比較するとわかりやすい。交響曲と較べて、フーガでは、ひたすらに形式を探求する態度が実に主観的だ。フーガでは、転調する和声的台地の配置は、通例、ある種の発展的基準や法則に委ねられることはない。フーガの主題は、鋭く対照的な和声的焦点の反復進行の中に登場できるし、実際にそうでなければならないのは本当である。しかし、これらの和声領域は、古典派交響曲の、主調対属調や男性的対女性的といった両極性に匹敵するような、明確な規則には従いにくい。――両極性には、十八世紀末から十九世紀初頭の支配的だった和声探求において、交響曲の構造をたいへん都合よく拡大解釈する傾向がある。注意しておきたいのは、古典派の交響曲の形式重視の発想が、遅延作戦とでも呼ぶべきものに次第に深入りしていくことだ。この作戦とは、コントラストとテンペラメントの島々のあいだに堅固な橋を架ける努力である（それぞれの島は、完全ではないとしても、ほぼ独立している）。これに較べて、フーガの書法が深入りしがちなのは、比較的限定された領域での音楽的な膨張であり、その瞬間に強く主観的に全力を注ぎ込む。そしてこの膨張を拡大させて、作品のあらゆる細部に到るまで、しつこく投影させようとするのだ。つまり、フーガは、古典派の交響曲の構造を明確にするような、劇的な対立のさまざまな側面や、テクスチュアや強弱の精妙な変化には、あまり関わっていない。むしろ、フーガが関わるのは、一定数の準自律的な線的パターンを調整することであり、その目的はこのパターンをほぼ一定の密度で維持することにある。これらのパターンの中では、テクスチュアの多様性の効果は、それを担う声部のいずれかに含まれる意味深長な休符を感じることで培われる。古典的な交響曲が凝りすぎたときのような、まったく予測不能な輪郭の感覚や、芝居がかった乱暴な中断や、主題が未解決のまま呪わしく残っている状態によってではない。

フーガが実に顕著に奉仕する考え方は、絶え間なく続く運動という概念である。この非静的な概念こそが、フーガの構造をバロック芸術の冒険的で主観的な和声交通における完全な乗り物に変えるのだ。そしてこの概念は他の時代でも導入されているので、フーガ実践の驚くべき歴史的統合に関する詳細な説明を私たちに差し出してくれる。この絶え間なく続く運動の概念と、先に述べた一定不変の密度との連携こそが、フーガの形態を本当の意味で決定づけるのだ。なぜなら、この前進的な動きと、この一定不変の密度においてこそ、それぞれのフレーズ、つまりそれぞれの楽節が、それ固有の特殊な問題、つまりそれ独自の不安要因を導入するからだ。それぞれの楽節には、これからうまくいきそうな解決策がひととおり揃っており、作品の根本にある動機的命題と密接な関係が生まれることになるはずだ。これらの解決に含まれる事象は、ある種の展開を必然的に実行することになる。ただし、フーガの展開とは、大きな循環形式で精緻にまとめていく種類のものとは異なることにここでも注意したい。フーガの展開は、ベートーヴェンのソナタ等にみられるような、緩和の感覚（移行部ではっきり示される）と緊張の集積（転調に駆り立てられる）の明瞭な交替は寄せつけない。むしろ、フーガ的な事象には、フーガの構造が誕生した当初の主観的な発想に何らかの具体的な貢献をすることが求められよう。さらに、作品の根本にある動機的命題を副次的な主題的観念と組み合わせることが期待されているし、これらの組み合わせは、フーガが適切に作られれば、その後はいつであっても厳密に同じ関係に立ち戻ることはない。つまり、フーガにとっては一定の変異の感覚が理想なのだ。ただし、ここでの変異とは、ノマド風と言うべき放浪の状態だ。この変異によって印象づけられるのは、私たちがフーガで扱わなくてはならなかった主題的概念が、実はありふれた楽想ばかりを蓄えた特殊な場所に属することと、この概念には冷徹な数学的操作によって多種多様な対位法が生み出される可能性が秘められていることである。

＊

《フーガを書いてごらんなさい》の場合はどうか——。開始の主題と主たる副次的素材（「才気を見せんと才走ってはだめ」）は、比較的単純な動機として設計された。個別に検証するとわかるが、これらにはいかなる和声進行も求められていない。その代わり、無作法な半音階的な示唆をまったく含まないおかげで、これらの動機は、さまざまな韻律上の置き換えや一連の移高（両者間の基本的な距離に合わせて移置される）に、ともに耐えることができる。この作品を書くにあたって意識しなくてはならなかったのは、この作品の構造的な強調の瞬間は、これらの主題の配置において、何らかの大きな変化を初めて導入できるような、ここぞという場面にあわせて設計されるべきだということだ。フーガは、ほとんどがこうした主観的な考えに応じた構造になっている。バッハの《平均律クラヴィーア曲集》のフーガの実に多くにおいて、その緊張の頂点に選ばれているのは、対位旋律に主要主題が上下逆さまになって聞こえる（見える）瞬間だ。バッハの作品でいちばん顕著だが、対位法の技法には、その大前提に求められる能力がある。それは、移置や反行や逆行やリズムの変化が施されたときに、本来の主題との関わりで、すっかり新しいが完全に調和の取れた輪郭が見えるような個性的な旋律を最初から思いつく能力である。

＊

動機を扱うこの実験作業に夢中になると、あらゆるフーガの作り手は、不完全だが正真正銘の精神上のギルドに加盟することになる。この構成員には、ある程度有効性の実証された規律に守られないことには落ち着かない疑い深い性格の者もいる。その多くは、芸術家がひたすら星空を眺めて、次回作の形や意図を決定する幻想的な霊感に満たされるのを待つような観念にいささか違和感を覚える作曲家たちである。こうしたロマン主義的な観念こそが芸術家の気質の根本的要素だと奨励する時代に構成員たちが暮らしていた場合（確かに前世紀末にはこの傾向は強かった）、その者たち（レーガーやミャスコフスキーのような作曲家が含まれるかもしれない）は、穏やかな不適合者となり、流行の圧力から身を守る盾としてフーガを捉えた。フーガの規律に従えば、継起していく逐一の決定の検討に集中しなくてはならないため、その瞬間ごとの重荷以外の懸念などすべて吹き飛んでしまうのだ。また、このフーガ作りのギルドには、対位法信仰に敵対する時代に生きた者もいる。その者たちは自分自身のフーガ復興体験に浸かり（ベートーヴェンがその代表かもしれない）、フーガの観念をほかの形式の構造的規範と堅く結合させたのだ。最後に、このギルドには生粋のフーガ作家である幸福な者たちもいて、何を考えても対位法的な対話の形式でまずは現われてしまう。この者たちは、形式に主観的に関わることに常に没頭しているので、歴史的な文脈を盾にした覇権的な排除の動きに対して、まさにバッハがそうしたように、壮麗な反抗を示すことができる。

無方向の和声を理想とする考え方によって、調体系とそれが支配する両極性が犠牲になった今日、フーガが将来どんな姿に組み変わるのか、またそれが確実に生き残るかどうかについて、予見するのはたいへん難しい。故パウル・ヒンデミットのような重鎮が、大胆に作り変えた調的な世界を設けて、太古の線的な価値の奨励に一生を捧げたとしても、はたしてそれが昨今著しいバロック音楽復興の一面以上の何かを意味するようになるかどうかも予測困難となる。しかし、フーガが何世紀も存続してきたことからすれば、これだけは間違いない。フーガの用いる発想の永続性は、まだ若い音楽技法が持つであろういかなる発想にも劣らないのだ。実に魅力的なことに、フーガは数の神秘がその秘密を明かすときの形式である。主題の関係が主観的に操作され、形式自体がそれに奉仕する音楽形式なのだから、作曲家にしてみれば、これを扱うときの満足度は実に高い。だが、もしかしたら、これらの考察を超えたところに、次のような事実があるかもしれない。つまり、フーガは、原始本能的な好奇心を呼び覚まし、主唱と応唱、問いかけと返答、合図、反応の関係の中に、あの静寂で荒涼たる場所の秘密を解き明かしたい気持ちにさせるのだ。人間の運命を知る手かがりの隠された、しかし、人間の発揮したどんな独創的な想像力よりも古くから存在する、あの場所の秘密を——。

第2部

パフォーマンス

41 拍手を禁止しよう！（論考・一九六二年）

私の地元トロントのよき市民たちは、昨年の春、毎年恒例のメトロポリタン・オペラ・カンパニーの客演を迎えた。私たちの誰もがたいへん楽しみにしている機会であり、このシーズンは特に話題を呼んだ。その理由には、会場が、広々とした立派なホッケー競技場から、新しい劇場の比較的狭い舞台に移ったことがある。劇場は、市民の福利のために、地元のビール会社の寛大さと公共心と税金対策のおかげで建てられた。メトロポリタンは、いつもながらの配慮と外交術にのっとり、サー・ジョン・ファルスタッフの酩酊やミスター・トリスタンの媚薬による妄想など、それこそ主催者の企業イメージを傷つけかねない場面を披露する目論見は賢明にも断わった。しかし、こうした好意にもかかわらず、客演は地元紙のたいへん不愉快な報道に見舞われた。この新しいサロンが比較的限られた人数しか収容できないことに数名の書き手が苦言を呈したのだ。また、市民のうちでもあまり裕福でない者たちが入場料の値上げを不当に感じたことに、書き手たちは同情を示した。

もっともな話とはいえ、私が注目したのはこうした控えめな不平ではない。むしろ、もっと世事に通じたコラムニストたち数名（はるばる国境の向こう側のバッファローまで演奏会を聴きに出かけた経験のある人たち）によって提起された深刻な警告である。それは、客数を減らしたメトロポリタンの公演で私たちが失ったのは、金ではなく（金とは全トロント市民《トロントニアン》が容易に理解できそうな観念だが）、熱狂や反発を臆面もなく露わにできる性格の者たちが生み出す演劇的興奮という無形の精神だった、というものだ。グランド・オペラに不可欠な構成要素であるサーヴィスを私たちは冷淡に排除してしまったのだ。そう指摘された。天井桟敷席で野次を飛ばす喧し屋たちのことだ。この見方は地元紙で広まり、同胞たる市民たちのあいだでもかなりの驚きをもって受けとめられた。ほかの都市ではきっと得られない反響だ。もちろんこれは、トロントが北米における清教徒的影響の最後の砦のひとつだからであり、科学の発達、ヘンリー・ミラー（一八九一―一九八〇。米国の作家、大胆な性描写）の登場、そして移民の流入にもかかわらず、私たちの父祖の信仰が築かれる根拠となった信念を堅持してきたためである。

私たちには劇場が本質的に邪悪な制度だという認識はない。しかし、常に注意してよく点検するべきものだとは考える（この論考を書いた時点ではグールドはまだ演奏会活動を引退していなかった（編者註））。しかし、演目が倫理的な良識を備えた作品だとひとたび納得できれば、私たちは、理解しきれないものに対する畏敬の念を抱き、まったくの謙遜さをもって、その作品を鑑賞する。音楽劇を無礼に中断させてまで、これみよがしの賛意を示す権利を求めようと思ったことなど私たちには一度もない。ましてや、作曲家の難解なメッセージや、無神経なソプラノの哀れな金切り声に対する不快感を示すために、一階の最前席から非礼な騒音を立てることなど、私たちには想像しにくい。

だからといって、作品も私生活も立派な芸術家に対して、私たちはしかるべき励ましの言葉をかける気がない、という意味ではない。かつて私は、手袋をはずしてエルガー氏の交響曲群に讃辞を捧げる年配のご婦人たちを見たことがある（結局、彼は社交界で人気があったのですよね?）。そしてもちろん、私たちはメンデルスゾーン博士が大好きで、その喜びは表現しつくせないほどだ。また、私は個人的体験から保証するが、トロント市民はアントン・ヴェーベルン氏の警告音や唸る音に対する狼狽を、沈黙の行使によって伝えることができる。それは、この紳士の音楽自体に秘められた沈黙に劣らぬほどの超時間的な沈黙なのだ。

だが、今、私たちは、優雅な生活を送る潑剌とした新聞記者たち一同からこう迫られている。私たちの文化的伝統に基づく礼儀正しい反応の仕方はもうやめるべきだ。そして（これまでのように）音楽劇場を教会の付属施設と考えるのではなく、古代ローマの闘技場の延長線上で贅沢にしつらえた快適な空間と考える人たちの指導を仰ぐのだ、と。ここから私は拍手喝采《アプローズ》と音楽文化の関係について考えをめぐらす機会を得た。そして、たいへん真剣な話、私が到達した結論はこうだ。今日、私たちの文化で取れそうな最も有効な措置とは、聴衆の反応を、少しずつでよいが、完全に除去することである。

私がこの見解に積極的なのは、芸術とは、人の心に内なる燃焼を起こしてこそ意義が認められるのであって、おおやけに向けた浅薄な示威行為を導いても芸術の意義は認められないと信じるからだ。芸術の目的は、アドレナリンの瞬間的な分泌にあるのではなく、驚きと落ち着きの状態を、ゆっくりと、一生涯をかけて構築していくところにある。ラジオや蓄音機のおかげで、私たちは、美的ナルシシズム（最良の意味での）の諸要素を急速かつ適切に評価できるようになり、ある課題に目覚めつつある。それは、個々人がじっくりと考えながらそれぞれの神性を創造するという課題である。

この新しく獲得された内省的態度は、すでに私たちの文化全体に有効に働きかけてきた。オケゲムやコストレ（一五三〇―一六〇六。フランス）がショパンやリストの仲間となって私たちの今に押しかけてきたことはかつてなかった。ジェズアルドがシューベルトと私たちの関心を惹こうと競いあうこともなかった。作曲家が演奏家という媒介的存在の自己中心的な気取りの助けを借りずに自分の意図を指定することは、電気のおかげで可能になった。このように整えられた聴取が一世代のうちに実現できた。ならば、次の世代は、この内省的態度の質を一段階進めて、演奏会場や劇場自体に持ち込むことは容易なのではないだろうか。

もちろん、こう忠告する人たちもいる。人間的コミュニケーションの高度なドラマを体験できるのは、劇場においてのみだ、演奏家と聴き手のあいだの直接の交流でしかあり得ない、と。しかし、これに対してはこう答えればよいと私には思われる。芸術は、その高邁な使命の究極においては、人間らしさなどほとんどないのだ、と。

こんな反論もあるかもしれない。「でも、演奏を聴いて拍手喝采をすることは、風の日に太陽を見ると思わずくしゃみが出てしまうのと同じくらい自然なことではないか」と。ならば私はこう答える。誰かがベートーヴェンの交響曲のレコードを一人で、あるいは仲間たちと聴いていて、聴き終えたときにいたく感動したとしても、その直後の行動は冷蔵庫まで炭酸水の氷を取りに走ることかもしれません。聴かれる内容に何らかの法則があって、それが聴く者の反応を支配すると仮に認めるとしても、冷蔵庫まで走る反応まで説明できるのでしょうか、と。

誰かがこう主張する。「民主主義は多数派の論理なんだよ。なぜ金を払っている客が自分の意見を述べる権利を奪われなくてはならないのか？」はて、同様に金を払っている他の客があなたの意見を聞くために演奏会に来ているのではないという事実は保留にしておくにせよ、聴覚心理学の特殊な法則は考慮しなくてはなりません。戦略的に配置された支援者や、場合によっては敵対者が、上手なタイミングで適切な声を発すれば、何百人もの仲間によって、とどろくような反響を得ることができますよ。

「しかし」と誰かが尋ねる。「それがどれほどの害を及ぼすのか。芸術家は信じられないほどうぬぼれが強く、無礼な聴衆の嘲弄に負けないのは誰もが知っている」と。はて、それは本当でしょうか、と私は問い返す。オペラ歌手たちが不条理なほどに競いあう派手な衣装は、剣闘士の闘いを求める原始的な本能が、優雅にはなったが貧弱な形で昇華したオペラ的伝統を築き上げた、日焼けした人々の社会の生んだ下品な芸術的敵意の現われ――いや、もしかしたら、その解毒剤――なのではありませんか？

「わかった」と論争相手は認める。「確かに気の弱い歌手で負けてしまう人がいるのは認めよう。だが作曲家はどうだろう。大作曲家の多くが、その同輩たちには真似のできない無秩序な初演によって有名になったことを忘れてはいけない。ストラヴィンスキーの《春の祭典》での騒乱、シェーンベルクの《月に憑かれたピエロ》での非難があったではないか。」そこで私は切り返す。確かに有名になりましたし、そうなるに値する人たちでしたが、有名になったのは、騒乱のためではないし、あえて申し上げれば、その作品自体のためですらありませんでした。よろしければ、もうひとつだけ事例を挙げますと、このトロントでの初演のひとつでは、ある事件となりました。生粋の全トロント市民にひどく衝撃を与える事件でした。数年前のことです。あるカナダ人作曲家で、ストラヴィンスキーやシェーンベルクほど打たれ強い人ではなかったかもしれませんが、かなりの才能に恵まれた淑女がいて、その新しい協奏曲が初演されました。演奏に先立ち、司会者（非トロント市民）が現代音楽に対する無関心をテーマに私たちに厳しい言葉を投げかけました。トロント市民にはできない発想ですが、楽しめた曲には賛同の意を、あるいは、その気になったら、不賛同を表明するように促したのです。この要請は無駄に終わりましたが、不運なことにその晩の聴衆の中に別の非トロント市民がいました。職業で言えば歴史学者で、インテリでしたが、その音楽的な共感はジョスカン・デ・プレあたりで止まっていたのです。ご想像のとおり、新作の協奏曲は理解してもらえませんでした。そこで私たちの友人であるこの歴史学者は、自分の見解を口にすることを奨励されていたので、それを実行したのです。嘆かわしいことに、そのときの彼は、近くに座っていた受け持ちの大学院クラスの熱心な学生たち（全員が非トロント市民）に逐一注視されていたので、「フート」と教授が野次の声を上げると、学生たちは成績アップの期待に心を躍らせて「フート、フート」と復唱したのです。その晩、協奏曲とその作曲家は評判を落としたと言いたいところですが、実際はそこまではいきませんでした。とはいえ、その曲はそれ以来演奏されていません。ただし、この話には続きがあって、つい最近、同じ作曲家がトロントで別の初演を行ないました。新作の交響曲でした。かの歴史学者は来場していませんでしたが、この新作もその兄貴分の協奏曲と同様に不寛容な態度を示されたのです。そのシーズンで讃えられるべき唯一の曲だったのですが――。結局、仲間が増えつつある、ということですね。

「なるほど」と言って、論争相手は、私の事例を粉砕しようと最後の努力に訴える。「このグールドという人は変わった情熱の持ち主だね。彼もまた、怒り狂った聴衆の逆鱗に触れて、そこから逃げ出そうと苦慮したのでは？」いかにも。正直に認めます。そういう体験をしました。フローレンス――いや、国際人ならフィレンツェと呼びますね――でした。シェーンベルクの組曲作品二五を弾き終えた直後のことです。当時は書かれてから三十五年もたっていたのに、フィレンツェの人たちにはまだ認められていない曲目でした。私が立ち上がると、桟敷席からひどく不愉快な罵声が届きましたが、その罵声はすぐに下の方から聞こえてくる熱い激励の声と衝突しました。私には初めての体験でしたが、観客が怒りをぶつけ合うことを許している限り、自分には何の危害も及ばないことを本能的に悟りました。そこで私は狡猾にも拍手をたっぷり頂戴し、カーテンコールも六回繰り返した（作品二五にしては例外的な賞讃です）。そのあと、疲れはてた聴衆は、少々けだるそうに座席に身を沈めて《ゴルトベルク変奏曲》を聴いたのです。

　これで自分の体験を率直に述べたと思うので、あとは、未来の聴衆は現われるだけで、音を発してはいけないとする私の提案を実行するための方法や手段を提示するだけだ。この目的を達成するために、また、これを利用したいコンサート・マネジャーに資するべく、私は、「拍手喝采とあらゆる種類の示威行為を廃止するためのグールド計画」（Gould Plan for the Abolition of Applause and Demonstrations of All Kinds）を作成した（以後、ＧＰＡＡＤＡＫ《グパーダク》計画と表記する）。当然だが、この計画の初期段階では、活発な宣伝キャンペーンに加え、演奏家、聴衆、マネジメント側のそれなりの好意が求められる。

　ＧＰＡＡＤＡＫ計画の第一段階は、金曜日、土曜日、日曜日の演奏会での拍手喝采なしを計画することとなろう。この三日間は本来は礼拝と関わる曜日なので、しかるべき敬虔な心を呼び起こすには最適である。週の残りの月曜日から木曜日までの演奏会は、航空会社の言葉を借りれば、「家族エクスカージョン・イヴェント」として予定される。割引料金が適用され、もちろん拍手喝采も許される。これらの平日は子どもの参加が奨励され、子どもたちを案内する義務は、改宗を難しく思う年配者にとって格好の口実となるはずだ。そこに出演する演奏者は、当然、二軍チームに厳しく限定される。週末の演奏会で、ＧＰＡＡＤＡＫ計画初期段階の最も深刻な問題は、適切なレパートリーの選定だ。総体的な厳粛さにもっぱら貢献する曲目が求められる。思うに、大規模なオラトリオをまず試したらよい。それから、王族のメンバーが作った音楽で構成されるシリーズが続く。この領域は広い。プロイセン王子ルイ・フェルディナント（一七七二―一八〇六。作曲家でもあったが以下は架空の作品か）のピアノ協奏曲イ調か、英皇太子フレデリック・ルイス（一七〇七―五一）（ジョージ三世の父でもある）の《レディ・アウグスタの誕生日のための田園風カンタータ》は私たちの音楽生活においてしっかりとした位置を占めるに値する。もちろん、慎重さを要する例外の可能性も考える。インドのポールバンダル藩王国のマハラジャの作品はパキスタンのカラチでの日曜演奏会には向かないかもしれない。

ＧＰＡＡＤＡＫ計画のレパートリーの次の段階は第九交響曲だ。誰の第九でもよいが（ただしショスタコーヴィチの第九は少々ふざけているかもしれない）、ベートーヴェン――ブルックナー――マーラーと探求すれば、シューベルトの第九で締めくくるのが賢明だ。というのは、本当は彼の第七交響曲なので（最新の番号づけで第八番のハ長調「ザ・グレイト」）、この第九続きの敬虔な数字信仰にほどよい世俗性を加味することになろう。これらの提案からすでに察しがつくように、未来の演奏会のマネジャーは慣れない指導力を発揮して曲目編成にあたることを迫られよう。実際、ＧＰＡＡＤＡＫ計画の支援のもとでは、マネジャーの多くが出演契約係《ブッカー》としての現在の地位から、興行主《インプレサリオ》という由緒ある高貴な名にふさわしい立場に昇格することになりそうだ。

ＧＰＡＡＤＡＫ計画の初期段階では、演奏者は自分の出番のあとに聴取者の賛意に送られずに舞台袖に引っ込むことになるので、慣れない緊張感を覚えるかもしれないが、オーケストラの団員たちにとっては何の危険もないはずだ。チェロ奏者の小隊が、グースのような足取りで舞台を退く様子は感動的だ。他方、独奏のピアニストには、横着《おうちゃく》な回転テーブルのような舞台を提案したい。楽器とともにそのまま舞台袖まで運ばれるので、ピアニストは立ち上がる必要がない。これは静かな追憶のような音で終わるソナタの演奏に持ってこいで、回転装置は曲の終わる少し前からゆっくりと動き始める。ベートーヴェンの作品一〇九が大人気となるのが想像できる。独奏者と舞台係のあいだで打ち合わせができていれば、うまくいきそうだ。

ＧＰＡＡＤＡＫ計画の創設者でありその歴史の記述者である私としては、これを実行に移す者の最初のひとりとなるのにふさわしいと思う。言うまでもなくこの責務について私は思慮を重ねてきた。残念ながらトロントはその理想的な場所ではない。この計画を他の都市ほど緊急に求める必要がないこともあるが、理想に燃える地元の少年に対する高齢の市民の反発といったものに、私は個人的に直面しそうなのだ。実は私はストラトフォード演劇祭（オンタリオ州の同名の小都市の毎夏の演劇・音楽祭）の音楽部門の共同監督なので、あそこの美しい舞台の独特の親密感は拍手無しの演奏会に特に向いているかもしれないと思った。だがあそこの俳優たちは激しくて何をしでかすかわからない連中なので、思いとどまる。トム・パターソン（一九二〇―二〇〇五。この演劇祭の創設者）氏が最近告知した一九六二年のドーソン・シティ・フェスティヴァル（ユーコン準州のドーソン・シティはかつてゴールド・ラッシュに沸いた僻地）は好機かもしれない。あそこは未開拓の領域だ。聴衆は、偏見もなければ先入見もないのだ。ダイヤモンド・リル（セックス・シンボルだった米国の女優メイ・ウェストがブロードウェイで主演した同名の自作（一九二八年）の主人公。安酒場で男からダイヤモンドを贈られる）がインドのポールバンダル藩王国のマハラジャを目の当たりにしたら、どう反応するだろうか。

42　失格しそうな私たちから敬意をこめて（エッセイ・一九六六年）

モントリオールの最初の国際ヴァイオリン・コンペティションは、カナダ国際音楽協会の本年度の催しとして行なわれた。この協会は昨シーズン（一九六五年五・六月）に第一回モントリオール国際ピアノ・コンペティションを催して始まった組織で、その時になればそれぞれの第二回を催しそうな勢いである。今回のヴァイオリン部門は六月の最初の三週間をかけて行なわれ、三大陸出身の野心に燃える三十七名のスーパースターが全力を振り絞った。各地域を代表する九名の審査員（西ヨーロッパ、北米、鉄のカーテンの向こうからそれぞれ三名）も規律正しい忍耐力を発揮させられたし、また、聴衆も辛抱強くこれにつきあった。聴衆は、予選ではほどほどの好奇心を抱く観客がまず集まったが、次第に人数を増し、愛着も高まっていった。最後の晩のトロフィーの出る時間までには、静かに聴く人もいれば、夢中になる人もいて、特定の出場者に傾倒してその熱心な支持者になる人や、結果を予想したり、賭けをしたりと騒々しい人たちも現われた。

地元批評家たちの語彙も絞り出された。『モントリオール・スター』紙の切れ味鋭い音楽担当の編集委員エリック・マクリーン氏は、準決勝の結果を「まだ試合は残っている」と表現して期待を裏切られた事実を小さくまとめ、決勝については、ある種の決定は聴衆にとって「不人気」だったと思われると述べた。ぞっとするようなボクシング風の言いまわしが出てきたが、それは偶然ではなさそうだ。マクリーン氏の語彙が疲弊したわけでももちろんない。彼は気の利いた修飾語をすぐに出せる人だ。それに、大都市ジャーナリズムを混乱させるタイプの、他分野風のとぼけた書きぶりを発揮しているわけでもない（『ニューヨーク・タイムズ』紙のような新聞社では、上級の芸術評担当者は、まずスポーツ・デスクで修業を積み、のちに文化欄で誠実に仕事をこなして、名声や金銭によって報われるが、そうした伝統的な新聞社の同業者とは異なり、『モントリオール・スター』紙のスタッフは、分野を転々とした批評家への崇拝を奨励されたことはない）。このまがまがしきマクリーン《マレーズ・マクリーン》現象は、今回特に強力に発生したコンペティション病の検出しやすい症例にすぎなかったのではあるまいか。この数週間、この病によって、あの都市は熱狂の渦に巻き込まれ、市民は偽りの美学で作られたプラカードやポスターで隔離された。これは、演奏者と聴衆を弱体化させるばかりか、音楽の精神を損ねる感染であり、そもそも音楽の精神とそぐわない。

今回のコンペティションは、カナダ音楽界において特に憂慮に値するイヴェントだった。なぜなら、最近まで、このような国際的なトーナメントはこの国ではほぼ知られていなかったからだ。英語を母語とする諸州では、音楽で試合をすることの無益さへの暗黙の了解があり、人々が地元チームの活躍のことしか考えないに決まっているため、そういうイヴェントは奨励されていない。確かに英語圏カナダには、マイナーリーグ的なコンテストはある。

とは言っても、新進のプロの死活問題に関わるものではなく、定年退職した英国系の学校関係者によって統括された、地元の生徒に対する毎年恒例の地域的な審査にすぎない。そうしたイヴェントは、博愛と親睦の雰囲気に満ちていて、誰でも出場しただけで自動的に八十点がもらえる（七十九点は、家族の名誉を傷つけたと見なされるが、ほかの出場者に向けて舌を出したり、課題曲を乱暴に弾いたり、あまりに英国らしからぬ情熱をこめたりといった舞台上での嘆かわしい愚挙に及ばない限り、あり得ない）。

さらに審査員は、出場者の親、隣人、楽友の集まる場所で所見を述べなくてはならないため、講評カードの婉曲表現にすっかり愛着がわいてしまう――「実に素敵ですね、六七番さん。すごい気迫でした。ただし、複縦線のところでもつれたのは減点対象ですね。それから、あの提示部で四回のミスはちょっと多かったでしょうか？」

これはアマチュアの音楽活動に対する殊勝な対応だが、残念ながら、競争心あふれる自己顕示を正当に認めるのはここまでだとはケベック州民《ケベコワ》は考えなかった。自分たちの州の文化や言語の孤立性に誇りを抱いているフランス語圏カナダ人たちは、北米を卒業して飛び立つことこそが、懸命に音楽修業に励んできたことの報いであり、何らかのヨーロッパのコンクールに入賞することこそが、それを達成するための最も有望な手段だと考えている。それゆえ、最近、ケベック州では、不愉快なほどに大陸風のスポーツ的で闘争的な《ミュジック・スポルティヴ・エ・コンバティヴ》音楽の伝統が発展してきた。近年の例にみられるように、必ず賞金の高額化が生じる。今回のモントリオールのコンペティションの賞金はかなりの額だった。一万ドルという最高賞金は、ヴァン・クライバーンやジェーン・マーシュ（一九四四年生まれ。米国のソプラノ歌手。一九六六年、チャイコフスキー・コンクール優勝）がモスクワで獲得した賞金の約四倍に相当する。つまり、モントリオールのコンペティションとチャイコフスキー・コンクールとの比較は、カーリング・カップ・ゴルフ大会と全英オープン・ゴルフ選手権との比較と同じだ。前者は後者と較べて、威信には少し欠けたとしても、賞金は明らかに多い。

聴衆の中にいる予想屋にとって、上位入賞者を予想するのは決して容易ではなかった。上位入賞候補の何人かは、最近の数々の国際コンペティションでもう少しで受賞を逃しているような目覚ましい経歴を誇っていた。しかし、賢明なる審査委員会の心を揺さぶるのか、ソヴィエトからの出場者の断固たる伝統主義か、フランス代表の柔和で流麗な弓さばきか、あるいは、日本人の洗練された抑制美だろうか。保険危険率の算出ではないが、こういう問題の確率を判定するには、審査委員会がどんな価値観を代表しているのかをまず明確に理解しなくてはならない。ヨーロッパのいくつかのコンペティション（チャイコフスキー・コンクール、ベルギーのエリーザベト王妃国際コンクールなど）では、審査委員会の構成員は現役の花形演奏家たちだ。すでに世間での成功は揺るぎないため、審査にあたっては驚くほど寛大であることも少なくない。ところがモントリオールでは、審査委員会の紳士淑女たちは（全員が有能で敬愛するべきヴァイオリン奏者ではあるけれど）、その大半が、これまで普遍的な名声にやや欠ける程度の魅力を放ってきた経歴の持ち主である。国際的な評価を求める大志を挫かれた音楽家が、名状しがたい神秘的な個性をけなしたり、独自の情緒表現によって本物の再創造の炎を示している人の長所を見下したりすることも、残念ながらよくある。はたしてこのコンペティションの実施要領に目を通すと、バッハやベートーヴェンに加え、ニコロ・パガニーニやウジェーヌ・イザイといった確かな音楽家の作品から演奏を義務づけられた曲目が選ばれているとわかり、機械的な技術力の探求が暗に認められていると思われる。こういう探求は、この種のイヴェントを脅かす欺瞞のうちに特に含まれている。

　ただし、進取の精神に富んだ課題曲があった。ファイナリスト十二名それぞれは、このコンペティションのために作られた作品を習得しなくてはならなかった。その楽譜は、オーケストラとの最終共演の六日前、各自のもとに配られたのである。協会発行のひどく思わせぶりなプレス・リリースによると、出場者たちはすぐに「モントリオール某所にある」女子修道院か男子修道院にある独居房に送られ、そこで練習をしたという。今日の前衛における最良の新ギリシャ的な伝統を守る《ピュクノン》（緻密さ）という名の作品で、カナダの作曲家アンドレ・プレヴォー（一九三四―二〇〇一）による。ポスト＝シェーンベルク風の十二音技法で書かれた説得力のある小品で、実力のある者とない者を区別する意図があったようだが、主に西側と東側を区別してしまった。というのは、ソ連圏の代表団は、ブルジョワで形式主義者的な構成主義の誤りに関する厳格な見解に束縛されているので、作品を習得するのにかなり苦労したのだ。それでも《ピュクノン》の要求は、ヴァイオリン的な価値を追求する審査委員会の取り組みを妨げるものとはならなかった。委員会が第一位を与えたファイナリストは、プレヴォーの作品のコーダを成す執拗反復《オスティナート》の迷宮で絶望的にさまよった奏者だったからだ。

優勝者はソヴィエト連邦のヴラジーミル・ランツマン（一九四一年生まれ。七一年イスラエルに移住、八一年カナダに帰化）だった。シベリウスの協奏曲での見事に安定した抒情的な演奏は《ピュクノン》での大失敗を埋めるものであった。第二位は、ヒデタロウ・スズキ（カナダ在住の日本人）（鈴木秀太郎。一九三七年生まれ）とブルガリアのゲオルギ・バデフ（一九三九―二〇一五）が分け合った。スズキはバルトークの第二協奏曲の堂々たる演奏を聴かせた。機械的な技能と情緒を削ぎ落とすような表現が特徴的な作品で、まさしくコンペティションにふさわしい曲目だった。バデフが選んだ協奏曲はチャイコフスキーで、アウアー（一八四五―一九三〇。ハンガリー出身のヴァイオリン奏者。この協奏曲の版を作る）風のクリシェをすべて読み込んだ演奏を披露したが、マクリーン氏が触れた聴衆の抗議とは彼の審査結果についてだった。

この私の耳にとって最も満足がいき、最も刺激的で、最も個性的な才能の持ち主は第四位となった。ジャン＝ジャック・カントロフ（一九四五年生まれ）。この名をぜひ覚えておいてほしい。最終選考まで残ったフランス人二名の一方だ。彼はブラームスの協奏曲で独特な体験をさせてくれた。熟慮と溌剌たる自由の見事な融合によって作品に迫っていた。第一楽章のテンポは実に考え抜かれたものだ。オットー＝ウェルナー・ミュラー（一九二六―二〇一六。ドイツ出身の指揮者。五一年カナダに移住しモントリオール音楽院で教えた）は、熟達し、適応力のある指揮者だったが、ときおりカントロフの拍の刻み方に引きずられもした。それでもカントロフ本人の構築的な設計は実に堅固であったので、葬送のように陰鬱な場面でさえ、ある種の様式的な遊びが込められた。ただし、それは出場者が審査員に好かれる理由にはめったにならないたぐいのものだった。ときどき彼のヴァイオリンはオーケストラの下に沈み込んで淡々と奏でられていた。まるで、もっと昔の作品で、通奏低音の奏者がほかの楽器で弾いているかのようだった。第一楽章のカデンツァは、まさに演劇の独白で、細かな文句を気まぐれに省略しつつ、ひたすら内面を語る一人芝居だった。自尊心の強いモスクワ音楽院の修了生なら決してやらない冒険だ。しかも彼は全体を大胆なデタシェの運弓法で表情を作っていた。この奏法で私が思い出したのはヨハンナ・マルツィ（一九二四―七九。ルーマニア出身でハンガリーで活躍。五七年米国デビュー）だ。かねてから思うが、控えめにみても北米では最も過小評価されている現代の名ヴァイオリン奏者である。

終楽章でのカントロフは、少なくとも無計画としか思えないアポストロフィをいくつも施すことで、開始の主題を構成する動機をぶつ切りにした。それによって、抗しがたい浮揚感と落ち着きのある推進力が得られた結果、それまでは落馬させようと決めているかに見えたオーケストラが、彼の読譜の強い影響力に感化され、コーダでの大奮戦に参加したのだ。この演奏に基づく限り、カントロフは目覚ましい才能の持ち主であり、この世代で私がこれまで聴いた中で最も独創性に恵まれたヴァイオリン奏者である。

なるほど豊かな才能はひたすら競いあう中で引き出されるかもしれない。しかし独創性は、どれほど努力をしても、挫かれてしまう。最良の若い才能が各大陸から集まるのに、この集まりは、演奏はこうあるべきという月並みなコンセンサスを守るばかりに、民族誌学的《エスノグラフィック》な新発見を無視してしまう。これは情緒性を無視したつまらない指針であり、今日の音楽界における大きな皮肉に違いない。ジャン＝ジャック・カントロフに将来があるとすれば、それは彼をモントリオールの敗者（正確には劣った勝者）として刻印した特別な資質のためであろう。

コンペティションの熱気もコンセンサスがあるからこそ生まれるのであって、優勝を目指す出場者たちはそうした熱気がなければ実力を発揮できない、という意見をたまに耳にする。だが現実はむしろこうではないか。つまり、コンセンサスのおかげで、敏感な出場者は（敏感でないと優勝できないが）、ほかの出場者の実力に否応なく気づかされ、また、演奏の「スタイル」を決めるあらゆる見当違いの伝統を意識するようになる。すると、演奏は本質的に反復行為だという誤謬の極致によって、出場者の進取の精神は弱められてしまう。その人生において、外界に対する静かな応答と、内なる耳の振動に対する鋭敏な注意力によって、自分の芸術が見事に形成されて個性を付与される大事なときに、これが起こるのである。結局、何の頓着もなく実績を上げていける最高の演奏家にとっては、コンペティションはほとんど無益なのだ。（ただし例外も認めよう。確かにヴァン・クライバーンやリオン・フライシャー（一九二八―二〇二〇）のコンペティションで高められた経歴は、この約束事の価値を認めることにつながる。）しかし、たいていの場合、コンペティションは、洞察力は鋭いがエクスタシーに欠け、間違いなく有能だが超越には到らない音楽家を助けるだけだ。そして、もしもこれがコンテストの主な役割であるならば、宣伝にも反映されるべきではないか。有毒な副作用のある薬品を処方するような対応がなされるべきで、出場申込書には交差した骨と髑髏の図柄が施され、実施要領の冊子の白紙ページには解毒法の説明（たとえば半年間のグレゴリオ聖歌の歌唱などか）が付されたらよかろう。（この苦行は、名人芸の気取りを滅却することに資するばかりか、少なくともモントリオールでは、練習用の独房を償却するのに役立つだろう。）

もちろん私たちの音楽生活を貧しくしない程度の技能は求められるべきで、それを疎んじるのはばかげている。なるほど電気工や配管工はやはり技能が大切であって、エクスタシーを発揮する業者を期待するのは（生活安全条例に抵触しないとしても）危険である。だが、演奏家にとって唯一の正しい探求とはエクスタシーであって、エクスタシーの観念からすれば、技能は構成要素でしかない。ところがコンクールの怖いところは、コンセンサスを重視するあまり、技能の中から、異論なしに容易に認定できる程度の凡庸な中核的部分を摘出し、熱心だが軽率な出場者たちを二度と立ち直れなくしてしまう。彼らはまさしく精神的なロボトミーの犠牲者だ。

43 即興の心理（番組台本・一九六六年）

数年前、当時医学生だった私の友人が、アクション・ペインティングと偶然性音楽の実験に関する文献を読み、ある晩、暇をもてあまして偶然性に拠る詩を作ることにしました。彼はこう考えた。とても現代的な作品にするのだから、故意と偶然のあいだの絶妙な一線にまたがるものになるに違いない。だから、でたらめにしても、何らかの手順を定めようではないか、と。彼の定めた手順は、手元の夕刊の社説ページの言葉を十一語ごとに拾い出すことでした。最終的に十四行のソネットが構成できる数の単語を拾い出します（形式という点では、彼は古風でした）。その日の社説ページは、たまたま、外国の問題に関するコメントの比重がかなり高かったので、詩は国際的な意識の高い、きわめて独特な特徴を有することになりました。完成すると、作者である友人は韻律のバランスが崩れすぎた何行かに手を入れ、そのあと、創作上、最も大切な責務に着手します。題名の選択です。この種の最も影響力のある作品が、どれも内容とまったく無関係な題名を有することを、彼は十二分に承知していました。また、どれほど偶然性を徹底したアプローチの作品であっても、題名は何らかの堅固で具体的なアイディアを伝えなくてはならないこともわかっていました。この場合、この詩に取り入れた急進的な手法にもかかわらず、作者は純然たる社会的関心を抱いていました。そのときの彼がこれ以上堅固な名前はあり得ないと考えたのは、当時の米国大統領の名前でした（友人は米国人です）。よって友人はこの詩を「ハリー・トルーマン」と名付け、しまい込み、忘れてしまいました。

話がおもしろくなるのはここからです。同じ研究室のいたずら者がこの詩の話を聞き、作品を入手して、作者の返信先を記し、大統領に宛ててこれを投函した。数週間後、郵便配達人がホワイトハウスの専用封筒を届けてくれた。大統領の秘書が書いた手紙で、たいそうな褒め言葉が綴られていました——「お送りくださった輝かしい詩に対して、大統領は謝意を表しております。また、あなたのような若者たちがついに大統領のやろうとしていることを理解できるようになったと知り、どれほど嬉しく思っているかをお伝えします」。

私たちには、何らかの芸術作品を取り上げて、それについて意見をまとめる能力がありますが、今述べた物語（誓って言いますが、実話です）の教訓は、この能力を発揮するときの最も重要なプロセスに触れたものだと思われます。創造性が無計画に発揮されて生まれた作品を扱うときでさえ、私たちの大半は計画性の痕跡を探しがちです。ある音楽作品を初めて聴くとき、気まぐれで感覚的な体験にただ浸っているのではないと自分に言い聞かせる。その作品がどれほど漠然としていると思えても、深い知性に基づかない作品のはずがなく、漠然としているとすれば、少なくともそれは作者の意図なのだ。そう私たちは信じたい。無目的で気まぐれな知性に騙されたと認めるのを私たちは潔しとはしない。内容は語られるべくして語られるのであり、私たちがそれに聴き入るときの時間は有意義に費やされていると考えて安心する必要があるのです。

ゆえに、ときどき起こる問題ですが、希望的観測によって私たちの知覚は先導され、必然性が生じれば、誤った認識を植えつけられかねません。その結果、美的な興奮を味わうのです。トルーマン大統領がさきほどの詩を本当に読んだのであれば、自分の政治的手腕に対する熱烈な賞讃として受け取ったのかもしれません。だとすれば、大統領はきっとこう確信したのです。難しそうなレトリックだが、まわりくどくても周到な創造的知性が背後で働いているのだな、と。ある意味では、ここには古くからの答えようのない問題があります。木こりが木の塊に斧を振りかざし、自分でも知らない人物の似姿を偶然に彫り出したならば、木こりは芸術作品を創造したと言えるのでしょうか――。斧がどれほど何気なく振り下ろされたかなど、私たちの多くは知りたくないでしょう。

音楽体験を分析する段になると、問題はさらに複雑な様相を呈します。音楽の場合、結局は特に何も扱っていないと判明して困惑させる傾向があるためで、だからこそ、音楽家も聴き手も、どんな説明をしようとかなり自由ですし、また私たちは、音楽体験を事物のように扱いたい気持ちに駆られることがあるのです。ただしそのためには、たとえば、文字の言葉を扱うときには決して思いつかないような方法が求められます。比較してみましょう。文字の言葉の場合、もしも日刊紙を開いたときに、誤植やインクのしみや割り付け担当者の削除によって歪められた記事を見つけても、私たちはその説明の辻褄を合わせて理解ができます。これまでの言語体験や、人間の熱意に対する実感があるおかげです。この記事の記者と編集者は、時間が許せば、文章に一貫性をもたせたかったはずだ。締切が厳しくてきちんと仕上げる余裕がなかったのだ。そう認められれば、この記事によって私たちはむやみに気分を害するわけではありません。構文の意味がつかみにくいパラグラフばかりの文章からある種のおもしろさを引き出せることだってあります。それこそ、ドワイト・アイゼンハワー（一八九〇―一九六九。五三―六一年に米国大統領）の記者会見がそうでした。理由は単純です。芸術全般について実はよく知らないと告白する日曜画家たちでも、自分の好きなものについては詳しいと言い張るのと同じで、これが文字の言葉でも起こっているのです。つまり、私たちは、誰もが言葉で継続的に即興ができるという意味で、芸術家と対等になれる。要するに、考えてみれば、あのニキータ・フルシチョフの起こした騒ぎ（本書二一五頁参照）はこれでした。

ところが、音楽の専門的な領域になると、一般の人が芸術家と対等の意識を楽しむことは容易ではありません。かつて聖歌の形式や民謡の様式は、聴衆と芸術家を一体化させるのに役立ってきたけれど、これらは、ルネサンス以来の器楽様式の爆発的な発達により、実用性が重視されて、覆い隠されてしまいました。その結果、音楽作りとは、素人には所詮理解できそうにない秘密の仕掛けによって統制されたゲームであると一般の人々は信じるようになり、久しくこの認識が続いてきました。人々にとっての作曲家は、配管工が下水道の仕組みを知るように、楽譜を知らなくてはおかしいのです。つまり、その知識は、直観的な経験ではなく、最初から最後まで筋の通った考察としての知識であって、それに対する精査や些末な指摘は人々には難解でもかまわない。また、人々は、作られる音楽にどんな即興的な要素が含まれていても、それは音楽修辞学の規則に従っているはずだと信じています。これは、今日、特別に注視するべき態度です。なぜなら現在は動機が議論される時代だからです。つまり、私たちの思考と私たちの仕事は、意識的な勤勉さに拠るのか、それとも、隠された無意識の欲望から生まれるのか、またそれはどの程度なのかを気にかける時代なのです。

44 批評家を批評する（コメント・一九七七年）

「評者たちには、もっと慎重に、かつ、知的にふるまうように助言してください」——これは若いドイツの作曲家がヴィーンの音楽雑誌の編集長に宛てた手紙に書いた言葉だ。「今後さらに成長しそうな若手の作曲家たちが萎縮してしまいかねません。」差出人はルードヴィヒ・ヴァン・ベートーヴェン。敵対的なジャーナリズムをめぐって、音楽家の大半が持つ見解を彼は伝えたのである（ゴットフリート・ヘルテル宛て、一八〇一年四月二十二日）。

思うに、美の権威者としての批評家には、まともな社会的な役割はないし、批評家が下す主観的判断には、それが基づく堅固な基準もない。また、歴史的な前例はともかく、この基準を擁護するための強力な法的根拠もない。批評家が仕える社会の本質にもよるが、ジャック・エリュール（一九一二—九四。フランスの哲学者。技術社会を論じ、プロパガンダを批判）の拡大的な定義を借用するならば、批評家はプロパガンディストであると主張できるかもしれない。

批評家の役割を聴衆という消費者への支援業務として再定義したら、問題はもっと簡単かもしれない。当然だが、科学的な手法を用いれば、ナタン・ミルシテインのイントネーションの鋭敏さやアレクシス・ヴァイセンベルクの音階的パッセージにおけるリズムの正確さは解析できるし、リヒャルト・シュトラウスの四六の和音の出現頻度も算出される。だが、コンピューター音楽のプログラマーだって、調整によって、不正確、不均衡、不均質なものを演出できるし、それを実践していることを忘れてはならない。誤りの要素ではなくて人間的裁量の要素を重ねているのだ。このことを考えれば、ミルシテイン、ヴァイセンベルク、リヒャルト・シュトラウスについて、解析結果を業務報告しても、そこには価値判断など含まれていないのだ。

だとすれば、批評家には、再教育を受けさせてデータの収集家になってもらったらどうか。客観的な説明の作成のみに仕事を限らせ、社会的な名誉を回復できるように支援をしたらよいのだ。ベートーヴェンが二世紀近く前に示唆したように、これまで道徳を乱し、美を台無しにする影響力を発揮し続けてきたのだから。

45　ストコフスキー　六つの場面（エッセイ・一九七八年）

私は本来、スターを楽屋口で待つ、〝追っかけ〟ではない。記事を書いて自分の情熱を告白してしまうことに抵抗感はまったくないが（実際、自分の主義主張を述べるジャーナリズムしか判断基準に使えないと私は思っている）、崇拝するアーティストに会いたくてたまらなくなったことはほぼない。職業柄、どうしても会ってしまうこともあるが、そういう機会のほとんどを私は回避して、自分の夢が壊れないようにしてきた。まあ、そもそも、自分の好みとして、ほかの音楽家たちと付きあうのは昔からずっと避けている。

別に私は、音楽家はみな軽薄な俗物で、最新の成功談を語らずにはいられない種族だと決めつけているわけではない。確かにそういう人もいるし、いれば誰でも避けたくなるはずだ。逆に、この同業者には、神学や政治、はたまたソープ・オペラの心理学について語り合える仲間もいる。また、居合わせても、こちらは自分の考えごとに浸ったまま気兼ねのない沈黙を共有し、それをもって友情の真の証とできる仲間がいることも私は十分に承知だ。

しかし、一般的な傾向として、音楽家は音楽の話をしたがる。やはり、話のきっかけに、もってこいだからだ。楽譜を勉強したり、講義を受けたり、仲間の演奏を聴いたりして最近獲得した分析的な理論や情緒的な啓示や触覚的な体験についてよく語る。そのような話が無限の共感や友愛によって動機づけられているとしても（そうでないことも多いが）、少なくとも会話の流れでは、何らかの返答、コメント、反論が期待されている。活字や電子メディアなら、同じデータでもその効力は異なる。受け手は気分や経験に合わせて、また自分の弱いところを保護するように、データ編集が可能だからだ。最終的にはつまみをまわせばよいし、ページをめくれば済むことだ。しかし会話では、礼儀として、語られた側は反応が求められる。反応するときに、話題となっている分析的、情緒的、触覚的な命題と、自分の体験とを結びつけなくてはならない。

だがこれは危険な行為ではないか。思うに、芸術家がいちばんよく働けるのは隔絶した場所だ。そこは外界の知識が常に編集のコントロールに置かれた環境でもある。芸術家の発想とその実践は分割不能な一個のまとまりであって、そこに外界の知識の介入は許されないのだ。

だからこそ、私には〝追っかけ〟の経験がない。ただし、ある音楽家に対して、一度だけ例外がある。レオポルド・ストコフスキーである。一九五七年六月のある日曜日の晩に会ったが、そのときの私はだめなファンだった。

I

あり得ない場所だった。フランクフルト・アム・マインの駅のホームである。私もストコフスキーもヨーロッパの演奏旅行中で、どちらもフランクフルトでの仕事はなかったが、どちらもアムステルダム＝ヴィーン間の寝台特急に乗ろうと、そのアナウンスを待っているところだったのだ。ポーターと荷物のことが気になって後ろを振り返ると、今世紀で最も名高い指揮者が同じホームにいるではないか。マエストロは、運動をしているらしい。行ったり来たりを繰り返していて、寝台車のステップ付近に立っていた私の場所から、二メートル半くらいのところまで近づいてはまた遠ざかっていった。同じ小さな三角形をきちんと描くように歩いていて、観察するに、三周か四周していた。まず車両に向かって進み、右折して駅舎方向に歩く。そして私の立ち位置に向かうのが最終コースだった。マエストロがこちらに近づくたびに、私は上手で感じのよい挨拶の文句を考えた――「こんばんは、マエストロ！　いい陽気ですね。ところで私の名前は……」あるいは「マエストロ・ストコフスキー、自己紹介をさせてください。大ファンなのです。私は……」。いやいや、こんな陳腐な言葉では動いている標的には当たらない。それに彼は、二メートル半の距離を縮めることは決してなかった。そのゆっくりとした確実な足取りは、舗装されたコンクリートの同じ区切りを執拗にたどっていて、修道士が運動不足を解消するために、聖書を携えて神学校の中庭を行き来するかのようだった。どう働きかけても、この気高き人格に対する耐え難い干渉になると思われた。

私は立ち位置を放棄せずにいたので、その点は有利だった。遅かれ早かれ、搭乗のアナウンスがある。そうすれば、マエストロの方から近づいてくる。どんなに短いあいだでも、私の領域に入ってくるのだ。

アナウンスがあり、彼は近づいてきた。だが他の乗客たちも向かってくるし、ポーターも荷物とともに詰めかけてくる。この状況では思いついた名文句はどれひとつ合わない――「こんばんは、マエストロ、寝台車《プルマン》は混み合いますね……」「はじめまして。ドイツ人はやはり時間どおりに汽車を出しますね……」。もう考える余裕はない。こちらまであと三歩、二歩、一歩。そこでひとつだけ可能なことをやった。乗車券を落としたのだ。彼の目の前に落ちたのは、もちろん狙ったわけではない。ほとんど偶然だ。私が拾い上げるまで、マエストロは立ち止まらなくてはならなくなった。「なんてこった！」と私はほとんど聞こえないくらいの調子で言い、この企てをもっともらしく見せた。拾い上げるのには少々時間がかかった。それから私は、どなたであれ、私の事故で迷惑を被った善良な市民に謝らなくては、といった調子であたりを見まわしてから、本当に信じられない、という顔をした（少なくとも、それができたと思いたい）。

「あれっ、あ、あなたは、マエストロ・ストコフスキーではありませんか？」

この鋭い見解を述べながら、私はまだ上体をきちんと起こしていなかった。ストコフスキーは私を見下ろして、柔和だが疲れた調子の声でこう答えた。それは、何十年にもわたって面倒な記者からグレタ・ガルボは本当はどんな人だったのかといった愚問に対処してきたことで培われたものだった。

「そうですよ。」

私は背筋を伸ばして、自己紹介をした（ファンであることは伏せた）。するとストコフスキーは、完璧なテンポと句読点の打ち方をもって、こう言ったのだ。

「最近レニングラードに行ったと新聞で読みましたよ。」（信じられなかった。私のことを知っていたのだ。私が何をしていたのかも含めて。）

「おっしゃるとおりです、マエストロ。ちょうど二週間前です。」

「では、もしかしたら、あとで、あなたのところにお邪魔しましょうか。今のレニングラードについてのご感想をうかがいたいし、何年も前に私がレニングラードに行ったときの感想をあなたも知りたいのではないかしら。」

もちろんです、と私は答えた。マエストロが訪ねてくれるのなら、ミッキーマウスについての彼の見解だって興味を抱くだろう。

ただし、彼は「もしかしたら《パーハップス》」と言ったのだ。もしかしたら、私のところに訪ねてくるかもしれない。それはあり得ないだろう、と私は確信していた。なぜなら、私がどのコンパートメントにいるか、おそらく把握していなかったはずだからだ。もしかしたら、ポーターに私の居場所を伝えてくれるように頼むべきかもしれない。一時間待ってみて、それまでに彼が来なければ、だめもとでポーターに頼んでみよう。そう心に決めた。

三十分もたたないうちに、ノックがあった。

音楽の話題は一度だけだ。話し始めの社交辞令のように、お互いの旅程を確認し合った（私たちはともに次の週のヴィーン音楽祭に参加するとわかった）。私はベルリンから来たと説明した。「あそこでは何を？」ストコフスキーは礼儀正しく訪ねた。「ベートーヴェンの三番です」と私は答えた、そしてやや自慢げにこう言い添えた。「カラヤンと」。「ベートーヴェンの三番ですか」と言って、ストコフスキーは考え込んだ。まるで、自分よりも下手な指揮者のもとで一度か二度聴いたときの、もつれた動機を思い出そうとするかのようだった。「ベートーヴェンの三番ですか」と彼は繰り返した。「それはト長調の愛らしい協奏曲ではありませんでしたか？」

これは見事な先手だ。初めて体験したのだが、それは、ストコフスキーの好んだ無害なゲームだった。自分ならこうだ、という世界の捉え方を対話の相手に見せるのだ。愛らしいかどうかはともかく、ベートーヴェンの三番はハ短調であり、ストコフスキーがそれを知らないはずがない。しかし、無難で、巧みに遠まわしな一文をもって、彼は私に悟らせようとした。「ヨーロッパの音楽総監督《ゲネラルムズィークディレクトル》」など恐るに足らないことを。また、独奏者という種族は原則として遠ざけるべき存在であり、協奏曲は交響楽の亜種であって自分はまったく認めていないのだ、ということを――。

あとは、約束どおり、レニングラードの話題になった。あの都市の昔と今について、ネフスキー大通りで再建された建物について、また、ボリショイ・ホール、フィルハーモニー、ムラヴィンスキーについても話した。ヨーロッパ・ホテルのお茶のことや、あの都市や国の雰囲気についても――。（「雪解け」の時代であり、「B&K（ブルガーニンとフルシチョフ（編者註））」の時代であり、北米からの訪問が比較的許されない頃だった。）語らいは一時間続いた。あるいはもう少し短かったかもしれないが、それから彼は、最初に訪問を持ちかけたときと同じ、丁寧で落ち着いた様子で、去って行った。

「明朝、ヴィーン駅で再会しましょう」と彼は念を押した。

すでに二度述べたように、今も昔も私はスターを追いかける人間ではない。それでも、夢がかなったのである。

II

当初、夢はむしろ悪夢だった。トロントで『ファンタジア（ストコフスキーの出演したディズニーのアニメーション音楽映画。一九四〇年）』が上映され、評判となったのは私が八歳の時だったが、私は最初から最後まで大嫌いだった。会場は、すでに取り壊されて久しいシアーズ・ヒッポドローム（トロント中心部にあった北米最大級の映画・演劇館。一九一四―五七）という劇場だった。そこでは、長編映画を上映するたびに、前座として二十分間のオルガン演奏会が行なわれた。こうした余興は、劇場入り口に突き出たひさし《マーキー》に「マイティ・ウーリッツァー（戦前に各地の劇場にあった米国ウーリッツァー社の楽器）」と書かれた電気オルガンのデモンストレーションだったのだ。これは舞台の下からせり上がってきて照明が当たる巨大な電気楽器で、手鍵盤やカプラーの列が異なる光に包まれるようになっていた。子どもの頃の私は派手な色が苦手で、実は今でも変わらない。好きな色見本としては、軍艦のような灰色や黒ずんだ青色がトップだ。原色で塗られた部屋では仕事もはかどらないし、明晰な思考も妨げられる。どんな日でも、私の気分の盛り上がりは日照度と反比例する。（「銀白の裏地の陰に黒雲あり（諺「黒雲にも白銀の裏地あり」のもじり。『書簡集』一八四頁参照）」とは、あたりが明るくなりかけると自分に言い聞かせる言葉だ。）

加えて、八歳の頃、私にとって映画と言えば筋書き《プロット》のあるものを指し、戦争をテーマにしたものが好みだった。私のお気に入りは、ノルウェーのフィヨルドの霧の中から灰色をした不気味なドイツの巡洋艦が現われる場面で、それが急に不運なイギリスの駆逐艦の艦橋が黒く映し出される。そこでは、クライヴ・ブルック（一八八七―一九七四。英国の俳優。『上海特急』三二年）やジョン・クレメンツ（一九一〇―八八。英国の俳優。『鎧なき騎士』三七年。『護送船団』（四〇年）でブルックと共演）やジャック・ホーキンズ（一九一〇―七三。英国の俳優。『戦場にかける橋』五七年）が次のようなことを言う――「諸君、われわれはシャルンホルストとグナイゼナウ（ともに軍人の名に由来するドイツ海軍の戦艦）と交戦しようとしている。敵軍の射程が我が軍を上回っていることは言うまでもない。しかし、海軍大臣は敵を湾内で阻止するよう命じた。いかなる犠牲を払っても遂行しなければならない」。

とにかく、私の両親は、『ファンタジア』を観に行けること、それがカラーであり、全篇が音楽についての映画であること、世界最高の指揮者の演奏が聴けることを告げたのだ。それまでに観た唯一のカラー映画は『白雪姫（三七年のディズニーのアニメーション）』だったが、さほど興奮しなかった。それに、本当にいい映画というのは、陰謀があって、敵の工作員がいたり、ドイツの戦艦が出てきて、それが白黒なのは常識だった。「全篇が音楽に関する映画」も嬉しくなかった。それでも私は観に行った。この偉大な指揮者がオーケストラを従えてダンケルクまで軍隊の慰問に行くさまを想像をしたからだ。そして、メッサーシュミットＢｆ１０９が海辺を機銃掃射しているあいだに、雲間から素敵な黒いシュトゥーカ爆撃機が急に現われ、五百ポンド爆弾を落としてすべてを吹き飛ばすのだ。

しかし、まさかピンク色のカバや、緑色の恐龍や、深紅の火山が出てくるとは想像していなかった。ジャック・ホーキンズ、ジョン・クレメンツ、クライヴ・ブルックなどの自尊心のある駆逐艦の艦長が、このような映画への出演を承諾するとはますます思えなくなった。私は憂鬱になり、かすかな吐き気と、記憶する限り初めての頭痛を覚えながら帰宅した。マイティ・ウーリッツァーとディズニーの映像が脳裡を駆けめぐっていた。夕食はいらないと両親に告げ、あのひどい色彩の暴動を頭から追い出せることを願いつつベッドに入った。私は、格好のいいグレーの潜水艦の展望塔のハッチを閉め、まもなく北大西洋の黒ずんだ青い海の中に沈んでいくのだと想像してみた。

Ⅲ

『ファンタジア』公開当時のストコフスキーは、名声の絶頂にあったが、当時の音楽を学ぶ子どもにとって、彼に敬愛の念を抱くのは、あまり褒められたことではなかった。実際、音楽院に頻繁に出入りして、同級生の圧力を警戒するのなら、ストコフスキーへの関心は自分の中だけにとどめておくのが一番であった。仲間たちに言わせれば、彼は「変節者《セルアウト》」であり、人気と名声のために「真面目《シリアス》」なキャリアをあきらめた人物だった。しかし、フィラデルフィア管弦楽団時代の彼が、アメリカにおける交響楽の流れを変えたことを否定する者はいなかった。彼が自分なりのイメージで、世界最高のオーケストラと比肩しうる楽団を作り上げたことを否定する者はいなかった（実際、彼が去る頃のフィラデルフィア管弦楽団は本当に世界一のオーケストラだったかもしれない）。新しい音楽のために、幾度となく自分の名声と興行収入を賭けてきたことを否定する者はいなかった。そしてもちろん、神秘的なことに、彼の無数の録音が、ほとんどの指揮者の録音よりも音が良い傾向にあることを、誰も否定しなかった。それは確かだ。なのに、当時は、秘密の解明に十分な関心を抱く者もいなかったのである。

結局のところ、彼は「変節者」だったのだ。彼はフィラデルフィアを離れ、ハリウッドの誘惑に負け、その異端児としての貧弱で空疎な言い訳のようなものを口にした。「いっそう価値《ハイヤー・コーリング》のある使命に向かいます」と辞任発表の記者会見で述べたと伝えられている。（すでにディアナ・ダービン（一九二二―二〇一三。カナダ出身の女優。三七年の『オーケストラの少女』でストコフスキーと共演したヒロイン）やドナルド・ダックに加わってハリウッドの銀幕に登場していたのであり、「いっそう価値のある使命だってさ！」と言って私の仲間にばかにされたのも無理はない。）

それに、ストコフスキーと同程度に有名な指揮者はほかに一名いて、正統派の楽壇ではそちらの方が敬意を払われていた。アメリカにおけるトスカニーニとストコフスキーの関係は、海の向こうでのヴァインガルトナー（一八六三―一九四二）とメンゲルベルクの関係に相当した。トスカニーニは「直訳主義者《リテラリスト》」であるか、少なくともそう言われていた。彼は作曲家の指示を絶対的真理と捉えた。楽譜に記された音符、テンポ、強弱のどれをとっても、彼とそのオーケストラが最善を尽くした結果、実際に聴くことができる。彼の率いたNBC交響楽団は、一九三〇年代から四〇年代にかけて、アメリカの放送番組になくてはならない存在であり、毎週土曜日の五時に、スタジオ8Hからのラジオ放送が聴かれた。アメリカの放送番組であり、音楽院の仲間たちのあいだでは大いに話題となり、大いに賞讃された。しかし私の耳には、とげとげしく、バランスを欠いた音として聞こえた。その解釈は、同じ直訳主義者ヴァインガルトナーのような多様な想像力をもって聴き手を前進させるものではなく、その演奏はおよそ確信に基づくよりも恐怖心から生まれるもので、雑だった。しかし、時代はトスカニーニに向いていた。技工としての芸術家の時代であり、職人気質や実用音楽《ゲブラッウスムジーク》が尊重された。また、それは、軽率で勝手気ままなやり方が通用した二〇年代への反動の時代であり、作曲技法を厳しく選ばされる五〇年代への準備の時代だった。

結局のところ、バッハの精神を礼讃した時代であった。ファン・スヴィーテン男爵（一七三三―一八〇三。古典派の作曲家たちを支援したオーストリアの外交官）やフエリックス・メンデルスゾーンなどの著名人による百五十年にわたる運動がついに実を結んだのだ。バッハの名は、音楽的な完全性の代名詞となったのである。もちろん、それまでもバッハは技術の達人と常に認められてきた。しかし、三〇年代と四〇年代ほど、バッハの精神が時代を支配したことはなかった。バッハは職人であり、真面目で誠実な名匠であり、勤勉さと霊感が表裏一体であったが、ほぼすべての主要な音楽家が、このバッハを手本として、バッハならこうしたとみなされる仕事をしようと決意した。たとえばストラヴィンスキーは、《ダンバートン・オークス協奏曲》を「《ブランデンブルク協奏曲》の精神」で書いたと主張した。エイトル・ヴィラ＝ロボスは、有名な《ブラジル風バッハ》のシリーズを始めた。ラテン風の旋律に異質なルター派の和声を融合させたものである。アルフレード・カゼッラは、B‐A‐C‐H（変ロ‐イ‐ハ‐ロ）の名前に基づいて《リチェルカーレ》を作曲した。シェーンベルクはこれと同じ四音の動機を最初の十二音列の中で使っている。「君はオルガンを弾いていて、しかもバッハが好きだと言う」と、私は先生のひとりに言われた。彼はトスカニーニの支持者だった。「ならばどうしてストコフスキーなどを認めるのか」と。（私たちは皆、ライプツィヒの音楽監督《カントル》の名で、彼が担当した戯画的な編曲を承知していたのだ。）

私のストコフスキー熱に関して、これは確かに痛いところを突かれた。というのは、私はすでに、ハーバード大学の「ゲルマン博物館」から日曜日の朝にラジオ中継されるE・パワー・ビッグズ（一九〇六―七七。米国のオルガン奏者。コロンビア・レコードに録音多数）の弾くオルガンの音を再現しようと、重厚な音栓の教会オルガンで無駄な練習をして長い時間を浪費していたので、自分を純粋主義者だと思っていた。だから、ストコフスキーの編曲については嘲笑していたのだ。それが今では、不思議なことに、ほとんど気にならなくなった。

けれども、自分のバッハ観に基づいてストコフスキーの仕事全般を評価する気にはならなかった。シェーンベルクの《グレの歌》やマーラーの第八番など、私がすでに譜面を読んで驚嘆していた名曲との初めての出会いは、ストコフスキーのラジオ放送やレコードを通してであった。ラジオや蓄音機で聴いたあとは、必ず高揚としか形容できない状態になった。仲間がストコフスキーの奇行や楽譜からの逸脱について駄弁を弄したあとにトスカニーニの最新のメトロノーム障害物競走の説明に移っても、私は気にならなくなった。私に言わせれば、ストコフスキーは解釈者の役割の再定義を終えていたのだ。

ストコフスキーは、あえて言うならば、エクスタシーの人だった。映画監督は刺激と着想を得るために作品の原作本や原案に取り組むが、ストコフスキーが楽譜に記された音符やテンポ・強弱の指示に取り組むときも同じだ。「紙の上の黒い印」とは、あれから四半世紀後の私を相手にして語る彼が用いた表現だ。「われわれは白い紙の上に黒い印を書くが、それは周波数という事実を示しているにすぎない。しかし、音楽とは単なる事実よりもはるかに精妙なコミュニケーションである。作曲家が自分の中で素晴らしい旋律を聴いたときには、紙に書き留めることしかできない。われわれはそれを楽譜と呼ぶけれど、それは音楽ではない。ただの紙である。確かに、紙の上の印を機械的に再現すればよいと信じる人もいる。だが、私は違う。それよりもはるかに先に進まなければならない。今日、機械的な生命観がますます強くなっている。そこから作曲家を守らなければならないのだ」。

Ⅳ

この引用は、一九七〇年に私が制作したカナダ放送協会のラジオのドキュメンタリー番組で用いられた言葉である。番組はストコフスキーの人生と時代を扱ったもので、過去五年間に私に許された三回のインタヴューのうち、最も成功した最後のインタヴューを基にしていた。マエストロとの最初の「プロフェッショナル」な接触となった初回のインタヴューでは貴重な教訓を得た。話しやすい人だが、インタヴューには難しい人だとわかったのだ。彼は常に礼儀正しく、じれったそうな態度もまずみせない。ただし、よく退屈そうにしていた。彼ほどの年齢だと、質問がすでにほぼ出つくしていたという単純な理由かもしれない。驚くべきことに、彼はまだきちんとパラグラフを構成して考え、話すことができた。しかし、そのパラグラフは時間が経つにつれて短くなり、主に手際よく扱えるように設計され、そこに含まれるセンテンスは、見事に調整が施されていて（しばしばリハーサル済みのようにさえ思えた）、交換可能なモジュールのように機能することもあった。

つまり、まだ素晴らしいインタヴューが録れる可能性が残されていたということだ。その話しぶりには高揚感があって、相手を惹きつけ、ときに陳腐な説明をするが、その説明をもてあそぶかのように興味深い考えが示され、最終的にその考えがすべてを圧倒してしまうようなインタヴューである。しかし、有名なロバの逸話（旧約聖書民数記第二十二章のバラムとバロ）のように、まずは彼の注意を惹かなければならない。一九六五年十一月の最初のインタヴューのときに私はまだこのコツを身につけていなかった。

そのときは『ハイ・フィデリティ』誌のために「録音の将来」（本書の52）と題した論考をまとめている最中だった。ページに余白を設け、私の本文に対して、それを補強したり、それに反駁したりする証言を音楽界の多種多様な専門家から得て、そこに対位法的に配置したのだ。ストコフスキーの所見は「絶対に必要《マスト》」だと誰もが同意した。この最初のインタヴューの時点で、彼は録音スタジオですでに四十八年間を過ごしていた。それからさらに十二年が、つまり一九三〇年代以来のキャリアで最高の作品を生み出す、信じられないほど生産的な十二年が続くこととなった。現代の音楽家の中で、録音の将来をここまでよく考えてきた人はほかにいない。また、キャリアにおけるいくつもの大きな意志決定を通じて、テクノロジーの実用的かつ哲学的な結果を彼以上に例証した人もいないのである。

ある晩の八時頃、私はレナード・マーカス（当時の『ハイ・フィデリティ』の特別企画編集者で、後に編集者）とともに、ストコフスキーの五番街のアパートメントに到着した。マエストロは私たちを戸口で出迎え、暖炉の前でくつろぐように促し、飲み物を勧めた。私が絶対禁酒主義を公言していると告げると、それに対してワスプ的な皮肉を述べ、足を引きずるようにキッチンへ消えた。私たちの注文に手ずから応じてくれるのだ。その間、レナードは持参したカセットを確認し、セントラル・パークの貯水池の明かりが見える窓際に座った。私は、上着のポケットに忍ばせておいた質問状をいじりながら、そわそわしていた。暖炉のおかげで、尋問よりは会話が求められる雰囲気があった。メモを使うのは、わざとらしいし、そもそもプロらしくない、と受けとめられるかもしれないと思った。このままではホテルを出る前に書きとめておいたせっかくの導入部分もきっと忘れてしまう。結局、私は即興でやることにして、メモをポケットにしまい、窓際のレナードの隣りに座った。

「いい眺めですね」とレナードは言った（レナードはニューヨークを悪くは言わないが、郊外に住んでいた）。「確かに」と私は返した（セントラル・パーク貯水池があろうとなかろうと、私はニューヨークには我慢がならない）。「もしもこの街に暮らさなくてはならないのなら、この景色がないとね」とレナードは主張した。「確かにね」と私は調子を合わせたが、いい加減に無駄口を叩くのをやめてくれないか、と思った。マエストロが戻ってくるまで導入部分を完全ではなくても忘れずにいたかったのだ。

（ストコフスキーから聞き出したいことは明確だった。スタジオでの活動をどのように始めたのかを説明してほしかった。当初は消極的で、録音プロセスの限界や、それに妥協せざるを得ない状況に怖じ気づいたりしていた話である。だが、それを語ってくれたのは、四年後だった――

覚えています。一九一七年のことだったと思いますが、あるレコード会社がレコードを作ってくれないかと頼んできました。そこで私は尋ねた。「すでに作ったレコードをいくつか聴かせてくれますか？」と。そのように取り計らってくれましたが、実にひどい出来でした。そこで私は、「だめです。音楽を歪めることはできない。あいにくですが、答えは〝ノー〟です。お断わりします」。それから少したつと、断ったことの愚かしさに気づきました。レコードを作ってみるべきだ。出来が悪ければ、その理由を突きとめ、質を上げる算段をすればよい、と。私はつぶやきました。「おまえは馬鹿者だ。断わるべきではなかったのだ」と。それからレコード会社に言いました。「許してほしい、やらせてもらえないか?」と。そして試しましたが、作ったレコードは良くありませんでした。

そして、電気録音が登場したときに彼が経験した興奮を語ってほしかった――

電気式とはどのような仕組みなのか理解しなくてはと思いました。そこでベル研究所に問い合わせた。「そちらにうかがって、音楽録音に関する電気について勉強させてくれませんか?」許可が下り、それからほどなく、こう言われました。「フィラデルフィア音楽院の舞台の下に研究室を作りたいのですが」と。(当時の私はフィラデルフィア管弦楽団の指揮者でした。)ベルは舞台の下に研究室を作り、そこからわれわれのあらゆる演奏会やリハーサルを聴き、それを材料にして録音技術の向上に役立てたのです。

録音とは演奏会体験を盤面に複製する企てではいけない。後年のインタヴューで次のように述べたとおりに、そのことを明言してほしかったのだ――

もちろん、演奏会場については、私たちは先祖代々知っています。祖父たちは常に舞台から音楽を聴いていました。しかし、これからは野外でレコードを作る時代が来ると信じています。すべての楽器に個別にピックアップがつけられ、適切な音量に増幅されるのです。そうした音をすべて集めて一個の合成物にします。個々の瞬間に個々の楽器の音が正しい強さで鳴り響くのです。木管楽器群はときには弦楽器群よりも大きくあるべきだし、金管楽器群がいちばん大きくなったり、特定の打楽器がいちばん聞こえたりするべきなのです。またこれは、閉ざされた空間でも、大きければ実現できるはずです。ただし、大切なのは、個別の楽器から百通りの結果を集めて、作品の中で瞬間ごとに強さや音量を決めたいということです。

つまり、当時の私は、聞き出したいことはわかっていたのに、聞き出し方を知らなかったのだ。）

ストコフスキーは戻ってきた。レナードに飲み物を渡し、私にはお茶を淹れてくれた。「準備はよろしいですか？」と彼は尋ねた。私はまだだった。しかし、レナードはカセットテープレコーダーをまわし始め、インタヴューはとにかく始まった。

私は常識的な質問から始めた。誰に尋ねてもよさそうな質問だ。作曲家が自演の録音を遺言のように残すなら、従来のさまざまな「解釈」は廃れるのでしょうか？　ストコフスキーはまったく同意しなかった。スタジオでの解釈は、居間で再生するときの音響条件に合わせて調整しますか？　もちろん調整するとのこと。ミューザック（本書四六八頁参照）は大いに批判されている音響環境ですが、日常生活で常に音楽が聞こえている環境を擁護する見解はありませんか？　私はあるかもしれないと思うのですが——。これには同意を得られず。かつて彼はこう述べていた——

今日の私たちは、汽車や飛行機やレストランなどで、実に多くの楽音を常に耳にしており、これに無感覚になりつつあります。テレビや映画で愚かな残虐行為をたくさん観るうちに鈍感になっていくように、音楽に対する感受性も喪失の危機にあるのです。ところで私は映画館が大好きで、よく行きます。また、テレビはたいへん大きな可能性を秘めたメディアだと思います。しかし、現代の発展や技術がいかに有害であるかをもわかっています。それでも、テレビは消せますし、ひどい映画やひどい演奏会は退場すれば済む。しかし、飛行機は降りられません（本書四六九―七〇頁のコメントに同じ）。

これらの質問は、ラジオのディスク・ジョッキーやレコード会社の制作部員向けのものだったのかもしれない。わざわざストコフスキーに会って尋ねる価値はなかった。彼には不向きな質問ばかりだった。それでも彼は個々の質問に思慮深く、的確に、そして完全に構成された文で答えてくれた。これはテープ編集者にとって嬉しいことだ。（ストコフスキーのインタヴューで、まれに生じる言い間違いには必ず意図があった。これも彼のゲーム戦略だった。のちのラジオ・ドキュメンタリーのインタヴューで、音楽教育に触れている場面で、彼はこう言った――「私たちは、教育に、ゲシュマイディヒ、いや、スプレス、いや、英語でなんと言ったらよいのでしょう、サトルティでしょうか、そう、私たちは教育に繊細さ《サトルティ》を与えなくてはいけない。そして、教育に弾力性《エラスティシティ》をもたせなくてはならないのです」。「サトルティ」も「エラスティシティ」も。もちろん用意していた言葉だ。ドイツ語の「ゲシュマイディヒ」やフランス語の「スプレス」は、国際的に通用し、彼が丁寧に説明しようとしていた概念の普遍性や、彼自身の経験のコスモポリタン性を強調する狙いがあった。実にストコフスキーらしい手法であり、ラジオ番組では、こうした「言い間違い」は削らず、主たる音声トラックにそのまま残した。）

それぞれの答えの終わりにさしかかると、ストコフスキーは右手で「止め《カットオフ》」の合図を出した。この身振りは、たいてい最後の文の六語か七語前まで遡り、インタヴュアーである私に、答えはもうすぐ終わるから、追加の質問があるのなら、時を移さず続けなさい、という合図だった。最初のインタヴューのときに、この身振りにはひどくあわてた。実際、続きの質問をど忘れすることが何度かあり、導入部を書いた紙を取り出したい衝動と闘わなければならなかった。結局、冴えない質問、切り詰められた返答、狼狽を誘う「止め」の身振りで構成された約三十分間が過ぎると、私はレナードに合図を送った。メモ書きを参照できず、マエストロに満足な問いかけのできないまま、インタヴューは終了したのだ。

レナードが失望しているのがわかったが、彼はカセットを止め、私とともに協力の礼を述べた。帰り支度の整ったところで、ストコフスキーが私に向かって急にこう言った。「なぜ私たちが一緒にレコードを作る話にならないのか、尋ねてもよいかな？」私はひどく驚いた。だって、あなたは独奏者を嫌っているし、協奏曲をよく思っていないし、ベートーヴェンの三番をト長調だと言った人ではないか！　しかし私は「それはマエストロがよそで契約しているからではありませんか」などとその場で考えた答えをした。すると彼は、フリーランスであることの強みについて短い講義をしてくれた。（「私はあなたの会社のためにあなたとの録音ができるが、あなたは私のために私と録音はできない」と指摘した。）私は即興を続けて、こう言った。ＣＢＳがその点を勘違いしていなければ、何年も前にマエストロに協奏曲の指揮を当然お願いしていたでしょう、と。（本当のところ、「当然《ナチュラル》」とはまったく言えなかった。ストコフスキーと協奏曲のレパートリーは水と油のように考えられていたし、私の知る限り、共演の案を思いついた人はいない。）資格もないのに突如としてレコード会社制作部の人間に成り代わった私は、こう尋ねたのだ。「このシーズン中に、《皇帝協奏曲》の録音をお考えいただけませんか」と。

このときには調性の連想ゲームはなかった。「喜んで」と彼は応じた。「ただし、私の持っているオーケストラとやれないだろうか、アメリカ交響楽団だ。」

「当然です」と私は同意した。すでに私は自分自身をマーケティングを仕切る副社長の座に昇進させていた。コロンビアとニューヨーク・フィルハーモニックとの契約といった細かな問題を気にかけもしなかった。新副社長は交渉権を行使できるが、さすがに印税の分け方、アルバム名、写真のクレジットといったことまでその場で話し合うのはやめておいた。そして、きっと一両日中にＣＢＳから連絡が入るはずだと告げ、改めてインタヴューのお礼を述べてから退去した。

タクシーに乗ると、私はレナードに、汽車での訪問のこと、ベートーヴェンの三番に対するマエストロの「記憶力」について話した。一九三〇年代にラフマニノフと共演して以降、彼がピアノ協奏曲を録音していたかどうかをレナードとともに思い出そうとした。「あれは社交辞令だね、おそらく」と私は言った。

「私はそう思いませんね」とレナードは答えた。「本気だと感じましたよ。」

「しかし、彼が音楽監督をしている期間に私がヒューストン交響楽団と共演したとき、彼は現われなかった。共演者は常に客演指揮者だった。」

「それでもあれは本気でしたよ」とレナードは断言した。

「わかった。明日の午前中に電話をしてみる。でも、きっと無理だ。」

その晩、改めて考えるに、ありえない配役に思われた。いや、それでも八年前、ヴィーン行きの汽車の中で、時間どおりにドアはノックされたではないか。

V

アメリカ交響楽団とのスタジオ収録日は一九六六年三月の第一週に設定された。ＣＢＳは春の終わりに発売するつもりでいたため、ポストプロダクション（エディティングとミキシング）は収録直後にする必要があった。その五日前、私はストコフスキーとピアノ一台で通しのリハーサルをした。私は独奏者と伴奏者の両方を兼ねた。

「テンポはどうしますか？」楽器の前に座るとき、私はマエストロにそう尋ねられた。「私のテンポはあなたのテンポです」とルディ・ヴァリー（一九〇一―八六。〈私の時はあなたの時〉を歌った米国の歌手・俳優）の下手なもじりで答えた。「ただし」と私は慎重に続けた。「どのようなテンポでも、この作品をピアノ・オブリガート付きの交響曲にできないかと思います。これをヴィルトゥオーゾの乗り物にするべきではないと。」ストコフスキーに反論されるはずがないと私は踏んでいたが、解釈の点でおもねる気はなかった。むしろ、私が根深いほどに否定的に接している音楽ジャンルにおいて、肯定的な要素を強調したい私の意図を理解してもらい、この作品を包んできた名人芸的な伝統を払拭する試みに彼の助力を得たかったのである。

この数年前、私がまだ演奏会を開いていた頃、協奏曲の構造に独奏の自己顕示欲が入り込むのを阻止するためにいろいろな方略を練った。この方略は、ときには象徴的な表現として舞台上の演出にとどまることもあった。たとえば、カラヤンとバッハのニ短調協奏曲を共演したときには（一九五九年八月三十一日、ルツェルン音楽祭）、説得は容易にできて、舞台の端から指揮をしてもらった。舞台のピアノはフィルハーモニア管弦楽団の弦楽合奏に囲まれた。そこにはピアノを統合させる狙いがあった。しかし、もっと頻繁に行なったのは、テンポの比率に関するものだ。「諸君が主題を演奏したら、今度は私がもっとゆっくりかつ柔軟で繊細に弾くから聴いていたまえ」といった調子に秘められた二項対立に対して、それを弱める意図があった。つまりここに特徴づけられているのは、独奏者対オーケストラ、や、英雄的な個人対従属的な大衆、という旧来の関係である。ヨーゼフ・クリップスは、ベートーヴェンの協奏曲全曲を演奏したときに積極的な共犯者となってくれたので、私たちは協奏曲という形式の、ばかばかしい競いあいの性格を無視することができた（一九五九年五―六月のロンドン交響楽団の連続演奏会。ただし第五番のみキャンセル）。ところが同じ指揮者でも、レナード・バーンスタインは、ブラームスのニ短調協奏曲で私がこれを実践しようとしたときに躊躇した（一九六二年四月五・六・八日、ニューヨーク・フィル。八八頁以下参照）。

私がこれらについての持論を前置きとして述べると、ストコフスキーは再び、今度はかなり用心深げにこう問いかけた。「あなたのテンポを聴かせていただけますか？」私は、実は二つのテンポを用意していると説明し、冒頭の楽章の総奏と終楽章の冒頭の数小節を実際に弾いた。参考案Aはアップテンポのヴァージョンだった。媚びるところがなく、ビジネスライクで、どちらかというと没個性的に思えた。参考案Bは、勇ましいが、哀愁を漂わせていた。（少なくとも私はそのつもりだった）。いずれにせよ、どちらの案も心地よい中道的なテンポ選択であって、テンポの変化よりも連続性を重視していた。そして嬉しいことに、マエストロは遅い方がいいと言ってくれた。そこで、私はピアノに向き直り、冒頭から弾き始めた。

私はオーケストラの開始の和音を打鍵し、ペダルでこれを保持しながら、左手で二、三、四、と拍を数えた。ストコフスキーの方を見ずにこれをやったのだ。彼もすぐに拍を数え始めていたに違いないと感じていたが、私の身振りは導入のカデンツァを私が拍子どおりにリズムを崩さずに弾くことを伝え、それへの対応を彼に求めるためのものだった。彼がこれを制止したとしても私は驚かなかっただろう。それ以前にこの曲のリハーサルで、このパッセージを弾いている間に指揮者から驚きの眼差しを浴びせられることがよくあったからだ。伝統的には、第一楽章冒頭で前口上となる三つのカデンツァでは、独奏者は地獄の蝙蝠のように猛烈な勢いで羽ばたくのだが、私が好んだのは、比較的無味乾燥な形のカデンツァを挿入することであって、それは、開始のオーケストラ全体の和音が刻む拍に、楽章本体を支配するテンポを連結させるためだった。確かに和声的に静的なチェルニー的なルーラードはルバートをある程度施さないと維持が難しい。しかし、私見だが、この作品で多くの注意が向けられているピアノ・パートの音階、アルペッジョ、そしてトリル等の装飾的な素材は、すべて、バロックの合奏協奏曲における通奏低音のように、テクスチュアを支える要素として扱われるべきだ。いずれにせよ、最初のカデンツァの抑制的な解釈についてストコフスキーは何も言わなかったし、続く二つのオーケストラの和音のあいだ、私は左手の身振りをおろそかにしていたが、彼がこれにあわせてしっかりとした拍を刻んでいるのが横目で見えた。どうやらテンポを変えないカデンツァはマエストロの試験に合格したようだ。

　ベートーヴェン中期の超大作のほとんどと一緒で、《皇帝協奏曲》は和声的にはかなり単純だ。基本の和音素材に集中し、転調による絶妙な効果はほとんどなく、こんな簡素なⅡ‐Ⅴ‐Ⅰの和声進行には、『グランド・オール・オープリ』（一九二五年に始まるナッシュヴィル発の人気ラジオ番組。カントリーミュージックの普及に寄与）でもなかなか聴けない。それでも、心理的に重要な役割を果たすのは、音階の短六度に基づく長調関係という、どちらかといえば常軌を逸した和声領域である。この変ホ長調の作品の第二楽章はロ長調に設定されているが、前例がない（ただし、ピアノ協奏曲第一番ハ長調では、第二楽章が変イ長調になるので、同様の関係が楽章間にある）。そして第一楽章では、このロ長調の主和音（名目上の短調域に属するため、しばしば同名異音で読み替えられて、変ハ長調という不可思議な調性として表記される）となって、提示部の軸となる部分と展開部のクライマックスの部分を構成する。

　これらの部分のうちの前者は、オーケストラの行進曲のような第二主題の始まる直前であって、独奏ピアノは関連したセンテンスを二つ提供している。まず、ロ短調で控えめにシンコペーション気味で奏でられる、第二主題を先取りした旋律であり、次に、変ハ長調の主和音と属和音で構成される無主題の八小節である。そしてここでまた別の由緒ある慣習と直面する。つまり、これに続くオーケストラは、実に力強いフォルティッシモ（第一六八小節。実際にはフォルテ）で、韻律を執拗に強調し、予想どおり、属調の変ロ長調でこの第二主題を告げようとしてくるのである。これによって独奏者は自分の領分がこの二次的な調から〝近そうで実は遠い〟半音のずれを強調するように誘われる。変ハ長調のパッセージによる従来的な輪郭を持続音のオーラで包み、楽章の脈動《パルス》をほとんど消滅させるほどに弱め、二十秒ほどの間、自由なルバートの世界で気ままにさまようことが独奏者に期待されているのだ。このような表現は、もちろん、この協奏曲が描き出す登場人物たちに性格を与えるためにある。オーケストラが描くのは、明らかに、世俗的な必然性、堅固な実際性、集団の発揮する制約、である。独奏者は、無限の洗練、動じることのない自己信頼、個人の勝利、を表現している。楽譜にはこのような雰囲気やテンポの区切り方を正当化する指示がないからといって、この慣習を否定する適切な論拠にはならないと思われる。いずれにせよ、私には楽譜に忠実に演奏しなかった前科があるため、私がこうした主張に立脚するのはやめておこう。しかし、もしかすると、人間の本性には、個性に発するものではないが、集団性に否定されるものでもない、首尾一貫した形式的パターンに対する直観的な認識能力が存在しているかもしれない。そうであれば、ヴィルトゥオーゾ協奏曲のヒエラルキーや競いあいの衝動は、心理学的に素朴であり、構築を損ねるものとして迫ってくるのだ。

　とにかく、このパッセージがリトマス試験紙となることはわかっていた。私はテンポよりもタッチを通じて、この曲に変化を加えたかった。ストコフスキーが私の考えをここで受け入れてくれるなら、他の場所でもほとんど異論が生じずに済むと思った。私はこの部分を演奏するときに、左手の四分音符を強調し、ルバートにはほとんど譲歩しなかった。私はオーケストラの総奏が始まる一小節前にもとのテンポ《テンポ・プリモ》に戻した。そして第二主題の数小節を弾いたところで演奏を止めた。「ここまではよいでしょうか？」私は思い切って尋ねた。

「続けてください」とストコフスキーは答えた。

「このテンポについては、申し上げたいことがあります」と私はさらに言った。「このテンポなら、同じパースペクティヴで、すべての主題を見通せます。」

「確かにそうですね」とマエストロも認めた。「しかし、もう少し速く弾くべき瞬間と、もう少し遅く弾くべき瞬間があると思いませんか？」

もちろん、これは控えめな言い方だが、機転の表現の傑作でもある。ストコフスキーには心を読まれたと思った（そう思ったのは二度、三度ではなかったが）。そこで私は、同じパッセージが再現部に出てくるときには少しゆったり弾くように覚え込んだ。

「もちろんです、マエストロ、まったく同感です」と私は嘘をついた。「しかし、このテンポについて、あとひとつ申し上げたいことがあります。マンハッタン・センターの音響を考えると、これしかないのです。」

マンハッタン・センターは、十九世紀後半に建てられた複合施設で、会議室、ボールルーム、オーディトリアムを抱え、その名を冠した地区の三十四丁目と八番街の近くに位置する。この七階と八階の部分は、エレガントなボールルーム（グランド・ボールルーム）だが、野暮ったいのは、社交界デビューを果たす令嬢たちに選ばれなくなってから手入れをあきらめたためと思われる。天井は高く、三方を壁で囲まれた中二階がある。そして、レコーディング・スタジオとしてもともと恵まれていることがひとつだけある。音がたっぷりと減衰するのだ。対位法的な複雑さも知的な挑戦もない音楽に興味深い空気感を与えてくれる。この会場は長年にわたり、ＣＢＳレコードのニューヨークにおける主要なフルオーケストラ・ホールとして使用されてきた（小規模なアンサンブルなら、三番街三十丁目のスタジオがあてがわれたが、そちらの方が響きが洗練されていて曖昧さがなかった）。

マンハッタン・センターで仕事をする機会は過去に一度だけあった。レナード・バーンスタインとニューヨーク・フィルハーモニックとの共演だ。会場のもたらす響きの魅力は否定できないが、離れた位置の楽団員とのアンサンブルを保つのが不可能に近いとそのときわかった。あそこでの演奏は、センター独特の「ウェット」な響きに屈してしまい、普通にただ広がるだけのアンサンブルに落ち着くのがせいぜいであると感じたのだ。ときどきアルバム解説に「壮大華麗《スウィープ・アンド・グランジャー》」と書かれているのがそれだ。私はこのセンターでは二度と仕事をするまいと心に決めていたし、《皇帝》の録音前の数週間、会場を変えてもらおうと動いたが、うまくいかなかった。

　初回セッションの二十分ほど前に到着すると、ストコフスキーは主な総奏の部分のリハーサルに忙しくしていた。まだ正確な位置を決めていないピアノの前に気づかれないように座った。オーケストラが第一楽章中央のエピソードの終わりにさしかかったので、私はマエストロへの挨拶代わりに鍵盤を叩き始めた。半音階の反復進行、トリル、アルペッジョという、提示部から展開部への移行を完了させる部分だ。私に向けたストコフスキーの第一声はこうだった。「よく聞こえませんね。」これにはまったく驚かなかった。マンハッタン・センターの音響との二度目の闘いの舞台が準備されたということだった。

　いや、むしろ、まだ準備中だったと言うべきか。プロデューサーのアンドルー・カズディンが調整室から出てきて、舞台係に指図して、それまでヴァイオリン席の最後列のうしろに置かれていたピアノを指揮台のすぐ近くまで移動させた。「これで十分にアイ・コンタクトが取れそうですか?」とアンディは尋ねた。

　私は「マエストロは見えますよ。ただ問題はそこではありません。この場所はひどくて、何も聞こえないんですよ」と答えた。

　アンディは肩をすくめた。アンディはセンターに長いこと愛着がある。普通は思いつかない座席配置の工夫をして、その聖堂のような響きを正確で細かいポップス風のピックアップで録ることに何度も成功してきた。

「さあ、やりましょう。練習番号Cから」とストコフスキーが号令をかけた。スタッフは撤退した。アンディも調整室に戻り、開始の総奏に続く移行部から始めた。

《皇帝》はベートーヴェンのほかの協奏曲のどれと較べても共演上の問題は少なかった。たとえば第三番や第四番には合奏上の難所があちこちに散らばるが、この第五番にはほぼない。通しのリハーサルで合意したアプローチをとれば、ひとりでに演奏できるはずだ。ただし、この解釈の全体構想で大きな役割を果たす通奏低音風の音型を調整するために、オーケストラの音量はあわせて抑制する必要があったし、譜面に音の少ないページでは、センターの音響上の問題がいっそう露見しそうに思えたが、当然このことをあえて考慮しない上での話だ。

練習番号Dを数小節過ぎたところで私たちは挫けた。木管楽器の独奏のパッセージがピアノの三和音の音型と重なるところだ。ストコフスキーは止めの合図をした。「ミスター・カズディン！」と彼は特定のマイクにではなく呼びかけた。「ミスター・グールドの手が見えないと困るのですが。」（マエストロは困っていた。この不明瞭な音の渦を独奏ピアノと調整する責任があるのだが、ピアノは、オーケストラの音との分離が最大限になされ、トラック間の音の漏れを最小限にするために配置されていたのだ。）「そっちに行きます」とカズディンが答えた。

マエストロが読唇術のように私の指の動きを読んで指揮ができるように、ピアノの位置調整が行なわれたが、そのあいだに私はカズディンを脇へ呼んだ。「管楽器の音がさっぱり聞こえない。君の耳だけが頼りだ。きちんと録れているかまったくわからないから。」

あとは調整室に行ってプレイバックを聴くしかない。ただし、オーケストラの録音の経費節減のために、基本的なテイクの確認以外はめったに許されない。聴くのは団員たちが労働組合の規定の休憩時間を楽しんでいるあいだがほとんどだ。建物をきれいに仕上げるのにモルタルが必要なように、テープ編集でもインサートを用いるが、これはセッション中にプロデューサーが必要な箇所に気づいて埋めていく形だ。しかし、どれほど経験豊かなスタジオの人間でも、テンポ、強弱、楽器どうしのバランスにおいて、あらゆるインサートが補いたい部分とうまく合致していると演奏者に保証できるわけではない。実際、ストコフスキーも私も、第一楽章にたくさん存在する管楽器とピアノの対話の箇所がかなり気になっていたので、翌朝に聴き直しの特別セッションが急遽組まれた。

結局、カズディンの耳は信頼できた。きわどい箇所もあったが、何とかきちんと録れていた。マエストロも私と一緒になって、録音会場としてのボールルームを非難した。アンディは少々困っていたが、私たち二人は、この追加での聴き直しによって、第二楽章と第三楽章がよくなると確信していた。そして実際、そうなった。

その間に、老練なコロンビア専属の写真家、ドナルド・ハンスタイン（一九二八―二〇一七）がジャケット写真を撮りに来た。センターで時間を費やすわけにはいかないので、コロンビアの写真スタジオに移動することになった。スタジオには、小ぶりのスタインウェイが、コンサート・グランドに似せて準備されていた。

ハンスタインが求めたのは、リハーサル風のショットだった。私がピアノの前に座り、弾き始めそうな構えをしているのを、楽器の湾曲部に立ったストコフスキーが、祖父のようなまなざしを私に向けるもので、思慮深そうな右の横顔をカメラが捉える趣向だ。しかし、ハンスタインがシャッターを切り始めるたびに、ストコフスキーは右を向き、低音弦をじろじろ見始めるのだ。時には変化をつけて、目を天井に向けて、ハンス・リヒター（一八四三―一九一六。オーストリアの往年の名指揮者）の霊と交信するようにも見えたが、結局私たちの視線は九〇度で交差しあうのがやっとだった。ストコフスキーはこの奇妙な作戦について説明しなかった。ハンスタインは彼の顔の向きを何度も戻させたが、同じ戦略の新策や奇策に遭遇し続けた。私はふと、ストコフスキーの写真は左横顔以外、ほとんど見たことがないと気づいた。結局、ハンスタインも直角交差の写真を撮らざるを得なかった。これは賢明な決断だと思った。指揮者と写真家の双方が満足できるようにするには、ピアノを一八〇度回転させ、ピアノの低音部に立って左横顔を露出したストコフスキーを撮るしかないが、そうするとスタジオの時間が無駄になるし、もっと悪いことに、カメラが私の右横顔を捉えることになったはずだ。私にとってはひどく不都合な向きだ。

二度目のセッションの翌日は、スプライスを施す箇所を確定させることに費やされた。第一楽章を再確認し、第二楽章と第三楽章は初めてこの作業をした。ストコフスキーは午後の早い時間から夜遅くまで、疲れも見せずに取り組んだ。彼の集中力は完全なもので、オーケストラばかりかピアノ・パートにも同様に注がれた（周知のように、こういう場での私は自分の我を張ってばかりいるわけだが）。そしてその集中力ゆえに、褒め言葉を言われても、彼は何の反応もできなくなっているように思われた。前日のセッションで、ストコフスキーの第二楽章の解釈は本当に偉大だと思ったのだが、それをゆっくりと聴ける段階になったのである。私は必要もないのに何度もプレイバックをするように求めて楽しみたい誘惑にかられた。オーケストラの二小節の移行部があるのだが、特にその部分について何も言わずにやり過ごすことはできなかった。マエストロが造型したそのパッセージには、私がこれまで出会ったことのない迫力があった。フレーズの中央に向かって情熱的なクレッシェンドがなされ、そのあとに物悲しそうなディミヌエンドがくる。このプロセスは、まさにストコフスキーの専売特許の瞬間だった。もう十二年たったが、今日に到るまで、ここを聴くと身震いがする。そして、このときの編集のセッションでは、私は自制心を欠いていた。テープがこの部分を再生するたびに、「いやすごい。本当に美しい。もう一度聴きましょう」といったことをつぶやいていた。ストコフスキーはスコアを睨みながら、相変わらず何か不満を述べ、私の発言に気づかないふりをした。すごくよい点数をもらった子どもが同級生たちの前で困惑している様子に似ていたが、彼も嬉しかったのだと思う。

このセッションの終わりに近づいた。エンジニアのエド・ミカルスキーがコーヒー休憩から戻ってきて言うには、となりの調整室からときどき漏れてきたポピュラー音楽の音はバーブラ・ストライサンドの曲で、本人もそこにいるのだそうだ。

「ストライサンドが隣りに？」と私は尋ねた。

「ええ、ニュー・アルバムのミキシング中です」とミカルスキーが答えた。

「あー、アンディ、ちょっといいかな？　今は休憩時間だし。少しホールをぶらついてくるよ」と私は告げた。

「いいですよ」とカズディンが応じた。

前にも述べたように、私は〝追っかけ〟ではないつもりだ。しかし、私は自他ともに認めるストライサンド中毒者である。冷水機に向かいつつ、CBSの編集用キュービクルのドアがひどいデザインであることを私は嘆いていた。通路からの覗き見を禁ずるのなら、窓をつけなければよい。ところが約八インチ《二〇センチ》×一二インチ《三〇センチ》のガラス窓が個々のキュービクルの入り口にはめてある。これでは監視を促しつつ、それを禁止するようなものだ。

録音のセッションのあいだ、ストコフスキーとカズディンは終楽章の最後から二番目のパッセージについて延々と議論していた。ティンパニとピアノの掛け合い箇所だ。最初のうち、ストコフスキーは、ティンパニをピアノの近くに移動して、このパッセージを別個に挿入すべきだと主張した。しかし、打楽器奏者でもあるカズディンは、ティンパニだけを遠ざけておいてマイクを移動させた方が、ストコフスキーの求める迫力が得られると主張した。翌日の夕方、終楽章まで収録したところで、マエストロはエド・ミカルスキーにこのパッセージのプレイバックを繰り返し求め、その度にティンパニの音量と強さを増すように頼んだ。カズディンのマイク設定は、確かに彼の求める音を出していた。ストコフスキーはミカルスキーの方を向いて言った。「どうしてあなたたちに頼むと、すぐに結果が出るのでしょうか？　私がオーケストラにそのような結果を求めても、いつも報われるとは限りません。」それは間接的な譲歩表現の典型だが、魅力的なものであった。

マエストロの要請で、テープを何度も巻き戻しながらこのパッセージを検討していると、今ドアを軽くノックするような音がしましたよ、と誰かが言った。私たちは一瞬、手を休めた。だがそれっきりだ。何も聞こえない。八インチ×一二インチのガラス窓に鼻は現われない。誰も何の行動を起こそうとはしなかった。次にストコフスキーは結末の数小節について議論を始めた。ティンパニのパッセージに続く六小節のピアノ独奏の音階的な反復進行について、私は比較的厳格に弾いたテイクと、小節線をほとんど無視したかなり自由なヴァージョンを録ってあった。ストコフスキーは「私はこのヴァージョンの荒々しさがとても気に入っています。ここでこうしたムードを取り入れることが必要だと思います」と言った。

これを採用するかどうかを議論しているうちに、再びノックがした。今度はさっきより強かった。そして、ガラスには確かに鼻が見えた。カズディンがドアの前に行くと、二人の来客がいた。

「こんにちは」と代表の女性が言った。「挨拶がしたかっただけです。わたし、ファンなので。帰るところだったから、ちょっと寄って挨拶しようと思って、私は……」

あいにくそのあと何がどう続いたのか思い出せない。アンディが「お入りください」と言うべきか、「ようこそいらっしゃいました」と言うべきか、困っている様子だけは覚えている。ドア枠の右側ではエリオット・グールド（一九三八年生まれ。米国の俳優。六三―七一年ストライサンドの夫）がにやにやと笑っていた。そして誰も何もしないし、はっきり返事をしないので、その女性はついに一言つけ加えるはめになった。「わたし、バーブラ・ストライサンドです」と。あのときのきまりの悪さを未来永劫忘れないだろう。というのは、このときに限らず、どんな会話でもこれ以上考えられないほどの不手際を次の返事でやってしまったからだ。「知ってます。」

しかし、いちばん覚えているのは、私の隣りに座っていたストコフスキーが、この一部始終に漠然とした苛立ちを感じているように見えたことだ。自分の話が中断されたことに、そして、名前を聞きそこねた（あるいは知らなかった）このおしゃべりな若い女性が登場したことが気に食わなかったのだ。彼は椅子の肘掛けの上を指で細かく叩いていた。あの曲のティンパニの独奏のリズムとほぼ同じで、不快感の表明だった。私は立ち上がりながら、今回は落とすべき乗車券がないことに気づいた。人生、うまくいくときも、しくじるときもあるのだ。

Ⅵ

ストコフスキーとの最後のインタヴューは、一九六九年十二月のある日の午後に実現した。場所は再びあのニューヨークの彼のアパートメントだった。このときは撮影班がいたので、私はセントラル・パーク側の窓際に座った。そこはストコフスキーの座る机の真正面で、机の上にはハイドンの「パリ交響曲集」の楽譜が開いてあった。監督のピーター・モウズリーから、カメラに向かって直接話すように、と彼はすでに指示を受けていた。私の質問は音声テープとフィルムから削除されることになっていたからなのだが、私の存在を無視するようにとも求められていた。またしても視線は九〇度で交差した。

この企画についてきっかけを与えてくれたのは、当時CBCラジオの音楽担当ディレクターだったジョン・ロバーツ（一九三〇年生まれ。『書簡集』『発言集』の編者）だ。その年の初め、彼は、私がストコフスキーについてのドキュメンタリーを制作することに興味があるかどうか、手紙で尋ねてきたのである。当時、その何ヶ月も前から、私はニューファンドランド島の生活を題材にした登場人物十四名から構成される複雑なドキュメンタリー・ドラマを制作中であった。沿海州に現われた最後の人々の作品が完成したら、休息と気分転換になる、もっと簡単な課題に取り組みたいと答えた。音楽をテーマにしたものは気分転換になりそうだが、ストコフスキーが「簡単な課題」かどうかは、全く自信がないことも伝えた。ロバーツは、この番組は私が作りたいと思うものにすればよいと返答してきた。また、もしストコフスキーのインタヴュー自体が十分に成功しなくても、彼のキャリアについて、いくらでも証言で補えるとも言ってきた。そこで私は、従来的なドキュメンタリー番組には興味がない、と答えた。つまり一九〇五年に聖バーソロミュー教会の二階のオルガン席にいた彼を覚えている年配の教区民の回想に頼りたくなかったのだ。ストコフスキーが、自分の録音をほぼ中心に据えて音楽のモンタージュを延々と続けながら、その主題と語り手を同時に務めるような番組しか思い浮かばなかった。私が考えているのは、切れ目なく続く独白のようなもので、そのためには、優れた基礎的なインタヴューが必要だと訴えたのである。かくして、ストコフスキーに連絡をとり、彼の都合のよいときにインタヴューをすること、そして、そのようなコンセプトを維持できる素材が得られれば、契約して制作を進めることを提案した。失敗したときは、私はインタヴューの実施料を請求せず、テープはCBCアーカイヴズに寄贈することにした（後述の内容で完成。『ストコフスキー――ラジオのためのポートレイト』一九七一年二月二日放送）。

そうこうするうちに、当時、米国の国立教育テレビ（ＮＥＴ）の教養番組担当ディレクターだったカーティス・デイヴィス（一九二八―八六）から、ストコフスキーのポートレイト映像の制作を手配したことを聞かされた。そこに私の作るドキュメンタリーに関連した映像を場面として含めたいと言う。本当にドキュメンタリーなるものができるかどうかわからない、と私が答えると、カーティスは共同制作に準ずる提案をしてきた。まず、ＮＥＴは、私の行なうインタヴューの全編の撮影が許可され、制作のためにその場面のひとつを使用できること、次に、それに使われないという意味で「ボツ《アウト》」になった音声を他の場面に重ねて使用できること。そして私の側では、もし私のインタヴューが期待どおりにできなかったとしても、私が自分の企画を進めるつもりなら、ストコフスキーの膨大なアーカイヴが自由に利用できること。もちろん、この条件に乗れば、私が想定していたのとはまったく別の種類の制作が求められる。だがその分、見通しは明るくなった。ＮＥＴの撮影班が機材確認をする間、ストコフスキーとお茶を飲みながら、私は自分にこう言い聞かせた。傑作にはならなくても、少なくともプロとして充実した作品になるはずだ、と。

ところで、『ハイ・フィデリティ』誌の取材での会話以降、多年のあいだに、私はその道のプロになっていた。ニューファンドランドの島民たちに加えて、私は政治家、学者、神学者、芸術家、精神科医、官僚とのラジオ・インタヴューを収録してきた。北方勤務の看護師やカナダの第十三代首相にもインタヴューをしたことがある。私は、寡黙な相手（映画監督のノーマン・マクラレン（一九一四―八七。カナダを代表するアニメーション作家。実験的でグールドのバッハ録音に基づく作品あり））、アルノルト・シェーンベルク夫人にも、饒舌な相手（ジョン・ディーフェンベイカー閣下（前記の首相。一八九五―一九七九。在職五七―六三））、作曲家ミルトン・バビット）にも対処する術を身に付けていた。また、マーシャル・マクルーハンのように、寡黙でありながら饒舌な人物にも遭遇している。だから、今回は彼の「止め」の合図には翻弄されないぞ、と自分に言い聞かせた。

プロである以上、私はプロらしくない様子を演じる余裕すらあった。上着のポケットから数枚のメモを取り出し、目の前の机の上に置いた。すると、ハイドンの楽譜を見ていたストコフスキーが顔を上げて、言った。「質問をうかがいましょうか？」

「もちろんです、マエストロ」と私は答えた。「それでは、ですねえ……」と私は内容をきちんと覚えていないかのように、メモ書きの確認を始めた。「そうそう、後期ロマン派の作曲家全般の音楽について、特にマーラーとシェーンベルクについて［当時はいわゆるロマン派復興が盛んだった］、お尋ねしたく思います。加えて、チャールズ・アイヴズについてのご見解もうかがえますか［一九六五年にストコフスキーが指揮をしたアイヴズの第四交響曲の世界初演を私は実際に聴いたし、批評もした（本書の30を参照）］。それから、音楽における〝伝統《トラディション》〟の意味や、楽譜への〝忠実さ《フィデリティ》〟について——つまり作曲家と演奏家の関係全般になりますか——、そうしたことについて、お話をうかがえないかと。また、もちろん、録音スタジオでの初期の経験に関する思い出や、音楽とテクノロジーの将来の結びつきについての予想もお聞きしたく思います。」

ストコフスキーはうなずく。その表情は満足げに見えた。私はメモを再び机の上に置いた。「でも本当は質問は事前にお伝えするべきではありませんでした」と言って私は微笑む。「マエストロを驚かせないと。」（私には微笑む余裕があったし、実は、まだ驚かせるつもりでいた。）

「やっと始められそうだ」とピーター・モウズリーが言った。「了解。われわれの機材も確かめてくる。」私はそう答えて立ち上がり、居間を横切り、デル・マッケンジーに声をかけた。当時CBCニューヨーク支局のマネジャーだったマッケンジーは技術も兼ねていたのだ。私は言った。「撮影の準備ですでにかなりの時間を無駄にしているから、インタヴューはとても大事な質問から始めようと思う。二度は訊けない質問からだ。なので、何か問題があれば、今すぐ教えてくれ。」

「マイクの準備は万全です」とデルが答えた。「ただ、撮影班が静かにならないと、きれいに録れるはずの音声が台無しになります。モウズリーに言ってくれますか？」私はそのとおりにしてから窓辺の席に戻った。

ストコフスキーはもう我慢ができなくなり、ハイドンの楽譜に印をつけていた鉛筆で机の上を叩き出した。

「始めます！」とNETの音声係が叫んだ。「いつでもどうぞ」とモウズリーが小声で言った。

八秒か十秒ほど、劇的な間合いを持たせたが、私はまるで何を言うべきか忘れたかのように、座ったまま身をよじらせた。それからインタヴュアーとして最大の賭けに出た。

「マエストロ、私はこんな夢を何度も見ます」と切り出した。「どこか別の惑星にいるようです。別の太陽系の惑星かもしれません。まず、そこにいる地球人は私だけらしいと気づきます。それから気持ちがひどく高ぶります。そこには何らかの別の生命体が存在し、私はその生命体に自分の価値体系を分け与える機会と権限を持たされているのだと思い込んでいるためらしいのです。また自分のイメージにしたがって、その惑星の価値体系をそっくり創造できる気持ちでいます」

ストコフスキーは短い質問を予想していたので、指示どおりカメラを見つめていたが、私の方に向き直り、「これは誰のインタヴューなのか？」とでも言いたそうな表情をした。モウズリーと撮影班がそわそわとしているのが感じられた。私が前口上を終えるまでそのまま撮影を続けるべきかどうか決めかねていたのだ。しかし私はもう戻れないところまで来ていたので、飛び込むしかなかった。

「いずれにせよ」と私は続けた。「夢は常にひどい終わり方をします。この惑星にほかにも地球人がいるとたいてい気づくのです。自分が一人ではないとわかると、自分の企てを矛盾なく進める機会を失ってしまいます。しかし今、技術的な奇跡によって、マエストロをそのような惑星に運び、私の夢の中では得ていない力を差し上げることができたと仮定します。さらにこう仮定しましょう。この惑星には、高度に発達した種族が存在し、どうやら平和的共存の状態を実現しています。それは私たちの文明よりも高度な文明です。しかも、私たちが〝芸術《アート》〟と呼ぶ概念とは無縁に成し遂げられたものなのです。そこで質問ですが、第一に、あなたはこの種族に私たちの世界の〝芸術的《アーティスティック》〟な表明を知らせたいでしょうか？　そして、第二に、知らせるとしたら、どの程度を求めますか？」

ストコフスキーは私をじっと見つめていた。唇は動いていたが、言葉は発せられない。答えてくれそうにないと私は思った。ところが彼は、かなりゆっくりとカメラの方に視線を戻し、こう語り始めたのだ。

「私たちの太陽系を考えてください。その途方もない大きさを。私はこう思います。太陽系はたくさんあると。また、私たちの太陽系はたいへん大きいけれど、それよりはるかに大きい太陽系もありそうだと。宇宙に浮かぶほかの天体からの距離もとてつもないものでしょう。私はさらにこうも思います。宇宙空間は果てしなく広がっており、無数の太陽系が存在しますが、無限の時間と無限の精神力があるのだ、と。そして巨大な精神の塊がいくつもあり、その中では、私たちの精神、つまり、私たちの暮らすこの小さな地球の上に存在する精神とは、小さな部分にすぎないのです。私たち全員がこの同じ惑星に暮らしています。同じ空気を吸い、太陽がもたらす光の力のもとにいます。太陽の光がなければ、地球に生き物は存在しません。私たち全員が同じ条件下にあります。同じ空気を吸い、同じ日光を、生命をもたらす光を浴びて、これらの条件を最大限に生かすことが私たちの特権です。」

完璧だった。詩だ。これを求めて私はここに来たのだ。この調子で語ってくれれば、番組になる。

「現在、世界中で戦争が起こっています。破壊の何と多いことでしょう。そして、破壊に較べたら、創造的なものの何と少ないことでしょう。多くの人が〝戦争《ウォー》〟と呼ぶもののただ中にいます。その人々は巨大な創作力の持ち主かもしれません。しかし、人々は殺され、破壊によって殲滅されます。歴史を学べば、歴史が戦争の連続だとわかります。いかなる戦争でも誰も勝利しなかったことは明白です。誰もが敗者です。戦争は狂気です。知性の最低の形態です。いちばん高いところにいてものごとをコントロールしている者たちが知性の最低の形態を扱っています。その者たちが戦争を生み出すのです。全人類が理解するべき時が来ています。」

一九六九年十二月の当時は、ヴェトナム戦争がいちばんひどい状況にあった。ストコフスキーには歴史家としての答えや主張は持ち合わせていなかったが、高齢によってしばしば高められる特別な能力があった。つまり、臆することなく当たり前のことを述べる能力だ。この能力によって、彼の音楽作りでもしばしば見られるように、彼の会話にも、逆説的な特質がもたらされた。いかに陳腐なクリシェでも吸収して超越できる即興的な自由と、必然性の感覚である。つまり、「必然的な《イネヴィタブル》」即興性とは、逆接的な表現だが、ストコフスキーは、言葉においても、音楽においても、これに意味を与えた。

「芸術家は同じ条件下で生き、こうした条件を最大限に活用しますが、自分の芸術を高めるためにどれほど努力を重ねても、上限がなく、果てがないことに、気づいています。偉大な芸術家がその芸術をどれほど高めようと、発展と向上に限界はないのです。」

もう三分二十秒も、止まることなく語り続けていた。ストコフスキーの返答としては、すでに最長記録だった。私はカメラのフレームに割り込むことを覚悟で身を乗り出した。カンマにあたる箇所がくるたびに、それに応じて頷いたり、終止のピリオドがくると、特に熱意をこめた身振りをして話の続きを促した。何が何でも話を止めるわけにはいかなかったのだ。

「芸術とは巨大な樫の木の深い根に似ています。その根がたくさんに分岐して伸び、様々な種類の芸術を生み出します。ダンス、建築、絵画、音楽、そして、言葉の芸術、つまりシェイクスピアの成した芸術です。シェイクスピアは、私たちの弱さや強さ、生きるための苦労といったものを、見事な形で理解していました。私はあちこちの国を旅しています。シェイクスピアはそれぞれの国の言葉に翻訳され、その国で上演されていることに気づきます。彼の詩も読まれています。シェイクスピアは、一国の芸術家にとどまりません。彼は世界の芸術家です。人生を解き明かすための素晴らしい存在です。世界の芸術家なのです。」

ストコフスキーには映画編集者のようなリズム感があった。宇宙を大きく映し出すことから始まった彼の独白は、われわれの地球を思い浮かべながらフレームを絞り込んでいき、規範としての芸術家像のクローズアップの中に消えていく。私の最終的な編集では、この発言の部分には音楽を三種類重ねることにした。シェーンベルクの《浄夜》、ホルストの《惑星》、スクリャービンの《法悦の詩》それぞれの抜粋である。

「毎日、新しい可能性と発想が生まれていることに気づきます。それを無視してはなりません。吟味するべきです。たとえば、音にはいろいろな種類があります。こう申し上げると驚かれるかもしれませんが、私は街の音が好きです。タクシーがクラクションを鳴らし、ほかにもさまざまな音が聞こえてくる。そこにはリズムがあり、街の生活の融合があり、ある種の音楽です。ひどい騒音だ、と言う人もいるでしょう。そう主張する権利はあります。その人たちの耳には、確かにひどい騒音と聞こえるのでしょう。しかし、私の耳には興味深く聞こえます。なぜならその音には生命が宿っているからです。ナンセンスだと思う人は、まったく聴かないか、偏見を抱いて聴くのでしょう。偏見はとても危険な病気です。耳を傾けて、すべての音楽の中にある、言葉では表現できない不思議なメッセージを受け取る人もいるかもしれません。シェイクスピアは劇を作るために言葉を用いましたが、詩を書くためにも用いたのです。彼の選んだ言葉は、私には音楽に聞こえます。言葉も、言葉のリズムも、私の耳には音楽のように響くのです。」

（後日、手紙のやり取りで、最後のストコフスキー的ゲームに興じることになった。私は、このドキュメンタリーで用いる予定の音楽的プロセスをストコフスキーに伝えるために手紙を書いた。二十二曲以上の音楽を使う予定です、その大部分はディゾルヴ（徐々に和声が重なっていくもの）で推移させ、ハードカットは彼の初期のスタジオ体験を示すモノラルの場面に限ります、と説明した。すると彼の返事はこうだった——「親愛なる友よ。私はこれまで『モンタージュ』なるものを信じたことがありません。同意してもらえるでしょうか。ミキシングのやり直しをしてくれませんか？」そこで私は、私の知る中で最も鋭いストコフスキー・ウォッチャーであるカーティス・デイヴィスに助言を求めた。「彼に手紙を書くときは、必ずあなたのプロセスを『交響的綜合《シンフォニック・シンセシス》』と定義してください。この用語なら伝わるはずです」とカーティスは答えた。そのとおりだった。ストコフスキーにはヴァーグナーの交響的綜合を否定することはできない。こうして、私は予定どおりにミキシングを進めることができた。トスカニーニやジョージ・セルのラジオ番組には、ハード・カットが適していたかもしれない。しかし、私の選んだ対象の性格、生活様式、音楽性には、およそふさわしくなかったのである。）

「いわゆる穴居人も、その水準と、そのやり方で、その時代の最高の生活観に従って、同様の考えをもっていた可能性は十分にあるのです。この地球には、昔からずっと、美と秩序を愛する人たちがいます。私たちが何を本当に知っているのかをきちんと把握すること、そして、人生には私たちの知らない可能性が山ほどあることに気づくのは、とても大切です。他の惑星にも、同様の生命が存在するかもしれない。彼らが何を感じ、何を考えているのかを知ることは難しい。人間の生活や動物の生活とはかなり違うかもしれない。また、言語の問題や、どうやってコミュニケーションをとるかという問題もあります。とても難しそうです。しかし、もし私が、彼らにとっての秩序とは何か、美しいものとは何かを知ることができれば、それは大きな恩恵でしょう。きっとそれが、彼らの生活を理解し、彼らが何を考え、何を感じ、何を望んでいるかを知るための第一歩になるからです。」

（最終的に、この独白は八分三十八秒におよんだ。後日これは分割され、一時間番組の最初と最後にブックエンドのように配置された。分割箇所はシェイクスピアに関する最初の言及のあとである。結末の文句はいちばん最初の一言を再利用した。というのは、マエストロは、その映画編集者の才能のおかげで、プロセスを逆転させて、冒頭の考えの鏡像を置く必要性を感じていたからだ。シェイクスピアに関する第二の言及に始まる部分から、独白は特殊から普遍へと容赦なく戻っていったのである。）

「もし私がそのような仮定に置かれたならば、その惑星に存在するかもしれない別の生命体に対して、私ははっきりとしたイメージを伝えようと最善を尽くすでしょう。美しくて秩序があると私が思うものについて、創造的だと思うもの、破壊的だと思うものについて――。この私たちの地球において何が起こっているかを彼らに見てもらうことは可能だとは思います。しかし、破壊ばかりが多くて、創造的なものは実に少ない。」

本来の独白はこの言葉で終わった。だが私は、ストコフスキーが人類の自己破壊能力について考えている場面で締めくくるのには抵抗があった。彼の鏡像の形式で完成させるべきだろう。私は彼の最初の発言から二つの言葉を削除して、結末までとっておくことにした。つまり、最初の発言は、結末で繰り返されるときに、元の姿で現われるのだ。そもそもストコフスキーは、楽譜という、自分が仕事をしなければならない材料を、聖典と見なすことを拒む人だった。彼にとって楽譜とは、これから述べ伝えるべき福音が記された新発見の羊皮紙の束にすぎない。加えて、創造的ごまかし《クリエイティヴ・チーティング》によって構造を完成させること、つまり、より満足度の高い形式にするために技術的な資源の助けを借りてごまかすことは、特にストコフスキーらしいことだと私には思われた。生前の彼は、音楽家としての自分の活動に刺激を与えた技術的発想の勝利に立ち会い、その人間的な本質を確認したのである。彼にとってテクノロジーの活用はまさに「いっそう価値のある使命」だった。テクノロジーの介在によって、人は自然の弱さを超越し、理想の実現に集中できると理解していたのだ。彼の生涯と仕事は、私たちが自分自身から離れ、法悦の境地に到達する能力のあることを証明していた。

「私たちの太陽系を考えてください。その途方もない大きさを、その可能性を。」

46　ルービンシュタインとの対話（一九七一年）

「君ならキャンセルしたのでは?」

「さあ、どうでしょうね。私の場合……」

「キャンセルしたに決まっている。君の目を見ればわかるよ。」

決して幸先のよい始まりではなかったが、ルービンシュタインとの顔合わせは、こんな調子だった。一九六〇年一月、ほぼ毎年のことだが、彼が私の地元トロントを訪れ、ショパンに捧げるリサイタルを開いたときのことである（同年一月十八日、マッセイ・ホールか）。ルネサンス以降、演奏家の専門性が高まったが、この疑わしい観念をほとんど独力で正当化する情緒を発揮する作曲家がショパンであり、ルービンシュタインはこの情緒の共感性に通じているのはほとんど誰もが知るところだ。しかし、ショパンとは、当地で新古典派の十字架を背負うことを自任する私が、しばしばおおやけに正体を暴露してきた作曲家でもある。実際、故アルトゥール・シュナーベルがショパンについて言った「右手の天才」という有名な冗談は、私がこのポーランドの巨匠に関してまき散らした悪口に比べれば、おとなしいものだ。それだけに、ルービンシュタインのトロントでのリサイタルは、出席を気づかれずに済ませたいイヴェントとなった。聴衆全般にだけではなく、地元の記者にはもちろん、理由はまったく異なるが、ルービンシュタイン本人にも気づかれたくなかったのだ。

「マエストロ、調子はいかがですか?」

「だいぶよくなった。ありがとう。しかしなぜ君は正面の席に座らなかったのかね?　あんな後ろでは音が楽しめないだろう?」

「私はいつも袖で聴くのが好きなのです。」

私の基本計画はこうだった。まず開演するまで待った（一曲目はスケルツォ変ロ短調で、私個人のヒットパレードでは決してトップに来ない作品だ）。それからパーカーのフードを持ち上げて舞台裏に駆け込む（当時の私は地元の舞台との縁を絶っていたが、裏方の人たちとの交流はあった）。そしてめったに使われない放送席に腰を落ち着け、演奏会が終わるまでそこにいるのだ。放送席は、あろうことか、施錠されていた。楽屋口の守衛は鍵を持っていなかったが、こんな情報を携えていた。ルービンシュタインはついさっき到着したばかりだと。飛行機が遅れ、また、インフルエンザで弱っていたのだ（「三十八度三分もあるってさ。そんなに熱があって、よく演奏できるものだ」）。当時、私のアンチ・ショパン的偏見は心気症によって度を越えていたので、その晩の続きの公演中は舞台入り口に近い臨時増設席で聴き（高音域が足りなかったものの、主要な音域は常に聞こえた）、休憩中は、感染を恐れて十メートル近く離れた案内係の待機席近くまで退却する。それを繰り返した。

公演は終盤にさしかかった。《アンダンテ・スピアナートと華麗なる大ポロネーズ》が演目の最後だった。お別れの時間が来たと思った。アンコールは少なくとも三回か四回あるから、マエストロの熱烈なファンたちが舞台裏に参じる前にスカーレット・ピンパーネル（英国の作家オルツィの同名小説（一九〇五年）の主人公。仏革命期に囚われた貴族たちを救出する。三四年映画化）のように脱出劇を展開するには時間はたっぷりあると踏んだ。ところが、ショパン崇拝者の思考を計算に入れていなかった。舞台裏に通じる扉めがけて進んでいくと、大勢のルービンシュタイン決死隊員たちによって経路は遮断されていた。その大半はポーランド人で、私のショパン嫌いを完全に見抜いている。その瞬間にパニックになりながらも、私はそのように考えた。こうなったら唯一残された避難所は、ウイルスで汚染されているかもしれない、いや間違いなく汚染されている場所――ルービンシュタインの楽屋であった。

二度目のアンコールを終えて新しいティッシュペーパーを取りに戻ってきたところで、交わされたのが最初に掲げたぎこちない対話である。大歓迎の人々が少なくなってきたところをみはからって、私は夜の街に飛び出し、一軒しかない二十四時間営業の薬局に直行した。それでも私は、あまり期待のできない会話の続きをやる約束は取り付けていて、それから十年後にルービンシュタインのニューヨークのホテルで約束は果たされたのだ。

AR（アルトゥール・ルービンシュタイン）：当面このスイート・ルームに泊まっているよ、米国に滞在中はね。ニューヨークでアパートメントに住んでいたこともあるが、私は生まれながらのホテル屋でね。ホテル人間なんだよ。四十五歳でやっと結婚したが、今までいつもホテルで暮らしてきた。ホテルが大好きなんだ。

夫人（ルービンシュタイン夫人）：（コーヒーを出しながら）実は、私もなのですよ。

AR：ルーム・サーヴィスもあるし、ベッドで朝食も取れる。アパートメントではそんなサーヴィスは利用できない。それからホテルには、ある種のアニ……アニミ……

夫人：アノニミティ（匿名性）。

AR：アニモニ……もう一度言ってくれ。

夫人：アノニミティですよ、あなた。アノニミティ。

AR：それだ。それがホテルにはある。

GG（グレン・グールド）：それなら私はモーテル人間ですよ。モーテルは西洋人が生み出した最大の発明のひとつだと私は考えています。料金を前払いするという発想、帰りたくなったらいつでもチェックアウトできる――心理学的に偉大な贈り物です。

いつも泊まるモーテルが二つあって、年に二度ほどスペリオル湖の北岸をまわるときに使います。素晴らしいルートですよ。北米中央部でどこよりも見事な景色が広がっています。

AR：スペリオル湖？　北岸？

GG：ええ。およそ五〇マイル《八〇キロ》ごとに町があります。大半が林業か鉱業の町です。町それぞれに見事な個性があるのです。なぜなら、それぞれの町が一個の産業やプラントによって発達したからです。

AR：そこには何らかのヒエラルキーがあるのでは？

GG：ええ、おっしゃるとおりです。父権主義的に営まれていますね。そこにいることは、自分がカフカの描いた小説の場面に加わっていることに似ています。でも私はそこのモーテルに行って、数日間執筆に励むのです。事情が許せばの話ですが、一生暮らしたい場所ですよ。

AR：なるほど。初めて言葉を交わしたときから君のイメージは変わらないね。覚えているかな、私の最初の質問は「なぜ演奏したがらないのか？」だった。君のことは《ゴルトベルク変奏曲》で登場するよりもずっと前から知っていた。とても関心を抱いていた。ところが急に、君は、喩えて言えば、畑を放棄した。これにはひどく驚いた。実に不可解だし、私はその意味をあれこれ考えた。大きなものを失うことになるからだ。

GG：レコードの仕事は認められないと？

AR：いやもちろん認めるよ。ラジオやテレビもね。だがそういったものはどれも、私たちから人間的な威力を奪ってしまう。結局、私自身が求めているのもそうした威力だ。いつか君もそういうものに戻る気がするね。

GG：いいえ、私は演奏会活動には決して戻りませんよ。

AR：戻ってほしいね。

GG：とんでもない。

AR：私の言ったことも考えてくれたまえ。

GG：そうしますよ、約束します。しかし、これが賭けならあなたの負けです。それも約束します。

AR：だが、聴衆から特別なものが放出されてくるのを感じた瞬間は一度もないのだろうか？

GG：本当のところ、ありませんでした。よい演奏をしていると感じるときはありました。しかし……

AR：しかし、会場にいる人たちの魂を手中に収めたと感じることは一度もなかったのだね。

GG：実際、魂が欲しいなどとは思いませんでしたし。そんなことを言うのは愚かです。もちろん、それなりの影響を与えたかったとは思いますよ、何らかの形で人々の生活向上につながるように。古い表現で言えば、「善をなす」《ドゥー・グッド》です。でも、私は力を行使したくなかったし、会場の聴衆の存在に刺激を受けたわけでももちろんありません。実際、聴衆の存在によって常に演奏は悪くなりました。

AR：すると私とは正反対だね。まったく逆だ。いいかね、このことを話そう。ばかげた話だから笑わないでほしいのだが、言わずにはいられない。つまり、私たちの内側には何らかの力が宿っていると私は感じている。今まで誰も説明できていない言葉というものは常に存在する。まったく解明《エクスプリケ》されておらず、その意味についての答えに導くものが何もない。だが、あらゆる言語がそれを頻繁に用いているから、日常的な言葉となっている。「ソウル」(soul)、「ラーム」(l'âme)、「アニマ」(anima) といった言葉だ。しかしアニマとは何か? どこにある? 私たちは解剖は得意で、自分たちの行動も、その仕組みもよくわかっている。しかし、そもそも、ソウルとは何か? このソウルとは恐ろしく必要なものに思われる。宗教がそうであるか、そのように思われるのと同じだ。たどれる範囲のあらゆる文化において、崇拝するべきものは常にあり、さまざまなトーテムがある。これだけは確かだ。つまり、魂《ソウル》とは一種の力にほかならない。力は大いに利用されてきた。ときには愚かに、あるいは幼稚に。それから、私の若い頃は――君はその世代には属していないわけだが――降霊会が盛んだった。つまり、心霊的な、心霊学的な実験だ。私はかなり熱心で、本当に熱心に参加した。とても真面目な活動だったんだよ。大科学者たちもいた。たとえば、サー・オリヴァー・ロッジ(一八五一―一九四〇。英国の物理学者・心霊学者) がそうで、個人的によく知っていた。同じ船で海を渡ったとき、毎日彼と話をした。自分は死者に話しかけたり、コミュニケーションをしたりできると確信したのだそうだ。いずれにせよ、降霊会で、テーブルは――トリックはなかったと断言するが――テーブルは反応していた。そう言えるのは、私は目をずっと開いていたし、それに、かなり明るかったのだ。ただし、私たち参加者が手を握りあって集中力を高めていると反応が生まれた。おもしろいのはここからだ。なぜか私は降霊会ではボスに選ばれる。幽霊と話す役割だ。ある人が呼びかけるのだが、その相手はナポレオンと決まっていた(好まれる相手は、常にナポレオン、ショパン、その人の祖父あるいは誰か大切な人だった)。誰が現われ、何を語るかが私にはわかった。ほかの参加者たちは驚くのだ。「ああ、来たぞ!」「今の話を聞きましたか?」「彼はああ言って、こう言っていましたね」――だが私は驚かなかった。どういうことか? 結局、私がほかの人たちの力を私の中に結集させたにすぎない。つまり、ナポレオンやヒトラーやムッソリーニや、それこそスターリンといった人物は、ある種の力を発していて、その力がほかの人に較べて著しく強かった人たちなのだ。

この話をしたのは、もしも君が私と同じくらい何年にもわたってピアニストとして活動を続けたら(私は六十年も続けてきたわけだが）、説得したり、制覇したり、確保したりしなくてはならない聴衆との、同じように延々と続く接触を君も経験するはずだからだ。たとえば、ディナーを終えた聴衆が会場に着くや、それぞれの関心に気持ちが向かう。ご婦人方はほかのご婦人方の服装を気にするし、若い女性は見栄えのよい若い男性を観察する。また若い男性も同じことをする。要するに、みなぎっているのは膨大な雑念だ。もちろん私はそれを感じとる。そんな聴衆だが、好ましいムードのときには、全員の注意をこちらに引きつけることができる。一個の音を弾いて、そのまま一分間を保持できる。全員が聴き入る。まるで全員がこちらの手で操られているかのようだ。こういう力の発し方はレコードではできない。私が言いたかったのはこれだ。レコードでは無理なんだ。

GG：ええ、そうかもしれませんね。確かにレコードを作っているときには、ひとりになります。五百人、五千人、五万人の聴衆に囲まれはしません。「ああ、彼はこの作品をそんな風に捉えているんだね」などと言う人たちはそこにいないのです。でも、私にとってはたいへん好都合です。なぜなら演奏に取り組むときも作品作りをするときも（本質的には同じだと思いますが）、始めるときに、それがどういうものか、よくわかっていない、というのが理想です。進めていくうちに初めてわかってくるのです。セッションの三分の二くらいで、コンセプションの三分の二くらいまで近づいてくる。スタジオに到着した時点では、どうやるか明確にわかっていることは、めったにない。つまり、十五種類の別々の方法を試します。八種類はうまくいくかもしれないし、二つか三つは本当に説得力がある。しかし、セッションの時点では、最終的にどんなものが生まれるのかはわかっていません。プレイバックを聴いて、「だめだ。この形ではうまくいきそうにない。すっかり変えなくては」となる場合もあって、それでもよいのです。この営みは演奏家を作曲家にかなり近いものに変えます。演奏家に編集段階の思いつき《エディトリアル・アフターソート》の機会を与えるのです。その力を行使できる。もちろんあなたのおっしゃる力とは別物です。しかしとても強い力です。そしてこれが演奏会では無理なのは明らかです。私のように、やり直したくなったら「テイク2《ツー》！」と宣言したりできませんからね。

AR：なるほど。それは殊勝なことだが、録音は別物だ。別の営みだよ。しかし君は私のやり方をまねられるか？　私は全体のテイクをいくつか録るが、直したい箇所が出てくることはめったにない。ときどき音を弾き間違えることがあるが、君なら、入れ歯を直すときのように、そこだけ除去してほかのテイクと取り換えるね。それで正しく響くのだから。だが私はいったん弾き始めたら最後まで弾きたい。中断するのが耐えられないからだ。
GG：なるほど。私が中断を気にしない最大の理由は、編集を信じているからです。楽章ごとに通しのテイクを録るのも役に立ちます。それには同意します。しかし、通し演奏をまったくしない代わりに百六十二の断片に切り分けて録音するのは不可能だという意見を支持する理由を私は知りません。私自身はやらないにせよ、できない理由がわからないのです。
AR：苦労している様子が伝わると説得力が損なわれる。その点に尽きると思う。もはや芸術ではなくなってしまうから。サーカスで、誰かが見事な技を披露するとする。たとえば何度もジャンプするとか、とにかく見事な技だ。そこで彼は少々不敵な笑いを浮かべながら、必ず一度わざとジャンプをしくじる。それがどれだけ難しいかを示すためだが、本当の理由は、それ以降は簡単そうにこなしていると観衆に思わせるためだ。
GG：おっしゃるとおりです。簡単そうに見えたり聞こえたりしても、実際に簡単だとは言えませんね。実はこの数年、時間のおよそ半分を、音楽とは無関係なラジオ番組やテレビ番組の仕事に費やしています。私が求められたのは、アイディアの全体性《トータリティ》を表現するのに、構成要素の完全性《インテグリティ》（という言葉をこのように使えればですが）の確保を気にしすぎない努力でした。
　たとえば、昨年、私はニューファンドランドに関するラジオ・ドキュメンタリーを制作しました。隔絶や孤独の中で生きられる人間の条件を扱った番組でしたが、ニューファンドランドは番組作りのための口実であって、編集にあたってはスタジオで四百時間近くを費やしたのです。インタヴューをした十四名のうち、物語で最も重要な人物がいました。この作品には彼が欠かせない。とても気持ちのいい人で、実に理路整然と話ができて、鋭い直感の持ち主でしたが、「ええと」「あー」「まあその」「一種の」といった言葉を常に挟む癖があり、実際その連発する回数があまりに多くて、聞いていると、その繰り返しにうんざりしてしまう。三語おきに「ええと」や「あー」が入り込むわけです。そればかりか、言葉選びにはたいへん誠実な人で、自分が選んだ形容詞を取り消す癖がある。一個の文に単語を八つ用いるたびに、そこに含めた形容詞を否定する。彼は、こちらの問題、つまりスプライシングの問題などおかまいなしに、別の形容詞を放り込むのですが、ほとんどの場合、発声の強弱の程度も異なっていたのです。
　そこで、誇張でなく土、日、月曜日の長い週末を三回、毎日八時間を費やしてひたすら「えーと」「あー」「まあその」「一種の」の除去作業を行ない、彼の素材の構文上のミスを正したのです。ある時点でわかったのですが、タイプ稿の一行あたり四ヶ所ずつその種の編集を施していました。用紙一枚にはダブルスペースで三十行あったので、一ページあたり百二十回の編集をしたことになります。この男性の証言は十四ページあったので、控えめにみても、この男性の発言部分だけで千六百箇所をつなぎました。彼の発言を明快でなめらかなものにするためで、実際そうなりました。この男性から新しい登場人物を作り出したのです。要するに、このためには手段を選びません。倫理的な問題にはなりません。価値判断をする話ではないはずです。百六十回のスプライシングで編集をするならば、たとえば、あなたがガルネリ四重奏団と作ったブラームスのピアノ五重奏曲のレコード（一九六六年録音）を例に出しますと……

ＡＲ：あれが好きなのかね？

ＧＧ：陶酔しています。この数週間で五回は聴きました。

ＡＲ：それは驚いた。

ＧＧ：ピアノを含む室内楽としては、私の人生で最高の演奏です。

ＡＲ：ピアノ四重奏曲三曲の演奏は聴いたかね？

ＧＧ：いいえ、まだです。でも入手するつもりです。

ＡＲ：だったら私から贈ろうじゃないか。受け取ってくれるかな？

ＧＧ：喜んで頂戴します。

ＡＲ：なぜなら、あちらの方がうまくできたと感じているから。

ＧＧ：そうなのですか。

ＡＲ：そうだ。でも五重奏曲もかなりよくできた。

ＧＧ：実に見事な演奏です。柔軟で、幅の広さがあり、演奏会では誰も、いやどんなアンサンブルもこれを超えられないどころか、ここまで到達することさえ無理でしょう。想像しうる限り、これほど自由奔放な演奏もありませんが、同時に実によく整理されていて、引き締まっていて、きちんとしている。そしてすべてが……

ＡＲ：ほかの日の晩にも演奏したよ。

ＧＧ：本当ですか？

ＡＲ：そう、演奏会でね。

ＧＧ：ああ……。

ＡＲ：しかし、私は君の五十歳年長であり、別の世界に生きてきた。極端な主情主義《エモーショナリズム》の世界にね。私はロマン主義《ロマンティシズム》という言葉は好まない。実に不愉快な言葉だ。ショパンでさえあの言葉を不愉快に思っていたのはご存じかね？

ＧＧ：いいえ、知りませんでした。

ＡＲ：そうなんだよ。だがショパンの生きた時代はバイロン的な時代であって、ロマンティックな決闘をしないのも恥だし、それで倒れないのも恥とされた。当時はそういうことがすべて受け入れられていたし、それが人の生き方だった。私はその時代の何たるかをわずかだが引き継いでいる。いろいろな機械が現われたときには本当に驚いた。最初は少々怖かった。ラジオを初めて聴いたとき、「何を話しているんだろう?」と思った。今でも帰宅したときに妻の部屋から声が聞こえれば「男でもいるのか?」と考えてしまうが、それはラジオの声だ。ラジオでしかないのに、まだ慣れない。私にとってはいまだに大きな驚異であり、新しくてなじめないのだ。

GG:実は、昨年、ケベックに住む驚くべき人物についてラジオ番組を作りました。ジャン・ルモワンヌという人です。神学者ですが、詩人で、テクノロジーの理論家でもあります。彼はこれらをすべて扱うのですが、神学の精神がその言動のすべてに含まれています。いずれにせよ、テクノロジーについて、そしてテクノロジーは人間にとって何なのかを問われると、彼は「テクノロジーと人文学、特に神学とのあいだには矛盾があってはならない」と答えました。一語一句の引用は試みませんが、彼の発言は、テクノロジーはネットワークのようなものを私たちにもたらしてくれたといった趣旨の内容です。つまり、ラジオのネットワーク、テレビのネットワーク、石油のネットワーク、鉄道のネットワーク、あらゆる種類のコミュニケーションのネットワークがあって、これらのネットワークは、もはや私たちが自然に直接到達せず、ネットワークを通してのみ自然に到達するような形で、地球を取り囲んだ。これらのネットワークが地球を取り囲んだ結果、もはや私たちが自然に直接到達できず、ネットワークを通してしか自然に到達できなくなってしまったのです。しかし、私たちが自然に到達しようとするとき、テクノロジーが私たちの生活に大きな慈愛をもたらしてくれることに気がつきます。ルモワンヌによれば、テクノロジーは人に危害を及ぼしたり、邪魔や妨害をしたり、人のコンタクトを阻止したりするために存在するのではありません。むしろ、速度を上げ、直接性と即時性をいっそう高め、自意識や競争心といった、実は社会に不利益をもたらす決定的なものから人を救い出すために存在するのだそうです。私はこの考え方を信じています。きっとテクノロジーとは慈愛に満ちた企てなのです。そして、レコードを作るときには、まさにあなたがブラームスのへ短調の五重奏曲を録音したときのように、演奏会と較べてはるかに多い人数に影響を与えるばかりか、永遠に力を及ぼせるのです。一定の時間や一晩ではなく、永遠に、です。人の生活を永遠に変えてしまえるのです。

あなたのレコードによって、ブラームスの表現するものの私の認識が変えられてしまったように。

AR：なるほど、一理あるね。しかし、私は別の時代に生まれたからねえ。自分のまわりにぶらさがった古いものを引きずっている。新婚のカップルが乗る自動車が引きずる空き缶と同じだ。私からは離れない。だが、君が生まれたのは私とは別の世界だ。だから君自身の才能はすべて、その世界によって、その環境によって取り込まれ、吸収される。つまり、君を取り巻く仲間たちが理解してくれるのだ。

私の子どもたちは、原始から飛行機が存在するかのようにこの世界を見ている。君もそうじゃないか？　かたや私は、空を飛ぶダイダロスとイカロスの父子の夢をかつて見て、それが忘れられない人間だ。墜落したイカロスは実に哀れだと思う。だが私たちは、それぞれの考えを携えてどこかで出会うだろう。それがどのように起こるのか、はっきりとはわからないが、私の言葉を覚えていてくれ――どこかで私たちは出会うのだ。

47

モード・ハーバーの思い出、または、ルービンシュタインの主題による変奏曲

（創作・一九八〇年）

モード・ハーバー・フェスティヴァルでの私のガラ・シーズン開幕のサパー・ショーを始めようとしたそのとき、いつもの癖で、ボックス席の方向にさりげなく目をやった。「生き餌（冷凍厳禁）」の札がついたボックス席があり、そこには、たいそう愛らしい女性の姿が座っているのが見えた。昼食と五時のティータイムの間に起こった四つの

恋の火遊びの思い出は、私の心から一瞬にしてそっくり消え失せたのである。あの淑女たちとのひとときも楽しかったが、私はすぐに気がついた。私の将来、私の運命、私の宿命は、このまぶしいほどに魅惑的な女性に従属しているのだと。あのように慎ましやかな優雅さで、噛んでいた風船ガムを腰掛けたミミズの木箱の下に隠し、私の熱い視線と折り合いをつけようとしている女性である。この演奏で発する音は、一音残さず彼女に、彼女だけに捧げ、休憩時間にはこの地域の同意年齢は何歳かを調べようと心に決めた。

選曲したスカルラッティを弾き始めると、私たちの目はあまりに強烈な光学的抱擁に達したため、L《ロンゴ》番号四六五（ソナタ二長調）の手の交差するパッセージは原典版から逸脱したものにせざるを得なかった。特別席でくつろいでいる聴衆全般は、こういう逸脱を弾き間違いと受けとめるに違いない。だがわが愛しの君にとっては（彼女はちょうど今、上品かつ子どもらしい集中力をもって、ペプシのグラスから付け睫毛を取り出したところだった）、この三オクターヴの跳躍が華麗な半音階的装飾を確実にもたらしてくれるのは明らかであり、私のスカルラッティは、十八世紀の全音階の制約をはるかに超えて、《トリスタン》的な曖昧さの実演となったのだ。読者諸君は最初の証人となってくれるだろうが、私はおのれの芸術の明白な覇権を強調したがる輩ではまったくない。しかし、このことだけは主張したい。ランドフスカやカークパトリックの演奏は予測可能な計算された再創造だが、私のスカルラッティがそれと一線を画してきたのは、生きることと不正確であることへの飽くなき愛なのだ。当然ながら演奏会は大成功で、ヴェーベルンの変奏曲をアンコールに求めてやまない聴衆のおかげで満場の大喝采を浴びたのである。

オッドフェローズ・ホールで公式のレセプションが開かれ、私は大いに動揺した。ドゥーリトル議長が欠席し、議長補佐のリーヴ・シルヴァーマンが出席していたのだ。音楽のセンスのない人物で、私の公演の最前列にこれみよがしに座り、ヴェーベルンの変奏曲の演奏中、厚かましくも、つま先で拍子をとっていた。さらに追い打ちをかけるように、第三楽章の有名なフェルマータによるリタルダンド（小節線上にフェルマータ記号が施されている）で拍子を数え、続くエピローグの開始の合図まで出した。さらに、レセプションでは、モード・ハーバーの社交界の粋な人々の前で、得意げに話すには、この私のルバートは精妙だったが、彼はきちんと拍子をとれたのだそうだ。（もちろんこれはひどいデマだ。私は少なくとも三回、彼を置き去りにしたので、彼のサンダル靴は追いつこうと必死だった。）とはいえ、議長は別として、レセプションの出席者にはモード・ハーバーの社交界で拍子をとれるあらゆる人ばかりか、拍子のとり方をまだ習得していない人も数名いた。前述のシルヴァーマンは大胆にも地元のカール・オルフ幼稚園の園児たちも招待した。いつもならベッドに寝かされているはずの子どもたちであり、食器を使って耐えがたい騒音を発し続けていた。そのときの私は褒めそやされ、私が絶頂期を迎えていたという自己評価は関係者の誰もが認めるところであったが、それでもこれは悲しい会であった。なぜなら、優雅で一流の人々が集まってはいたが、私が見たかったのは、ただ一名の顔だけだったからだ。そして、私の偉大さについて、私自身の見解を認めてくれる言葉を聞きたかったのだ。だがそれはかなわない。わが愛しの君は、どこにもいなかった。

レセプションが終わると、黄昏の中を、島の豪華な別荘に向かった。そこの主人で伝説の美女、ペギー・ミュールハイムに招かれたのだ。彼女はモード・ハーバーとたいへん縁が深かった。姉か妹の二番目の夫のいとこが、この町の主任衛生技師と婚約したことがあったのだ。私たちは並んで泳ぎ、本土からペギーが夏の住居を構える岩島までの四七二メートルの入江を横切った。彼女は私を笑わせようと、背泳ぎをしながらカルロ・マリア・ジュリーニ（一九一四―二〇〇五。イタリアの名指揮者）が指揮棒を振るまねをした。同時にフランク・マルタン（一八九〇―一九七四。スイス）の《魔法の酒》（一九四八年初演の世俗オラトリオ）の開始の数小節を、いくぶん水に邪魔されながらも完璧なイントネーションで歌ったのだ。（読者諸君もお察しのように、ペギーは機転の利いたウィットと気楽な博識の持ち主で、私はこういう女性に弱いのだ。）

私も負けてはいられない。すぐにヘルベルト・フォン・カラヤン風の指揮をそっくり模倣して、平泳ぎに取り入れた。だが、私はマルタンの作品には加わらなかった（この作品は、かつて三日前の依頼に応じて弾き振りしたことがある）。というのは、彼女がこの曲を口ずさんだのは偶然ではなかったからだ。このトリスタン伝説の精妙な再話を選んだのは、わが愛しの君をめぐる私の企みに巧みに疑念を呈するためだったのだ。最初のうちは、この生意気な策略を微笑ましく受けとめたが、彼女の動機を仔細に検証するに、私生活への耐え難き介入だと気がついた。「いったい何の権利があって私に口を出せるのか？　たかだか三年間、一緒に暮らしただけではないか。」これについてははっきり言ってやろうと心に決めた。食事を出してもらったらすぐに。

ペギーにはほかにも問題はあったが、立派なピクニック用のブランケットを敷いてくれたので、アロールートにポーランド・ウォーター（グールドの好んだ幼児用ビスケットとミネラルウォーター）という演奏会後の私の伝統的な食事をこのときほど楽しめたことはない。気持ちは少し落ち着いたので、避けられない爆発は朝まで延ばすことに決めた。岩にもたれかかり、戯れるように輝くオーロラに魅惑的に照らされたモード・ハーバーを眺めながら、過去の大成功の場面の数々をペギーとともに振り返った。

ふと、湾の向こう岸から音が聞こえてきた。それは次第に島に近づいてくる。間違いない、あれはエヴィンルード九・七馬力（一九四〇年代頃の船外機）のエンジン音である。私の耳にとって最も歓迎できない音だった。ゾルタン・モシュタニの到着を予告していたからだ。あのブダペスト出身の礼儀のない不愉快な輩は、モード・ハーバーを避暑地としており、ペギーは勘違いの博愛主義を発揮して、友だちになっていた。モシュタニはピアニストで音楽学者だと言われていた。だが私個人は、彼にどちらの才能も見出さなかった。彼が主に自慢していたのは『ハイドンと農奴制――メヌエットの暴政』という単著だ。ペギーの懇願にもかかわらず、私は読むのを拒んだ。なぜなら、彼は、原稿を購入したいという私の寛大な申し出を断わるという無礼な態度をとり、収集家の本能の「ブルジョワ的頽廃」と呼ぶべきものについて、厚かましくも私に説教をしたからだ。彼のピアノ演奏活動はどうも膨大なディスコグラフィーに限られるらしいが、私はそれに目を通す気が失せた。知り合って間もない頃、私はこの男に対して、私の揺るぎない確信について注意深く説明したことがある。衆前の演奏では、いまひとつ乗りの悪いときでも神秘的な超越が生じるというものだ。不快に思った彼は、あてつけがましく、以後、私の演奏会を聴きに来なくなった。

モシュタニとこれ以上の接触は避けようと心に決め、彼のモーターボートが島に近づくや、私はひとりで本土まで泳いで戻ろうとした。ところが、またもや私の人生の大事な瞬間が訪れ、運命がこれを邪魔したのだ。湾の向こうから届いた光にぼんやりと照らされた船首には、私が視線を注ぎたくて仕方のなかったあの愛しい人物の姿があったのだ。いったいどんな経緯と理由で彼女がこのハンガリーの三流文士と不相応な同伴をしているのか、見当がつかなかった。ときに運命はこちらの把握できないほど神秘的な展開をするものだという事実を受け入れるしかなかった。

　ペギーはそれなりに愛想良く来客を迎えたが、わが愛しの君の予期せぬ到着にいらだっているのがよくわかった。私が食べ尽くして空になったアロールートの箱に残ったかけらを勧めてから、《魔法の酒》のハミングを再開したが、そうしているあいだにも私に向けて意味ありげな一瞥を繰り返し投げた。私はと言えば、愛しの君の顔を見て目を楽しませることに満足だった（ペギーが岩の上に吊るした中国風のランタンが顔をやさしく照らしていた）。だが、私はすぐにわかった。私と視線を絡ませてから数時間たったこのとき、彼女は大きな変貌を遂げていたのである。スカルラッティの音階を奏でて盛り上げていたときに、私は成熟の徴候を読み取っていたが、あの純情ぶった少女らしい様子は一変していた。午後に見た、内気で、不安げで、ぎこちない思春期の少女は、晩になった今、すっかりおとなの女性に変わっていた。もちろん、理由はひとつしか考えられないが、そのことが暗に伝える神秘の前に私は謙虚になった。そうなのだ。私の演奏会がかけた催眠の呪文が奇跡を呼び、繭から華麗な蝶が現われ、岩の上に舞い降りたのだ。

　その一方で、ペギーは、モシュタニと有閑階級の理論について議論していた。彼に悪い影響を受けて、ソースタイン・ヴェブレン（一八五七―一九二九。米国の経済学者・社会学者『有閑階級の理論』（一八九九）の著者）を再読していたペギーは、このテーマについて彼女の話を聞く気のある人になら誰にでも熱弁を振るう準備があった。（読者諸君は想像できると思うが、ペギーは知的に不寛容であり、自己顕示欲が強かった。私はそういう女性を常に腹立たしく思ってきた。）私の不愉快を察知し、それを悪用しようとたくらんだペギーは、次のようにほのめかした。わたしの愛しい人なら、まずモノポリー・ゲームでわたしと勝負しなければ、わたしの考えは理解できませんわ、と。モシュタニはすぐにこれに同意し、このばかげた娯楽は、資本主義の悪を観察するメタファーとして役に立つと主張した。いやはや、私は参加してやるものか、と心に決めていた。ところが、愛しの君が参加の意志を表明した（しかも熱心に）。これを思いとどまらせるのに私にできることはほとんどなかったので、私もこのくだらない遊びへの参加を余儀なくされた。

もちろん私はカード遊びにおいて、これまで常にヴィルトゥオーゾであった。四つの鉄道会社と、ヴェントノール通り、アトランティック通り、マーヴィン・ガーデンズを集め、ボードウォーク購入の足場も固めていた。いけ好かないモシュタニは、ケンタッキー、インディアナ、イリノイをごっそり取った。そして、テネシーとニューヨークを確保してボードの第二コーナーにも手を伸ばし始めたところで、もったいつけてこう言った。私の買収は、ひとつひとつがアメリカ帝国主義に対する致命的打撃なんですよ。私の経営するホテルの部屋にはカラーテレビも置きませんし、ルームサービスもなしにします。これと対称的なのは愛しの君の市場行動で、機転と外交術の模範だった。何度か刑務所行きになったが不平も言わず、〝ゴー〟を通過しても集金をしない。また、破産しかかっているのに財産にかけられた贅沢税を払うのだ。せっかく苦労してメディタレニアンとバルチックへの足がかりを得たのに、それを抵当に入れるのを見て、私の心はずたずたに引き裂かれた。私の勝利がはっきりした段階で、彼女の貴重な財産を請け戻し、極上の家をいくつか保有する資産家にしてやろうと私は心に決めた。

一晩中、激戦が続いた。勝利はいつになっても私の手中に収まらない。ボードウォーク征服の鍵であるパーク・プレイスがペギーの貪欲な手に落ちたからだ。私はこれを獲得しようと、すべての鉄道会社のほかに、コネティカット（これがあれば、ペギーは第一コーナーの支配権を得られる）と、大量の現金も足して、取引を求めた（ペギーが現金不足なのも十分に承知していたからだ）。ところが彼女はこれを即座に断わった。おまけに、このゲームの成立基盤であるあらゆるルールを蹂躙して、この決定的な財産をモシュタニに売り渡した。それも刑務所から無料で出られる釈放券一枚と、彼女の言うところの「将来への考慮」を引き換えにしたのだ。さらに、このミス・ミユールハイムが大胆に主張するには、彼女は自由市場システムの最高の利益を考えて操作をしているのだそうだ。また、これによって、この教訓を、わが愛しの君に、確実に学んでもらいたいからであると――。

私は激怒した。私の内面を支配する道徳の神経の一本一本が傷ついた。私はモシュタニに借金の返済を求めた。夜明けの最初の光が湾の向こうから届いたとき、私はボードとあらゆる付属品を海に投げ捨てた。ただし、バルティックとメディタレニアンの証書だけは残しておいた。いちばん流行に敏感な宝石細工人にペンダントに加工させて、首にかけて、ずっと胸元に当てておこうと心に決めたからだ。

モシュタニはたっぷり懲らしめられて当然だったが、彼がそれを免れたのは、リーヴ・シルヴァーマン議長補佐の保有する流線型の小艇クリス・クラフトが近づいてくるのを一同が認めたからだ。私を怒らせたからには、ただではすまないぞ、とモシュタニには念を押したが、さしあたっては、それどころではなかった。私は岩盤を降りて、シルヴァーマンがボートをペギーの下水管口に結わえつけるのを手伝った。シルヴァーマンによれば、シッダールタ号（架空の船。同名のヘッセの小説（一九二二）に依るか）が、昨晩から砂州に乗り上げたままで、ルーマニアのトランシルヴァニアからの観光客の一団が立ち往生しているという（シッダールタ号は、モード・ハーバーを芸術と知性の首都とするマスコックス・レイクスの湖水を定期的に行き来しているディーゼル船である）。彼は私に懇願した。すぐに行って、船上のサロンでお客さんたちをもてなしてくださいい、そうしないと暴動が起こり、シッダールタ号は間違いなく転覆し、この惨事によって、以後何年にもわたり地元の観光産業がだめになってしまいます。私はこれに応じたが、その前に高額の代価を求めることを忘れなかった。シルヴァーマンは次のことを確約してくれた。すなわち、今後、私の公演のたびに、パンフレットを町内のすべての文具店と雑貨店に置いて適切な宣伝に費やすこと、音楽祭での私自身の演奏会では招待券を用意すること、私がアントン・ヴェーベルンの精細なセリー主義を解明しているときに足踏みをするようなまねは二度としないこと。

わが愛しい君を、この岩島の、あのように嘆かわしい有力者たちのもとに残すのは、しのびなかった。だが、読者諸君が証言してくれるであろう、私は、私を求めて騒然としている人々の前に姿を現わさないような人間ではない。シルヴァーマンはボートのハンドルを私に握らせてくれた。私の巧みな操縦で、ボートは、ガラスのように静止した早朝の湖面を滑るように走り、湾を横切ったのだ。湖面を走りながら、わが人生の変化と情け深い運命が命じた未来について、私は思いをめぐらせた。そしてすぐに理解した。この夜明けとともに、わが青春はもう永遠に去ってしまったのだと。

もはや私は、はかなくむだな気晴らしに身を投じることに満足できない。私の芸術の卓越した鋭敏さや内発性に頼ることも、まぎれもないこの才能を自堕落な生活の中で濫用することもできない。今後、享楽を追い求める軽薄な行動は、私の本性から永久追放されるのだ。私の人生と私の芸術は愛しの君に捧げよう。他のすべての人との縁を絶ち、私の指を骨の髄まで酷使し、この偉大な世界に誇れる場所を独力で作り、それを愛の証としてわが妃の前に置くのだ。私は生まれ変わったが、彼女のみが無邪気さという贖罪の力を発揮して、この変容をもたらした。再会のときには、彼女に結婚を申し込もう。また、これまで聞きそびれていたその名を尋ねよう。そう心に決めた。

私はシッダールタ号の船上に引き上げられ、トランシルヴァニアの人々によって歓待を受けた。私が一連のスカルラッティを弾き始めると、つい癖でボックス席に目をやってしまう。「水深測定器（割れ物・取扱注意）」の札がついたボックス席がある。そこに座っていたのは……

48　ユーディ・メニューイン（エッセイ・一九六六年）

一九一六年、ユーディ・メニューインがニューヨーク市で生まれた頃の事情は私にはよくわからない。しかし、その二十年後、まだ幼かった私が祖母から聞かされていたのでよく知っているのだが、祖母が一生を送ったカナダの片田舎では、芸術家になることは何の足しにもならないと考えられていた。実際それは、家族を思うあらゆる祖母たちが孫たちに警告した種類の生活だったが、まだ本質的に農耕中心の社会であった地域の、金儲けを嫌う単純な偏見に基づいたわけではなさそうだ（それなら、旅まわりの吟遊詩人や個人出版をする詩人よりも、桁違いに安定した生活が約束されていた弁護士や聖職者はどうなのか、という話だ）。むしろ、本質的に清教徒的な社会に一般的であった発想に拠るものだった。つまり、芸術家になることは、わざわざ地獄に落ちることだという考え方である。というのは、結局、およそ嘆かわしい種類の者たちと交流し、神への冒瀆となりかねない偶像崇拝的な追従を求める（いや、求めなくとも拒否はしない）ことに加え、暗く騒然とした思考の氾濫にどうしても身をさらすことになる。芸術家は、これを大量に扱い、器用に体現し、力をこめてこれを投げかけることを強いられるため、最後にはほぼ確実に堕落するのだ。

さて、かねがね思ってきたことだが、危険と隣り合わせの清教徒的な芸術家観は、劇的に通用するだけでなく、心理学的にも正確だ。これは確かにファウスト伝説の本質であるが、それに匹敵しない程度の駆け引きにもあてはまる。清教徒のミサイル・システムにおける最終兵器としての検閲は、リベラルな文学者たちの自由放任主義には決してできない方法で、言語の感染力や感化する力を引き立たせる。これと同様に、この芸術家観が暗に伝えるのは、芸術家の役割に対する敬意である。ここでの芸術家とは、悪魔的な力の行使者であり、普通の人間が慎重に近づくべき存在である。今日の吟遊詩人たちは、昼は郊外のスキップフロアのある家の草むしりをして、夜はフーガや幻想曲を披露するといった生活を繰り返す労働組合員であり、この者たちが共同体に気軽に迎え入れられるときには平等主義的な愛情を示されるが、これをはるかに超えるのが清教徒の示す敬意なのだ。

ところが、清教徒の社会とは、自分たちの最高の目標を明示する必要によって常に悩まされている実利的な社会だった。そのため、清教徒の社会が求めたのは、反対者ではなく、指導者である。ときには芸術家さえ、敵対者としてではなく、代弁者《スポークスマン》として求められた。そして、清教徒的な伝統で特に感心させられたのは、かなり独特な取引がときどきなされたことである。それは芸術家と市民のあいだの難しい協定であった。これのおかげで、稀有なすぐれた芸術家は、例外的な状況があって、文句なしの性格の持ち主で、闇の力を抑え込む用心深さが常に見込めれば、人生よりも偉大で、芸術の超越性に直接起因するような精神的な変容ができる可能性が開かれた。なるほどこれは、救済の道具としての芸術、伝道者としての芸術家、という発想である。

　これこそ、私の祖母が全面的に同意していた考え方である。私の勘違いでなければ、パデレフスキ（一八六〇―一九四一。ポーランド出身の名ピアニスト。後に母国の首相）といった芸術家がその体現者だと祖母は考えていた。祖母は何マイルも離れたところまで出かけてパデレフスキの演奏会を聴いたことを自慢していた。だがもっと確実に祖母にこれを実感させてくれたのは、英国ヴィクトリア朝の伝統を墨守して讃美歌を書いた作曲家たちの楽譜であった。祖母はその楽譜をリードオルガンの上に積み重ね、メンデルスゾーン的な心地よい音調をいっそう輝かしく讃えようと、オルガンのペダルを猛烈な勢いで踏み続けていた。祖母は、忌まわしい平行五度の進行が周到に避けて書かれた箇所にさしかかるたびに、悪魔には天罰が下っているのだと思い込む。終止に向かうストレットでは、否応なく圧縮されてしまう主調応答に感じ入り、みずからの信仰を確かめていた。

　私の知る限り、祖母はユーディ・メニューインの演奏を聴いていない。だが、聴いていたならば、代弁者としての芸術家という定義が確信できたはずだ。本質的には音楽以外の要素であったとしても、同じ神秘が間違いなく存在することを感じとっていただろう。

　別にメニューインがヴィクトリア朝の種族の最後の生き残りだなどと言いたいわけではない。また、私の祖母の用いた述語を懐かしむことが彼の役割を説明する最適な方法だとは必ずしも言えない。むしろまず指摘するべきは、彼が驚くほど物知りな音楽家であることだからだ。メニューインはバーデン＝バーデンの最近の急発展やダルムシュタットの低迷ぶりを、バッハのシャコンヌの別の運弓法の可能性と同様にいつでも語れる。そして何よりも彼を駆り立てているのは、旺盛な好奇心だと思われる。だが好奇心を発揮しているときは、その内面で、彼ならではの最も個性的な洞察力を必ず働かせている。彼は新しい発想から心が弾むことも知っているが、それに流されてしまう危険にも気がついているのだ。

「シェーンベルクは厳格な旧約聖書的な倫理観に支配されていたのではありませんか？」ヴァイオリンのための幻想曲のあるパッセージについて、私は彼にそう尋ねたことがある。すると彼はこう答えた。

「今世紀において、短二度がそれほど倫理的でしょうか。そのような理解をしたことはこれまでにありません。」

こうした洞察を頻繁かつ控えめな大胆さをもって語ることがメニューインを実に個性的な室内楽奏者たらしめている。バッハの録音には、輝かしいハープシコード奏者ジョージ・マルコムとの共演があり、ベートーヴェンには賞讃するべき妹のヘプツィバ（一九二〇―一八一）との共演があることから、その成果は証明済みだ。総じてメニューインの指揮活動はかねてより著しく、室内楽に対する彼の共感の範囲を拡げることに役立ってきた。みずから率いるバース祝祭管弦楽団（一九五九年創設）とのバッハの組曲の録音には抗しがたい説得力があり、これと較べると、専門的なアンサンブルによる真正なバロック的解釈が、たいていの場合、どこか冴えなく思えてしまうが、これは事実だ。標準的な協奏曲で彼自身の最も重要な録音は、ダヴィッド・オイストラフ（一九〇八―七四。ウクライナ出身のロシアの大家）との共演であり、オイストラフの独奏で彼が指揮をしたものか、彼の独奏でオイストラフが指揮をしたものの中にある。しかし、今年、これまでよりも厳しい試練が待ち受ける。今月、メニューインは指揮者として初めてニューヨークを訪れるのだ。アメリカ交響楽団を率いてパーセルからバルトークまでを盛り込んだプログラムを披露するが、そこで二曲のヴァイオリン協奏曲に加えて演奏される予定なのが、一見さっぱりしているが、兵站学的に危険な作品、ロベルト・シューマンの交響曲第四番である。次の夏にはバースから自分のオーケストラを率いて再訪し、一九六七年のモントリオール万博とリンカーン・センターの一九六七年音楽祭で指揮をする。

だが、言うまでもないが、メニューインの主たる名声をもたらしたのは、独奏者としての活動である。最近ロンドン郊外に設立した生意気な神童たちの保護施設からウェスト・エンドの健康食料品店までさまざまある関心や宣伝活動をすべてなげうって、彼は毎年の大部分を充てて（ただし今年は五十歳になるので、準休暇年としているが）、世界各国をまわる演奏会活動のトラップ・ラインのチェックをしている。絶え間なく旅行を続ける人生である。飛行機に乗るのは大嫌いだが、旅行鞄にステッカーを貼って勇気を出す。ホテルのスイート・ルームは、どこも気持ちが沈むほどに画一的だが、妻で、誰よりも快活なダイアナが同行するときは、彼女がそれぞれの日の滞在先で、書き物机の上に家族の写真を並べるので、殺伐とした生活はやわらぐ。あたかも、変化がすべてを支配する巡礼の旅に永続的なものを与えるかのようだ。

それは挑戦に満ちた生活である。新しい顔ぶれや新しい作品、消化不良の指揮者や潰瘍をかかえるマネジャー、今度の木曜日までに習得するべき新しいソナタ——これらのどれもが挑戦だ（メニューインは、かのマルティーニ師（一七〇六—八四。イタリアの作曲家、名音楽教師）の存在がかすむくらい曲をさらうのが速かった）。また、練習するための時間と場所を懸命に探すことも挑戦に数えられる。ただし、生演奏中心の国際的な音楽業界を嫌悪する私からすれば、こうした生活は、当然ながら不毛であり無意味に思われる。特にこの電子的コミュニケーションの時代にあってはなおさらだ。

しかし、メニューインは、私が理解するつもりのない錬金術を用いて、予想できない情緒的欲求を最小限に抑え、道を阻まれた音楽家たちのつまらない悪口を無視し、この決まりきった生活に伴う退屈な苦労を避け、やはり決まりきった生活の一部としてアドレナリンが分泌される危機的局面を受けとめて、伝説的な落ち着きと寛大さをもってすべてを克服する。この多幸感に満ちた状態は自然に得られたわけではない。開演の十分前に楽屋にこもる彼の様子を見れば、いったいどれほどのアウトプットが彼に求められているのかがわかる。その晩のプログラムに用意した曲をぼんやりとしか思い浮かべないまま、楽器を手に取り、アロイス・ハーバ（一八九三—一九七三。微分音を導入したチェコの作曲家）でも吐き気を催しそうな四分音を鳴らしながら調整している。そこに冷静沈着に座るのは、事故率の高いコブラ使いの技を新しく学校で習得した東洋の行者だ。この私でさえ、偏見をすっかり捨てて、次のことを認めざるを得ない。彼の人生は、不安の連続であり、フラストレーションのたまる人生だが、改善の余地のない状況の演出を通して、代弁者としての芸術家という役割がもつ犠牲的側面を知らしめるのだ。実際、メニューインは、この最も普通でない結びつきのための、最も普通の共通分母を演奏会という接触の機会の中に探しているかのようだ。

メニューインに対する評価はほとんど普遍的であり、その点は、同世代のどの演奏家よりも顕著かもしれない。受けたメダルのコレクションは、質屋が郊外に店舗を拡大してもよいほどの数である。レジオン・ドヌール勲章、ベルギー王冠勲章、数え切れないほどの名誉博士号、そして昨年には大英勲章ナイト・コマンダー（米国市民に贈られたことに注目しよう）を得ている。

米国人にとって、彼の名前はおなじみである（「シオドア、頼むから練習に戻って。そうしないとミッシャ・メニューインのようにはなれませんよ」）（米国の奏者ミッシャ・エルマンとの混同か）。英国では、控えめな独奏者たちや代役の利く室内楽奏者たちの多彩な守護聖人である（「おいセシリア、『タイムズ』によると今晩メニューインがアマデウス四重奏団と共演するってさ。ちょっと奇妙だね。ロイヤル・アルバート・ホールで弦楽五重奏曲でもやるのかな？」）。彼はサハラ砂漠で、あたりをうろついていた部族民たちに助けられたことがある。ロンメル将軍のアフリカ部隊に踏みつけられて以来、風のなすがままになっていた砂の吹きだまりから、部族民たちは自動車を救ってくれたのだが、急に、信じられない、といった調子で「メニューインだよ、彼だよ！」と叫んだ。私は前から本人にけしかけているのだが、彼には北極圏カナダの辺境のコミュニティをいつか訪れてほしい。それが実現したならば、民族誌的な集計表、エスキモーの速記文字の改良版の見取り図、ツンドラトナカイの栄養不足を詳述した講演原稿でトランクを満杯にして帰ってくるに決まっている。

メニューインは、インド人たちと、かなり特別な精神的な接触を楽しんできた。インド亜大陸の文化の根気強い宣伝者であり、故ジャワーハルラール・ネルーの友人で相談相手だった彼は、「非同盟国」という言葉が不適切に思えるほど明快に、かつ理解を伴って、インドという国に受け入れられている。数年前、アメリカからの訪問者がマドラスの賢者をその地味な住居に訪ねた。部屋のいちばん奥の壁を見ると、クリシュナ神が祀られ、その下に灯明がともっており、その横には写真があって、やはり灯明があった。部屋に現われた賢者に訪問者は尋ねた。あれは有名な音楽家の写真に似ていますが、私の勘違いですよね？ 賢者はこう答えた――「いや、いかにもメニューインです。この国ではこのようにあの方を認めているのです。」

人道主義者は、メニューインが教条主義的な説得に関心がなく、倫理的判断よりも美的判断を扱うことに傾く点に反応するだろう。清教徒は仕事にかける彼の無限の能力や明快な使命感を支持する。だが彼をこのように定義づけることは、結局のところ、あなたが彼の何を好み、何を特別視したいかによるだけかもしれない。私たちの多くにとって、ユーディ・メニューインは、本当に素晴らしい芸術家であり、人間的にも比類がない。アルベルト・シュヴァイツァーの没後、全人類が愛情を注ぐ特別な場所が空いたままになっているが、メニューインはそこをやがて引き継ぐであろう数少ない人物のひとりのように思われる。間違いない。祖母も同意するはずだ。

49 ペトゥラ・クラーク探求（論考・一九六七年）

私が故郷と呼ぶのは、このオンタリオ州だが、ここにはクイーンズ・ハイウェイ十七号線が通っており、一一〇〇マイル《一七七〇キロ》にわたり、先カンブリア時代の岩盤に覆われたカナダ楯状地を貫く。東西の路線は、スペリオル湖の北東岸を登るところで斜めになるため、地図では先史時代の空飛ぶ怪鳥のように見える。ちょうど、『宇宙からの血獣』（一九六五年英のSF映画。ジョン・ギリング監督）や、『あの世からのくちばし』（特定できず）といった、一九五〇年代の背筋の凍るような深夜映画でハリウッドが人気を高め、XB－15（一九三〇年代に試作された米国の大型爆撃機）の胴体デザインが芸術からの借用によって科学的なオマージュを捧げた怪鳥である。

この怪鳥の尾羽は、モントリオールの都市の突端部に触れ、そのくちばしは、マニトバの大平原の肥沃な穀倉地帯をつつくが、十七号線はその経路の多くが農業入植地の北限を明示している。ハイウェイの途中で人が住むところがある場合（多くはないのだが）、そこは漁村や鉱山町や林業の町であり、五〇マイル《八〇キロ》ほどの間隔でハイウェイにまたがっている。このうち、ミチピコテンやバッチャワナといった地名は、カナダ先住民の隔離が続いていることを物語っているし、ロスポートやジャックフィッシュからは、初期の白人入植者たちのナンセンスな地図作りがわかる。そしてマラソンと、「北岸の宝石」と呼ばれるテラス・ベイからは、戦後の米国資本の流入が見えてしまう。（後者はオンタリオ州にあるキンバリー＝クラーク（一九二八年創業の米国のティッシュペーパーと生理用ナプキンを主力とする製紙会社）のクリネックス・コーテックス事業の計画拠点である）。

最後に記した二つの町は、北米中央部で最も魅惑的な景色に囲まれるが、これらの町のレイアウトは、オーウェルの『一九八四年』的な規格品として定義づけられかねない北の都市計画構想に厳密に合致している。また、故カレル・チャペックの幻想的な小説で描かれてもおかしくない人間的状況のアレゴリーとして説得力のあるアレゴリーの拠り所にもなるのだ。

マラソンは、スペリオル湖から引っ込んだフィヨルドに接した、人口が二千六百人ほどの材木の町である。いつも吹く風のいちばんありそうな方向について、製紙会社のエンジニアが小さな計算ミスをしたために、二十年前の操業開始より紙パルプ製造の悪臭に悩まされ続けている。この町の経済の一枚岩的な本質を物語る話だが、おかげで補助的な観光収入を見込むことすらできないのだ。この悪臭の結果、不動産の価値は製紙プラントからの距離に比例することとなった。湖岸の遊歩道の高さには、会社は独身労働者や（あるいは）季節労働者の仮宿舎を置いている。その上の区画には、ホテル、映画館、協会、雑貨店が並び、さらにその上の台地にはいろいろな人の暮らすプレハブ住宅がある。さらに上がると下級管理職のためのスキップフロアのある家がいくつかあり、最後に、緩やかな坂を登り、右に大きく曲がると、父権主義的な煉瓦造りの邸宅が並ぶ。ニューヨーク郊外ウェストチェスター郡の高級住宅地だと言われてもおかしくない家並みである。北米社会の上昇志向がこれほど説得力をもって現われた場所はほかにない。「人間に目標を与えてくれるんだ」と地元の名士に自信満々に言われた。その政治的信念はメッテルニヒ公よりも右側のどこかにあった。

この重役通り《プレジデンシャル・ロー》の向こうの、さらに数百ヤード先には、ブルドーザーで拓かれたままの小道があって、スモッグの影響を受けない、このフィヨルド地帯の山頂に到る。ただしそこまで行こうとすれば、南京錠のかかった門に阻まれる。そこにはこんな看板がある。かつてパン・アメリカン航空に搭乗するときのタラップを飾っていた心強い看板の流儀で。「あなたの会社は今日で一六五日の無事故操業です」とある。そして山頂に続く道の立ち入り禁止が記されているのだ。悪臭の届かない頂上には、栄えている材木の町であればどこにも欠かせない二つの特徴がみられる。ひとつは、道のない斜面の茂みにできた丸太落としの経路であり、もうひとつはカナダ放送協会の低電力中継システムのためのアンテナである。

これらの中継局は半径三マイルか四マイルまでしか電波が届かないので、それぞれの共同体に隣接した領域しかカヴァーできない。十七号線を走っていると、およそ一時間ごとに新しい中継局に出会うので、まだこのあたりにも「圏外定住地《アウトサイド》」（と私たち北国の人間は呼ぶ）があると確実にわかる。辺境の共同体では、ＣＢＣの啓発番組があり（おかげでブーレーズはバチャワナ（一七号線上、スーセントマリー近くのバチャワナ湾）で有名人だ）、それに加えてローカル番組の放送がある。

どこの民放局でも同じ想像力の伝統を発揮して、一時間ごとに報じられるニュースと『ビルボード』誌に載ったポップスを選んだ五十五分番組という定型に傾いた編成がなされている。この幸福な二面性のおかげで、私の最近の「十七号線旅行」は注目に値するものとなった。そのとき、あらゆるチャートを駆けのぼり、ほとんどのＤＪが熱心に毎時間放送していたのが〈わたしはだれ？《フー・アム・アイ？》〉という曲だったからだ。歌はペトゥラ・クラーク、作曲と指揮はトニー・ハッチ（一九三九年生まれの英国の作曲家、六〇年代のクラークの曲の多くを担当）だ。

私は中継所と中継所の間隔にあわせて走行速度を調整して、ほとんど毎時間この曲を聴けるようにした。その結果、歌手本人と同等とは言わないまでも、少なくとも共演予定のバンドのメンバーの大半と同じ程度にはこの曲がよく理解できたかもしれない。この曲に浸かって数百マイルを走ったあと、私はマラソンのホテルにチェックインした。そして計画をたて、ペトゥラについて熟考を始めた。

＊

〈わたしはだれ？〉は、ペトゥラ・クラークの米国でのキャリアを確立させた一連の名曲の四番目である。発売は一九六六年で、〈サイン・オヴ・ザ・タイムズ〉と〈マイ・ラヴ〉の発売の翌年だったが、この歌によって、おなじみの一九六四年発売の〈ダウンタウン（邦題〈恋のダウンタウン〉）〉がまぐれ当たりだったという意地悪な意見は払拭された。そればかりか、これらのヒット作四曲からは、彼女が声質や音域の制限に縛られることはあっても、それに伴って主題と情緒の制限に応じることが決してないという考えが伝わってくる。この四曲によって人生経験の段階が連続的に物語られる。〈ダウンタウン〉から〈わたしはだれ？〉までには二十三ヶ月があるが、この期間が表わすのは、米国のティーンエイジャーが親元からあわただしく巣立つときの穏やかな加速にほかならない。

そして、ペット・クラークは、さまざまな意味で、この経験のすべてを綜合した存在である。三十四歳で、二人の子どもがいて、現在の活動を含めれば三つの異なるキャリアをもつ（四〇年代は英国映画界でアネット・ファニセロ（一九四二―二〇一三。米国の元子役・女優）を先取りし、その十年後にはパリのナイトクラブで地味な歌手をしていた）。その声、その姿、（それなりの距離で見るなら）その顔は、こうした経験によって荒れた姿はほとんどうかがえないが、彼女はポップ・ミュージックにおいて最も説得力あるギジェット（同名の五七年の小説、五九年の映画の主人公の活発な少女）症候群の体現なのだ。その歌を聴く人の数は多く、みな誠実で、その熱意は世代を超えている。オランダのある六十代の紳士は、昨年夏の同国の「プロフォ」（六〇年代なかばのオランダ発の若者の過激な対抗文化運動）暴動の背景には米国のポップスの破壊力の影響があったと私に断言していたが、最近、こちらにやって来た際に、孫たちが〈マイ・ラヴ〉を熱心に聴いている様子に衝撃を受けた。オランダ改革派教会に集まった信者たちが歌うときの精神を思い出したのだそうだ。そしてもう一度聴かせてくれと頼んだと。

　これらの歌には、感情が変容していくさまが暗に込められているが、ペトゥラは、その表現を最小限に抑え、むしろ、それぞれの歌詞から、超然的であれ、また、性に関して慎重であれ、という共通のメッセージを引き出す。〈ダウンタウン〉という、興奮状態にある思春期の若者たちの白昼夢は――

　ダウンタウンに行けば、きっといいことがある。
　ぐずぐずしないで、ダウンタウンに行こう。
　あらゆるものが君を待っている。

これは彼女がそう語るとおりだが、〈マイ・ラヴ〉は――

　わたしの愛は、あの熱い太陽よりも熱く
　ため息よりも柔らかい。
　わたしの愛はあの深い海よりも深く

空よりも広い

そして、〈サイン・オヴ・ザ・タイムズ〉の調停的な譲歩からは――

あなたの仕打ちはこれからも謎だけど
わたしに手を握られたら
もうあんなことはできないわね

これらの歌に秘められた出来事の順序は十分に曖昧なので、聴き手は没入して自由な想像ができる。もちろん、この私のように、〈わたしはだれ？〉から始めて、都合のよいときに〈ダウンタウン〉を聴いてもよいのだが、ポピュラー音楽界の秩序だったキャリアはソープ・オペラの登場人物の場合と同じだ。『秘密の嵐《ザ・シークレット・ストーム》』（米CBSテレビのソープ・オペラ、一九五四―七四年放映）のヒロイン、エイミー・エイムズのその後を知りたければ、番組は半年に一度観れば十分だ。同様に、ある歌手のヒット曲の題名、テンポ、音域は、目録でたどれるような変遷を伴うはずなのだ。〈フランキーが〈楽しかったあの頃〉（フランク・シナトラ（一九一五―九八）の一九六五年のヒット曲。「人生の秋」を迎えた男性が若い頃のデートを振り返る）を歌った理由は、ほかにはあるまい。〉歌を発売する順序が逆だったら、ペトゥラの米国での評判はこれほど簡単に勢いがつかなかったのではないか、と私は考えてしまう。あの四曲を聴いていると、おとなになっていく体験やそれを複写したかのような擬似体験がいやおうなく迫ってくる点で必然性がある。ペトゥラはギジェット的な少女を上手に演じてきた。だからこそ、社会と性への目覚めと一連の歌の発売が時期的に重なった十代の聴き手は、無事におとなになれると励まされ、不安を払拭されるのだろう。

年上の成熟した聴き手にとって、彼女は別の安心感を与えてくれる。舞台でマイクで歌うときのマナーのすべてが、歌詞にこめられた攻撃的な宣言とずれるからだ。顔も容姿も控えめな動きもそうだが、何よりもあの声が特徴的で、特定のオクターヴの声域で忠実に歌われ、細心の注意を払ってスライドし、装飾も慎重に行ない、ヴィブラートは堅固で細かくてほとんど感じられないほどだ。これは、ジョージア・ギブズ（一九一八—二〇〇六。ジャズに基づく米国のポピュラー歌手）が「ここはフェルマータだから音を伸ばそう」とトレモランドで声を震わせて、私の世代の露出した神経を逆なでするのとは違う。スタイルはともかく、謙虚さがすべてだと考える年配者たちの期待に応えるのがペトゥラなのだ。（「この子の好きにさせておこうじゃないか、この程度の発疹は自然に治るから。」）

このように、主張のこもった歌詞の姿勢と、それを歌うときのペトゥラの抑制的な態度のあいだにギャップがあるが、これはいっそう根本的な二項対立の現われである。トニー・ハッチが彼女に作ったどの歌も、反逆したいという思春期の一時的な気持ちと、順応を受け入れる長期的な気持ちとのあいだの相違点を強調する。どの曲も、楽譜に書かれた音楽が、歌詞を満たす明確な自己耽溺の傾向と食い違うのだ。つまり、和声的な姿勢が、常に讃美歌的であり、背筋が伸びていて、徹底して全音階的なのである。

考えてみると、今日のポピュラー音楽のほとんどは徹底して全音階的である。三〇年代後半から四〇年代にかけて、ビッグ・バンドの編曲に浸透したマックス・レーガーとヴァンサン・ダンディ風の半音階趣味は、ラルフ・フラナガン（一九一四—九五。米国のビッグ・バンド・リーダー）が自分のやり方から増六度を追い出したときに終わった。しかし、トニー・ハッチの全音階主義は、レノン、マッカートニー両氏を筆頭とする方々と較べると、ある種の差異では片付けられない。ビートルズにとって、新三和音信仰はゲリラ的戦術、つまり革命の道具である（あった？）。かのヴォーン・ウィリアムズは催眠的な平行五度による〝グリーンスリーヴズ風〟の和声を無頓着に用いたが、あの新しい吟遊詩人たちは、そのようなイングランド民謡の和声において民衆に人気のある慣行を取り入れつつ、この憎めないほどに不器用な語り口を上流階級の抑揚をあてつけがましい模倣に変貌させたのだ。彼らが調性の力や調性信仰の拠点を壊そうと着手した動機は、映画『年上の女』（一九五九年、英。ジャック・クレイトン監督）で、ローレンス・ハーヴィ（一九二八—七三。リトアニア出身の俳優）の扮する青年がサー・ドナルド・ウォルフィット（一九〇二—六八。英国の俳優）の扮する権力者の娘を誘惑したときと同じ御都合主義だったのである。

調的にみると、ビートルズは、声部進行の精妙な部分にほとんど注目しない。これは、エリック・サティがドイツの後期ロマン派の苦悩に満ちた対斜を気に留めなかったのに似ている。彼らの声部進行は、陽気で生意気で、攻撃的なわりに融通の利かない和声的原始主義だ。彼らのキャリアは〝洗練＝半音階的拡張〟という等式の長大なパロディにほかならない。〈ミシェル〉はともかく、前景の精緻化という名目で、彼らはわざとドミナントを引き延ばしたり、偽のトニックで橋渡しをして聞かせるが、これは、調的背景の心理的特性を真剣に観察したがらない態度の現われにすぎない。このリヴァプール出身者たちのレパートリーを見渡すとわかるように、音楽的素材に耽溺する点が実に素人臭い。演奏スタイルに無頓着なのももちろんだが、この素人臭さを凌駕するのは、スタジオでの制作手法の技能がまったく欠如していることだけである。（〈ストロベリー・フィールズ・フォーエヴァー〉（一九六七年二月全米発売）はクラウディオ・モンテヴェルディとがらくた楽団《ジャグ・バンド》が山の中の結婚式で偶然の出会いを果たしたようなものだ。）

　だが、少なくとも今年に限っては、ビートルズは、音楽エリートの一部のあいだで飛び抜けて「イン」だった。つまり流行った。結局、シタールを導入したり、ホワイト・ノイズを鳴らしたり、キャシー・バーベリアン（一九二五―八三。前衛音楽を得意とした米国のメゾソプラノ。六六年にビートルズを歌ったアルバムを録音、翌年発売）が出てくれれば、それで認められるのか？　とんでもない！　コーヒーハウスに集う知識人たちは、四〇年代にはチャーリー・パーカー（一九二〇―五五。ビバップを開拓した米国のアルトサックス奏者）に、五〇年代にはレニー・トリスターノ（一九一九―七八。米国のクール・ジャズの鬼才ピアニスト）にのめりこんでいったが、そのときと同じだ。巧みな自己欺瞞によって、本当に惹きつけるものを私たちは隠している。本当に必要なのは、普通の三和音であり、それは下剤として働く。実際、私たちの中枢神経系が順応できるのは、執拗なピアニッシモや、極端な音域で響く和音のクラスター、ヴィブラフォンが鳴らす三全音が、何ページも続いたところまでだ。こうしたものばかり食べさせられては、いずれ飽きがくる。患者はハ長調という冷たい飲み物を一気に飲ませろと叫ぶのだ。

　もっとも、ビートルズがこの要求を満たしたのは、たまたまにすぎない。確かにビートルズも、彼らなりの見事なハ長調を披露する。しかし、彼らが支持を得るのは、持ち前の素人臭さを発揮して、これを倍音構造の偶然の変化だと思わせるときに限られる。また、三和音を追求するプロの姿勢を徹底的に軽蔑する前衛的な信念によって彼らは支持されてしまう。このようにビートルズが「流行る《インである》」のに対して、ペトゥラが比較的「流行らない《アウトである》」のも、ここから説明できる。診断するに、ステータス願望症候群の現われなのだ。これが発症するとトリスターノの《ト短調コンプレックス》（一九六二年の盤『ザ・ニュー・トリスターノ』第六曲）は不可思議で、同じト短調のプーランクのオルガン協奏曲は月並みに感じられる。イグルーリク（カナダのヌナブト準州の島）に暮らすエスキモー《イヌイット》の詩には強い興味を抱くが、シベリウスの《タピオラ》はうんざりする。また、自信のない者たちがベントリー（公用に好まれる英国製の高級乗用車）を買いたがるのもこの症候群のためだ。

しかし、トニー・ハッチにとって、調性の鉱脈は枯渇していない。調性は、創造のエネルギーをもたらし続ける生き生きとした源泉であり、優先的に関心を向けるべきであって、実際、トニーはそうしている。フェリックス・メンデルスゾーン作曲、ハリエット・ビーチャー・ストウ（一八一一—一八九六。米国の作家。『アンクル・トムの小屋』）作詞という、まさかの組み合わせで才能を集結させた讃美歌があるが、〈ダウンタウン〉は、あの歌以来の、ホ長調で最も肯定的に全音階を用いた励ましの歌だ——「いと静かに神とともにありて、紫に染まる夜明けを迎えるとき、鳥たちが目覚め、陰が消えるとき……」（一八五三年成立。日本では讃美歌第三〇番「あさかぜしずかにふきて」に相当）。

かたや〈サイン・オヴ・ザ・タイムズ〉には、主和音と属和音に対する短三和音の関係でかなり洗練された論争が行なわれるが、どちらも潤色が施されている。これによって「私の幸運の星はこれから輝き始めるのかもしれない」という歌詞は二回強調されるが、高層雲が厚すぎて視覚が妨げられてしまうのがこの和声の装飾からうかがえる。かたや〈マイ・ラヴ〉は転調をしない方針を頑なに信じ続けている。二分四十五秒の中で、進行を妨げて全音階を逸脱する唯一の場面は、最後のリフレインを目指して半音上がる連結箇所である（イ長調から変ロ長調に転調）。そこでは隣り合う二つの属音が軸の役割を果たす。実際、「結局、誰でも間違うものなのよ」という歌詞と偶然に符合する唯一の副属和音だけが、この曲が律儀に貫くフックス（二六三頁参照）流の低声部の無垢の上品さを弱めてしまうが、場違いな導音を根音にして解決しない瞬間が生まれることはない。〈マイ・ラヴ〉は一貫性のある作品であり、誇り高く自信に満ちたメソジストの宣教用冊子《トラクト》のようだ。疑念もなければ、いっさいの妥協も許さない。ペトゥラの大勢のファンが、この正しい響きに魅せられて踊るとき、ギャラリーの壁に掛けられた卵形の額縁からこれを見守るご先祖たちは、歌詞の内容が巧みに抑制されたとみて、曲を認めるのだ。

　先行する三曲にみなぎる多幸感のあとでは、〈わたしはだれ？〉は絶望の記録のように読める。三曲を束ねていたような次第に高まっていく情感を必ずや台無しにしてしまう幻滅感と倦怠感の徴候を目録化した曲である。〈ダウンタウン〉の「騒がしさ」「あわただしさ」「灯の輝き」がもつ治療的な効果に見出したペトゥラの自信は挫かれる。あの魅惑的なアスファルトの峡谷は、かつて「孤独を強いる生活からの脱出」を約束してくれたのが、その匿名性という贈り物の代わりに高い代償を求めてきた。彼女がいるのは「ビルディングが空まで届く」場所であり、「車がけたたましく走るせわしない通り」であり、「足を滑らせる舗道」であるが、そこで彼女は「ひとりで歩み、思い悩み、自問する。わたしはだれ？」と。

　これは明らかにアイデンティティの危機の問題である。めまいがするほど閉所恐怖症的で、都会という環境のトラウマ的体験によって導かれる危機で、おそらくは歩き疲れた足の痛みがこれを強める。もちろんこの曲にも昇華は当然のごとく訪れる。曲の最後に発せられるファルセットのC音がそれであり、恋愛による回復療法の代わりである。だが歌詞をみるならば（「でもわたしにはまったく自由な別の何かがあり、誰かの愛が身近にあるのに、こうした幸運を疑って、わたしはだれか、と問うのだ」）、題名となったこの実存的な問いかけにみなぎる違和感は、このような陳腐で中途半端な補助手段で解消するはずがない。

　動機について述べるならば、〈わたしはだれ？〉は〈ダウンタウン〉を標榜するゲームと表裏一体だ。あの活気ある〈ダウンタウン〉の主要動機は短三度と長二度の音程から成るが、ときどき短二度が続く長三度に置き換わる。〈ダウンタウン〉では、どちらの音型の組み合わせにせよ、完全四度を構成しており、これが主題の動機（下行する「ド‐ソ」）となった。そしてこの音型そのものが、繰り返される音によって引き延ばされ（“When/you're/a/lone/and/life/is”

（冒頭の歌詞「あなたがひとりきりで生活に「孤独を感じるときはいつでも行こう、ダウンタウンに」」））、コンマでシャッフルされる（“downtown, where” / “to help, I” / [“Pret]-ty, how can”）。また、この音型は、全音階的に自由な移置がなされて磨かれるのだが、この移置は、若さの即興的な幻想と完全に合致しているように思えるのだ。

けれども、〈わたしはだれ？〉では、同じ動機が、上行音階のパッセージ（“The build-ings-reach-up-to-the-sky”（「ビルディングが空まで届く」上行でG－A－B－C－D－E－F－G））によって導入され、ときに緩和されるが、ほとんどの場合、全音階的なスパイラルにはまり込む。つまり、F《ファ》－E《ミ》－C《ド》と、それに続くC《ド》－A《ラ》－G《ソ》という下行音型が、“I walk alone and wonder, Who Am I?”（「ひとりで歩み、思い悩む、わたしはだれ？」）を強調する役割を担うのだ。さらに、このときのバスの旋律線は、D《レ》－G《ソ》－E《ミ》とG《ソ》－E《ミ》－A《ラ》に関わっていて、これらを縦にして同時に鳴らすならば、タイトル動機の和声的合成を暗示するであろう。とはいえ、正直のところ、こうしたシェーンベルク的な特殊用語は、ポピュラー音楽の気ままな作品には慎重に適用されなければならない。プリンストン大学のバビット（一九一六－二〇一一。構造化を追求した米国の作曲家）の「ピッチ・クラス」といった恐るべき規則をあてはめるのだけは避けなくてはならない。いまだにハドソン川を無断で渡ったことのない規則であり、大西洋を往復したり、ロンドンのウォルザムストウにあるスタジオを闘わずに奪取したとは考えにくい。だが、〈ダウンタウン〉と〈わたしはだれ？〉は大量に鋳造された同じコインの裏表だ。そのことは間違いない。〈ダウンタウン〉の動機が発揮するのは感染力の強い情熱であり、その反対側は、〈わたしはだれ？〉という問いが象徴する夢遊病状態である。この状態は、愚かな思い込みの傾向やスラーによるアーティキュレーションの調子に合わせて組織化されている。ペトゥラがこれを歌うと、お昼前の郊外で、コーヒーを口に含みながら密かに延々と嘆いている人々のイメージが喚起される。

*

厳密に言うと、郊外の概念はマラソンという町においては意味を成さない。湖岸から重役通りまでは五ブロックしかなく、高い場所の向こう側には都会の周辺を示す象徴は二つしか見当たらない。ひとつはペニンシュラ・ゴルフ・アンド・カントリー・クラブであり（「通り抜け禁止」「芝生に入るべからず」「猛犬注意」の看板）、もうひとつは、夏の別の遊び場として地元の社会奉仕団体が管理する小さな池である。これはかなり前にフィヨルドが水泳に適さないと判断された結果、その代わりに使われるようになったものだ。どちらもラジオ電波の届く範囲に十分あるが、ハイウェイを目指してカントリー・クラブの向こうまで行くと、電波は急激に弱まる。トランジスタ・ラジオであろうと、PAシステムであろうと、同じ単一チャンネルのニュースや音楽のメニューにさらされ続けるのである。

マラソンの町民たちのかかえる問題は、口には出さなくても、上昇への執着と、それに続く下降への懸念が絶妙に打ち消しあっていることにある。結果は、町の緻密な階層化にもかかわらず、奇妙に妥協点を見出した情緒的な一面性である。

もちろん町の計画の立て方はほかにもある。マラソンの二年後に設計されたテラス・ベイの場合、この東側の隣町を悩ました計算違いから教訓を得たとみえる。風向き（北西風が優勢だ）は入念に計算され、プラントは住宅地の北と東に置かれた。町はショッピング・プラザを囲む形で、スペリオル湖面から二百フィート《六〇メートル》高い位置に平らに広がる。会社の幹部はプレハブ住宅の各ブロックに一人ずつ住むように奨励された。カブ・スカウトで女性指導者《デン・マザー》が配置されるのと同じだ。「世話を焼きすぎてはいけない。やる気を奪うだけだ」とは、かのメッテルニヒ公の言葉だが――。とにかく見に行ってみよう。私はそう心に決め、夕暮れ時に北岸の宝石《ジェム・オヴ・ザ・ノース・ショア》（テラス・ベイの愛称）を目指して出発することにした。

十七号線を夜間に走行するときの聴取体験は格別だ。北オンタリオの分水嶺はせいぜい二千フィート《六〇〇メートル》で、スペリオル湖のすぐ北にある。そこからあらゆる川が向こう側のハドソン湾に流れ込み、最後には北極海の一部となる。この山中の斜面を日没後に縦走するとき、中波放送が驚くほどきれいに聞こえてくる。北米大陸のあらゆるアクセントの声がこの帯域に広がっている。ダイヤルの目盛りをまわして実にさまざまな電波を受信すると、眠気を誘うような昼間の雰囲気は消え、ラジオは、バランスのとれた、しなやかな空間の一部として甦るのだ——

こちらはロンドン。BBCの北米向け放送です。このニュースの担当は……。こちらグランド・ベンド（ヒューロン湖岸にあるオンタリオ州の自治体）は華氏《摂氏》四十六度《八度》の寒さです。ねえ、ご主人、かわいい奥さんに約束していた二台目の車をそろそろお求めでしたら、こちらのバーゲンでいかがですか、お店は……。［フランス語で］デハ交響曲第四十二番ケッヒェル七二〇ヲ、オ聴キイタダキマショウ。演奏ハ……。さあみんな、お待ちかねのリクエスト曲だ。今夜のこの曲のプレゼントは、ドリスからポールへ、匿名のファンからマリアンヌへ、英国潜水艦ヴァガボンド号に乗るビッグ・バーサ率いるギャル集団から、某研究所に拘留された男たちに送ります。ちなみに艦艇は領海の外、四分の一マイル《四百メートル》に余裕で停泊中だとか。じゃあ聴こう。みんなの抱える問いを込めたペトゥラ・クラークのナンバー、「ひとりで歩み、思い悩む。——わたしはだれ？」

50 ストライサンドはシュヴァルツコップ（アルバム『クラシカル・バーブラ』の録音評・一九七六年）

私はストライサンド・フリークであって、これについては正直に認めよう。エリーザベト・シュヴァルツコップは除くかもしれないが、声楽家の中で、彼女ほど大きな喜びを私にもたらし、解釈者の芸術に対する深い洞察を示してくれる人はいない。

十四年前、彼女の最初の作品『バーブラ・ストライサンド・アルバム』（一九六三年二月発売）のアセテート盤が、ＣＢＳの社内で、小部屋から小部屋へと密かに流通していた。私も聴いたところ、笑ってしまった。もちろん、アルバムを嘲笑したのではない。彼女を熱心に育ててきたマーティン・アーリックマン（一九二三年生まれ）が社内の近くで忙しく仕事を進めていたから、これを笑ったら会社に楯突くことになっただろう。それに、笑ってばかりいたわけでもない。ただしストライサンドの作品ではパロディが重要な役割を果たすのは当時でさえ明らかだった。結局、何が起きたかと言えば、私は、あのチェシャ猫のような、ニヤニヤ笑いを浮かべてしまったのだ。どうもあのニヤニヤ笑いは私の顔の筋肉と勝手に取引をするらしい。筋肉をもってこれを生ぜしむるのは、独特なる再創造の儀礼に面したときに限られるのである。

あの奇妙な顔面痙攣は、新奇なものの不意打ちで起こることがある（たとえば、ウォルター・カーロスのモーグ・シンセサイザーによるブランデンブルク協奏曲第三番と第四番の瞑想的世界や、スウィングル・シンガーズによる《フーガの技法》の第九フーガのスキャットがそうだ）。また、特に愛情を感じないレパートリーなのに、それを聴いて発生するときもある。（ショパンの協奏曲は存在しなくても生きられるとずっと思っていたし、そうして生きてきた。だがそれは、アレクシス・ヴァイセンベルクがマダム・ジョルジュ・サンドのサロンの蜘蛛の巣を一掃して、あの音楽を現代的な体験にしてくれるまでのことだった。）不適切かもしれないが、ポーカーフェイスでいかめしい顔が求められる場面なのに、あのニヤニヤ笑いが浮かんでしまうこともある。（ヘルマン・シェルヘン（一八九一―一九六六。ドイツ出身の革新的指揮者）のブギウギのようなビートの《メサイア》は、ＬＰ時代初期の偉大な啓示だ。）また、久しく解けないと思っていた謎が解けたときのほっとした気持ちをあの笑いが伝えてくれるときもある。（たとえば、シュトラウスの《メタモルフォーゼン》は、私が楽譜を読み、観念として、三十年近く愛してきた作品だが、この二十三の弦楽器たちが勝手気ままに六四の和音を探求する乗り物の解明はずっとあきらめていた。すべてが変わったのは二年前にカラヤンの威光を放つ録音を初めて聴いたときである（ベルリン・フィルの一九六九年録音か）。何週間にもわたり、毎晩のようにこの盤をかけては、二回、三回と（誇張ではなく）この曲を聴いた。最初は驚いて目を見張り、次に喉のつかえや背骨のうずきの段階を経て、最後にたどり着いたのが……あの笑いだった。）同じ反応は、ウィレム・メンゲルベルクやレオポルド・ストコフスキーの指揮したほぼすべての録音を聴くときにも起こるし、必ず（ほとんど常に）起こるのは、バーブラ・ストライサンドを聴くときだ。

　私にとって、ストライサンドの声はこの時代の天然の不思議に数えられる。あの声は無限の多様性と豊かな音色をもつ楽器にほかならない。もちろん、問題点がないわけではないし、それを指摘するのは、少なくとも、ハープシコードはピアノではない（あるいは、お望みならピアノはハープシコードではない、でもいいが）といった鋭いコメントをするのと同じくらい殊勝なことだ。確かにストライサンドはいつも譜表の上部三分の一にいつも問題をかかえてきた（嬰ハのバリアを低速ギアで突破するのが特に苦手だ）。誌面に限りがあるため、彼女が創意工夫をますます凝らしてこの障害を強みに変えた方法の数々はここに記せないが、それでも特に輝かしい瞬間についてはあえて触れておきたい。「ナッシング、ナッシング、ナッシング」と歌う部分である。隣り合う変ニとハの音の動きに必ずや惹きつけられる。プッチーニ風の大ヒット曲〈ヒー・タッチト・ミー〉の末尾の数秒で、これが起こるのだ（「彼が私に触れた以上、変わらないものは何もない、本当に何もない」）。

　しかし、現実のところ、絢爛たる歌唱をストライサンドに期待する人はいない。その点では、エラ・フィッツジェラルド（一九一七―九六。米国のジャズ歌手）とは違う。クレオ・レイン（一九二七年生まれ。スキャットに定評ある英国の歌手）に期待する人もいるかもしれないが、私には疑問が残る（ただしこれは別の話だ）。また、ストライサンドは必要とあれば嵐のような熱唱もできるが、かのシャーリー・バッシー（一九三七年生まれ。英国ウェールズ出身の人気歌手。ジェームズ・ボンド映画のテーマ曲が有名）のような「これぞパフォーマンス」といった調子で明快に歌うバラードの専門家ではない。彼女とバッシーの違いは、バレンボイム（一九四〇年アルゼンチン生まれのピアニスト・指揮者）とマゼールの違いである。ストライサンドを聴くときには、プロセスに夢中になれる。彼女の差し出す選択肢は無限に並んでいるように思われ、そこに引き込まれるのだ。また、バッシーと較べて親密さの度合いは格段に高いが、その親密さは（一連の曲目からすれば驚くべきことに）、あからさまに性的な接触を求めるものでは決してない。ストライサンドが浸りきるのはノスタルジアである。恋の悲しみに満ちた歌詞は、彼女によって親密な思い出に変えられてしまう。すると、たとえばヘレン・レディ（一九四一－二〇二〇。オーストラリア出身の歌手）が歌いそうな「わたしからはきっかり五十一パーセントを差し出したのよ」といった痛快な歌詞は彼女とは無縁だし、ましてやペギー・リー（一九二〇－二〇〇二。米国の歌手）にありがちな「もう口には出さないわ、だってあなたはすでにわたしに夢中でしょう?」といった陳腐な調子はなおさらだ。

ストライサンドにまつわる私の個人的な想像は（これはシュヴァルツコップでも同じだが）、彼女のレコードに収められたあらゆる名歌唱は、楽屋での通し練習で生まれるのではないか、というものだ。察するに、先に作られたオーケストラ伴奏の録音を聴きながら、ストライサンドは次々に人格を演じ分けていく。ありそうな、さりげない歌い方を試みる。鏡に映った自分の姿に合わせてわざとらしい身振りをする。オルガンで四フィート管（浮浪児風）に十六フィート管（上品な淑女風）を重ねるかのように、声の組み合わせの調子を試す。結局、全般的に言えば、ボルヘス（ホルヘ・ルイス（〜・ボルヘス。一八九九－一九八六。アルゼンチンの幻想的な作家）であって、ヴィクター（〜・ボルゲ（ボーグ）。一九〇九－二〇〇〇。デンマーク出身のコメディアン兼ピアニスト）ではない）のような、鏡と言語的発明の世界で、彼女は演じることを楽しんでいるのだ。

ストライサンドは、シュヴァルツコップがそうであるように、強調の仕方が実にうまい。そのまま歌うフレーズはひとつもない。天性の表現力の幅や多様性がこれほどであると、彼女のスタイルの展開をあらかじめ予想することはまず不可能だ。その歌には親密さが強い情動《アフェクト》として現われ、こちらは、彼女がまだおおやけの場で見せていない私的な瞬間を盗み見するような気持ちにさせられるが、そう感じるのは、彼女の意図を予想できないことの直接の結果に拠る部分が大きい。一例にすぎないが、ストライサンドの録音にデイヴ・グルーシン作曲の〈愛の賜物《ア・チャイルド・イズ・ボーン》〉がある（一九七五年のアルバム『まどろみの昼下り』所収）。彼女はこういう軽妙なサティ風のサタイアも歌えて、そこに二つの下行音階（それぞれヒポドリア旋法とユディア旋法）をたどり、あのお決まりの対斜から実に強烈な美しさを絞り出すのだ。無理な比較論に聞こえるかもしれないが、あれは、シュトラウスの《カプリッチョ》の末尾の独白でシュヴァルツコップが示す、あの忘れがたい黙想的な態度にきわめて近いと思う（一九五三年録音あり。『発言集』三三七頁以下参照）。実際、ストライサンドの歌の大半が、今述べた賞讃に値するのである。

あいにく、例外は「ほとんど常に《オールモスト・オールウェイズ》」あるもので、この盤もそのひとつである。ほかに思いつく例外は、今の世代にとって（いやむしろ当時の世代にとって）いらだたしい歌声集会《シング＝イン》であった、一九六九年制作の『ホワット・アバウト・トゥデイ?』である。ただしあの盤とは違い、この『クラシカル・バーブラ』には時代精神を和らげる意図は明らかに存在しない。また、珍品であること以外に、音楽学を専攻する学生たちを魅惑することはほぼ期待できないし、簡潔なポップス風の調子は、ほぼ間違いなく芸術歌曲の愛好家を遠ざける。おまけに曲目はイージーリスニング好きの一般の購買客の関心を惹かない可能性が高い。

つまり、かなりの勇気が発揮されているとわかる。筋金入りのファンの飽くなき好奇心を満たすためにずいぶんな危険を冒しているのは明らかだ。これについて感謝を表明するだけでもかまわない。だが、それほどよいアルバムではないにせよ、もちろん悪いアルバムではないことは、この際はっきりさせておきたい。このアルバムは、扱うレパートリーで最初から想定される欠点をよく考慮している。好対照なのは、ベヴァリー・シルズ（一九二九—二〇〇七。米国のソプラノ歌手）、ロバータ・ピーターズ（一九三〇—二〇一七。同前）や、ときにモーリーン・フォレスター（一九三〇—二〇一〇。カナダのアルト歌手）といったトークショーによく出てくるクラシックの歌手たちがブロードウェイの有名曲を取り上げた場合で、そのお粗末な歌唱はこのアルバムの出現で面目丸つぶれである。（ただし、アイリーン・ファレル（一九二〇—二〇〇二。米国のソプラノ歌手）はおそらく免除されるべきだろう。アルバム『ブルースを歌おう』で歌う権利を得てしまったからだ。）

しかし、最初からの想定は問題を生じさせもする。このアルバムに鈍感な部分や非音楽的な部分はどこにもないが、ヘンデルの二曲（〈私を泣かせてください〉と〈感謝の歌〉）のオーケストラには余計な残響がまき散らされている。様式に対する反抗はそれぞれの曲の終わりで頂点に達するが、そこでエンジニアがポット《ヴォリューム》を素速く動かしても、聴き手は汚物の存在感をいっそう意識するばかりだ（「ポット」はポテンショメーター（電位差計）の略だが、ここでは「おまる」の意味をかけている）。もっともストライサンド本人は、歴史上の巨匠たちとじかに対面していると悟り、畏怖の念にかられているのがわかる。アルバム全体がメゾピアノからメゾフォルテまでの畏敬に満ちた音量幅となっており、「アップテンポ」と呼べる曲は皆無だ。この淑女が今日最も如才ない早口歌の名手であるという事実（〈ピアノの練習〉〈ちいさなワルツ〉を聴けばわかる）にもかかわらず、アンダンテ・グラツィオーソの間奏曲ばかりを並べたがる偏好ぶりは、別にこの盤に限らず、『サード・アルバム』（一九六四年二月発売）のようなキャリアの初期でもみられた。ただし、今回のように厳密に強弱を圧縮することはなかった。

　また、今回のアルバムは、オルガンに喩えれば、途中で音栓《ストップ》を変えない演奏でもある。ストライサンドは、少年聖歌隊風の無垢な響きのする八フィートの音栓を選んで、今回はこれを鳴らし続けている。これはきっと彼女にとって、最も効果的な音栓選択《レジストレーション》であって、レパートリーが合えば、魔力を生み出す。オルフの〈天秤棒に心をかけて《イン・トルティーナ》〉がまさにそれだ。この曲でのストライサンドは、西洋で最も細かいヴィブラートを用いる。さらに、瑕ひとつないイントネーションは、マリア・シュターダー（一九一一―一九九九。スイスのソプラノ歌手）の全盛期に迫るものがある。安定した歌唱力に基づき、他の追従を許さない読みをしつつ、この作品にありがちな芝居がかった装飾によるやや退屈な雰囲気を取り除く。しかし、もっと重要なのは、こういうことかもしれない。彼女が提供したのは、中世の彩り豊かな時禱書のように繊細に言葉を扱った、現代において真に価値ある唯一無二の解釈なのだ。

　カントルーブの《オルヴェーニュの歌》の〈子守歌〉では、デ・ロス・アンヘレス（一九二三―二〇〇五。スペインのソプラノ歌手）のお上品な録音には及ばないが、民謡風という意味では、ストライサンドの歌唱はきわめて感動的だ。ドビュッシーもよく歌っている。この〈美しい夕暮れ〉は、アイリーン・ファレルにもやはり一曲目とするアルバムがあり（一九六〇年のリサイタル盤。正しくは裏面一曲目）、洗練されたパリジェンヌを演じるのは私であるとの主張をしているとすれば、ストライサンドはマルセイユのおてんば娘としてこれにうまく応えている。

　ストライサンドが苦慮したのはドイツのレパートリーだ。シューマンの〈月夜〉では、最終連で怪しからぬほどの冷静さを保ち、“Und meine Seele spannte, Weit ihre Flügel aus”〈わが魂は拡大し、その翼を広く張る〉を淡々と歌う。ヴォルフの〈語らぬ愛〉では、持ち前の独特な性格付けの才能を発揮せず、何の秘密も見せかけもない。歌劇《リナルド》の〈私を泣かせてください〉の彼女の歌唱について何よりも言えるのは、マダム・エルネスティーネ・シューマン＝ハインク（一八六一―一九三六。オーストリア系米国人のコントラルト）の一九〇六年の公演のグリッサンドを多用した歌唱とは異なる、分析的で明晰な歌唱の模範であることだ。ストライサンドが準拠するのは、一九三九年に認められたロイヤル・アカデミーのメソッドだが、それまでにグリッサンドは捨てられていたが装飾法はまだ開発されていなかった。（皮肉な話だが、ストライサンドが示したこのアリアの決定的な歌い方を今後引き受けることになるのは、アルフレッド・デラー（一九一二―七九。古楽復興の牽引者となった英国のカウンターテナー歌手。）のすぐれた共演者アイリーン・ポールター（ソプラノ歌手）という専門家の方なのだ。）

ただし、ストライサンドが「クラシック」の曲からは手を引くべきだと私が主張したように受けとめてほしくない。実際、彼女の内部には素晴らしい「クラシック」のアルバムが存在すると私はにらんでいる。レパートリーの問題を再検討し、今回の制作の重荷となった体面的な束縛を捨てさえすればよいのだ。

ストライサンドの夢のアルバムのメニューを私から提案するならば、まず、チューダー調のリュート曲を含めたい（ダウランドを歌えば大きな話題になるはずだ）。それからムソルグスキーの歌曲集《日の光もなく》、加えてフランス語で言うピエス・ド・レジスタンス、つまり、メイン・ディッシュの作品としてバッハのカンタータ第五四番《いざ罪に抗すべし》である（ただし彼女がバロック歌唱の装飾法のハンドブックを一、二冊、手に取ればの話だが）。この壮麗な作品のこれまでで最も献身的な演奏は、私の知る限り、一九六二年のCBCのテレビ番組で披露された。見事なカウンターテナーのラッセル・オーバリンとトロント交響楽団の弦楽器メンバーによるものだ。並はずれて控えめなハープシコード奏者兼指揮者もこれに参加したが、本人から名前を伏せるように求められている。しかし、彼の代理人が請け合うところによれば、もしもストライサンドさんがこれを試しに歌ってみたくて、コロンビア・レコードが気を利かせてくれるならば、彼は共演に応じるそうだ。

間奏曲

51　グレン・グールド、グレン・グールドについてグレン・グールドに訊く（架空対談・一九七四年）

コロンビアがグレン・グールドの新譜を一枚、いや、二枚どころか五枚も同時に発売すると知り（その批評は本誌にて別掲）、ある編集部員がいぶかしげに言った。「この人、録音以外には何をしているんですかね？」と。グールドは、演奏会の舞台を去って以来、CBCラジオの番組プロデューサーとしての活動がその時間と労力の大半を占めるようになり、音楽界からますます遠ざかっている。それは私たちみなが知っているが、より正確な答えを得るために、誰か優秀なインタヴュアーをトロントに派遣することにした。当編集部と被取材者の双方が納得できた唯一の候補者は、怪しげな地元の新人記者だったが、少なくともこの取材対象にはそれなりの親しみがあり、独特の理解ができることを誇っていた。その結果、もともと編集部員が用意した質問よりも、さらにとんでもない質問に答えている可能性がある（落とした論点もあるかもしれないが）。（初出誌『ハイ・フィデリティ』での序文）

gg（ぐれん・ぐーるど）：グールドさん、あなたはインタヴューの受け手としては、ずばり言わせてもらいますが、なかなか手強い人だというご評判ですね。

GG（グレン・グールド）：そうなのですか。初めて聞きました。

gg：われわれメディアの人間のあいだで行き交う噂話にすぎませんけれどね。ただ、まずは、尋ねて欲しくない質問をメモから削っておこうと思いまして。

GG：はて、私たちの議論を遮るような問題は何も思いつきませんよ。

gg：それでは、まず風通しをよくしましょう。率直にお尋ねしますが、触れたくない分野はありますか？

GG：何も思いつきません。もちろん音楽は除きますが。

gg：グールドさん、私は仕事の責任を果たしたいのです。このインタヴューについて正式の契約書を取り交わしていないのは承知しています。でも、握手が調印の代わりでしたよね。

GG：そういう比喩はもちろん成り立ちます。

gg：そうですとも。このインタヴューの大半は音楽に関連することがらを扱うつもりでいましたし。

GG：それは必要でしょうか？　インタヴューに関する私の個人的な哲学によれば――ご存じかも知れませんが、今までにたくさん放送していますが――いちばん有益な発見は、本人の仕事と直接関係のない領域から得られるんですよ。

gg：たとえば？

GG：たとえば、ラジオ・ドキュメンタリーの準備中、私は神学者にはテクノロジーについて、測量技師にはウィリアム・ジェイムズについて、経済学者には平和主義について尋ねました。

gg：でも、音楽家にはもちろん音楽について尋ねたでしょう？

GG：まあどきどきですね。マイクの前で緊張をほぐしてもらうためでした。しかし、たとえばパブロ・カザルスと話すときには、時代精神の観念について話すのははるかに有益でした（「カザルス――ラジオのためのポートレイト」一九七四年二月二十日放送）。もちろんこれは音楽と無関係ではありませんでしたが――。

gg：私も今、そう言いかけていましたよ。

GG：あるいはレオポルド・ストコフスキーとは、惑星間旅行の見通しを話題にしました。でも、スタンリー・キューブリックが相手ではないのだから、いささかズレた方向だったとあなたも思うでしょう。

gg：困りましたね。さっきの質問はもっと肯定的に改めましょう。特に議論したいテーマはありますか？

GG：あまり考えたことがありませんでしたが、とりあえず、ラブラドールの政治状況はどうでしょう？

gg：刺激的な対話になりそうですが、本誌『ハイ・フィデリティ』は主に米国の選挙区を想定して編集されていますからねえ。

GG：確かに。それなら、西アラスカの先住民の権利についてだったらいいネタでは？

gg：なるほど。もちろん私もそういう新聞の見出しを飾るような分野を避けるつもりはありません。しかし、『ハイ・フィデリティ』の主たる読者は音楽のわかる層なので、少なくとも芸術に関する領域から議論を始めるべきではないでしょうか。

GG：なるほどそうですね。ポイント・バローでの民族音楽学によるフィールドワークに反映された先住民の権利についての問題を検証してもよいかもしれない。

gg：実は、グールドさん、私はもっと普通の攻め方を考えていたんです。ご承知のように、あなたのキャリアを語る上で、コンサートとメディアの論争は、ほぼ避けては通れない問題です。少なくとも触れておかなければならないと思っています。

GG：そのあたりの質問をこなすことに異存はありません。私の場合、音楽面よりもむしろ道徳面に主眼が置かれていますね。では、どうぞ。

gg：願ったりかなったりです。では手短かにこれを終えたら、脇道にそれることができるんじゃないでしょうか。

GG：結構です。

gg：それでは進めますが、あなたはこんな風に言及されてきましたね。あなたの録音への関与、あるいは各種のメディア全般への関与は未来への関与なのだと。

GG：正しいですね。輝かしい本誌でもそう述べたことさえありますよ、実を言えば。

gg：おっしゃるとおりですね。他方、大きなコンサート・ホールやリサイタル会場、オペラハウス、といったものは、過去を意味していると。それは特に、あなたご自身にとっての過去という面でもあるかもしれませんね。音楽全般の過去、という面もありますが。

GG：間違いありません。ただ、仕事上、オペラとの縁は過去に一度だけです。演奏中に気管の炎症を起こしたとき、会場がザルツブルクにある、あの祝祭劇場だったという話です。あそこはひどくすきま風の多い大殿堂ですし。そこで私は……

gg：グールドさんのご健康についてはもっと適切な機会を作って議論できればと思います。しかし、ふと思うのですが、また、こう申し上げることをお詫びしますが、この種のご表明には、本質的に自己中心的なところがありますね。結局、あらゆる公の舞台を放棄することを選びましたね。どのくらいたちますか……十年でしょうか？

GG：九年と十一ヶ月ですね。本誌本号の発売日から遡ると。

gg：人生において何らかの極端な逸脱を選ぶ人の大半は、たとえわずかであっても、未来は自分の側にあるという信念によって自分を保っていることを認めるのですね？

GG：もちろん。そう考えれば励みになりますからね。ただし「極端な《ラディカル》」という言葉遣いには違和感を覚えます。確かに私は、芸術の現状を考えた結果、メディアへの完全な没入こそが論理的な発展であると確信して、思い切りましたし、今もその確信は変わりません。しかし、率直なところ、そのような確信を導く要因――あなたの言う「逸脱《デパーチャー》」の背後に潜む強い動機――とは、たいていは現在の不快感や不便の解消にほかならないのであって、それ以上に極端な考え方と結びついているわけではありません。過去と未来を釣り合わせる方程式を立てるのが好きな人には申し訳ないけれど。

ｇｇ：ご説明の意味を把握できているか自信がありません。

ＧＧ：たとえば、薬用ドロップを発明する最も強力な動機は、喉の痛みではないでしょうか。もちろん、ドロップの特許を取ったあとなら、発明は未来で、喉の痛みは過去だったのだ、と考えるのは自由です。しかし、炎症が起きている現在においては、そのような考えは持たないのでは？ザルツブルクで私の気管が炎症を起こしたときには、この種の薬を……

ｇｇ：グールドさん、ザルツブルクでのご災難については、いずれ詳しくうかがえるかと思いますが、先ほどの話をもう少し検討しなくてはなりません。あなたの舞台からの引退と、それに続くメディアへの関与は、もともと喉の痛みに相当する音楽上のことがらが原因だったのですか？

ＧＧ：それに何か問題でも？

ｇｇ：遠慮せずに申し上げますが、それはただのナルシシズムですよ。それに、決断において大きな役割を果たしたのは道徳的な異議申し立てだったとするご主張とまったく矛盾するのではありませんか？

ＧＧ：矛盾があるとは思えませんが――。もちろん、あなたが不快感自体を肯定的な美徳として位置づけるのならば別ですよ。

ｇｇ：私の見解はこのインタヴューの取材対象ではありません。しかしそれは承知でご質問にお答えしましょう。不快感自体は論点ではありません。名だたる芸術家は、個人的な安楽をいつでも犠牲にする用意がなくてはなりません。

ＧＧ：何のために？

ｇｇ：音楽的で演劇的な体験の大きな伝統を守り、聴衆との関わりにおいて、芸術家が高貴な指導者として、監督者としての責任を維持するためです。

ＧＧ：不快感、つまり居心地の悪さは、芸術家と聴衆双方にとって最も賢い助言者になり得ると思いませんか？

ｇｇ：いいえ。私はこう思うだけです。グールドさんはこれまで一度も楽しんだご経験がないのではありませんか、つまり、その……

GG：自己満足ですか？

gg：いいえ、私が言おうとしたのは、聴衆とコミュニケーションをとる特権です。

GG：権力的な場所からですか？

gg：舞台からです。そこでは、あなたの人間性がむき出しのまま、編集されることも、着飾ることもなく提示されるのです。

GG：あの欺瞞に満ちたタキシードくらいは着させてもらえませんか？

gg：グールドさん、この対話をつまらない冗談に格下げさせるべきではないと思います。一対一の関係から生まれる喜びをあなたが味わったことがないのは明らかです。

GG：前から思っていますが、経営的には、二千八百対一がコンサート・ホールの理想でしょう。

gg：統計の議論はしたくありません。私は真剣に質問しているのに……

GG：そうですね。では私も真剣に答えましょう。もしも数字当ての賭博に巻き込まれるのであれば、私は聴衆と演奏家の対比は、ゼロ対一に賭けるかな。でも、道徳的に反論されてしまいますね。

gg：おっしゃる意味がよく理解できません。もう一度振り出しに戻って説明なさりたいのですか？

GG：演奏家《アーティスト》は、自分のためにも、その聴衆《パブリック》のためにも、匿名であるべきです（そして記録を前提に述べますが、そもそもの話、私は「聴衆」や「演奏家」といった言葉が大嫌いです。これらの用語に潜むヒエラルキーも不愉快です）。演奏家はいわば秘密裏に活動することを許されるべきで、市場で想定される要求には無関心であるべきだし、もっと言えば、気づかない方がいい。そのような要求は、十分な数のアーティストが無関心を十分に貫けば、消滅するだけです。消滅を前提とすれば、演奏家は「聴衆《パブリック》」に対する誤った責任感を放棄できるし、「聴衆」だって奴隷のように依存する役割を手放すでしょう。

gg：すると両者の再会は、もうあり得ませんね。

GG：いや、接触はありますよ。しかも、舞台と客席の関係に較べたら実に意味のある水準でね。

gg：グールドさん、つくづく思いますが、この種の観念的な役割交換は修辞的には実に見事です。それに、これまでのインタヴューでたっぷりと語ってきた「創造的な聴衆《クリエイティヴ・オーディエンス》」の概念がマクルーハン的な魅力を放っているのも事実かもしれません。しかし、演奏家は、どれほど閉鎖的な生活様式を貫いても、実際には専制的な人物であることをやめません。あなたはそれを都合良く忘れていますが、どれほど慈悲深くても、社会的には独裁者です。

その聴衆は、装置によって、どれほど好意的に解放されていても、また、電子的な選択肢にどれほど恵まれていても、少なくとも現時点では、経験を受容する末端にとどまっています。演奏家の存在をゼロにするためにあなたが担う中世復興的な匿名性の追求も、その「聴衆」のためにやはりあなたが担う垂直的な平等を目指す汎文化主義も、それらがあったからといってこれが改まる見込みはないし——まあ少なくとも、これまでに実現できていません。
GG：そろそろ発言していいですか？
gg：もちろんです。つい夢中で話してしまいました。でもこれについては強く思うので……
GG：スーパーマンとしての演奏家について？
gg：違いますよ。
GG：対談を支配する訊き役についてですか？
gg：意地悪なことをおっしゃらないでください。もちろん私は迎合的な答えを期待していたわけではありません。これらの問題について、あなたが哲学的な主張をなさっていることは承知していましたから。しかし、私は、演奏家対聴き手という一対一の関係について、あなたの個人的な経験を一度でいいから告白してくれないかと期待していたのです。大演奏家が目の前の聴衆を磁力で引き寄せるように視覚的に魅了してしまう場面に立ち会ったご経験はありませんか。あれば、それを語ってくれないかと。
GG：ああ、そういう経験ならあります。
gg：本当に？
GG：もちろん。告白してもかまいませんよ。何年も前、私がたまたまベルリンにいたときです。ヘルベルト・フォン・カラヤンの指揮するベルリン・フィルハーモニックがシベリウスの交響曲第五番を取り上げ、あの曲の彼らにとっての初演となりました。ご存じのとおり、カラヤンは、特にロマン派のレパートリーではそうですが、両目を閉じて指揮をします。その指揮棒の描く曲線は、舞踊の振付のようで、恐ろしく説得力がありました。その結果は、はっきり言えば、私の人生において真に消しがたい音楽的で劇的な体験となったのです。
gg：私の用意した論点にきちんと応じてくださっていますね。もちろんそのときの演奏、あるいは少なくとものちに録音された同曲の録音のひとつはあなたの人生にかなり重要な役割を果たしたでしょう。
GG：そう思うのは、ラジオ・ドキュメンタリー『北の理念』のエピローグで私があの曲を使ったからだと？
gg：そのとおりです。どれほど素晴らしいレコードでも、それがもたらすものには実体感もなければ意外性もない。しかし、今おっしゃった「消しがたい」体験が、そうしたものに拠るのではなく、聴衆と共有する対面的なものに由来することを、今、あなたは認めたのです。

GG：まあそう言いたいところなのですが、私は聴衆の中にいませんでした。実は舞台上方にあるガラス窓のついた放送ブースに避難していたのです。カラヤンの顔が見える状況にあり、恍惚とした表情が現われるたびに、それを音楽的体験と結びつけられたのですが、聴衆は、カラヤンが左右に合図をするときに見せる横顔以外は何も目に入りませんでしたね。

gg：ではそこで一緒に拍を数えていたんですね。

GG：さあどうでしたか。放送ブースは隔絶した状況を意味していました。私は、ほかの聴衆からも、ベルリン・フィルハーモニックやその指揮者からも切り離されていたんです。

gg：だからこそ、せめて一緒に拍を取ろうとしていたのではありませんか？

GG：そうかもしれません。でも、指摘しておきます（もちろんここだけの話ですが）。実はカラヤンのシベリウスの第五を『北の理念』で用いるときに、あの録音の強弱を調整して、一緒に流れる語りのムードに合わせたのです。この裁量こそは、言わば、聴衆との関係において演奏家の存在をゼロにすることに情熱を傾ける非礼行為の成果だと思いませんか？

gg：単に図太いだけでは？『北の理念』が実験的で冒険的なラジオ番組であったのはもちろん承知しています。確か、人間の声をまるで楽器のように扱ったのですよね？

GG：そうです。

gg：――そして場面によっては、二人、三人、四人が同時に話している。

GG：はい。

gg：ご自分で準備をした、いわゆる原材料によるそうした実験は正当でしょう。しかし、フォン・カラヤン氏の音源を利用――あるいは悪用――するのはまったく別です。いずれにせよ、あの演奏を初めて聴いたときの体験は「消しがたい」ものだったとあなたは認めました。なのに、入念に調整されていたであろう強弱の関係を改竄したことを嬉しそうに明かしもしたのです。

GG：イコライジングもしましたよ。

gg：そうしたことは、いったい何のために？

GG：そのときの私が必要だと判断したからです。

gg：しかしそれは、少なくとも、目の前のプロジェクトには必要だったという意味にすぎませんよね？

GG：なるほど。では言っておきますが、聴き手の誰もがそれぞれ「目の前のプロジェクト」に携わっています。みな自分のライフ・スタイルに音楽的体験を合わせているだけですよ。

ｇｇ：するとあなたも、聴き手、つまり、知らない聴き手たちによって、ご自身の録音的産物に同様の変更を加えられることを覚悟しているわけですね？

ＧＧ：そうでなければ私自身の目的が達成できなかったことになります。

ｇｇ：つまり、あなたの演奏がのちに聴かれるときに、本来考えられた演奏と較べるための美的《エステティック》な尺度は現実には存在しない。このことをあなたは認めたのです。

ＧＧ：その意味で言えば、こうなります。カラヤンの振ったシベリウスの第五との出会いは確かに忘れがたい機会となったものの、その「美的」な価値について、私は何も考えていません。興味深いことに、あのとき、強烈に感動的な体験に立ち会っている意識はありましたが、それが「良い《グッドな》」演奏か否かについては、何も考えませんでした。私の美的判断を凍結させてあったからです。少なくともほかの演奏家の仕事を評価するときには、今なお、このまま凍結状態を続けたいものです。もしかしたら、純粋に実用的な理由で、私自身に対しては異なる判断基準を適用せざるを得ないかもしれません。しかし……

ｇｇ：グールドさん、つまり、あなた自身は美的判断を下さないとおっしゃりたいのでは？

ＧＧ：いいえ、そんなことは言っていません。しかし、そう言い切れたらいいですね。精神性《スピリチュアル》の極致《パーフェクション》がどれほどの水準かを証明できるからです。ただし私はまだそこまで達していないのです。それでも、流行するこの陳腐な語を言い直すならば、道徳的判断のみを下し、美的判断を下さないように最善を尽くすまで、です。ただし、自分の仕事についてはこの限りではありません。

ｇｇ：納得しかねますが、追及はやめておきましょう。

ＧＧ：ご好意に感謝します。

ｇｇ：あなたはご自分の動機を、責任をもって、しかも正確に評価していると考えます。

ＧＧ：私もそう努めているだけですが。

ｇｇ：その上で振り返ると、さきほどの告白はこのインタヴューの道筋にたくさんの選択肢を与えてくれました。ただ、どれをたどるべきか、私には見当がつきません。

ＧＧ：いちばん無難そうな標識を選べばどうですか？　私もそれについて行きますから。

ｇｇ：すると、当然出てくる質問ですが、あなたがほかの人の代わりに美的判断を下さないのであれば、あなたの仕事に美的判断を下す人たちについてはどう思うのですか？

ＧＧ：おやおや、私の親友の何人かは批評家ですよ。自分のピアノを弾かせたいほど親しいかどうかはともかく。

gg：でも、数分前、「精神性の極致」は美的判断が停止される状況に結びつくとおっしゃいました。

GG：美的判断の停止だけがその評価基準となるような印象を与える意図はありませんでした。

gg：それは理解できます。ただ、あなたの見方に従うならば、批判的な姿勢は必ずや徳性を脅かすことになると言ってよいですか？

GG：それは、私の立場からすれば、ひどく不遜な決めつけになってしまいます。申し上げたように、親友の何人かは……

gg：批評家ですものね。そしてあなたはこの質問を避けたがっている。

GG：そんなつもりはありませんよ。ただ、著名な方々の名誉を傷つけかねない一般論は語るべきではないでしょう。それに……

gg：グールドさん、あなたは私と読者両方にこの質問に答える義務があると思うのです。

GG：本当ですか？

gg：私はそう確信しています。もう一度質問を申し上げましょうか？

GG：それにはおよびません。

gg：では、言い換えますが、批評家は倫理面から危機に瀕している種族と考えますか？

GG：はて、その「危機に瀕している《エンデンジャード》」とは……

gg：グールドさん、頼みますよ。どうなのですか？

GG：だから申し上げたように……

gg：そうお考えなのですね。

GG：［間をおいて］はい。

gg：やはりね。だいぶすっきりしたのでは？

GG：うーん、そうでもありませんよ。

gg：じきに楽になります。

GG：本気でそう思いますか？

gg：当然です。はっきりと立場を表明されたのですから、そこで私は次の事実に言及しないわけにはいきません。すなわち、あなたご自身も、これまで折に触れて、署名入りの批評的な記事を書かれてきた事実です。ペトゥラ・クラークに関する小文（本書の49）だって私は忘れていません。あれは何年か前に本誌に寄稿されたもので……

GG：あれはページごとに美的判断が示されていて、今ならここまでやらないようなおこがましい内容です。ただし、あれは本質的には倫理面の批評でしたよ。ミス・クラークを通して、いわゆる、社会的な環境《ミリュー》について評釈した文章です。

gg：すると、個人を扱う美的な批評（あなたが即座に却下するもの）と、社会全体を扱う倫理的な課題を提起することとのあいだには上手に区別がつけられる、とのお考えなのですね？

GG：そう思います。どうしても重複してしまう領域も間違いなくあります。たとえば、こんな話です。あらゆる家が軍艦のような灰色に塗られた町があって、私がありがたくもそこに住めることになったとします。

gg：なぜ軍艦のような灰色なのですか？

GG：私の好きな色だから。

gg：どちらかと言えば陰気な色では？

GG：だから好きなのですよ。さあそこで、議論のためにこう仮定してみましょう。何の前触れもなく、住民のひとりが、その自宅を消防車の赤色に塗ったとします。

gg：そうやって町の調和を乱すつもりなのですね？

GG：はい。おそらくそうもなりますが、それは美的な観点からの考察ですね。この人の行動の本質は、この町における躁的活動の勃発の前兆となった点にあります。ほぼ避けられない成り行きですが、ほかの家々も派手な色調で塗られてしまい、競いあいの風潮が助長され、これに伴って暴力も煽られるのです。

gg：すると、あなたの色彩目録では、赤は攻撃を表わすのですね？

GG：別に私に限らないでしょう？　とにかく、申し上げたように、ここに美的な問題と倫理的な問題が重なるのですよ。最初に家を塗った人は純粋に美的な好みからそうしたのかもしれませんし、彼に対して趣味の点から責任を問うのは、古風な表現で言えば、「罪深い《シンフル》」でしょう。そのような決めつけは、彼にその後のあらゆる判断をやめさせることになりかねない。しかし、あなたの求めるこの美的な楽しみは、共同体全体に倫理的な危険を及ぼします、と私が言って彼を納得させることができて、また、この任務に適切な語彙を集められるのであれば（これはどう考えても美学の標準的な語彙では通用しないでしょう）、それを実行するのが私の責任だと思うのです。

gg：オーウェルの登場人物のように語り始めているご自覚はもちろんありますよね？

GG：ああ、オーウェルの世界なら私は特段の恐怖は抱いていませんよ。

gg：あなたが定義し、かつ擁護しているのは、西洋思想におけるルネサンス以降の伝統全体に反する一種の検閲制度であることも自覚なさっていますよね？

GG：もちろんです。西洋世界を破滅に向かわせているのは、そのルネサンス以降の伝統ですからね。行動の自由や言論の自由といったものへの奇妙な愛着は、西洋独特の現象ですよ。言葉と行動は区別できる西洋的な発想から来るのです。

gg：つまり〃棒と石《スティックス＝アンド＝ストーンズ》〃症候群ですか？（棒と石は危ないが言葉では傷つかないから気にするな、という英語圏の童歌に拠る）

GG：まさにそれです。これについては証拠がいくつかありますが――そう、実はマクルーハンがこれについて『グーテンベルクの銀河系』で述べていて――文字文化以前の人間や文字文化の浸透が最小限の人間にとっては、この区別はずいぶん認めがたいものです。

gg：確か聖書にも格言がありますね。悪を考える者は悪を実行してしまうと（旧約聖書箴言第十一章第二七節「悪を求める者には悪が訪れる」を指すか）。

GG：そのとおり。偶然かうまく扱えたかどうかはともかく、ルネサンスを回避できた文化だけが、脅威という芸術の正体を知っているのです。

gg：ソヴィエト連邦がそれに値するのだと？

GG：そのとおり。ソヴィエト人が少々粗野であるのは認めますが、彼らの関心の持ち方はまったく正しい。

gg：あなた自身の関心の持ち方はどうですか？　今述べたような個々人の狭い発想や、あなたのおっしゃる「脅威《メナス》」に満ちた社会に対して、それを妨害するような働きかけを行なったことはありますか？

GG：はい。

gg：それについてお話しになりたいですか？

GG：いえ、特には。

gg：少しくらいお話しになりませんか？　『スローターハウス5《ファイヴ》』の音楽を担当した事実はどうですか？

GG：あれが何か？

gg：少なくともソヴィエト的な標準からすれば、ヴォネガット氏の作品は社会破壊的な作品だと評価されるのではありませんか？

GG：そのとおりでしょうね。おかげでこんなことまで思い出してしまいました。レニングラードで若い女性がドストエフスキーについてこう言ったのです。「とても偉大な作家ですが、あいにくペシミストでした」と。

gg：そのペシミズムに快楽主義《ヘドニスティック》的な逃避を加味したものが『スローターハウス5』の本質だったのでは？

GG：ええ、しかし、私を幾晩も不眠にさせたのは、ペシミスティックな面よりも、快楽主義的な面でした。

gg：あの映画を認めていないのですか？

GG：あの職人芸には凄まじい感銘を受けました。

gg：それは好きかどうかとは違いますよ。

GG：ええ、違いますね。

gg：理想主義者も金には負けると理解したらよいでしょ

うか？
GG：理想主義者も撮影台本の意図は読み誤るという表現を好みますね。
gg：主人公ビリー・ピルグリムが妥協しない人だったらよかったのでは？
GG：あの人格に贖罪の要素が加わっていたならば、と思いますよ。
gg：では、たとえば、ストラヴィンスキーの純粋な技術としての芸術論は支持しませんよね？
GG：もちろん支持しません。文字どおり、いちばんありえない芸術の姿です。
gg：暴力の代用品としての芸術論はいかがですか？
GG：そもそも代用品を信じていません。代用品とは、人間の能力の完全性に抵抗したい人々が用いる玩具にすぎません。ちなみに暴力の代用品なら、遺伝子工学の方が適切でしょう。
gg：超越的体験としての芸術論は？
GG：今挙げた三つのうちでは唯一魅力的です。
gg：すると、ご自分の芸術論もあるのですか？
GG：はい。しかし、支持してくれそうにありません。
gg：覚悟してうかがいます。
GG：芸術は徐々に消えていく機会が与えられるべきですね。芸術は恵み深いとは限らないし、芸術が破壊力さえ秘めている事実を私たちは認めなくてはなりません。芸術による被害が最小限度になる諸領域を分析した上で、そこを手本にして、芸術に組み込みます。芸術がみずからの廃退を見守ることを可能にする要素をです。
gg：はあ。
GG：なぜなら、芸術の現在の位置づけはひとつに限らず、そのいくつかをあなたはすでに列挙していますが、それは、神聖な記憶である原水爆禁止運動と類似している部分がないとは言えないからです。
gg：まさかあなたはその種の運動を否定するつもりはありませんよね？
GG：否定はしませんが、子どもがトンボの羽根をむしるのを禁止する運動が一度でも起きたのを知らない以上、私はそちらにも参加できません。西洋世界は適格性《クオリフィケーション》の観念に取りつかれているでしょう？　核兵器による絶滅の脅威はこれを満たすけれど、トンボの羽根の喪失は満たさない。この二つの現象が同一で不可分だと理解され、物的な攻撃と言葉の攻撃が表裏一体だと判明し、さらに美的な決定が倫理的な決定と同等になるまで、私はベルリン・フィルハーモニックの演奏をガラスの仕切りの向こう側で聴き続けるでしょう。

gg：つまり、ご念願の芸術の死は、ご自分が生きているうちに実現するとは期待していませんね。

GG：ええ。あのシベリウスの第五なしには生きられませんからね。

gg：しかし、まるで十六世紀の宗教改革者のように語りますね。

GG：実際、彼らの伝統に強い親近感を抱いていますよ。比較的ましに書けた文章の中で、私はこう述べました。それは……

gg：その言い方こそ、さっきの美的判断なのでは？

GG：これはうっかりしました。〝テイク2《ツー》〟で録り直しをさせてくれますか？　以前に、「最後の清教徒」とは、サンタヤーナ氏の同名の小説（一九三五年）の主人公よりも、むしろ私のことだと述べたのですよ。

gg：すると、宗教改革における個人的良心と、清教徒の伝統における集団的検閲制を調和させることに何の問題も感じないのですね？　思うに、これら二つの動機は、あなたのご見解において奇妙に混ざり合っていますし、ここからわかるのは、あなたのドキュメンタリー作品にもそれが同様にうかがえることです。

GG：いいえ、別に矛盾があるとは思いませんよ。なぜなら、この伝統は、その最良の状態、つまり最も純粋な状態においては、絶え間ない教派的分裂が含まれてきたからです。最も善良で、最も純粋な、あるいは最も追放された人たちが、平地の俗世間を拒否する象徴としてアルプスの渓谷に行き着いたのです。実際、スイスのメノナイトには、世俗からの隔絶の度合いを標高で測る一派が今日まで存在します。

gg：ではこう申し上げてよいでしょうか、他方、あなたは隔絶の度合いを緯度で測っているのだと――。あなたは『北の理念』を創作しましたが、あれは隠喩的な評釈であって、事実を重視したドキュメンタリーではありませんでしたね。

GG：まさにそのとおりです。私のドキュメンタリーのほとんどは、隔絶された状況を扱ってきました。北極圏の辺境、遠く離れたニューファンドランド島、メノナイトの居留地などです。

gg：ええ、しかし、隔絶されてはいても、扱ってきたのはそこの共同体ですね。

GG：私の最高傑作は、まだいくつかの画板の上で構想中なんですよ。

gg：つまり、自伝的なスケッチですね？

GG：その質問にはお答えできません。

gg：グールドさん、ご発言にはある種の、重苦しい、まさに灰色の一貫性があます。しかし、私たちは演奏会対録音という主題からかなり遠ざかってしまったように思われます。

GG：むしろ、それを主題とする変奏曲を演奏し、ほぼ一周したのではありませんか？

gg：とにかく、あと、二つ三つ質問したいのですが、これがいちばん適切な質問かもしれません。検閲委員会のメンバーというもどかしい仕事以外で、何かやりたい職業はありますか？

GG：囚人をやってみたいとよく思います。

gg：よりによって、なぜ職業として？

GG：もちろん、あらゆる嫌疑について、私が完全に無実であるとの了解が得られた上での話ですがね。

gg：グールドさん、あなたは一種のムイシュキン・コンプレックス（ドストエフスキー『白痴』の無邪気で高潔な主人公の名に基づくグールドの造語）に苦しんでいるのではないかと指摘されたことはありませんか？

GG：いいえ。それに、そのような褒め言葉は受け入れられません。西洋世界では、認められているとはいえ、なぜそんなに自由に執着するのでしょうか。私には昔から理解できません。自由といっても、行動の自由はたいてい移動に関わる程度のことだし、言論の自由も、ほとんどの場合、言葉の暴力が社会的に認められているにすぎない。それよりも、投獄されることは、絶好の機会となります。つまり、人間が、心の内面でどれだけ自在に動きまわれ、置かれた境遇から有意義な形で抜け出す力がどれほどあるかが試される機会なのです。

gg：グールドさん、私は疲れているためか、矛盾しているように聞こえます。

GG：そんなことはありませんよ。それに、私たちよりも若い世代には——あなたは私と同じくらいの年ですよね？

gg：きっとそうです。

GG：若い世代には、こうした観念と取り組む必要のない人たちもいます。その人たちにとって、競いあうことは人生で避けられない要素ではありません。競いあわない人生設計をするのです。

gg：新部族主義（マクルーハンが電子時代に復活すると考えた文字文化以前の人間の行動様式「部族主義」を指すか）を売り込もうとしているのですか？

GG：いえ、そんなつもりはありませんよ。もともとこうした混乱に私たちを陥れたのは競いあいの好きな部族たちだったのではないかという気がします。しかし、申し上げたように、私はムイシュキン・コンプレックスには値しませんからね。

gg：あなたのご謙遜は伝説的ですよ。しかし、なぜそう断言するのですか？

GG：必ずや看守たちに要求を突きつけることになるからです。本当に自由な精神の持ち主ならば求めなくて済むような要求です。

gg：たとえば？

GG：独房は軍艦のような灰色に塗るように、とか。

gg：そもそも問題にならないのでは？

GG：刑務所の最新の改革には原色を用いるというのがあるそうですよ。

gg：ああなるほど。

GG：そして、やはり空気調節についても一定の理解を求めないと。それから頭上の通気口はふさいでもらいます。申し上げましたか、私は気管をやられやすいので。また空調設備があるのならば、加湿器も必要です。

gg：グールドさん、遮って申し訳ありません。ザルツブルクの祝祭劇場での忌まわしい経験について何度か言及されたので、ふと思ったのですが……

GG：ああ、別に忌まわしい経験だったと印象づけたかったわけではありません。むしろ幸いなことに、気管の炎症がひどかったので、演奏会を一ヶ月キャンセルしてアルプスに引きこもり、たいへん牧歌的で隔絶した生活を過ごせました。

gg：そうでしたか。では、ひとつ提案があります。

GG：どうぞ。

gg：ご存じのように、あの祝祭劇場は、もとは乗馬学校でした。

GG：ええ、忘れていました。

gg：そして、あれは裏側を山に向けて建っています。

GG：なるほど。そうですね。

gg：囚人幻想がよく示すように、あなたは明らかにシンボル中毒の人です。そこで私にはこんな想像をするのです。祝祭劇場、すなわち岩壁乗馬学校《フェルゼンライトシューレ》は、崖のふもとのカフカ的設定であり、その過去には乗馬で動きまわる様子の記憶がつきまとい、おまけにそこは、あなたが頻繁に批判をする作曲家の生誕地です。これらによって、あなた自身の判断基準が危うくなるんじゃないでしょうか。そこで……

GG：ああ、私が彼の作品を批判したのは、主に快楽主義的な生活の証拠としてですよ。

gg：それはともかく、グールドさん、祝祭劇場は、あなたのような人が、つまり、殉教願望の人が、戻るべき場所なんですよ。

GG：殉教？　なぜそう思ったのですか？　戻るなんてありえない！

gg：グールドさん、納得してください。肉体を鞭打ち、精神の優位を主張するのにこれ以上有意義な方法もないでしょうし、隠喩に富んだ演出としてこれ以上有意義な舞台もなさそうです。これを通してご自身の秘密めいた生き方を埋め合わせ、その身をもって殉教願望をかなえるのです。きっとあなたはこれを実行に移すはずですよ、いずれはね。

ＧＧ：しかし……私にはその気はまったくありませんよ

ｇｇ：いいえ、戻らなくてはなりません。祝祭劇場の舞台をもう一度踏むのです。積極的に、喜びすら感じて、その舞台に吹き荒れる強風に身をさらせばいい。そのとき、そう、そのときこそ、あなたがあれほどはっきりと望んでいる殉教者としての目的が達成されるのですよ。

ＧＧ：誤解です。ご配慮には感じ入りますが、ヴォネガット氏の主人公ビリー・ピルグリムの不滅の言葉から引けば、「まだ準備ができていない《アイム・ノット・レディ・イエット》」（『スローターハウス5』映画版のみの台詞）です。

ｇｇ：それなら私は、ヴォネガット氏本人の不滅の言葉を原作から引きましょう。「そういうものだ《ソウ・イット・ゴーズ》」ですよ。

第3部

メディア

52 録音の将来（論考・一九六六年）

編集部より――アメリカ合衆国において、グレン・グールドは、輝かしい、挑発的なピアニストとして、また、折に触れて、音楽をめぐる輝かしい挑発的な見解を表明する書き手として知られている。母国カナダではラジオとテレビの「パーソナリティ」としてもよく知られ、バーンスタインばりの才能と威信を発揮する教育者である。その彼がカナダ放送協会で出演したラジオ番組で最も話題になったもののひとつが、昨年の「録音の将来」に関する広汎な調査報告だ。音楽界全体に及ぼす電子テクノロジーの強力な効果を詳細に扱う九十分番組で、演奏者、作曲家、聴き手それぞれの立場から問題を捉えていた。編集部でこれを聴いたところ、興味深くかつ重要な論考が台本の基礎に含まれていることがすぐにわかった。そこで本誌記念号への寄稿をグールド氏に求めた次第である。結果として、活字版は、放送版以上に徹底的にこのテーマを追求するものとなった。「録音の将来」は長大で、難解な箇所も含まれる論考だが、誌面を提供し、読者の注目を求める価値があると考える。

　掲載にあたっては、誌面に余白を設け、主要なテーマに対する意見をそこに配置した。音楽、録音、マス・コミュニケーションの世界の重要人物たちの言葉である――ミルトン・バビット（一九一六―二〇一一）（米国の卓越した電子音楽作曲家でプリンストン大学教授）、スカイラー・G・チェイピン（一九二三―二〇〇九）（パフォーミング・

アーツのためのリンカーン・センターで編成を統括する副支配人）、アーロン・コープランド（一九〇〇―一九九〇）（米国音楽の発展の主たる推進力）、ジョン・カルショウ（一九二四―一九八〇）（デッカ＝ロンドンのクラシック音楽録音のマネジャー）、B・H・ハギン（一九〇〇―八七））（米国のレコード批評家の長老で、初の網羅的なレコード音楽ガイドの著者）、ロード・ヘアウッド（一九二三―二〇一一）（エジンバラ音楽祭の前芸術監督でニュー・フィルハーモニア管弦楽団の芸術アドヴァイザー）、ゴダード・リーバーソン（一九一一―七七）（コロンビア・レコード・インク社長）、イノック・ライト（一九〇五―一九七八）（熟練のバンドリーダーで、コマンド・レコードの創設者）、ジョン・マクルーア（一九二九―二〇一四）（コロンビア・レコーズ・マスターワークスのディレクター）、マーシャル・マクルーハン（一九一一―八〇）（マス・コミュニケーションの社会《ママ》学者でトロント大学文化技術研究所所長）、ジョージ・R・マレク（一九〇二―八七）（RCAヴィクター・レコード部門の部長兼統括マネジャー）、リチャード・モア（一九一九―二〇〇二）（RCAヴィクターのレッド・シール・レコーディングズ音楽ディレクター）、デニス・スティーヴンズ（一九二二―二〇〇四）（古楽を専門とする音楽学者・指揮者・批評家）、レオポルド・ストコフスキー（一八八二―一九七七）（指揮者で長年の録音実践者）。これらの人々のコメントは録音されたインタヴューから抜粋された。

数ヶ月前、軽率にも、私はこんな予測を述べた。今日私たちの知るような公開演奏会は一世紀後には消えている、その機能は電子メディアにそっくり引き継がれてしまうからだ、と。この発言がとりわけ過激なものとして受けとめられるとは意外だった。正直な話、これはほぼ自明の理であり、電子時代の発展がもたらす末梢的な効果のひとつにすぎないと思っていた。しかし、私の発言がこれほど広範に引用され、あるいは熱く議論されたことは過去になかった。

演奏会はもはや骨董品です。ほとんどの町には最良のアーティストを呼ぶ余裕がありませんが、代わりに二流のアーティストの演奏を聴くことの利点があるとは思えません。

（リーバーソン）

音の複製技術の進歩のおかげで、演奏会

発言から生じた騒ぎが示唆するのは、腹立たしいときもあるが、愛着のわく人間的特性、すなわち、新しいテクノロジーの結果を受け入れることへの抵抗感だ。この性質が長所なのか短所なのか、治療や矯正が可能なのか、私にはわからない。発明の拡大は、常に心情的な反発といったもので抑制が求められるかもしれない。また、進歩には懐疑論が必ずついてまわるのかもしれない。だからこそ、今や進歩とはそもそも何かという問題がかつてないほどに問われている、ということであろうか。

もちろん、この心情的な反発には良い面もある。アラモゴード（米国ニューメキシコ州南部、一九四五年世界初の原爆実験の地）で怪物が誕生すると、原子時代の先駆者たちは、後知恵ではあるが、みずからが創造したこの怪物を抹殺しようとする意志を表明した。彼らの名誉は、この画期的発明から私たち世代が期待するあらゆる恩恵よりも、まさにこの意志表明に基づくのである。人間の創意工夫の結果への抗議が避けられないものであり、その才能の働きに不可欠でさえあるならば、この心情的な反発に悪い面など本当に存在しないのかもしれない。そこにあるのは人間の変わらぬ弱点である優柔不断な態度を滑稽に思い、最終的には受け入れることなのだ。

いずれにせよ、次のように考えられる。人間が享受するテクノロジーにこめられた意味をみずから評価する際には混乱が生じるが、現代の営みにおいて、この混乱がいちばんよく現われている数少ない分野のひとつが、音楽とその録音の未来をめぐる大論争である。新しいテクノロジーの効果が未評価の大半の分野もそうだが、録音の影響を考察するには、未来を予測するだけではなく、

場で聴けたものや、楽譜を読んで頭の中で想像していたものがレコードで聴けるようになりました。（マレク）

レコードでは、アーティストに対しては、演奏会場や劇場でこなす以上に緊迫感のある演奏が奨励されるようになりました。（カルショウ）

私にとって何よりも大切なのは生演奏に伴う偶然の要素です。録音の欠点は、いつも同じであること。どれほどすぐれたレコードでも、ニュアンスは永久に変わらない。たとえ私自身の作品であっても、これには耐えきれません。（コープランド）

コンサート・ホールでは、聴き逃したものは二度と聴けないし、知的にも社会的

過去の再検討も必要だ。録音は過去を再評価するための概念を扱い、さらに未来について考えるが、ここで言う未来とは、最終的に評価の妥当性すら疑うものとしての未来である。

　録音の保存性は、決して音楽にのみ奉仕するものではない。ジャン＝リュック・ゴダール監督の近作『恋人のいる時間』（一九六四年）の中で、物静かで敬虔な登場人物が「私たちが機械に対する要求の第一は、知識を持つことだ」と述べている。中世の学者たちは普遍的な知識を総覧する編年史を目指していたが、電子時代になると、それを管理する理解力――これは中世初期以来重荷でありかつ不可能でもあった――は、人類の記憶をファイルするコンピューター保存庫に委ねることが可能となる。そのおかげで、私たちは記憶を保持したまま創意を発揮する自由を得られるのである。しかし、録音が音楽に及ぼす効果に調査を限定すると、芸術は孤立してしまう。それは、直近の過去の階級的専門性に阻害された芸術であり、その起源をはっきりと呼び戻せない芸術、よって録音という保存と変換の両面を大いに必要とする芸術を指す。最近、トロント大学音楽学部がコンピュータ制御のレコード情報システムを提案するために概要書を作成したが、そこには簡潔にこう記されている――「私たちが認めるかどうかは別として、LPレコードは、音楽のリアリティそのものを体現するまでになった」。

　直近の過去との関係で言えば、録音に関する論点は、電子メディアが、公開演奏会の存続を脅かすほど明確な形で音楽を提示できるかどうかである。実は

にも肉体的にもきびしい条件を強いられるのに、みなどうしてホールに行きたがるのか、私には信じられません。家という実に快適で刺激的な環境で、好きなものが聴けるのに――。不愉快なホールに集められて、画面に映し出された小説を読まされることになったら文学がどうなるかを想像してみればいい。（バビット）

多くの人はレコードで知った燦然たる素晴らしい演奏を聴きにコンサート・ホールに集いますが、ひとえにそれは自然な響きに圧倒されたいがためです。ドヴォルザークのチェロ協奏曲の独奏者は、レコードでは主役としての圧倒的な存在感を発揮しやすいけれど、ホールではオーケストラの音の中に埋もれかねない。しかし私はこうも考えます。多くの人にとって生演奏に冒険やそれに伴う偶然の興奮は、レコードをじっと聴いているよりもはるかに刺激的で、満足感をもたらすのです。（チェイピン）

これを否定する有力なデータが大量にあるが（「婦人リリック連盟、三年連続興行収入アップで意気揚々」など）、私はここで自分の予測を再確認しよう。予測とは、社会制度として、また音楽商業主義の代表的な象徴として、演奏会に行き、また演奏会を催す習慣は、トリスタン・ダ・クーニャの火山（一九六一年に噴火した南太平洋英領の島の火山）が運が良ければそうなるのと同様に、二十一世紀には休眠状態になるというものである。さらにこのような終息の結果、音楽はこれまで以上に説得力のある体験を提供できるようになると私は予測する。現在、公立学校で基礎的なソルフェージュの訓練で痛めつけられている今の世代は、音楽界が演奏会を中心にまわっていると吹き込まれて多数派となる最後の世代であろう。

だが現実は異なる。公開演奏会が支配的だと思われてきた期間の短さを考えると、識者がこれを認めていたことが不思議だ。しかし、これが永続することを見込んで、かなりの経営的投資が今も続いている（「賃貸物件。良好な音響の六ホールを含む複合施設。J・ロックフェラーまで」）。また、演奏会の衰退と向き合うことは、音楽界の体制そのものへの挑戦であることを認識する必要がある。しかし、人の集まる催しの運命が音楽の未来にとって二次的なものにすぎないことは、いくら強調してもしすぎることはない。音楽の未来には、演奏会場の財政的な安定性よりもはるかに大きな関心事があるのだ。この未来に録音が及ぼす影響は、演奏家や演奏会の興行主だけでなく、作曲家や技術者、批評家や歴史家にも及ぶのだが、いちばん重要なのは、録音をめぐる動きが最終的に聴き手に影響を与えることである。

すでに実に多くの人にとって、録音は演奏会に取って代わり、コンサート鑑賞やオペラ鑑賞にも多大な影響を及ぼしていると思います。これを論理的に敷衍すると、録音が演奏会の地位を完全に奪い、大惨事になる。舞台で挑戦し、実績を積もうとするアーティストが消えてしまうからです。これは生演奏ばかりかレコードにとっても悲惨なことです。

（ヘアウッド）

響きの変化

いかにも私たちの世代らしい音楽的偏愛の一覧表を作ったならば、一覧表のほぼすべての項目が、録音の直接的な影響に由来していると気づくだろう。まず第一に、今日の聴き手は、二世代前には専門家も聴衆全般も体験できなかった特徴を持つ響きを音楽の演奏に結びつけるようになった。高い解像度、即時性、まさにほとんど触覚的な近接性といった特徴である。そして、ここ数十年の間に、音楽の演奏は、いちいち釈明をしてタキシード姿で行なうものではなくなったし、ほとんど宗教的な畏敬の念を抱いて接するものでもない。音楽は私たちの生活に広く浸透しており、音楽への依存度が高まるにつれて、音楽への畏敬の念はある意味で薄らいでいる。二世代前、演奏会に足を運ぶ人は、その時々に体験する音楽が、できれば洞窟のような残響を伴う壮麗な響きとして聞こえることを望んだ。そして、先駆的な録音事業は、当時の建築家が演奏会場に取り込もうとした聖堂のような響きの再現を試みたのである。つまり交響曲の鳴り響くホールは聖堂にほかならなかった。だがそれ以降、私たちは、より親密な条件の録音を体験することで、直接的で偏りのない存在感のある音響、つまり、家庭で気軽に扱える音響を提案するようになった。

どうやら、私たちは演奏会場においても同様の音響と共存することが期待されているようだ。戦後に起きた大惨事の強力な連鎖で期待されているいくつかのホール（リンカーン・センターのフィルハーモニック・ホール、ロイヤル・

もちろん、録音での指揮ぶりは生演奏のときとは異なります。録音で本当に苦心するのは、一般家庭の居間を想定し、そこで雄弁に響き、かつ作曲家の意図が伝わるように作品の物理的かつ情緒的な本質を表現することです。

（ストコフスキー）

今日の複数マイクロフォンによる収録をするにあたって本当に注意するべきは、外科医のような正確さを目指しすぎないことです。確かに管楽器やコントラバスの前にスポット・マイクを置くのは調整のために大切だとは思いますが、ほとんどの作曲家はオーケストラの個々の楽器フェスティヴァル・ホールなど）は、マイクロフォンが音をよく拾えるように設計された録音スタジオの特性をそのまま転用したために、その特質がコンサート・ホールではかえって有害なものになってしまった。その証拠に、フィルハーモニー・ホールでは、聴衆を帰宅させ、マイクロフォンを楽団に密着させると、よその悩ましい音響のホールと同様に、驚くほど成功した録音セッションを行なうことができる。

北米や西ヨーロッパで録音されたものと、中欧や東欧で録音されたものを比較すると、いかに大きな変化が起こったかがわかる。中欧や東欧では、経済的かつ地理的な理由から、演奏会通いの伝統が社会的なステータスを示すものとして保たれているが、北米の郊外では、そのようなステータスはスキップフロアのある家の十二音のドアベルや子ども部屋のインターホン、サウナのステレオに置き換えられて久しい。比較してほしいのだが、ライプツィヒのコンヴィチュニーによる録音（コンヴィチュニー（一九〇一―六二）指揮ライプツィヒ・ゲヴァントハウス管弦楽団）や（私の議論の地理的前提とやや矛盾するが）コンセルトヘボウのベイヌムによる録音（ベイヌム（一九〇一―五九）指揮アムステルダム・コンセルトヘボウ管弦楽団）に聴き取れるような典型的な大陸の残響に対して、三〇年代後半から四〇年代のトスカニーニ盤のスタジオ8H（トスカニーニ（一八六七―一九五七）指揮NBC交響楽団が三七年より拠点としたニューヨークのラジオ放送用のスタジオ）の音や、セルによる最近のエピック盤のセヴェランス・ホール（セル（一八九七―一九七〇）指揮クリーヴランド管弦楽団の拠点。演奏会のほかエピック・レーベルの正規録音に用いた）の響き具合が対置される。これらを比較するだけでも、録音に対する北米の姿勢によって、最も頑固なうるさ型の指揮者にも調整を強く求めることが理解できるだろう。

よりも、セクションを意識して書いているので、それぞれのセクションのバランスが適切になるように確かめましょう。マイクの設定は分析的になりすぎてはいけません。

（ライト）

レコードの理想はコンサート・ホールの幻影です。いや、コンサート・ホールのもっと厳密な比較であれば、ヘルベルト・フォン・カラヤンの指揮するロンドンのフィルハーモニア管弦楽団のＥＭＩ＝エンジェル盤と、この同じ巨匠がベルリンで録ったドイツ・グラモフォン盤で可能だ。後者のどの録音を聴いても（今想起しているのは一九五九年の《英雄の生涯》のような録音で、管楽器が遠く、ティンパニが聞こえない）、聴き手が演奏会体験を想起するように録音スタッフが狙っていることを示唆している。ところがＥＭＩの録音がカラヤンに提供する音響は、室内楽的ではないにせよ、少なくともある録音哲学に賛同しているのがわかる。それは、スタジオの技術を意図的に制限して演奏会場の響き方を模倣しても不毛だと認める哲学だ。

この奇妙な時代錯誤のさらなる証拠は、スヴャトスラフ・リヒテル（一九一五年—九七。ウクライナ出身のロシアの大ピアニスト）が東欧各地で録音したリサイタルにみられる。ブルガリアのソフィアで収録されたムソルグスキーの《展覧会の絵》の堂々たる演奏（一九五八年二月のライヴ録音、フィリップス）は、その好例だ。偉大なアーティストの比類なき演奏だが、これを収録した技術者は決然たる意志を持つ。保存される出来事がマイクロフォンによって誇張や分解や改変がなされないようにしているのだ。かくして、リヒテルの素晴らしく明晰な演奏は、卑屈な録音方法によって妨害され、ぼんやりと聞こえてくる最高神の声といった程度のものになっている。北米の制作スタッフは、レコードを通じて音楽を知った相当数の聴衆に奉仕する自覚があり、完成品の成功はブースでの働きが不可欠だと自認するのだが、市の娯楽施設の舞台袖にいるソフィアのスタッフは、自分たちの技術の自律性を主張しなかった。その

幻影のまた幻影と言うべきでしょうか。ホールを家庭の居間の大きさに転移させることはできないからです。できることは、家で聴くときにホールにいるような気持ちになる作品を録音することです。（モア）

個人的には、流行のオンマイクの設定は感心しません。私は広がり《パースペクティヴ》を好みます。エンジニアは作曲家、演奏家、聴き手の

技術を用いて、リヒテルの演奏をこっそりと補完したにすぎないのだ。

北米や西欧の音響が追求するのは、中欧の再現方法では得られない分解能による細部である。この西側諸国の音響を生かして、録音の決まりごとは独自に発達してきたが、それは演奏会の音響的な制約に基づく伝統とは必ずしも一致していない。たとえば私たちは、ヴァーグナーであれば、持ち前の声量ばかりか増幅の技術にも恵まれたブリュンヒルデを期待するようになった。ヴェルヴェットのように滑らかでありかつ分厚いオーケストラの響きにかき消されることなく、やすやすと歌い上げる独唱者だ。あるいはチェロ協奏曲では、独奏者が奏でる繊細な道筋をはっきりたどれるようにスポットライトが当たるべきだと考えるようになった。これらは演奏会のホールやオペラハウスで求めても音響的に無理である。しかしマイクロフォンの分解能は、独奏楽器の能力の限界を超えていても、協奏曲の対話性に潜む心理面を生かせるようになったし、ジョン・カルショウのような巨匠がデッカ＝ロンドンに残した《指環》全曲録音では、演技の迫力と音響の再現が効果的に統一できた。それはバイロイトでの過去のどのシーズンにも優っているのだ。

未開拓のレパートリー

今日、情熱的に聴かれる音楽のカタログには、ほかに、古典派以前の時代の音楽があり、最近驚異的な復興を遂げている。北米と西欧の録音技術は、聴衆の大半が家庭で聴取することを想定しているので、録音アーカイヴの創設が

あいだに介入するべきではないし、いきなりフルートやトランペットを強調して聴かせるべきではないと思います。次の段階は昔に戻るはずです。つまり、少ない数のマイクロフォンを遠くに設置し、広がりを与え、聴き手の耳に聴き方を委ねる。もしも作曲家が違うやり方を求めるのなら、「四つの楽器と四つのマイクロフォンのための弦楽四重奏曲」などと命名すればよいだけで、楽器だけのときとはずいぶん違った響きになります。

（リーバーソン）

家庭音楽《ハウスムジーク》の伝統に歴史的に関わる分野を強調し、第二次世界大戦以降のバロック様式の見事な復興に貢献してきたのは驚くには値しない。このレパートリーは、対位法的に豪華で、応答もバランスが良く、スッ、ハッ、といった息づかいの音をたてながらマイクロフォンに直接語りかけるような楽器も含まれるもので、それがステレオ方式で録音されたのだ。カンタータ、合奏協奏曲、フーガ、パルティータの膨大なカタログは今日のバロック音楽に対する新しい人気をもたらし、音楽体験の核を与えた。中には、演奏会場に引き戻され、聴衆一般の注目を集めた作品もそれなりにある。また、かなり音楽学的な企ても出現した。たとえば、ニューヨークにいるジェイ・ホフマンという、演奏会興行主《コンサート・インプレサリオ》と呼ばれるかつて誇り高かった職名に真にふさわしい人物が、一九六四年のクリスマス週間に、ヘンデルの《メサイヤ》の種々の版を連夜にわたって聴かせる公演を実施した。もっとも、この学術的に厳密な企画も、録音ライブラリーの産物だ。ライブラリーのおかげで、こうした作品が、何度も、私的に、しかも最適の音響で研究されるのだ。

　音楽学的な視点から見ると、ルネサンスやルネサンス以前の音楽を代弁する録音産業の努力はさらに価値が高い。この未開拓のレパートリーの復元の立て役となったのが演奏家ではなく音楽学者なのは初めてのことだ。パレストリーナのミサ曲やジョスカン・デ・プレのシャンソンなど、比較的わかりやすそうで、調性確立以前にしてはそれほど耳障りではないと従来考えられてきた曲はあるが、演奏会で取り上げられても単発的であり、歴史的には不正確な演奏と

レコードによって多種多様な音楽作品が聴けるようになったおかげで、新旧の音楽の構造や調性を比較したり、類似点を発見することが可能になりました。いわゆる「完全に組織された音楽」が今日よく話題に出ますが、これは古い規則の中にもある程度見つかります。たとえば、完全な定型反復リズム《イソリズム》によるモテットのような、厳密なリズムが指定された曲がそうです。同様に、初期のシュトックハウゼンは、時代を遡る途中のほかの誰よりもダンスタブル［一三八五―一四五三、中世末から初期ルネサンスの移行期の英国の作曲家］に近い。これを実感するにはダン

なることが多かった。しかし、そこに録音のアーキヴィストたちが音楽史の新しい見方を吹き込んだのである。

　演奏家も、こうした未踏のレパートリーから刺激を受けざるを得ない。また、過去一、二世紀にわたって演奏家がなかなか個人的に備えてこなかったような持ち味の獲得も、スタジオ技術の本質から奨励されるようになった。録音するレパートリーが拡がるのは、多くの場合、作品の解釈を準備するために徹底的な分析をするからである。もしかしたら、のちの人生で、その作品に再び関心を持って、演奏することはないかもしれない。だが、録音スタジオで一生を過ごすことになれば、ホールで演奏するよりもはるかに広範囲のレパートリーと出会うのは間違いない。現在、多くのレコード会社が進めるアーカイヴ化のアプローチでは、個々の作曲家の全作品の徹底的な調査が求められている。また、演奏家は、ホールでは避けたいような膨大な量の作品に取り組むことを期待される。多くの場合、経済的にも音響的にも公開演奏には適さないレパートリーの探求が見込まれている。たとえば、ギーゼキング（一八九五―一九五六）がエンジェル・レーベルのために手がけたモーツァルトのピアノ曲全集もその結果だ。

　しかし、とても重要なのは、このようなアーカイヴのおかげで、作曲家本人とその作品との関係にたいへんよく似た関係を演奏家が得られることだ。特定の楽曲と出会い、それを分析し、徹底的に解読し、比較的短い期間でも、それを自分の人生の頂点とする。しかるのち、別の挑戦に移り、別の好奇心を満たす。それが可能となるのだ。もはや同じ作品に日々取り組む必要はない。作品

スタブルのよい録音を聴く必要がありますが、入手が難しい。
（スティーヴンズ）

アーカイヴ録音には何らかの形で将来性が約束されなくてはなりません。しかし、商業録音会社がこの種のアルバムを作り続けるのには限りがあります。録音の分野で発達するべきなのは、書籍業界で発達してきた大学出版局の形態でしょう。私はすでに、ある大きな財団に連絡し、この問題に関心をもってくれるように求めています。あらゆる深遠な録音の中央倉庫のようなものは、財団が担うにふさわしいでしょう。
（リーバーソン）

に身をさらしすぎて、分析が歪んでしまうこともなければ、バルコニー席上方の客の受けを狙って「気の利いた」解釈をして音楽のバランスを崩すこともない(これらは演奏会のレパートリーで弾きすぎた曲ではほとんど避けられない事態なのだ)。

古い時代の音楽作品の探求が含まれるときは特に言えるが、こうしたアーカイヴ化の取り組みは、演奏家と聴き手の双方に有益かもしれない。現代の音楽に内在する諸問題のいくつかを回避する手段と考えられるからだ。バロック・リヴァイヴァルのような現象は、凄まじく変容し続ける現代の音楽界に居場所のない人々の隠れ家になっているのではないか、と思いたくもなる。マイクロフォンが復活させたこのレパートリーには固有の演奏習慣があり、その習慣は今日のある種の音楽の演奏法にもかなりの影響を及ぼしているばかりか、マイクロフォン特有の要求に応じた解釈のできる演奏家世代を育てたのである。

ロバート・クラフトは、シェーンベルク、ベルク、ヴェーベルンというヴィーンの三人組の作品を録音して並外れた功績を残したが(ここではあえて彼のドン・カルロ・ジェズアルドの録音については触れない)、それらの録音は、マイクロフォンによる収録を前提とする演奏に録音技術上の判断がどのように関わっていくかをたっぷりと教えてくれる。クラフトにとって、ストップウォッチとテープ・スプライスは、商売道具であると同時に、霊感の源泉である。一昔前の棒振りの場合、オペラを振るときに羽織る豪華なケープが道具となり、癇癪を起こすことを手段として霊感を得ていた。《浄夜》や《ペレアスとメリ

古楽の演奏では、楽譜の知識よりも奏法が優先されることが多くあります。楽譜については、どこかに一点しか写本が残っていない場合もあり、この写本を一般公開するのは難しいけれど、録音ならば、少なくともそれがどのように聞こえるのかを示すことが可能です。音楽学者である私は、常に録音から挑戦を受け続けています。十三世紀か十四世紀以来演奏されることのなかった楽譜がこれによって聴けるからです。しかし問題もあります。

レコードのジャケットが十分な情報をもたらすことはごく稀です。
（スティーヴンズ）

ザンド》等、シェーンベルク初期のポスト＝ロマン派的な作品のような大規模な管弦楽的習作に対するクラフトの読みと、たとえば一九四九年録音のヴィンフリート・ツィリヒ（一九〇五―六三。ドイツの指揮者、シェーンベルクの弟子）による燃えるようにロマンティックな《ペレアス》とを比較するのはためになる。

クラフトは、若き日のシェーンベルクの書いたこの複雑で巨大な管弦楽曲に、彫刻家ののみをあて、段丘状の平面を次々に掘り出し、そこから作品を構成していく。これはバロック音楽の発想だ。彼は、この曲を解析し、偏りの強い観点から聴かせるのだが、自分の聴き手――家に腰を据え、スピーカーのすぐ前にいる聴き手――には、これを受け止める姿勢があると思っているらしい。実際これは、集中的に整えられた私的な環境において音楽を聴いてもらうからこそ成り立つことだ。結局、クラフトの解釈とは、パワーステアリングとエアブレーキで制御されたものだとわかる。対するツィリヒの《ペレアス》（現在廃盤のキャピトル＝テレフンケン盤）には、悠長なルバートと官能的な朦朧状態がある。明快さは神秘の敵であるとでも言わんばかりに、ツィリヒはこうしたものを用いて演奏を華やかにするが、実はそういう解釈が演奏会体験に由来するものであることがはっきりとわかる。演奏会体験では、こうした演奏の特徴が音響的なジレンマを本能的に埋め合わせるからである。

この実例からは、さらに大きな論点が導かれる。録音スタジオの技術が私たちに突きつける論点である。私は、二十世紀のレパートリーのうちでも、この録音スタジオというメディアによって扱われることを本来想定していないような作品をあえて実例に用いてこれを詳説したが、こうしたレパートリーにクラフトが発揮する分析的な解読が適切であるかどうか、後期ロマン派の曲目を演奏会場で披露することに積極的な価値がまだあるのかどうか、といったことは本当の論点ではない。音楽の演奏において何が適切なのか。良し悪しはともかく、録音は、これに関する私たちの考え方を変えてしまう。私たちはこの現実を受け入れる覚悟が必要だ。

素晴らしきスプライス

スタジオ録音特有のあらゆる技術の中で、テープ・スプライスほど物議を醸してきたテーマはない。確かにソナタや交響曲の楽章がテイク一本で収録されることはそれほど珍しくないが、今日の録音の大半はテープの断片の継ぎ接ぎから成り、断片は最短で二十分の一秒から存在する。表面上で捉えるならば、スプライスの目的は演奏の事故の修復にある。それを用いることで、気まぐれなフレーズや不安定な震え声は、「かぶさっている《オーヴァーハングの》」部分など、音響的にバランスの悪い状況によって手の施しようがない場合を除けば、不愉快な箇所（つまりそこを含むスプライス）を丁寧に録り直すことで補修ができる。録音反対派の人々は、スプライシングは不誠実で人間性を奪う技術であり、偶然や偶発を排除すると主張する。だが、この偶然や偶発こそが西洋音楽の伝統の好ましからぬ部分の基礎となっていることは、やはり認めざるを得まい。また、この反対派は、演奏家は統一的な建築的概念を持っていると考えているが、その主

スプライシングの倫理性の話ですが、トスカニーニが最初のテイクのオーボエや、二度目のテイクのフルートに不満で、それぞれのテイクの最良の部分をつなぎ合わせて完成品を作ったことについて、反対の声はないでしょう。本質的にはトスカニーニの演奏だからです。これを倫理的に疑問視する私の態度は時代遅れであって、現在の可能性に自分を適応させるべきかもしれません。しかし、それでもフラグスタートの録音の高いC音をシュヴァルツコップの声で補う発想はいただけません。
（ハギン）

張によれば、いわゆるスプライスはこの概念を破壊するのだ。

これらの異議申し立てに対しては、二つの事実から反論できそうに思われる。第一に、演奏家の「統一された概念」に存在すると思われる長所の多くは、音楽の本質とは無関係だ。パルマ王立歌劇場の天井桟敷《ロッジョーネ》の受け狙いを何十年もしてきて育まれた「怖じ気づく」とか「一発勝負にかける」といった心理が音楽とは無関係なのと同じである。クラウディオ・アラウ（一九〇三–一九九一）の発言が最近、英国の『レコーズ・アンド・レコーディング』誌に取り上げられたが、それは、ライヴ録音の発売を認めたくないというものだった。公開の場の聴衆が演奏家から引き出す音楽は、演奏会の状況の音響的かつ心理学的な要求に応えるべく設計されているため、繰り返し再生する段階では、落ち着かない、まとまりに欠けた演奏となるからという理由だ。第二の事実は、スタイルはスプライスが不可能なことだ。一個のスタイルでまとまっていると確信できる部分の内側だけしか継ぎ接ぎはできない。確信が得られるのがテープ録りの前であろうと、事後であろうと（テープ録り後に演奏を再考できるのも、録音が時間を超越している贅沢のひとつだ）、大切なのは確信の存在であり、それがどのように得られるかではない。

この収録後に得た解釈上の確信については、最近の個人的な体験によってうまく説明できるかもしれない。一年ほど前、《平均律クラヴィーア曲集》第一巻のアルバム第三集のフーガを録音しているときに、バッハに名高い対位法的障害物コースのひとつに到達した。イ短調のフーガである（一九六五年三月十七日録音）。バッハ

テープ・スプライシングは倫理的に何の問題もありません。舞台の裏方の人数や書籍の校正の回数が問題にならないのと同じです。本当に大事なのは完成品であって、消費者の唯一の関心は何を聴き、それにどう反応するかです。不満を述べて当然なのは、スプライシングの技術が完成品に悪影響を残している場合、つまり、インサートがはっきりわかり、効果や全体の流れが損なわれている場合に限られます。　　　　　（マクルーア）

のフーガで、この曲以上にピアノで弾きにくいものはほとんどない。迫力ある四つの声部すべてが、鍵盤中央の数オクターヴの音域にひしめいているためで、ピアノのこの音域は、個々の声部をきちんと分離して浮き上がらせるのはひどく難しいのである。このフーガの録音プロセスにおいて、私たちは八本のテイクを試みた。プロデューサーの記録によれば、そのうちの二本がまずまずの出来だった。それはテイク6とテイク8で、どちらもインサートを用いて切り貼りをする必要のない完璧なテイクだった（ただし、二分よりもわずかに長い程度のフーガでしかないのだから、偉業の達成などとは呼べない）。ところが数週間後、編集室でこのセッションのテープのテイク選びをしたとき、テイク6とテイク8を何度か素速く切り替えて聴いているうちに、スタジオでは少しも気づかなかった欠点が双方にあるとわかった。どちらも単調なのだ。

このフーガの主題は三十一の音でできているが、二つのテイクはフレーズの描き方がまったく異なる。しかも、どちらもバロック様式に認められた即興性とまったく矛盾しない自由な解釈である。テイク6では、厳粛で、レガートで、やや威張った調子の弾き方なのに対し、テイク8ではスタッカート奏法が支配的で、全体に、軽薄な印象を与えていた。このイ短調フーガは、ストレットやその他の模倣技法が狭いところで混み合うため、フーガ全体の雰囲気は主題の扱い方ひとつで決まる。落ち着いてよく考えた結果、テイク6のゲルマン的な渋みも、テイク8の根拠のない祝賀的な雰囲気も、このフーガに対する私たちの理想を表わしているとは思えないという点で皆の意見が一致した。そのとき

テープ・スプライシングはほとんど背徳的です。今日、演奏会やオペラの舞台では、レコードで聴かせられるパフォーマンスを披露できないアーティストがたくさん出てきているからです。（モア）

誰かが指摘した。性格は大きく違うが、テンポはほとんど同じだと（かなり珍しい事態だった、というのは、そのときどきのテンポはほとんどいつもフレージングで定まるからである）。そこで、この点を利用し、テイク6とテイク8を何度も切り替えて一個の演奏を創り出そうと決まった。

いったん決まれば片づけるのはたやすい。テイク6のやや横柄な態度はフーガ開始の提示部と終結部両方に最適であるのに対して、テイク8の活気はフーガのなかほどの移行部の転調において気の利いた息抜きになるとわかった。そこでまず大きく二箇所をつないだ。テイク6からテイク8に切り替える第十四小節の途中の箇所と、再びテイク6に切り替えるイ短調に戻る箇所（第何小節か失念したが、知りたい方はお探しください）である。出来上がったのは、当時スタジオでなしえたこのフーガのいかなる演奏よりも、はるかにすぐれていた。もちろん、最初から解釈を決めても、その一部分としてこうした多様な〝運弓法《ボウイング・スタイル》〟ができたはずだとも考えられる。しかし、こうした多様性が必要であるという考えは、スタジオでのセッションの最中にはなかなか見えてこない。その意味では演奏会場と同じだ。これに対して、録音後に働かせる後知恵《アフターソート》によって、演奏が想像力に課している制約を超越することは、かなり多くの場合に可能なのである。

この演奏後の編集上の判断を活用するようになった演奏家は、スタジオに押し込められた存在ではなくなる。完全性の追求において、危険や妥協を斥けるようになる。これまで演奏家は、解釈者として、聴衆と作曲家の両方に奉仕す

たとえばジレンマとはこうです。ある楽章の実に見事なテイクが録れたが、二、三箇所の欠点に気づきます。ホルンがきちんと吹けていないとか、ピッチカートがずれている、といったものです。そこで楽章の新しいテイクを改めて録りますが、団員たちも指揮者も同じ冴えはもう発揮できません。さて、どうするか――。良識があり、ここに倫理的な問題を認めない人であれば、最初のテイクのミスを別の劣ったテイクからのインサートで修正します（もちろん最小限にとどめます）。完成するのは、コンサートで通常聴ける演奏をはるかに超えたものとなるのです。

（マクルーア）

る仲介者として、記譜された音象徴の具現化あるいは具体化に関する専門的知識を有する人物であった。新たに編集上の何らかの役割を担うことは、そうした経験と見事に整合性がとれる。だが、ここで避けられないのは、演奏家とテープ編集者の機能が重なり始めることだ。今述べたイ短調フーガのような場合、どの時点で演奏家の権限がプロデューサーやテープ編集者の権限に移ったのか。これを聴き手が見定めることは無理だろう。映画の場合に、どれほど注意深く観ても、あるショットの連続が、俳優の演技の結果なのか、フィルムの編集室での要求によるのか、監督の既定の構想だったのかを観衆が確かめることはできないが、それと同じである。このように、もはや演奏家の判断だけで音楽的な結果が決まらないのは間違いない。しかし、それを補って余りあるのが、編集上のコントロールによって発揮できる圧倒的な感性である。

レコードになる「ライヴ」演奏

私たちの偏愛の一覧表に列挙されたさまざまな特性は、電子時代にふさわしい形でまとめ直された過去である。実際、この一覧表自体が今日において望ましい演奏方法をはっきりと示している点で印象的だ。しかし、これから録音が追求すべき方向性については、ほのめかすだけで、具体的に何かを示唆するものではない。透明感、マイクロフォンによる高い解像度、遠大なレパートリー――こうしたものは、レコードという再生技術によって生まれたものとほぼ考えられそうだが、私たちが音楽体験に付与したい種類の音響をかなりの程度決

編集によってほとんど欠点のないものができるとわかれば、スプライシングの大きな誘惑にかられます。手を出したくなるのは当然で、完璧を求めるのは人間の性《さが》でしょう。しかし、常に完璧に仕上がる可能性がある一方、まったく退屈なものになる可能性もあるのです。（モア）

あらゆることをレコード作りに認めたとしても、それでも私は生演奏を求め続け

定づけるだろう。過去のアーカイヴ構築は、どれだけ丹念に保存作業がなされようと、それが今後もレコード産業の主たる関心であり続けるとは考えにくい。だがそれでも当面は、業界の活動の一定部分は、私たちの音楽的伝統を形成している名曲の数々の販売に充てられよう。さて、録音の未来を見据えた諸問題を検証する前に、ここで考えておきたいのは、標準的なレパートリーや音楽業界のヒエラルキーに録音が及ぼす影響について、これを絶えず非難する主張の数々である。

そうした主張はときに互いに重なりあう。そのため、それぞれが関わる抵抗の領域を探るのがかなり困難になる可能性がある。それでも、「人道的理想主義」という一般的な見出しのもとに、三つの亜種を列挙できるかもしれない。それは以下のように要約される。

（1）美学的倫理の問題。エリーザベト・シュヴァルツコップは《トリスタン》の録音で、主役キルステン・フラグスタートの歌唱で欠けた高いC音を補った。すると、怒りやすい純粋主義者たちは、音楽こそは最後の血みどろのスポーツと考えているため、彼女に怒号を投げかけ、獲物を奪われたと憤る。

（2）目と耳への信念。演奏会には演奏家と聴衆の神秘的なコミュニケーションが存在するので（ちなみに作曲家はめったに言及されない）、それを祝う教義である。この議論には曖昧ながらいちおう科学的な説明があり、擁護者は、「自然《ナチュラル》な」音響と、関連する諸現象について弁舌をふるう。

（3）オートメーションへの反発。音楽家組合の指導者たちが植字工たちと

るでしょう。録音スタジオでは無理でも生演奏ならば達成できることがあるのです。コンサート・ホールでの生演奏や、そうやって演奏された録音は、どれほど不完全であっても、録音スタジオでテイクをまとめたものよりも好ましい。

（ハギン）

共闘中の運動。解雇を免れてディーゼル機関車に配属された火夫たちが抱くような複雑な優越感をもって彼らはこれを進める。録音された音楽の激増によって、従来の聴取パターンが事実上消し去られていく状況において、米国音楽家連盟は、「生の音楽が最高《ライヴ・ミュージック・イズ・ベスト》」という挑戦的なモットーを掲げている。これは、かつて状態の良い三九年型ラサールのフロントガラスに貼られた「ウィルキーとともに勝利を《ウィン・ウィズ・ウィルキー》（一九四〇年共和党大統領選候補ウィルキーの標語）」程度の効力である。

すでに述べたように、これらの主張は重なる傾向にあり、引き延ばし作戦の機会に恵まれることがあれば、これを讃えて、頻繁に合流する。その意味で、最近大量に出まわっている「ライヴ」録音の演奏ほど有益なものはない。二つの世界にまたがり、どちらにも拠点がない出来事《イヴェント》である。「ライヴ」録音の演奏は、演奏の人道的な理想を認める。スプライスやその他の機械的な冒険を避ける（確かに私たちはそのように説明を受けている）ため、議論の余地のないほど「倫理的」である。客席で起こる気管支炎の発作によって、十分な数のピアニッシモを押さえ込むのが通常で、これによって「ライヴ」感を宣伝し、英雄的な反機械化への信念を再確認するのだ。

「ライヴ」録音にはさらに別の機能もあって、録音全般に対する心情的な反発者たちには、実はそれが支持されている。つまり、特定の日付を含む記録を提供する機能である。「ライヴ」録音は、特定の時間に疑いなく実施された出来事であり、永久にその時間を体現する。収録された音楽の再現には時間を超えた深遠な目標が常にあるのだが、「ライヴ」録音はそれを断固として認めな

コンサートのライヴ録音を作る理由などまったくありません。安価に済みますが、怠慢なレコード制作です。あるアーティスト——しかも重鎮に限る——が、高齢か病気のために、ほかに録音する機会がないときにのみ「ライヴ」録音をする意味はあるでしょう。その場合は、歴史の記録として演奏会を保存する義務が生まれます。咳やあらゆる欠点を含めます。ただ、聴衆がいないときよりもいるときの方が良い演奏ができるという考え方はたいへん疑わしい。そう思う人は、気のせいです。聴衆が「本当に素晴らしかった」と感じた演奏会の録音のレコードを聴くなら、実際にはそれほど良くなかったことがわかるでしょう。しかし、これは葬式などと同じで、参加者の一員とな

い。「ライヴ」録音は、時間の中に確実に位置づけられた記録であるため、膨大な情報も、それこそ感動的な逸話も、すぐに入手できる対象として、いつまでも検証され、批判され、賞讃され続けるのだ。このような主張にこめられた偽善によって生きることの不本意に身を滅ぼした人がいた。フェルメールのマントを身にまといたいと熱望したオランダの技工だが、その人の名にちなんで、この第四の問題——歴史的な日付の問題——を、ファン・メーヘレン症候群と呼んで考える。

ハンス・ファン・メーヘレンは、贋作家である職人で、ずいぶん前から私の個人的なヒーローの筆頭に挙げられてきた人物である。彼の受けた裁判は、いわば壮大な中世の道徳劇であって、擬人化されて描かれているのは、ルネサンス以降の芸術が最近まで受け入れてきたアイデンティティや個人の著作者性といった価値観と、電子的形態が主張する多元的な価値観との対立だと言えよう。一九三〇年代にファン・メーヘレンはフェルメールの技法の研究に専念し——金目当てよりは、自我を高めるためであったのは間違いないが——これは長く埋もれていたせよフェルメールの真作なのだという触れ込みで自作を売ったのだ。戦争前の成功に自信をつけた彼は、ドイツ占領下でも販売を続け、第三帝国の個人収集家を相手にできた。ところがヨーロッパの戦争が終わると、ドイツへの協力と国宝流出のかどで告訴された。自己弁護において、ファン・メーヘレンはこれらの国宝は自分が作ったものであって、世間が認める価値はほぼないことを告白したのだった。この告白にそもそも当該作品群を真作と鑑定し

ったことで興奮して感激する機会なのです。誰かがそのレコードを買って、二千人、三千人の聴衆同様に熱狂できなければ、だまされたと思うでしょう。その場合、その人が日頃から働かせている批判的な思考力が発揮されなくなります。その人は条件づけられた犬だったのですね。

（カルショウ）

ていた批評家や歴史家たちは怒った。彼は今度は贋造の罪で再び法廷に立たされ、しばらくして刑務所で他界したのである。

美術作品の価値を入手可能な情報によって決めるのは、美的鑑定としては実に怠慢なやり方である。実際、それは、過去の鑑定が準備した根拠以外での鑑定を避けようとするものである。ところが、年代を示す証拠が混乱していたり、分析した結果、歴史の中で収まるべき位置にうまくはめ込めないことがわかると、この横暴な鑑定方法は役に立たなくなり、その擁護者たちはヒステリーに陥る。ファン・メーヘレンの矛盾に満ちた証言は、英雄と悪党、学者と詐欺師が交替するようなものだが、これに向けられた怒りからは、鑑定の営みにおいて美的な感動が本当に果たす役割の程度がはっきりとわかってしまうのだ。

数ヶ月前、『サタディー・レヴュー』誌に寄せた論文に書いたように（本書の18参照）、この種の評価方法による怠慢宣言は、こんな想定をしたらよくわかるかもしれない。ハイドンの作品かと思わせる様式とテクスチュアで即興演奏をしたら、それにどんな批評が返ってくるだろうか。（見事な演奏で、まさしくハイドン風になっていると仮定してほしい。）本当にそんな作品をでっちあげられたら、その価値は額面どおり、つまり、ハイドンの価値どおりで目減りしないと言いたいのだ。それを聴かせるときに、少なくとも、それが本当にハイドンの真作だと聴き手に信じ込ませるような偽りが通用すれば、の話だ。ところが、これが、かなりハイドンに似ているがメンデルスゾーンの初期の作品だと匂わせたら、価値は下がるだろうし、これの系譜に載る現在に到るまでの作曲家たちの

気のせいかもしれませんが、生演奏の方が熱狂や興奮がいっそうみなぎっていると思うことがあります。もちろんミスは多いけれど、アーティストが本調子なら、いっそう個性が輝き、活気も増します。ところが録音スタジオで赤ランプが点灯すると、音楽家の多くはすぐに固まってしまうのです。（モア）

名を次々に挙げていけば、作曲家たちの才能や歴史的意義とは無関係に、同じ小品なのに、その価値は、名を挙げるたびに落ちていく。ところが逆に、この事故のようにたまたま出会った今ここに聴く作品が、ハイドンではなく、それより一、二世代ほど前の巨匠（たとえばヴィヴァルディ）の作品だとしたら、その大胆で、未来を先取りするような期待感ゆえに、注目すべき歴史的な音楽作品とみなされるだろう。

結局、こうなるのは、私たちが音楽自体を判断する能力をまともに備えたためしがなかったからだ。私たちの歴史感覚は、様式上の激変が生じた個別の瞬間――語法的な革新の回転軸――を探し出す分析的な方法論からは抜け出せない。私たちの価値判断は、特定の芸術家が直近の激変に参加したり、望むらくは、その激変を予期したことにどの程度納得できるかにかかっている。私たちは、達成と進歩を混同するので、様式的な変容による類推で見えてこない価値は識別できない。

ファン・メーヘレン症候群はまさに私たちのテーマである。録音の将来に反発する議論も、依拠する規範はこれと変わらない。大半の場合、頼りとするのは、やはり歴史上のデータの確定だ。確定できないと、この価値判断体系は機能停止する。この価値判断体系の船は、回収不可能な証拠の残骸のはざまに置き去りにされ、針路を求めて大海を漂うのだが、録音を扱う場合、そんな針路は容易には見つからない。電子メディアには、その内容を歴史的な日付から切り離す傾向があるからだ。ひとつの芸術作品を取り上げるとき、それが生まれ

「ライヴ・パフォーマンス」のレコードを作ることが正当化されるのは、それが歴史的に意義深く、再現不可能な機会である場合に限られます。それ以外、私は支持しません。批評家も聴衆も、入念に準備されたスタジオ録音を聴く代わりにリサイタルやコンサートのライヴ録音を好んで聴こうとはしなくなりました。私もこれに同意せざるを得ない。

（マクルーア）

た年代にふさわしいと私たちが考えるものとのつじつま合わせが強引にできるならば、その作品を描き出すための背景は、たとえ独断的であっても、即座に決まる。美的な分析の大半は、対象とする作品の背景の説明に限られ、前景である作品自体を扱わない。宣伝会社の怠惰なプロパガンダを別とすれば、公開演奏会の録音が支持される根拠はこの事実以外に考えられない。詰まるところ、本当に支持されているのは、絶望的に時代遅れな美的分析の体系だ。電子時代には役に立たないが、芸術のスポークスマンの大半が取り扱いの訓練を受けている体系はこれしかないのだ。

スタジオで作られる録音は、こうした規範の確定に抵抗する。日付はとらえどころのない要素だ。なるほど録音のパッケージに、スタジオ・セッションの日付を厳かに明記するレコード会社もままあるし、ほとんどの大手レコード会社から出た音源は、再発売の場合は違うとしても、リリース番号がわかり、およその発売日をファンが特定するのに役立つ。しかし、そういうレコードで聴ける音楽は、何週間、何ヶ月、いやそれこそ何年も離れた異なるセッションから作られる可能性もあるのだ。セッションは、都市や国を違えて行なわれるかもしれないし、設備や技術者を変えて収録されることもあり得る。また、最初の音から最後の音までを録る間に、起用した音楽家がレパートリーに対する姿勢を変容させてしまうかもしれないのだ。そんな録音をすると契約上の問題が生じてしまい、ほとんど解決不能となるのだが、このややこしい形成のありようこそは、録音プロセスの本質と完全に一致するのである。

またこれは、録音が求める、演奏家の進化との一致にもなるだろう。演奏家の神聖不可侵の特権は、テープ編集者や作曲家の責任と融合するため、ファン・メーヘレン症候群はもはや告発として言及されるよりも、むしろ私たちの時代の美的条件を実に的確に描くものとなる。贋作者の役割、つまり、オーセンティックでない作品を扱う無名の作り手の役割とは、電子文化の象徴なのだ。贋作者がその技能によって栄誉を受け、その貪欲さゆえに悪く言われることがもはやなくなるならば、芸術は、私たちの文明において、真に不可欠な部分となるのである。

解釈者としての作曲家

あらゆる創造的な芸術家は、自分が受け入れられないと、今の人々の理解力の限界だと言って侮蔑し、後世に判断を託す旨を語る。作曲家にとって、録音がこの威嚇を事実に変える。演奏家としての能力もある場合、後世の人々は作品ばかりかその作品の解釈も評価してくれるはずだと見込む。蓄音機の登場以降、興行主たちは、作曲家に記譜を永久化させる考え方に興味をそそられた。初期の頃、マーラーの《子どもの不思議な角笛》の一部分を作曲者本人がピアノで適当に弾いたものが録音された（マーラー本人の録音は一九〇五年のピアノロールのみだが該当曲なし）。十年か二十年もたつと、カタログに全曲録音が求められるようになった。たとえばリヒャルト・シュトラウスは、《町人貴族》組曲という輝かしい作品をみずから録音している（一九三〇年にベルリン・シュターツカペレを指揮して録音）（ただし、あまりに人をばかにしたような怠慢な解釈で、

指揮者でもあった作曲家の自作の録音が後世にどれほど影響を及ぼすかは、指揮者としての力量に依存します。グスタフ・マーラーとリヒャルト・シュトラウスを考えてみましょう。彼らは指揮者としてもすぐれていましたが、マーラーは録音を遺していないし、シュトラウスにも未発達な録音しかありません。ベートーヴェンとブラームスの指揮はあまり上手ではなかったと言われています。ドビュッシーとラヴェルは驚異的な作曲家ですが、私の知る限り、指揮者としてはあまりに平凡でした。あの二名の録音が残

契約更新を気にする指揮者ならばこんな録音はするまい)。

近年、いくつかの大手レコード会社では、アーカイヴ化の方針によって、今日の最も卓越した作曲家たちの作品を自演で収録する事業を進めてきた。カタログにある既存の録音にあらゆる点でひけを取らない演奏をテープに記録するものだ。たとえば、ベンジャミン・ブリテンがデッカ=ロンドンに録音した代表作の秀逸な自演盤が思い出されるが、作曲家本人の演奏にありがちな控えめな解釈とはまったく異なる。この米国でも、コロンビア・レコードがこの十年か二十年をかけて、ストラヴィンスキーの全作品を作曲家自身の指揮で録音する企画を進めてきた。(アーロン・コープランドも同様のプロジェクトを今さらながら始めるところだ。)

ストラヴィンスキーの指揮者としての真価は、長年にわたり議論の的だった。しかし、この記念碑的な事業が年々進むにつれて、リズムの推進力、旋律の冷笑性、ルバートに対する内気な態度といったものが、作曲家ストラヴィンスキーの本質に迫る演奏上の特徴であることが次第に明らかになってきた。ここで問題となるのは、ストラヴィンスキーのような作曲家の作品において、未来の指揮者が、新しい面や、古い面どうしの新しい組み合わせを見出そうと解釈を試みる際に、その啓示的な営みは、こうしたオーセンティックな録音によってどの程度まで規制されるのか、という点である。(もっとも、シュワンのレコード・カタログに載るベートーヴェンのピアノ・ソナタの録音がベートーヴェン本人の演奏だとしたら、学術的な好奇心以上のものがそこに注がれるであろ

っていても、十分に啓発されたとは考えにくい。いずれにせよ、指揮者としてもすぐれた作曲家の場合でも、その影響はあなたが何を得たいか次第です。私がベートーヴェンの第五交響曲をリハーサルをしたり、本番を振った数は、あわせて何百回、いや何千回にもなります。すべての音符を把握しています。それでもあの曲の指揮を終えて帰宅するたびに楽譜の新しい可能性に気がつくのです。あの種の作品は完成しません。常に成長を続けている。木のようなものです。

(ストコフスキー)

私の自演がほかの人の演奏を束縛しないことを望んでいます。経験は積めても、自分の望む的確なテンポで演奏できるとは限らないという厳しい現実があります。

(コープランド)

うか？）バーンスタインやカラヤンといった、それぞれに個性的なストラヴィンスキー崇拝者の努力から判断する限り、これらの録音の影響はまだ本当に決定的なものとは言いがたい（カラヤンは、最近、最も想像力豊かで、純粋に限定的な意味での「インスピレーション」に基づいて指揮をした《春の祭典》の録音をリリースしたところ、誌面上で作曲家本人に無慈悲にこきおろされてしまった（ベルリン・フィルとの六三年録音。『ハイファイ・ステレオ・レヴュー』誌六五年二月号にて））。他方で、ストラヴィンスキーによるストラヴィンスキーは、将来の指揮者がみずからの作品解釈の足場とせざるを得なくなるかもしれない。

作曲家が録音として残すこの遺言は、むしろ別の意味で重大な問題を生み出すと私には思えてならない。次世代の解釈者への刺激や抑制となるよりも、独立した演奏の伝統自体を弱めることに影響するかもしれない。そもそも演奏家は過去を振り返ってばかりいなくてよいのだし、演奏家兼作曲家の再登場は、調性音楽が顕著に関与してきたルネサンス以降の専門化の終わりの始まりとなり得るのである。

電子的に影響された未来の音楽

今日の作品で、通常の楽器のために書かれたものを検討する場合でも、電子的な複製が多大な影響を与えてきたことは明白だ（深層心理的にではないにせよ、作曲家によっては間接的かもしれないが）。たとえば、パウル・ヒンデミットは、そのバウハウス的なモダニズムと、愉快な線的様式を誇っており、そ

作曲家の自作に関する記録が後世の解釈を束縛する傾向は生じないでしょう。そもそも、そんな束縛を受けた指揮者に会ったことがありません。また、指揮者は作曲家の手稿譜の記入以上に作曲家の自演の録音に関心を払うことはないでしょう。実際、そうするべきではないのです。録音であれ、紙であれ、作曲家の示唆に従う理由は、好奇心です。本人の実践は興味津々です。しかしそれは最善の策ではありません。特定の人物の神経体系が示されるにすぎないからです。

（リーバーソン）

の様式からときどき思い浮かぶのは前ルネサンス期の歓喜に満ちた対位法的書法にほかならないが、彼こそはマイクロフォン向けに「生まれついた《ナチュラルな》」作品を音から書き続けてきた作曲家であった。ほかにもいる、どちらかと言えば保守的な作曲家の多くも自作の録音を享受してきたものの、そこに感じられるバランスは、演奏会場では事実上得られそうにない。（適例はフランク・マルタンの小協奏交響曲だ。ハープ、ハープシコード、ピアノという独奏楽器群と、弦楽合奏が対峙する作品で、フェレンツ・フリッチャイ（一九一四―六三。ハンガリー出身）の指揮するドイツ・グラモフォン盤が響き方を上手に処理しており、その録音で聴いてしまうと、今後どんな演奏会で聴いても満足できまい。）

　これらの作品では、録音再生のためばかりか、創作のプロセスを促すために電子機器が活用されているのだが、ここにうかがえるのは、二十世紀の作曲の手順で目立つようになったいくつかの有力な発想が十分に実現されていることだ。電子音楽は生まれたばかりの手工芸であり、よちよち歩きの幼児に似ている。その歩行範囲の一端は、既存の楽器の音色を模倣するという元来の営みによって拡張される快適さと安心感であり、もう一端は、電子的手段に固有の可能性がもたらす興味深い挑戦である。新しい作曲の基礎も、この挑戦によっていずれ精緻に形成されよう。今をときめくコミュニケーション理論の人、マーシャル・マクルーハン教授が次のように述べている――「経験の意味するところは、ひとつ前の時代に遡るのが通例です。つまり、新しい状況の内容は、個人的であれ、集団的であれ、ひとつ前の状況と決まっています。機械文化の第一段階によって、農業の価値と探求が明らかになりました。耕作の最初の時代に明らかになったのは、狩猟です。電子文化の最初の時代（電報と電話の段階）は機械を芸術形式として讃えたのです」（出典不明。グールドによるインタヴューか）。この論理からいけば、いちばん簡単に手の届きそうな電子音楽は、従来の楽器や声のテクスチュアがかぶさっていて、その下に電子的に生み出した音素材が透けて見えるような作品であろう。たとえばアンリ・プスールの壮麗なバレエ音楽《エレクトラ》のように——。こういう妥協的な作品には、さしあたり、ひとつ不都合がある。これによって、聴衆が鷹揚になり、ステレオ方式のスピーカーの部隊によるリサイタルの夕べが増殖しかねないことだ。そうしたものを催すのは頭の固い興行主たちで、彼らは、ジョヴァンニ・ガブリエリ（一五五五?—一六一二。サン・マルコ聖堂の音響を利用して八声のためのピアノとフォルテのソナタ（一五九七年）を書く）のような音楽家が拠点としていようがいまいが、どこの会場もサン・マルコ聖堂になりうると確信しているのだ。こうした催しに集まる新しい聴衆の態度は、電子音楽体験への本当の参加からはほど遠い。ちょうどそれは、一九四〇年代後半、電気店のショーウィンドーで、当時は輝かしかった十インチの白黒テレビでミルトン・バール（一九〇八—二〇〇二。初期テレビ放送で人気を博した米国のコメディアン）をいぶかしく観ていた人たちと変わらない。

現状の電子音楽にどんな限界があろうと、それが従来の音楽作りにどんな「フィードバック」で刺激をしたにせよ、電子音楽に固有の構成方法の多くは、従来的な楽器と声楽の語法に実に簡単に移植された。クレッシェンドとディミヌエンドを精密に組み合わせて音型を反復したり、同じ和音構成で強弱をつけて遠近感を演出したり、なかば機械的にリタルダンドやアッチェレランドを施したり、そして何より、制御をしながら音を攻撃的に放出したりする。これらのやり方はすべて、ヴェーベルン以降の語法に借用され、現在の私たちの作曲経験に決定的な影響を及ぼしている。実際、電子音楽に由来するこうしたはっきりとした表現はよく浸透しており、テープ音楽を公然と敵視する作曲家の作品にも多数登場する。このような表現の仕方は、ある種の独裁的な作曲のプロセスを象徴するので、自覚の有無はどうあれ、作曲家にとっては魅力的なのだ。

　ただし、注意してほしいのだが、ここでの「独裁《オートクラシー》」とは、必ずしも決然とした権威を意味するものではない。作曲家は、初期の電子音楽の実験が教えてくれた、あの輝かしい孤高の態度を長く保てないかもしれないのだ。編集段階の思いつき《エディトリアル・アフターソート》が演奏に及ぼす力によって、演奏家兼技術者のようなタイプが生まれることは十分に考えられる。その働きによって図面に示された意図が実現できてこそ作曲家の評価が決まる。かつて旅まわりの名演奏家が果たした貢献と同じだ。つまり、電子時代の作曲のプロセスを説明する「独裁」とは、作曲家がその意図を音にこめる手続きに部分的に関与できる可能性を示唆しているだけかもしれない。

　作曲のプロセスに録音が与える重要性を把握した最初の音楽家のひとりはアルノルト・シェーンベルクだった。彼はエルヴィン・シュタイン（一八八五―一九五八。シェーンベルク門下のオーストリアの作曲家）を聞き手とした一九二八年の対話で以下のように指摘している――「ラジオ放送では、どんな芸術的な発想を表現する場合でも、わずかな音の数

私たち作曲家の中でコンピューターを使う者にこう尋ねる人がいるでしょう。「するとあなたはコンピューターや電子メディアのためにすべてを決めていますが、演奏家が他の決定を行なうことを望みませんか？」と。多くの作曲家はテンポ、リズム、強弱、音色等に関する決定については演奏家との協力を惜しみませんが、ピッチの判断を演奏家に許すかと尋ねられれば、「ピッチは変えないでくれ」という答えが返ってくるでしょう。ほかの音楽的要素で伝統的には副次的と思われても、私たちが根本的だと見なすものについては、同様に考える者もいます。電子音楽の未来については、その独特の資源がその使い途の可能性を約束してくれるのは明らかです。この資源によって、音楽の領域は、生の楽器の限界や演奏者の調整能力の限界を超えて、電子楽器のほとんど無限の世界に移行したのです。そこに現われた新しい限界とは、

人間がどこまで知覚できるかです。（バビット）

で済みます。蓄音機や各種の器材のおかげで音の響きはいっそう明瞭になったため、そうした器材のためなら、かなり縮小した楽器編成の作品が書けるでしょう」。意図的であったかどうかはともかく、シェーンベルク自身の作風の発展は、彼がこのメディアとその意味するところをどのように理解していたかを示してくれる。彼の作品、特に十二音技法を実験した初期の作品（セレナード作品二四や七重奏曲作品二九など）を思い浮かべると、その華麗で奇妙な楽器の組み合わせは可動式マイクロフォンの解像度が良かったからこそ生まれたのだと納得させられる。そして、二十世紀の音楽界を代表する急進派としてシェーンベルクが信奉した理論は、たいへんな影響力を持ち、現代の音楽的な表現方法の一部となった。この理論は、是認されても拒絶されても、分子を扱うようなその緻密な分析によって過去二世代の音楽に多大な影響を与えた。ちょうどドラッグストアで売られているペーパーバック版の心理学の本にジークムント・フロイトが影響を与えたのと同じだ。シェーンベルクの理論とは、とんでもない単純化をして説明すれば、音楽の微細なつながりに意義を見出すことにあり、表面からはどこにも見えない隠れた関係を扱うものだ。それは、電子メディアが介在することで、初めて適切な精細度をもって浮かび上がるのだ。

シェーンベルクが選択幅の規制に腐心していたとき、他の作曲家たちは、むしろ選択の特権を委ねることに決めた。どちらのやり方も、主唱者の意図がどれほど違っていても、十九世紀末のロマン派の本質であった作曲の曖昧さの状態を否定している点では共通する。現在、偶然性の音楽という、即興演奏もどきの責任転嫁の成功例では、これらの意志決定の特権は、演奏者のために手放された体裁をとっている。しかし合理的に考えれば、このような特権をテープ編集者兼解釈者に独占させておく必要はなさそうだ。聴き手に直接委ねることも十分に可能ではないか。聴き手が究極的には自分のための作曲家になれるという考えを頭ごなしに否定するのには、かなり無理がある。

参加型の聴き手

そこでテクノロジーの議論の中心となるのは、新種の聴き手、音楽体験において参加度を増した聴き手である。二十世紀中葉におけるその登場は、録音産業最大の功績となった。聴き手はもはや受動的な分析者ではないからだ。彼は今や、趣味や嗜好や傾向に基づいて、自分の関心を寄せる体験を補整的に変化させる末端の提携者であり、音楽芸術の未来は、彼が存分に参加するのを待っているのである。

この新種の聴き手は、もちろん脅威でもある。権力の座を奪いかねない人であり、芸術の宴に招かれざる客であり、その存在は音楽界の既成のヒエラルキーを危うくする。だとすれば、この参加者である一般の人々が、演奏会の世界の階層構造に敬意を払ってきた屈従的な姿勢から無邪気に立ち上がり、これまで専門家の領分であった意志決定能力を一夜にして入手しかねないと発言するのは、もはや突拍子もないことではない。

ここで注意してほしいのは「一般の人々《パブリック》」という言葉である。聴き手が電子

レコードの所有者がアーティストの演奏行為をもてあそぶ愚挙を止めることは誰にもできません。所有者が合成したテープを作る法的権利があったとしても、美的権利や倫理的権利は違います。作品であれ演奏であれ、芸術作品には完全性があり、それは誰にも侵す権利はありませんし、聴き手などもってのほかです。聴き手の権利は聴き終えた時点で終わりです。（ハギン）

テープ録音はゼログラフィーとパラレル

的に伝達された音楽と出会うこうした体験は、一般の人々の支配する場では生まれないのだ。実は電子的な伝達の含まれるあらゆる体験に適用できる重宝な原理がひとつあるが、それは、こんな逆説で言い表わせる。すなわち、電子的な伝達によって、これまでにない大人数の聴衆《オーディエンス》の集団が理論的には誕生する一方、現実の聴取は無数の私的な営みに分かれてしまうということだ。この逆説によって説明できる状況があるおかげで、聴き手は自分の好みに従えばよく、聴取体験に施す電子的な調整を施すことで、自分自身の個性を作品に反映させられる。かくして聴き手は、作品そのものも、作品に対する自分との関係も、芸術的な体験から環境的な体験へと変えてしまうのである。

　つまみをいじるのも、限られた形とはいえ、解釈行為にほかならない。四十年前、聴き手の選択の自由は「オン」「オフ」と刻印されたスイッチをいじることに限られ、最新の機器でも、ヴォリュームを少し調整するくらいだったかもしれない。だが今日、さまざまなコントロールが可能となり、聴き手は分析的な判断が求められている。ただし、こうしたコントロールも、ごく初歩的な微調整にすぎない。というのは、現在研究段階にある技術がひとたび家庭の再生装置に組み込まれたならば、聴き手の参加度はさらに増すからだ。

　中でも、聴き手にテープ編集権を委ねて自由に加工させることは、比較的単純なはずだ。実際、この方向への重要な一歩は、こんなプロセスからもたらされるかもしれない。つまり、テープ速度とピッチが連動しないようにして、（現状では多少の音質の劣化はあるにせよ）異なる演奏家が異なるテンポで録

かもしれません。本や印刷物という中央集権的なマス・プロダクションの数世紀は突然分散してしまったのです。どんな本の読者も、ゼロックス・マシンの助けを借りれば著者にも出版者にもなれます。多種多様なあちこちの印刷物から切り抜いてくるのです。このテクノロジーと電子回路全般には、読む者、視る者、聴く者の正確なニーズに合わせた反応を調整する傾向があるのです。（マクルーハン）

聴き手はレコード・プレーヤーをいじるのをやめるべきではないでしょうか。本人がその世界に入り込みたいのなら、ピアノを弾いてもらいましょう。プレーヤーは音量調節さえできないような機種を

音した同一作品の解釈の断片の切り貼りが可能になったプロセスである。たとえば、ベートーヴェンの第五交響曲第一楽章は、提示部と再現部はブルーノ・ヴァルターの演奏が好きで、展開部はテンポの大きく異なるクレンペラーの指揮がいいとする。（私は両方の演奏が最初から最後まで好きだが、個人的な趣味を語っても仕方ない。）ピッチと速度の連動の問題はひとまず置いておくが、クレンペラーの録音から該当する小節を切り取り、ヴァルターの演奏の途中にスプライスをして挟み込めるのである。その際に、テンポが変わったり、ピッチが上下することもない。このプロセスは、理論的にみれば、音楽演奏の再構築に無制限に活用できる。熱心な音楽通が自分自身のテープ編集者となって、こうした装置を用いて好みの解釈を行使し、自分にとって理想の演奏を創出することを妨げるものは何もないのである。

　こうしたスプライスに敏感な聴き手が、この『ハイ・フィデリティ』のような雑誌の編集にいかなる新機軸を求めるか、推測してみたくなる。本誌では、批評家陣の分担はすでに年代順に厳密に決まっている。たとえば、ネイサン・ブローダー（一九〇五―六七。米国の音楽学者）には、一七五六年（モーツァルトの生年）（五月から十一月まで）の資料が自動的に割り当てられる。しかし、このように水平の流れで区切る方法は、もっと進歩的な（いやそれこそ、マルチチャンネルの可能性に光を当てて、もっと垂直的な）批評方針に置き換わるべきなのは明らかであろう。少なくとも長めの作品は、批評家の面々がリレー方式で交替していけばよい。たとえば、アルフレッド・フランケンスタイン（一九〇六―八一。米国の美術・音楽批評家）は半音階的なテクスチュア

標準としてほしい。それでやっとアーティストの意図したとおりのものが聴けます。この極端な営みの正反対をやるなら、印刷された楽譜を機械によって演奏させればよいのです。聴き手が好みのテンポと強弱を設定できるような説明書も提供します。その結果、誰もが好みの解釈でベートーヴェンを聴けるようになるのです。

（リーバーソン）

聴き手がほかの音楽家たちの録音をスプライシングして究極の演奏を合成できたとしても、ほかの録音同様に、それに飽きてしまうでしょう。常に同じ演奏であることに変わりないからです。たとえば電子音楽を考えてください。あの連中はすでに自分たちの活動に飽きつつあります。テープに録ったらおしまいだからです。だからこそ、生演奏の要素と録音テープをミックスする人が増えています。

（コープランド）

今後、参加型の聴衆が増えるどころか、むしろ減ると私は考えています。確かに芸術や科学のどんな分野でも、新しい深みを見出そうと探求に励む不器用な人は

がうまく接合されているかを、ハリス・ゴールドスミス（一九三五－二〇一四。米国の音楽批評家、ピアニスト）は打楽器の残響が重なる問題を、デニス・スティーヴンズは合唱のクライマックスでの歌声の溶け合い方を、それぞれ扱うのだ。

様式の混成に向けて

聴き手がスプライスをする特権は、録音された音楽が奨励する複合的な編集行為の一面にすぎない。録音された音楽は、種々雑多な語法を無意識に次々に聴かせてしまうという意味では、アンドレ・マルローが（その『沈黙の声たち』（一九五一年刊の芸術論集。邦訳名『東西美術論』）で）美術品の複製写真に認めた効果と同様のものを獲得することになろう。かくして多様な様式を認めるようになると、西洋的な視点からすれば時系列上で「同期しない《アウト・オヴ・シンクな》」と理解される諸文化から生まれた芸術的な副産物に対して寛大な態度がとれるようになる。さまざまな事象や音がこの惑星の上を伝播していく事実から私たちが認めざるを得ないのは、音楽《ミュージック》の伝統が一個に限らないことだ。複数形で言うたくさんの音楽《ミュージックス》があり、そのすべてが私たちが定義するところの伝統《トラディション》を伴うわけではない。

たとえば、ロシアがそうだ。西欧の伝統に目覚めるのが遅れたあの国は、十九世紀末になって、輝かしい理想郷《シャングリラ》として初めて現われ、実に驚くべき芸術的実験を示してくれた。それは、西欧の思想の本流には加わることなく、まったく異なる時系列で進む文化の実験だった。ロシアは、何世紀にもわたってナショナリズムもどきの中途半端な状態で営まれてきたのであり、そこでは、西欧

常に少数います。しかし、そもそも私たちは、何かを行なうことよりも、何かを受け取ることのためにこの社会に生きているのです。
（チェイピン）

の流儀や習慣に対する免疫が求められてきたのだ。ルネサンスを経験しなかったロシア帝国は、十八世紀の「文化的協約」による輸入をルネサンスの代用品とした。それ以来、西洋思想の伝統に密かに触れることと、明るい希望をもって自国の過去の記憶に貞節を貫くこととのあいだで動揺してきたのだ。ムソルグスキーのいまいましいほど個性的な傑作の数々は、わざと無骨さを示すような和声、高度な複雑さを覆い隠す冷淡なほどの簡潔さ、サロンで輝きたいという世俗の誘惑を軽蔑する態度を伴うが、あれはやはり『カラマーゾフの兄弟』に出てくるゾシマ長老の驚くべき説教にこめられたメッセージを暗に認めているのである――「遠いへだたりが克服され、思想が宙を飛んでいくのだから、世界の一体化は強まり、友愛の結びつきはさらに密になる。そんな主張をする者がいる。ああ、そのような一体化など信じてはならない」。

　こうした国の外側にいる私たちが、その芸術にかなり容易に触れられるようになるのは、同時的な伝達手段、特にラジオやテレビのおかげだ。これらのメディアに刺激された私たちは、文化の副産物を取り上げて比較する。あちらとこちらとでは、文化的な志向がずいぶん違うのだ。古風に思われるイデオロギーがあちらの文化的表現に見つかるや、時代遅れだ、不毛だ、潔癖すぎる、そんな制約はこちらでは解消しているはずだ、などと私たちは非難する。同時的な伝達が可能になると、遠い異国の地への旅を夢見ることも忘れ、現地の人々の時代遅れをもどかしく思うようになる。その意味で、マクルーハン教授の「地球村」の概念には身構える。マクマード湾（南極の米国観測基地あり）からムルマンスク（ロシ

録音のおかげで、世界のミュージックはいつでも聴けるようになります。〝ミュージックス〟を集めた巨大な部族的な百科事典が発達し始めます。ミュージックは複数形になります。もはや単数形で語るわけにも言及するわけにもいきません。国際語となるからです。十九世紀によく好まれた表現に、ミュージックは普遍的な国際語だ、というクリシェがありますが、もはやそうではありません。

（マクルーハン）

アの不凍港）まで、あるいは台湾からタコマまでが同時に反応すると説くのだから。しかし、もしかしたら、マクマード湾にいる誰かが、たとえ「同期しない」未接触の状況でも、モーツァルトが夢にも思わなかったような、斬新なハ長調の使い方を編み出しているかもしれないのだ。

ただし、こうした余計な非難は、映像や音声を即座に再現させるメディアの発達に限った話である。その点は常に踏まえた上で、録音について検討するべきだ。心理的な反応という意味では、録音が引き起こしたものはかなり異なるからだ。つまり、同時的な受信では、差異が明らかになり、現時点での比較がなされ、まさに優劣が問われてしまうのが本質であるのに対して、音声や映像の保存が導くのは、アーカイヴの発想や、社会状況に左右されない冷静な考察や、複線的な時系列を受け入れる態度だ。ここに電子的な伝達の二種類の活用方法があって、互いに打ち消し合っている。つまり、ラジオとテレビによって現在の状況が明確にされる一方、録音によって未来における過去の再検証が準備される。録音のプロセスは「事後《アフター＝ザ＝ファクト》」を大切にする歴史観を奨励するので、同時的な送信が損ねていく寛容さを補うためには必要不可欠だ。これに対する同時的な受信は、不毛な比較を挑発して、画一化を奨励するが、保存とアーカイヴ的な再生が奨励するのは、超然的な態度であり、また、画一的な歴史観に染まらないことなのである。

聴き手――消費者――参加者という進化の流れについて私なりに考えるに、そこの最も重要なミッシング・リンクであり、様式的混成をめぐる最も有力な

バックグラウンド・ミュージックは、それがどんなに素晴らしくても私は反対です。作曲家は音楽を聴いてほしいのです。その音楽が鳴っているあいだにほかのことをしてほしくない。エレヴェーターに音楽を持ち込む発想を大企業の経営者たちに教えた者を逮捕したい。実に頭のいい輩です。しかし、エレヴェーターの中で四小節や八小節の音楽を聴いて、いったい何になるのでしょう？

（コープランド）

論点は、電子的な顕示のうちで最も不当に扱われているものの中にある——背景音《バックグラウンド・サウンド》だ。批判を受けるばかりで誤解の多いこの現象は、これを通して、現代の音楽が、聴取し、消費し、ミューザック（北米のバックグラウンド・ミュージックの代名詞となった会社・商標名）を吸収する社会を目指せるという意味で、最も生産的な手法である。背景音楽は退屈なやり方で作られていると思われているが、その裏側に巧妙に隠されているものがある。それは、経験の百科事典であり、ルネサンス以降の音楽のクリシェの網羅的な編纂物である。さらに、このカタログが提供するのは、年代的な区別を見事に無視して、様式上の特徴をつなげる相互参照の索引である。レストラン用のミューザックを聴けば、十分間もたたないうちに、ラフマニノフの残り香や、ベルリオーズの刺激にも触れられる。その前にドビュッシーの残りくずを聴いていても恥じる必要はない。まさに過去のあらゆる音楽が背景を成すのであり、聴き手が主体となって、そこにつながりを作ろうとする衝動が、新しい前景となる。

今日のバックグラウンド・ミュージックは、ほとんどが幅広い様式を揃えていて、それが照らし出す語法は実に多種多様である。最近の「シリアス」な音楽家たちが信奉するばらばらなイデオロギーからは、これだけの数は出てこない。テレビのコマーシャル映像や、レストランで流れるミューザックの場合、バックグラウンド・ミュージックはいちばん進んだものでも、印象派のクリシェに依拠した語法止まりかもしれない。他方、ハリウッド発のB級ホラー映画やスリラー映画では、高度な語法が応用されていることが多い（レナード・ロ

バックグラウンド・ミュージックの質が高まれば、オフィス、工場、エレヴェーター、店舗にいる人々の楽しみが増すばかりか、音楽にはさまざまな様式があることを意識させることにもなります。そして、コンサートの楽しみにこれが引き継がれていきます。日常生活で触れる音楽が増えると、コンサート・ホールでの非日常的な音楽体験のありがたみが増すのです。ただし、今日よくある冴えないバックグラウンド・ミュージックは、もっと聴きごたえのあるものに換えなくてはいけないと私は思います。（ライト）

ーゼンマン（一九二四―二〇〇八。シェーンベルクに師事した米国の作曲家）の書いた『蜘蛛の巣』（一九五五年、ミネリ監督の米国映画）の音楽は、後期シェーンベルクの十二音技法からの派生の典型である）。バックグラウンドの素材には、演奏会ではまず体験しそうにない聴衆の耳に届く、それなりに興味深い音楽もある。

もちろん、こうしたバックグラウンド・ミュージックがうまくいくのは、目立たないようにしているからだ。自明の理だが、その作曲の成功は聴き手の意識する度合いと反比例する。さまざまな環境的状況と可能な限り調和し、割り込みの事実や音楽の性格をなるべく意識させない努力が傾けられる。従来の美的な価値判断を停止させることでのみ成功するのだ。

このバックグラウンド・ミュージックの語彙が目立たず、控えめな音楽的貢献にとどまっていることと、バックグラウンド・ミュージックの大半が録音で提供されることとのあいだには、興味深い相互関係が存在する。実はこれは同じ現象の表と裏を成す。そもそも録音は、演奏会とは異なり、その場ごとの固有の雰囲気には依存せず、一般的な状況にしか対応していない。だからその分、バックグラウンド・ミュージックを開発して、驚くほど多種多様な様式が遠慮なく借用されるように仕向けている。録音は、過去のさまざまな語法を参照し、それを現代世界に呼び寄せる。それらは細分化されて用いられて、新しい価値を生み出すのである。

バックグラウンド・ミュージックは、多方面から攻撃されてきた。ヨーロッパ人からは、北米社会の頽廃の症状だと言われ、また北米人からは、巨大都市

今日の私たちは、汽車や飛行機やレストランなどで実に多くの音楽を常に耳にし

生活の画一化の産物だと言われたのだ。実際、バックグラウンド・ミュージックが額面どおりの価値で受け入れられる社会は、連綿と受け継がれてきた西洋音楽の伝統のない地域に限られるかもしれない。

バックグラウンド・ミュージックは、音楽テクノロジーを目の敵にしている人たちが判断に持ち出す論点をすべて網羅している。まず、歴史的な日付が特定されないこと、つまり、スタジオ制作と様式の寄せ集めがこれを妨げるという事実。加えて関係者がほぼ常に匿名であること。多重録音などの電子的な魔法が使われて作られること。――これらの論点によって、オートメーションや美的倫理やファン・メーヘレン症候群と同様、バックグラウンド・ミュージックも魅惑的な標的となる。もっとも、現在、この標的は、美的な考慮よりも商業的な考慮によって守られているため、攻撃を免れている。

バックグラウンド・ミュージックにオーウェル的な環境統制の不吉な成就を見出す人々はこう考える。これに浸った人は、膨大なクリシェの支持者として取り込まれてしまう、と。だがまさにそこが重要なのだ！　バックグラウンド・ミュージックは実にさまざまな角度から私たちの生活に浸透する。そこに使われているあらゆる語法のクリシェが耳に残ることによって、私たちの音楽的な語彙の勘が養われる。ゆえに、これからは、どれほど音楽的な体験であっても、よほど非凡な本質を備えないと、私たちの注意を惹くことはもうできない。また、バックグラウンド・ミュージックは実によくできた用例集なので、聴き手はルネサンス以降の音楽的な語彙を次から次へと連想的に直接体験でき

ており、これに無感覚になりつつあります。テレビや映画で愚かな残虐行為をたくさん観るうちに鈍感になっていくように、音楽に対する感受性も喪失の危機にあるのです。ところで私は映画館が大好きで、よく行きます。テレビはたいへん大きな可能性を秘めたメディアだと思います。しかし、現代の発展や技術がいかに有害であるかもわかっていますが、テレビは消せますし、ひどい映画や演奏会は退場すれば済む。しかし、飛行機は降りられません。（ストコフスキー）

る。どれほど創意豊かな音楽鑑賞の授業もこれにはかなわない。

電子時代における音楽の役割

このメディアが進歩すると、また、このメディアにおいて、自由気ままな参加が適切なものとして聴き手に奨励される状況になると、音楽的ヒエラルキーの階級構造の由緒ある区別（作曲家、演奏家、聴き手）は時代遅れになるだろう。しかし、ルネサンス以降、職能分化（専門化）が運命であったことや、中世の音楽家（自分の楽しみのために曲を作りかつ演奏した者）の地位がルネサンス以降の過度の音楽的洗練によって奪われて久しいことを考えると、この指摘はそれらと矛盾しないだろうか。いや、必ずしも矛盾しないと言わなくてはならない。

このように、創造的なプロセスにおいて専門家と素人の役割が重なるとなると、そこから生まれる状況は、表面だけ見れば、ルネサンス以前の世界のほとんど一元的な参加を示唆するものに思われがちだ。実際、このような類似性を描くことで、ルネサンスの冒険とそれが生み出した世界のすべてが巨大な歴史的誤りであったように決めつけるのは安易で誤解を招く。私たちは中世の文化に戻りつつあるわけではない。電子メディアの影響によってルネサンス以前の文化的な一枚岩を思わせるような状態に逆戻りする可能性を示唆するのは、危険な単純化である。さまざまな形態をとる電子的なテクノロジーに囲まれた状況にあって、私たちがいっそう強烈で複雑なものに向かう以外の行動を取る可能性はかなり低い。また、創造的なプロセスに参加型の重なり合いが当たり前に含まれるようになったとしても、専門的な技術の必要性が薄れていくとは考えられない。

むしろこれからは、参加の新しい領域が拡大し、以前よりはるかに多くの人手が求められて、環境的体験が次々に実現されていくだろう。このような複雑な仕組みが生まれ、また、実に多様なレヴェルの参加が最終的に融合するおかげで、アイデンティティと著作者資格《オーサーシップ》の本質を定めるところの個性という情報の観念が、その力を著しく弱めていく。ここで私が言いたいのは、アイデンティティの弱体化の途中では、その含意を不快に思う人が必ず嫌がらせをしてくる、などということではない。むしろ気になるのは、宣伝会社の営業職や広告会社の重役や広報担当の代理人たちだ。どこでも複製が作られ、作者に関する情報という意味でのアイデンティティがますます希薄になっていく社会において、アーティストやプロデューサーの身分証明をする以外に、彼らは何をするか、である。

このように、創造の現場においてアイデンティティの要素が軽視されていくのは避けられないが、このプロセスに関していちばん希望がもてるのは、環境と関わる芸術については、伝記的なデータや時系列上の仮定がもはやその判断基準ではなくなる風土が認容されていく点だ。実際、創造の現場における個性の問題——すなわち、創造的行為が個人の意見から生じ、それを吸収し、またそれを再形成するプロセス——は、根本的な再検討の対象になっていくことだ

活字が生まれる前、写本の筆写者は、プラトン、アリストテレス、イソップなど、自分だけの気まぐれで抜粋ができたという意味ではかなり作者に近い存在になりがちだったようです。彼が選んでまとめ、編集したものはそのようにして本になりました。筆写者であるばかりか著者なのです。この原始的な筆写の形態は今日のテクノロジーによって復活しました。

（マクルーハン）

ろう。

音楽は、環境の調整においてたいへん大きな役割を担っているが、その事実が示唆するのは、私たちの日常生活における言語と同様に、音楽もまた、即時的で実用的で談話的な役割を最終的に引き受けるようになることだと私は考える。音楽が言語と比較できる程度の親近感を達成するには、その様式、習慣、癖、特徴、決まりきった表現、そして統計的に最も頻繁に発生するもの（つまり、音楽のクリシェ）が、万人にとって身近で認識されるものでなくてはならない。ある語彙におけるクリシェの指数が大衆的な認識度であったとしても、それらのクリシェの凡庸さに私たちが蝕まれつつあることには必ずしもならない。文学の名作を評価する際に、どこにでもいそうな人の言葉遣いで書かれているからといって、その作品の評価が下がるわけではない。私たちの日常会話の大部分は、礼儀正しく親近感のあるだけの平凡なやりとりや、天気の話題で始めるお決まりの挨拶などの延長線上にあるが、だからといって、これが私たちの言語に秘められた輝かしさへの感受性を一瞬でも鈍らせるものではない。いや、むしろこれを研ぎ澄ます。日常会話がもたらすのは背景である。想像力豊かな芸術家の活動する前景を安心してそこに設定できるのだ。私の見方では、電子時代には、音楽芸術は、はるかに首尾よく私たちの生活の一部分となり、ますます生活の装飾品とは呼べなくなる。そして、生活を深いところから変えるのである。

これらの変化が十分に深ければ、芸術に関する考えを述べる用語体系を再検

録音によって私たちの誰もが影響を受けています。作曲家、教師、音楽家それぞれの身分で、計算もできないし、未来の予測もできないほどの影響です。最も広く普及し、かつ議論され、ゆえに広く模倣され、影響を与えた音楽は、レコードで聴ける音楽なのです。楽譜が出版されただけではほとんど知られることはありません。ヴェーベルンはすべてレコードで聴けるし、シェーンベルクもそうなりつつあるという事実によって今日の音楽的環境が決定づけられていると言っても過言ではないのです。　（バビット）

討する必要に当然ながら迫られよう。実際、環境的状況を記述するのに、「芸術《アート》」という言葉自体を用いるのがいっそう不適切となってくるかもしれない。どれほど尊く、また敬意を表するべき言葉であろうと、ここに含まれる意味は、時代遅れとは言わないまでも、どうしても漠然としているのだ。

存在しうるあらゆる世界のうちで、その最良の世界にあっては、芸術は不要となるはずだ。そして芸術に備わった活力回復と癒やしの力を求める人はいなくなる。芸術行為を専門の職業にしようとすれば、厚かましいと受けとめられるし、芸術の効用のあらましを説けば、それはおこがましかろう。聴衆は芸術家となり、その生活は芸術となるのだから。

53　音楽とテクノロジー――パリ市民への手紙（エッセイ・一九七四年）

一九五〇年十二月のある日曜日の朝、私は居間ほどの広さのラジオ・スタジオにうろうろとやって来て、カナダ放送協会（ＣＢＣ）所有のたった一本のマイクロフォンを相手に職務に就き、「ライヴ」放送を行なった（テープはレコード業界ではすでに使われていたが、当時のラジオ放送は〝最初の音から最後の音まで通して弾いてあとはお構いなしのコンサート・ホール症候群〟を温存していた）。曲目は二つのソナタ、モーツァルトとヒンデミットだった（それぞれ第三番変ロ長調K二八一と第三番変ロ調）。ネットワーク放送への出演は初めてだったが、マイクロフォンとの接触はそうではない。数年にわたり、私は自宅で原始的なテープレコーダーでの実験にふけっていたからである——たとえば、ピアノの響板にマイクロフォンを数本くくりつけ、スカルラッティのソナタから勢いを上手に奪ったり、そのほか思いつく限りのあらゆる無礼をピアノとマイクロフォン双方に働いていた。

それにしてもCBCでの出来事は、すでにそれとなく伝えているように、忘れられない思い出だ。それはただ大勢の目撃者の立ち会いなしにコミュニケートできたからではなく（ほとんどどんな種類の放送でも、六フィート《二メートル弱》離れたマイクロフォンが聴衆の代理になってくれる事実は、私にとってこのメディアの格別の魅力だったが）、ソフトカットの「アセテート」という、放送された慶ばしい演奏をぼんやりと再現してくれるディスクを進呈されたからだ。それから四半世紀を経た今でも、私はときどき棚からこれを取り出しては、将来の方向を初めて予感した、あの瞬間を思い出す。同業者や年長者の蓄積した知恵とは、テクノロジーは芸術に介入し、妥協を強いて人間性を失わせるというものだったが、それがナンセンスだと気づいた瞬間でもあった。そしてそのとき、私とマイクロフォンとの恋愛が始まったのだ。

その認識をした日時を厳密に特定できるとすれば、それは、同日のその後、アセテート盤を三度目か四度目に聴き直したときに、次の発見をした瞬間だ。百ヘルツ前後の低音をカットし、だいたい五千ヘルツの高音を強調すると、その日スタジオでどうしても思いどおりにならなかった、やっかいで冴えない、低音志向のピアノが、魔法にかかったように変容して再生された。私がすでにマエストロ・スカルラッティに用いた音響的倒錯と同じものが発揮できそうな楽器となったのである。

「モーツァルトには妥当なアプローチだが、ヒンデミットにはまったく向かない！」と言われそうだ。そうかもしれないし、そうでないかもしれないが、音楽的な根拠でこれを論じるのに私は消極的だ。音楽的な意図はやはり二次的だからで、私の意図は主に演劇的かつ幻影的なところにある。私は、最も原始的なテクノロジーを駆使して、本来は存在しないものを浮き出させることに成功したのだ。この企画で私自身が貢献した演奏は、改善の余地のないものでもなければ、不変の既成事実でもない。テクノロジーは、努力と実現のあいだにすでに位置していたのだ。神学者ジャン・ルモワンヌの言葉を借りれば、「機械にこめられた慈愛《チャリティ・オヴ・ザ・マシーン》」が、現実のはかなさと達成の理想像のあいだに介在していたのである。「すごい透明感だ。ずいぶんいいピアノだね」と友人たちは言うだろう。「いや、本当に想像を絶するピアノだったよ。」私はそう返答しよう。テクノロジーの第一課を習得したのだ。創造的に不正を働くすべを身につけたのである。

正直に言わせてもらうが、私はこうした説明に本質的な矛盾はないと考えている。テクノロジーとは、情報を伝播させるベルト・コンヴェイヤーでもなければ、瞬間的なリレー・システムでもないはずだ。また、人類の達成と欠陥や、創造的な名誉と記録の失点の記録が預けられた記憶銀行でもない。もちろん、必要であれば、そのいずれにもなり得る。「カメラは嘘をつきませんよ」と私に注意する人もいるかもしれないが、「ではすぐにカメラに知恵をつけなくては」としか答えようがない。なぜなら、テクノロジーは、無言の、非協力的な覗き魔として扱われるべきではないと思うからだし、その解剖の能力、分析の能力――いや何よりもそれは印象を理念化する能力かもしれない――は、開発されなければならない。テクノロジーが現在取り組む分野の中で、実践者と理論家の双方が延々と追求してきた哲学的な葛藤を最もよく示すのは、録音の目的と技法をめぐる議論である。

私はテクノロジーの「割り込み《イントゥルージョン》」を信頼している。なぜなら、テクノロジーが割り込むことで、芸術に道徳《モラリティ》の概念が付与されるからで、この道徳の概念は芸術にそれ自体の理念を超越させる働きを持つ。「道徳」のほかにも、私はいくつか古めかしい言葉を使うが、まずこの言葉の意味を説明させてほしい。道徳とは、肉食動物にとっては昔から無縁だったように思われる（ただし、肉を食べない生き方が得られればこの限りではない）。そして進化とは、不適切な道徳体系を生物学的に拒否していくことにほかならない。特にテクノロジーに対応するときの人間の進化は、一歩また一歩と、何かに直面したときの動物的反応から距離をとり、接触を減らしてきたという。

たとえば、戦争がコンピューター制御のミサイルで行なわれるならば、わずかにましであり、不愉快の程度がわずかに少ない。ずっとまし、なのではない。統計をとれば破壊の程度の甚大さには疑いない。しかし、少なくとも、あらゆる条件を一定にするならば、参加者のアドレナリンの分泌はこれによって減少するのだ（ただし傍観者については忘れよう。さもないと議論が破綻してしまう）。私の誤読でなければ、マーガレット・ミード（一九〇一―七八。米国の文化人類学者）は、距離的要因、つまり、生物学的限界からの解放感を認めていない。けれども私はこれを信じている。そして、録音がそういうものとして理解されることはまずないが、録音こそは、この距離的要因を意味する最良のメタファーのひとつである。

たとえば、数ヶ月前、私は崇敬すべき卓越した英国の指揮者、サー・エイドリアン・ボールトが人生を回顧する放送番組を聴いていた。あるところで、サー・エイドリアンは録音についてどう思うかと問われた。すると、彼は予想どおり、次のようなことを言った。「もちろん、コンサート会場に足を運べない人たちのために録音するのはよいことです。でも、コンサートの代わりにはならないでしょう？　私はいつもセッションの最初にプロデューサーに言うんです。〝いいかね、この楽団から最高のものを引き出すのが私の仕事だ。たとえテイクを二度、三度と録る必要があっても、労は惜しまないつもりだ。だが、つなぎはいらない。若い諸君は最近はパッチワークばかり考えているようだが。ホルンが失敗したら――これは運が悪かったね、と私は言う。時間が許せばもう一度吹いてもらう。だが、パッチングで傷を修復してほしくはない。一本の線の流れは何としてもそのまま保たなければならないからだ〟と。」（急いで付け加えておくがサー・エイドリアンの口述記録が手元にあるわけではない。しかし、記憶を頼りにできるだけ正確に再現している。）

いずれにせよ、サー・エイドリアンの「パッチング」――大西洋のこちら側では「エディティング」とか「スプライシング」と呼んでいるもの――に対する態度、そして録音テクノロジー全般に対する態度は、ジェネレーション・ギャップの中でも特に解消しにくい。もちろん、彼は間違っている。スプライシングは線を傷つけたりはしない。良いスプライスは良い線を作るし、二秒に一度スプライスを使おうが、一時間にスプライスを一度も使わなかろうが、その結果が首尾一貫しているときちんと見える限り、特に問題はない。たとえば、新車を買うとき、その組み立てラインで何人の手が関わったかは、別に重要ではない。実際、車の安全性を確保するためには、人手は多いに越したことはないのだから。

しかし、サー・エイドリアンの本当の懸念は、何らかの問題がスプライスによって要素に分割されると、その問題が本来意味する即物的な不安や整合上の課題が解決してしまう点にあると思われる。その結果、人はおのれこそがその最高の擁護者であるという可能性——ルネサンス以降で最も根拠のない仮定——が排除されてしまうらしい。それゆえに、スプライスは、ある意味で人間性に反すると思えてしまうのだ。

そう、私たちは、人間性の実感と、人間が問題を伝統的に解決してきた方法とをかなり頻繁に混同するものなのだ。伝統的にみれば、人間の問題は、個々の啓発の瞬間に、つまり視界が開けたときに解決される。サー・エイドリアンの世代の人々が録音テクノロジーに不信感を抱くのは、啓発の瞬間の全能感や、立派に克服した挑戦へのほとんど神秘的な信仰があるからだ。

ジェネレーション・ギャップはすでに述べたが、地理的なギャップもある。東に行けば行くほど、コンサートを録音しただけのレコードを見つけることが多くなる。もちろん、東の果てまで行けば、日本にたどり着く。あの国では、西洋化されたコンサート・ホールの伝統に縛られることなく、レコードは独自の体験として理解される。しかし、一般に、ライン川より東に向かうと、コンサート・ホールがそうであるように、レコードの遠近感は大きくなり、通常は残響が増え、明瞭さが損なわれていく。そのために、レコードを聴くこと自体が、主に記憶の再現行為の実践となっているのである。

もちろん、そうした目的でレコードを作ることが誤りだとは言い切れない。五十年前、大半の人にとっての録音は、本質的には記録の作業であって、おじいさん世代を思い出すためのものだった。しかし、すでに述べているように、それは録音の機能の一部でしかなく、録音のプロセスの目的はまったく別だ。

私は、ラジオ・ドキュメンタリーのためにインタヴューした人物の声に、奇抜な編集上の手を大幅に加えている。うまく編集できた場合、誰が私の「パッチング」を聴いても、筋の通った簡潔な話し方をする人物以外には何も見つかるまい。もちろん、作業の量が、その人物の発言の価値と比例することは事実である。逆に、ほぼ何も語られていないのであれば、カットしない方が人物描写の完成度が高まることもあり得る。たとえば、こんな人物にインタヴューをしたとする——「そうだなあ、僕はあえて質問に答えるようなことはしたくないんだ。だって、まあ、いろいろあるでしょう？　だから、その、根掘り葉掘り訊かれてもねえ。でも、まあ、本当に結論めいた答えをするのなら、その場合は、つまりね」。こう話されてしまうと、切らずにそのままの人物描写で残しておきたくなるかもしれない。しかし、もし、彼が本当に語っていたのは「生きるべきか、まあ、その、死ぬべきか」であり、その言葉が今紹介した引用文の中に編み込まれていたならば、「まあ、その」はカットすべきだと私は本当に思う。

54　隣りのアウトテイクは常に青い——聴取実験レポート（論考・一九七五年）

「あらゆるレコードがライヴ録音であることを願ってやみません。……まったく無理であれば、楽章の途中に編集箇所がないことを知りたく思います。……演奏を中断してテイクの録り直しを求めなくてはならないときにまわりに人が大勢いるなんて、考えただけでもぞっとしますし……特に何度もやり直すことになったとしたら、本当に恐ろしい。気持ちが張りつめます」

（アンドレ・ワッツ（一九四六―二〇二三。米国のピアニスト。六三年グールドの代役出演で成功する）、『ハイ・フィデリティ』誌、一九七四年六月号）

「リサイタルではどうしてもミスをする。だが、多くのリサイタルでは長く弧を描くように知性が連続しており、それはほとんどの録音が獲得できないものだ。録音スタジオの条件は複雑であり、楽譜の音符は完全に再現する必要性があるため、……通常、一個の楽章や作品について複数のテイクを収録しなければならないが、最初から最後まで続けて演奏をしない限り、作品全体に伸びる長い線の感覚を得るのはほとんど不可能だ。」

（スティーヴン・ビショップ（一九四〇年米国生まれのピアニスト。コワセヴィチとも名乗る）、『ハイ・フィデリティ』誌、一九七五年二月号）

奇妙な意見もあるものだ。なるほどヒロシ・テシガハイ《ママ》（勅使河原宏。一九二七―二〇〇一。『砂の女』（一九六四年公開）をグールドは好んだ）は、インターカットの挿入や、シーケンスをはずれた場面の撮影や、撮影後の音声の差し替えは、舞台演出の限界を無視しているから映画の語法として禁じるべきだ、と何度も忠告された。ヴラジーミル・ナボコフは、未確定の第三稿を精読した出版編集者に何度もこう言われた――「なあヴァロージャ、再三繰り返すが、きちんと書いてくれ。カンマが抜けていたり、分離不定詞を使ったり。どういうことなんだ?」と。

もちろん、真実主義《ヴェリズモ》の存在を否定するわけではない。ケルアック（一九二二―六九。『オン・ザ・ロード』（一九五七））風の放浪作家たちが書痙になればいいとは誰も思うまい。アラン・キング（一九三〇―二〇〇九。カナダのドキュメンタリー映画監督）のようなカメラの使い方や、クレイグ・ギルバート（一九二〇―二〇二〇。米国の映像プロデューサー）のような手法が型にはまっても困るだろう。もちろん私自身、計画された自由奔放さを究極的に実践したギルバートの『アン・アメリカン・ファミリー』（一九七三年放映の連続テレビ番組。カリフォルニア州のラウド家の生活をそのまま撮影したとされる。リアリティ・ショーの先駆）を見られてよかったと思っている。けれども、もし、編集室で削除されたラウド家のフィルムを床から拾い集められたならば、映画《シネマ》と真実《ヴェリテ》の比率について、何らかの洞察を得ることができるはずだ。

ストラヴィンスキーは、芸術の営みの本質は技術《テクニック》にあると主張したが、私は同意しない。私は、テクノロジーの営みの本質が科学法則であるとも考えない（僭越ながら、マクルーハン教授は私と同意見なのだから、このことをもっと頻繁に語ってほしいものだ）。とにかく、私はこう信じている。テクノロジーは、ひとたび芸術の回路に組み込まれたならば、符号化《エンコード》と復号化《デコード》が必要である（ただしドルビー（米国の音響企業とその雑音低減方式）のセールスマンはお呼びではない）。テクノロジーの存在をあらゆる面から精神的な善に役立てるためであって、その善が最終的に芸術そのものを追放するのだ。

　ワッツとビショップの意見は奇妙だが、彼らが代表する世代を反映していなくはない。あの世代は、テープ・テクノロジーが十分に発達した当時、すでに新生児ではなくても、やっと立ち上がれた程度の人たちで、若いから物わかりはよかったが、テクノロジーの新ロマンティシズムの時代に足を踏み入れつつあったと思われる。

　たとえば、ダニエル・バレンボイムは、録音技術の行使は一作品に対してテイク二回までを認めるが、実行は任意である、と考えているか、かつて考えていた（英国の月刊誌は植民地では常に遅れて届くため、すでに過去の話かもしれないので）。少なくともこの見解から、バレンボイムが、おそるべきメトロノーム的な一貫性をもって指揮をしていることが想像できる。だからこそ、編集者がインターカットを差し挟むという贅沢を常に許せるのだ。また、今では懐かしい事件だが、LP時代初期のシュヴァルツコップとフラグスタートの高いハ音のエピソード（S女史がF女史の声域を半音拡大した）は賛否両論を巻き起こした（四四九頁参照）。このエピソードは、ここにこめられた問題の伝達方法としては効率が悪かったにせよ、少なくとも音楽業界の先輩たちの宿題にはなった。それなのに、ビショップ、ワッツ、バレンボイムのように、他にも若い音楽家たちが録音の人為性を指摘し始めた。音楽のスナップショットが撮れれば十分であるとして、テクノロジーの恩恵を遠ざけるように求め始めたのだ。

　もちろん、動機を探ることもできるし、意地悪な見方もできる。たとえば会社のマネジャーの部屋での一場面を想像してみる。「いいかい、坊や、あの皿には表にも裏にも変なものを二箇所は入れといてくれ。さもないと、エルパソではライヴをやらないぞ。」ある意味ではハリウッドの大物たちが、新作の宣伝を名目に出かける宣伝旅行に似ているかもしれない。これは仕方がないが、彼らはグリフィン、カーゾン、ダグラスたち（一九二五年生まれの米国の人気司会者たち。それぞれ二〇〇七年、〇六年、〇五年没）のトーク番組にひととおりお呼びがかかり、注目の映画の見せどころ二分間を「セット・アップ」してくれと求められる。これも仕方がないが、銀行口座はハリウッド近くの高級住宅地ベルエアにあっても、心はブロードウェイに取り残されている彼らは、筋書きや共演者の名前を知らないことを告白してしまい、一連の映画に出演している場面を見られたくないという気持ちをできれば理解してもらいたがる。「マーヴ（マーヴ・グリフィン）、そう、撮影所がこの映像を提供したのはなぜだろうね。僕がひどい目に遭わされた場面だから？……え？……どうだ？……うーん、これでよかったのかねえ。最後の場面に出番がなかったから、台本は通読していないよ。」

しかし、意地悪な見方をやめて、発言を額面どおりに受け止めてみよう。ワッツやビショップ、バレンボイムのように、本当におのれの編集能力を過小評価している音楽家たちがいると仮定しよう。彼らの場合、芸術は常に、止めがたい推進力、持続的な意志、恍惚とした高揚感の結果であるべきだと本気で信じている。音楽家には、どんな楽譜のどんな瞬間の感情の質でも、それをいつでも自在に呼び起こす能力が備わっている、とは思いもしないのだ。実際、ベートーヴェンのソナタやバッハのフーガを好きな部分から「撮影」し、ほぼ無制限にインターカットを実行し、必要に応じてポストプロダクションの技術を適用することは自由にできるし、それによって作曲家、演奏家、そして何よりも聴衆がより良い恩恵を受けるはずなのだが——。

さて、これまで私はこれらの問いに幾度も答えてきた（最も詳細に論じたのは『ハイ・フィデリティ』一九六六年四月号だ（本書の52参照））。その際、私は常に議論を抽象的な思索の水準にまで高めようとしてきたし、実際、今でも、理路整然とした釈義を述べることこそが、紳士的な対応であると考えている。しかし、ワッツやビショップのような人たちの発言が盛んになるにつれて、哲学的な考察を脇に置いて、この問題に決着をつける統計を掘り起こす時期が来たように私には思えてきた。

断わっておくが、私は世論調査の専門家でもなければ、人口統計学の分野での資格もない。さらに断わっておくと、専門的な目的からすれば、私の統計的サンプリング――被験者十八名――は間違いなく少なすぎる。微細に工夫を施せば、調査は補強された可能性もあるが、それに気づいたのは実施期間の終了間近だった。たとえば、用いた曲目を交替させたり、ある人にはテストの途中から始めて循環的に進めたり、逆の順序から始めるといったこともできたはずだ（表1＝曲目）。そうすれば疲労の要素をある程度測定できたのである。実際、それぞれのインタヴューが最低でも二時間（コーヒーブレークを含めず）かかったことを考えると、このテストは間違いなく長すぎたし、対面型で実施したのも配慮に欠けていた。加えて、他の欠点も思い浮かぶ。ピアノ曲が多いのは好ましくなかったが、やむを得ない（私に演奏のあらがみえてしまう問題があった）。また、被験者十八名の大半が個人的な友人だった（表2＝参加者）。なお、純粋なオーケストラ曲を含めたのは、バランスをとるためだ。しかし、全体として、この研究のおかげで、聴取のプロセスや、知識と注意力の相互作用をめぐって私が感づいていたことのいくつかが裏付けられた。よって、このテストが、今後、より詳細な調査の基礎となることを期待する次第である。

目的は、私の実験台になった人たちが、スプライシングをした接合箇所にどの程度気づけるかを検証することにあった。ただしその箇所が不注意の産物か、精妙に処理したものかは問わない（CBSの名誉のために言えば、前者はそれほど多くない！）。その際、試聴テープの演奏の質に対する彼らの反応に対して、私は興味をそそられなかった（これについては予想外の収穫もあったが）。とにかく私は最適な聴取条件下でどの程度までスプライスの箇所を発見できるかを知りたかったのだ（「上手に処理したスプライスは聴き取れない」というオーディオ技術者のモットーは、確率的にみれば、どんなサンプルを用いても否定されると思えることとなろう）。また、被験者が聴き取れた（いや、聴き取れたと思った、と考える方が一般的であろう）スプライスが音楽体験を損ねたかどうかについて、私は関心を抱かなかった。もし、かなりの割合のスプライスが容易に、かつ一貫して発見できるならば、

表1：曲目

バード：ガヤルド第6番
バッハⅠ：ヴィオラ・ダ・ガンバのためのソナタ第1番から第3楽章
バッハⅡ：ヴィオラ・ダ・ガンバのためのソナタ第2番から第2楽章
モーツァルト：ピアノ・ソナタK. 331から第3楽章
ベートーヴェンⅠ：《皇帝協奏曲》から第2楽章の第1–59小節
ベートーヴェンⅡ：第5交響曲から第3楽章
スクリャービン：ピアノ・ソナタ第3番から第1楽章の第1–94小節
シェーンベルク：〈感謝〉Op. 1 第1曲

※このメニュー（演奏時間：34分35秒）に載る計8点は，レコード盤からテープにダビングされ，時系列順に並べ替えられた．7点は私自身のカタログから．ベートーヴェンの抜粋はジョージ・セル指揮クリーヴランド管弦楽団の録音．

その録音にはどこか問題があるのだろう。もしそうであれば、ワッツ氏とビショップ氏の見解が立証され、私はとっくの昔に夜逃げをしているはずだ。

私の求める情報が複雑なだけに、手順は極力単純化した。

1：被験者はそれぞれの選曲を三度までの聴取が認められている。全員がそれを奨励されたが、各自の意志で少なくとも二度は聴き、大多数は三度通して聴いた。

2：被験者はそれぞれ別個にテストを受けた。

3：カテゴリーCの参加者（楽譜の読み方について初歩的な訓練しか受けていない）を除き、書き込みのない楽譜が渡され、参照してもよいとした。テスト中、被験者がスプライスを施したと考える楽譜の箇所に、私がその被験者のイニシャルを記入した。同じ曲を繰り返し聴いているあいだの取り消しは認めた。

4：事前に曲名以外の情報は与えなかった。ただし、バードとシェーンベルクについては、存在するスプライスの数（それぞれ一箇所と五箇所）を教えた。ゆえに、指摘はそれぞれ一箇所と五箇所までに抑えるよう求めたことになるが、他の曲目と同様、必ず指摘しなくてはいけないと求めたわけではない。

5：テストに先立ち、それぞれの被験者には「スプライシングの編集に対する自分の姿勢を最もよく要約している」と考えられる選択肢にXを付してもらった。

（a）強く反対する。ポストプロダクションの技術によって演奏の継続性が必ず損なわれるため。

（b）原則として反対する。ポストプロダクションの技術によって演奏の継続性が損なわれるおそれがあるため。

（c）あまり考えたことがないか（あるいは）奇矯な共産主義者のテクノクラートたちが次に思いつくことにあまり関心がない。

（d）原則として賛成する。録音はコンサート体験の複製である必要がないから。

（e）無条件に賛成する。録音はコンサート体験の複製であってはならない。

案の定、選択肢の（a）と（b）は、敬遠され、（c）は奇抜な意見として許容された。

表 2：参加者

カテゴリーA：職業音楽家
　男性：作曲家，チェロ奏者，ピアノ奏者
　女性：ピアノ奏者，音楽学者，歌手

カテゴリーB：音響専門家
　ラジオ局幹部，ラジオ技術者，ラジオ技術者
　ラジオ・プロデューサー，ラジオ・プロデューサー
　アナウンサー兼編集者

カテゴリーC：非専門家
　弁護士，一般開業医，レコード批評家
　司書，ジャーナリスト，保険業者

※カテゴリーAの被験者については，ピアノ曲が集中したため，ピアノ奏者を２名とした．カテゴリーBでは，全員が「クラシック音楽《シリアス・ミュージック》」側の放送に携わっており，特に幹部とプロデューサー２名はクラシック音楽の曲目のみを扱う．技術者両名はオーケストラ録音の経験が豊富だ．アナウンサー兼編集者はクラシック音楽の番組編成を専門とする．

しかし、（d）と（e）への反応には意表を突かれた。逆相関の結果が出ることは予想していたのだが（実はそうなるように祈っていた）、（e）を選んだ六名のうち四名が非専門家だったのは意外だ（残り二名は技術者とピアノ奏者だった）。残りの被験者たちは（d）を選択したが、彼らの示した具体的な根拠の数々には、ワッツやビショップの文章に通じるものがあった。たとえば、「ナナ・ムスクーリのライヴ盤を手放せない」（ラジオ技術者）、「放送録音を排除したくない」（ラジオ局幹部）、「見かけの悪い人を良く見せるべきではない」（ピアノ奏者——この一言で、私は科学的冷静さを失って「無限の猿定理（猿がタイプライターを叩き続ければやがてシェイクスピアの作品も偶然に打ち出されるという思考実験）」の講義を始めてしまった）。いずれにせよ、結論は明白だった。プロの音楽家は現状維持において既得権益が守られる。プロデューサーと技術者は（主に前者がそうで、後者は程度は低いが）プロの音楽家によって既得権益が守られる。非専門家の集団グループは、録音テクノロジーをコンサート体験とは異なる独自の現象として受け入れる用意があるのに、これらの二つの専門家グループはどちらもそこには到らない（以下、表3・4・5を参照）。

このテストには、総数で六十六箇所のスプライスが含まれていた。だが私としては六十六・六六箇所含まれていたと考える方が好きだ。あとで読者がこの算術的な奇想を許してくれると信じている。前述のように、六十六のスプライス箇所は合計で三十四分三十五秒に流れる音楽のどこかに存在するのだから、平均三十一・四秒に一度の割合で現われる。ただし、実際には零回（バッハIとベートーヴェンII）から九・二秒に一回（モーツァルトのロンド）まで、頻度にばらつきはある。

そして、第二の逆相関が生じた。実際のスプライスの密度と被験者が推定した密度の比のことだ。このテストの各曲は、その曲自体あるいは前後に聴かれる曲との関連で、何らかの特徴的な対比がはっきりわかるように選んである。バッハの二曲とベートーヴェンの二曲の場合、この密度の相関を考慮して選んだ。スプライスの存在しないバッハIには、延べ三十六箇所の指摘があった（一名は棄権した）。スプライスが十二回（十二・五秒に一回の密

表3：用語一覧

テ　イ　ク：録音された演奏あるいはその試み．通常は1個の作品や楽章や大きな部分の冒頭から始まる．

インサート：通常はテイクを補うために企図された録音された演奏．短いことが多いが，1個の作品の主要部分に延びる場合もあり，当該作品の冒頭を含まないことで定義される．（ヨーロッパのスタジオによっては，録音された素材はすべて「テイク」の用語で呼ばれ，「インサート」は廃れている．）

スプライス：二つのテイク，2つのインサート，あるいは1つのテイクと1つのインサートを接合する編集箇所．

再　利　用《リジェネレーション》：1個の作品の2箇所以上で同じ音の長さを持つと思われる素材を2台のテープ機器を用いてダビングすること．通常は短いが，ときには，賢明ではないにせよ，ダ・カーポによる反復や複縦線の導く反復等に用いられる．

インターナル・クローズアップ：調整室からいちいち告知を受けなくても演奏者が有利な編集点に戻って問題の素材を1度ないしは数度繰り返した事実によって可能となるスプライスあるいは編集．

度）あるバッハⅡには、二十二箇所の指摘があった（棄権者は三名）。バッハⅠは二分二十五秒、バッハⅡは二分三十秒と、ほぼ同じ演奏時間である。しかし、バッハⅠの指摘箇所は棄権を含めて一人当たり二・〇回であったのに対し、スプライスの密集した茂みのようなバッハⅡでは、一人当たり一・二回という結果になった。

顕著とは言えないが、ベートーヴェンの二曲（それぞれ九箇所と零箇所）においても同様の結果が得られた。ベートーヴェンⅡは、演奏時間の長さで比較したならば（ベートーヴェンⅠが六分十五秒、ベートーヴェンⅡが五分三十秒）、五十八箇所の指摘が得られるはずなのに、実際にはそれよりも少ない、五十二箇所の指摘にとどまった。ベートーヴェンⅠには六十四箇所の指摘があった。

これら二組の事例は、私の私的な問題の解決にも役立った。私はCBSに、ほかの演奏家が録音した楽章で、スプライスがまったく含まれていないものの提供を求めた。キンゼイ症候群

表4：編集密度Ⅰ

作曲家	スプライス	密度（秒）	指摘	正しい箇所	指摘（1分あたり）	正しい箇所（1分あたり）
バッハⅠ	0		36		14.8	
バッハⅡ	12	12.5	22	6	8.8	2.4

表5：編集密度表Ⅱ

作曲家	スプライス	密度（秒）	指摘	正しい箇所	指摘（1分あたり）	正しい箇所（1分あたり）
ベートーヴェンⅠ	9	41.6	64	15	9.9	3.4
ベートーヴェンⅡ	0		52		8.9	

（米国人の性生活を調査した『キンゼイ報告書』（一九四八、五三年発表）を指す）とでも呼べそうなもの（「なるほど、しかしまともな人間はこんな質問には答えませんよ」といった態度）を回避できるかもしれないと思ったからだ。結局、参加してくれた被験者のうち十五名は私の友人だったので、「みんな彼の気分を害さないように手加減したはずだ」と読者が懐疑的に思っても不思議ではない。しかし、セルが指揮をした演奏ならば、そんな気兼ねは無用のはずだ。スプライシングが皆無の楽章（これは彼に限らず誰の録音でも珍しい事例）でも、指摘のパターンは相対的に一致したので、仲間どうしの馴れ合いは無視できる程度だとわかった。すると、無編集の録音二例をめぐっては、さらに興味深い相関関係の考察が導き出せる。もしも私が演奏した無編集のバッハⅠをセルのベートーヴェンⅡの長さに換算するならば、三十六箇所あった指摘は、八十一箇所にまで増えるのだ。情け容赦のない現実が突きつけられているではないか！

　バードのガヤルドを選んだのは、長いスプライスがいちばん明白で、それゆえ、いちばんありえない場所に施されているからにほかならない（**表6**）。中間部と終結部を区切る二重線のところから始まるのである。この試験は、「純粋に無垢な人々《ディヴァイン・イノセンス》」と「如才ない人《ソフィスティケイツ》」を区別するために考案されている。つまり、トリックに意識的な技術者はここまで明け透けな編集は指摘するまい。実際、正しい指摘をしたのは三名の非専門家（司書、ジャーナリスト、レコード批評家）だった。他の全員（ただし三名は棄権）がアクセントのある和音、ソフトペダルの急な踏み込みといった色彩的な効果を探し求めた。そこにスプライスが見つかると思い定めたのだ。（もちろん、こういう掃討作戦はたいてい徒労に終わる。編集する側は前後が均等になることを経験則として求めていくのであって、その逆ではない。だから、問題の箇所を探す代わりに特に滑らかにできている部分に当たりをつけた方が有益かもしれない。）

シェーンベルクの歌曲はその正反対の理由から選んだ。途中のフェルマータのついたト短調の和音という顕著な例外を除けば、この曲のテクスチュア自体には継ぎ目がない。このト短調の和音は五人の参加者が選んだが（結局、これは複縦線に相当するポストロマン派的な区切りであり、スプライスでパラグラフを構成するのに論理的な意味を有するし、実は五つ存在するスプライスの一番目だった）、残りのスプライスのうち正しく指摘できたのは一箇所だけで、しかもそれは、音楽よりも歌詞に基づく指摘だった。第五十一小節の tief（深い）という言葉が、後続するピアノの弱拍の位置で編集したために、わずかに途切れていた。指摘できたのは、ドイツ語を話す被験者だった。（ほかに数名、ドイツ語が少しできる被験者が、「深い」トラブルを感知して、正答ではないものの、この言葉自体やその前の弱拍を指摘した。）

残りの二つの曲目は、比較研究として設定した。スクリャービン（スプライス五箇所、一分五秒に一箇所）を選んだのには三つの理由がある（表7）。まず、スプライスのうち二箇所はインターナル・クローズアップであったこと（どちらも識別さ

表6：グループ別正解表（バード）

カテゴリー	正解	不正解	棄権
音楽家	0	6	0
技術者	0	4	2
非専門家	3	2	1

表7：グループ別正解表（スクリャービン）

カテゴリー	正解	不正解	棄権
音楽家	4	17	0
技術者	1	6	2
非専門家	1	6	3

れず）。次に、ピアノのテクスチュアとしては、常に満ち引きがあるが、ペダルの踏み方に一貫性が見込まれるため、特にスプライシングの容易な種類であること。そして、それにもかかわらず、このテストの中で唯一、最初からばれていると私には思えるスプライスが含まれていることだ。そのスプライスは編集した者が不注意だったわけではない。容疑者は私で、イン点では雰囲気が感じられるのに、アウト点ではペダルがあまり踏まれていないことを考慮しそこねたのだ。ところが、そんな私の反省をよそに、この箇所はまったく指摘されなかった。残りのスプライス三箇所のうち、一箇所は誰にも指摘されず、別の一箇所はピアニストが気づき、もう一箇所は「ア・テンポ――ポコ・スケルツァンド」と一致したのだが、被験者五名が認識した。そこは音楽家の専門知識が役立つ唯一の例となった。

モーツァルトを選んだのは、テスト全体の半分以上（三十四箇所）のスプライスが含まれており、その大部分がインターナル・クローズアップか再利用の結果であったからだ。正直に言うと、私は再利用という技法をあまり使いたくなく、代わりに問題のある場所ごとに別の挿入を施すことを好む。しかし、この場合（問題のセッションの終了時刻が迫っていて、私は列車に乗らなければならなかった）、私は簡単な方法を受け入れた。その曲はロンドでもあったわけで――。さて、そもそも再利用によるスプライスは、通常のスプライスよりも発見ははるかに難しい。その特質は整合性にあり、もともとダビングする素材のすぐそばで用いればなおさらである。そのような近接性がK三一一の特徴であった。しかし、通常のスプライスならば、たとえばテイク1《ワン》にテイク2《ツー》をつないだら、テイク2がかなりの長時間にわたって続いてもよいが、再利用を施す箇所はそれとは異なる。ダ・カーポで繰り返す場合は仕方がないにせよ、月並みな和声の変化や、この技法の本質上、表面的にきれいに整いすぎてしまうとすれば、できるだけ短くしなくてはならない。だからモーツァルトでは編集箇所の密度は高くなった。K三一の最も長い再利用は六拍で、最も短いものは単独の八分音符一個である。

K三一の場合は、バードと似ていなくもない。推測のパターンは三つのグループで大きく異なる結果が出た。プロの音楽家と非専門家は、ほとんどの場合、パラグラフの区切りや主題に戻る位置にスプライスの箇所を指摘した。他方、技術者は、再利用の処理を何となく察知して、勘で指摘したところ、ある人は見事にも三箇所を当てた。「ここが再利用のイン点だ」「アウト点だ」と、はっきり言い当てていた。しかし、このモーツァルトのロンドは、隣りのベートーヴェンの協奏曲と比べると、スプライス密度は四五〇%も高いにもかかわらず、指摘数は八%増（七十一対六十六）、正答数は一箇所増（十六対十五）、一分あたりの正解数は二十五%増（三・〇対二・四）でしかなかったのだ。

全般的にみて、これら三つのグループは、編集プロセスに対する態度や思い込みがかなり異なる。そのことが指摘のパターンから明らかになった。音楽家は、ほとんどの場合、色彩的な効果、不意のスフォルツァンド、ペダリングの変化、不規則なルバートを選んだ。技術者は「アンビエントのくぼみ《アンビエント・ディップス》」「響きの不自然な延長《オーヴァーハング・イレギュラリティーズ》」に気をとめた。そして、非専門家は音楽のまとまり《パラグラフ》ごとに判断し、可能な限り、休符やその他のリズムの中断のあとに編集箇所を指摘する傾向があった。

非専門家グループの場合、この傾向が唯一の特徴だとすれば、その成績の価値は割り引きたくなるかもしれない。そこで、休符やフェルマータが最も多いモーツァルトの録音を確率的に調べたけれども、このグループの被験者たちから特に正確な推測パターンが得られたわけではない。

さて、オスカー賞受賞式なら「封筒を開いてください」といったところの結果発表はこうだ（**表8・9**）。最も多く正答したのは、ジャーナリストと歌手の二人である（七箇所）。ただし、歌手の場合、指摘の総数はこの正答数の二倍半もあった。よって誤差の比率がスコアに反映されるというペナルティが生じた。最も正答率が高かったのは司書で（たいへん控えめに指摘は三箇所のみで、そのうちの二箇所が正答）、最も印象的な成果を示し

表8：グループ別による正解順位

作曲家	第1位	第2位	第3位
バード	非専門家	技術者	音楽家
バッハⅠ	非専門家	技術者	音楽家
バッハⅡ	非専門家	音楽家	技術者
モーツァルト	非専門家	技術者	音楽家
ベートーヴェンⅠ	非専門家	技術者	音楽家
ベートーヴェンⅡ	技術者	非専門家	音楽家
スクリャービン	音楽家	技術者	非専門家
シェーンベルク	技術者	非専門家	音楽家

たのは一般開業医であった。次の表は、誤答率を反映させて調整したものである（「戦艦ゲーム《バトルシップ》」（マス目状の海図を互いが隠し持ち、相手の戦艦の位置を当てていくテーブルゲーム）をこの程度まで進めれば、誰がやっても撃沈できるはずだ）。グループ最高率（一・四五）は非専門家が達成し、技術者は平均〇・七八、プロの音楽家は〇・五六であった。また、最高得点の四名（一般開業医、技術者、ジャーナリスト、司書）は全員が「楽譜が読めない」点で共通しており、最低得点（零点）の三名のうち二名がラジオ・プロデューサーであったことも特記されるべきだ。

何か結論はあるのか？　あるが、多くはほとんど説教じみたものだ。テープは嘘つきで、たいていそれが通用してしまうぞ。中途半端な知識は危ういし、大量の知識はむしろ身を滅ぼすであろう。そんな調子だ。

愉快な思い出は？　チェロ奏者は、セルのベートーヴェンを二度聴取したあと、スプライスを四箇所指摘した。三度目に聴く段になって、私にこう尋ねた。

「ところで、指揮者は誰ですか？」「ジョージ・セルです。」「本当ですか！　指摘を取り消してもかまいませんか？」「それはあなたの自由ですが、理由をうかがってもよいですか？」「ジョージ・セルはスプライスを使わなかったとずっと聞いていましたので。」「なるほど！」「ところで、スプライスがないのを知っていたことについて、私は余分に加点されますか？」「いいえ。」

今後のテストは？　まあ、するかもしれない。カテゴリーAの結果で示唆された逆相関を追求したら楽しそうだ。

表９：個人の結果（正答数の誤答数に対する割合で調整した）

	分類	%
第１位	開業医	3.40
第２位	ラジオ技術者	2.70
第３位	ジャーナリスト	2.62
第４位	司書	2.00
第５章	ラジオ技術者	1.14
第６位	歌手	0.94
第７位	ピアノ奏者	0.92
第８位	チェロ奏者	0.70
第９・10位	ラジオ局幹部，録音批評家	0.60
第 11 位	ピアノ奏者	0.51
第 12 位	音楽学者	0.25
第 13 位	作曲家	0.24
第 14 位	アナウンサー，編集者	0.22
第 15 位	弁護士	0.10
第 16 〜 18 位	保険業者，ラジオ・プロデューサー（２名）	0.00

だがその前にもっと多くの裏付けが必要だろう。つまり、個々の音楽家が専門とする楽器などの触覚のイメージが、その専門の演奏を聴くときの判断にどの程度支障を及ぼすのかについての裏付けだ。たとえば、被験者の歌手はシェーンベルクの歌曲ではよい記録を得られなかったし、チェロ奏者もバッハのチェロの入ったソナタではさっぱりだった。ピアノ奏者は、スクリャービンのソナタを除けば、確かに二人ともよくやったが、大半の点を稼げたのは、チェロの入ったソナタ、シェーンベルクの歌曲、そしてベートーヴェンの協奏曲のトゥッティの部分だ。加えて、ピアニストが自由な解釈を施した箇所を編集箇所と混同して（「おい、今、嬰へ音にアクセントがついていたが、私はそんなことはしない。そうか、ここで編集しているな！」）、ほとんどの誤りを犯した。

　今後のテストで用いるべき音源は？　ほかには何をすればよいか？　スティーヴン・ビショップの録音の編集箇所をアンドレ・ワッツに探し

てもらおうか？　それともワッツの編集箇所をビショップに？

55　きっとほかに何かある（エッセイ・一九六九年）

一九五〇年代末のテレビでの大きなスキャンダルを覚えているだろうか。クイズ番組『トウェンティワン』（一九五六−五八年放映のNBCの勝ち抜きクイズ番組）でのチャールズ・ヴァン・ドーレンの不正疑惑のことだ。そして、彼が雑学の歩く百科事典ではないことが最終的にいつどのように新聞にリークされたかについてはどうだろう。あの古典的なしかめつらと、空調の効いた隔離ブースの中で大汗をかく特殊な才能を発揮しながら、彼はずっと答えを教えられていたのだ。企業人の首が飛び、アメリカのテレビは「魂を清め、番組のトリックを告白せよ」という新時代を迎えたのである。とはいえ、世論の反発が収まるまでは、あの番組は実に愉快だった。全米のテレプロンプターには、いくつかの印象的なクレジットが流れた――「この番組の一部は事前に収録されたものです」「ミス・フランシスのガウンはずり落ちない構造になっていました」「ベネット・サーフは歯列矯正をしていました」。

しかし、ヴァン・ドーレンの一件が提起した本当の問題は、法律の問題や、それこそ道義的な問題であるよりも、むしろ純粋に美的な問題であった。ヴァン・ドーレンが殊勝な実用主義を発揮して、よりよい番組作りのために学術上の信用を捨てたことは、テレビの将来に関心を持つ人々や、その中でとりわけ音楽の演奏とカメラの間の友好的ならざる関係に当惑している人々にとって、具体的な教訓となった。なぜなら、有線設備によるテレビ教材が普及し、「トウェンティワン」が最終学期の神経衰弱を巧みに再現しているにもかかわらず、テレビは、教室自体を無効化できないし、演奏会場にはもはや足を運ばなくなった大勢の観客を引きつける能力は間違いなくあっても、公開演奏の古風な魅力を模倣することはできないからだ。コンサートが滅びようとしているのは、それがもはや二十世紀の音楽の要請に適切に応えられないからであり、その重荷とレパートリーを引き受けるつもりでテレビが舞台のそでで待ちかまえているからではない。

テレビは、確かに、他の媒体に「取って代わる《リプレイスする》」ものではない。時代遅れのメディアの関心事をテレビが引き継ぐことは期待できないのであって、社会主義政権が鉄鋼業を引き継ぐのとは違う。必然的かつ自動的に起こるのだが、テレビは、惹きつけられる体験を自分なりに再解釈しつつ、同じ体験にまったく異なる意味合いを持たせた表現手段の基準を軽んじるのだ。

もちろん、テレビになじむ活動もいくつかあるが、その構造や心理面をごく最小限に再定義する必要がある。たとえば、ホッケーは驚くほど相性がいい。それは、大衆に受けるからでも、ゴール裏の混戦をより鮮明に見られるという期待からでも、熱心なファンが自宅の居間から動きたがらないからでもない。試合の構造自体が、分割画面技術、リプレイの挿入、カメラでの動きの追跡を促しているからである。（一方、野球はチェスをアニメーションにしたようなものなので、さっぱり機能しない。）また、ドラマは小さな画面でも驚くほどの迫力で描ける。特に、映画のベルイマンからゴダールにまで影響を与えた、テレビのルポルタージュのクールなネオドキュメンタリー風のカメラ・アングルを強調すればいいのだ。けれども、音楽については、残念なことに、わずかな例外を除けば、そのポリフォニーは死んでしまう。

確かに、ポリフォニーは問題のひとつかもしれない。簡潔さを貫く定旋律なら、映画ではうまく機能する。カメラマンが、松明のようなパレード、廃墟のセットなど、これを支えるために小道具を考えなければ、という気持ちになるからだ。しかし、テレビ局の人間は、主題の縮小や拡大、反行カノンといった脅威に直面すると、見せられないものを見せるにはどうするべきか考え込んで身動きがとれなくなってしまう。スポンサー企業は何かのときには鞭の打たれ役になるはずだが（大手のほとんどは組織なりの慈悲深さを示しつつ距離を保つし、米国以外の諸国ではテレビの維持は規則で定められている）、その無関心を非難しても、テレビの音楽作りを妨げている本当の問題は解決しない。また、不十分な音質（テレビ・スタジオによっては、ラジオのいっそう高邁な探求にやっと見合う程度だ）や、固定されたカメラ（バスーン奏者たちが映っている中、その一名だけ吹き込み管《クルーク》をはずして水滴を抜く様子が見えていたりする）といったことをとがめても仕方がない。

本当の問題は、このメディアに関わる音楽家のほとんどが、ある観念から自分を切り離せないという意味で、単純であり、かつ複雑だ。その観念とは、音楽とはコンサートによって表現されるものであって、そのやり方を向上させることはできないし、侵害することも許されないというものである（でも私ならこう言う――「セヴェリンソンさん、通しのリハーサルでは再現部は割愛してもかまいませんか？　照明がつらいし、そもそも、よく知っている曲ですし」）。そして、そうした非現実的な要求は、多くの親切なディレクターやプロデューサーに少なくとも黙認されている。それは、クラシック音楽を健全な活動と認め、仕事のふるわない年のスケジュールに、ドラマやドキュメンタリーの仕事を喜んで入れてくれるような人たちだ（「第二カメラはそのままロングショットを続けようじゃないか。おや、サー・ジョシュアがまた汗をかいているぞ」）。

そして、このような音楽家たちの姿勢と経営者の消極性との無意識の提携が、テレビ用に考案されるほとんどの企画を妨げてしまう。――いや、正確に言えば、テレビ用に考案されること自体が阻害されるのかもしれない。というのも、最も親しみのある二つのアプローチ、すなわち、カメラを入れた放送コンサートと、広報活動タイプのインタヴューには、このメディアに本来備わっている特性を否定するような装飾が仕組まれているからである。放送コンサートは、円形ホリゾントで、スタジオの床には三日月が描かれ（ポップ・アートの色合いが人気だ）、楽団は、一九三七年頃のベニー・グッドマンがカーネギー・ホールに乗り込んだときのように（正確には一九三八年一月十六日、同会場での初のジャズ演奏会）台の上に並ぶ。そして、インタヴュー番組では、デンマーク製のモダンなコーヒーテーブル、局名告知が終わるたびに不可思議にも注ぎ足されているティーカップが映し出され、常に熱心な司会者がこう尋ねる――「教えてください、バビットさん、着想はどうやって得られるのですか？」と。

言うまでもなく、アメリカ合衆国で、テレビでの音楽の紹介者として決定的に重要な人物は、レナード・バーンスタインである。教育における稀有な才能は、彼のあらゆる才能に加えられる。彼は、能力を発揮して、プロの関心も惹きつけながら一般人をも魅了する分析的な手法を考案した。また、マクルーハンのように、危ういほど身近な言葉に対照的な性質を発揮させる術も心得ている。彼はマクルーハンの提唱したクールとホットの二項対立にとらわれることはないが、その台本の「モード」「スケール」「メジャー」「マイナー」といった言葉は、個性を帯びると同時に光を放つのである。

しかし、このような説明能力を買われたためか、バーンスタインは、テレビを、アメリカ国民の音楽的啓蒙という、実に価値ある目的を実現するための手段とすることに満足している。その結果、バーンスタインの典型的なテレビ番組は、「ルートヴィヒ・シュポーアさん、これがあなたの人生ですよ」と率直に言うような、わかりやすいものとなっている。番組は、リンカーン・センターのフィルハーモニック・ホールで、聴衆の前での生演奏を収録したもので、そのために必要なすべての音響補正を施し、〝耐え難き神童たちのためのウェストチェスターの家《ウェストチェスター・ホーム・フォー・インサファラブル・プロディジーズ》〟から招いたとおぼしきかわいい子どもたちをバルコニー席に呼び寄せて、その様子を画面の切り返しでちゃっかり映したりした。カメラワークはあまり凝っていない。もし監督がテューバの大映しを認めてくれたら、おそらくテューバ奏者は「第二主題まであと十秒」といった横断幕を掲げるであろう。バーンスタインの目的は完全な教育活動にある。カメラの要求を優先して指揮と語りで何らかの妥協することを本人も望まないし、求められてもいない。それにもかかわらず、バーンスタインの強烈な個性、ひたむきな指揮ぶり、そして常に洞察に満ちた分析的な説明のおかげで、おびただしい数のテレビ出演は、最良の厳密な意味で「大きな善をなした」ことに間違いない。その点ではビリー・グラハムの伝道テレビ番組に劣らないのだ。

ただし、バーンスタインを除けば、アメリカの見通しはあまり明るくない。彼の成功によって、教育テレビに音楽鑑賞風の独白や円卓会議的な討論を詰め込む模倣者が続出した。彼の直截簡明な表現に憧れながらも、その気品や冴えや機知には遠く及ばなかったのだ。そして、ソル・ヒューロック（一八八八―一九七四。米国随一のインプレサリオ）がいる。彼は、コロンビア・アーティスツ・マネジメント（一九三〇―二〇二〇。国際的な音楽事務所）の名簿に敬意を表して、毎年、通常、アメリカ文化の現状に基づく「絵」を提供しているが、これは問題点を列挙する告発のようなものだ。つまり、『ベル・テレフォン・アワー』である。

このシリーズ番組は、最近、メトのイタリア部門の第二チームを助成するという旧来の方針を取りやめた。それは、ジョージ・セルとバークシャー音楽祭（一九三四年に始まるタングルウッド音楽祭の別名）など、アメリカで堅固な地位を築いている団体に敬意を表するためであった。この夏の音楽祭のにぎわいを再現させるために、『ベル』の制作スタッフはボストン交響楽団に、エルガーの《エニグマ変奏曲》の約五分の一とスメタナの《売られた花嫁》序曲の約三分の二を演奏させた。他方、一連のミニ・インタヴューでは、まず、エーリッヒ・ラインスドルフ（一九一二―九三。オーストリア出身の米国の指揮者）が、楽団員たちのスケジュールをスポーツ選手のトレーニングに喩えて説明するように促された。次に首席チェロ奏者のジュール・エスキン（一九三一―二〇一六。独奏者としても活躍）は、調子の「良い日」と「悪い日」について語り、スポーツ選手の喩えを深めた。そして、ソプラノ歌手のフィリス・カーティン（一九二一―二〇一六）は、音楽は「すごいコミュニケーション手段」だと断言した。このようなインタヴューに応じた彼らをあまり責めるわけにはいかない。なぜなら、彼らの意見はすべて、私がこれまで聞いた中で最もおめでたい《ナイーヴな》質問を画面の外から受けて、それに応じたものだったからだ。この番組全体は、ほとんどの音楽家が一般人と変わらないことを納得させるために作られたようだ。自分の娘とは結婚してほしくないとしても、同じ通りに住んでいてもかまわない人であると。

ところが、周知のように、音楽家が一般人とは違うヨーロッパでは、ヘルベルト・フォン・カラヤンは、アメリカのバーンスタインと同様に、テレビのための映画製作に深く関わっている。アンリ＝ジョルジュ・クルーゾー（一九〇七―七七。フランスの映像作家）のような有名な映画監督と協力して、彼は合唱と管弦楽の一連のコンサートを、このメディアのために考案した。それは意識的かつ独創的である。レパートリーはかなり伝統的なもので、ヴェルディのレクイエム、チャイコフスキーの第一番（ヴァイセンベルクの独奏）、ドヴォルザークの《新世界》などだが、演出は決して一様ではなく（ヴェルディは明らかに、そして驚くべきことに、四角四面《スクウェア》だったが）、コンサート・ホールの伝統への反抗として考案されている。

ドヴォルザークでは、三日月型に並んだチェロの小隊が出てくるかと思えば、次のショットでは同じチェロのセクションが二名ずつ並び、それぞれコントラバス奏者一名が後方に控えている。当のカラヤンはタートルネックを着て（実際はシャツの襟を立てているだけ）、弦楽器群に囲まれていて、ほとんどショットで、ひじを動かす隙間もほとんどない。その弦楽奏者たちは残りの団員たち同様、ビジネススーツを着込んでいて、カラヤンの服装とはいくぶん不釣り合いである。しかし、この服装の不一致でさえ、舞台と寄席を区別する通念の否定に役立っている。つまり、この発想はコントラバスのギザギザの輪郭で画面の上縁を埋めるクルーゾーの習慣によって、さらに強化されている。マックス・エルンスト（一八九一―一九七六。ドイツ生まれの超現実主義画家）が描いた戦争の爪痕のようだ。視聴者は、カメラに割り当てられた空間にすっかり没頭し、その視野の外側には関心を寄せない。この映画は、指揮棒が振り下ろされた瞬間から、リハーサルのようなのびのびとした雰囲気を高めていく。いつ音楽が止まってもおかしくないリハーサルが、どうもそのままうまくいったらしく、全曲演奏が成立してしまった、といった具合である。

この映画では、コンサート・ホールならではの視覚的要素が軽視されているばかりか、音響的な期待も、ある意味で裏切られている。すぐに恍惚に到る首席クラリネット奏者、決然としたティンパニ奏者、第二ヴァイオリンの情熱的なボウイング――こうしたものが見られるが、聞こえるほぼすべての音は、ヴァン・ドーレン以後の最良の伝統に沿うならば、偽物となる（録音は映像より前に収録されている）。コンサート・ホールの伝統に浸りきった人にとって、この映画は腹立たしい体験となろう。――だが、私はこれが大好きなのだ。

オーケストラ撮影で他のどんな試みもカラヤンのアプローチと較べたら見劣りがするが、だからといって、あれがテレビにおける音楽番組の最終的な解決策であるわけではない。実際、参加している音楽家が演奏している様子をそのまま映す必要があるのか、真剣に考えなければならない。また、聴きながら見ることの道徳性や望ましさをめぐる古くからの懸案をテレビに解決させてはいけないのだろうか。また、必要となれば、聞きながら見ることが道徳的であったことも、望ましかったこともこれまで一度もなかったのだと主張する私たちに好意的な解決を導くべきである。

何年も前、まだオーケストラのコンサートが「生放送」だった頃、カナダのプロデューサー、フランツ・クレイマー（一九一四―一九九九）がメンデルスゾーンの《イタリア交響曲》の演奏から第二楽章を借り出して、シチリアの山腹を進む騾馬の行列の資料画像の音楽に使ったことがある。まさにディズニーの『ファンタジア』の世界だったが、これによって私たちはコンサート・ホールの外に出ることができたし、騾馬にも好感を抱いた。それ以来、私は、十分に速いテンポで、騾馬の蹄がゆったりと確実に地面に置かれるのと強拍が一致するような演奏でないとあの第二楽章を楽しめなくなってしまった。また、最近、パリで、フランス放送協会のカメラが、サンドニ大聖堂の数々の彫刻を三十分にわたって映し出したとき、背景の音楽はメシアンの《われ死者の復活を待ち望む》だった。いつもよりも素晴らしい音楽に聞こえたのである。

結局、画面があればそれを使わなければならないと考える必要はない。特に、楽団員たちや独奏者が日常的に演奏する様子を報道する場合はそうだ。音声と映像の相互作用は、あらゆる面で再考する必要に迫られている。音楽には、どんな画面でも適切な表現や解釈の及ばない壮大な瞬間があり、それに適切に応じられる唯一の視覚的反応は、抽象的な図画、テストパターン、あるいはそのあとに映じられるスノーノイズである。同様に、映像要素は、かなりの長さにわたり、音声を伴わなくても成立するはずだ。音声と映像という二つの力は、これまで強いられてきた不条理な一体感を否定することによって、大きく結びついていくのである。

音声と映像は、体裁の良いパッケージではだめで、互いに役立つものでなければならないことは、十分に明白なはずだ。これはもはや前提であるが、この分野で、これについてリップサービス以上のことをする者は今まで誰もいなかった。そして、もしマクルーハンの主張どおり、現代の潮流が制作のプロセスへの関心にあるならば、その関心は、どのように、なぜ、何が、いつ起こるかという観念に私たちを巻き込むだけではすまない。制作物の構成要素はだいたい調整すればまとまると見込む安易な態度から私たちは解放されるはずだ。プロセスへの関心があれば、芸術は大きな神秘の根源として扱われるようになる。その神秘とは、対称性や統一性、そして分析によって強制されかつ限定された伝統が定義しうるあらゆるものよりも大きい。

そうなったとき、ポストプロセスの状況が生まれる。不満足な過去の不確かな記憶に軽率な忠誠心を発揮するのではもう通用しない。いよいよチャールズ・ヴァン・ドーレンの夢が実現するのだ。

56　音楽としてのラジオ——ジョン・ジェソップとの会話（対談・一九七一年）

JS（ジョン・ジェソップ）：最初に、独特なスタイルのラジオ・ドキュメンタリーを作られた理由について詳しく知りたいと思います。どこから着想を得たのでしょうか？

GG（グレン・グールド）：一九四五年か四六年頃に、あの『サンデー・ナイト・ステージ』か何かを聴いていたのがきっかけでしょう。当時は、アンドルー・アラン（一九〇七—七四。

（CBCラジオ・ドラマ部門の責任者）とその仲間たちが統括していました。私はラジオに夢中だったのです。あの種の演劇的な体裁をとったラジオ番組の多くは、かなり高水準の、本当の意味でのドキュメンタリー作りでもありました。とにかく、ドラマとドキュメンタリーの区別は、具合の良いことに、いちいち問われなかったようです。私の住むトロントという町は、劇場自体が比較的少なく、プロの劇場はほとんど存在せず、そもそも私は清教徒気質のため、劇場がたくさんあっても、行こうと思いませんでしたが、ラジオ劇場には夢中になりました。ラジオ劇場は、より純粋で、より抽象的で、ある種のリアリティが感じられたからです。それは、のちに親しむようになった伝統的な演劇には常に欠けていると思われるリアリティでした。

五〇年代後半、私はドキュメンタリーの台本をときどき書くようになりました。ラジオが決定づけたと思われる種類のドキュメンタリーには常に不満でした。仰々しい《サウンディングな》出来の番組が実に多かったのです。四角四面《スクウェア》だったとは言いません。四角四面は、私の語彙では必ずしも軽蔑的な意味ではないので。まあとにかく仰々しかった。そう、マクルーハン氏の用語で言えば、線的《リニア》だったんですよ。「まずそちら、どうぞ……それでは司会に戻りまして……さて、まとめに入りますが……」という調子で、要するに、先が読めてつまらない。一九六二年に書いたシェーンベルクに関する番組の台本もそうでした。二時間番組で、誰がどう考えてもずいぶん長いドキュメンタリーでしたね。のちに私は、自分のためにさまざまな手法を磨く必要に迫られましたが、そうした手法を使えていたら、シェーンベルクのような題材であれほど長い番組を作れたかどうか、正直、自信がありません。とにかく、当時はラジオでどんな仕事に取り組むにせよ、線的な作り方以外の選択肢はなかったのです。結局、私は当時の手法に大いに不満で、一九六七年になって初めて、独自の手法で作品の制作に挑戦できたのです。

JJ：『北の理念』の誕生ですね。

GG：そうです。私は以前から北に夢中でしたので、北についてのドキュメンタリーを作るのは当然の帰結でした。

JJ：そしてそれがラジオの手法を用いた実験の始まりだったと？

GG：まあ、おかしな話ですが、着手したときには、どんな手法を用いることになるか、何もわかっていませんでした。実際、『北の理念』の初期のアウトラインは、喩えるならば、ベートーヴェンのスケッチ帳が興味をそそる程度のものであって、かなり素朴で、最後の完成作とはずいぶん違います。五人の登場人物を扱うから、番組を五夜のエピソードでまとめようかと考えたときもありました。

ＪＪ：それは意外です。

ＧＧ：いや、真面目な話、あれが私の若い頃の日々や当時のパターンを想起させるものでないとすれば、どうやって思いついたのでしょうね。私は五つの物語による構成を考えていました。それぞれに主役の登場人物が一名いて、残り四名は、うなずきつつ、主役の語る内容に関連する補足的な考えや逆の意見を提供するのです。だから、登場人物たちによる展開はなくても、ある程度の対位法は見込んでいました。しかし同時に、私の発想はまだ線的な分離から脱していませんでした。この場合は、ほとんどソープ・オペラ的な断続性による分離でした。私はまだ、番組を統合的な構造として考えていなかったのです。

　放送日の六週間ほど前までは、その予定でした。思い出すと本当にぞっとします。ところが放送日まであと五週間に迫ったとき、急に気がついた。私のやりたいこととはまったく違う——やはり一種の統合体でなければ、と。この統合体には、テクスチュア、つまり言葉の織物があって、それが登場人物それぞれの特徴をもたせ、ドキュメンタリーの中でドラマ風のめぐり合わせを創出するのです。もちろん、実現させるにはずいぶん大規模な編集作業を経なくてはならない。私は二、三週間ほどかけて精密な編集作業に専心しましたが、それでもまだ、作品が最終的にどんな形式になるのか、まったく確信が持てませんでした。

　次の段階ですが——そのときの一連の作業は、まだ要領のわからない下積み時代に犯した罪としか形容のしようがありません。今、あんな場当たり的なドキュメンタリー制作をしたら、完全にパニックになるけれど、一九六七年当時はよくわからなかったのです。とにかく、次の段階は、形式を考えることでしたが、その時、決定的な事実が判明しました。私は、たくさんの場面にどんな素材を割り当てるかを考えて番組全体を配置していました。その結果、本当にすべての場面を聴かせたければ、一時間二十五分程度の放送時間が必要だと判明したのです。もちろん、使えるのは一時間でした。私は考えました。「さて、どうしても一場面は削らなくてはならないな。」エスキモーについての場面がある——これは削れない。隔絶とその影響についての場面はどうか——もちろん残さなくては。締めくくりの独白も、開始で三人を並べた場面なども絶対不可欠だったし——どこも切ることはできませんでした。そういうわけで、時間をおよそ一時間に切り詰めることになった。十二分、いや、ハリー・マニス（一九二〇－二〇〇三。CBCの名アナウンサー）のクロージングのクレジットの分も考えれば、少なくとも十四分は長すぎました。そこで私は思った。「おい、彼らのうち何人かを同時に話させてもきちんと聴けるんじゃないか!?——

それができない理由は特にないんだから」と。
JJ：「対位法的ラジオ」はずいぶん不幸な誕生をしたのですね。
GG：そう、少々誇張かもしれませんが、形式面は、慎重かつ念入りな計画を遂行したのではなく、ほとんど何となく実現してしまったのです。
　それより、およそ一月前にはもう、自分が本当にやりたいことが何かはよくわかっていました。それは、同時に生じる複数の問題に対して、いろいろな態度や反応を自由に表明できる構造を生み出すことでした。私はそれを思い出し、場面の概略を作り始めた。その時点で、プロローグに始まり、五つの場面を経てエピローグで終わるという形式が頭の中にはっきりと思い描けましたし、それを紙にも書きとめたので、小さな変更を加えただけで、そのまま最後まで残ったのです。私はこの変遷を少し誇張して紹介しましたが、それは、問題を回避する方法を悟るには、ある程度の失敗が必要なことを示したかったからです。私はこの問題を長い間かかえてきましたが、解決にはある種の勢いの獲得が不可欠だと思いました。
JJ：さて、『北の理念』で最初に気づくのは、従来のドキュメンタリーにはないドラマの感覚です。登場人物は、情報や意見を発するだけでなく、ドラマとしての状況を作り出す役を担っているようですね。また、登場人物の間で、ギヴ・アンド・テイクがたくさん行なわれています。
GG：あの作品は、最近、私たちの多くが追求している考え方と必然的に結びついています。すなわち、芸術作品なるものは存在しないか、存在するべきではない、という考え方です。それこそどんなものでも芸術作品になり得ます。また、ドキュメンタリーにもなり得るし、その他どんなラヴェルだって貼れる。ただし、ここで危険なのは、何かに名前をつけて、その名前に合ったものとなるのを期待することです。
　ニューファンドランド島を扱った私のドキュメンタリー『遅れてきた人々』に、こんな場面があります。夫婦とおぼしき紳士淑女が、かなり親密な会話を交わしている箇所です。設定はごく単純で、この男性が中央からやや左に定位し（前作とは異なり、『遅れてきた人々』はもちろんステレオ録音でした）、女性はやや右に定位しています。二人のあいだには、何もない空間が広がっているらしく、そこに水音が聞こえます。潮の音で、これが『遅れてきた人々』の通奏低音となるのです（前作では汽車の音でした）。とにかくこの場面は、オールビーの戯曲『ヴァージニア・ウルフなんか怖くない』（一九六二年）の場面のように思えてくる。というのは、二人のあいだに存在しているとおぼしき関係が、色合いを変えてきて実に興味深いからです。

ところで、当然ですが、この色合いの変化はかみそりの刃で作りました。私の知る限り、この二人は現実には一度も会っていません。この場面で展開する対話は、本来は対話であったわけではありません。それでも、もしもこの二人が会っていれば、こんな対話がなされていたのではないか。そんな気がしてならないのです。

インタヴュアーの私に対する態度も、具体的な質問への反応も、二人はまったく違いました。まさにその大きな違いがあったからこそ、あの場面が劇的になったのです。女性は、ニューファンドランドでの比較的孤立した生活に納得できず、「いつでも好きなときに出られないようでは、このニューファンドランドにはいられない」などと述べました。他方、男性は、「そうですねえ、ソローは、おそらく十九世紀のアメリカを誰よりも理解していたけれども、彼の視点は森の中の小屋にありました。私はソロー的な生き方を実践するために、このニューファンドランドを活用したい」と語ります。私なりにまとめ直していますが、結局そういう内容でしたし、当然ながら——「当然ながら」と言ったのは、そうでありたいと願わずにはいられないので——私は男性のソローへの思い入れに共感する一方、女性の商人的な感覚にはまったく共感できなかったのです。

だから、インタヴューの途中でこの女性が「私はたまに、ここから出ないとだめなのですよ」と言うたびに、私は「しかし、なぜ？」などと素朴な態度を貫きました。彼女は、表現を無限に変化させつつ、基本的には同じ答えを繰り返しました。その意味でたいへん頭脳明晰な人でしたが、ついには激怒しました。侮辱こそしなかったものの、私の一連の質問はばかばかしく、素朴すぎると。彼女は言いました。あなたは奥地の森林地帯を本当に体験したことがないから。あったら取材をやめて家に帰るはずよ、と。

さて、もちろん『遅れてきた人々』の中にもこの女性の苛立ちは収録されていますが、私との関係ではなく、彼女の対極にいる沿海州的ソロー主義者の男性との見かけ上の関係で現われます。文明的な快適さの必要性を公言する彼女に対して、男性は、「社会の中心から追い出された人は、社会のことが常に明瞭に見えるものだと信じている」といったコメントで反論を続けたのです。インタヴューのときの話に戻ると、私が「しかし、なぜ？……結局……ソローについてはどうでしょう？」といった問いかけを愚直に連発し続けた結果、彼女は少々意地悪そうにこう言いました。「いいことを教えましょう。私はときどき、ポーチュガル・コーヴ（州都セントジョンズ近くの漁村で、一九九二年に近村と合併しポーチュガル・コーヴ＝セントフィリップスとなり、現在人口八千人のベッドタウン）に行きますが、あそこでは女性たちが裾をまくり上げていますよ」――一九六八年のことだから、三年前ですね――「だからって、別に大自然と一体となった生活をしているわけではないわ」などと、そんな具合でした。

さて、この場面ですが、考えていくうちに、この二人は間違いなくドラマ的な関係にあることが、私の頭の中で自分の中ではっきりしてきたわけです。同時に、ポーチュガル・コーヴがどんな場所かを少なくとも想像する必要がありました。セントジョンズから六マイル《キロ》ほど離れたところの実在する魅力的な小さな村です。この場面は『遅れてきた人々』の中央に配置され、この番組で私たちがひたすら追求したメタファーを実に明確に扱っているため、やはりそこに中央部を作ることにしました。この場面はＡＢＡの構造（音楽用語で言えば三部形式）になっており、前後のＡの部分では今述べた主要人物の男女を登場させます。応答を少しずつ短くしてペースを上げて熱狂性を高めながら議論させるばかりなので、Ｂの部分がポーチュガル・コーヴを何らかの形で表現したり、ほのめかすものにする必要がありました。そこで私たちは、孤独の本質を経験的に理解している、実に素晴らしい紳士である二名の老人を起用したのです。Ｂの部分ではステレオの広がりを左チャンネルに寄せ、波のくだける音がたくさん聞こえるようにして、海岸の存在感を出そうとしました（Ａの部分で聞こえていたよりもはるかに大きな音です）。そこに感動的に語る独白者が二名現われます。二人目の声がフェードアウトすると、波の音は左から中央に戻りますが、女性は相変わらずポーチュガル・コーヴの袖の長さについて話している。彼女のところに戻ってみると、何も変わっていない――これからも何も変わらないのかもしれない、と思わせるのです。

まあとにかく、遠回りをしましたが、ご指摘に同意します。ドキュメンタリーの登場人物は、ドラマの一部でなければなりません。少なくとも、ドラマの中に配置できるときにそうしないのは愚かです。

ＪＪ：形式は、音楽家としてのご経歴の影響もありそうですね。構想を説明するのに専門用語が出てきます。ＡＢＡの三部形式だとか……。

ＧＧ：まったくそのとおりです。『北の理念』でも、それこそ『遅れてきた人々』でも、すべての場面の輪郭が、音楽的な認識に少なくとも条件付けられています。ただし例外はひとつあるかもしれません。『北の理念』でたいへん特殊な構造を持つ場面があって、私の知る限り、こういう構造は音楽には存在しないのです。その中心は登場人物二名の対話で、ＢＡＢＡＢＡＢ、つまり中央の挿入部を欠いた逆さまのロンドとなっており、ＣとＤが両端でこれを挟みます。この種の形式を実現できる唯一の方法は、人物Ａ

と人物Bを単独の音響室に同居させるという発想を捨てて（以前はさまざまな会話の状況において、二つのインタヴューの使い残し分を一個の音響室に投入していましたが、それはまさにニューファンドランドの事例で説明したやり方です）、この場では二人を常に隔離しておくことだとわかりました。両者は、メタファーとして北へ向かう旅の途中で得た種々の洞察を語るかのように、異なる音響室に現れるのです。非常に冷ややかで無関係なものとなりました。一個のテーマに関連することを語りつつも、線的な接触が故意に回避されました。この無関連性を助けたのがそれぞれの語りの遠近感を変える手法だったのです。

そういうわけで、ただ音楽形式を扱っていればよいわけではないのです。時には、形式の限界を表明しつつ、形式が存在しないがゆえの恐怖を出発点として新しい形式の発明に挑まざるを得ないこともあるのです。ラジオのドキュメンタリーで使えるロンドの種類だって限られています。するとが求められるのは、メディアの基準に従った発明であって、私たちもそれを実行したのです。

JJ：『北の理念』の冒頭部分がそれにあたりますか？

GG：そうです。あの部分は一種のトリオ・ソナタのテクスチュアでしたが、テクスチュアにおける実演であって、音楽形式を再生させたわけではありません。三人の人物がほぼ同時に話します。若い女性がまず現われてとても静かに話します（彼女が現われるときにはいつも音量を低くして始めました）。しばらくすると、彼女が「そしてさらに (further) 北へ行けば行くほどますます単調になって」と語る。そのときすでに男性が話し始めていて、「さらに (further)」という女性の言葉に重ねて「遠くに (farther)」と言うのに聴き手は気づく。「遠い遠い北 (farther and farther north)」というのがここでの文脈なのです。

そしてそのとき男性の声が音量的に強調され、女性の声より大きく響く。すぐあとで彼が「三十日」という言葉を用いると、そのときには聴取者は第三の声の存在に気づき、第三の声は「三十日」の直後に「十一年」と言う。こうして第二のクロスオーヴァー・ポイントができます（図1）。

この場面にはヴェーベルン的クロスオーヴァー継起法とでも言うべきものがあります。つまり、互いに似ているけれども、決して同じでない動機が声という楽器の間で引き継がれていきます。だからその意味ではテクスチュアは非常に音楽的です。また、あの形式は、形式固有の制約から解放されていたと思います。それは良い意味であって、あらゆるものが最終的にそうなるべき形での解放でした。しかし、時間がかかりましたし、さっきも言ったように、『北の理念』では、線形性にまつわるあらゆる忌まわしい

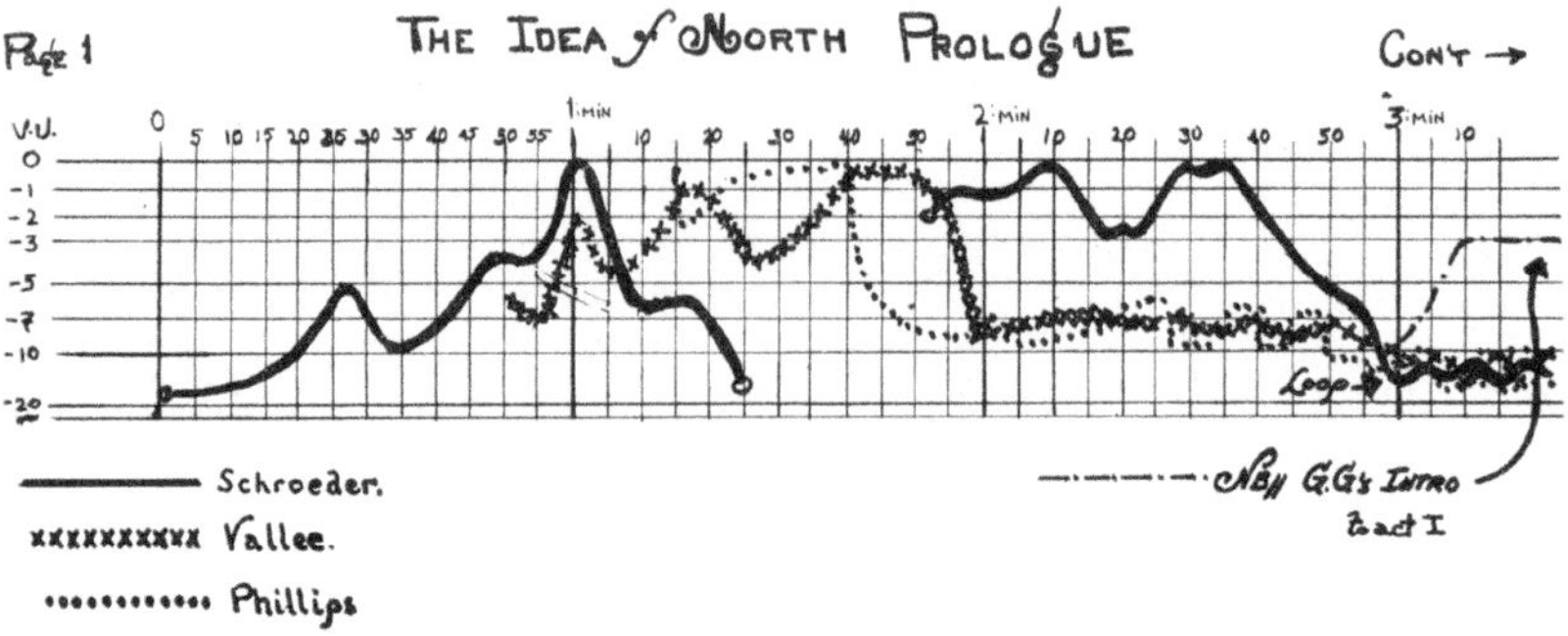

図1：『北の理念』のプロローグ（担当エンジニアのローン・トークによるスケッチ）

記憶とともに始めたのです。次第に異なる種類の意識に高めていく必要がありました。

JJ：昨年の夏に私がCBCで働いていたとき、参加していたのは、音を重ねたり、マルチトラックを用いたミキシングでした。「これは素晴らしい」「実に見事だ」といった声があった一方、「二つのラジオ局を聴いているかと思った」といった反応をする人もいました。

GG：「混信《クロストーク》」を設定したんですね？

JJ：それはできませんでした。試みはしましたが。コラージュの箇所でがんばってみましたが……。

GG：それは残念でした。

JJ：いえ、コラージュでの混信の設定の仕方については知恵がつきました。でも聴取者からすれば、混信が聞こえてくれば、ラジオのダイヤルを調整しなくては、とまず思うそうなので、これには戸惑いますね。

GG：放送番組で人間の声を尊重することは、他のあらゆる音声を適切なレヴェルまで下げることを意味しますが、これは奇妙な発想です。特にテレビのドキュメンタリー番組では、出演者たち（ナレーター、主人公、あるいは主人公について語る人物）が口を開いた瞬間に、他のすべての動きを停止させるか、少なくとも敬意を払って他の音量を十五デシベル下げなければならないという事実に、私はほとんどいつも憤慨しています。ナンセンスですよ。平均的な人は、ほとんどの場合、私たちが割り当てるよりもはるかに多くの情報を取り入れ、反応することができます。渡される情報の一個一個すべてをはっきり区分して理解してほしいと思えば、人々は当然そのように受けとめるでしょう。それはたやすい解決方法です。他方、芸術作品によって、あのヴァーグナー的な意味で人々を魅了したければ、そのやり方では通用しません。絶え間ない流れ、相互作用、神経性の興奮（もちろん医学的な意味ではなく）の状態にすべての要素を留め置くのです。すると聴き手はこの構造によって宙に浮遊しますので、呑気にこんなことを言う暇はなくなります——「ああ、ここから第二幕への経過部だ」なんて（そう、モーツァルトのオペラの問題はそこです。止まるし、切れ目が先読みできてしまうんですよ）。

思うに、今いちばん重要なのは、ものごとに優先順位をつけて考えたがらないタイプの聴取者を奨励することではないでしょうか。コラージュとは、そのひとつの奨励方法です。また、個々の声に対する時間感覚や時間的尺度を楽しみながら、ひとつの声だけを聴きつつも、それが差し出す言説から複数のメッセージを同時に受け取ることが可能であるべきだと思うのです。私の知る限り、ラジオではまともに行なわれていません。しかし、行なうべきでしょう。中途半端な試みならば、過去にもあったかもしれません。『遅れてきた人々』では、ある男性（強迫感にとらわれた話し方ですが、素晴らしい人物）に、同じ逸話で三人の仲間に話しかけることを許しました。それは彼の性格にふさわしく思えましたが（彼——つまり私たち——は、逸話を語るたびに少しずつ内容を変えていた）、それでも、こうしたテクニックの可能性を探るには、中途半端な試みでした。もちろん、4《フォー》チャンネルに向かう道、あるいは4チャンネルを超える道で、本当の意味での聴取体験ができれば、これらの多くのことは、自然に明らかになっていくとは思います。

JJ：4チャンネルの響きですか？

GG：そうですが、この最前線の領域は間違った使い方をする人が出てこないかが心配です。実はすでに先例があります。米国の会社のいくつかがオーケストラを4チャンネルで録音していて、その録音では、リア・スピーカーに背景音《アンビエンス》がたくさん盛り込まれています。左耳の後方から咳が聞こえてきたりして、まったくばかげています。それが4チャンネルだ、なんて誰が言ったのでしょうか。そう言えば、ラジオ・ドキュメンタリーはテーマである出演者に対して残りの出演者全員が敬意を払うものだと言ったのは誰でしょうか。狭量な考え方である点ではどちらも同じです。しかし、私たちが4チャンネルを本格的に体験するようになるまでに、コラージュに対する障壁の多くは、自然に消滅するでしょう。つまり、さっき話してくれたような、ダイヤルを微調整しようとする反応などはなくなります。なぜなら、空間や領域の感覚とは、ほとんどの人にとっては、響きさえ聴き取れれば何の違和感もなくなるものだからです。

たとえば、ごく簡単な例ですが、モーツァルトのソナタをピアノで演奏する場合、片手のみ、あるいは両手で同時に、あるいは両手が交差したり、左手の最低音部と右手の最高音部に分かれたりといった形で弾きながら、動機の間に距離感を保つことがたいへん重要です。それぞれの動機を平面と捉えるのですが、それらはレガートとノンレガートといった単純に区別できる平面ではなく、互いに近接した関係にある平面なのです。そうした捉え方でのピアノの録音が考案されなかったのは不思議だと私は前から思っていました。でも、私はこれを実験済みです。未公開なので話すべきではないかもしれませんが、一台のピアノを8《エイト》トラックで録音してみたのです。一列ごとにマイクロフォンを三本並べ、それを四列作ります（三本は、左・中央・右のチャンネル。各列はピアノからの距離が異なる）。レコード産業では、ピアノは、聴取者のほぼ目の前に定位しているというのが暗黙の前提です。最初の音が目の前で聞こえたら、最後の音もそのまま同じ位置から聞こえるはずです。いろいろな遠近感を混ぜることほどプロデューサーを苛立たせることはありません。だから、たとえば、ある作品の特定の楽章の録音を翌日に持ち越す場合、スタッフはフロアをすみずみまで一インチずつ測り、ピアノがまったく同じ場所にまた置かれるようにして、一平方インチごとの結露の数を数え、気圧計の数値が一定であることをひたすら祈ります。モーツァルトの場合なら、それなりに正しい判断でしょう。しかし、ヴァーグナーやスクリャービンではあり得ないと思うのです。それこそ、ヴァーグナーをオーケストラが演奏するときに、合唱が歌うときとまったく同様の設定で録音した人はいません。今やジョン・カルショウの時代です。それではだめなんですよ。

結局、領域の感覚、つまり、テクノロジーを用いて遠ざけたり、近づけたりする感覚は、今はまったく生かされていません。けれども「いや、実はこれは演劇なんだよ」と誰かに言えば、その瞬間、この感覚は活性化します。ラジオの初期の、先ほど話題にした「サンデー・ナイト・ステージ」よりももっと昔でさえ、マイクロフォンの配置がたいへん洗練されていたのは間違いありません。なぜなら、動作を与えられた登場人物は（つまり、出来事の展開に関与する人物は）、聴取者にとって、ある程度の遠さや近さが感じられなくてはならないからです。逆に、意見を述べることしか託されていない登場人物であれば、「そこに座ったまま話してくれれば十分では？」となるのです。ドキュメンタリーのラジオ番組の問題はここにありました。発言と出来事や動作が切り離されてしまっている。この障壁は解消されるべきでしょう。

ＪＪ：私は、空間とテクスチュアについて、もう少し話し合いたく思います。沈黙は重要です。しかし、これをその重要性にふさわしい形で使うことは、とても難しいときがありますね。

ＧＧ：まさにそのとおりです。

ＪＪ：ラジオでは、沈黙を使うことについて、一定の躊躇が存在します。

ＧＧ：そうですね、確かにそれについて私たちはあまり考えてきませんでした。もっとも、音楽における沈黙の統合的な活用という発想自体、実は比較的新しい概念なのです。多分、バウハウスが最初です。空間に意味を与える窓やドアを含め、空間に全面的に関与する考え方から始まったと思いますし、音楽で始めたのは、ある意味では、アントン・ヴェーベルンです。ところが後知恵で見事な分析をした人たちがいて、こんな指摘が出るようになりました。「ああなるほど。でも、ベートーヴェンもやっていましたよ。たとえば作品一三三（大フーガ 変ロ長調）には、沈黙がたくさんあります。あれはすごい！」と。しかし、どうがんばっても、ヴェーベルンの採用した響きと沈黙の算術的統合性をベートーヴェンも採用していたと主張するのには無理があります（「算術的統合性《アリスメティック・インテグリティ》」は下手な造語ですね。要するに沈黙の長さの問題です）。そういうわけで、基本的にこれは音楽における新しい概念なので、ドキュメンタリーの話し言葉にまだ用いられていないのは当然です。もちろん、ベケットやピンターの演劇にはすでに取り入れられています。しかし、見方を変えると、これは不機嫌の副産物のようなものです。テクスチュアにおける停止は、その構成要素として統合的に実行されているわけではありません。

ＪＪ：あなたが場面の操作で二つ、三つ、四つとレヴェルを重ねる構想を進めているのを見ていると、フーガの処理に似たものを感じることがあります。

ＧＧ：そう、まったくそのとおりです。子どもの頃から、私はフーガの演奏が大好きでしたし、たくさん演奏してきたので、そこから来るのは、やはり否定しがたいですね。ただし、これは、子どもの頃のオルガンへの愛着にも遡ると思います。ピアノとは正反対の楽器である、このオルガンを通じて、足で何ができるかという感覚を持ったことにも由来するのです。私は自分がプロのオルガン奏者だとは思いませんが、オルガンを経験した人なら誰でも、何らかの低音の基礎の必要性を感じているはずです。オルガンを一定期間弾いたことのある人なら、低音を出せないことにひどく幻滅します。十六フィートや三十二フィートといった低音の音栓《ストップ》に接続できないのは本当に物足りない。私がラジオでやってきたことのすべてに何らかの連続性が必要だと感じてきた理由は、実はこれだったのかもしれないと、今初めて気がつきました。『北の理念』の場合は列車、ニューファンドランドの番組では海の音、最近手がけたストコフスキーの番組では彼が指揮した多種多様な音楽の盛り合わせ——そのすべてが途切れずに流れ、連続体として機能している。きっとオルガンの経験のせいですね。いつかもっと単旋律的《モノフォニック》なものをやってみてもいいとは思いますが、これまでは、何らかの背景の必要性をずっと感じてきました。別の意見を投げかける背景であり、その背景があるからこそ、安心して意見が出せるわけです。

ニューファンドランドの番組では、今私たちが話していることに関連して、二つの場面があります。プロローグとエピローグです。その番組で唯一、登場人物全員が登場する驚くべき箇所で、何と計十四名が、古代ギリシャ劇の合唱隊として現われるのです。実はこの十四名のうちの七名は、ドラマ全体での出番のない人たちで、この冒頭と結末の場面でのみテクスチュアの要素として起用されているのです。この二つの場面では全員が甲板に出ていることが重要であると思われました。その結果、オープニングは長くてゆっくりとした入り方となりました。それはまるで、空中のヘリコプターから濃霧とおぼしきものの中に下降し、そこを抜けていくようなものとなりました。濃霧を通り抜けると、周囲の声がどんどん増え始めます。しかし、人々は静かにそこにとどまっていて、まるで置き去りにされたように、動くことができません。しかし、聴取者にとっては、視点が移動を続けているように見えます。波が打ち寄せる崖がますます意識されるようになるからです。

エピローグはかなり異なります。プロローグでは、水の動きは左から右へ、崖は中央からやや右寄りの場所にあると感じられ、波が引くたびに画面全体に引き込まれていきます。ところがエピローグでは、逆に、明らかに島から引き離され、それにつれて、水の動きが変化し、左右交互になる。かなり高いところから見下ろして、左右の波音を拾っているような効果です。

冒頭にいた人物全員が再登場しますが、ひとつ大きな違いがあります。全員が動くのです。ここにはトリックが仕組まれています。この……「楽譜《スコア》」と言いかけましたが、「台本《スクリプト》」ですね（**図2**）。この台本では、主人公にあたる人

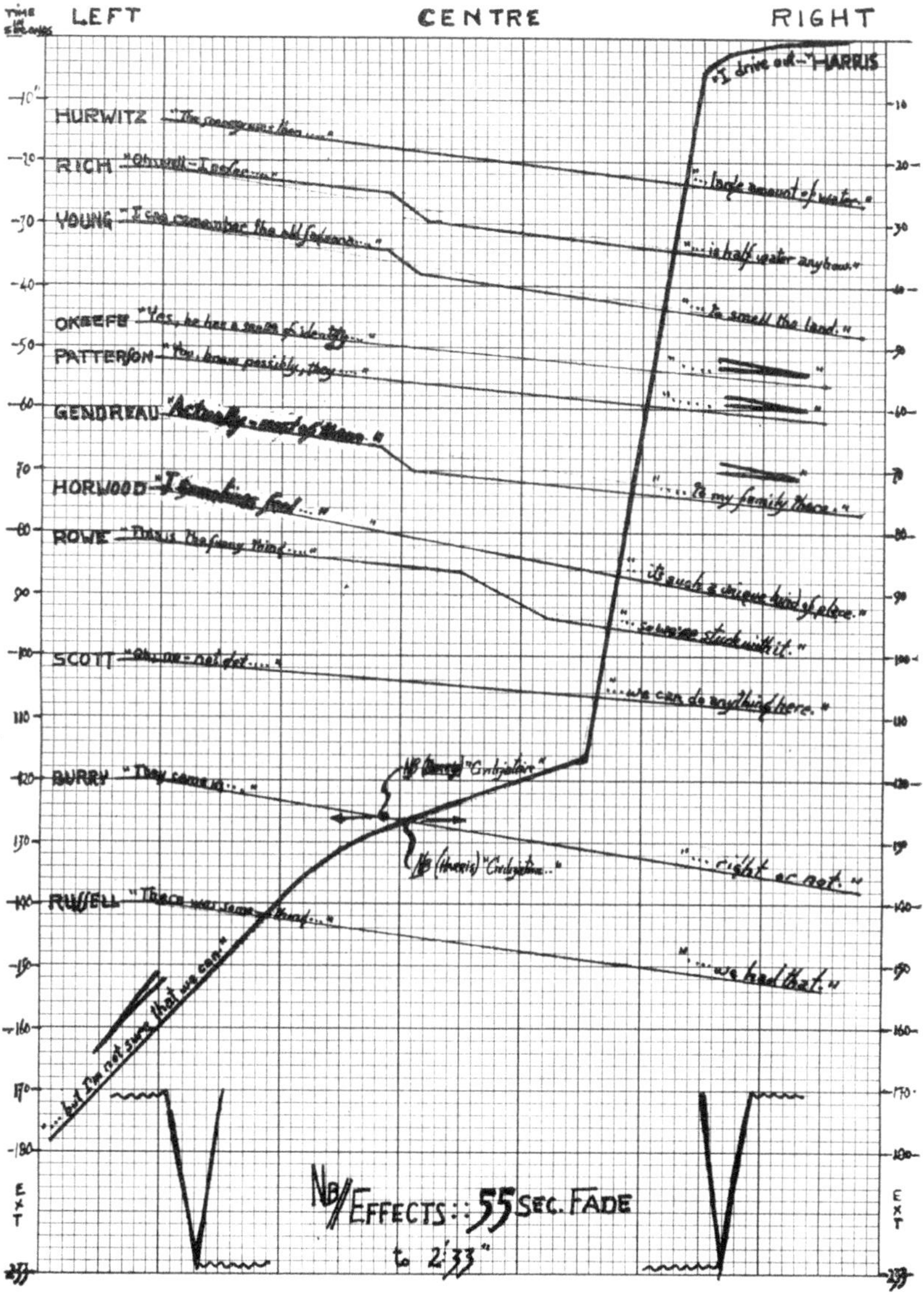

図２：『遅れてきた人々』のエピローグ（担当エンジニアのローン・トークによるスケッチ）

物、つまり、この番組の語り手になる男性がいて（4チャンネルの長所となるものを知りながら、それとは逆に、語り手を置かざるを得なかったのは、この作品の弱点でした）、ストーリーを語ってきたこの男性は、それまでずっと右のスピーカーに定位していたのです。彼はこの右側に座ったまま私たちに語り続けてきました。言わば、『わが町』（一九三八年初演のワイルダーの戯曲。舞台監督が進行役となる）の進行役であり、場面と場面のあいだに橋を架ける人物でした。ところが、エピローグが始まると、彼は語り始めます――「ときどき私は島を車でまわります」。そう言いながら彼の声は初めて移動を開始するのです。つまり、彼が動き出すわけです。その旅は彼を導き、最終的にいちばん左に連れて行きます（ただし、途中で画面中央でしばらく停止します）。エピローグを構成する三分五十三秒のあいだに、彼はほかの登場人物たち全員とすれ違います。ただし、どの人物にも時間は与えられていません。つまり、直接に対面する時間はないのです（『北の理念』においてでさえ、登場人物たちは語り手と離れていました）。ほかの人物たちは左から右へと移動していき、語り手の男性は正反対に移動していく。ただしこれを、男性の体験する幻影と考えるのか、セットの車窓の外を景色が駆け抜ける古いハリウッド映画風のトリックとみるのか、それらがどの程度妥当性があるのかについては、答えはまだ出ていません。

　もちろん、互いに動いているという捉え方もできます。そして、ほとんどの登場人物は、自分の不満を総括します（「われわれはいつも先祖を呪っているんですよ、〝なぜこのニューファンドランドにとどまったんだ？〟って。なんて愚かだったんだ？　どうしてこんなつまらない小さな岩《ロック》に定住しようと思ったのか、と」）。その一方で、この作品の語り手は、とても困難な世界ととても厳しい場所において楽天的でいられる方法を探し求めています（「多くの人は主流《メインストリーム》に加わろうと夢中だ。しかしそれは少々愚かしくないだろうか。主流とは、けっこう冴えないものだ。私にはそう思える」）。そんなわけで、登場人物たちは理解し合うという意味でも互いに動いてすれ違っていますし、この箇所は複数のレヴェルにおいて機能していると思われます。また、神秘的なものも少々こめられているように思うのです。

　皆とすれ違う語り手の男性は、ただ一名ずつすれ違うのではありません。たいていは、ある声が左から現われ、数秒後に別の声が同じように現われています（彼らの最後の語りはかなり短くて、最長でも十八秒、平均は十秒ほどです）。そして言葉は、さっきの『北の理念』で「さらに(further)」と「遠くに(farther)」が連繋したのと同様に選ばれていて、語り手の言葉がほかの人物の言葉とぶつかりあうようにできているんです。たとえば「文明(civilization)」は語り手と、彼の祖父の役割を与えられた年配の紳士との間で交換されます。語り手が「われわれが火星を侵略して、その文明を破壊し、実に安っぽい代替的な文明に置き換えます」と言えば、年輩の紳士は「今の文明自体をとやかく言いませんが、彼らが入ってくる前に本当の文明があったと思うんですよ」と語る。『遅れてきた人々』では、主たる登場人物たちに一個の家族のような関係が推定されるように配役がなされているのですが、これの説明は機会を改めましょう。

JJ：はい、次の機会にお願いします。声を個別の音の空間に隔離するそうですが、その声の違いを拡大したり、誇張したりするためにフィルターを通すのですか？

GG：通しますよ。実際、モノラルで作る場合は拡がりに欠けるから、そこで、それを補う最善策のひとつは、その種の「仕掛け《トラップ》」を通すことです。『北の理念』では、登場人物の区別を強調するために程度を変えて声にフィルターをかけて演出しました。文化人類学者のジェイムズ・ロッツは、北での過去の体験を思い出し、ホストのウォリー・マクリーンによる人間のスケールを超えた説明を引き立てますが、マクリーンとの最初のやりとりの間、このロッツにフィルターを強くかけた。とても遠い経験が回想されていることを示そうとしたわけです。しかし、問題は彼を現在の時間に戻す方法でした。これは課題でした。なぜなら、『北の理念』の最初の場面の終わりにあたるところで(トリオ・ソナタ形式のプロローグは除く)、彼は、オタワの連邦政府から派遣された役人ボブ・フィリップスと対面し、会話を始める形をとっているからです。そう、確かにこの会話は、正確に再現されれば、さっきの遠さをまったく感じさせないはずです。会話はまさに現在時制であるべきで、つまり、ロッツをフィルターからはずす必要が出てきました。しかし、フィルターを一気に解除するわけにはいきません。そんなことをしたら、解除したのがはっきりわかってしまいそうですよね。だから、少しずつ段階を経ながら、オルガンの音栓をはずしていくように、だんだんとフィルターを除いていかなくてはいけません。そこで、これとは別の強弱を会話に施して、その結果、ロッツの使う動詞を「ポット」でわずかに音量を上げることで、アクセントを加えた。ロッツは官僚制に対する嫌悪を表わす動詞をよく使うのです。「言うまでもなく、北にいる彼らはオタワを嫌悪《ヘイト》し、ひたすら憎悪《ロース》し、軽蔑《ディスパイス》しているのです」と彼は話しているので、場面の終わりで彼がこのオタワの役人と出くわす直前が特に大きな意味をもちましたが、こうした発言をするたびに、「嫌悪する」「軽蔑する」「憎悪する」といった言葉を強調したのです。しかも、同時にフィルターを除くと効果的だとわかりました。最後の強調が施され、彼がフィルターから完全に離脱し、もとの声になったところで、オタワの役人が「私は当時、東ブロックにいました」と言う。そこから本当の意味での二人の会話が始まるのです。

同じ問題はストコフスキーの番組で、まったく別の次元で生じました。番組のおよそ三分の二にさしかかったところで、アクースティック録音とはどういうものだったのか、といった昔話をしてもらおうと思ったのです。ストコフスキーをそこへもっていくのは実に簡単で、背景のオーケストラ演奏に一連の民謡を載せるだけで済みました。民謡が背景の和声的効果を装飾、ないしは拡張させます。背景とはショスタコーヴィチの交響曲第十一番（ヒューストン交響楽団、一九五八年録音）です。民謡がいくつも続いたあと、モルモン教の讃美歌〈来たれ、来たれ、汝ら聖徒たちよ〉のリフレインが流れ（そのとき彼はアメリカ入植における移民の種類について述べています）、聴取者はト長調に連れて行かれ、それからその属調であるニ長調のバッハのカンタータ第八〇番《神はわが砦》の数小節が入ってきます。これは二〇年代初期に彼がフィラデルフィアで録音したものです（ストコフスキー編曲。正確には一九三三年録音か）。これによって彼は古き日々を、録音スタジオでの昔の数年間（実は一九一七年まで遡る）を思い出す。そのあとストコフスキーが聴くのは最初期に挑戦した《リエンツィ》序曲の録音（一九一九年録音。短縮版）です。技術的には泣けてきますが実に滑稽な演奏が右のスピーカーだけからモノラルの価値を発揮して再生されるのです。これを起点にして、フィラデルフィアの一〇年代、二〇年代、三〇年代の録音から選ばれた四つないしは五つのモノラル作品が続けて流れます。それぞれの録音を聴いていると、オーケストラが一個の楽器として次第に生命感を増し、どんどん良くなるのがはっきりとわかるのですが、当然それは、次々に現われるＳＰレコードが、前よりも技術的に進歩していったことをも意味していました。

しかしストコフスキーは一九三八年にフィラデルフィア管弦楽団を去ったので、どうしたら彼を本当の時間――つまり現在――に戻したらいいかが課題となりました。ところがまったくの幸運で、《パルジファル》の中の〈聖金曜日の奇蹟〉の一九三六年録音を発見しました。確かにこれは彼のフィラデルフィア時代後期のレコードでしたが、それを五〇年代後半にヒューストン交響楽団を振って作った録音（一九五九年）と並べたのです。まったく不思議なことです。二つの録音は四十五秒にわたり、ほぼすべての音が一致して、同じテンポで流れたのです。そう、音が引っかかって興味深い効果の出た箇所も何度かあったかもしれませんが、いずれにせよ、決定的な秒数のあいだ、二つの録音は一致して流れました。そこで番組では、まずフィラデルフィア版を約三十秒流し、録音がフレーズとフレーズの狭間で呑み込まれるように途切れた箇所でヒューストン版を重ね、この新しい方を左から右へとゆっくりと移動させ、コンプレッサーをかけ続けました。音が良すぎたり、急な変化が感じられたりするとまずいからです。確かにこうすると、オーケストラと技術者たちが新しいテクノロジーの理想に向けて努力を重ねているものの、それが十分に達成されていないように聞こえます。そこでストコフスキーが言います。「今はかなり良くなりました。しかし、今後はもっと良くなるはずです」——この言葉で彼は現在に連れ戻されるのです。

JJ：見事ですね。さきほど、確か、語りは「弱点《ウィークネス》」だとおっしゃいました。正直、その意味がよくわからなかったのですが……。

GG：ああ、それは、ラジオ・ドキュメンタリーにおいて、つい最近意識するようになったばかりの問題です。さっき触れたように、そのきっかけのひとつはニューファンドランドの語り手でした。語り手を置いたことに不満だったのは本当です。ただし、起用した男性のせいではありません。語り手を置くのが当然だと私たちが感じていた事実そのもののためです。弱点を宣伝しているようなものだと思われました。番組形式の弱点、メディアの現状の弱点です。それからずいぶん考えましたよ。

モノラル方式には、いくつか固有の限界があり、それらはステレオ方式の登場ですぐに解消されましたが、ステレオ方式にも固有の限界は存在します。ステレオ方式で理論的に高められた利点に声の分離があります。奇妙で逆接的ですが、これは、よほど注意を払わない限りは、一連の固有の問題をもたらしかねません。確かに、ニューファンドランドの番組で頻繁に実践したような、人物二名に同時に語らせることは、それを意識さえしませんが、いや、つまり、それを深いところで感じ、不可欠だとさえ理解しているために、まったく邪魔にならないのです。これは素晴らしいことです。しかし、ある意味では、『遅れてきた人々』で用いた対話やトリオといったものは、ステレオ方式の分離がなされているのですが、『北の理念』の同様の場面と較べると、かえって劇的効果が落ちています。『北の理念』ではモノラル方式ゆえに明確さがかなり劣るにもかかわらず、です。

たとえば、映画用語で言うディゾルヴですが、これは役割がまったく変わってきました。モノラルのラジオ放送では、ディゾルヴは非常に重要で、ナレーションの主な技術でした。ところがステレオのラジオ放送になると、あまり重要でなくなりました。手際よく左右の音声を行き来させたり、同時にたくさんの音声を流すこともできるし、正確で慎重なカット編集もできるので、ディゾルヴによる場面転換の機能の必要性は減りました。この線でいくと、こうした音声の分離が可能なら、それを活用する代わりに、ディゾルヴの処理が通常求められてきた要素——特にナレーションという要素——を省略できないか、と考えるようになります。

それならナレーションの問題を回避する方法が見つからないかと考えます。というのも、『遅れてきた人々』を作る過程で、私にはますますそう思えてきたから——つまり、ナレーションはやっかいに思えました。出来事の配置との関係で、ナレーションが特定のペースを強いるようでした。以前に、あなたは、沈黙を統合する方法があるはずだと言いました。それは、この問題に別の方法でアプローチできるのではないかという意味だったのではありませんか？つまり、個別の事実や一連の事実をはっきりと説明していくことを回避する方法があるはずだと。

分離の新しい可能性が得られると、これまでの線的な効果を最小限に抑えなければならなくなります。別に過去の成功を否定するためではありません。新しい様式感を本当に生かす方法を見つけるためです．ステレオ方式や、やがて本格化する4チャンネル方式に移行するとして、それらの捉え方を活用しても、モノラル時代に育まれた課題にさらに良い対処ができると素朴に見込めるわけでもないのです。すでに解決策のあった課題から新しい様式感の原理を導き出せるわけにもいきません。とにかくうまくいかない。だからこそ、語り手を置くべきでなかったと言ったのです。このことに気づいたときには番組完成から半年ほどたっていました。もっとも、これほど時間がかかったのは、ラジオというメディアに対する私の評価が『北の理念』のときと同様に遅くて消極的だったからだとも言えます。何しろ、私はラジオによって、『北の理念』が昼間のソープ・オペラのようなドキュメンタリーになりそうだと思い込まされていたのですから。

沈黙についてあなたの言わんとするところを正しく理解しているとすれば、まさにその沈黙こそ、ラジオを評価することの本質です。登場人物を前後左右に分離し、互いに時間を調整できれば、あなたのおっしゃる沈黙は、たいへん強力な刺激となります。ただし問題は使い方です。たとえば、ヴェーベルンが沈黙を用いたやり方を踏襲しますか？　音の持続時間を切り分けますか？　四十年前に純粋に抽象的なメディアで実行されたものをただ模倣するのでしょうか？　まずこう言いましょうか――「さて、われわれはドキュメンタリーの中に複数の沈黙を音列に組み込んで、音が十五秒続くたびに七秒半の沈黙を配置するか、あるいはこれに近い比率を使うべきだと思うんだ」と。これを実行したその瞬間、ヴェーベルン的なポリフォニーの規則を採用することになり、あらゆる新しいメディアが最初に奨励するのと同じ過ちを犯すことになります。だから、私はこれは満足な答えになるとは思っていません。

なぜなら、「ラジオ・ドキュメンタリー」と呼ばれるものに携わる大きな喜びは、その種の制限から私たちが何らかの形で解放されることだからです。ドキュメンタリーが確かな情報と結びついている事実、プロセスの根底にニュースの核があると推定される事実は、口実《エクスキューズ》に過ぎません。それは最も輝かしい口実であって、まさに、事実に基づくパッサカリアです。そして何よりもまず、この口実こそが、事実に基づく確かな方法によって芸術を扱う自由を与えてくれるのですが、それは、通常、純粋な情報を扱うときの方法なのです。同時に、そうした情報は、古い時代に「芸術作品」と呼ばれたものに変換が可能です。私たちは「芸術」のプロセスと「ドキュメンテーション」のプロセスのあいだに矛盾が生じないようにしながら、その情報を取り込むだけでよいのです。

57 『北の理念』からプロローグ（台本再録・1967年）

ＭＳ＝マリアンヌ・シュレーダー（看護師）
ＦＶ＝フランク・ヴァリー（社会学者）
ＲＰ＝ロバート・フィリップス（公務員の専門調査官）

ＭＳ：私はあの地方そのものに魅せられました．チャーチルから飛行機に乗り，サザンプトン島のコーラル・ハーヴァーまで９月の末に行きました．雪が降り始め，地面のあちこちを覆っていました．湖のいくつかは縁が凍っていましたが，中央には澄み切った湖水がまだ見えました．上空から見下ろすと，水はさまざまな緑色に見え，湖の底まで見通せるのです．本当に素晴らしい体験でした．それからパイロットのいるコックピットに行って，右，左とずっと外を見ていました．ハドソン湾に浮氷が見えました．北極熊や海豹《あざらし》はいないかとずっと探しましたが，あいにくどこにもいませんでした．

ＭＳ：ハドソン湾の東岸に沿って飛びましたが，この平らな平らな土地に
ＦＶ：　　　　　　　　　　　　　　　　　　　　　　違いますよ，再度

ＭＳ：少々怖くなりました．果てしなく思えたからです．
ＦＶ：言いますが，私はそんな北方人気質を求め

ＭＳ：どこでもない場所に向かっている気がしました．さらに北へ行けば行くほど
ＦＶ：に行くわけではありません．けなしはしませんよ，遠い遠い北に行きたい

ＭＳ：ますます単調になっていきました．雪しかないのです．
ＦＶ：と言う人たちを．でもゲームですよ——その北方人気質ってのは．みんなに言われます．

ＭＳ：それから，右の方に，ハドソン湾の水面が見えてきました．
ＦＶ：「それで，北極まで行ったことがあるのかい？」

ＭＳ：――まあ，これが私の印象です，
ＦＶ：「そう，実は私は犬橇で 22 日旅をしましたよ」

ＭＳ：冬のあいだの．でも別の機会にも飛びましたよ．
ＦＶ：すると別の男がこう言う．「ああ私は 30 日かけたよ」と．

ＭＳ：春にも夏にも．これには私もわくわくしましたよ．
ＦＶ：これは実に幼稚だ．もしかしたら連中の反省の仕方は
ＲＰ：それからもう 11 年，いろいろな立場で北と携わりました．

ＭＳ：なぜなら，それから輪郭が見えたからです，
ＦＶ：もっと懐疑的かもしれません――――（フェイドアウト）
ＲＰ：もちろん，北は私の人生を変えました．これは当然のことですが，

ＭＳ：湖や川の輪郭です．ツンドラの上には
ＲＰ：北に深く関わったならば――始終そこに暮らす場合もあるし，

ＭＳ：苔や岩の巨大な斑点がありました．
ＲＰ：あるいは北をまわる旅を，毎月，毎年と続ける場合もありますが――

ＭＳ：しかし植物だけは空からはほとんどわからなくて――――（フェイドアウト）
ＦＶ：――マスメディアの提供するものにはさらに懐疑的で――（フェイドアウト）
ＲＰ：そういう人が北に感化されずにいることなど，私には想像できません．

ＦＶ：…………………………………………………………それにこんな風に，
ＲＰ：1965年に去ったとき，確かに仕事は残したけれど，理由は

ＦＶ：何か特別なメリットや長所が北に暮らすことにあるかのような，
ＲＰ：北に飽きたからではないし，もう興味がなくなったから

ＦＶ：あるいは特別な長所が
ＲＰ：でもありません．熱意は変わりません．

ＦＶ：素朴な人々と暮らすことにあるような．いいですか，
ＲＰ：去ったのは，公務員だからでして，（フェイドし始める）

ＭＳ：　　　　　　　　　　　　　　　　　　　　　　　実に難しいんです
ＦＶ：どんな特別な美徳がそこにあるのですか？（フェイドし始める）そして
ＲＰ：別の仕事をまかされたんです，戦うことを

ＭＳ：説明するのは．完全に孤独でした．本当にそうです．
ＦＶ：今ならベイカー・レイクにもっと興味を抱くでしょう．
ＲＰ：貧困をなくすための戦争を――（フェイドアウト）

ＭＳ：私はとてもよくわかっていました，どこにも行けないのだと．
ＦＶ：もし本当に明瞭な変化が進むのならばですが――（フェイドアウト）

ＭＳ：せいぜい１，２マイルですから，歩けるのは．長い夏の夜のことをいつも考えています．雪が溶け，湖が開け，雁や鴨が北へ飛び始める．そのあいだ，太陽は沈んでも，まだ最後の輝きが空に残っているとき，湖を見渡し，鴨や雁がおだやかに飛びまわったり，水面に休んでいるのをじっと見ていました．まるで大地の一部になったような，おだやかな周囲の一部になったような気がしました．これがずっと続けばよいと思いました．（フェイドアウト）

58　ラジオ・ドキュメンタリー『北の理念』（番組解説・一九六七年）

幼い頃から私は北に魅せられてきた。学校では、北の地図を手当たり次第に細かく読んだ。それにしても、グレイト・ベアとグレイト・スレイヴのどちらがさらに北かを覚えるのはひどく難しかった（これに悩んだことのある人に教えましょう。グレイト・ベアです）。あの地域のイメージに私は興味をかき立てられた。だが、私の北のイメージをおおよそ形作っていたのは、当時、教室のほぼひとつおきに飾られていたロマンティックでアールヌヴォー風のグループ・オヴ・セヴン（一九二〇年代、カナダの自然を新しい語法で描いた七名の画家集団）の絵だった。おそらく私の世代では、あの絵で北の情景を知った人も多いはずである。

その後しばらくして、私は北の航空写真や測量地図を見始めるようになり、北にはA・Y・ジャクソン（一八八二―一九七四。前掲集団の代表的画家）のような魔術師ですら絵の具で描ききれないほど、はるかに奥深いものが備わっていることを知った。その頃、私は北への短い旅めいたものを二、三度試みてから、北をメタファーとして原稿を書き始めた。北はある種独特な文学的成果を生んだのだ。北に行く時点では、北を題材に文章を書くつもりも、何かで補足的に言及するつもりもなかった。ところが期せずして、本当にわずかな北の知識と非常に表面的な体験に基づいて、私は北をメタファーとしてあらゆることを間接的に言及するようになったのだ。たとえば音楽批評を書いていると、北が、北の理念が働き出す。都会志向でそれゆえ精神的に限定されていると思える理念や価値を北の理念が引き立ててくれるのである。

もちろん今日、北をメタファーとして操るのは、おめでたくはないにせよ、少々うさんくさい。マディソン・アヴェニューのスタイルや流行や仕事のやり方の到達しない、そしてその接触のない場所は、今日ではきわめて稀だからだ。『タイム』『ニューズウィーク』『ライフ』『ルック』『サタデー・レヴュー』はフロビシャー・ベイやイヌヴィクまで空輸されていて、各地の契約店が近所の売店に配るのとそれほど変わらない簡単なことだ。逆にマンハッタンの中心に暮らしながら、グレイト・ベア・レイクの北のA・Y・ジャクソンの好んで描いた地衣類に覆われたツンドラ地帯を放浪する探鉱者さながら、孤独に隠者のように暮らす人々もおそらくいるだろう。

確かにこれは姿勢の問題なのだ。すると、北を寓話的に捉える私の姿勢が、北を適切に用いていると言えるのか、あるいは北を正しく定義づけることになるのか、私にはまったく自信がない。それでも北に対してこうした態度をとるのは決して私ひとりではないし、北と関わって無傷で戻ってくる人はきわめてわずかである。北へ踏み込んでいった人々のほとんどには本当に何かが起こる。少なくとも北の自然がもたらす創造的な機会を自覚するし、思うにかなり多くの場合、自分の仕事と生活をこの実に驚くべき創造的可能性に照らして評価するようになる。要するに、人々は哲学者となるのだ。

もっとも私は、人々の哲学的思索がひとつの観点に収斂していくと言いたいのではない。「北の理念」は厳密にはドキュメンタリーなのに、少なくとも自分をドラマだと思い込んでいるふしがある。それは構成を登場人物五名の相互作用に委ねたからだ。芝居の配役を慎重に練るように、この番組の出演者を決めるのにも細心の注意を払った。番組に求められたのは情熱家、皮肉屋、政府の予算検査官、さらに、将来を賭けて北へ向かう人の探求心に必ずや影響を及ぼす幻滅感をいくらでも予測し、それにどこまでも耐えられる能力を体現する人物である。そうした姿勢は次の人物それぞれにはっきりと現われた。まず、マリアンヌ・シュレーダー、フランク・ヴァリー、ロバート・フィリップス、ジェイムズ・ロッツの四名。北で素晴らしい体験をした人たちである。マリアンヌ・シュレーダーは看護師としてサザンプトン島コーラル・ハーヴァーの布教施設に数年間勤務した。手元に地図があればハドソン湾内の北西のあたりを見てほしい。フランク・ヴァリーは北極中央部がいちばんの専門で、『キーワティン地方のカブルーナとエスキモー』の著者。R・A・J・フィリップスとジェイムズ・ロッツは北に関する文献に重要な寄与をしている。フィリップスの最も有名な著書は『カナダの北』。地理学者で人類学者でもあるロッツはこの二つの分野を統合して無数の著作を世に出しており、近著に『北の現実』がある。ところが、これら四名の立場を事実上包含する北の体験の持ち主で、プラグマティックな理想主義者でありながら、幻滅をも味わった情熱家がさらに必要だった。それがウォリー・マクリーンで、物語の語り手である。

この五名の出演者のインタヴューは個別に実行した。番組の製作中に彼らが会う機会は皆無だったし、ドラマのように人物が並びあう箇所も、録音後にかみそりを用いた入念なテープ編集の結果であって、誰も互いに会っていない。もっとも、この五名のうちで、ウォリー・マクリーンだけは気まぐれな編集作業によって誰とも対峙しない。その代わり、彼はみずからが語る北に対する詩的な展望と向き合い、また、シベリウスの第五交響曲の終楽章と重なるのだ。

番組で用いる本来の音楽はこの第五交響曲だけである。しかしこれが始まるまでの五十二分間に、プロローグやさまざまな場面において、私は音楽から借りたと言いたい各種の技法を用いた。実際、プロローグは一種のトリオ・ソナタである（これは私が「対位法的ラジオ」と好んで呼ぶようになった技法の最初の実例であり、看護師シュレーダー、社会学者ヴァリー、国家公務員フィリップスがこれを担う）。音楽的技法を模倣する箇所はほかにもあり、もっと複雑かもしれない。その一例はエスキモーを題材とした箇所で、汽車（汽車は番組の大半の通奏低音となっている）の食堂車での会話を思わせる。そこでシュレーダー、ヴァリー、ロッツ、フィリップスがほぼ同時に語る。結果として起こる騒がしさから、聴き手は、彼らに等しく給仕しようと専念するボーイさながらの立場に置かされてしまうのである。

要するに、こうした場面は、複数の会話あるいは声の作用を人間が同時にどの程度聴けるかを試しているのだとも言える。至極当然だが、この食堂車の場面ではすべての言葉が聴き取れるわけではない。しかしヴェルディの《ファルスタッフ》の最後のフーガだって、歌詞をすべて聴き取れるわけでは決してない。それでも、音楽に託す歌詞で、聴き手の耳に届くのがほんのわずかだからといって、三重唱や四重唱や五重唱を用いるのを思い止まったオペラ作曲家はほとんどいない（たいていの作曲家は、構造の全体に、つまり声と声の調和と不調和に、まず関心があるのだ）。また、われわれの大半は、自覚しているよりもはるかに多くの情報を取り入れる耳を持っていると私は堅く信じているが、それはともかく、《ファルスタッフ》のフーガとまったく同様に、番組のこれらの場面は聴かれると考えたい。

ある意味では、汽車の通奏低音は口実《エクスキューズ》にすぎないと思う。声のテクスチュアを築くための土台である。しかし、そうすると「北の理念」という番組自体も、口実となってしまう。孤独という状況を検証する機会を得るための口実である。孤独は北のみに見出されるわけでもなく、北へ行く人ばかりに与えられる特権でもないのだが、たとえ想像の中だけでも北への旅を行なった人には、これが、どのような形にせよ、もう少しはっきり見えてくるかもしれない。

59　ラジオ・ドキュメンタリー『遅れてきた人々』（番組解説・一九六九年）

一九六八年の夏、私は初めてニューファンドランド島（一九四九年に英植民地からカナダに「いちばん遅れて」加わった島。今は対岸の地域とともにニューファンドランド・ラブラドール州を構成する。島内の南東に州都セントジョンズがある）を訪れた。ドキュメンタリー番組の出演者を探すのが目的だったが、八月下旬の午後、内燃機船ライフ・エリクソン号がポルトー・バスク（島の南西端の港町）に到着した時点では、番組のテーマが確定していたわけでは決してなかった。

もちろん、「ニューファンドランド」という名前どおりのテーマが表面的には求められているはずだ。やはり、島としてのこの地について扱うべきである。そして、フェリーの往来で本土や本土の人とつないでいる海についても、また、テクノロジーが最大限に活用される時代に、テクノロジーの活用を最小限に抑える生活様式を維持するときの問題についても扱うべきだ。しかし、そこには何か視点（それはひとつに限らない）も含めなくてはならなかった。世の中には、船を棄ててよそで暮らそうとするステレオタイプ的な風潮があるが（そこから簡単に生まれるのが沿海州への偏見や、ニューファンドランド人を愚弄する定番のジョークや、沿海州への郷愁だ）、それを斥けて、「岩《ロック》」と呼ばれるこの島に残ることを選んだ人たちがいる。視点は、その人たちとの対話を通して初めて得られるはずだ。上陸した時点では現地に暮らすニューファンドランドの人を私は誰も知らなかったが、それから四週間ほどのうちに、いろいろな人たちと会い、最終的に番組を構成する十三名を知ることとなった。彼らにはカナダ社会におけるニューファンドランドの役割についてそれぞれの持論があった。それを取り込んだおかげで、ドキュメンタリーには表面下の存在意義がもたらされたのである。

ニューファンドランドの島民は何よりもまず詩人である。ケルト族の吟遊詩人の魂が今も彼らの中に宿っている。その語り口には、韻律の感覚、つまり、安定したリズム感があるため、テープ編集は楽しい作業だ。やり込められて、言葉がほとんどみつからないときでさえ（めったにないが）、彼らは優雅な韻律をつけて話す。しかし、彼らが考えのすべてを詩文に託したくてたまらなくなるとき、しまりのない冗長な経験談は、明確で論点のある物語に変貌するのだ。アイスランドやグリーンランドの島民もそうだが、自然の威力と対峙する生活の現実が詩の一節一節を鍛える。この現実があればこそ、衝動的に夢想を語る言葉に重みがあるのだ。

もちろん、ある意味では、ニューファンドランド島そのものが一個の夢想《ファンタジー》であって、二つの文化のあいだに漂う不良物件だ。一方との精神的な絆を忘れることも、他方への経済的依存を全面的に受け入れることもできない。かといって、ニューファンドランド体験の本質を知る鍵は、島民一人あたりの債務額でもなければ、中央湿地帯の大規模な排水計画でもない。ましてや将来に船荷の積み替えの需要が高まるはずだという希望的観測でもない。大西洋の中央に山脈が浮上して、この島を育んだ二つの文化をつなぐ貿易風をそらすわけでもあるまい。

本質は孤立《セパレイトネス》にある。隔たりがあるというその事実こそ、その不便さこそ、自然の大いなる恵みなのだ。その結果、ニューファンドランドの島民は数年の猶予が余分に与えられた。文化的環境が次第に威圧的になる中、ほかの地域と違っているのは良いことかどうかをその余分の数年間に考えたのである。実際、島民と話すと、何よりもこの孤立のテーマが秘められていることがわかる。島民の用いる表現は異なるかもしれないが、島とその伝統、その将来をめぐって彼らが延々と語る話の根底には、装飾が施されて反復を続けるパッサカリアの主題のように、同調しない姿勢《ノンコンフォーミティ》が生む代償の問題が常に存在するのだ。

島を出たい人もいれば、子どもたちに出てほしい人もいる――「十五年前、ここでの生活は楽しかったので、島を出たいとは思わなかったが、今の私には、出たくても、もう手遅れだ」（テッド・ラッセル）。また、島にとどまり続け、そのことに何の感慨もない人もいる――「まあこんな言い方になるでしょうか、いつでも好きなときに出られないようでは、このニューファンドランドにはいられません」（ペニー・ロウ）。さらには、小説家のハロルド・ホーウッド（一九二三―二〇〇六）は、一種のソロー主義者として暮らしながら、こう主張する――「社会の中心から追い出された人は、社会のことが常に明瞭に見えるものだ」。

ユージン・ヤングのように、ひとつの時代とその精神が過ぎ去ったことを嘆き、「古い樫の木は植木鉢では枯れてしまうし、鯨は金魚のようには生きられない」と語る人たちもいる。ジョン・スコットのように、私と話をしたときにはエジンバラ大学の博士課程にいたが、「ニューファンドランドに関心があり、ここでは何でもできる」からだと将来をニューファンドランドに託す人もいる。さらには、番組の語り手となったレズリー・ハリスのように、「岩」そのものに「主流《メインストリーム》」でありつつも、その一部とならない生き方のメタファーを感じ取る人もいるのだ。「多くの人は主流に加わろうと夢中だ。しかしそれは少々愚かしくないだろうか。主流とは、けっこう冴えないものだ。私にはそう思える。」

私はこの番組の素材となるインタヴューをすべて終え、内燃機船アンブローズ・シー号に乗り込んだ。アルジェンシア（ニューファンドランド島東部の港町）を発ってノヴァ・スコシア州ノース・シドニーに向かう長い帰路だった。海上強風警報を示す旗が上り、数百メートル離れると海岸線は見えなくなった。その晩、湾は荒れた。翌朝見えてきたケープ・ブレトン島（ノヴァ・スコシア州北東部の島）の岸辺は素晴らしい眺めだった。だが背後にはニューファンドランドが確かにあるのだ、不可侵な存在として。

第4部

その他

60–62　ヘルベルト・フォン・ホーホマイスター博士名義の三篇

――「撮影上手のCBC」「時代と時を刻む者たちについて」「若者、集団、芸術の精神」（エッセイ・一九六五年）

60　撮影上手のCBC

編集長より――本号のコラムにおいて、カナダの傑出した学者で批評家のヘルベルト・フォン・ホーホマイスター博士を歓迎する。博士については、我らが北の隣に暮らす人たちの盛んな音楽生活を見守ってきた本誌の読者諸氏には改めて紹介する必要はあるまい。多年にわたり、北緯七〇度以北で最も評価の高いとも考えられる雑誌『グレイト・スレイヴ・スメルト』の美術批評を担当して広く読まれてきた人だからだ。彼の初期の秀逸な論考を集めた『ツンドラ文化論』は、I・カープ&サンズから出版された（同書は絶版、出版社は廃業）。これが世界的に注目を集め、その後に同じ調子で書かれた著書『ヘイ川のフーガ』は、いっそう専門的な魅力を放っている。地元紙から無期休暇を与えられた博士は、カナダ音楽の程度の低い地域（緯度の意味で）を探求し、私たちに随時に報告してくれるだろう。

我が国の音楽界においては、CBCという組織と関係のないことはあまり起こらない。「カナダ放送《カナディアン・ブロードキャスティング》・協会《コーポレーション》」とは、番組の区切りに専属アナウンサーが行なう局名告知だが、まさにこの名称が、催眠的で安らかなホワイトノイズとともに夜のしじまに漂うとき、女王陛下に忠節な人も、リベラルな人も、みな一瞬息を止めるし、背中を丸めていた人は身震いをする。今まで聴いていた内容が文化的に適切だったという確証が得られてほっとするのだ。ところでトロントの中心部には、地味な屋敷があって、そこは親しみから（そして愛国精神も手伝って）「クレムリン」と呼ばれる。そこにめぐらされたヴィクトリア朝最盛期風の塔の下では、調整役を担う如才ないホワイトカラーの集団が、匿名を貫きつつ、我が国の文化的生活の運営管理にその身を捧げている。彼らがわれわれに説明してくれる時流に逆らって隠遁を続けられる音楽家はほとんどいないし、そのような音楽団体はまず考えられない。よって、ありがたいことに、大局的に見れば、放送協会の努力はわれわれの賞讃に十分に値するのだ。

しかし、カナダとカナダ放送協会の奇跡的な化学反応を感じるには、本当の北に行くか、そこに帰属しなくてはならないのかもしれない（諸君の通信員のように）。われわれのような北の人間にだって、やはり不満はある。リボン状に横に並ぶ人口の多い村々は、「北緯五四度四〇分以南、さもなくば戦争（一九世紀前半の英米間で領有権を争った「オレゴン境界紛争」で米国側が主張したスローガン。一八四六年に北緯四九度線で確定し、その後、加米の国境となる）」という今なお心の傷である言葉によってその南側の退屈な同じ田舎者たちから切り離されるが、そうした村々のさらに北方にわざわざ暮らしているわれわれにとって、ひどく不公平だと思われることがある。週七日の毎晩、午前零時の時報を五分過ぎたところで最後のニュースと天気予報が終わると、スタジオの司会者が次のような単旋律聖歌を無表情にうたい、北極星の輝く夜に私たちを無情に解き放つのだ——「小電力の中継局を通じてお聴きの皆さんとは、ここでお別れです」。

「本気か？」とわれわれは怒る。すでにラジオからはパチパチとした音が聞こえるだけだ。そこでわれわれは自分に言い聞かせる。「いずれこんな夜が来る。トロント、モントリオール、ウィニペグ、どこでもいい、酔っ払いのオペレーターが朦朧としてスイッチの上に倒れ込む。すると、あの不愉快なつまみが切れるのだ。税金を払っているわれわれが楽しめるはずの喜びを奪っているあのつまみが――。いずれこんな夜が来る。オタワ、エドモントン、レイクヘッドで、真夜中過ぎに聴かれているものが何かをわれわれが知る夜が――。いずれこんな夜がくる……。」つまらない不満かもしれないが、これが朝への渇望を高めてくれるのだから、無駄ではない。それに、今年に南下してきた私は知るに到ったが、ほぼ毎夜に通して流される音楽の多くは、テレマン、レスピーギ、メンデルスゾーンを慎重に混ぜたもので、予想をほぼ裏切らなかったのだ。われわれの領分を越えた洗練されたユーモアはないし、北の忍耐を越える前衛主義もない（過剰にはならない）。また、夜通し聴いていても、パーティーのようなおしゃべりは始まらない。そんなおしゃべりは、もとよりわれわれ北の人間にはなじめないけれど。

この〝網羅するが偏るな〟というCBCのバランス取りのアプローチには、少々文句をつけたくもなる。また、我が国がまとまっているのも、民族どうしや信仰のあいだの妥協のおかげであって、このポリシーもその現われなのだという事実がなければ、ついそうしてしまうかもしれない。とはいえ、常識的な節度の限界をわきまえるべきときも来る。たとえば、〝二度目の大きな不和〟が終結してからの数年間、協会は、節度を重んじた結果、我が国の放送で最も注目されるべき主流の作曲家としてベンジャミン・ブリテンを選んだ。国民の関心が中央よりも左か右か、向かう先がヴェーベルンなのかプフィッツナーなのかも考慮せずに、ブリテンが選ばれたのである。かくしてひどく節度を欠いた量のブリテンの音楽が流れた。まさに同じ要領で、一九六〇年代初頭のCBCの判断はハンス・ヴェルナー・ヘンツェ（一九二六－二〇一二）に落ち着いたらしい。《若い恋人たちへのエレジー》（一九六一年のオペラ）や木管五重奏曲（一九五二年）、「その生涯とナポリ時代」を追ったドキュメンタリーが最近取り上げられた。ただし、言うまでもなく、おびただしい数のカナダの作品も紹介されている。カナダの作曲家たちは羨ましいほどに多作で、あきれるほどに折衷主義的だ。その点ではヘンツェに劣らない。

もっとも、節度をめぐるこうした意見を促したものは鉱石ラジオ受信機とは関係がない。むしろ、諸君の通信員がテレビに触れたからであり、具体的には、当たり外れのない八つの「特別番組」の初回を観たからで、「あなたの電話会社」の提供によるものだ（この「あなた」とは、北に暮らす「われわれ」ではなく「彼ら」を指す。つまり、ダイヤル通話をする都会ズレした愚か者たちのことで、彼らにまさにふさわしい会社だ（一九六〇―六六年にかけてカナダ横断電話機構（およびそれを構成する各電話会社）が提供のテレビ番組は「あなたの電話会社がテレビで提供するテレフォン・アワー」と告知された））。番組は、ひどく無計画な、偉大な才能の浪費だとわかった。すなわち、浪費されたのは、二人の若い西部人の才能である。ブリティッシュ・コロンビアで活動し、今はロイヤル・バレエに所属するリン・シーモア（一九三九年生まれ。バレエ・ダンサー）と、ロサンゼルスで活躍し、今は（サザランドとボニング（オーストラリア出身の夫婦。ソプラノ歌手ジョーン・サザランド（一九二六―二〇二〇）と指揮者リチャード・ボニング）の好意で）ロンドン・レコードに所属するマリリン・ホーン（一九三四年生まれ）の才能だ。加えて、（信じられないかもしれないが、ここにこんな人が割り込む）スヴャトスラフ・リヒテルと呼ばれる奇跡の才能も消費された。諸君に尋ねるが、リヒテル、ホーン、シーモアが、才能に恵まれ、また電話を利用している以外にどんな共通点があるのだろうか？（一九六四年一〇月二八日の晩、カナダ東部では電話会社ベルの提供で、一時間もののテレビ番組『フェスティヴァル』が放映され、この三名が取り上げられた）

さほど昔のことではないが、予算が今よりも柔軟に使えて、アーティストに今よりもハングリー精神があって、政権の人気が高かった頃、ＣＢＣはあらゆるスポンサーの支援を禁欲的にはねつけた。あるいは、スポンサーが放送に関わるのを許したとしても、少なくとも番組内容の絶対的な独立性は表明していた。確かに番組内容の指図は受けていなかったかもしれないが、実際にできた番組表を覗くと、たとえば第二プログラムにラフマニノフやプッチーニが並んでおり、疲れた重役たちがカクテルを飲むときに好む音楽が選ばれていたとわかる。ムードが指図されているのには疑いの余地がない。こうした番組作り全体は、冴えないが、大衆に大受けしてきた。このシンポジウムの合衆国側の同等の放送局は、多年にわたりこれを採用してきたおかげで、聴取者は感謝して即座に長距離電話をかけてよこすようになったのだ。

番組の内容だが、リヒテルはラヴェルを弾いた。聴いたこともなければ、想像すらできないほどの奇跡的な演奏だった。ミス・ホーンの歌も見事で、アルペッジョが好きな人は特に魅了されただろう。彼女は《セミラーミデ》（ロッシーニのオペラ）にしっかりと取り組んでおり、そこからは、イザイに憧れたヴァイオリン弾きに時折感じるような純粋に身体的な喜びもかすかに伝わってきた。ミス・シーモアの踊りも実によかったのだが、綿糸をあしらった信じられないようなセットが興を削いでいた。あれはジェニー・リンド（一八二〇―八七。スウェーデンのソプラノ歌手）の特別番組で用いて以来置かれたままのセットだったに違いない。

全般的にみて、嘆かわしい内容だ。そもそもかつてのＣＢＣにはテレビ固有の音楽的素材を選ぶ能力があったのだ。本当に素晴らしかった。ＣＢＣはテレビ用のコンサートに目的を絞れたし、米国の放送網ではまったく扱えないようなものを選べたのだ。しかし、もしもＣＢＣがこの線でみずからをだまし続けなくてはならないとすれば、番組作り全体を――音楽も舞踊も、スポンサーのメッセージも含めて――ネオダダイストたちが呼ぶところの「ハプニング」に変えたらいい。ミス・ホーンがまだ歌うなら、ベッドサイドの小型のダイヤル式電話《プリンセスフォン》に向けて歌ったらいい（きれいな色の電話が選べる）。ロッシーニには合わなくても、メノッティ（一九一一―二〇〇七。イタリア出身のオペラ作曲家）ならいけるはずだ。ミス・シーモアも踊れるが（この場合、装飾は必須だ）、彼女の伴奏は、一九〇七年製の壁掛け電話機で即興ができるかもしれない。モートン・フェルドマン（一九二六―八七。米国の作曲家）に信号を担当してもらう。今年、ＣＢＣはアメリカ文化の配合率を緩めたので、アンディ・ウォーホルに頼んで、番組全体を「アンダーグラウンド映画」にしてもらえばよい。彼は内部通話装置に向けて、権威をふりかざして大声で指令を下すだろう。

さて、残るはスヴャトスラフ・リヒテルだが、撮影上手のＣＢＣのことだ。天才をどう扱うか、お手並み拝見といこうではないか。

61　時代と、時を刻む者たちについて

この西洋の音楽的伝統において進歩を阻む因習に、「常任《レジデント》」を任命する習慣がある。ときに「終身《パーマネント》」と誤って

呼ばれもするが、これらの二つの用語は大いに混乱して用いられる。同義ではないものの、共通する固有の意味を含むからである。本当の「常任」に関わる状況は（ベルリン・フィルハーモニックの終身契約が最適例かもしれないが）、実際の「常任」が成り立たないことを示している。たとえば、一九五五年に〝即位〟したカラヤンが委ねられたのはコンサート・シリーズを八回と、あのホーホ音楽院での三回の指導だけで、あとは、よそへの公式訪問はいくらやってもよい、という待遇だった。他方、「常任」が期待どおりとなる状況、つまり、楽長《カペルマイスター》のホワイトカラーとしての威厳たるものが保たれる状況は、少なくとも、北米の諸州で実現している。もっとも、ヴラディミール・ゴルシュマンのセントルイス交響楽団での二十六年間のような幸福な例外はあるものの、なかなか「終身」にはなれない。指揮活動には、独裁的な支配が必要だが、北米のオーケストラの影にいる真の支配者たち、つまり、理事会、婦人委員会、日刊紙の特ダネに飢えた記者たちが、数シーズン以上にわたって服従してくれることはめったにないからだ。

常任指揮者が着任すると、広範なレパートリーに挑むことが期待される。そうすれば、フランス音楽のクリュイタンス（一九〇五―六七。ベルギー出身の巨匠）、バロック音楽のシェルヘン、現代音楽のクラフトといった、ギャラの高い専門家を客演に招く必要がなくなり、常任指揮者の給料でもとが取れるわけだ。常任指揮者はほぼ確実にこの罠にはまる（最初に仕掛けられた罠だ）。彼からすれば、家族を呼び寄せ、新築のスキップフロアの家に室内プールを足すには、許容できる客演指揮者は、ロシア語を話し、ヴィザでもめている八十代の老人だけだ。そういうわけで、常任指揮者は、ほかのどんなアーティストにも求められない重荷のようなレパートリーをみずからに強いてしまう。たとえダヴィッド・オイストラフが人生に対するイデオロギー的な思い込みに浸っていて、それが誤りであったとしても、それを捨ててシェーンベルクの作品三六（ヴァイオリン協奏曲、一九三六年）に挑めと求められはしない。同世代で最高のピアニスト、アルトゥール・シュナーベルが不本意にバッハを弾くことは期待されていなかった（ハ短調のトッカータを一度弾いたことはあるが、かなりぎこちなく弾いて、それきりだ）。

ところが、常任指揮者には、まさにそういうことが求められるのだ。そして現実を述べるならば、ほとんどの常任指揮者は、着任後の最初のシーズンはこの理不尽な要求を克服する。いや二度目のシーズンもいけるかもしれない（その間、気まぐれな交響曲好きが定期会員に加わり、新任指揮者が試されている様子を見守る）。そして、ほぼ確実なのだが、三度目のシーズンになると、興行成績が芳しくないことがわかり、彼は旅回りのヴィルトゥオーゾを招く契約の急増を提案せざるを得なくなる。その法外な出演料によって、在任期間の最初の財政危機が生まれるのだ。

怒るのも当然の悪循環であろう。いや、実際そうなる。北米のオーケストラの大半において、常任指揮者がもっともらしく怒る能力は、大きな財産だと考えられてきた。年間予算十万ドルにつき一度の癇癪を起こすのは、暗黙の了解だ。それがあるからこそ、指揮台での次の爆発で良い記事が書けそうだと新聞は注目し続けるし、オーケストラ委員会のご婦人方にとってはこれがティータイムに格好の噂話となる。そして何より重要なのは、この結果、反抗的な楽団員たちが苦笑しつつも畏怖の念を抱き続けることであって、これは、おわかりのように、規律ある音楽作りがなされるよい徴候なのだ。ただし、この怒りは、本場の中央ヨーロッパの指揮台から発せられる憤慨とは、やはり明確に区別しなくてはならない。中央ヨーロッパの場合は、アーリア民族の神々に助けを求めて魂が発する激しい苦痛の表明であって、毒舌は付随的にすぎない。だが北米の場合はずいぶん異なる。言葉は巧みだが皮相的な罵詈雑言であって、領地も持たなければ、生地からも離れてしまった指揮者が用いるのだ。

こうした事情ばかりか、ほかにも妥当な理由がさまざまあって、長年、北米のオーケストラの理事会は、海外の失業中の楽長を雇う傾向があった。ところが最近、地理的な側面に顕著な変化がみられるようになった。

すべては、数年前、モントリオール交響楽団《レ・コンセール・サンフォニック・デュ・モンレアル》（この名称はその後短くなったが、本来の心地よい響きは忘れがたい）の音楽監督に、極めて有能な二十四歳のズービン・メータ（一九三六年生まれ）が就任したときに始まる。インドに生まれ、ヴィーンで教育を受け、タングルウッドの夏にも参加しており、理事会の信じるところに従えば、三つの世界を綜合した人物だ。メータとモントリオールは相性がよく、彼の監督下でオーケストラは発展した。ベートーヴェンの第九交響曲を振って、ヴァインガルトナー風の流麗な緩徐楽章を聴かせたし、シュトラウスの《英雄の生涯》はほどよく自己中心的だった（英雄の再現は、あらゆる意味で高水準だった）。また、地元や国外の冒険的な前衛作品も常に取り上げた。こうした目覚ましい発展が気づかれないはずがない。トロント交響楽団の首席指揮者ヴァルター・ジュスキントは、豊かな感性と伝統重視の姿勢をもって音楽に向き合い、幅広いレパートリーを誇り、地元各紙の攻撃にも十分に耐えられる抜群のユーモアを発揮して注目されてきた人だったが、進取的な理事会は、ジョンソン米国大統領の口癖の「迅速かつ適切な回答」をもって、九年の任期満了に伴う彼の退任を認めた。一週間もたたないうちに、後任が公表された。レナード・バーンスタインの極東方面担当の副指揮者セイジ・オザワである。

オザワ氏について見解を述べるのは少し早すぎるかもしれないが、この近辺での客演から判断する限り、指揮台の戦略を手堅く把握していると思われるし、選曲にはやや伝統的な作品重視の姿勢がうかがえる。また、家族を起用することは地元の記録から明らかで、初回と第三回の公演のピアノ独奏者に自分の妻を招くことになった（ホッケーで言う「第二のスター」は、エミール・ギレリスになった（小澤征爾（一九三五―二〇二四）は就任前の一九六四年三月四日と翌年一月二十三日の客演で江戸京子と共演。ギレリス（一九一六―八五）とは一月十九・二十日））。

北極圏に暮らすわれわれは、別に自分たちのせいではないものの、中央ヨーロッパの規律正しい黄金時代を体験し損ねた。だがその代わりに、ヤン・ピーテルゾーン・ファン・スランプという人物の中で、それよりも古い伝統と今日の巨匠たちの特徴であるエキゾチズムを無邪気に融合させている。ファン・スランプは、われわれの最も有名な音楽家である。ひどい表現かもしれないが、『ドーソン・タイムズ』紙は彼を「ツンドラの暴君」と活写してきた。本稿を書いている時点で、ファン・スランプは、ホワイトホース・フィルハーモニック、ケチカン・グリー・クラブ、シトカ・ムジカ・アンティクワ、そして北極圏という王冠にはめこまれた宝石、アクラヴィック管弦楽団（「オルケストル・フィラルモニック・アクラヴィック」として知られていたが、第一副理事でジョージ・セルの熱狂的な崇拝者ハワード・グレイ・アウルの強い要請により、昨シーズンより簡略化された）の上に君臨している。われわれから見て、ファン・スランプの出自は完璧だ。父親は天文学的に正確なオランダ人航海士である。母親は社交界に出入りする優雅なサモア人で、一八九七年の大嵐の中、オランダのザイトベーフェラントから出航して進路を外れた二本マストのアサリ漁船フック・オヴ・ホーランド号によって、悲鳴を上げながら運ばれてきたという。

とにかく、ファン・スランプは、時を刻む職業が大きな変容を遂げつつあることを誰よりも早く認めるであろう。最近のカナダでの人事は殊勝な国際主義的展望に基づくが、この変容にはそれ以上の推進力がある。事態の本質には、音楽界の慣習にうんざりしてきた聴衆が存在する。慣習の中でも、地元のオーケストラの指揮者の人事は、久しく中心的な課題であった。そして、満足な教育を受けていない私の推測では、未来の指揮活動は、催眠術のような眼力を統合する機械によって達成されるであろう。それは、プログラムによって世界中のあらゆる楽団員、マネジャー、批評家の解釈上の着想と理想を民主的に盛り合わせる有線の機械だ。その説得力のある内容は、防音設備を施したそれぞれのスタジオにいる楽団員たちに呪文のように伝達され、リハーサルも本番も、もちろんそこですべて行なわれる。これのまさにブレンドの作業は、中央制御施設において、最初から定められた仕様書をまとめた別のプログラムによって実現するのだ。かくして楽団員は自動化の未来に向けて力強い歩みを始めることになる。自宅にいながら演奏ができ、自家用車のことも忘れ、子どもたちの世話もしつつ、ベビーシッター代を節約し、妻も仕事に出られるようになるのだ。

もちろん、課題は残るだろう。保守的な背景を持つ楽団員たちにとっては、自動化された指揮者がどれほど高性能であっても、棒を振るという古い伝統からはいささか切り離されていると思われるかもしれない。ならばナショナル・リサーチ・カウンシルで接触振幅鍵盤を発明したヒュー・ルケイン氏（一九一四―一九七七）に声をかけたらどうか。ほかにも類似の発明をもって、トロント大学電子音楽スタジオの資源を豊かにしてくれた独創的な人物だ。フランス＝

プロイセンの偉大な伝統に対する氏ならではの認識をもってすれば、指揮者がリハーサルを始めるときに伝統的に用いる気さくな挨拶の言葉をコンピューターにプログラミングするのもきっと簡単だ。楽団員たちが安心できる環境を最大限に確保できるように、気楽《ゲミュートリッヒ》なバイエルン訛りでも設定可能なはずだ——「グート・モーニング、ツエントルメン！——サテ、コノ作品ニツイテ、ヴァタシガ言エルノハ……タダシ、ヴァタシヴァ@%¢——ソレヲ書イテ$$$$——ヴァタシ自身ガ$＊＊！！！」

62　若者、集団、芸術の精神——北極圏からのレポート

仮に諸君が正直なプロの音楽家と知り合い、いちばん忘れがたい思い出の演奏の話を聞き出せたとする。きっとそのひとつは、まだ音楽院のブレザーを着た、生意気な子どもの話だ。その子は陳腐な定番曲を弾いたが、クリシェを斥け、作品本来の魅力を初めて明かしてくれた、と。もっとも、そのプロは正直で人間くさい面もあるので、ほぼ間違いなくこう続けて、褒めたばかりの話をはぐらかそうとする——でも、その子が他の定番曲を弾くと、それほどの手応えは感じられなかったけれどね、と。こんなに度量の大きな人ですらそう思うのかと諸君は考え直し、最初に聞いた褒め言葉を疑い、音楽業界の最高機密の永続に手を貸すことを選ぶかもしれない。

北米全土の音楽学校では、毎週のように、ただの若者たちが啓示に満ちた洞察力を発揮して年長者たちを困惑させている。彼らは色あせた名曲を甦らせる。熟練のヴィルトゥオーゾでもめったに実現できない水準の演奏である。ところが、そうした若者たちは、実践的なコツ《ノウハウ》にも分析的な理由付け《ノウホワイ》にも確信がないので、次の学期の課題をさっさと制覇できる万能薬を自分の成果から抽出しようとはしない。指導教授たちは、芸術が啓示になり得るという信念を抱いていないため、そうした彼らの怠慢を、未熟だから、の一言で片付ける。おとなの世界の模範の観察を怠

っており、おとなと同様に都合良くまとめたメソッドを用いるくせに、それによってコツや理由付けをかき乱すわけでもないから未熟なのだ、と。

　こうした心騒がせる神童たちに対する抑圧は、長い間、本能的に行なわれてきたし、教育システムの要所を占めてきた。議会政治と音楽は、ルネサンスが奨励した技術の最後の規範なのであるが、それを保持してきたのがこのシステムであり、これはまた、ルネサンス以前の徒弟関係のヒエラルキーを頑なに護るものとなっている。政治でも音楽でも、師弟の絆が断ち切られることは本当にめったにない。〝政治は可能性を模索する技術〟（ビスマルクの発言とされる）であり、そこでは、誠実な下積み生活は、後援会やリベートや地元の郵便契約によって報われる。他方、音楽という、不可能性を模索する技術では、メソッドという秘儀が奨励される。それは独自の難解な熱狂的信条であり、枠組みを設けて経験不足の者をさっさと排除するのに適している。そして、政治家にせよ、音楽家にせよ、こうした詐術を通用させようと、自分に次のように言い聞かせる。自分は一定の抽象性において活動しているのであって、この抽象性を定義しても、国家の安全保障には役立たない、あるいは、聴き手の喜びが増すわけでもない、と。

　こうした抽象性に少しでも価値があり、またそれが人間的状況の曖昧さを表わしているとすれば、その本質をいちばん理解していないのは音楽家と政治家である。彼らは自分の職業の重要性を細分化して宣伝するスローガンを作るのに忙しいため、芸術の神秘の全体像をまともに把握できない。彼らがスローガンを作るのは、ある特別な方法論が厳粛な普遍性をもつことを強調するためだ。それゆえ、たいへん高齢であるか、（より好都合なのは）すでに他界した指導者の姿にこれを必ず結びつける。四年に一度の米国大統領選のたびに、タフト家（米国大統領W・H・〜（一八五七―一九三〇）の息子R・A・〜（一八八九―一九五三）は共和党の有力な上院議員として労働運動の規制と孤立主義外交に努めた）の記憶に厳粛な讃辞を送る中西部の修正孤立主義者の集団が新たに収穫されるが、それと同様に、病《へい》均律クラヴィーア《イル＝テンパード・クラヴィーア》を奉ずる仲間たちは毎シーズンにデビューする演奏家の中から大志ある新人を見つけ出す。彼らの目にかなう新人とは、上腕三頭筋を痙攣させて弾くピアニストで、その痙攣はカール・チェルニーに直接遡るのである。

過去の誤りに愛着を抱くこういう奇妙な姿勢があるため、音楽学部では、他の主要な学部以上にイカサマ教育者がのさばっている。そもそもこの姿勢は、十八世紀には画家たちによって、また印刷機が登場したときには文筆家たちによって、すでに過去の遺物とみなされていたものである。もちろん、ほとんどの人は読み書きができるし、直線だって引ける。それゆえ自分は画家や作家と対等だと勘違いをした一般の人が評価を下す。ニキータ・フルシチョフが端的な例だ（一九六二年、訪米中に抽象絵画展を観たときの発言。本書二一五頁参照）。しかし音楽の場合、聴く人の誰もが五線譜が読めるわけでも、正確に旋律を歌えるわけでもない。ここに絶好の機会がある。これが作曲や演奏が陥る傲慢さの根源であり、教育現場で口頭での伝授を好む古風な傾向が存在するのもこのためである。また、音楽的な訓練法を前面に出して信じ込ませる詐欺めいた痛々しい三行広告も、ここから生まれる――「マエストロ・エルディット・アッサイは、マダム・テシー・トゥーラ（一九六二年のミュージカル・コメディ映画『ジプシー』でベティ・ブルースが演じるストリッパー）の唯一の教師兼コレペティートルで、有名な〝ビリビリ鼻腔メソッド〟の提唱者です。人数限定で上級初心者の入門歓迎。要予約」。この状況はほとんど絶望的ではあるが、まだ手遅れではないと私は考える。また、音楽の世界においては、（独創的な表現を用いれば）未来の希望は若者にあり、同じく問題の多い政治の世界では、（カナダ流に言えば）未来の希望は北方人にある。私はそう信じている。今年の夏に、これら二つの世界に関わる予言が信憑性を帯びていることを知り、音楽を多少好きな北方人としての私は、これを喜んだ。

ナショナル・ユース・オーケストラ

もう六年になるが、毎年七月には、百人以上の若い音楽家が全土からトロントに集まり、ナショナル・ユース・オーケストラ・オヴ・カナダ（略称ＮＹＯ）を結成する。創設者はヴァルター・ジュスキント。これまでのシーズンでは、その情熱的な指揮によって驚くほど威厳に満ちた解釈が引き出されてきたが、今年は客演指揮者のフランツ＝パウル・デッカー（一九二三―二〇一四）が担当した。この機会をカナダでのデビューに選んだデッカーは、指揮台に立つ姿こそアーヘン時代のカラヤンに似ているも、その棒の振り方はあの巨匠の舞い踊るようなスタイルとは異なり、むしろオイゲン・ヨッフム（一九〇二—八七。ドイツ）風の明確なものであった。NYOが誇り、トレードマークとしていたのは少々粗暴な情熱なので、それが中欧の厳しい教育法に耐えられないのではないかと心配する声も聞かれた。その懸念を解消するべく起用したのが、大陸での評判をますます高めているデッカーである。

諸君の通信員である私は、この正面衝突の模様をあらかじめ見たい気持ちを禁じ得なかったがゆえに、このシーズン初のリハーサルに立ち会った。団員たちはチャイコフスキーの第四交響曲を初見で演奏したのである。これはNYOが取り上げる曲目の中では間違いなく「ポップス」に分類される。ほかには、たとえば、ベートーヴェンの《英雄》、ヒンデミットの《画家マティス》、ブロッホの《シェロモ》（独奏はレナード・ローズ（一九一八—八四。米国のチェロ奏者。グールドとの共演盤あり））、カナダの準十二音技法作曲家ジョン・ワインツヴァイグの《交響的頌歌》が並んでいた。

しかし、私がこのチャイコフスキーに特に関心を抱いたのは、すべての曲目の中で、若い世代が身をさらしている音楽環境の刺激に最も近いのがこれだと思われたからである。のどかな昔、良家の子女にとって、サリヴァン氏のオペレッタとは、メンデルスゾーン風のコラールを上品に世俗化したもので、家庭でのメソジスト派の音楽活動の体系化であった。チャイコフスキーの第四番もそれと同じではないか。今のティーンエイジャーにとって半音階的語法とはアンドレ・プレヴィンがフレデリック・ロウのミュージカル曲に付け足したものを意味し（作曲家ロウ（一九〇一—一八八）の『マイ・フェア・レディ』等でプレヴィン（一九二九—二〇一九）は編曲を担当）、オーケストレーションとはフィル・スペクター（一九三九—二〇二一。革新的な音作りをしたポピュラー音楽のプロデューサー）がつまみをまわして調整しているものを指す。二十四時間を問わず、トランジスタ・ラジオを鳴らしながら親の目を気にせずに食事をしている彼らが享受するのがそうした娯楽物であり、チャイコフスキーの第四番はそこに通じているのである。

やはり期待どおりであった！　通し演奏において、オーケストラがデッカー氏を導き、喜びに満ちた即興的な自前の音楽を披露してくれた。由緒正しいプレヴィン的な半音階的語法はお手のもので、特に終楽章でそれは発揮されたが、第一〇一小節と一〇二小節のところで彼らは止まってしまった。もっとも、あそこはプレヴィン風の半音階的語法とは異なるから仕方あるまい。〈イパネマの娘〉でさえ採用しなかったような、巧妙な仕掛けの反復進行なのだから。

最後の終止までなんとか無傷で到達できたことを祝して休憩時間が与えられると、団員たちはその場を離れ、付き添いの人たちの控えめな監視の目を盗んで、音楽学部ビルディングの外の階段に出て手足を伸ばした。連中は、リハーサルで認められていたジーンズ、ストレッチパンツ、サンダルという服装に加えて、ツバの広いサンバイザーをかぶり、徹底的な無関心を装いながら（若者たちは奇妙な格好をするときはこれに限ると思っている）、ビートルズの見習いメンバーに成りすまし、ジョーン・バエズ（一九四〇年生まれ。米国のフォーク歌手）風の女神たち七十二名の将来性を慎重に品定めをしていたのである。幹事を兼ねていたコンサートマスターは、この呪縛を解いてみんなを正気に戻そうと、手を叩き、休憩時間の終了を知らせた。演奏家としてプロ意識をみごとに欠いたまま（それがこのオーケストラの魅力だが）、サンバイザーはしまわれ、かくして全員は屋内に戻り、第一〇一小節から練習が再開されたのである。

最後列席の奏者

このオーケストラの魅力はほかにもある。この夏、第一ヴァイオリンの最後列席を占めた存在がそれにほかならない。マリ・ラモンターニュ嬢という、愛くるしくて率直な（「あたし、チャイコフスキーは聴くのは嫌い、弾く方が好き」）ケベック州シクーティミから来た奏者は、力強いトゥッティに加わる中、『トロント・テレグラム』紙の目ざとい記者に見つかり、記事にされたため（「**ラモンターニュ家の妹はヴァイオリンでプロを目指す**」）、シーズンの残りの期間、分奏になると目立っていた。モンターニュ嬢が有名なのは、兄で弁護士のピエールの存在もある（エンジェルズとマウンティーズをますます応援してしまうのだが）。ピエールはある政治的・司法的・犯罪的な事件を預かっていて、その結果からすれば、ワシントンのロバート・ベイカー氏（一九二八－二〇一七。政治顧問。六三年、民主党上院院内総務の書記を収賄で辞任）の手練手管における法律文書の読み違いなど、子どもが無許可でレモネードスタンドを営業している程度の問題でしかないように思えてしまう。

騒ぎの中心は、麻薬密輸業者ルシアン・リヴァール（一九一四ー二〇〇二）の運命だった。テキサス市民が引き渡しを強く望んだ人物である（その後実現したが、それまでに有能な彼はモントリオールのボルドー刑務所の壁を越え、四ヶ月も逃げていた）。この件で米国政府の弁護士であるラモンターニュ氏は、一九六四年七月（ムッシュー・リヴァールが非公式の出所を選ぶよりかなり前のことである）、異議申し立てを断念し、彼を保釈してくれればその補償に総額二万ドルを支払うという提案を受けた事実をカナダ騎馬警察隊に報告した。この事件の調査を命じられたロイヤル委員会には、ほかにも金の話が証拠として報告されており、さらに野党は、自由党の選挙資金が、このムッシュー・リヴァールに特別な関心を寄せる利害団体によって補充されていることを告発している。

このリヴァール事件が世の中で認識されるようになったのは、巧みな議会戦術家であるユーコン準州の保守党議員エリック・ニールセン氏の暴露に拠る。これは北極圏出身のわれわれにとって誇らしい。つい一年前までは後部席に座る地味な議員にすぎなかったニールセン氏であるが、この数ヶ月、首相を除けば、国会の誰よりも多く、その名が新聞の見出しに踊った。ヴィルトゥオーゾ的な技芸を発揮したその追及の結果、法務大臣は狙いどおりに解任され、自由党政権は補充的な改造がなされ、元首相秘書官は党から追放された。低迷するカナダの公式野党とは対照的に、ニールセンは一目置かれる存在となった。ちょうど「東部エスタブリッシュメント」であった共和党がゴールドウォーターを擁して選挙戦に負けたときのジョン・リンゼイ下院議員（一九二一ー二〇〇〇。六六ー七三、ニューヨーク市長）のような立場である。ニールセンは人口のまばらな選挙区の代表なので、ほぼすべての有権者の顔を覚えており、それが計り知れない強みとなっている。だからこそ、彼は、国会において、一部の人の利権だけで合意がなされ、結果的に密約が破綻してしまう打算的な政治を斥けられるのである。政治家たちが生き続け、記憶を失わない限り、これらの事件の解明は進むはずであるが、すでに明らかなのは次のことである。すなわち、健全で率直であり、理想に燃えており、それゆえ警察隊のファイルに容易に触れられる、そういう北方人が、今回、妥協することなく、議会の名誉を守る理想を貫いたのである。

ドレス・リハーサル

はたしてNYOは同様の成功を得られるのか。つまり、おとなのプラグマティズムの侵蝕に抗い、彼らなりの内発性によるチャイコフスキーの演奏という理想を貫けるのだろうか――。諸君の通信員はこのことに強い関心を抱き、七月最終週の通し稽古《ドレス・リハーサル》に戻ってきた。翌日の晩に予定されたトロントでのコンサートと、続く数週間にわたる国内横断ツアーを控えたオーケストラは、調整を完了し、力強い集団になったと思われたが、それは三週間前の生きる喜び《ジョワ・ド・ヴィーヴル》を自由奔放にむさぼる態度とはずいぶん異なっていた。ラモンターニュ嬢ですら、顔が暗くなり、緊張しているように見えたが（「興奮して、緊張して、震えています」）、この一ヶ月の対決の様子を的確に要約してくれた（「ムッシュー・デケールはいい人ですが、ずいぶん頑固ですよね？　彼は……何ていうのかしら、すごくドイツ的で」）。

　リハーサルで、冒頭のファンファーレがやや頼りなく響くと、金管奏者の一人が卒倒した（「息が切れたのよ」と、団員たちの世話係の女性が診断を下した）。数分間の休息をとっただけで彼は回復したが、その結果、楽団全員に新しい決意が満たされたようであった。休憩後の演奏は、精緻であり、輝かしく、如才ない。あまりに通俗化した作品ではあるが、飛び抜けてしなやかな即興性を発揮したカラヤンのEMI録音（一九六〇年。ベルリン・フィル）を除けば、チャイコフスキーの珍妙で少々低俗な悪ふざけの精神にここまで忠実な演奏はほかに想像できまい。

　やはり、ある種の「緻密な表現」は、成長した証拠として確かなものであり、それがこの数週間のうちに備わっていた。たとえば、ヴァイオリンとチェロがオクターヴで重なってささやくように演奏する第二七小節（第一楽章）がそうだ。また、ピチカートのオスティナートがヘアピン状の強弱記号に合わせて絶えず大きくなったり小さくなったりする場面（第三楽章）は別個に練習をして合わせた成果に違いない。あの第一〇一小節と第一〇二小節もきちんと収まっている。ただし、こうした手慣れた表現は、音楽と初めて出会ったときに自然に発する喜びや驚きの気持ちを損ねるほど散見されるわけでもなければ、目障りなものでもない。実際、デッカーの本当の業績は、こうした表現の〝多重録音〟をなるべく強要せず、指揮者としての権威を保ちつつ、晴れの初舞台で輝きたいという団員たちの気持ちを尊重したことにある。

そして今回、最後の終止音の響きがやむと、楽団員やコーチたち、それから財政再建委員会の面々が、互いにお祝いの言葉を投げかけながら会場のあちこちに集まった。デッカーはその中を動きまわり、ほどほどに褒め言葉を投げかける。周囲もうやうやしくそれに応えているように思われた。結局、これでよいのである。世代間に架けられた橋は相互通行のために作られたのだから。

63　グレン・グールドのトロント
（台本再録・一九八一年）

私はトロントに生まれた。以来ずっとここが生活の拠点だ。なぜだろうか。何よりも便利だからではあるだろう。ただしこの私は都界の生活から離れられないわけではないし、好きにしてよければ、あらゆる都市を斥け、田舎暮らしを選びたいと思う。

私が訪れたうちで、ともかくも私に心の平安をもたらしてくれそうな都市、つまり、もっと気の利いた定義をするなら、「都会らしさ《シティネス》」を押しつけてこない都市は数えるほどしかないが、トロントはそのひとつだと言える。本当に平安に満ちた都市の最良の例はおそらくレニングラードであって、やっかいな言語と政治体制を理解できたならば、レニングラードでたいへん生産的な生活を送れると思う。かたや、居住を強制されたならば、精神的にまいってしまう都市としては、ローマやニューヨークが挙げられる。それを言うならモントリオールだろう、とトロント市民《トロントニアン》と呼べる人たちはもちろん指摘するはずだ。

結局、私はこの都市とはほんのわずかしか接触せずに生きてきたし、それは意図的だ。私が本当によく知っている唯一のトロントとは、ある意味では、記憶の中のトロントだ。私の記憶に保管されたイメージの大半は、四〇年代から五〇年代初頭の私がティーンエイジャーだった頃のトロントと関係がある。

近年のトロントはずいぶん評判がよい。「新しい大都会」や「あるべき未来のモデル」と呼ばれているが、トロント市民の言葉ではない。こうした明るい形容をするのは、アメリカやヨーロッパの雑誌や都市計画者だ。もっとも、トロントには訪問客のたいへん好意的な意見を獲得してきた伝統がある。一八四二年、チャールズ・ディケンズがやって来て、「この町は生命力に満ちている。動きがあり、にぎやかで、忙しく、進歩がある」と評した。ところが概してカナダ人はあまり褒めない。つい最近まで、国内のよその地域に暮らすカナダ人がトロントを形容するのに好まれてきた呼び名は「養豚の町《ホグタウン》」だ。ずっと言われてきたように、広い国土にひどく分散して暮らすカナダ国民を束ねている数少ない要素のひとつは、誰もがトロント嫌いだということなのだ。ひねくれた腹立たしい考えかもしれないが。

一九五九年にセントローレンス水路が完成すると、大西洋から七〇〇マイルも川や湖を遡らなければならないのに、トロントは遠洋に開かれた港となった。私は昔から船を見ているのが性懲りもなく大好きだ。水路が開通したとき、トロントの波止場をうろついて未知の船を見つけるのがどれほど楽しかったかを今でも覚えている。ドイツからフォルクスワーゲンを、日本からテレビ受像機を運んでくる、ヴォルフガング・ルスやムニシマ《マ》・マ《マ》ルといった船と出会ったのだ。

しかし、水路のできる前からトロントは別の意味ですでに国際的だった。第二次世界大戦の終わり、世界中、特にヨーロッパとアジアから、たくさんの移民が押し寄せた。そうした移民のそれなりの割合の人たちがトロントを選んだ。その結果、トロントの人口は、これまでアングロ＝サクソンが優勢だったのが、根本的な変化に見舞われた。アングロ＝サクソンは少数派へと向かい――それでもやはりまだ最大の少数派だが――トロントという都市は新しい住民たちの文化的多様性を反映し始めた。

一七九三年、トロントの創設者である、ジョン・グレイヴズ・シムコウ総督代理（一七五二―一八〇六）は、この入植は「英国への忠誠の守護神」になると予言した。この町の計画のために彼はこう書いた――「政体を護るために、ひとつの教会、ひとつの大学を作り、すべての街角に見張りを立てる。足元の敷石が《ゴッド・セイヴ・ザ・キング》を歌うようになるはずだ」と。

カナダの政治を語る場合、ほとんど常套句と化しているが、カナダは「政治的なモザイク」だと言われる。力点はわが国とアメリカとの違いの強調にある。アメリカ人が自分たちの社会を「人種のるつぼ《メルティング・ポット》」と好んで表現するのに対して、カナダでは（そしてトロントほどの適例はないのだが）、どんなに暑くなっても、私たちはモザイクのままで溶けはしない、という意味が込められているのだ。

トロントはオンタリオ湖の北岸に位置する。この湖は五大湖のうちで最も東にあり、また面積は最小である。だがそれなりに大きな〝池〟だ。オランダ出身の友人は故国の親類に対して、オランダ全土を投げ込んでもまだ余裕があり、ドン・キホーテが一生かけても闘いきれないほどの数の風車が排水に必要だと。だが現実にはこれは誤りだ。調べたところ、オランダの面積はオンタリオ湖の二倍近くある。だから、オランダをスペリオル湖かミシガン湖かヒューロン湖に投げ込めば跡形もなく消えるが、このオンタリオ湖に投げ込んだら、大洪水が起こるだろう。

小さな島々が、クロスワード・パズルのように互いに重なりながらトロント湾を守っている。島々は行楽地になっていて、夏はフェリーボートが観光客やピクニックの市民を運び、港とのあいだを往復する。もちろんこれらの島に一年中暮らす頑強な人たちもいる。実際、島の共同体社会は一世紀半も続いているのだ。

トロントの都市としての存立理由は、オンタリオ湖における戦略的な位置と、特にその素晴らしい港にある。アメリカ独立革命のあと、英国は、対岸に生じた解放された植民地からの侵攻を防ぐための拠点となる適切な場所を探しまわった。そしてここを選び、要塞を築いた。それがフォート・ヨークだが、この大英帝国の前哨基地は、決して文句なしの成功を収めたわけではない。一八一二年戦争ではアメリカ軍に侵略されてしまったのだ。

トロントと、〝国境の南〟にあるアメリカの諸都市との関係はよく地元のジョークのネタになってきた。たとえば、湖を隔てて四〇マイル《六〇キロ》向こうにバッファローがある。本当ににぎやかな週末を過ごしたいなら、バッファローまで行きなさい。私が若い頃にはそう言われていた。今日のトロント市民は、南に行っても特に意味はないと思っているようだが、バッファローを注視したいという深層心理が働くのは昔と変わらないらしい。そこで一九七六年に塔が建った（CNタワー。五五三・三三メートル。二〇〇七年まで世界最高。最上の展望台は四四七メートル）。観光ガイドによれば、世界一高い自立的建築物であり、展望台に登れば、天気のいい日であれば、いつもではないにせよ、少なくともバッファローまでは見えるそうだ。

古いトロントと新しいトロントの対比を考えるのに、隣接して立つ二つの市庁舎にまさる好例はない。一八九九年に落成した旧市庁舎はＥ・Ｊ・レノックス（一八五四―一九三三。トロントで数多くの建物を設計）というカナダ人が設計したものだ。彼は完成までに十二年間を費やしたが、予備調査の際にペンシルヴェニア州に視察旅行に出向いた。州内で着想を与えてくれたのがピッツバーグに当時新しく作られた刑務所だったらしいのだ。私は一度、同地を訪れたことがあって、それは演奏旅行中だったが（禁固刑に匹敵する音楽活動だ）、市内を歩いていたら、この監獄の前を通った。トロントの旧市庁舎にそっくりだった。そう言わざるを得ない。レノックスは囚人と役人を差別せずに閉じ込めるという見事な発想を展開したのだ。

新市庁舎は一九六〇年代初めに建てられた。設計者はフィンランドの建築家ヴィルヨ・レヴェル（一九一〇―六四）で、彼はその完成直後に早逝した。この実に想像力豊かなデザインに市会議員たちが浴びせた侮辱の声のおかげで寿命が縮んだと言われたものだ。

当時のトロントは現代アート全般に対して必ずしも寛容な場所ではなかった。新市庁舎の前にヘンリー・ムーアの巨大な彫刻を置く決定は政治的に無理があった。おかげで彫刻の購入を支援した市長は次の選挙で負けた（番組台本で続く記述は解題参照）。対立候補は「トロント市民は抽象芸術の押しつけを好まない」と公言し、もちろん、たやすく当選を果たしたのである。

過去十年間におけるトロントの外観の目覚ましい変化の徴しは、ヘンリー・ムーアの作品の西半球における最大のコレクションを有するようになったことかもしれない。当初の騒ぎを振り返るに妙な話だが、コレクションはムーア本人からの寄贈で始まった（一九七四年に市内のオンタリオ美術館に数百点が寄贈され、館内にヘンリー・ムーア彫刻センター創設）。私たちトロント市民は他人に好かれるすべを心得ている。私はそう言わずにはいられない。

いくつもの銀行がそびえ立つあたりの地下にはショッピング・モールが広がっていて、トロント中心部のいちばんいい地域をたどることができる。戸外でも、市内には小さな谷間や川が網の目のようにあるので、舗装道路に一度も出ずに歩きまわれる。最大の渓谷に流れているのがドン川で、地元では〝泥んこドン《マディ・ドン》〟として知られる。この川はトロント港に流れ込むが、もしも私がマラソンの練習をするなら、都会とじかに接触しないで水源まで十七マイル《二七キロ》を遡ることができる。もちろん、すべて都会の内側にあるのだが。

ヤング・ストリートもたどるべき道筋だ。トロントに最初からある南北の幹線道路で、東西をはっきり分けるという意味では、マンハッタンの五番街と同じだ。十九世紀初め、入植者が北上して自営農地に向かった道であって、地元の広告代理業者が好む誇張宣伝は、世界最長の通り、というものだ。業者がこれを思いついたのは、ヤング・ストリートがどこで終わるか実際はっきりしないからだ。オンタリオのハイウェイ網に溶け込んでしまうので、北と西へそのまま約千二百マイル（ほぼ二千キロ）も進める。この行程の大半を占めるのは田舎の土地である。そこには何もなく、殺伐としていて、実に崇高な美しさがあり、ゆえに恐ろしく魅惑的だ。

しかし、ヤング・ストリートが始まる突端は派手で、別の世界だ。「細長い土地《ストリップ》」として知られる部分であって、誰が名づけたのかも、その人が別の意味を意識していたのかもわからない。規模は小さいものの、この数ブロックは、ニューヨークの四十二丁目とブロードウェイが生むのと同じ問題をトロントに示している。自由意志論者の市民はこの「ストリップ」という呼び名にたまらない魅力を感じるのだが、市民の大半は困惑するばかりだ。

六〇年代にトロントが受けた影響で最も重要なものを挙げるならば、それは三百マイル《四八〇キロ》離れたモントリオールで起きた出来事かもしれない。かの都市は、一九六七年に万国博覧会を催したのだ。いわゆるエキスポ67である。モントリオールとトロントには、〝そちらにできることはこちらはもっと上手にできる〟という対抗意識が常にある。その後トロントは独自のエキスポを創出しようと決意したのだ、必要に応じて、一区画ずつではあったが、最もエキスポらしい建造物は、湖岸のオンタリオ・プレイスと呼ばれる遊園地だ。

当然ながら、モントリオールのエキスポには、建築学的な一貫性が認められるけれども、実際にはひどく折衷主義的に建物が並ぶ。そしてエキスポに相当するトロントの施設の構成も同様だ。

広く了解されるところでは、トロントはカナダの金融の中心地だ。競いあうように商業地域を席捲するオフィスビルに収まっているのは主要な金融機関で、その大半が位置するのは、ウォール・ストリートのカナダ版のベイ・ストリート、ないしはその近辺である。トロントをあまり好きではない人たちは、あそこの金儲けは狂信的だ、と指摘する。私はトロントがよそよりもそうだとは思わない。それでも仮に認めるならば、陳腐な喩えだが、こうした建物はまさに金融の大聖堂だ。とはいえ、トロント市民の大半が利用するのはとても小さな支店であって、同じ喩えで説明すれば、まるで地元の小教会に通うようなものだ。

トロント市民には、特定の見方を保ち、超然的な態度を貫く傾向がある。激変の時代であってもそうで、言わば、〝変化のための変化〟を疑う健全な発想だ。奇妙だが重要な一面であり、トロントが六〇年代を乗りきれたのも、おそらくこの傾向があったからだと思う。あの時代、〝国境の南〟にあった同等の都市は、建築的にも、人間的にも、文字どおり崩壊したのだ。トロントはこの激動の十年を経て、世界に誇る都市として立ち現われた。もちろん、清潔かつ安全かつ静かで、住み心地のよい場所として、である。

トロント最大のショッピング・コンコースは、イートン・センターと呼ばれる。ミラノのガッレリアに対するトロントの応答だと言う人もいる。それはともかく、もちろん『マ・アンド・パー・ケトル』（一九四〇－五〇年代の米国の人気映画シリーズ。田舎出身のケトル夫婦の珍騒動）に出てくるような街角の店とは違う。巨大な小売帝国の旗艦的な施設であるが、途方もない大きさなのに、家族経営を貫いている。それがイートン家であって、一世紀近くにわたり、トロントの、いや、カナダ全土の商取引を先導してきた。

創業者ティモシー・イートン（一八三四－一九〇七）――そのブロンズ像がこの巨大な新店舗の入り口に据えられている――は、人通りの少ない場所にあえて出店することをはばからなかった。わずか数ブロックの移動で済む場合もあったが、ティモシーは常にこう考えていた。買い物客のいるところに進出すれば、店舗（たいていは大規模で費用がかさむ）が完成する前に、買い物客がいなくなってしまう、と。彼の帝国を経営する子孫たちは私たちの知らない事情をさらに知っているのかもしれない。この新しいイートン・センターは、あり得ないことに、ヤング・ストリートの「ストリップ」の筋向かいに位置するのだ。数億ドルをかけたこの施設が、トロントのあまりよろしくない地域の活性化に寄与するかもしれない。そう願いたいものだ。

子どもの頃、そして、つい最近まで、ここは「善きトロント《トロント・ザ・グッド》」と呼ばれていた。この呼び名は都市の清教徒的な伝統に由来する。たとえば、一九六〇年代まで、安息日である日曜日に演奏会はなかったし、公共の場でアルコール提供が解禁になったのもつい最近のことだ。今現在、野球の試合中にビールを飲むのを許可するべきかどうかで市庁舎では騒ぎが起きている。

けれども、この点は理解してほしい。運動嫌いで演奏会にも行かない絶対禁酒主義者の私は、こうした規制にはすべて賛同する立場なのだ。ジョージ・サンタヤーナの有名な小説に『最後の清教徒』（一九三五年）があるが、それは私のことかもしれない。だから「善きトロント」は本当に素敵な愛称だと常々思ってきたが、市民の多くがこれに腹を立て、トロントがよそのどこにも負けない〝悪しき〟ところであると証明しようと試みてきたのだ。

トロントには、五つの区が含まれ、本来の市を囲んで、いわば衛星的なネットワークを形成している（一九五四年から九八年までは、メトロポリタン・トロントと呼ばれ、オールド・トロントに加え、スカーボロ、イースト・ヨーク、ノース・ヨーク、ヨーク、エトビコから構成）。ただし、最近、一個の市となったノース・ヨークは、これらのうちの最大で、約五十万人が暮らす（ノース・ヨークは七九年に市を名乗ったが、九八年に他の区とともに新生トロント市となった）。私が大好きな地区で、私は中心地に住んでいるが、スタジオがあるのはこのノース・ヨークだ。好きな理由は、ある種の匿名性を確保してくれる点にあると思う。ブラジリアにいるような、ちょっとありそうにない感覚だ。つまり、緊迫感のない雰囲気に満ちている。それは政府の仕事以外に仕事がなくて、地理的な中心地からわざと離れて置かれた首都のものだ。それこそオタワやキャンベラもそうだ。

五〇年代から六〇年代にかけて、ノース・ヨークは自発的に土壌から萌え出たように思われた。覚えているが、地域一帯は農地だったのだ。発達したのは実に慎重に計画され、深いところで制御された共同体で、そこには、家屋や会社や店舗や公的な建物がいっしょに現われる構造的でリズミカルな規則性があった。それは都市《シティ》とはまったく思えない。言うまでもなく、私にとってこれは最大の褒め言葉なのだ。すでに述べたように、私にとってここは政庁所在地に思える。いや、むしろ、独裁的だが慈悲深い最高経営責任者が仕切る、広大な企業城下町かもしれない。下される毎日の命令は――静穏に暮らすように。それだけだ。確かに最近は、郊外を低く見る風潮がある。都会の中心に戻り、格好良く改修した横繫がりの家々に住むのが大流行なのは知っている。だとしても、トロントのこの地域は、北米の郊外生活の夢をいちばんよく表わしていると思うし、私はそれが大好きだ。

私の若い頃、トロントは「教会の町」とも呼ばれた。確かに子どもの頃のいちばん鮮明なトロントの思い出は教会と関係がある。それは、日曜日の夕方の礼拝と、ステンドグラスから洩れてくる夕日、そして、「主よ、この世では得られぬ平安を我らに与えたまえ」という言葉で祝禱を締めくくる牧師たちと確かに結びついている。そして月曜日の朝には、学校へ戻り、あの外の世界で、あらゆる類いの恐ろしい事態と向き合わなくてはならない。だから日曜日の晩の聖域は私にとって本当に特別だった。都会であっても静穏を得られることを意味していたからだ。自分が都会の一部にならない限りの話だが。

最近の私は教会に通っていないが、あの言葉をかなり頻繁に復唱することは告白しなくてはならない。「この世では得られぬ平安を我らに与えたまえ。」心が落ち着くのだ。それは、ここに暮らしながら、想像上のステンドグラスの窓を創り出すことであり、それによって、都会の危険と思われるものから生き残れる。かつて月曜日の朝の教室を乗り切れたように。トロントのいちばん素晴らしい点は、この隠者のような営みに介入してこないことだと言える。

久しぶりにトロントを知ることができて、とても楽しかった。だが、残念ではあるが、この映画作りの探求を経ても、私は都会派に改宗したわけではない。それでも、トロントがレニングラード同様、真に平安に満ちた都市であるとの確信はこれまで以上に強まった。

しかし、私は薔薇色のガラス越しに見ているのかもしれない。あるいは私の目はまだ記憶に支配されていて、蜃気楼を見せられているだけなのではないか。そうでなければと願う。蜃気楼が消えたら、私はこの町を去るしかないのだから。

64　ポート・チルクート会議（創作・一九七四年）

作者より——「ポート・チルクート会議」は、もともと架空のドキュメンタリーとして構想し、一九六七年一月《ママ》にカナダ放送協会で初のラジオ放送がなされた。当然ながら、活字化にあたり、ラジオ放送版に施されていた音声上の工夫は、完全に作り変えられている。

もちろん、サー・ノーマン・バロック＝カーヴァーの哀愁のこもった雄弁さは、言葉だけでは伝わらない。ホーマー・サベイリアスの実務に徹する頑固な態度も、アラン・ポーヴルの前衛的な理想主義も、スタッフォード・バイヤーズ議員の政治的なご都合主義もそうだ。実際、スキャグウェイ・プリンセス号のディーゼル・エンジンの眠気を誘う連打音や、ロイヤル・コヨーテ組合の集会所のホールの残響感や、チルクート継続学校合唱団とシルヴァー・バンドが波止場のセレナードを歌うときのみなぎるような若々しさと貴族気取りの傲慢な声部進行との独特な組み合わせといったものは、ほのめかされても伝わらない。

この「ポート・チルクート会議」の活字版を読むにあたっては、その着想に固有の音の世界を想像していただきたい。また、鋭いか鈍いかを問わず、現実の音楽批評家に似ている人物が現われても、それはまったくの偶然にすぎないことを保証する。

北米音楽批評家連盟がアラスカのポート・チルクートで年次大会兼講習会を催すという声明がなされると、畏れ多い盟友の方々から強い抗議が起こり、ニューヨーク各紙の娯楽欄はそこそこの驚きをもって伝え、第四十九州《アラスカ》の第四階級《ジャーナリストたち》はこれをまったく信じなかった。

「批評家たちがパンハンドル・ポートに集合」とは『ヴァラエティ』誌の見出しであるが、この芸能週刊誌はこのネタを膨らませることができなかった。なぜなら「チルクートでは一八九八年以来、有力者を惹きつけるものは特になかった」からだ。それでもこうした沈黙がアラスカを席捲したわけではない。米国本土の各紙がこのストーリーを第一面に載せたし、『アンカレッジ・ホエイラー&スプーナー』紙が「感謝してどうする?」という辛辣な社説を掲載し、ポート・チルクート商工会議所を糾弾した――

小紙の意見としては、内海航路《インサイド・パッセージウェイ》沿岸の住民たちの中には近視眼的なご都合主義者たちがいて、われわれの偉大なる州の経済成長が依存する観光客をちゃっかりいただこうとする魂胆が見え見えであるが、何ら有益な（栄誉あるとは言うまい）目的を果たすことはない。彼らには思い出してほしい。これらの教養ある紳士たちがやがて下船するスクリュー汽船スキャグウェイ・プリンセス号は、我が州の全住民も金を出しあって購入された船であり、太平洋岸のコミュニティにとっては大切な生命線である。さらに、人口四百人のコミュニティにとって明らかに愚かしいのは、イヴェント開催という商売に垂涎し、それを進めようとすることだ。適切な施設もないし、謹んで認めるべきだが、ノウハウもないのだから。スヴェン・ウェナー＝グレン市長におかれては、この件について、ご自分の立場を冷静かつ真剣に再考することを求める次第である。そうすることで、ロンドン、ブリュッセル、アムステルダムの知的な栄耀と美的な栄華が損なわれ、衰退していく場合に、ブライトン、オーステンデ、スヘフェニンヘンがいかなる運命をたどるかについて、ご一考願いたい。

奇妙なことに、ポート・チルクートの善き市民たちは、自分たちのコミュニティがすでに巻き込まれ、抜け出せない運命となるこの騒動について、この時点ではまったく関知していなかった。初めて知ったのは『ホエイラー&スプーナー』紙がスキャグウェイ・プリンセス号に積まれて届けられる翌日の夕闇時のことである。ウェナー＝グレン市長は、漫画の掲載面にたどり着く途中で社説面を軽く見ただけで、「感謝してどうする?」は飛ばしてしまった。また仏米連盟の話かと思ったのだ。しかし、『女性記者ブレンダ・スター（一九四〇―二〇一一年の人気連載漫画。『シカゴ・トリビューン』紙系に掲載）』に夢中になっていたところで、『ポート・チルクート・パケット』紙の原稿整理編集者で美術批評家マグダレーナ・マーフィーからの電話で我に返った。

栄誉ある市長の血圧が上昇してから、彼がマグダレーナとともに訪問したのは、サザムズ・サニタリー・スナックスの所有者兼店主のハリー・サザムだった。彼は、マグダレーナがウェスタン・ユニオン・オフィスで目撃したところによれば、ここ数日、異例の活発さをもって電報のやりとりをしていた。やはりそうだったのだ。ハリー・サザムは、クール＝エイド（一九二七年発売の米国の代表的な粉末清涼飲料）を出すカウンターから、アラン・ポーヴルという批評家連盟宿泊委員会の委員長で、『ニューヨーク・ウィットネス＝セントゥリオン』紙の音楽批評家でもある人物との全交渉記録のファイルを取り出した。この件は、ポーヴル氏が、ハリーにはさっぱりわからない理由でポート・チルクートという場所を決め、集会場所と宿泊場所（シングル十二室、ダブル四室、コテージ六軒）があるかを尋ねてきたところから始まる。そこでハリーは妻のクリストベルと相談する。運命がまさに戸を叩いていること、今年こそはキッチンの壁を叩き倒して、前からよく話していた東翼を増築しよう（「ベイサイドを眺望する」――来年の『アラスカ・オート・アドヴァータイザー』誌には、その宣伝文句が踊るのだ）ということで夫婦の意見が一致し、ハリーは肯定的な打電を返した。会合場所はすぐ手の届く場所にあるとポーヴル氏に断言した（本会場はロイヤル・コヨーテ組合の集会所のホールを借りられるはずだと確信していたのだ）。

ニューヨークからの続いての電報は、「音楽家料金」は参加者に適用されるのかというものだった。これに対してクリストベルとハリーはすぐ快く応じた。ポート・チルクート観光史にそんな前例はなかったが、商機を失うよりは、〝疑わしきは罰せず〟の精神で批評家たちに接するのが最善であると考えたからだ。電報はさらに続いた。今度はケベック州モントリオールから、音楽批評家ケリー・マクウェイグが書いている『レストラリィタ・デ・モンレアル』誌から、酒類販売は許可されているのかと問い合わせがあった。それまでに調子の良い電報のスタイルを会得していたハリーは、こう返信した――「タクサン　ノ　サケ　ヨウイ　アリ。ジカン　ガイ　ニハ　クラブ「オイラーズ・ルースト」ノ　ゲスト　カイイン　トシテ　マネク。ケイグ」。

ニューヨークに話を戻すならば、学会の計画に対する連盟内での賛同は満場一致とは言えなかった。アラン・ポーヴルは、宿泊委員会委員長として（この職は、伝統的に、次年の連盟会長職を約束するものだった）、影響力を行使して、ポートチルクート案を承認させた。というのは、連盟内での作曲重視派の名目上の指導者として、理念の議論が現実の演奏よりも優先する場所を見つけることに決めたからだ。当然これは、演奏重視派に真っ向から敵対するものだった。こちらの派閥の親玉は、彼の最大の敵、ホーマー・サベイリアス。『ニューヨーク・スクウェア』紙の首席批評家である。そして、ポート・チルクート案の投票が近づくと、両派ともに、有力な週刊誌『オールド・ゴッサマー』の批評家ウォルドーフ・メイジャーや『フーサトニック・レヴュー』紙のH・B・ハグルといった中立派に対して投票の働きかけに出た。

危機が生じたのは、英系カナダの代表団が引き上げたときだ。彼らは、はるかに歴史的な価値のある町であるユーコン準州のホワイトホースこそ学会の開催地にふさわしいとの正論を主張したのだった。カナダ人のうちで『レストラリィタ・デ・モンレアル』誌のケリー・マクウェイグだけはボイコットをしないことにした。彼だけがそこに残ると、現代カナダの二民族間の緊張緩和が壊れやすいことを雄弁に物語ってしまうのだが、彼としては、スキラ（一九二八年、スイスに始まる美術系の出版社）から出す次の本である『クロンダイク、その女たちと酒場』のための調査ができると考えたからだ（カナダ北西ユーコン州のクロンダイク地方は一八九八―九九年にゴールド・ラッシュが起こり、アラスカから埋蔵地に向かう山道のひとつが、本作の架空の町名の由来するチルクート・トレイルだった）。しかし、決定はアラン・ポーヴル次第だった。開催の二週間前になって、ホーマー・サベイリアスが『スクウェア』紙の日曜コラムで公的に不機嫌を表明したときでさえ、ポーヴルはポート・チルクートを固守し続けた。サベイリアスはこのときばかりは、巨人が世界の舞台を歩きまわっていた輝かしき過去の日々の〝次回に続く〟風の回想を放棄し、スポーツ・デスクの果てしない見習い期間に永遠に確保され、もはや変わることのない彼の輝かしい文体をもって、アラン・ポーヴルを公然と非難した。

「たくましい批評はたくましい音楽的環境をもたらす。スポーツマン精神にはもとるかもしれないが、私は今やついに子どものグローヴを取り、これまで控えていたパンチを敵対者アラン・ポーヴルにお見舞いする。この人物はみずからも「批評家《クリティック》」でありながら、この国のたくましい批評をノックアウトしようと試みたのだ。」

このような力強い調子で彼は攻撃を書き連ねた。その後の二、三日のあいだ、この内容はロシアン・ティー・ルーム（ニューヨーク、カーネギー・ホール近くの歴史的なレストラン）で大いに議論された。

報道陣が到着したのは、双子町であるポート・チルクート＝ヘインズ（あるいはヘインズ＝ポート・チルクートと呼ばれるのは、入り江の両側にある町として知られているからだ）が用いている港で、彼らは波止場近くで、チルクート継続学校合唱団とシルヴァー・バンドに出迎えられた。好意をもって歌われたのは、十四歳のグレアム・W・クラークスン・ジュニアが作曲した市歌の制定記念版である。この少年の「父親グレアム・W・クラークスン・シニアは、職業指導員でチルクート継続学校の副校長だった。それは《威風堂々》第一番を彷彿とさせる歌で、ホーマー・サベイリアスがこの旅行から得ようと決めていた自由な休暇旅行の音楽に取り入れようとしているあいだに彼が書き留めたように、歌詞には「北の光の厳しいが澄んだ真実」があった。いやこれは「北の真実の厳しく澄んだ光」ではないか。もしや「澄むも厳しい」とするべきか——こういうことは時間がかかるのだ。

チルクートの凍てつく氷河から
チルクートの陰鬱なフィヨルドへ
ひび割れる音が聞こえ、地鳴りがとどろき
集まりは騒がしく、危険はいよいよ高まり
雪は斜面をなだれ落ちた。

チルクートの凍てつく氷河から
チルクートの新しい平原へ
一本の足が見え、一本の腕が現われ
神のおかげで、我が町は災いを免れ
今宵埋まったのはヘインズの町だった。（日本では讃美歌第二一四番〈北のはてなるこおりの山〉で知られる〈グリーンランドの凍てつく山々から〉のパロディ）

マグダレーナ・マーフィーの粋な計らいでドレスデン・アーメン（一九世紀ドレスデン発祥の六音によるアーメンの和声進行）を付け足した町歌を合唱団が歌い終えると、批評家たちはマグダレーナとハリー・サザム夫妻に非公式に迎えられ、ガリ版刷りの大会日程をハリーから受け取った。サザムズ・サニタリー・スナックスのサンプル・メニューに挟まれていて、外面には「主よ、拒めないものを受け入れ、受け入れられないものを拒む力をお与えください」と印刷されている。批評という職業に特にふさわしい信条であると同時に、（彼らはじきに発見することになるが）クリストベル・サザムの料理にも妙にあてはまる言葉であった。

昼食が終わると、批評家たちはロイヤル・コヨーテ組合集会所のホールに移動し、スタッフォード・バイヤーズ議員から公式な開催の挨拶を受けた。彼はスヴェン・ウェナー＝グレン市長の代理だった。市長は、『ホエイラー&スプーナー』紙にまた同種の社説が出たら州議会での自分の将来性が大きく高まることはない、と気がつき、その直後に「家業《ファミリー・ビジネス》」の事情で州北部に出張したのだ。代理のバイヤー議員は人間と土の関係にまつわる永遠の真理について語った。これなら聴衆が誰でも、いつでもどこでもあてはまる内容だろうと考えてのことだった。

「皆さんの中には――みずからの意志でとどまり――この土地と一体となることを選ぶ方も――いらっしゃいましょう。その方々に――そう――その方々に申し上げるなら――この土地は――この土地は良いところですし、ず

会議日程

第1日（土）
午後1時00分　到着（スクリュー汽船スキャグウェイ・プリンセス号）
午後2時30分　歓迎の挨拶
　　スヴェン・ウェナー＝グレン市長（または代理）
午後8時00分　開会の討論
　「批評家の変わりゆく世界」
　　司会：ホーマー・サベイリアス

第2日（日）
午前8時45分　「クシェネクにおける四分音符《クロチェット》」（作成中の論文より）
　　発表者：アラン・ポーヴル
午前10時30分　観光ツアー（町の波止場、下水処理施設、パイプライン維持工作所を含む）
　　案内役：マグダレーナ・マーフィー
午後2時00分　「カーライル・フロイドの示導動機」
　　発表者：ウォルドーフ・メイジャー
午後3時30分　「舞踏家としてのストラヴィンスキー」
　　発表者：H・B・ハグル
午後5時00分　「《トリスタン》の惚れ薬の化学成分を考える」
　　発表者：ケリー・マクェイグ
午後8時00分　閉会の討論と基調講演
　「伝統としての未来」
　　講演者：サー・ノーマン・バロック＝カーヴァー（来賓）
午後10時00分　出発（スクリュー汽船スキャグウェイ・プリンセス号）

っと持ちこたえますし——良い報いをもたらします。誰に——誰に対してか——と言えば、そう、調和《ハーモニー》の中に暮らす者たちに、です。（これって音楽批評家のことかい？——そのとおりだ！　／どうですか、音楽批評家の皆さん——そうでしょう？）ご清聴——まことに——ありがとうございました。」

　大会は全般的によく人が入っていた。指摘するべき例外はアラン・ポーヴルの発表「クシェネクにおける四分音符《クロチェット》（「奇想」の意味も）」で、日程を決める委員会を率いていたホーマー・サベイリアスが、これを日曜日の朝食前の時間帯に設定したためである。それでもポーヴルのペーパーは確かに読まれ、それを楽しむ聴衆の中には、ロイヤル・コヨーテ組合の清掃婦ジェシー・ドゥーリトルやケリー・マクウェイグもいた。オイラーズ・ルーストから緩い足取りで戻る途中だったマクウェイグは、ややうんざりするほどの質問攻めをしてしまったのである。

いちばんの関心事は、夕刻のフォーラムにしっかりと据えられていた。最初の公開討論では、ホーマー・サベイリアスの司会で「批評家の変わりゆく世界」が扱われた。彼は、ポート・チルクートでは評を書くに値するものは別にないのだから、短いピアノ・リサイタルでもやってみましょう、と述べた。それからこれを実行し、アラン・ポーヴルのひどい困惑を尻目に、タールベルクとモシュコフスキの全ピアノ曲を弾いたのである。その解釈には、まさしく彼の文章と一緒で、力いっぱいに運動競技をしているような面があった。用務員のアルバート・タナーが舞台脇から呼び出され、ロイヤル・コヨーテ集会所のアップライトピアノの低音弦を三度交換したときを除けば、サベイリアスはピアノを弾き続け、拍手喝采を受けてもやめず、いささかも疲れを見せることはなかった。ケリー・マクウェイグは自分が近々会長になりそうだと感じて、こう述べた――「これまで顧みられなかった作品群の直截簡明な演奏であり、それでいて妙に人間的に語りかけてくるところがあります」。さほど好意的な反応を示さなかったのはH・B・ハグルだ。ずいぶん前に政治的な野望を断念していた彼は、こう述べた。結局これは「直截簡明な音楽だが、あなたは何を期待しているのか？」

このような調子で大会は続いたが、ついに日曜日の晩が間近に迫ると、参加者全員は、基調講演で派閥争いが棚上げになりそうだと思って、大いに気を楽にした。講演者は、サー・ノーマン・バロック＝カーヴァー（来賓講演者）マンチェスターの『スピリタス・エト・アンジェラス』紙の名誉批評家。エリザベス女王陛下の論評顧問で、レディ・サラ・アームストロング＝ジョーンズの対位法（第一類）の指導者（少なくとも、レイディ・サラが十二歳の誕生日を迎えたときに引き受ける予定）でもある。

サー・ノーマンが来賓講演者に選ばれたのは、どう考えても妥協の産物だった。アラン・ポーヴルはクヌート・

イェッペセン（一八九二―一九七四。デンマークの作曲家・音楽学者。日本では対位法の教科書で知られる）かアンリ・プスールかハンス・ケラー（一九一九―八五。オーストリア出身の英国の作曲家）を呼びたかったのだが、ホーマー・サベイリアスがルッジェーロ・リッチ（一九一八―二〇一二。米国の技巧派のヴァイオリン奏者）を主張して譲らなかったためだ。しかし、両派ともに、サー・ノーマンの演題「伝統としての未来」には期待が持てた。この暖かい八月の夕べに、参加者全員が腰を落ち着けて、崇敬すべき老大家の演説を楽しもうとしていた。

「急いで申し上げなくてはなりませんが、私たちの中に、アナーキスト一味がいます。その陰謀は、音楽社会の枠組みを台無しにすることです。」

（ウォードルフ・メイジャーにとっては、この一言を聞いただけで旅行をした意味があった。そこで、アラン・ポーヴルに向けて形ばかりのくしゃみをしたのである。）

「私が思い描いているのは、若いエルガー、ホルスト、そしてその他同類の者たちです。」

（この演説はサー・ノーマンがケンブリッジ大学キングズ・カレッジの学監に任命された一九〇二年の春に書いたもので、それから約十八年後に彼がハレ協会に選出されたときにも使いまわされた。）

「過去に畏敬の念を抱くことで祝福されたこの私たちこそが、高邁な感情を胸に刻むことができるのです。」

（ケリー・マクウェイグは不遜にも大笑いをしたが、あわてて咳き込んでごまかした。来年、自分に一票投じてもらいたいウォードルフ・メイジャーが不愉快そうにしているのが見えたからだ。）

「本日ここにお集まりの若々しい顔ぶれを見るに、私は強く求めずにはおれません。掲げて下さい、たいまつを、明るく照らすように。」

（急に、威圧的な汽笛がスクリュー汽船スキャグウェイ・プリンセス号から聞こえてくるや、ホーマー・サベイリアスは演壇に駆け寄り、謝辞を述べてから、チルクート継続学校合唱団とシルヴァー・バンドを呼び集めた。これらの団体はクラークスン巨匠の作った市歌を再度うたって批評家たちに送別の挨拶をするつもりでいたのだ。サー・ノーマンの方は、一九九九年十月、ベイデン＝パウエル大佐（一八五七―一九四一。英国の軍人）のもと、マフェケング（第二次ボーア戦争の南アフリカの激戦地）

で行なわれた英雄的な持久戦において、ロイヤル・ウィンチェスター・フュージリア連隊打楽器アンサンブルを痛ましくも三十六時間にわたり指揮し続けて以来、聴力が落ちていたため、大会が急遽終了することがよく理解できていなかった。

サー・ノーマン：いかなる遠方の土地へも……
ホーマー・サベイリアス：サー・ノーマン……
チルクート継続学校合唱団とシルヴァー・バンド：チルクートの冷たい氷河から……
サー：……あなたは職務に呼ばれるかもしれませんが……
HS：全参加者を代表して……
合唱：チルクートの陰鬱なフィヨルドへ……
サー：高邁な夢と希望を持ってほしい。……
HS：激励に満ちた忘れがたいご講演に……
合唱：ひび割れる音が聞こえ、地鳴りがとどろき
　集まりは騒がしく、危険はいよいよ高まり
サー：……常に忘れないでください。……
HS：……感謝を申し上げます。……
合唱：雪は斜面になだれ落ちた。

サー：……アカデミーの信頼と信用は常についてまわりますし……
ＨＳ：盟友の皆様におかれましては……
合唱：チルクートの冷たい氷河から

合唱：チルクートの新しい平原へ
ＨＳ：……波止場に向かう前に……
サー：……言うまでもなく、私たち皆が……

サー：……愛するイングランドの祈りもともにあります。
ＨＳ：ハリー・サザムの店でお荷物をまとめてお受け取りください。
合唱：一本足が見え、一本の腕が現われた。
　神のおかげで、我が町は災いを免れ

サー：……それでは、ごきげんよう、さようなら。
ＨＳ：これをもちまして大会の終了を宣言いたします。
合唱：今宵埋まったのはヘインズの町だった。

無事に搭乗を済ますと、批評家たちは静かに船内に散らばった。ケリー・マクウェイグは、自分の次期会長就任を祝って乾杯しようと、オール・オラフスン航海士に「ちょっと一杯どうかな」と声をかけた。そのおかげで、スキャグウェイ・プリンセス号はヘインズ島を三周してから、横浜に向かったのである。航路が修正されたのは、六音音階《ヘクサコード》の航法上の可能性に魅せられたアラン・ポーヴルが、セリー化されたコンパス・システムを作り、それをカート・ブリッツレーベン船長に贈呈したおかげだ。H・B・ハグルとウォルドーフ・メイジャーは無血革命を起こすために、和睦することにした。

ホーマー・サベイリアスは、と言えば、会議は愉快なものではなかったので、乗船するや特別客室に引きこもり、給仕に食事は全部室内で食べると伝えた。ドアにしっかりと鍵をかけ、Bデッキに面した小窓に覆いをかぶせると、荷物の中から取りだしたのは、丁寧にくるんであった銀色の指揮棒だった。レナード・バーンスタインを百回連続して酷評した際に、ジョージ・セルから贈られたものだ。それから持参したトランジスタ・ラジオをCBCのヴァンクーヴァー支局に合わせると、薄明るい北極圏の夏の深夜に、大音量ではっきりと聞こえてきた。生まれて初めて聴く、カナダの超越主義者ゾルタン・モシュタニの交響曲第一四番だった。サベイリアスは指揮棒を振り上げ、勇ましい調子でしっかりと拍を刻み、情熱的で大真面目に終止する。だが自信満々で完璧な姿勢はまったく崩れない。力強く、徹頭徹尾プロフェッショナルな解釈をこの曲に施すのだった。

ポート・チルクートでは再びいつもの生活が始まった。マグダレーナ・マーフィーは大会特集を組むことを断念し、『ポート・チルクート・パケット』紙の次の土曜日の号にはサモア諸島のトゥトゥイラ島から発せられたロイターの特電をコメントなしで掲載した。そこには、著名な英国の批評家サー・ノーマン・バロック＝カーヴァーが「伝統としての未来」について島の歴史協会で講演し、音楽の世界では憂慮するべき革命的な発展が生じていることを警告した、と記されていた。

65　事実か空想か歴史心理学か——P・D・Q・バッハ地下活動の手記より（書評・一九七六年）

一九六五年四月二十六日の夜、ニューヨークのタウン・ホールでは、いわゆるバロック音楽リヴァイヴァルに触発された実に印象的な催しがあった。ヴィヴァルディの口当たりのよい終止法や、ヘンデルならではのコーダのストレットや、ブクステフーデの〝疑わしきときは反復進行をせよ〟のフーガ様式にうんざりした聴衆は、すべてが曖昧で、予備知識が特に理解の助けにならない体系の音楽と向き合うこととなった。それもそのはず。この催しは、北米で初めてのP・D・Q・バッハの作品のみを聴かせる演奏会だからで、興行主である、本書の著者ピーター・シックリー（一九三五—二〇二四。「シッケレ」とも。米国の作曲家。P・D・Q・バッハの発案者）は、歴史がひた隠そうとしてきた曖昧さのヴェールを一気に剥がした。その下にあったのは、このヨハン・ゼバスチャン・バッハの二十あまりの子どもたちのうちで、最後に生まれたが（シックリーいわく）「軽んじられて当然」（“by all means least”常套句「最後に紹介するが、決して軽んずべきでない」(the last, but not the least) のもじり）の息子の業績である。百三十六年前、かのフェリックス・メンデルスゾーンは、コラールを一部割愛し、レチタティーヴォを切り詰めたりはしたが、大バッハの《マタイ受難曲》を甦演し、「バロック・リヴァイヴァル」の元祖となった。シックリーは、さっき述べた催しによって、これに劣らぬ音楽考古学的な立ち位置を獲得したのである。

もちろん厳密に言えば、P・D・Q（このイニシャルは何の意味もないが、シックリー教授が指摘するように、「作曲家本人のその後の人生についても語れればよいのだが」）は、まったくバロック時代の人物ではない。彼は高名な尊父の逝去のちょうど八年前に生を受けた。その音楽的成果の大多数を実らせたときには、ヨハン・ゼバスチャンが傾倒していた面倒で複雑な対位法の作品は、自己満足の過去の遺物として捨て去られていた。有力な兄たちまでこれを捨てたのだ。決して神童ではなかったP・D・Qが、やや真剣な作品を初めて書いたのは一七七七年頃だった（年齢はすでに三十代半ばになっていた）。よってハイドンの作品二〇の弦楽四重奏曲や、グルックの歌劇《タウリスのイフィゲニア》やモーツァルトの一連の「パリ・ソナタ」とおよそ時を同じくする。《二つの非友好的な楽器群のためのソナタ》や《種々のフルート、二つのトランペット、弦楽器のための大協奏曲》といった初期の作品に、ロココのお上品な慣習をほとんど気に掛けなかったのも、まあ理解できなくはない。ライプツィヒの最も高名な音楽一家で過ごした子ども時代にP・D・Qのすぐれた耳の片方が同化していった、いっそう迫力のある音楽様式に対する的確な注釈が、これらの作品なのだ、愛着はそれほどなかったかもしれないが。

けれども、この若者は、反対側の耳を使い、バロック音楽を作る建築的資産を本能的に拒否した。十八世紀の音楽に通常用いられていた楽器に絞って、その可能性を探求するべきだと考えた。このように楽器自体に秘められたものに強い関心を抱いたことで、主要な仕事の全体が影響を受け、現代におけるハリー・パーチ（一九〇一－七六。米国の鬼才作曲家）のような役割を彼は担う運命となった。自覚はなかったとしても、これは、一族、特に父親の思い出に対する暗黙の拒絶の現われだったのだかもしれない。言うまでもなく、P・D・Q・バッハは、五世代の家系において、家庭で音楽教育を受けられなかった最初のバッハである。そのいちばん上の兄で、たいへん有能だがひどく無節操だったヴィルヘルム・フリーデマンだけがこの少年に親のような関心をそれなりに示した。もしも歴史心理学を用いて論じたければ、こんな考察ができる。すなわち、思春期のアイデンティティ・クライシスが、父親の恵み深き無関心によって形成されたとすれば、多面的に音楽に取り組んだ大バッハですら挑戦しなさそうな領域に自分を帰属させ、そこに没入するしかなかったのだ（オーケストレーションにおける「音域が合っていればどんな楽器も可」というモットーは、お父上のお気楽で有名な姿勢の見事な総括だったのかもしれない）。P・D・Qはルターを演じたが、シックリー教授は、エリク・エリクソン（一九〇二－九四。ドイツ出身の米国の発達心理学者）になって興じるのが好きなようで、彼は熱意をもってこれを主張する。しかし、ほかに詳しい資料が残っていない以上、判断は控えるべきだと私は思う。

とにかく、十代前半でP・D・Qが家を離れ、ルートヴィッヒ・ツァーンストッカーという大工で楽器製作者で糸のこぎりの名手に弟子入りしたことは驚きではない。そしてこれも驚きではないのだが、彼はツァーンストッカーの手引きでヨーロッパの音楽界を文字どおり震撼させた発明に加担したのだ。その最後の共同開発は、パンデモニウム、あるいはツァーンストッカーの好んだ呼び方で言えば、「トール（北欧神話の雷神・農耕神。米国中距離弾道ミサイルの名にも）の音楽箱」である。そのお披露目の日に、有名なガラスの光の家《グラスルストハウス》が崩壊したが、そのことに直接の責任があった（そもそも楽器は、このアルプスのガラスの宮殿の話題作りのために企図されたものだった）。また、翌日に発生した、ヨーロッパ史に残る最大の雪崩をも招いたのだ。しかし、大自然というものは、その子どもたちがこの冷たく敵意に満ちた世界にあまりに早く投げ出されたときには、本能的に生き残れる仕組みを用意してくれる。そのおかげでP・D・Q・バッハは助かったが、母国から急に離れなくてはならなくなったし、それは二十一年にわたる、ディケンズ的情念を伴う叙事詩的な旅の始まりとなった。

この時期を扱うシックリー教授の叙述は特に感動的で、読者はその目を通してP・D・Qの旅をたどることができる――ザルツブルク（幼時のモーツァルトとの出会い）、ダブリン（従兄で、のちに彼が「ピギー」と呼ぶようになるシュヴァインハルトを訪問）、ロンドン（「イングランドのバッハ」として有名な兄のヨハン・クリスチャンが、部屋と食事を有償で提供、遠方の教区の長老たちに推薦状を書いてくれたが、これは無償）、そして、サンクトペテルブルク（従兄レオンハルト・ジギスムント・ディートリッヒ・バッハ――L・S・D・バッハ――を訪れ、その一人娘で生涯最愛の人となるベティ＝スーと出会う）。だが、シックリー教授は雄弁なだけではない。詳述する物語のあらゆる場面で、主人公に自分を溶け込ませ、同一化しているのだ。

もちろん、これだけ深く没入する伝記には、欠点も生じる。マックス・ブロートはフランツ・カフカを情熱的に宣伝したし、フォービオン・バワーズはアレクサンドル・スクリャービンをめぐって神秘的な幻影を綴ったし、ポール・ヒーバートは「サスカチュアンの愛しい歌姫」サラ・ビンクスをこの世に呼び出したが、事実と空想が現われる正確な時点を突きとめるのは難しいことがある（ブロート（一八八四―一九六八）は作家、カフカの友人として遺稿に関与。バワーズ（一九一七―九九）は米国の音楽家・軍人でスクリャービン伝を残す。ヒーバート（一八九二―一九八七）はカナダのユーモア作家。四七年の代表作『サラ・ビンクス』は、架空の主人公の伝記風の小説）。たとえば、P・D・Q・バッハについて言えば、その昨今の評判はもっぱらシックリー教授に負うものであるという、決して事実無根ではない確信をご本人は抱いているが、そのために、「P・D・Q地下活動」とでも呼ばれるべきものの存在を裏づける重大な証拠があることを、教授は無視する方向になびいてしまう。だが、これは十九世紀中葉において、ゲリラのような不屈さをもって、音楽と神学の権威からの指図を拒み（カトリックに改宗したP・D・Qは、《御機嫌ミサ《ミサ・ヒラリウス》》の初演以前から破門されていた）、このユニークな芸術家の思い出を保ち続けることに邁進する運動だった。また、一八四二年には有名な「破壊事件」があった。バッハ一族最後の正統的存在ヴィルヘルム・フリードリヒ・エルンスト・バッハとの共謀で、フェリックス・メンデルスゾーンの指示に基づく破壊活動班が、その三十五年前にベティ＝スー＝によってバーデン＝バーデン＝バーデンに建立された大きな墓石をひっくり返したのだ。この事件を扱ったシックリー教授は、墓石にもともと彫られていた稚拙なドイツ語の詩を引用した程度にとどめている――

比類なき全き男ここに眠る。
体は肥え、その罪は深い。
我ら男をこの墓に入れる。
みまかったと思うから。

それはそれでよいとして、この物語は、シックリー教授も知らないはずがないが、ここで終わりではない。それからほんの五年もたたないうちに、当のメンデルスゾーンもみまかり、P・D・Qの没後、ベティ＝スーが引っ込んでいたリヴァプールでは、地元の季刊誌『フィールドとテーマ――田舎紳士のための音楽と庭園ガイド』が一八四八年冬号で、偉大なドイツのロマン主義者の四部構成の追悼特集とおぼしきものを組んだ。内容は、正確だが立派に超然とした態度でまとめた作曲家の生涯と仕事の大要（イングランドで過ごした二十年間にメンデルスゾーンが国民的英雄という立場を享受したことを考えれば、その修飾語句の削ぎ落とされた客観性は驚嘆に値する）、未亡人セシールに宛てたヴィクトリア女王のお悔やみ状の複写、そして、先立つ十一月に追悼としてセイクリッド・ハーモニック・ソサエティによってロンドンで上演されたオラトリオ《聖パウロ》の明らかに熱意に欠けた批評から構成されていた。こうした追悼の記事に向かい合う形で何ページにもわたって掲載されているのが、無署名だが六十五連もたっぷり使った「亡き和音変革者《コード・チェンジャー》への頌歌」と題された叙事詩である。紙数の制限上、最後から二番目の連のみをここで引こう——

Poor death, thou quiet pauper, didst thou query thy posterity,
Didst that quickening perception doom thy quest?
'Tis pity, desperate quantifier, peace doth quell thy territ'ry
Be flattered that the Antichrist honours thy behest.

哀れな死よ、静かなる貧者よ、汝は後世に問うたのか？
あの胎動的な直観が汝の探求を滅ぼしたのか？
遺憾なるかな、絶望せし計量者よ、平和が汝の領土を静めることを。
反キリストが汝の願いを叶えるのを喜べ。

この作品は、確かにメンデルスゾーンとつながっている。鼻につくようなバイロン風の詩の流儀で書かれ、主題は明らかにジョン・ダンに負うところがあり、さらには連の数（六十五）と四十年前に亡くなったもう一人の「和音変革者」に与えられた年齢の数が奇妙な一致をみる。では、『フィールドとテーマ』誌の定期購読者のうち何人がこれ以上のことを理解していたのか。そして、全二六〇行のうちの二五九行において、T（十字架の象徴であり、三位一体《トリニティ》を表わす）で始まる語に割り込まれる以外は、残りすべての語がPかDかQで始まることに気づいていただろうか？　しかし、残りの一行（頌歌全体の二五六行目にあたり、今掲げたこの連の最終行）は、P・D・Qの活動分子たちがどんな人を送り込んだかを匂わせるヒントをいくつか与えてくれる。読者はきっとすでにお気づきと思うが、最終行の一番目、五番目、六番目の語（"Be," "Antichrist," "honours"）にB‐A‐C‐Hの動機がこめられているし、この動機の累積的な圧縮が二音節でできた最後の言葉（"behest"）に示されている。

するとわかりにくいのは、フラッタード（"flattered"）という、どうも目立ちすぎの言葉の存在意義かもしれない。全二六〇行中で、P、D、Q、B、A、C、H、Tのいずれかで始まらない単語は、これだけである。しかし実は簡単な説明で解決する。ドイツ語による記譜法では、Bの文字は、英語で呼ぶところのBフラットを意味し、Hの文字はBナチュラルを意味する。バッハの生前から今日に到るまで、無数のフーガやカノンやパッサカリアの主題が、主に、あるいはもっぱら、この、Bフラット、A、C、Bナチュラルの音に基づいてきて、それがトーマス教会のカントルへの讃辞とされてきたのである。結局、この頌歌がドイツから移民した音楽家の作品であったのは明らかだ（この詩がかなり気取っている理由もそこからわかる）。しかし、最初は慎重で秘教めいて思えたにもかかわらず、P・D・Q地下活動のメッセージは、初期キリスト教会のそれと同様、ヨーロッパ大陸の外側に発せられようとしていたのである。

最後に音楽的な問題に触れる。シックリー教授は自著の第四部をこの作曲家の主要作品ひとつひとつの解説に宛てている（その第二部と第三部のそれぞれを占めるのは、P・D・Q・バッハの生涯をめぐる挿絵入りのエッセイと、シックリー自身による調査をやや自分本位な写真入りで構成する研究だ）。シックリーの学術的な信用には非の打ち所がない（フープルにあるサザン・ノース・ダコタ大学芸術学部の学部長である）。だがそれにもかかわらず、いやそれゆえかもしれないが、彼はこれらの驚嘆すべき作品を歴史的文脈から切り離せないのか、P・D・Qの革新的なメッセージの本当の意義を頻繁に見落とすらしい。よく知られた（という表現も過大評価に違いないが）《ホルンとハーダートのための協奏曲》（二〇世紀前半の米国のオートマート（自動販売機を並べたレストラン）のチェーン店ホーン＆ハーダートより）の考察において、シックリーは、「史上最も怠慢な作曲家が作りそうな省略された再現部」をもつ第一楽章を軽く片付けてしまう。この実に見事な（究極的には不満足であっても）構造が、リストやシュトラウスや初期シェーンベルクの書いた、固定楽想による循環的なソナタ形式から影響を受けたことに気づいていないかのようだ。また、ニ長調のシンフォニア・コンチェルタンテの分析において、シックリーは独奏楽器群（リュート、バラライカ、オカリナ、バグパイプ）の「置き換え不可能性」が「作品の構造的要素」として用いられていることに言及したが、この「置き換え不可能性」の概念が、たとえ遠回りをしたとしても、エリオット・カーター（一九〇八―二〇一二。米国の作曲家）の韻律変換《メトリカル・モジュレーション》を必然的に導いたことに触れていない。

けれども、シックリーの最も驚くべき逸脱は、本の口絵として、注記もなく、私の知らなかった作品の断片を掲載したことだ。それは、要点を欠いた歌を意味する「無点歌《ソング・ウィズアウト・ポインツ》」だ。この例が特に素晴らしい理由を説明しなくてはならない。七十七年前、エドワード・エルガーは《エニグマ変奏曲》を出版した。当時最良の英国の管弦楽作品として正当にもすぐに評判になった。曲名については、サー・エドワード本人がのちに告白したところによれば、二つの意味があるという。個々の変奏は、友人たちをひとりずつ音で描いたものであること（ただし作者本人とその妻を描いた変奏を除く）、そしてこの主題自体が大きな意義をもつ別の主題の対位旋律としても機能していることだ。まず第一の課題――人物像の変奏――は、楽しい人名当てクイズで、その顔ぶれはブルームズベリー・グループ（二十世紀前半にロンドン中央部のブルームズベリー地区に主に暮らした芸術家や作家の集団）の音楽版だ。ところが第二の課題――対主題探し――は、今日に到るまで、英国の音楽家たち（少なくとも）を悩ませている。ヘンデルの合唱曲、ギルバート＆サリヴァン（英国でコミック・オペラを多作した脚本家（一八三六—一九一一）と作曲家（一八四二—一九〇〇）の二人組）の早口歌、愛国歌〈ルール・ブリタニア〉など、さまざまな候補が出たが、決め手を欠く。ある主題には平行五度というエルガーらしからぬ禁則が含まれているために却下され、別の主題は多調主義的な不協和音の継ぎはぎゆえに斥けられた。今でも英国のやや保守的な新聞が、主導的なエルガー研究者による新しい対主題の説を取り上げて、わざわざ紙面を割いてくれる。すると決まったように投書があり、少々狭量かもしれないが博識ある読者の細かな反論が掲載されて、熱い議論となる。

実は、この謎は解かれている。エルガーの主題は、移調や韻律上の変更をすることなしに、「無点歌」と重なるのだ。つまり、その定旋律なのである。垂直にも水平にも、うっとりするほどみごとに重なる。エルガーの一小節四拍と続く四分休符は、この主題の最も表情豊かなリズムの特徴を示すが、これがＰ・Ｄ・Ｑの四分の三拍子の旋律とぴったり重なるのだ。調性は衝突するものの（エルガーのト短調とＰ・Ｄ・Ｑのハ長調）、それは和声に対する私たちの意識を高めてくれるだけであり、半音階的な衝突は騒がしいが（ただし例外的にＣナチュラルとＣシャープの十六分音符がぶつかってきらめく箇所はＰ・Ｄ・Ｑもサー・エドワードもきっと堪能したはずだ）、そのおかげで、Ｐ・Ｄ・Ｑの声部進行に固有の注意散漫さがむしろ和らいで聞こえる。

かくして私の仮説が正しければ、以下の諸点には議論の余地がない。「Ｐ・Ｄ・Ｑ地下活動」は勝利していたこと、往時最大の英国の作曲家はドイツの先輩作曲家のうちで最も想像力豊かな人物に暗黙の讃辞を送っていたこと、没後九十二年において、Ｐ・Ｄ・Ｑ・バッハの存在は、後期ロマン派時代で最も精妙な構造のための精神的な通奏低音となって生き続けていたこと、彼の生涯と作品のメッセージは絶えるどころか、これから六十年後のタウン・ホールでまたも甦るのだ。もちろん、私は間違っているかもしれないが。

66　十年に一枚のレコード『スイッチト＝オン・バッハ』（録音評・一九六八年）

『ビルボード』誌の定期購読者ならご存じのように、最近のレコード・ビジネスは、特殊な解釈をする音楽家と新奇なものを手がけるプロデューサーの独擅場である。ベートーヴェンの第五交響曲の二十八種類の演奏が互いを脅かしている状況では、自分でピアノで弾くか（根気のよい日和見主義者がごく最近実行したが）、あるいはB・H・ハギン（一九〇〇―八七。米国の音楽批評家）やマーシア・ダヴンポート（一九〇三―一九九六。米国初のモーツァルト伝を書いた音楽批評家）で育ちそこねた世代にじっくり聴かせるために、トスカニーニなどの歴史的解釈をペーパーバック価格で再発売するくらいでないと、この種の曲を新たにヒットチャートに送り込むことはほぼ無理だ。悲しいことだが、カルト的な市場だ。反アカデミックな風潮に駆り立てられ、その伝染力は強い。昨年は、あの殊勝な変わり者のヤンキー、チャールズ・アイヴズがウォールデン風の雑音を伴って、圧倒的に優勢だった。だがそれは『タイム』誌がハリー・パーチを見出すまでであり、最新の潮流は、祖父の世代の周辺的な作曲家たちに向かっている。そこにはダダイズムの守護聖人エリック・サティがいて、彼はエレクトリック・サーカス（六〇年代後半に前衛芸術家が集ったニューヨークのナイトクラブ）でその存在感をたいへん高めている。しかし、そんな状況であっても、LPの出現以来のレコード購入の心理学を支配してきた冷静なアーカイヴ作りのアプローチは健在である。エンジェル・レコードはサティのピアノ曲集という確実にばかばかしいものを無邪気に発売するが、そこにはドイツ・グラモフォン・ゲゼルシャフトがフレスコバルディ全集を作るときに発揮するのと同じ総合芸術的《ゲザムトクンストヴェルキッシュ》な厳粛さがある。万人それぞれのトップ二十曲とそのアーティストから選んだアンソロジーが確実に大ヒットした時代が終わりを告げたのは、安価なレコードプレーヤーの軽いアームで、でたらめに盤面に針を落として最初に展開部を聴くようになった頃だった。

そんな状況からすれば、今年のレコード（いや、十年に一枚のレコードと言おう！）がバッハの有名曲のまっとうな盛り合わせなのは、少々驚きだ。〈G線上のアリア〉、〈目覚めよと呼ぶ声が聞こえ〉、〈主よ、人の望みの喜びよ〉、二声のインヴェンション（ヘ長調と変ロ長調）、前奏曲とフーガ（ハ短調と変ホ長調）、そして、メイン・ディッシュとしてブランデンブルク協奏曲第三番である。かの『リーダーズ・ダイジェスト』が、ジョージ・オーウエルの縮約版に飽きた読者に対して、チャイコフスキーの比較的ましな旋律の評価に注意を向けさせたとしても、この寄せ集め《アッサンブラージュ》のメニューを凌駕できなかったはずだ。（『リーダーズ・ダイジェスト』がブルックナーの縮刷版を出したらどんなものになったか考えたことがあるだろうか。デュカスの即席版かな？　そうかもしれない。）

さらに、音楽学に啓蒙された正統的な楽器選びは大半のバロック音楽アルバムに固有の問題だが、今回のレコードはこの問題を遠ざける。二曲のインヴェンションは、入念に調査する《ナッハシュラーゲン》ことに励んだ学究肌のハープシコード奏者が、スタジオで「テイク1《ワン》」の開始を告げる赤ランプの点灯に応じて弾いたものではない。長大な変ホ長調の前奏曲は十分な節度をもって始まるが、自足的なフーガが始まるや、沈着に全音階を用いる範囲内において、わずかな広がりや、オルガンの音栓選択《レジストレーション》で生まれる華麗さをうまくまとめている（シェーンベルクがバッハの〈聖アンのフーガ〉を編曲したときには、それをもって、冒瀆的にあの曲に耐えたのだ）。ブランデンブルク協奏曲第三番は、九台の独奏弦楽器による演奏という意味では、シュトゥットガルト室内管弦楽団のほとんど伝説的な演奏（カール・ミュンヒンガー指揮、一九五〇年録音ほか）と少なくとも同等だが、三和音で均衡を保っている弦の響きにメーメー、モーモーと鳴く金管が割り込んでくる。実は、こういうレコードの登場自体が、この時代のレコード産業の最も驚異的な成果なのだ。もちろんこれは、「鍵盤」演奏史の偉業でもある。また、ペトリロ（一八九二—一九八四。米国の音楽労働組合活動家。米国音楽家連盟議長。強硬な要求でレコード業界での演奏家の待遇改善に努めた）の国の夜には悪い知らせだが、生演奏が決して最良ではなかったといういちばん確実な証拠になっている（証拠が必要ならばの話だが）。ヒットパレードを意識したこの名曲集は、一台の鍵盤の上で編曲された。三オクターヴ。電気的な発音機構。一度に一音しか出ない、モーグ・シンセサイザーから生まれたのだ。

開いて立てた三台のスーツケースにたくさんのパッチコードがスパゲッティのように絡んで接続されており、その前には縦二フィート×横三フィート×奥行き（約）三インチのキーボード・ユニットが置かれている。この楽器はニューヨーク州トルーマンズバーグ村のロバート・モーグ博士の頭脳から生まれたもので、ホワイトノイズ、正弦波、矩形波、のこぎり波を音楽的要素と認めさせる問題を手早く処理するために考案された。エンヴェロープの制御によって、アタックやディケイや波形が決まり、巧妙なフィルター機構がナイアガラの滝のようなホワイトノイズや倍音豊かなのこぎり波や矩形波から基本的な音や倍音の合成音を抜き出せる。モーグ・シンセサイザーはミニチュアの実験室のようだ。しかしこれは、多くの大学の研究室で作動しているような、いっそう複雑でしばしばコンピューターの補助を伴うシステムの代用品とはまったく違う。

そうすると、純粋な考え方をする人は、このシンセサイザーが鍵盤楽器を志向していることに拒否反応を示しそうだ。特に、この盤からわかるように、この楽器が触覚や深度の感覚が得られるように設計され、演奏家が以前よりも音楽的な自己表現ができるようになっていると聞けばなおさらだ。「以前」とは十五年前を指す。当時、RCA製の穴あきテープを使ったシンセサイザーは、その気になれば、誰でもどんな音も構成できることを証明したが、これはそのときの実験的な努力を超えるのだ。理論的には、モーグを操れば、人間の知るどんな楽器の模倣もほぼ可能だし、タッチに反応する鍵盤を使えば、人間のリズムにムラがあることもしっかりわからせてくれる。確かに本盤では、まるでオルガンやコントラバスやクラヴィコードのような響きのする瞬間がある。それでも、いかにも典型的とわかるバロック風の楽器の使い方について穏やかな批判を浴びせる場面を除けば、演奏者はこの種の電子的な自己顕示欲を発揮することはない。本盤の最大の特色はそこにある。

この『スイッチト＝オン・バッハ』（そう、これがアルバム名であり、コロンビア・レコードは、十二月に発売するだけで、この会社の制作ではないという意味では、みずからを恥じるべきだ）の「演奏者《パフォーマー》」は、各地をまわる冬の演奏旅行の合間に録音スタジオに駆け込むようなプロのヴィルトゥオーゾではない。演奏したのはウォルター・カーロスという名のアメリカの若き物理学者で、音響エンジニアでもある。専属録音契約を取りつけているわけではなく、これまでで最も深遠な音楽的な企ては、シェーファー・ビール（一八四二年創業のニューヨークで最も古いビール会社）のテレビ・コマーシャルのサウンドトラックの監督だった。今回、彼は何ヶ月も費やして企画を進め、演奏をした。友人で音楽学者のベンジャミン・フォークマンの助けを借りて、本盤の驚異的な啓示を自分の居間で着想したのだ。確かにカーロスが冬に各地を巡業する様子は想像しにくい。しかし、ニューヨークの業界に広がる噂のおかげで、彼はモーグ・シンセサイザーの演奏会を集中して開くことが可能かどうか悩んでいる。ハ短調前奏曲など、あちこちで聞こえてくる無伴奏の華やかな音階の部分は、テープ編集をせずに演奏したと思われるので、そこから判断する限り、彼は賞賛に値する技巧の持ち主だ。いずれにせよ、彼はそんな挑戦はしないし、そうする義務も必要もない。なぜなら本盤の真の啓示とは、録音の倫理を完全に受け入れていることだからだ。コンサート・ホールが破産するプロセスにどれほど無知でも、マスターテープが編集用の補修テープで真っ白になったとしても（今回の録音はきっとそうだが）、いかなる手段も正当化されるのであって、この争う余地のないほどに納得のいく結論を信じることこそがこの啓示なのである。

カーロスは、編集箇所の先頭音だけをつないで別の旋律ができるほどテープを接合しているし、そればかりか、8トラックの多重録音を少なからず行なっている。室内楽が提起した悩ましいステレオ録音問題を解決したからだ。弦楽四重奏の場合、それぞれの奏者を別個のチャンネルで録音するのは今日では驚くには値しないが、鍵盤楽器で演奏されるフーガがそうした対位法的自律性をもって実現するのを聴いたことがあるだろうか。これは電子的に分離しなければ実現不可能だ。なるほど、それなら一度に一音（結局は一声部となる）しか録音しないように書かれた楽譜でステレオ録音の可能性を探求する方が簡単だ。実際、モーグ・シンセサイザーでは、あらゆる音はひとつずつしか出せない。室内楽が提起した悩ましいステレオ録音問題を解消する方向性は、かのジョヴァンニ・ガブリエリ（四五九頁参照）が聖マルコ大聖堂を実験室代わりに使って開発した、二つの合唱が恭しく交互に歌う工夫と大差ないのだ。もっとも、本盤の対位法的なギヴ・アンド・テイクは元気がいい。従業員たちは、同室の同僚たちを残したまま上機嫌で壁を突き抜け、隣りのコンボに加わったりする。勤勉な組合役員が脳卒中の発作を起こしかねない傾向だ。しかし、「スイッチト＝オン・バッハ」の何が本当に偉業に値するのかと言えば、それは、衰えようのない音楽的才能にある。知られるようになったばかりのバロック時代の演奏習慣を意識して怖じ気づくわけではないからだ。いや、そんなことは指摘するまでもないかもしれない。だとすれば、少なくとも、カーロスが、逸脱的な解釈の歴史をたどって、いっそう過激な事例を踏まえつつ、自分なりの解釈の技を発揮して、これぞ現代の聴取体験のメインストリームだと私たちに思わせてしまうところがすごいのだ。

それでもかなり疑問の残る趣味が感じられる場面もある。いかにもありがちなマントヴァーニ風の魅惑の響きがそうで、〈主よ、人の望みの喜びよ〉の主旋律とともに聞こえてくる。この旋律は、好評のグッド・ミュージック・ステーション（当時あったワシントンを拠点としたクラシック音楽中心のラジオ局）がパパの自動車を必ずや午後五時十五分に高速道路に送り出すのに聞かせる〝通勤《コミューター》セレナード〟に、この響きをもって敬意を表しているのだ。また、多分、ブランデンブルク協奏曲の二つのアレグロ楽章にカーロスが挟み込んだ電子的なカデンツァにも多くの人が困惑するはずだ。しかし、個人的には後者のケチには同意しかねるが（おっと、このケチはまだ見つかっていない。『ニューヨーク・タイムズ』紙のレコード評が出るまで待とう）、私に言わせれば、この豪華絢爛たる場面は、これだけで入場料を払う価値がある。バッハが前後の楽章のあいだに仮置きした二つの和音は、ハープシコードの即興を促すものとして、あるいはアンダンテの楽章を省略してタイトなスケジュールをこなすための方便として、アルペッジョのクリシェの考え得るあらゆる組み合わせでこれまで処理されてきた。二十世紀において、この部分の即興演奏は音楽学に誘導されて消極的になりがちだが、よく考えてみれば、派手にやってもかまわないはずだ。カーロスはクリシェの語彙に新しい表現を付加しただけだが、これは同時に非現実的な演奏法を説く「バロック音楽の専門家たち《バロック・スペシャリスツ》」に対する鋭いジャブであり、一九六八年の音楽業界で内輪受けする最高のジョークでもある。そしてこの十八世紀的なばかばかしさを、やはり滑稽な既製の電子音楽に重ねているのだ。ヴラディミール・ウサチェフスキー（一九一一―九〇。米国電子音楽の草分け的な作曲家）が十年前にコロンビア大学の研究所から鳴り響かせたような、あれである。

愉快な場面はほかにもある。ブランデンブルク協奏曲の第一楽章では、アタックとディケイの関係を制御し、また逆転させる。それによって、思いやりに欠け、遅れる者に容赦ない奏者たちのトゥッティの上で最大音をプープー鳴らす疲れたトランペット奏者たちの欲求不満を模倣しているのである。また、この楽章の末尾に向けてカーロスは減和音によるアルペッジョをエスコートする。アルペッジョは反復進行をするのだが、そこでは擬似金属的な音色が用いられ、徐々に濁りを増していく。やがて聞こえてくるのは東洋的な薄い金属板のガチャガチャ音だ（この音がもっと早く発見されていたらチャーリー・チャン（一九二〇年代より映画やテレビドラマに受け継がれていった架空の善良な中国系米国人刑事）は深夜劇場の主役を降りないで済んだかもしれない）。かくしてカーロスは、奏者たち全員を招集し、トゥッティで最後のフォルティッシモを鳴らす。そのあとで一同が招待されるのは、辺境地の騒々しいどんちゃん騒ぎ《シヴァリー》だ。

とはいえ、私の考えるカーロスの主たる創作動機の本質は、特定の体験を想起させない響きにある。これまで理念化されてきたバッハの側面を、最新のテクノロジーによって実現したのだ。これは、ストコフスキーがバッハのオルガン曲をオーケストラ編曲で巨大化させたことを正当化するために使いそうな理屈だ。ヴェーベルンだって、バッハの《音楽の捧げ物》の結末のフーガを点描法的に解体し始めたときに、自分は現代にふさわしいバッハ像を探求しているのだとおそらく言っていたのだ（一九三五年の管弦楽編曲）。しかし、ストコフスキーの自由奔放さは一九一〇年頃のイングランドでの晩禱の後奏を讃美しているだけであり、ヴェーベルンの場合はヴィーン風のミサの執行であって、それは、あごひげを撫でながら詮索して、結局は誤診を導いた、あのフロイト的な分析を思い起こさせる。

結局、私たちのほとんどは、身近な経験に基づいて自分の貢献度を測る傾向があり、音楽家の場合、演奏の可能性を確定させて、その限界の存在を喜ぶところがある。この友愛あふれる業界内での代用品であるこうした編曲は、どんなに想像力豊かなものでも、わざわざ限界を思い描いて、それに縛られている限りは、関連する素材の他の演奏を喚起する程度のことしかできない。

とにかく、帰属する時代をはっきり思い起こさせてしまう音楽は、ウォルター・カーロスが目指しているものとは違うと思う。音色選《レジストレーション》びの工夫の多くはかなり平凡に思われるが、彼は、限界を定めてしまい、意図したとおりの演奏ができない器楽的な執着のすべてから抜け出る道を本気で探している。彼にとってバッハの楽譜は、私たち万人にとっての存在と変わらない。あくまで妥当な演奏の体系を無限に作り出すための口実である。彼はまさに音の源泉を開放したのであって、これらの音源は、その比類なき多様性において、楽器に対する無頓着というバッハの崇高なる意識と完全に合致した。世間ではハロルド・サミュエル（一八七九―一九三七。バッハ演奏の草分けとして知られる英国のピアニスト）からスウィングル・シンガーズ（米国にて一九六二年結成。八人組のア・カペラ・グループ）までの誰もが「私たちの時代のバッハ」を提供してきたと考えられているが、カーロスが私たちにもたらしたものはそれだけではない。無限に拡大していく再創造の可能性と、未来とはこうしたものかもしれないという漠然とした思いをも伝えてくれるのだ。本盤がサティをひじでつついてビルボード・チャートから追い出すことは無理かもしれないが——。（現実には『スイッチト＝オン・バッハ』は当時のクラシック音楽のベストセラー盤となった（編者註））

67　ローズマリーの赤ちゃんたち（録音評・一九七〇年）

認めたくないのだが、この盤は少々期待外れだった。実は、私自身は超心理学をそれなりに信じている。かつて「ストレート」な世界の線的な発想法との闘争が続く中、第六感はこれに対抗するための新たな武器に違いないと思わせてくれたのはサリーの衣装を着た占い師たちだったが、それより何年も前からの確信だ。「水瓶座世代（自由と友愛を標榜した一九六〇－七〇年代のヒッピー世代）」がまだ、希望的観測をしがちな先輩たちによって「サブカルチャー」と呼ばれていた時代が過去にあったが、その当時、もしもフィリップス・レコードが、この種の企画に、豪華な仕上げのプロモーション用の小冊子（四十ページ強で、大半がでっちあげのエッセイと写真で構成）を二冊提供することは難しく、やり手の担当編集者たちですら、本誌の比較的に曖昧な批評欄「リサイタルその他」で取り上げてもらえるように仕組むのが精一杯であったならば、私は率先し、熱意をもって、ローズマリー・ブラウンと過去の作曲家たちとの交流の権利を守る立場にまわり、有望な成果が商業発売されることに賛同していたはずだ。

本盤に慇懃無礼な態度で接している英国の批評家もいたが、少なくとも私は、ブラウン夫人の仕事には何のペテンも存在しないと考える。ただし、明らかな唯一の例外を除けば、末尾に列挙された十七曲のサロン・ピースの中で、再度聴くべき作品も、聴きたくなる作品もない。きっと、このアルバムは、ある意味で「才能に恵まれた《ギフテッドな》」繊細かつ誠実なご婦人のための、好意の結晶に違いない。私は、夫人を捉えた想念や創作力が誰の目にも明らかで有意義なものだと解釈できると信じたい。しかし、残念ながら、こう報告する。本盤の音楽的成果には、その方法論から思い描かれ期待されるほどの説得力はないのだ。

ローズマリー・ブラウンの名にピンとこない人もいるかもしれない。彼女は霊媒だ。四、五年前から、彼女はフランツ・リストという名の黒いケープ姿の幽霊を観察し続けており、彼の紹介で、ショパン、ドビュッシー、グリーグ、ラフマニノフ、シューベルトといったたいへんな才人たちとの接触を得てきた。そのロンドン郊外の自宅の居間を訪ねてきた著名人はほかにもいて、J・S・バッハもそこに数えられるが、その成果は、微笑ましいものであったとしても、音楽的には妥当であったとは言えない。ブラウン夫人はジャケットに書かれたたくさんの説明の中で正直に告白しているのだが、（前述のリスト氏が仲立ちをしてくれるまでは）音楽の専門的な指導を受けたことがなく、バッハの作品は、少なくとも彼女にとっては、かなり荷が重かった。バッハの名誉のために申し上げるならば、これまでのところ、彼はこの打ち明け話を快く受けとめていると私は思う。ベートーヴェンも同様で、この盤ではバガテル一曲しか扱われていない。まあこのアルバムに含まれている作品の大半は、短い三部形式を成しているのだから、どれもバガテルのようなものだが、楽聖は現在、第十交響曲の創作に打ち込んでいると聞く。まるでリムスキー＝コルサコフを思わせるが、嬰ハ短調で実現することが期待されている。そして、こちら側の夫人は、オーケストレーションを鋭意勉強中である。

移調可能なホルンやベートーヴェンの難聴については詳しくなれるかもしれないが、オーケストレーションのような専門的な勉強が本当に役に立つと期待されているのか？　よくわからないし、思うにこれは、ブラウン夫人の支持者たちが彼女の努力を隠すのに用意した方便のひとつであって、しかもあまり説得力がないのではないか。もともと夫人の活動の前提には音楽的素養の欠如があるが、その立証を避けるのであれば、二冊の手の込んだ小冊子は、皮肉にも、現在と将来の個別指導の計画に大幅に紙面を費やさざるを得ない。たとえば現時点では、ラフマニノフが夫人にピアノ演奏のコツを伝授しようと試みているところだそうだ。きっと本盤の表面《おもて》に並ぶ曲目（要求水準が低めの作品に限られている）の夫人の演奏を聴いた結果だろう。裏面《うら》のやっかいな作品に挑むのは熟達したピアニストのピーター・ケイティン（一九三〇—二〇一五。ロンドン出身でロマン派を得意とした）だが、ラフマニノフの指導が功を奏せば、ケイティン氏は続編からは追い出されるはずだ（続編が出ればの話だが）。

音楽的素養の欠如というブラウン夫人の幸福な事情を裏付けるために言及される論拠の多くは、完全な信用を得た音楽家たちの証言である。リチャード・ロドニー・ベネット（一九三六—二〇一二。ジャズにも通じた英国の作曲家）、ハンフリー・サール（一九一五—八二。英国の作曲家、音楽学者。リスト研究）、ヘプツィバ・メニューインが、それぞれこの件に関心を抱き、多くの音楽家と同様に、ブラウン夫人の能力と誠実さに納得させられたのだ。ただし、彼女の超音楽的能力に対する最も啓発的なコメントを寄せるのは、これら同時代の代弁者ではない。三十年ほど前にこの〝涙の谷〟である現世を去った紳士である。一九七〇年一月一日に口述筆記された解説がジャケットに載っている。比類なき音楽学者サー・ドナルド・フランシス・トーヴィがあの世から連絡をよこしたもので、「これら過去の作曲家たちが今なお別の次元で生き続け、コミュニケーションをとろうと努めている可能性は、ぞんざいに斥けるべきではない」ことを私たちに確信せしめるのだ。

もちろん、サー・ドナルドの寄せたエッセイは、ブラウン夫人の現象自体とほぼ同程度に、分析的な精査の対象となる。そもそもこれは、フィリップス・レコードの印刷物の編集者A・デイヴィッド・ホガース（一九三一―二〇一一。スコットランド出身の編集者・音楽批評家）氏が、サー・ドナルドの賛意がかなりの助けになるかもしれないとブラウン夫人に示唆したことに始まる。実は彼はトーヴィの教え子だった。そしてホガース氏は、ギリシャ語由来とラテン語由来の言葉の比率、副詞の配置、句読法の癖について、現存するサー・ドナルドの通常の文章との比較対照を済ませている。もっとも、同氏が文学的嗅覚を発揮して示す統計的な証拠以上に顕著なのは、この解説には慈愛あふれる穏やかなユーモアが存在することだ。このユーモアこそは、サー・ドナルドの文章の多くの美点の中でも特に知られるものだった。

音楽面に話を戻すが、ブラウン夫人の勘は、即興性を抑えようとする態度にほぼ支配されている。それが夫人の規範なのだが、その例外が《グリューベライ》と呼ばれる曲だ。リストがもたらしたとされるこの作品は、ハンフリー・サールが指摘するように、作品自体が、いかなる基準をあてはめても、見事なのだ。これはBBCのスタッフが同席する場でブラウン夫人に口述された音楽で、夫人の説明（裏面のバンド1に収録された音声）によれば、名人芸の煽動的で騒がしい曲を予期していたのとは異なり、リストの霊が差し出したのは、奇妙なリズムの不思議なムード・ピースだった（四分の五拍子の上に二分の三拍子の旋律が重ねられていたのだ）。夫人はあわてたが、明らかにBBCの権威あるスタッフの心を読んでいたリストは彼女にこう言った。「これから提供する音楽は、彼らにはハンガリー狂詩曲よりもずっと印象的だよ」と。

確かに印象的だとはいえ、《グリューベライ》には他の収録曲と共通する弱点がひとつある。それがあるからといって、ブラウン夫人が本物だという私の信念は損なわれないが、彼女の仕事の大半は過小評価されてしまう。つまり、夫人の紹介する作品の多くには、ほとんどのルーラードやすべての線的な創意を、右手の占有する領域に置いてしまうという極端な傾向があるのだ。達人のケイティン氏が調整して弾くときでさえ、左手が適切な役割分担を果たすことはめったにない。夫人の演奏が収録された盤面では、大半のアマチュアと同じで、全指を均等に使えない問題がはっきりと認められる。その意味では、実はこうした偏りがあった方が演奏には助かるのだ。まったく驚くに値しない事実ではあるが、困ったことに、この純然たる身体的限界のおかげで、霊媒としての彼女の格が下がってしまう。

ブラウン夫人の能力が、支援者たちの主張する価値には及ばないと言いたいわけではない。《グリューベライ》とトーヴィの文章は、どのように送り届けられたにせよ、本物の達成である。しかし、私が言いたいのは、こういうことだ。私たちの誰もが身体的な実感の蓄積を受け継いでいる。超能力の才能は、信仰心と同様、この実感にそぐわなければ、いつでも否定される危険な状態にあるのだ。私はラフマニノフの指導の価値や、さらに言えば、オーケストレーションのレッスンの価値をいささかも疑問視する気はない。しかし、ブラウン夫人の今後の努力の成功は、《グリューベライ》をもたらした霊感と、その全面的な成功を損ねた触覚的で身体的な記憶とを切り離せるかどうかにかかっているのではないか。

取り上げたアルバム：ローズマリー・ブラウン『音楽の降霊術』(*A Musical Seance*)。ベートーヴェン：バガテル変ホ長調。シューベルト：楽興の時ト短調。ショパン：バラード変ニ長調、即興曲ヘ短調、即興曲変ホ長調。リスト：水の上を歩くイエス、グリューベライ（黙想）、華麗なるワルツ、コンソレーション（慰め）ホ長調、黄昏時の白鳥、小舟で見る夢、ラメント（悲しみ）、祈るイエス。ドビュッシー：異国風の舞曲。ブラームス：ワルツ変ロ短調。グリーグ：笛を吹く羊飼い。シューマン：あこがれ。ピアノ：ローズマリー・ブラウン、ピーター・ケイティン。フィリップス ＰＨＳ九〇〇　二五六、五ドル。テープ：ＰＣＲ四　九〇〇　二五六、五・九八ドル。

68
私が無人島に持参するレコード（エッセイ・一九七〇年）

　カナダでは、国営ラジオ放送が今なお健在で、議会の討議の対象となっているが、ある由緒あるラジオ番組が、最近終了した。『隠者はこれを選ぶ』という番組で、各週のゲストが追放されて無人島に送られることになった場合に持ち込める四冊の本と四枚のレコードを選ぶ企画だ（あちこちの植民地で作られる多くの番組同様、『隠者はこれを選ぶ』はＢＢＣの企画をそのまま拝借したもので、この形態はそれまでに何年も放送され、大成功を収めてきたのだ）。そしてこのカナダ版になると、島送りのゲストは、驚くほど興味深い本やレコードを携えていることが多い。私にとって特に愉快だったのは、オーストリア系の精神分析家の選択を取り上げた回だ。彼が始終語り続けていたレコードは、本人の好みではなく、何と、その母親のものだった！　いずれにせよ、出演者選びにはひどい見落としがあり、私は、カナダで最も経験豊かな隠者としての比類なき評判があるにもかかわらず、番組に呼ばれることはなかった。そこで、一年ほど前に、私自身の番組（一九六九年七月二七日（日）放送）で、この見落としを正すことにした次第である。

　番組で私が取り上げたレコードは今も十分に有効なのだが、ここで私が思うのは、追放者必携という目的にかなうレコードと、いつでも愛聴盤に挙げられるレコードとのあいだには何らかのきちんとした区別が必要なことだ。確かに、無人島に持っていくとなると、考えにくい選択を促す場合がある。ホストの前では《フーガの技法》やエリオット・カーターの弦楽四重奏曲への果てしない愛着を表明する人がいる。ところが出演を終えてマイクロフォンがオフになるや、実は《ローマの松》や「ハリウッド・ボウル交響楽団による星空の名曲集」がいいと言ったりする。そういう事例は別にしても、もっぱら癒やしの力を考えれば、無人島ならではのニーズに応えられず、却下せざるを得ないレコードもあるのだ。たとえば、私の場合、カラヤンの振った《ヴァルキューレ》（一九六六年録音、ドイツ・グラモフォン）は、ここ数年でいちばん好きなアルバムかもしれない。しかし、無人島での心の平安を目的とするならば、プロットが複雑に絡み合う作品は、どれほど隠喩的に解釈されても、人間関係という絶対的な本質に近づいていくばかりで、ゆったりとものごとを考える余裕を与えてくれないように思われる。

いずれにせよ、私は三枚を選んだのだが、どれも癒やしの力がある。デラー・コンソートが録音したオーランド・ギボンズの讃美歌《ヒム》と聖歌集《アンセム》（アルヒーフ：ARC三〇五三、廃盤）、ブルーノ・マデルナ（一九二〇―七三）指揮のきらめくような演奏によるシェーンベルクのセレナード作品二四（オワゾリール：SOL二五〇）、そしてカラヤン指揮ベルリン・フィルハーモニックによるシベリウスの第五交響曲（ドイツ・グラモフォン：一三八九七三）だ。

このカラヤン盤は必ず持っていく。マエストロは印象主義もどきの手法でテクスチュアを洗練させたので、その点はシベリウス盤のコレクターに難癖をつけられるかもしれないが、私が素晴らしいと思うのは、情熱的だが反官能的な作曲家としてのシベリウス像を理想的に実現しているからだ。私がこの偉大なフィンランド人に夢中になるのは、実はこの情熱と反官能性という二項対立のおかげだ。しかも彼の音楽には、素材の月並みな展開を恥ずかしげもなく聴かせる独特の能力が備わっている。そうした能力と二項対立のおかげで、この交響曲は、超越的な秩序をもつ隔絶《アイソレーションの》した生活を送るときの格好の背景となるのだ。（ところで、私は北極マニアなので、私にとっての隔絶の観念には、どれほど控えめにみても、ヘルシンキのような高緯度が含まれる。アリューシャン列島はまあ我慢するにせよ、悪魔島《デヴィルズ・アイランド》（フランス領ギアナ沖の島で、同国の流刑地）に送られたならば、最初の脱走犯となって、北に向かって泳ぐだろう。）

他方、シェーンベルクのセレナードは少々危険かもしれない。この世で自分が関心を抱いたどんな部分についてもイメージを作り直せるのが追放者の生活の利点なので、現代における格闘の形跡はどう考えても慎重に隠すべきである。だが私にとって、セレナードは、これまでずっと好んできた曲だ。別に十二音音楽に胚芽的影響をもたらした作品だからではない。音楽作りにおいて、規則に基づく語法のいかめしさを、屋外の開放感に満ちた純粋な喜びで打ち消すような作品だ。同時代にはこういう作品は少ないのだ。

それに較べて、私がどんなリストを作っても、ギボンズはナンバー・ワンに置かれる。私たちはルネサンス以降の伝統が定めたものとはかなり異なる様式で現代世界を弱めるべく努めたいので、その先例として目立つのがギボンズだという意味で誰もがおそらく感謝できることが理由に挙げられる。だが、それだけではない。より主観的には、十代の頃以来、この音楽（と、十五年近くも聴いてきたデラー・コンソートによるこのレコード）は、思いつく限りのどんな音響体験よりも私を深く揺り動かしてきたからだ。私の持っているレコードの中で、三枚も本当に盤面を磨り減らしてしまったのはこれだけだ。しかし、四枚目を入手する理由は、これほど頻繁に聴き直すレコードもない、ということだけではなく、私の青春時代の特に感受性の強い時期に果たした格別な役割があるからだ。

私が十三歳の少年だった頃、母校であるトロント音楽院（現在のロイヤル音楽院）の教師が、何を勘違いしたのか、オーケストラとのデビューを準備したらどうかと私に提案してきた。音楽院のオーケストラの年度末の演奏会がちょうどあるので、ベートーヴェンの第四協奏曲を弾いたらよいと言う。もちろん提案は喜んで受けたが、準備はほとんどいらないと私は考えた。二年前からＲＣＡのアルバムを持っていたからだ。自分の小遣いを地道に貯めて買ったもので、アルトゥール・シュナーベルが独奏し、フレデリック・ストック指揮シカゴ交響楽団が伴奏していた。表紙はポピュラー音楽のアルバムの最初期のデザインのようだった。

アルバムの表紙のイラストレーション（モータウン（ソウルやR&Bのレコード・レーベル。一九五九年にデトロイトで設立）風のアール・ヌーヴォーの不気味な先駆）には、確か、袖なしの服装でピアノに向かうシュナーベルが描かれていた。それを囲むのは控え目な楽団員たちで、寄せ集まった彼らの上には、イリノイ州北部では見かけそうにない種類の青々とした植物が生い茂っていた

（ヤニマツだったか、ペカンだったか——二十五年もたつと、記憶はあてにならない）。そこで私はこう納得した。おそらくこれはオーケストラと独奏者がカロライナ両州を演奏旅行したときの光景なのだと。

もっとも、このジャケットがもたらした絵画的啓示に私はひどく惹きつけられたとはいえ、私の記憶に永久に刻まれたのは、やはりシュナーベルとストックの共演自体だ。以来、出演の声がかかるまでの二年間、ほとんど毎日、四枚組の七十八回転盤の数面、あるいは全八面を再生しては、私はそれを伴奏にしてこの曲の練習をしていた。その際、シュナーベルの修辞法に伴う抑揚のニュアンスをすべて忠実になぞった。彼が賢明にもそうするべきだと考えた箇所（つまり、そうしたい気持ちに何度も駆られたり、かつ、あるいは、動機の処理が扱いにくい箇所）では、常に率先して感情を劇的に高めた。そして、約四分二十五秒ごとに終止形を優美に弾いて、なめらかに休止した。そのたびに自動交換装置が作動して、次の盤面がターンテーブルに置かれるのを待ったのだ。

こうしたレコード交換の区切りは、演奏の造型に特に大きな影響を及ぼした。区切りの位置を意識しないと、二長調の第二主題、曖昧なへ音による展開部の開始、二三五小節でのホ短調のストレット、そしてもちろんカデンツァ（これは第一楽章のめぼしい箇所を挙げるにとどめるが）は、強調がなされず、妥当性を失い、ベートーヴェンらしさを欠いてしまう。実は、この芳醇な作品の演奏で、これらの区切りの要所を無視したものには昔も今も我慢できない。つまり、前の盤面の末尾と続きの盤面の開始で音が重なる現象（七十八回転の時代に育った私たちの世代はこれに愛着を覚え、それを承知した上で聴いていたが）に形ばかりの敬意すら表明せずに、お気楽かつ無頓着に結末へと驀進する演奏である。あれから何年もたって、新しい連中——カサドシュやゼルキン（一九〇三－一九一。チェコ出身）、フライシャーやモラヴェッツ（イヴァン・~。一九三五－二〇一五。チェコ）といった顔ぶれ——は、私のシュナーベル的な期待に応えられないどころか、途中で破綻してしまう。

とにかく、公演日が近づくにつれて、私自身がシュナーベルに成り切る態度はいよいよ佳境に入ってきた。すると、私の先生は、弟子の主体性に委ねるような姿勢からはほど遠い学者であったので、教師として高圧的な態度に出て、私からアルバムを取り上げてしまった（S・I・ハヤカワ（一九〇六—九二。カナダ出身の米国の言語学者のちに共和党議員。サンフランシスコ州立大学学長として学生運動に強硬な態度で応じた）もこういう態度で政治的に傑出していったのだ）。だが、そこで私は、自分がいつでも臨機応変に対応できる戦略的な音楽家であることを初めて証明することにした。きびきびとしたゼルキン風の解釈で弾いて聴かせたのだ（私は、四五年か四六年に、ゼルキンがトスカニーニの指揮のもとでこれを弾いたのを聴いていた）。しかもこれをカサドシュ風の勢いで調整した。すると、ありがたいことに、教授は大いに満足したと述べる。彼は、私の進歩、私の従順さ、そして、個別指導の心理学における自分の高い技量に満足したのだ。

私のデビューの日は雨だった（一九四六年五月八日）。しかしその晩（五月初旬の、夏時間に切り替わった第一週のことで、日没は八時だった）、低気圧が東へ移動し、空は晴れ上がり、トロントのスカイラインには靄がかかり、オレンジ色がかった円形パノラマに見えた。ちょうど新聞の連載漫画『ポゴ』（一九四八年、米国で連載開始）がやがて多色刷りになったときに、作者ウォルト・ケリー（一九一一—七三）が舞台のオキフィノキー湿地に施してそれを讃えた色彩効果のようだ。きっとこれは、マールボロ（米国ヴァーモント州。一九五一年、ゼルキンを中心に同地でマールボロ音楽祭が組織された。同名のシガレットの赤いロゴも示唆される）的な客観性を讃える夜でも、フォンテーヌブロー（「青い噴水」を意味するパリ郊外の都市。一九二一年にここの宮殿に創設されたアメリカ音楽院でカサドシュは教えた）の俗っぽいアイロニーを讃える夜でもない。この機会をインスピレーションの源泉として、立派な表紙絵が描けるはずだ。これは個人的な主張をする時なのだ。自分の主張を把握し、それを表明するのだ。

そのあとの演奏がリハーサルでの流儀とはやや異なっていたことを考えれば、オーケストラは見事についてきた。ニ長調で入る箇所で切迫した瞬間が生じたかもしれないし、ホ短調のストレットではオーボエとフルートがあまり要領を得ていなかったが、私はそのまま高揚感を保った。先生は血相を変えたものの、新聞は概してかなり好意的だった。だがやはり辛口評も出た。トロントの『グローブ・アンド・メイル』紙の特約記者が翌日の朝刊にこう書いた。「昨晩、ベートーヴェンの深遠なピアノ協奏曲第四番がひとりの子どもの手に委ねられた」と彼は記し、こう続けた。「この子は自分を誰だと思っているのか。もしかしてシュナーベルか？」

69 映画『スローターハウス5』（番組台本・一九七二年）

カート・ヴォネガットの『スローターハウス 5《ファイヴ》』が映画化されました。あなたがこのブラックユーモアに満ちた作者の大勢のファンのひとりであるならば、近所の劇場に出向くことは、おそらく今期で最高の映画体験となりましょう。原作への忠実度はそのくらい高い。けれども、あなたがヴォネガットの小説にむしろアンビヴァレントな感情を抱いているのなら（実は私もそうですが）、実に名人芸的な移し替えがなされていること自体が、まさに名人芸的なこの映画を認めるときの最大の障害となるかもしれません。

ご存じのように、ヴォネガットは、家庭では決して教われない耳の痛い真実を今の大学一年生に簡単に教えてしまう存在で、私の若い頃のサリンジャーに相当します。彼はジェネレーション・ギャップを容赦なく利用する人です。人間の置かれた状況をわかりやすく説明するにはユーモアが有効ですが、それにふさわしいユーモアの形も世代によって異なるため、ヴォネガットは特にそこを狙います。ただ、まさにそれが原因で、彼の作品の多くはすぐに古臭くなりますし、『スローターハウス5』のような作品の深遠さとおぼしきものも、一般化されすぎて特殊化されない陳腐な人間観でしかないことがわかってしまうのです。

『スローターハウス5』が扱うのは、小説の主人公、つまり英雄《ヒーロー》、いや、はやりの言い方をすれば、反英雄であるビリー・ピルグリムの生涯を扱ったものです（実は死も扱っていますが、ヴォネガットの好んだメッセージは、良い瞬間に集中し、悪い瞬間は無視するべし、なので、死については比較的わずかです）。彼は第二次世界大戦で、従軍牧師の助手でした（従軍副牧師ではありません）。ビリーは、西部戦線での最後の大きな局地戦、つまり、一九四四年十二月のアルデンヌの森での戦いのあいだに、部隊を離れてしまい、捕虜となり、その後ドレスデンにあったドイツの捕虜収容所に移されます。これは最もつまらないあら探しであり、ヴォネガット信者であればまったく問題外の論理性の追求なのですが、ドイツの精鋭戦車部隊があの戦いに負けた理由が本当にガソリン不足だったのであれば、ずいぶん奇妙な戦術が展開されていたと私はいつも思うのです。突発的な軍事行動のあとも、燃料のような貴重な物資を残していて、捕虜の移送にそれを費やしたのですから。横断するドイツ帝国は、縮小しつつあったとしても、やはり広大でした。

いずれにせよ、ビリーはドレスデンに到着し、題名にある、畜殺場《スローターハウス》の下の肉貯蔵庫だった場所に収容されます。おかげでその後の火災旋風で死なずに済んだのです。しかし、翌朝、廃墟と化した都市（それは凄惨に描かれます）を自分の目で見たビリーは、ヴォネガットの言葉を借りれば、「時の中に解き放たれる《アンスタック・イン・タイム》」のです。つまり、それ以降、彼は、ごく平凡な生涯をあちこち行き来してさまよい、最後には自分を四次元に送り込む能力も発見するのです。地面の上を歩くのがつらくなると、すかさず超地球的生活を空想します。透明なドーム状の構造物の中で、憧れの女である『プレイボーイ』誌のヌードモデル、モンタナ・ワイルドハックとの同棲生活に没頭するのです。構造物の外側はシアン化物の大気に覆われ、世俗のどんな狼も寄せつけません。

ビリー・ピルグリムは、一九四〇年代風のいかにもアメリカ的な落伍者《ドロップアウト》となります。同世代の若者は、共同体社会を目指し、菜食主義的な自制をして、反戦主義を希求しましたが、ビリーには無縁でした。その代わり、戦後のアメリカでの彼の体験には世俗的な成功がついてまわります。ビリーは裕福な女性と結婚し、検眼医のクリニックは繁盛し、最終的にはアメリカ中産階級の究極の栄誉を得ます。ライオンズ・クラブの会長職です。ビリーは申し分のない立派な人生を送ってきましたが、戦後アメリカの二十五年間への彼の関わり方は、その倫理観に決定的な影響を及ぼした事件によって絶えず揺さぶられ、介入を受けてきました。ドレスデンの空爆です。

ヴォネガットの原作小説も、スティーヴン・ゲラーの実に効果的で全体をよく補完する脚本も、ジョージ・ロイ・ヒルの淡々した精巧きわまりない演出も、そんな揺さぶりも介入もあり得ないことを示しています。しかし、彼らがそれを証明する際に、現在、過去、未来の時間の継続が提示されます。その画面進行には最後の行と最初の行を重ねるようにつなぐ傾向があって、ちょうどオルダス・ハックスリーが『恋愛対位法』（一九二八年の観念小説）を束ねたときに用いた技法でした。たとえば、一九七〇年頃に、妻を失ったばかりのビリーが、ニューヨーク州北部の自宅の階段を不自由な足でのぼるとき、その場面には一九四五年のスローターハウスを出て、全焼したドレスデンの通りに足を踏み入れる場面が挿入されます。あるいは通販会社シアーズ・ローバックからトラルファマドル星にロケットで特別輸送されてきた服をモンタナが着ようとするとき、彼女がくるくるとまわる動きを見たビリーは、ドレスデンの小さな陶器の人形を思い出していました。同じ捕虜のうちで唯一親しかったエドガー・ダービーがそれを着服したとして即刻射殺されたときの人形です。また、映画のもっと前で、エドガー・ダービーが捕虜のリーダーを引き受けるときの演説には、ビリーのライオンズ・クラブ会長の就任演説が割り込むのです。

この種のスタッカート風の編集は（『小さな巨人』（アーサー・ペン監督、米、七〇年）や『俺たちに明日はない』（同監督、米、六七年）などの名作で知られるデデ・アレン（一九二三―二〇一〇）によるものですが）、映画的には自然な仕上がりです。実際、脚本は、ヴォネガットの文学的な点描主義と取り組みつつ、ほとんど何の苦もなく映画ならではの構造的な創意を発揮しています。結果として、『スローターハウス5』は、出演者よりもスタッフが輝く映画となりました。もちろん、スターの見せ場もきちんと存在します。ドイツの名優フリードリッヒ・レーデブール（一八九〇―一九八六）が捕虜収容所の上級司令官を演じています。米国のロン・リーブマン（一九三七―二〇一九）は、精神を病んだ兵士として登場し、妄想の被害に基づいてビリーへの復讐を誓い、一九九〇年頃（原作では一九八六年二月十三日）のビリーの時間旅行の最中に本当に死をもたらすのです。（ちなみに、このヴォネガットの正典における復讐は、ライトモティーフとなって、四次元的な知覚観念と結びついています。）けれども、場面が急に推移したり、ぎこちない新古典派的なリズムが感じられたり、登場人物の成長に無関心が貫かれていることから、『スローターハウス５』は俳優の名演技を披露する作品にはなり得ません。むしろこれは、編集のミス・アレンや、撮影監督のミロスラフ・オンドリチェク、そして誰よりも監督のジョージ・ロイ・ヒルの技能を披露する作品なのです。

ただし、この点について、私は立場上、客観的な評釈を加えにくいのです。私もこうした多くの職人技の人たちとともにこの作品に携わり、私自身が協力した部分は、(必ずしも私は賛同していなかったにせよ) 映画の発想に合うように調整しました。よって、この映画で技術的にすごいものを達成できたという満足感は今なお衰えていません。しかし、現代アメリカの映画製作とはまさにこういうものなのだ、ということが急にわかってきました。『スローターハウス５』は、アメリカ映画のあるジャンルに属します。つまり、古き良きアメリカのノウハウを結集して作った上部構造に、ヨーロッパの前衛性の移植を試みる種類の映画です。アメリカ映画としては、厚かましいほどの商業映画であって、セックスと暴力というお決まりの要素を十分に備えており、その結果、大学生にとっては抗しがたい魅力を放つ「R指定」を獲得しています。しかも、この映画は、猛烈な速射砲のように、反ロマン主義的な演出を浴びせつけます。作り手の感情を切り離し、構造的な客観性を強調する。まるでバウハウスの再来です。

皆さんはこの事実をお考えになったことがありますか？　こういう、切り替えのはっきりした演出技法には、後期ロココの音楽様式や、先ほど述べた一九二〇年代から三〇年代の新古典派の音楽に通じる面があるのです。アレグロ＝アダージョ＝アレグロ (急緩急) のテンポ構成や、フォルテ＝ピアノ＝フォルテ (スフォルツァンドも含む) の構造的な強弱法もそうです。また、いわゆるインテリの機嫌を取ろうとする点も共通しています。洗練さに欠ける人々の窮状を、軽蔑にすら値しないとまでは思わないにせよ、それを笑いの種と考えるようなインテリを念頭に置いた技法なのです。

たとえばモーツァルトの音楽では、無意味なフォルティッシモや不意のピアニッシモが頻繁に現われますが、そろそろこの辺で、という理由以外に構造的な必然性は存在しません。『スローターハウス５』の中で、これは一例にすぎませんが、ビリー・ピルグリムの妻ヴァレンシアは、最初に現われる結婚式の夜の場面でも、わざと笑いを誘うような姿で描かれています。その理由は、淑女が（英国風の表現をすれば）一ストーン（約六キロ強）か二ストーン分の体重過多であることを示すためにすぎません。まあペプシ世代なら、ダイエット・コーラを飲まないとアメリカでは仲間はずれにされるという確証が得られたでしょう。

結局、ヴァレンシアは、その数少ない登場をするたびに、減量に関わる実につまらない話題を語るように仕向けられています。不幸なことです。その死後でさえ、モンタナがビリーにこう尋ねます――「奥さんのどこがいちばん好きだったの？」長い沈黙のあと、ビリーは答えます。「彼女の作ったパンケーキだ。」ヴォネガットのビリー・ピルグリム像は枠にはまっていましたが、これは、脚本担当のゲラーがそれさえも歪めてしまった数少ない台詞のひとつです。なぜなら、ビリーは、その精神生活がどれほど麻痺していたとしても、あくまで好人物だからです。彼が根本的に善良であるがゆえに、この一言は完全に浮いています。そしてこのことは付け加えておくべきでしょう。ヴァレンシアの容姿への同情がまったく欠けている必然的な結果として、彼女は自動車の衝突事故で亡くなりますが、その事故は、今話題の『フレンチ・コネクション』（ウィリアム・フリードキン監督、米、一九七一年）の自動車による追跡の場面と、マック・セネット（一八八〇―一九六〇。チャップリンを見出すなど「喜劇王」として知られるカナダ出身の米国の映画監督・プロデューサー）の場違いなドタバタ映画を混ぜたような光景でした。

それと較べれば、ビリー・ピルグリム本人は、そんなにおもしろい人物には見えません。本人が発する台詞も、その目の前で発せられる台詞にも、愉快なものを私はまったく思い出さないのです。ビリーは実に受動的な人物なので、あらゆることの生き証人にはなるけれど、人形のようであり、表面的には、ほとんど無反応です。まあそれでも、一九四六年頃、結婚するときに入手した飼い犬のスポットとの心温まる関係が存在します（映画の終わりには、ビリーとともに中年の終わりにさしかかりますから、映画に出演した最高齢の犬としてギネス・ブックに載ってもおかしくないでしょう）。また、捕虜収容所のホーガン大佐（ナチスの捕虜収容所を舞台とした米国の喜劇テレビ・ドラマ『ホーガンの英雄たち』（一九六五―七一）の主人公）のような存在だった、エドガー・ダービーへの純粋な愛着は伝わってきます。しかし、情緒面が描かれるのはその程度です。

とにかく、この奇妙な物語でいちばん大切なのは、ビリー・ピルグリムが恐ろしい災害の生き証人となったことです。一九四五年二月十三日のドレスデンの空爆です。ビリーは、その後、神経衰弱になり、後半生を緊張病にほぼ苛まれ続け、トラルファマドール星への幻覚的な旅をするわけですが、そういうこととは無関係に、ここでは音楽のギャラント様式に相当する映画技法が採用されます。その結果、この事件の深刻さが伝わるような本当の情緒的反応は見事に描かれません。『スローターハウス５』とそれに先行する『去年マリエンバードで』（アラン・レネ監督、仏、一九六一年）のようなヨーロッパの前衛映画との関係に別の音楽的類似を見出したければ（この映画も、アインシュタイン的な時間の回復に、大げさであったにせよ、ずいぶん早い関心を示しましたが）、《トリスタンとイゾルデ》がアーロン・コープランドによって作り直されたらどのように響くかを考えてみればよいでしょう。

総括するならば、『スローターハウス５』とは、アメリカ中産階級の凡庸さを扱った映画です。それは、アメリカの倫理や文化の進歩を遅らせた凡庸さです。しかしこれは、アメリカのエリート階層のために、その階層によって作られています。ある種の綜合化ができれば、アメリカの真の遺産となるかもしれませんから、それを期待して共感を持って過去を振り返ることができればよいのですが、慈愛という無比の美徳への信頼が完全に欠如しているために、現在の価値を減少させ、未来を危うくさせます。取り組みがいのある、実に刺激的な映画でしたし、このジャンルの制約の中で見事に仕上げられており、同じ立場にいる人々の敬意を集めるに値します（また、カンヌ映画祭での受賞が物語るように、すでに敬意の的なのです）。しかし、誰もが愛せる芸術作品ではありません。

70　ペイザントのグレン・グールド伝（書評・一九七八年）

ジェフリー・ペイザントが演奏家を扱った唯一無二の本を書いた。その人物の演奏経験に直結する生活面や仕事面は強調しない。代わりに、その人物、すなわちグレン・グールドの、文筆家、ブロードキャスター、ドキュメンタリー作家としての本格的な活動の分析に集中する。だがこれはペイザントの研究が音楽的な洞察を欠いていることを意味しない。むしろ著者は、美学者として得た知見と、演奏家として受けた技能を組み合わせて演奏の心理を分析しているが、これほど的確な分析を私は知らない。もっとも、グールドのあの挑発的な解釈の数々を作品ごとに研究しようという熱意はない。音楽作品が言及されるときには、すでに展開してきた倫理的あるいは哲学的な問題に光を当てて議論をするためだとほぼ決まっている。一例にすぎないが、ブラームスのニ短調協奏曲のテンポ設定をめぐって、グールドがレナード・バーンスタインと起こした有名な衝突は、ある章の山場で出てくる。その章は競争的な体験の本質を別の形で検証するものだった。著者は、あらゆる形態の競いあい《コンペティション》に断固反対を表明するグールドの論考、放送番組、インタヴューを多数分析した上で、ブラームス＝バーンスタイン事件に触れる。あの事件は、名人芸協奏曲《ヴィルトゥオーゾ・コンチェルト》というまさに競いあいの音楽形式をグールドが嫌悪している証拠の実例なのである。

「まえがき」で明らかなように、ペイザント教授が着手したのは、ピアニストについての本ではなかった。この本が扱うのは音楽的思考のプロセスであり、それは、ピアノ演奏によってときどき実現されるところのものだ。また、伝記研究は試みていないと教授は述べる。グールドの私生活は「簡素で平凡」であり、「彼の生涯とその時代を扱った本が書かれれば、それは短く、退屈なものとなるであろう」とも記している。（実際、ペイザントは第一章を用いてこの主張を存分に実証した。この章は、グールドの若い頃を手っ取り早くまとめたもので、正直言って、退屈だ。もっと短くなったのではないか。）

ところが第二章からはペイザントの本領発揮で、この研究書の前半にわたり、彼の巧みなコントロールによって、いくつもの主題と対主題のテクスチュアが少しずつ織り合わせられていく――グールドの公開演奏会の拒否、放送メディア全般と特に録音プロセスへの心からの信頼、そして神秘主義めいたテクノロジーへの信仰だ。愚かな競いあいは人間の活動の実に大きな部分を吸収してしまうが、テクノロジーにはこの競いあいの最小化や除去すらできる仲裁力があるというのだ。「グールドは〃創造的に抜け出す《オプティング・アウトの》〃方法をひとつ示す。テクノロジーが差し出す別の選択肢を受け入れればよい。テクノロジーは、防御遮蔽体で私たち人類を包み、肉体的・精神的に比較し合う必要性を取り除いてくれる（対象書六一頁、新邦訳一二五頁）。」

ペイザントはグールドの辞書の中から「創造的に抜け出す者《クリエイティヴ・オプター＝アウト》」に触れ、「それが究極的に達成するものはエクスタシーの境地の洗練である」とする。「彼は『エクスタシー』を、音楽の質、演奏の質、演奏家の姿勢、聴き手の姿勢に関して無差別に用いている。しかしこの態度は意図的であり、グールドの真意もそこにある。『エクスタシー』とは、意識的に共有する内面性《インナーネス》という蜘蛛の巣状の網の中で、音楽、演奏、演奏家、聴き手を束ねる繊細な糸である（対象書六五頁、新邦訳一三二頁）。」

すでに述べたように、ペイザントは伝記研究を試みてはいないが、精神分析的な伝記研究のプロセスにはときどき気を配る。ある箇所ではアンソニー・ストーの『創造のダイナミックス』を援用する――「最も創造的な活動は実に孤独な営みである。そのため、そうした職業を選ぶことで、分裂気質の人間は他者との直接の関係から生じる問題を回避できる。文筆、絵画制作、作曲にあたり、彼はもちろんコミュニケートしているのだが、まったく彼なりのコミュニケーションにすぎない。［……］信頼を裏切られてあとで嘆くような事態はありえない。［……］自分自身のどこまでをさらけ出し、どこまでを秘密にしておくかを選べる（あるいは本人はそうしばしば信じている）（対象書五二頁、新邦訳一一〇頁）」。この引用箇所には、研究対象であるグールドに対する著者本人の態度がよく現われていると思われるし、また、グールドの考えが上手に総括されている。すなわち、都市生活への嫌悪、公的な場に現われることの忌避、電話によるコミュニケーションの偏愛ぶり、孤独が創造性を育み、仲間と群がると創造性が消えてしまうという確信である。

　これらのテーマが探求される数章は小気味よく展開する。学術的研究ではめったに得られない充実感だ。それでも刈り取るべきだったかもしれない統計的な茂みもなくはない。検定試験や各地の音楽祭に関する数字や事実は、編集上の求心力を欠いた一時的な逸脱である。また、ペイザントがあえてグールドの姿勢の矛盾を指摘して、憎まれ役を買って出る場面もいくつかある。「競いあいを好む傾向は誰にでもあり、グールドも例外ではない。グールド家の友人たちは別荘前の芝生でのクローケーの試合を覚えている。グレンが勝つことが非常に重要だった。のちの彼は高馬力の自動車を猛スピードで走らせるようになる。テレビ番組でのピアノ演奏にも競うような意気込みが感じられる。少なくとも離れ技を披露しているようだ（対象書六一頁、新邦訳一二六頁）。」後者の欠点の実例としてペイザントが挙げるのは、ラヴェルの管弦楽曲《ラ・ヴァルス》をグールドがピアノに編曲して披露した演奏（一九七五年放映）である。グールドは「ヴィルトゥオーゾを出し抜こうと躍起になっているように思われた」とペイザントは述べる。「［……］実に華々しいリストのトランスクリプションを披露し、実行不可能と思えるほどの技をもって私たちを圧倒するのがヴィルトゥオーゾたちだ（対象書六二頁、新邦訳一二六－七頁）。」けれども、これはきわめて不適切な事例と言うべきであろう。グールドはフランスの印象派の音楽を好まないことで知られているからだ。また、こうした珍しいレパートリーへの進出においても、彼は、ゲルマン的な厳しさや形式を重視する態度をいつもどおり要求しているのである。

　全十章からなる本書の末尾の三章において、ペイザントが迫るのは、まず「創造的なごまかし《クリエイティヴ・チーティング》」（グールドの録音で用いられる概念で、彼の信念によれば、編集手段は音楽という目的によって正当化される）、次に、ラジオ・ドキュメンタリーの方法論（多くの聴き手同様、ペイザントもグールドの多声的な制作手法が生み出す対位法的テクスチュアを解きほぐすことに苦慮しているらしい）、最後に、これが特に問題なのだが、グールドの著作の分析だ。「グールドの著作で論じられる哲学的主題の最新のものは、芸術と道徳《モラリティ》の関係である。［……］グールドによれば、芸術家には道徳的な使命があり、芸術には人類向上のための未知の潜在力が秘められているという。人類の向上とは、孤独な個人としての私たちそれぞれの姿勢に調整がなされる結果として生まれるのであって、自発的であろうとなかろうと、人類の集団的な調整といったものの結果ではない（対象書一一九―二〇頁、新邦訳二二七―八頁）。」

加えてペイザントが的確に分析するのは、グールドの反芸術的な態度であり、彼はこれを強めつつある――「同じ頃（一九七四年）、グールドは新しいテーマを発展させつつあったように思われる。テクノロジーによって『芸術に道徳の概念が付与』され、『この道徳の概念は芸術にそれ自体の理念を超越させる働きを持つ』というさきほどの引用にそのヒントがある。［……］同年の少し前に発表した文章の中で、もっと強烈に、いやそれどころかひどく悲観的にこう述べている――『［……］芸術は消滅していく機会を与えられるべきだと思います。芸術は必ずしも恵み深いものではなく、破壊的な力すら秘めているという事実を私たちは受け入れなくてはならないでしょう』」。ペイザントはさらに「ひとつのヒントが一九七五年の文章に見出される」としてこう引用する――「［……］むしろ私はこう信じている。テクノロジーとは、ひとたび芸術の回路に組み込まれると、暗号化と復号化を経なくてはならないが、その存在は、精神的な善によって全面的な活用を受けるためであり、この善が最終的に資するところは芸術自体の追放なのである、と（対象書一二一頁、新邦訳二三〇―一頁）」。

特にこれら末尾の三章から明白なのは、研究対象である人物の真の「伝記」の始まりが一九六四年であったことである。演奏会活動を拒否するようになったその年から、彼は存分に文章を書いたり、テクノロジーを活用したりできるようになる。それは「繰り返されるテーマ」を扱うのに必要な経験だった。ペイザントがたいへんな説得力をもって考察するのもそれらのテーマである。そして、同様に興味深いのは中央の数章である。楽器演奏における触覚的体験と精神との関係に迫るのだが、そこでのペイザントは居心地が悪そうだ。オルガン奏者でもあるペイザントは、グールドがオルガンで弾いたアルバム（バッハの《フーガの技法》の最初の九曲のフーガ）に場違いなほどの紙数を費やすばかりか、ピアノのテクニックや音色の生まれ方を考察する箇所で、「笛の詰まった箱《キスト・オヴ・ホイッスル》」の演奏家にしか好まれない見解を述べてしまう――「キーがアルトゥール・ルービンシュタインの指で押し下げられようと、彼の傘の先端で押し下げられようと関係ない。［……］どの音量でも、そのときの音色は一種類しかない。どんな音色も、それに対応する音量が決まっている（対象書一一五頁、新邦訳二二〇頁）」。ここでのペイザントは、もちろん、次の問いに答えているのだ。つまり、「ピアニストは、キーの押し下げ方に変化をつけることで、同じ音量で音色の違う音を弾き分けられるのか」という問いである。そして、「人は自分で言った答えはなかなか変えないもの」であることを不本意ながら認めている。この「人」がピアニストである場合は特にそうだ。ペイザント教授はクラウディオ・アラウ、パウル・バドゥラ＝スコダ（一九二七―二〇一九。オーストリア）、クリフォード・カーゾン（一九〇七―八二。英国）、イェルク・デームス（一九二八―二〇一九。オーストリア）（無作為に選んだが、アルファベット順）を招いて自説を確かめることもできよう。同じ楽器に向かわせ、合意のもとで音量計を置き、同じ音や一連の音をテープに録ってみればよい。それに、ピアノの触覚を伴う精神的イメジャリーは、個々の打鍵よりも、音から音へと移る儀式に関わっているのである。

本書を通してペイザントは、完璧な学術的客観性を貫く。著者と研究対象者とのあいだにはインタヴューのような接触もなかったように思われる。たとえば第五章では、ペイザントは三ページを費やして、グールドが著作で精神分析用語を用いたときのさまざまな例を議論した。そしてグールドが精神分析を受けた経験の有無についてそれぞれの根拠を示すものの、結論は棚上げにする。ペイザントとグールドは同じトロントの住民であり、この種の考察は「イエス」か「ノー」の答えをもらえば、おそらく解決するのではないだろうか。無意味な熟考の一歩手前であり、どちらかといえば滑稽である。しかしここに本書最大の長所がある。会話でのはぐらかしやメディアの操作による干渉や影響を受けずに人物像を描きたいという著者の決意がよく見える。実際、これらの干渉や影響は、グールドが達人とされるところのものだ。

ペイザントの『グールド』は、共感をこめて、しかし明敏なディタッチメントの態度をもって描かれている。その主題的要素は示導動機によってコントロールされ、統合的に織り込まれ、見事な編集技術によってバランスを得ている。著者が「まえがき」で述べているとおり、そのテーマについて異なる結論に達する道も選べよう。実際、そうする読者もきっと多い。そうした読者は、変人で気まぐれな博学ピアニストという従来のグールド像を捨てないはずだ。けれどもペイザントの選んだ道は違った。彼はグールドの音楽的嗜好、倫理的信念、無節操な言動をハーモニーに仕立て、そのプロセスを通してテクスチュアを織りあげた。複雑な半音階も用いられているが、そこには確かな構造がある。ちょうどそれは、音楽芸術の驚異をグレン・グールドに初めて教えてくれた、バロックのフーガと同じなのだ。

コーダ

71　ティム・ペイジとの対話（一九八一年）

TP（ティム・ペイジ）：グレン、あなたが演奏会の舞台を退いてから約十七年が過ぎました。なぜ引退したのか、いつ復帰するのかといった質問はやめましょう。すでに多くの機会に雄弁に答えてこられたことですから。けれども、どうでしょう、一九六四年の引退にあたり、あなたはこう断言していた。ライヴ・コンサートは死んだ、録音こそ音楽の未来だ、と。ところが、それ以来、演奏会場への関心が高まる様子を私たちはたくさん見てきました。ニューヨークの「モーストリー・モーツァルト・フェスティヴァル」（一九六六年開始の毎夏の音楽祭）のような試みの成功はその好例です。他方、録音産業の苦況は深刻です。これについて何か補足するべきご意見はありませんか？

GG（グレン・グールド）：私自身は、演奏会は二〇〇〇年を迎えるまでに死滅するだろうといった言い方でぼかしていたのでは？　まだ十九年ほどありますよ。その頃には私もインタヴューを受けられないほど老いているでしょうし（笑う）、自分の悪い予測について責任を担う必要もないでしょう。録音産業の苦況については、私は今も楽観視しています。循環的なものでは？　ドイツなど、クラシック音楽が大切にされている国ではそれほどではありませんし。その意味で、この苦況は北米特有です。実に何年もかけて徐々にそうなったのであり、もとに戻るかもしれないし、戻らないかもしれない。戻らないとすれば、アメリカ人がクラシック音楽にさほど興味がないだけのことです。

他方、演奏会は私が期待していたほどの速さではなくならないようです。全人類のためなのに……。しかしそれでも変わりましたよ。私が最後に演奏会に出向いたのは一九六七年で、かなり強く求められて友人のリサイタルを聴いたのです。とにかく、現代のコンサートの圧倒的多数は、ハンス・フォン・ビューローが百年前にトロントで開いたショーが甦ったようなものです。百年前、ビューローがベートーヴェンの《熱情》を弾いたのは、馬の曲芸の直後でした。

TP：ヴォードヴィルでも弾いたのですか？

GG：そうです。今はそういう馬の曲芸のような演奏会が甦っています。ある作品を少し弾いて、すぐに別の作品を少し弾くような種類のものです。実際、素晴らしいとは思いますよ。二十年前はこういう柔軟な室内楽の演奏会はめったにありませんでした。弦楽四重奏団がベートーヴェンか誰かを取り上げたとして、交換可能なモジュールを混合させる用意はありませんでした。しかし、今は違います。すべてが変わってしまったのです。これが自暴自棄の印なのか、私にはわかりません。一晩を通して独演することがもはやできない印なのでしょうか、それとも、ずっと想像力の豊かな発想にほかならないのか、いや一八八〇年代の音楽思潮への完全なる回帰なのか。いったいどんな意義がこめられているのでしょうか。

TP：そもそも演奏会自体に懐疑的でしたね。かつて『ニューヨーク・タイムズ』で、あなたはこう述べています。生《ライヴ》で行なう芸術はどれも「背徳的《イモーラル》」だと。なぜなら「挑んでも得にならない状況に挑んでいる仲間の様子を興味本位で観察するべきではない」からだと。

GG：ええ。演奏会や芝居などに行く人の動機に対して強い不信感を抱いてきました。これについて一方的な発言はしたくありませんが、かつての私はときどきこんな乱暴な一般化をして考えたものです。つまり、演奏会場に来る人は、良くても覗き見趣味者であり、ひどい場合はサディストかもしれない、と。もちろんこれが全面的に正しいとは思いません。自宅の居間よりもエイヴリー・フィッシャー・ホール（現デイヴィッド・ゲフィン・ホール、一九六二年創設でニューヨーク・フィルの拠点）の音響を好む人だっているかもしれません。だから寛大でありたいとは思います。しかし、努力を傾ける必要のない状況で試練を受けることを求めるこの営み全体は、どう考えても間違っているし、不毛であり、冷酷です。

「そこに山があるから」という行動様式にはピンときません。ただの洒落でしょう。できることを証明するためだけに難しいことをやるのは無意味です。山に登るのも、スキーで滑り降りるのも、スカイダイビングも、カーレースも同様です。わざわざそんなことをする必要があるのでしょうか。

演奏会は役目を終えたのですよ。テクノロジーがそれを引き継いだ。私がそう思う理由をいちいち列挙されてもあなたは退屈でしょう。私もこれまで何度もそうしてきましたから、繰り返したくありません。とはいえ、有意義な答えをひとつだけ挙げましょう。テクノロジーには匿名性の状況を創出する可能性があるから、です。その状況によって時間と自由を与えられた演奏家は、能力を最大限に発揮して作品を解釈します。不安感やミスタッチといった些末なことに悩まされずに表現をし尽くすことができます。恐ろしいことに、演奏会では、いつ評判を落としたり人格を傷つけられたりするとも限りませんが、テクノロジーはこれを取り除けるのです。具体的な演奏をめぐる個人的な情報も、音楽体験から抜き去られます。ある演奏がエヴェレスト登山に匹敵する挑戦だとしても、それはもうどうでもよいことなのです。「背徳的」という言葉が出てくるのはこういう事情に拠ります。難しい領域です。それこそ、美学が神学と接触する領域ですから。でも、テクノロジーの力を手にしていながらそれを活用せずに瞑想にふけっているなんて、それこそ背徳的ですよ。

TP：録音産業が苦況にあると申し上げましたが、それは経済面について考えすぎていたかもしれません。芸術的な意味に限って言えば、確かに活発ですし、良好です。最近、これまで光の当たってこなかった作品の録音がたくさん出てきました。ハイドンの初期の交響曲、シューベルトのオペラ、バッハの比較的知名度の低いカンタータなどで、何年も聴かれることのなかった作品です。加えて、新しい作品の録音もたくさん生まれています。そこでレパートリーの話題に移りましょう。あなたは、バッハ、ベートーヴェン、モーツァルトなど、標準的な作曲家の音楽を十分に録音している一方、ピアノ曲で定評のある作曲家については、その何人かの録音を避けてきました。たとえば、ショパンのレコードを作ろうとは思わないのですか？

GG：思いませんね。あまりよい作曲家ではないから。昔、作品五八を弾きましたが（ソナタ第三番ロ短調、七〇年七月二十日、CBCラジオで放送）、感じを確かめようと思っただけです。結果はあまりよくなかったので、わざわざショパンを弾くのはやめました。

　以前から思うのですが、ピアノ・リサイタル用の曲目の中核は、膨大な時間の無駄です。十九世紀前半は、ベートーヴェンをある程度除けば、独奏曲に関する限り、かなりの大失敗です。この概括にはショパン、リスト、シューマンが含まれます。メンデルスゾーンはできれば含めたくありません。彼の合唱曲や室内楽曲が大好きだからです。しかし、彼のピアノ書法はかなりまずい。初期ロマン派の作曲家たちでピアノ曲の書き方のわかっていた人はいないと思いますよ。ああペダルの使い方は知っていましたね。それから音を四方八方に飛び散らせて劇的効果を上げる方法もね。しかし、本当の意味での作曲は、ほとんどなされなかった。あの時代の音楽は、空疎な芝居がかった表現ばかりで、自己顕示欲に満ちていました。その世俗的で快楽主義的な性格にはうんざりです。

　私が思う別の問題は、ショパンやシューマンやその仲間たちがピアノをホモフォニーの楽器だと勘違いして仕事に励んでいたことです。これは誤りでしたね。ピアノは対位法的な楽器であって、縦軸と横軸を合致させたスタイルで扱われたときに初めておもしろくなるのです。十九世紀前半のピアノ曲のほとんどは、そのように書かれていません。

　もっとも、後期ロマン派の時代にこそ大きな悲劇があります。ヴァーグナーやリヒャルト・シュトラウス――マーラーもそうかもしれません――といった作曲家たちは、和声とテーマの語法の調合に驚くべき洞察力を発揮できたはずなのに、基本的にピアノ曲をまったく書きませんでした。ヴァーグナーは初期にソナタを書いていますが、これと較べたらヴェーバーがピアノ音楽の巨匠のように思えてくるような作品です。ヴァーグナーはピアノを本当の意味では理解していませんでしたね。《ヴェーゼンドンク歌曲集》の伴奏は、管弦楽編曲版は問題ありませんが、もとのピアノ版はまったくだめです。私は数年前にヴァーグナーの管弦楽の大作をいくつか編曲して録音しましたが、あれは本当にやりたくてやった仕事です。ひとえに自分で弾けるヴァーグナーの作品が欲しかったからです。

　他方、私はリヒャルト・シュトラウスの初期のピアノ曲の録音に取り組んでいるところです。作品三と作品五です（五つのピアノ小品とソナタロ短調死語に発売）。彼が十六歳のときに書いた作品でして、小さな奇跡です。洗練され、よく磨きがかかっていて、十代のメンデルスゾーンの作品に匹敵します。メンデルスゾーンを除けば、十六歳でこれほどの技能と威厳をもって作曲した例はありません。モーツァルトも念頭に置いた上での見解です。シュトラウスはピアノの扱いが見事でした。《ブルレスケ》や《町人貴族》がそうですし、また特に、私がエリーザベト・シュヴァルツコップと録音した《オフィーリアの歌》など、後期の歌曲にも言えることです。彼のピアノの書法には、虚飾がなく、誇示するところもないし、偽りの名人芸もありません。しかしピアノ曲のジャンルでは寡作でした。

　実に残念です。ピアノのレパートリーの空白のことですよ。当時は管弦楽の時代であって、ピアノという楽器は、代替品より少しましな程度の存在にすぎませんでした。つまり、貧者のオーケストラであり、下書きにあたる代用楽器だったのです。

ＴＰ：シュトラウスのピアノ曲でひとつだけ私がすぐに思

い出したのは、〈トロイメライ〉という小品です。前世紀末に流布していた、それこそシオドア・プレッサーのような楽譜の出版社（一八八三年創業の米国の老舗）の「ピアノ名曲集」に含まれていたような音楽です。

GG：あれは作品九の一曲ですね（《情緒のある風景》。〈トロイメライ〉は第四曲）。私はまだ弾いていません。すでに弾いた作品三を構成するのは、間奏曲の様式で書かれた手堅い小品です。その各曲に題名はありませんが、作品九にはありますね。作品三に較べると全体に弱い曲集です。

TP：シュトラウスに対する私の見方は変わっています。シュトラウスはたいへんすぐれた後期ロマン派の作曲家としてしばしば言及されますが、私が大好きな彼の曲は、年を取ってからの、晩年のものです。《ダフネ》、《カプリッチョ》、《メタモルフォーゼン》といった作品の、穏やかで、ノスタルジックで、極めて古典的な純粋さが気に入っているのです。

GG：ライターのジョナサン・コットを知っていますか？とてもおもしろい人で、私の友人です。でも一度も会っていません。つまり、電話で話してばかりの関係ですよ。ジョナサンは狂信的なほどのシュトラウス好きで、その抒情性に心酔しています。《メタモルフォーゼン》や《カプリッチョ》やオーボエ協奏曲などに対して、崇敬の念と熱意をもって語る。あなたと同じです。

興味深いことです。昨年、シュトラウスのドキュメンタリーを作ったとき（『リヒャルト・シュトラウス――ブルジョワの英雄』一九七九年九月二十七日放送）、話をした若い人たちの多くから晩年の作品について強い反応がありましてね……。ジョナサン・コットもそうだし、作曲家のスタンリー・シルヴァーマン（米、一九三八年生まれ）もいます。シルヴァーマンはオペラ作曲家としてのシュトラウスについてはかなり留保していますが、やはり晩年の作品が大好きです。実は、三巻本のシュトラウス論を書いたノーマン・デル・マールのような年配の権威は、晩年の作品をそれほど評価していません。なのにあとに続くジョナサンのような若い人の方が夢中になっている。おかしい。ジェネレーション・ギャップが起こるなら、逆のはずです。

TP：シュトラウスの中期は確かに低迷していました。

GG：強く同意します。私は《ナクソス島のアリアドネ》のような作品を真剣に扱ったことがありません。正直のところ、《薔薇の騎士》もあまり好みではない。しかし、《アルプス交響曲》といった作品でも……これは昔から今までたいへん評判の悪い作品ですが、素晴らしい箇所もあります。たとえコーダがいつまでも続くとしてもです。ただし、最後に持続音をどう切り上げるべきかわかっていないらしいのは困りものです（笑う）。そういう箇所は細長い帯のように続くのですが、これには初期の交響詩の傑作でさえも色あせます。《ティル・オイレンシュピーゲルの愉快ないたずら》のような曲がやったような形では構造的に保持できないのですが、初期にはまったくやらなかったことに真面目に取り組んでいます。《カプリッチョ》のような作品もありますよ。《ダフネ》はそんなによいのですか。あなたが例に出したのですから、私も勉強しなくてはなりませんね。

TP：ゴージャスな曲です。でも、歌劇《講和の日》はパスしてかまいません。

GG：ええ、あの曲なら楽譜を持っていますよ（笑う）。シュトラウスはほとんどの人が思っているよりもはるかに抽象的な思考をしています。音楽構造において声部主導的要素をまとめる推論上のバス《インフェレンシャル・ベース》とでも呼ぶべきものの統合性を決して乱しませんでした。その意味で、彼はメンデルスゾーン以後唯一のロマン派の作曲家です。（それならブラームスもそうだと指摘する人がいるかもしれませんが、彼はときどきミスを犯しました。ただし、そのあとはミスをしないように必死に独善を発揮したのです。）《メタモルフォーゼン》が私が特に好きなシュトラウスの曲です。自分の才能の抽象的な本質と最終的に折り合いをつけた作品だからです。それこそ、《フーガの技法》のシュトラウス版です。無性的《アセクシャル》な作品とでも言いましょうか、ジェンダーの存在しない音楽です。オルガンや人声でも演奏できたらと思いますが、原曲の二十三の独奏弦楽器ほど簡単ではありません。まあとにかく、話が横道に逸れましたが、これはシュトラウスがピアノのためにそれ以上書かなかったことを嘆いた話を始めたからですね。しかし今ここでお断わりしておきますが、《メタモルフォーゼン》を編曲して彼を補佐する気はありません。指の数がさらに必要です。

TP：シベリウスも後期ロマン派の作曲家と見なされていますが、最初のいくつかの交響曲を過ぎると、いかめしい古典派の作曲家が顔を出してきます。あなたは彼のピアノ曲をいくつか録音しましたが、どれも今日では知られている音楽ではありません。

GG：作品番号のあるもので小品を数えれば、〈トロイメライ〉や〈モミの木〉だとか（笑う）、そういった題名のものをピアノのために一〇七曲書いていますよ。ほとんどは取るに足らない作品ですが、録音をした三つのソナチネは実に素晴らしい。どれも質素で簡潔で、貧弱さと紙一重のところであって、これは彼の交響曲でもみられる特徴ですが、曲の語法はほとんど新古典派です。実に意義深い作品です。なぜなら、これらのソナチネが第一次世界大戦以前に生まれながら、戦後の時代精神を先取りしていたからです。ただし、もちろん傑作とは呼べません。シベリウスのピアノ曲で本当の意味での傑作はひとつもないのです。彼の主たる関心はオーケストラでした。彼がピアノ曲を手がけたときに、ピアノをあえてオーケストラの代用品にしなかったという事実に私は感銘を受けます。どれも確かにピアノの書法で作られています。

TP：シベリウスの北方的な音楽にあなたが惹かれるのは当然でしょう。あなたの極北趣味は有名ですから。『北の理念』という名のラジオ・ドキュドラマを作られていますし、確か一度こんな発言をなさっていませんでしたか？ 極北に行って哲学者にならずにいるのは難しい、と。

GG：私が実際に述べたのはこうです。本当に北に没入してしまった人で私の会った人のほとんどは、結局は、どんなにぎこちない形であっても、哲学者になっているように思われた、と。私が会ったのは、国家公務員、大学教授といった、それまではある種の画一的な環境に身をさらしてきた人たちです。そのうちで、北に生まれた人は誰もいませんでした。いろいろな理由で、みな、北に暮らすことをあえて選んだのです。北に移った動機が何であれ、またそれは人によってさまざまですが、ひとりひとりが、自分の人生を大きく変えるような特定のプロセスを通り抜けたように思われました。

最初はこれらの人たちの大半が変化に抵抗しました。友だちと連絡を取ったり、『ニューヨーカー』の定期購読が続いていることを確認するなど、接触を保とうとします。でもしばらくするとたいてい、こうつぶやくのです。「違う。そんなことのためにここに来たのではない」と。

一般的に、長期にわたる抵抗を経たあと、同僚の考えや、自分たちの仕事に対する世界の反応に対する好奇心から抜け出た人は、実に驚くべき形で成長し、極端な変身を遂げるのです。

もっとも、隔絶《アイソレーション》した状態で暮らす人であれば、これは誰にでもあてはまると思います。たとえマンハッタンの中心にいたとしても、です。緯度はまったく問題ではないと思うのです。私が選んだ手頃なメタファーが「北」でした。もしかしたら、北は、他の方法では自分を解放できない状況にある人に対して、そこからの脱出を手伝う力をときどき発揮できるのかもしれません。そしてそれは、七月の繁殖の二週間にツンドラで咲く無数の花を見ることが刺激となることも考えられます。けれども、人がなったものが哲学者だったとすれば、その変身は高緯度のおかげではないと思います。そうではなくて、むしろこれは「もはや◯◯大学や外務省の同僚がこの孤独をどう考えようと私にはどうでもよい。私はそれを実践し、何かを発見することになるのだから！」といった感覚を得たからです。
TP：浄化のプロセスですね。
GG：そうです。このプロセスは、その人たちが自分をクローゼットに閉じ込めたとしても起こったでしょう。……もっとも、それでは視覚的な魅力に乏しいものになりかねませんでしたが。
TP：つまり、物理的な北を離れた「理念」そのものという意味ですね。
GG：そのとおりです。
TP：あなたのドキュドラマでは、三つあるいはそれ以上の声が同時に語るテクニックがよく使われています。その結果、単一の文や考えに絞り込むことが事実上不可能となります。あなたはこれを「対位法的ラジオ《コントラパンタル・レイディオ》」と形容していますね。
GG：正直のところ、ラジオではすべての声が聴き取れる必要があるとは思いません。キーワードが強調されれば十分であって……つまり、たとえば、対主題となる文の中で強調される。するとその声はまだ発せられていることが聴取者にわかりますが、主要な声の下に隠れてしまう。その結果、ある種の通奏低音となる。
　私たちの原点はラジオの長くて輝かしい伝統に求められます。しかし、この伝統はずっと変わらず非常に線的《リニア》でした。ある人物が語り、次の人物が語る。ときどき「それに《アンド》」や「でも《バット》」で語りが遮られる、というもので、二人は決して同時に語りませんでしたし、語っていたら通じなくなってしまったでしょう。私はそういう伝統の中で育ち、またそうしたラジオ番組を大いに楽しみました。それにもかかわらず、私はこんな思いを常に抱いてきました。話し言葉には音楽としての一面があるのに、それがまったく無視されているのではないか、と。
「対位法的ラジオ」という用語は、ある種の批評に対する応答として造り出しました。『北の理念』が一九六七年に初放送された当時、流行っていた言葉は「偶然性《アレアトリー》」でした。この作品に対して「偶然性」をすぐに適用した批評家たちが何人かいたのです。
　これほど事実とかけ離れた指摘もありません。こういう間違ったイメージに対抗するために「対位法的ラジオ」について語り始め、高度に組織された規律の存在を示唆したのです。これは、必ずしもあらゆる場面でフーガが導入されるという意味ではありません。しかし、どの場面でも、あらゆる声がそれ自体の生命を輝かせつつ、和声的な規律に基づく制限に従うのです。私は常に密着して聴き耳をたてて、声どうしがどのように集まり、どのように離散していくかを追いました。物理的な音だけでなく、語られている内容面も追ったのです。

　今構想を練っているのは、まだ向こう一年ほどは着手しそうにない企画ですが、そのときになったら、タリスの六十四声のモテット（トマス・タリス（一五〇五－八五）。正しくは四〇声のモテット《汝のほかにわれ望みなし（スペム・イン・アリウム）》）に匹敵するラジオ番組を作りますよ（笑う）。でも、縁起を担いで、これ以上話すのはやめておきましょう。

TP：確か同じ発想のいくつかをテレビでも実践していますよね？

GG：フーガをめぐるテレビ番組の台本を書いたところです。今ドイツの会社のために進めているバッハを扱う五つのシリーズ番組のひとつです（クラザートで三本のみ完成した『グレン・グールド・プレイズ・バッハ』の「フーガの技法をめぐって」（一九八〇年十一月収録））。この企画にはかなり苦労しています。音楽が四十分で、語りが二十分のみという大枠があるからです。フーガの本質について大切な考えを二十分で伝えるのはまったく不可能な挑戦です。

　私のテレビ番組でも偶然性は皆無です。私と監督との議論の部分があって、その場の流れでやっているように見えますが、本当は違います。何ヶ月もかけ、緻密に台本を作り、リハーサルもして作っているのです。

TP：ピアノの録音の話題に戻ります。よく引用されるあなたの発言で、録音をする唯一の口実は、違った弾き方をすることだ、といった趣旨のものがありますね。

GG：それは本当です。ただし、いつもすぐにこう付け加えてきました。その作品を音楽的あるいは有機的にすぐれているとして推薦する妥当性がその違いによって生まれないならば、その作品は録音しない方がよい、と。ただし、この点において私は徹底しているわけではありません。なぜなら全曲録音を完成させるというだけの目的で、何の信念ももたずに録音した作品もあるからです。

TP：モーツァルトのピアノ曲にもありますか？　ソナタのうちの数曲は、あなたのいちばん成功していない録音かもしれません。

GG：ええ、モーツァルトの後期ソナタのうちの二曲はそうです。初期のものはどれも好きですよ、中期も。でも後期のソナタは嫌いです。耐えきれませんね。芝居がかった思いつきばかりが詰め込まれています。はっきり言えますが、ソナタ変ロ長調K五七〇（第一六番）のような作品の録音に着手したとき、何の信念も抱いていませんでした。そういう作品はそっくり飛ばすのが誠実だったかもしれませんが、やはり全集は完成させないとね。

TP：ベートーヴェンの作品の多くにもそれほど熱意がありませんよね。

GG：ベートーヴェンにはひどくアンビヴァレントな感情を抱いています。いつも合理的な説明ができずに困るのですが、彼のいちばん有名な作品の数々はなぜ人気作となり、今でも人気が衰えないのでしょうか。たとえば第五交響曲、ヴァイオリン協奏曲、《皇帝協奏曲》、《ヴァルトシュタイン・ソナタ》がそうです。名曲に私が見つけたい特徴のほぼすべて、すなわち、和声やリズムの多様性、対位法的な創意工夫が、これらの作品にはほとんど存在しません。どれもベートーヴェンの中期に属しますが、中期の彼は自己満足の作曲家であって、その史上最高の実例でした。つまり、自分の実践はすべて自分の実践だからこそ正当化されるのだという絶対的な確信を抱いていたのです。ああいう空疎かつ凡庸かつ不遜な身振りが中期のベートーヴェンのテーマとして支配的であった理由はそれだけでしょう。しかし、後期のベートーヴェンは別です。私が好きな彼の交響曲は第八番ですし、彼のすべてのソナタのうちでいちばん好きな楽章は作品一〇一（第二八番イ長調）の第一楽章です。また、《大フーガ》はベートーヴェンの最高傑作であるばかりか、音楽作品の中で最も驚嘆するべき作品です。とはいえ、後期の作品もずいぶん一貫性に欠けています。たとえば作品一〇一の残りの楽章はあの見事な第一楽章とあまり関係がないように思われます。フィナーレの直前の引用箇所は除外しますが。

詰まるところ、ベートーヴェンの作品の中で最も一貫性があって素晴らしいのは初期の作品群だと言わなくてはならないでしょう。つまり、聴覚が損なわれ始める前であり――このことがその後の作品に確かに影響を与えたことは認めざるを得ません――彼の自我が完全な統率を始める前です。初期のピアノ曲群はすべて非の打ち所のないほどにバランスがとれています。上から下まで、あらゆる音域に行き届いている。そこでは、構造、幻想性、多様性、主題の継続性、和声の推進力、対位法的な規律性に対するベートーヴェンの諸感覚が見事に連携していて、まさに奇跡です。私が語りたいのは、作品二六と作品二八のソナタ（第一二番変イ長調・第一五番ニ長調）、作品三四（創作主題による六つの変奏曲ヘ長調）のような見事な変奏曲のことです。これらの作品にはまさに安らぎの感覚があり、素晴らしい牧歌的な輝きがあり、あらゆるテクスチュアが弦楽四重奏のように綿密に構成されています。今から行なう私の発言に驚くかもしれません。音楽家の趣味はもっと洗練されたものであるはずだからです。しかしですね、ベートーヴェンの本当の傑作のひとつは、《月光ソナタ》だと私は思うんですよ。

しかし、初期であっても、何をもって良い音楽とするかについて、ベートーヴェン氏と私の意見は一致しないと言わねばなりません。一八〇一年頃、ベートーヴェンはある手紙の中で、それまでに書いた最良のピアノ・ソナタは作品二二（第二一番変ロ長調）だと述べています。どんなに私が初期のソナタが好きでも——本当に好きなことには変わりありませんが——一束もあれば、失敗作も含まれていますよ。実はそれが作品二二です。

TP：叙事詩的な形式が回帰する時期だと思いますか？多くの音楽家が次の十年はそうなると信じているようです。

GG：音楽や芸術の潮流にそういう一般化をして考えることを私は意識的に避けています。仮に私が「そのとおり。これからは叙事詩の時代です」と言えば、叙事詩の時代を作るべきではないときが過去にあったことになってしまいます。それに、私はそういう時代が来るとは必ずしも思っていませんし。

一九一三年を思い出しましょう。いや、一九一二年の方がよいですね。シェーンベルクは《月に憑かれたピエロ》を作曲中でした。ヴェーベルンは弦楽四重奏の小品集（六つのバガテル作品九、一九一三年）を書いてからさらに短い曲集（管弦楽のための五つの小品作品一〇、一九一一—一三年）を手がけた。そしてベルクが取り組んでいたのは《アルテンベルク歌曲集》（作品四）です。ここで世界が停止したなら、歴史家はこう言わなければならなかったでしょう。「叙事詩の黄金時代は終わった。音楽において長い息で歌う旋律が継続していくという発想が崩れた断片化の時代にいるのだ」と。これが一九一二年を適切に総括しているとは信じられません。たとえ多くの音楽史家がこれが支配的な傾向だったと説明したとしてもです。だって、同じ頃、ジャン・シベリウスは交響曲第五番の初稿に着手していたのですよ。もちろん断片よりも叙事詩に近い音楽です。こういう一般化は実はまったくばかばかしい。これを指摘する以上に何が言えましょう？

芸術家たちの多くが思い込んでいる風潮について考えると情けなくなります。今年中はアンチヒーローの天下で、来年にはヒーローが戻ってくるのだと。周期的に海に飛び込んで死ぬレミングの群れではないのです。どうでもいいはず。そんな考えからは自由になるべきです。

TP：似通った問いですが、この一九八〇年に作曲家が直面している問題は何ですか？

GG：さあ、どうでしょうね。時代精神に駆り立てられると、何らかの情熱を一度に複数の個人が共有したり、そうすることが適切だ、という風潮が生まれます。でも私はそんな状況に何も応じることができません。私が見たいのは、他人の行動を誰も気にしない世界です。そこは、「あなたがハ長調の和音を三十分鳴らし続けるのなら私は三十一分だ」といった病的な現象が完全に消えた世界です。別に今に始まった問題ではありません。二十年前も、違った形で現われかけていました。

そういうわけで、私は何も企んでいません。こんな言い方はしませんよ、たとえば「調性主義が最盛期のように再現されるのを見たい」とか、「一九五九年頃のバビットが用いた純粋なセリー主義への回帰を見たい」といった発言です。これらの主義は支持者や反対者のあいだで圧迫や断絶を生み出しましたが、私が見たいのはそれらが解消された状況です。

ニューヨークの音楽界は、そこに暮らしつつも意識的にその一部分にならないようにしない限り、巻き込まれると恐ろしく面倒でしょうね。競争と模倣を繰り返しながら何が最新かを求めていく考え方によって創造性が支配されている。そんな様子を耳にするとひどく気が沈みます。それ以上無意味なことはないのでは？

《フーガの技法》の最後のコントラプンクトゥスについて最も感動的なことのひとつは、バッハが当時のあらゆる可能な傾向に反してあの音楽を書いていたことです。六、七年前に《ゴルトベルク変奏曲》や《平均律》第二巻で上手に用いていた転調パターンを放棄し、より軽い、はっきり規定されないバロック初期かルネサンス末期の手法で書いたのです。まるで彼が世界に向けてこう言っていたかのようです。「もう何も気にしない。私の中に《イタリア協奏曲》はもう存在しない。私がやろうとしている音楽はこれなのだ！」

TP：グレン、最後の質問のひとつです。もしもレコード店が地球を飛び立ち、宇宙に出たとして、私たち人類の音楽が異星人たちに選ばれるとします。ただし彼らは作品の背景も知らなければ、何を表象するかも、どんな評判の作曲家かも知らない。異星人たちの心に訴える作品は何でしょうか？　文脈から自由な状況で、どんな音楽が彼らのトップ・テンを構成するでしょう？

GG：（笑う）これもまた答えに苦しみますね。しかし、こう申し上げましょう。相手にされそうにない作曲家は——その晩年の作品や初期の作品のいくつかを除けば——ベートーヴェンです。名声を伝説だけに依拠している人ですから。それでも《大フーガ》はいけるでしょう。初期のピアノ・ソナタや、もしかしたら作品一八の弦楽四重奏曲群もね。でも、第五交響曲の置き場所は宇宙空間には存在しませんよ。これは確かです。

訳者あとがき

本書は、ティム・ペイジ編『グレン・グールド著作集』の新訳である。奇才ピアニストとして知られたカナダの知識人が残した主な論考、随想、録音解説、書評等をまとめたもので、原書は彼が五十歳で没した二年後の一九八四年に北米で出版され、邦訳は一九九〇年十月にみすず書房から二巻本として野水瑞穂訳で刊行された。それから三十五年を経た二〇二五年に一巻にまとめて出版されるこの新訳は、従来のグールド・ファンのためだけでなく、音楽、パフォーマンス、メディアに関心のある未来の人たちにグールドの存在と魅力を教え、伝えるための本である。音楽がLPやCDなどのパッケージから解き放たれ、データとしてネットワークに流通する時代に託す本でもある。グールドのピアノ演奏に魅了された人や驚愕した人にはもちろん読んでほしいが、まだ聴いたことのない人にも手に取ってもらえたら嬉しく思う。

最初に編者を紹介し、続けてグールドの受容の歴史の一部を振り返り、本書とこの新訳の位置づけを確かめよう。

編者のティム・ペイジは、現在、北米で最も著名な音楽批評家のひとりである。一九五四年に生まれ、『ニューヨーク・タイムズ』や『ワシントン・ポスト』で精力的に批評を書き、一九九七年にピューリッツァー賞を受けている。ミニマリズムをはじめとする現代音楽に詳しく、新しい作曲家・演奏家を特に応援する。著作も多い。南カリフォルニア大学で音楽ジャーナリズムの教授も務め、現在は名誉教授である。

一九八〇年、まだ批評家として駆け出しだった二十代なかばのペイジは、レコード会社（CBS）を通じてグールドへの電話インタヴューを申し込み、これが実現する（その再録が本書の末尾に置かれた71「ティム・ペイジとの対話」である）。以後、彼はグールドと親しく長距離電話で話す間柄となる。初めて実際に会ったのは一九八二年八月。CBSの依頼でトロントに赴き、発売間近のバッハの《ゴルトベルク変奏曲》の再録音盤をめぐるインタヴュー番組を収録したのだ

（本書の巻頭にも触れられているエピソードだが、経緯はオットー・フリードリックによる伝記に詳しい。『グレン・グールドの生涯』拙訳、青土社、二〇〇〇年）。

一九八二年九月二日、デジタル方式で収録された《ゴルトベルク変奏曲》の再録音盤が北米で発売される。これに満足したグールドは九月二十五日に五十歳の誕生日を迎えるが、その数日後に脳卒中で倒れ、十月四日に他界した。

この翌年と翌々年にかけて、彼の死を契機として、重要な出版物が合わせて三冊、刊行された。

まず翌一九八三年後半に世に出たのが追悼文集『グレン・グールド変奏曲』（*Glenn Gould: Variations*）である。編者のジョン・マグリーヴィは映画『グレン・グールドのトロント』の監督で、この書籍はグールド本人のテキストに加え、グールドの友人や仕事仲間、グールドに関心の強い批評家など計十七名のテキストを集めた。共演したユーディ・メニューイン、グールドの映像作品を収録したブリューノ・モンサンジョン、のちにグールドの『書簡集』や『発言集』の編者となるジョン・ロバーツも回想を寄せており、意外にも「オリエンタリズム」の提唱で有名な思想家エドワード・サイードの論考まで含まれている。グールドの早逝を悼み、彼についてもっと知りたいと願うファンの思いに応える書籍で、邦訳は一九八六年に刊行された（木村博江訳、東京創元社）。

続いて一九八四年の後半に出た一冊が、ジョナサン・コットによる『グレン・グールドとの対話』（*Conversations with Glenn Gould*）である。これは『ローリング・ストーン』誌（一九七四年）掲載のインタヴューの再録で、音楽、メディア、演奏会活動時代の回想などをグールドは自由闊達に語る（日本では一九九〇年に晶文社より高島誠訳で出版され、その後二〇一〇年に『グレン・グールドは語る』の題名で拙訳でちくま学芸文庫に収められた）。

そして一九八四年の後半に出たもう一冊が、このペイジ編『グレン・グールド著作集』（*The Glenn Gould Reader*）だった。グールドの文章や発言が初めてまとめられ、本国カナダでも米国でも注目され、コットの『対話』とともに、書評で取り上げられた。たとえば『トロント・スター』紙（十二月二十三日付け）において、批評家のウィリアム・リトラー（『変奏曲』にも寄稿した友人）は本書にこめられたグールドの挑発的な発言を取り上げ、難渋な記述を指摘しつつも、全体にみなぎるユーモアや遊び心を讃えた。あるいは『ボストン・グローブ』紙（十二月二十四日付）の書評欄には、アクロイドの『T・S・エリオット』（評者はヒュー・ケナー）とともに、この『対話』と『著作集』が掲載された。評者は前述のサイードで、彼はこれらの二冊の中に、グールドがピアニストという存在の超越を目指し、音楽演奏を他の領域に拡大しようとした試みを読み取り、また、グールドの文章自体を演奏解釈の一形態として捉えたが、詳説は控える。ここではサイードによる書評の出現自体が、グールドの文章が読むに値することを物語っていたとだけ言っておこう（サイードの代表的なグールド論は『音楽のエラボレーション』である。大橋洋一訳、みすず書房、二〇〇四年。さらに彼の洞察の到達点は『サイード音楽評論2』の中に見出されよう。二木麻里訳、同、二〇一二年）。

実はグールドが没した一九八二年はCDの実用化元年だった。以後、残りの一九八〇年代において、新しい録音はデジタル方式に置き換わり、市場でも家庭でもLP盤からCDへと移行が進んだし、長らく親しまれてきた名盤の数々も「CD化」が進んだ。グールドの録音のCD化が世界に先駆けて進んだのは日本であり、『対話』と『著作集』の邦訳の出た一九九〇年にはグールドの主な録音はCDで聴けるようになっていた（この年からCBSのレーベルはソニー・クラシカルとなる）。やがて一九九二年にグールドの没後十年となり、生前のテレビ番組の紹介も本格的に始まるが、それまでにはグールドを聴き、かつグールドを読んで楽しむ環境が北米でも、日本でも（またフランスやドイツ等のファンの多い諸国でも）それなりに整っていたのである。

一九九〇年代は、音質を高めたCDによる正規録音の再発売や、放送音源の発掘、LP盤のオリジナル・ジャケット仕様のCDの発売などが進み、やがて二十一世紀を迎える。かねてより出版界もグールドには肯定的で、いくつもの伝記や回想録、写真集、研究書などが現われた。研究において画期的だったのは、一九九七年出版のケヴィン・バザーナの博士論文だ。グールドの演奏自体を批評的な論述《ディスコース》の表現と捉えてその本質に迫るもので、グールドにあっては演奏と文章が地続きであることを教えてくれた（『グレン・グールド演奏術』サダコ・グエン訳、白水社、二〇〇〇年）。他方でグールド本人のテキストの紹介も続いた。ロバーツ&ゲルタン編『グレン・グールド書簡集』（一九九二年、邦訳は一九九九年）やロバーツ編『グレン・グールド発言集』（一九九九年、邦訳は二〇〇五年――ともに拙訳、みすず書房）が出たほか、ゲルタン編『グールドのシェーンベルク』（鈴木圭介訳、筑摩書房、二〇〇七年）というラジオ番組の再録もある。

録音業界に再び目をやれば、技術の発展に伴って、アーカイヴの探求が加わったことに気がつく。没後二十年の二〇〇二年以降、既出の録音のアウトテイクや別テイクを発掘する方向が生まれ、没後三十年以降は、劣化と損壊の危機にさらされたオリジナルの磁気テープからすべてのアルバムをリマスタリングしてデジタル化し直す作業が進んだ。さらに二〇一七年には同曲のデビュー盤の録音セッション（一九五五年）の四日間の音源が五枚のCDとなって聴けるようになり、没後四十年の二〇二二年には同曲の再録音（一九八一年）の十日間の音源が十枚のCDとして発売された。これはグールドが生前に発売を認めたLP盤だけを聴く、という姿勢とは異なる。彼が認めなかったものや、切り捨てたものも探し出し、拾い上げる試みであり、たとえ限定販売であってもこれが商業録音として発売されるのは、グールドについてどんなことでも多く知りたい熱意のある人が一定数以上いるからであろう。音楽のデータ化とネットワーク配信の進む昨今において、往年の名盤を徹底的に蘇生・拡張させるアーカイヴ志向の試みはジャズやロックなど他のジャンルでも見かけるが、クラシック音楽でこれが徹底しているのはグールドなのだ。

そうした熱意は私にもある。文献を扱う研究者としては、残された私文書を含む文字資料をできるだけ調べたいし、背景の知識を学び、関係者にも尋ねたい。紹介するべきテキストや周辺情報は、翻訳者としては、正確で適切な日本語で表現したい。かつて『書簡集』に携わり、独自調査による日本版を作ったのもその努力であり、他の関連書の翻訳でも、自分の執筆でも、それを貫いてきたつもりだ。今回の『著作集』の新訳にも、同じ熱意を注いだ。

その成果がなによりもまず『著作集』の訳文自体に反映されていることを願うが、訳出段階の調査で判明した事情は必要に応じて巻末の「出典と解題」で報告した。初出の雑誌やLP盤のデータを記すだけでなく、成立の経緯や執筆過程について知り得たことなどをテキストごとにまとめた。実際、掲載誌や盤の現物をできる限り入手して内容を確かめたほか、アーカイヴに眠る文書類も適宜参照し、下書き、校正刷り、完成稿等の存在を報告した。初出と底本（クノップ版の原書）との異同も調べた。誤植を正せたばかりか、解釈の助けにもなった。興味深いことに、改稿や異稿に目を通して、加筆や抹消された記述から初めて文脈が理解できた箇所もある。発見の多くは、訳文レヴェルでの差異を生まないので報告していないけれども、特記するべき点については、この「解題」に含めたり、本文中の訳註とした。また、この『著作集』には書評がいくつか収録されているが、その対象書も手に取り、引用・参照箇所を確かめた（グールドによる引用は必ずしも厳密ではないと知った）。本人や関係者の書簡、催しのプログラム、関連する新聞記事等にもあたり、事情を明らかにするように努めた。解題の長さはまちまちだが、背景や事情を知ることで理解が深まるテキストは少なくないし、調べること自体のおもしろさも読者に伝わればと願う。少し踏み込んだ説明を加えた解題では、4や5のようにグールドの誤認を正す解題もあれば、13や42のように、意外な後日談に触れて苦笑を誘う解題も生まれた。

こうした調査を通じて、今回、私は補助的な校訂作業をする結果となったし、体裁にも工夫を凝らした。原書や野水訳とも体裁の異なるテキストとして、52「録音の将来」がある。初出の『ハイ・フィデリティ』誌では、グールドの文章の横にコメント欄が設けられ、識者の意見が参照されるようになっていたが、原書でも野水訳でも割愛されていた。今回の翻訳では、モンサンジョン編のフランス語版にならってコメント欄を復活させ、計十四名、のべ三十八個の発言を掲載したのである（邦訳では縦組みなので、この欄は下方に設定した）。57「『北の理念』よりプロローグ」では、グールドが用意した『北の理念』の台本（清書のタイプ稿）を模して、あえて横組みを採用し、台本が目指した精緻なポリフォニーをできる限り再現してみた。

訳註は本文中に割註《わりちゅう》として埋め込んだ。人名には比較的多めにこれを施した。日頃からクラシック音楽に親しんできた読者には不要かもしれないが、新しい世代の読者を念頭に置いたので、ご了承願いたい。

ところで、新訳は野水訳とどう違うのか——。全体に新訳の方が個々の訳文が短めかもしれない。私の立場で言えるのはそれだけである。一九九〇年の『著作集』の刊行時、私は資料を提供した関係で、野水瑞穂さんと電話でお話しする機会があった。その時の私は、翻訳に関して何か生意気な意見を述べたらしい。野水さんは、翻訳は人それぞれであり、訳文は訳者によって違ってよいのだ、ということを、まだ学生だった私に対して、穏やかな口調で諭してくださった。結局、野水さんが言いたかったのは、翻訳は演奏だということだろう。演奏家によって解釈は異なるし、異なってよい。すぐれた演奏は、それぞれに魅力と価値がある。翻訳も同じだと。だからこそ新訳も出せるのだし、また、明朗な野水訳の価値が減るわけでもないのだ。

二〇一八年九月から翌年八月までの一年間、私はトロントにいた。グールドの権利者の代理人のフェイ・パーキンズ（Faye Perkins）の誘いを受け、グールドの元アシスタントのレイ・ロバーツ（Ray Roberts）宅を訪問し、地下室に降り、彼が保管していたグールドの文書、写真、録音、映像などの整理とカタログ化を手伝った。守秘義務により具体的には明かせないが、グールドの暮らしたアパートメントの事務机の引き出しに眠っていたとされる書類も扱った。今回の翻訳に直接関わる資料はなかったものの、じかに手に取った各種の資料から得られた実感は、訳出の想像力にプラスになった。作業のあいまに『著作集』の新訳を手がけたいとフェイに話したところ、「ティムに新しい序文を書いてもらえばいい」と言われた。ティム・ペイジに「日本の読者へ」というメッセージを求めたのは、もともとフェイが提案してくれたおかげである。この二人に感謝するとともに、二〇二〇年に八十一歳で病没したレイ・ロバーツの思い出を忘れまい。

今回の翻訳は二〇二一年より着手した仕事であり、細読するのが初めてのテキストもあったが、レコード解説のいくつかは、ソニー・クラシカルのCDのために過去に訳出したものを改訂している。これまで何度も有意義な企画を立て、翻訳・執筆の機会を作ってくださった、小山哲史さん、杉田元一さん、古澤隆介さんに改めて感謝を申し上げる。

訳出の途中、人に不明箇所を尋ねた。グールド研究仲間のマリー・ジョー・ワッツ（Mary Jo Watts）や、グールドのシェーンベルクの番組のプロデューサーだったデイヴィッド・イェーガー（David Jaeger）、二〇一八年九月から一年間の在外研究時、滞在先のトロント大学マッセイ・カレッジで同じ客員研究員だったキム・キエランズ（Kim Kierans）とレジデントだったトレヴァー・プリント（Trevor Plint）。グールドの伝記的な事実やカナダの文化事情を教えてくれたことに感謝する。そして語法上のニュアンスを教えてくれた同僚のマイケル・クシェル（Michael Kushell）にも——。

最後に、新訳の意義を認め、編集をご担当くださった尾方邦雄さんに感謝する。野水訳は、みすず書房で手がけた最初の仕事だったという。そして今回が締めくくりの仕事、ダ・カーポのアリアだったのだと知る。

二〇二五年三月

宮澤淳一

索　引

まえがき類，本文，出典と解題に出現する人名・地名・事項等を掲げ，ページを示す．頁番号に n の付されたものは，本文中での註に出現することを示す．原綴は適宜記す．

CBC（カナダ放送協会）Canadian Broadcasting Corporation (CBC)　VI, IX, 362, 364, 394, 409, 413, 423, 431, 474–5, 501, 507, 533–8, 558, 611n, ii, xi, xiii, xvii–xviii, xx–xxii, xxiv, xxvii, xxix, xxxi–xxxiii, xxxv–xxxvi; CBC アーカイヴズ　362; CBC ヴァンクーヴァー管弦楽団　44n; CBC 交響楽団　xiii–xiv; 『CBC 木曜日の音楽』 ii, xx; ラジオ番組：『アイディアズ』 xxii, xxxii; 『隠者はこれを選ぶ』 589, xxxv; 『フェスティヴァル』 xxi; テレビ番組：『人と音楽』 xxvii

CBS（コロンビア・レコード，コロンビア・マスターワークス，CBS マスターワークス）CBS / Columbia Records (and Masterworks)　III, VIIn, XII, 71, 73–4, 94, 159, 284, 343n, 350–1, 355, 358, 360, 405, 410, 413, 432, 456, 483, 487, 580, vi, xi, viii, xiii–xiv, xxviii, xxxvii; CBS フランス xxx; コロンビア・レコード・クラブ　vi

CBS テレビ　CBS Television　397n

CBS ラジオ　CBS Radio　239n

DEW ライン・システム　14, ii

EMI＝エンジェル　EMI-Angel, 438, 441, 548

NBC（ナショナル放送会社）NBC (National Broadcasting Company)　494; NBC 交響楽団　NBC Symphony Orchestra 342, 437n

NET → 国立教育テレビ

NHK 教育テレビ　xxi

NYO → ナショナル・ユース・オーケストラ・オヴ・カナダ

RCA ヴィクター　RCA Victor: Red Seal Recordings　432

―ア―

アイヴズ，チャールズ　Ives, Charles　231, 238–45, 364, 578, xvi; 《アイヴェジアーナ》→ バランシン； 交響曲第2番 238; ～第4番　239–43, 364; 弦楽四重奏曲第1番「伝道集会」 239; ピアノ・ソナタ第2番（《コンコード・ソナタ》） 238; 《メモリアル・スロー・マーチ》 239; ～とベルク　238, 242

アイスラー，ハンス　Eisler, Hanns　190n

アイゼンハワー，ドワイト　Eisenhower, Dwight　333

アインシュタイン，アルバート　Einstein, Albert　289

アウアー，レオポルト　Auer, Leopold　328

アウゲンムジーク → 目のための音楽

青柳いづみこ　Aoyagi, Izumiko　ix

浅田彰　Asada, Akira　xxi, xxix

アシュケナージ，ヴラディーミル Ashkenazy, Vladimir　215

アダスキン，ハリー　Adaskin, Harry　xviii

アダスキン，マリー　Adaskin, Murray　265

アーティキュレーション　28, 38–40, 50, 402, iv

アドラー，ピーター・ハーマン　Adler, Peter Herman　ix

アドラー，レナータ　Adler, Renata　284

アブラヴァネル，モーリス　Abravanel, Maurice　103

アムスコ・ミュージック・カンパニー Amsco Music Company　iii

アムステルダム・コンセルトヘボウ管弦楽団 Amsterdam Concertgebouw　49, 95n, 104, 437

アメリカ交響楽団　American Symphony Orchestra　238, 350–1, 389, xvi

アラウ，クラウディオ　Arrau, Claudio 445, 604

『嵐が丘』 212

アーリックマン，マーティン　Erlichman, Martin　405
アルカン，シャルル＝ヴァランタン　Alkan, Charles-Valentin　71
アレグザンダー，ポール　Alexander, Paul　xxxvii
アレン，デデ　Allen, Dede　596
アンハルト，イシュトヴァン　Anhalt, Istvan　264, 267, xviii: 幻想曲　267, xviii;《葬送音楽》267; 交響曲　267
アンヘレス，デ・ロス　Angeles, Victoria de los　409

—イ—

イェイツ，ウィリアム　Yeats, William　250
イザイ，ウジェーヌ　Ysaye, Eugene　327, 536
イスキエルド，フアン・パブロ　Izquierdo, Juan Pablo　288
イートン・オーディトリアム　Eaton Auditorium　ii, xvii
イートン・センター　Eaton Centre　555, xxxiii
イートン，ティモシー　Eaton, Timothy　555

—ウ—

ヴァイセンベルク，アレクシス　Weissenberg, Alexis　334-5, 405, 499
ヴァイル，クルト　Weill, Kurt　190n
ヴァインガルトナー，フェリックス　Weingartner, Felix　342-3, 540
ヴァーグナー，コジマ　Wagner, Cosima　107
ヴァーグナー，リヒャルト　Wagner, Richard　IX, 13, 61, 95, 97-8, 107, 112-3, 123-4, 128-9, 141, 177, 183, 209, 212, 221, 243, 252, 262, 296, 308, 368, 439, 508-10, 612, xxx; 歌劇《リエンツィ》516; ～《さまよえるオランダ人》243; ～《ローエングリン》93; 楽劇《トリスタンとイゾルデ》46, 97-9, 242, 318, 380-1, 449, 563, 599; ～《ニュルンベルクのマイスタージンガー》306, xxx; ～《ニーベルングの指環》439; ～第1日《ヴァルキューレ》590; ～《パルジファル》516;《ジークフリート牧歌》(グールドの編曲)IX; ピアノ・ソナタ　612;《ヴェーゼンドンク歌曲集》612; ～のグールドによるピアノ編曲　IX, 612; ～とシェーンベルク　98, 141, 242; ～とシュトラウス　112-3, 123-4; ～とブラームス　129, 252
ヴァリー，フランク　Vallee, Frank　520-2, 524-5:『キーワティン地方のカブルーナとエスキモー』525
ヴァルター，ブルーノ　Walter, Bruno　104, 464
ヴァーレット，シャーリー　Verrett, Shirley　92
ヴァン・ドーレン，チャールズ　Van Doren, Charles　494, 499, 501
ヴァンニ，ヘレン　Vanni, Helen　xiii
ヴィヴァルディ，アントニオ　Vivaldi, Antonio　121, 453, 570
ヴィノグラードワ，スヴェトラーナ　Vinogradova, Svetlana　218-9
ヴィラ＝ロボス，エイトル　Villa-Lobos, Heitor:《ブラジル風バッハ》343
ウィラン，ヒーリー　Willan, Healey　264
ヴィントン，ジョン　Vinton, John　xix: ～編『現代音楽事典』287-93, xix
ヴェーバー，カール・マリア・フォン　Weber, Carl Maria von　111, 192, 612
ヴェブレン，ソースタイン　Veblen, Thorstein　383
ヴェーベルン，アントン　Webern, Anton　17, 44, 51-2, 111, 151, 159-60, 183, 185, 190-1, 233, 247, 261, 265, 271, 275-9, 297, 318, 380, 385, 442, 460, 507, 511, 518-9, 535, 583, 619, xix; 管弦楽のためのパッサカリア Op. 1　276; 管弦楽のための五つの小品 Op. 10　619n; 六声のリチェルカーレ（バッハの《音楽の捧げ物》）の管弦楽編曲　583; 九つの楽器のための協奏曲 Op. 24　51n; 弦楽四重奏のための六つのバガテル Op. 9　160, 619; ピアノ五重奏曲　261, 275-6, xix; ピアノのための変奏曲 Op. 27　261, 380; 室内交響曲（シェーンベルク）の編曲　261; 六つの歌 Op. 8（シェーンベルク）のピアノ伴奏編曲　159, 261; ～とシェーンベルク　151, 160, 183, 185, 261, 275, 278-9, 507; ～の沈黙の用い方　511, 518-9; ～とヒンデミット　190; ～とブーレーズ　271, 278-9; ～とモーツ

アルト　44, 51-2
ヴェルディ，ジュゼッペ　Verdi, Giuseppe　92, 499, 526:　歌劇《ナブッコ》序曲　92;　～《ファルスタッフ》　526;　レクイエム　499
ヴェルフル，ヨーゼフ　Wölfl, Joseph　ix
ヴォネガット，カート　Vonnegut, Kurt　423, 428, 593-9, xxxvi:『スローターハウス5』(小説と映画)　423, 593-9, xxxvi
ウォルトン，ウィリアム　Walton, William　189
ウォルフ，クリスチャン　Wolff, Christian　287, 291
ヴォルフ，フーゴー　Wolf, Hugo　107, 111, 158, 410:〈語らぬ愛〉　410
ヴォーン・ウィリアムズ，ラルフ　Vaughan Williams, Ralph　190, 398:　交響曲第4番へ短調　190
ウサチェフスキー，ヴラディミール　Ussachevsky, Vladimir　583

―エ―

エイヴリー・フィッシャー・ホール　610　→ リンカーン・センター
エヴァンズ，ビル　Evans, Bill　xxviii
エジンバラ音楽祭　Edinburgh Festival　432
エスキン，ジュール　Eskin, Jules　498
『エスクワイア』誌　*Esquire*　VIIIn, xxviii
エテュ，ジャック　Hétu, Jacques　264:　《変奏曲》　268-9;「《ヴァリアション》とヴァリアント」(学会報告)　xviii
エピック・レコード　Epic Records　437
エフトゥシェンコ，エフゲーニー　Yevtushenko, Yevgeny　215
エリオット，T・S　Eliot, T. S.　250
エリクソン，エリク　Erikson, Erik　283, 571
エリーザベト王妃国際コンクール　Queen Elizabeth of Belgium Competition　327
エリュール，ジャック　Ellul, Jacques　334
エルガー，サー・エドワード　Elgar, Sir Edward　95, 288, 318, 498, 566, 576-7:《エニグマ変奏曲》　498, 576-7
エレンブルク，イリヤ　Ehrenburg, Ilya:『雪解け』　215
エンジェル・レコード　Angel Records　438, 441, 578 → EMI＝エンジェル

―オ―

オイストラフ，ダヴィッド　Oistrakh, David　389, 538
オーガーマン，クラウス　Ogerman, Claus:『シンビオシス』　xxviii
オグドン，ウィル　Ogdon, Will　249, xvii
オケゲム，ヨーハネス　Ockeghem, Johannes　247, 319
オザワ，セイジ（小澤征爾）Ozawa, Seiji　540
『オタワ・シティズン』紙　*Ottawa Citizen*　xxiv
オッペンハイム，デイヴィッド　Oppenheim, David　VII
オーバリン，ラッセル　Oberlin, Russell　410
オーマンディ，ユージン　Ormandy, Eugene　103, xi
オリホフスキー，アンドレイ　Olkhovsky, Andrei:『ソヴィエト政権下での音楽――芸術の苦悶』　219
オルフ，カール　Orff, Carl　190, 293-4, 381, 409:《カルミナ・ブラーナ》　294;　～より〈天秤棒に心をかけて〉　409
『音楽の友』*Ongakunotomo*　xxvi
オンダーチェ，マイケル　Ondaatje, Michael　xxviii
オンドリチェク，ミロスラフ　Ondricek, Miroslav　597

―カ―

カイエ，ルシアン　Cailliet, Lucien　xi
カイザーリンク，ヘルマン・カール・フォン　Keyserling, Hermann Karl von　29, iii
カークパトリック，ラルフ　Kirkpatrick, Ralph　33, 380;　カークパトリック版の《ゴルトベルク変奏曲》の楽譜　iii
掛下栄一郎　Kakeshita, Eiichiro　iv
カサドシュ，ロベール　Casadesus, Robert　42, 592-3, 593n
カザルス，パブロ　Casals, Pablo　414
カシス，スーザン　Koscis, Susan　III, xxxvii
ガーシュイン，ジョージ　Gershwin, George　185, xix
カズディン，アンドルー(アンディ)　Kazdin, Andrew (Andy)　42, 284, 356-61, vi, viii, xii, xviii, xxxvi;『グレン・グールド アッ

トワーク』 vi; 〜による録音方式の解説 xii
カゼッラ, アルフレード Casella, Alfredo: 《BACHの名によるリチェルカーレ》 343
カーゾン, クリフォード Curzon, Clifford 604
カーゾン, ジョニー Carson, Johnny 482
カーター, エリオット Carter, Elliott 576, 589–90
カーティス,シャーロット Curtis, Charlotte 285
カーティン, フィリス Curtin, Phyllis 498
カナダ音楽評議会 Canadian Music Council xviii, xxxi
カナダ放送協会 Canadian Broadcasting Corporation → CBC
『カナダ・ミュージック・ブック』 *Canada Music Book* xxxi
『カナディアン』誌 *The Canadian* xxiv
カーネギー・ホール Carnegie Hall 238, 496, 562n, ix, xvi,
金子篤夫 Kaneko, Atsuo ii
カービー, W・F Kirby, W. F. 136
カフカ, フランツ Kafka, Franz 140, 250, 373, 427, 572–3
ガブリエリ, ジョヴァンニ Gabrielli, Giovanni 459, 581
カラヤン, ヘルベルト・フォン Karajan, Herbert von 339, 352, 381, 405, 418–20, 438, 457, 498–500, 538, 545, 548, 590, xiv; 〜のグールドとの共演 339, 352, xiv, xxxi, xxxv; 〜の指揮 381, 418, 545; 〜のテレビ映画制作 498–9, xxxi; 〜とフィルハーモニア管弦楽団 352, 438; 〜とベルリン・フィルハーモニック 406n, 418–9, 424, 457n, 538, 548n, 590, xiv, xxxi; 〜の録音 405–6, 419–20, 437–8, 457, 548, 590, xxxv; 〜の録音に対するストラヴィンスキーの見解 457
カリフォルニア大学サンディエゴ校 University of California, San Diego 249
ガリャード, スリム Gallard, Slim 287, 292
カルク=エーレルト, ジークフリート Karg-Elert, Sigfrid 192
カルショウ, ジョン Culshaw, John 432, 439, 451, 510
ガルネリ四重奏団 Guarneri Quartet 377
カーロス, ウォルター(ウェンディ) Carlos, Walter (Wendy) 103, 405, 580–4, xxxiv;『スイッチト=オン・バッハ』 578–84, xxxiv
カンディンスキー, ヴァシーリー Kandinsky, Vassily 145
カントロフ, ジャン=ジャック Kantorow, Jean-Jacques 328–9, xxii
カントルーブ, ジョゼフ Canteloube, Joseph: 《オルヴェーニュの歌》の〈子守歌〉 409

—キ—

ギヴンズ, フィリップ Givens, Philip xxxiii
ギーゼキング, ヴァルター Gieseking, Walter 441
ギブズ, ジョージア Gibbs, Georgia 398
ギボンズ, オーランド Gibbons, Orlando 13–7, 58–9, 98, 140, 590–1, ii, xxxv; 〈イタリア風グラウンド〉 14; ソールズベリー卿のガヤルド〉 16; 〈ソールズベリー卿のパヴァーヌ〉 14, 59; 讃美歌と聖歌 98, 590–1
木村英二 Kimura Eiji xxxvii
木村博江 Kimura Hiroe i, xxvi–xxvii, xxxv
キャヴェット, ディック Cavett, Dick 284
ギャラン, セルジュ Garant, Serge 264
強弱 32, 37, 45, 63, 69, 78, 81, 84, 91, 161, 165, 172, 208, 254, 279, 281, 302, 311, 344, 357, 377, 409, 419, 459, 515, 548, 597, iv, vii; 〜記号 548; 〜の対比 84, 165, 279; 段丘状の〜 39, iv; 〜法 597; 〜変化の代用としての〝ストップ・アンド・ゴー〟 50
『去年マリエンバードで』 599
ギルバート, クレイグ Gilbert, Craig: 『アン・アメリカン・ファミリー』 480
ギレリス, エミール Gilels, Emil 540
キワニス・クラブ Kiwanis Club xvi
キング, アラン King, Allan 480
キング, マーティン・ルーサー King, Martin Luther xi

—ク—

クシェネク, エルンスト Krenek, Ernst 98, 185, 207, 244–51, 256–7, 287–9, 564, xvi–xvii: 歌劇 245, 250: 〜《カール五世》

Op. 73 249; 《円を成す地平線》Op. 196 249; 弦楽合奏のための《交響的哀歌》Op. 105 247; ピアノ・ソナタ第2番 Op. 59 257; 〜 第3番 Op. 92 No. 4 251, 256–9; ピアノのための二重フーガ Op. 1 257; トッカータとシャコンヌ Op. 13 257; 三楽章による十二の変奏曲 Op. 79 257; 《預言者エレミヤの哀歌》Op. 93 247; ソプラノと八つの楽器のための《セスティナ》Op. 161 249; 〈秋にさまよえる者の歌〉(歌曲集《過ぎ去りし歳月の歌》Op. 71 第1曲) 207; 著作 247, 249, 287–8: 『円を成すいくつもの地平線』 248, xvii; 「我が回想録の執筆について」 247; 〜の自作のピアノ曲について 256–7; 〜とシェーンベルク 185, 245–6, 257; 〜とベルク 245
グーセンス, ユージン Goossens, Eugene 239
クック, デリック Cooke, Deryck 104
グッドマン, ベニー Goodman, Benny 496
クバレク, アントニン Kubalek, Antonin 259–63, xvii–xviii: 〜の録音したコルンゴルトのアルバム 259–63
クーベリック, ラファエル Kubelik, Rafael 103
クライバーン, ヴァン Cliburn, Van 92, 326, 330
クライン, ハワード Clein, Howard ix
クラヴィコード 40, 580, iv
クラーク, ペトゥラ Clark, Petula 393–404, 421, xxvii–xxviii; 〈サイン・オヴ・ザ・タイムズ〉 395, 397, 400; 〈ダウンタウン〉(〈恋のダウンタウン〉) 395–7, 400–2; 〈マイ・ラヴ〉 395–6, 400; 〈わたしはだれ〉 395, 397, 401–2, 404
グラス, フィリップ Glass, Philip xxxvii
クラフト, ロバート Craft, Robert 192, 245, 249, 442–4, 538, xiii, xiv
グラミー賞 Grammy Awards VI, xv
グラム, ドナルド Gramm, Donald xiii, xxi
『グランド・オール・オープリ』(ラジオ番組) *Grand Ole Opry* 353
グリーグ, エドヴァルド Grieg, Edvard 89, 97–9, 102, 106, 585, 588, x; ピアノ協奏曲イ短調 Op. 16 89, 99, 166, x; ピアノ・ソナタホ短調 Op. 7 97–9, x
クリップス, ヨーゼフ Krips, Josef 43, 352
グリフィン, マーヴ Griffin, Merve 482
クリーヴランド管弦楽団 Cleveland Orchestra 295, 437n, 484, xx
クリュイタンス, アンドレ Cluytens, André 538
グリンカ, ミハイル Glinka, Mikhail 47, 210–1, 225
グリーン, ボブ 287, 292
グルーシン, デイヴ Grucin, Dave: 〈愛の賜物〉→ ストライサンド
クルーゾー, アンリ=ジョルジュ Clouzot, Henri-Georges 499, xxxi
グールド, ラッセル・ハーバート(通称バート) Gould, Russell Herbert (Bert) IV
グールド, ヴェラ Gould, Vera IV
グールド, エリオット Gould, Elliott 361
グールド, グレン Gould, Glenn: **音楽作品**:弦楽四重奏曲 Op. 1 296–304, xx; 《フーガを書いてごらんなさい》 305–14, xxi, xxx; ベートーヴェンのピアノ協奏曲第1番のためのカデンツァ 87–8, viii; **ラジオ番組**:ドキュメンタリー 156, 344, 349, 362–3, 368, 376, 414, 418, 425, 479, 501–19, 602, 613, xx, xxxi–xxxii; 『アイディアズ』 xxii, xxxii; 「アルノルト・シェーンベルク——音楽を変えた人」 156n; 『遅れてきた人々』 504–7, 509–10, 512–5, 517–8, xxxi–xxxii: 〜の番組解説 526–9; 「カザルス——ラジオのためのポートレイト」 414n; 『北の理念』 418–20, 425, 502–7, 512–5, 517–8, 520–6, 615–6, xxxi–xxxii, xxxvi, xxxvii; 〜の番組解説 523–6; 〜のプロローグ 504, 508, 520–3, 525; 『グレン・グールドの芸術』 xxxiii, xxxv; 「ストコフスキー——ラジオのためのポートレイト」 363n; 「即興の心理」 xxii; 「批評家対決」 xxiv; 「リヒャルト・シュトラウス——ブルジョワの英雄」 613n; 「録音の将来をめぐる対話」 xxix; 「六十年代の音楽」 xx; **テレビ番組・映画**:『音楽の道』 xxx; 『グレン・グールド・プレイズ・バッハ』 v: 「フーガの技法をめぐ

って」 617n; 「ゴルトベルク演奏曲」 v; 『スローターハウス5』(音楽監督) 423, 593-9, xxxvi; 「デュオ」 xxvii; 「フーガの解剖」 xii; **企画盤**:『グレン・グールド・ファンタジー』 ii, xxiv; 『グレン・グールド・シルヴァー・ジュビリー・アルバム』 ii, xxiv; 『コンサート・ドロップアウト』 viii, xxxvii; **講演**:「アルノルト・シェーンベルクの視角」 xvi; 「アルノルト・シェーンベルク論」(21) xii; 「創造プロセスにおける贋造と模倣の問題」 xvi; 「ソヴィエト連邦の音楽」(29) xvi; **著作**:ロバーツ編『グレン・グールド発言集』 362n, 408, i, xii, xvi, xx, xxiii, xxvii, xxviii, xxxv; ロバーツ&ゲルタン編『グレン・グールド書簡集』 362n, 340, 362, i, ii, vi, vii, x, xiii, xiv, xv, xxvii, xxxi, xxxiv, xxxv; ゲルタン編『グールドのシェーンベルク』 x; コット『グレン・グールドは語る』 i, xxviii; マグリーヴィ『グレン・グールド変奏曲』 i, xxiv, xxv, xxvi, xxvii, xxix, xxxiii; **諸事項**:〜のアクースティック・オーケストレーション(「音の演出法」) xii; 〜の奇態指数 100, 119; 〜の自己紹介 xxv; 〜の実行した拍手禁止演奏会 xxi; 〜の多重録音 viii; 〜の服装 XII; 〜の筆名(ホーホマイスター) 533, xxii, xxxiii
グレイグ, ジェシー Greig, Jessie IV
クレーベ, ギーゼルヘル Klebe, Giselher 278
クレイマー, フランツ Kraemer, Franz 500
クレメンツ, ジョン Clements, John 340-1
グレン・グールド財団 Glenn Gould Foundation xxxvii
クレンペラー, オットー Klemperer, Otto 95, 103, 464
グロック, サー・ウィリアム Glock, Sir William 281
『グローブ・アンド・メイル』紙 *The Globe and Mail* 593, vi, x, xiv, xvi, xvii, xix, xxxiv, xxxvi: 『グローブ・マガジン』誌(毎週の別冊) *Globe Magazine* vi
『グローヴ音楽事典』第5版(1954年) xii

—ケ—

ケイティン, ピーター Katin, Peter 586, 588
ケイン, マイケル Kane, Michael xi
ゲオルゲ, シュテファン George, Stefan 144, 262
ケージ, ジョン Cage, John 61, 265, 285, 287, 290-2
ゲラー, スティーヴン Geller, Stephen 596, 598
ケリー, ウォルト Kelly, Walt 593
ケルアック, ジャック Kerouac, Jack 480
ゲルフ Guelph: ゲルフ・スプリング・フェスティヴァル v-vi
弦楽四重奏曲 Op. 1 → グールド(音楽作品)
『現代音楽事典』→ ヴィントン
『現代思想』 *Gendaishiso* xxix

—コ—

国立教育テレビ(NET) National Educational Television 363, 365
コストレ, ギョーム Costeley, Guillaume 319
ゴダール, ジャン=リュック Godard, Jean-Luc 434, 495
コット, ジョナサン Cott, Jonathan 249, 613, i, xxviii
ゴットシャルク, ルイス・モロー Gottschalk, Louis Moreau 71
コナーズ, ジミー Connors, Jimmy 185
コープランド, アーロン Copland, Aaron 189, 230, 265, 432-3, 456, 464, 467, 599, xiii
コーベット夫妻, J・ラルフ&パトリシア Corbett, J. Ralf & Patricia xii: コーベット・ミュージック・レクチャーズ Corbett Music Lectures xii
コマンド・レコード Command Records 432
コーリッシュ, ルドルフ Kolisch, Rudolf 186
ゴルシュマン, ヴラディミール Golschmann, Vladimir 538, viii, xxi, xxv
ゴルトベルク, ヨハン・ゴットリープ Goldberg, Johann Gottlieb 29, iii
ゴールドシュミット, ニコラス Goldschmidt, Nicholas vi
ゴールドスミス, ハリス Goldsmith, Harris 465
コールマン, ヘルムート Kallmann, Helmut

xviii
コルンゴルト，エーリヒ・ヴォルフガング　Korngold, Erich Wolfgang　259–263, xvii–xviii:　ピアノ・ソナタ第２番ホ長調 Op. 2　259, 262–3, xvii;《妖精の絵》Op. 3　263, xvii
コロディン，アーウィング　Kolodin, Irving　xi
コロンビア・レコード　→　CBS
コロンビア・アーティスツ・マネジメント　Columbia Artists' Management　498
コロンビア交響楽団　Columbia Symphony Orchestra　viii, xxviii
コロンビア大学　Columbia University　583
コンヴィチュニー，フランツ　Konwitschny, Franz　437
コンコーディア大学　Concordia University　xxxi
コンセルトヘボウ → アムステルダム・コンセルトヘボウ管弦楽団

—サ—

サイモンズ，アーネスト　Simmons, Ernest　224
サウスター，ティム　Souster, Tim　288
サージェント，ウィンスロップ　Sargeant, Winthrop　96
『サタデー・レヴュー』誌　*Saturday Review*　184, 524, iv, xi;『サタデー・レヴュー・オヴ・リテラチャー』誌　*Saturday Review of Literature*　184
サティ，エリック　Satie, Erik　103, 399, 407, 578, 584
サベイリアス，ホーマー　Sibelius, Homer　558–69, xxxiii
サマーズ，ハリー　Somers, Harry　265:　歌劇《アトレウスの家》265;　管弦楽のためのパッサカリアとフーガ　265
サミュエル，ハロルド　Samuel, Harold　584
サリヴァン，サー・アーサー　Sullivan, Sir Arthur　310, 545, 576
サリンジャー，J・D　Salinger, J. D.　594
ザルツブルク　Salzburg　415–6, 427, 572:　〜祝祭劇場　Festspielhaus　415, 427
サール，ハンフリー　Searle, Humphrey　187, 586–7
サール，ロナルド　Searle, Ronald　xxi
サンサーンス，カミーユ　Saint-Saens, Camille　42, 310
三十丁目スタジオ　30th Street Studio　355, ii, iii, xviii, xxi,
サンタヤーナ，ジョージ　Santayana, George　250, 287, 425, 555:『最後の清教徒』425, 555

—シ—

シェイクスピア，ウィリアム　Shakespeare, William　367–9, 486:『ハムレット』248
ジェイムズ，ウィリアム　James, William　414
ジェイムズ，ヘンリー　James, Henry　240
シェイムズ，ローレンス　Shames, Lawrence　VIII
ジェズアルド，ドン・カルロ　Gesualdo, Don Carlo　22, 98, 117, 319, 442
ジェソップ，ジョン　Jessop, John　501–9, xxxi
ジェネシス・レコード　Genesis Records　xvii
ジェラット，ローランド　Gelatt, Roland　x, xvi, xxvi, xxviii
シェルヘン，ヘルマン　Scherchen, Hermann　405, 538
シェンク，ヨハン　Schenk, Johann:　歌劇《村の床屋》vi
シェーンベルク，アルノルト　Schoenberg, Arnold　90–1, 137–89, 211, 228, 232, 240, 265, 267, 269–75, 280, 290, 297:　モノドラマ《期待》Op. 17　161, 261;　歌劇《今日から明日へ》Op. 32　164;　室内交響曲第１番ホ長調 Op. 9　143–4, 161, 173n, 179;　〜のシュトイアマンによる編曲　159;　〜のヴェーベルンによる編曲　261;　室内交響曲第２番変ホ短調 Op. 38　143, 172–82, xiv;　交響詩《ペレアスとメリザンド》Op. 5　143, 148, 161, 442;　五つの管弦楽曲 Op. 16　160;　管弦楽のための変奏曲 Op. 31　174;《映画の伴奏音楽》Op. 34　164;　吹奏楽のための変奏曲 Op. 43　174;　バッハの〈聖アンのフーガ〉(BWV 552) の管弦楽編曲　579–80;《浄夜》125, 143, 161, 188, 275, 367, 442;　ピアノ協奏曲 Op. 42　153, 157–8,

シュヴァイツァー, アルベルト　Schweitzer, Albert　38, 271, 392
シュヴァルツコップ, エリーザベト　Schwarzkopf, Elisabeth　404, 407–8, 449, 481, 612
ジュスキント, ヴァルター　Susskind, Walter　235, 540, 544, xiii
シュタイン, エルヴィン　Stein, Erwin　460
シュターダー, マリア　Stader, Maria 409
シュターミッツ, カール　Stamitz, Karl: 交響曲　98
シュッツ, ハインリヒ　Schutz, Heinrich　23
シュトイアマン, エドゥアルト　Steuermann, Eduard: 室内交響曲第1番 Op. 9（シェーンベルク）のピアノ編曲　159
シュトゥッケンシュミット, H・H　Stuckenschmidt, H. H.　182–9, 210, 288, xiv:『シェーンベルク――その生涯、世界、業績』　182–9, xiv
シュトゥットガルト室内管弦楽団　Stuttgart Chamber Orchestra　579
シュトックハウゼン, カールハインツ　Stockhausen, Karlheinz　104–5, 111, 246, 249, 290:　～とブーレーズ　283, 285
シュトラウス, リヒャルト　Strauss, Richard　IX, XII, 16, 47, 51, 78, 99, 107–32, 134, 138–9, 141, 143, 154, 158–9, 190, 194–5, 209, 212, 250, 262, 286, 296, 310, 334–5, 405, 408, 438, 455, 540, 576, 612–4, iv, x–xiii, xxiii, xxxvii;　歌劇（オペラ）　109, 115:　～《エレクトラ》Op. 58　109–10, 123;　～《薔薇の騎士》Op. 59　78, 109–10, 116, 123, 613;　～《ナクソス島のアリアドネ》Op. 60　115, 123, 613;　～《影のない女》Op. 65　116–7, 118n;　～《無口な女》Op. 80　115;　～《講和の日》Op. 81　614;　～《ダフネ》Op. 82　613–4;　～《カプリッチョ》Op. 85　117–8, 124, 408, 613–4;　バレエ音楽《町人貴族》Op. 60（およびその組曲）　99, 124, 262, 455, 612;　交響曲（第2番）ヘ短調 Op. 12　111;　《アルプス交響曲》Op. 64　613;　交響詩　110, 114–5, 209:　～《ドン・フアン》Op. 20　128;　～《マクベス》Op. 23　123, 128;　～《死と変容》Op. 24　128;　～《ティル・オイレンシュピーゲルの愉快ないたずら》Op. 28　47, 114, 195, 614;　～《ツァラトゥストラはこう語った》Op. 30　109, 114;　～《英雄の生涯》Op. 40　95, 108–9, 116, 212, 438, 540, xxiii;　オーボエ協奏曲ニ長調　195, 613;　ホルン協奏曲第1番 Op. 11　111;　ピアノと管弦楽のための《ブルレスケ》　51, 262, 612;　管楽セレナード変ホ長調 Op. 7（十三管楽器のための）　124;　ヴァイオリン・ソナタ変ホ長調 Op. 18　124, xxiii;　《メタモルフォーゼン》　111, 117, 126, 405, 613–4, xi;　五つのピアノ小品 Op. 3　612;　ピアノ・ソナタ Op. 5　612;　〈トロイメライ〉（《情緒のある風景》Op. 9 第4曲）　613;　《オフィーリアの歌》Op. 67　126, 262, 612;　メロドラマ《イノック・アーデン》Op. 38　128–32, xi–xii;　～とヴァーグナー　113–4, 123–4, 128–9;　～の歌曲のピアノ伴奏　158, 262;　～とシェーンベルク　112, 114, 141, 143;　デル・マールによる伝記　108, 613;　～とヒンデミット　194–5;　～とブルックナー　111, 124;　～とマーラー　107;　～とメンデルスゾーン　111–2, 123, 129
シュトロットマン, アドルフ　Strodtmann, Adolf　130, xii
シュナーベル, アルトゥール　Schnabel, Artur　101, 371, 538, 591–3
シューベルト, フランツ　Schubert, Franz　44n, 319, 323, 585, 588, 611;　交響曲第4番ハ短調「悲劇的」D417　44n;　～第9番（のちに第8番）ハ長調「ザ・グレイト」D944　323
シュポーア, ルードヴィヒ　Spohr, Ludwig　210, 497
シューマン, クララ　Schumann, Clara　102
シューマン, ロベルト　Schumann, Robert　102, 275, 389, 410, 588, 611–2, ix:　交響曲第4番ニ短調 Op. 120　389;　ピアノ協奏曲イ短調 Op. 54　102;　〈月夜〉　410
シューマン＝ハインク, エルネスティーネ　Schumann-Heink, Ernestine, 410
シュミット, フランツ　Schmidt, Franz　96, 105, 189, 266
シュラー, ガンサー　Schuller, Gunther　xiii

ジュリアード音楽院　Juilliard School of Music　92–3, 97
ジュリアード弦楽四重奏団　Juilliard String Quartet　xxi
ジュリーニ，カルロ・マリア　Giulini, Carlo Maria　381
シュレーダー，マリアンヌ　Schroeder, Marianne　520–2, 524–5
シュワン・カタログ　Schwann Catalog　94, 101, 245, 456
ジョアキム，オットー　Joachim, Otto　264
ジョイス，アイリーン　Joyce, Eileen　42
ジョイス，ジェイムズ　Joyce, James　250, 261
ショー，ジョージ・バーナード　Shaw, George Bernard　6, 32, 247
ショスタコーヴィチ，ドミトリー　Shostakovich, Dmitri　189–90, 212–3, 227–9, 231, 245, 323, 516: 歌劇《ムツェンスク郡のマクベス夫人》; 交響曲　190, 212, 228; 〜第1番ヘ短調 Op. 10　227–8; 〜第7番ハ長調 Op. 60「レニングラード」 213; 〜第9番変ホ長調 Op. 70　323; 〜第11番ト短調 Op. 103「一九〇五年」 516
ショーソン，エルネスト　Chausson, Ernest: ピアノ四重奏曲 Op. 30　51
ショパン，フレデリック　Chopin, Frederic　16, 34, 137, 212, 319, 371–2, 374, 377–8, 405, 585, 588, 611–2, ix; ピアノ協奏曲　405; アンダンテ・スピアナートと華麗なる大ポロネーズ変ホ長調 Op. 22　371; ピアノソナタ第3番ロ短調 Op. 58　611; スケルツォ変ロ短調 Op. 31　371
ショールズ，パーシー・A　Scholes, Percy A.　xviii
ショルティ，ゲオルク　Solti, Georg　103
ショーンバーグ，ハロルド　Schonberg, Harold　ix, xvi, xxxiv
ジラール，フランソワ　Girard, François: 映画『グレン·グールドをめぐる32章』 xxix
シルヴァーマン，スタンリー　Silverman, Stanley　613
シルヴァーマン，ロバート・J（ボブ）　Silverman, Robert J. (Bob)　IV, xxiv, xxvi, xxxvii
シルズ，ベヴァリー　Sills, Beverly　408
ジルソン，エティエンヌ　Gilson, Etienne　245
シンシナティ大学　University of Cincinnati　xii, xvi: ウィルソン・メモリアル・ホール　Wilson Memorial Hall　xii
シンフォニア四重奏団 Symphonia Quartet　xx

—ス—

スウィングル・シンガーズ　Swingle Singers　27n, 405, 584
『スイッチト＝オン・バッハ』→ カーロス
スウェーリンク，ヤン　Sweelinck, Jan　16, 140, 193
スカルラッティ，ドメニコ　Scarlatti, Domenico　16–9, 26, 380, 383, 386, 475, ii
スクリャービン，アレクサンドル　Scriabin, Alexander　16, 50, 95, 193, 199–202, 230, 232, 260, 367, 484, 489–93, 510, 572–3, ii, xv: 《法悦の詩》（交響曲第4番） 367; ピアノ・ソナタ　260; 〜第3番嬰ヘ短調 Op. 23　210–2, ii, xv
『ザ・スコア』誌　*The Score*　280
スコット，ジョン　Scott, John　528
鈴木圭介　Suzuki, Keisuke　x
スズキ，ヒデタロウ　Suzuki, Hidetaro　328
スチュワート，ジョン　Stewart, John　249–50, xvii
スチュワート，スラム　Stewart, Slam　287, 292
スティーヴンズ，デニス　Stevens, Denis　432, 441, 443, 465
ステイナー，サー・ジョン　Stainer, Sir John　310
ストー，アンソニー　Storr, Anthony: 『創造のダイナミックス』 601
ストウ，ハリエット・ビーチャー　Stowe, Harriet Beecher　400
ストコフスキー，レオポルド　Stokowski, Leopold　X, 49, 93, 104–5, 213, 238, 243, 335–70, 406, 414, 431–2, 436, 456, 470, 512, 516–7, 583, xvi, xxiv–xxv; 新しい音楽の擁護者としての〜　104, 213, 237–43, 344, 364; 〜とアメリカ交響楽団　238, 350–1, xvi; 〜とグールドの共演（ベートーヴェンの《皇帝協奏曲》） 350–61; グール

ドによる～のインタヴューとラジオ番組 344-51, 361-70, 414, 512, 516-7; ～によるバッハの編曲 344, 583; ～とハリウッド 342; ～とヒューストン交響楽団 351, 516, 516n; ～とフィラデルフィア管弦楽団 104, 342, 347, 516; ～と録音 49, 344-9, 516-7
ストック，フレデリック Stock, Frederick 591-2
ストライサンド，バーブラ Streisand, Barbra 359-61, 404-10, xxviii: 〈愛の賜物〉 407; 〈ヒー・タッチ・ミー〉 406; 『クラシカル・バーブラ』 404-10
ストラヴィンスキー，イーゴリ Stravinsky, Igor 98, 115, 189, 192, 232-4, 240, 265, 270-1, 280, 283, 290, 320-1, 343-4, 424, 456-7, 481, 564, xvii; 《ダンバートン・オークス協奏曲》 343; バレエ音楽《火の鳥》 232; ～《春の祭典》 99, 115, 232, 320, 457; ～《プルチネッラ》 232; メロドラマ《ペルセフォネ》 189; 《詩篇交響曲》 189; 交響曲ハ調 189, 232; ～のクシェネクについての見解 245; ～とクラフト 192, 245, 250; 自作の指揮者としての～ 456-7; 終戦直後のパリでの演奏会 281; ～の全作品の録音企画 456-7; ～とブーレーズ 270-1, 281, 283
ストラトフォード・フェスティヴァル（演劇祭） Stratford Festival 324, xv
ストロンギン，シオドア Strongin, Theodore ix
ストーン，カート Stone, Kurt 289
スペクター，フィル Spector, Phil 545
『スローターハウス5』（小説と映画）→ ヴォネガット

—セ—

セヴェランス·ホール Severance Hall 437, xx
セッションズ，ロジャー Sessions, Roger 153, 287
ゼッツァー，エルマー Setzer, Elmer xx
セネット，マック Sennett, Mack 598
セリグマン，ミッツィ Seligman, Mitzi 186
ゼルキン，ルドルフ Serkin, Rudolf 592-3
セル，ジョージ Szell, George 368, 437, 484, 488, 492, 498, 540, 569

—ソ—

ソナタ形式（ソナタ＝アレグロ形式） 47-8, 50, 52, 57, 64-5, 69, 79, 82-4, 115, 134, 209-10, 212, 258-9, 261, 266, 298, 576, v
『ソーホー・ニューズ』紙 *Soho News* xxxvii

—タ—

『タイム』誌 *Time* 524, 578
ダーウィン，チャールズ Darwin, Charles 98, 283
ダヴニー，ウォード Davenny, Ward xi
ダウランド，ジョン Dowland, John 410
ダグラス，マイク Douglas, Mike 482
タネーエフ，セルゲイ Taneyev, Sergei 230-1, 241
ダービン，ディアナ Durbin, Deanna 342
ダリアン，アニタ Darian, Anita xxi
タリス，トマス Tallis, Thomas 617
ダン，ジョン Donne, John 51, 250, 575
ダンディ，ヴァンサン d'Indy, Vincent 212, 268, 398

—チ—

チェイピン，スカイラー Chapin, Schuyler 431, 434, 465, xiv
チェンバロ → ハープシコード
チャイコフスキー，ピョートル・イリイチ Tchaikovsky, Peter Ilich 123, 211, 226-7, 328, 499, 545-6, 548, 579: 交響曲第4番ヘ短調 Op. 36 545-8; ピアノ協奏曲第1番変ロ短調 Op. 23 499; ヴァイオリン協奏曲ニ長調 Op. 35 328
チャイコフスキー・コンクール Tchaikovsky Competition 92n, 326-7
チャイルズ，バーニー Childs, Barney 289
チャップリン，チャーリー Chaplin, Charlie 185, 598n
チューダー，デイヴィッド Tudor, David 291

—ツ—

ツィリヒ，ヴィンフリート Zillig, Winfried 443

―テ―

デイヴィス, カーティス　Davis, Curtis　363, 368, i, xxvii
デイヴィス, ピーター・マックスウェル　Davis, Peter Maxwell　xxiii
ディケンズ, チャールズ　Dickens, Charles　550, 572
『ディスク』 *Disk*　xxi
ディーフェンベイカー, ジョン　Diefenbaker, John　363
デッカー, フランツ＝パウル　Decker, Franz-Paul　544–5, 549
デッカ＝ロンドン（レーベル）Decca/London　432, 439, 456, 536
デニス, ローレンス　Dennis, Lawrence　xi
デ・プレ, ジョスカン　des Pres, Josquin　222, 321, 440
デ・ミル, アグネス　de Mille, Agnes　xiii
デームス　Demus, Jörg　604
テューレック, ロザリン　Tureck, Rosalyn　xiii
デュファイ, ギヨーム　du Fay, Guillaume　248
デラー, アルフレッド　Deller, Alfred　410
デラー・コンソート　Deller Consort　590–1
デル・マール, ノーマン　Del Mar, Norman　108, 613
テレマン, ゲオルク・フィリップ　Telemann, Georg Philipp　194, 535
テンポ　tempo　IX, 32, 37, 39–40, 47–51, 65, 193, 328, 338, 342, 344, 353–4, 357, 397, 447, 463–4, 517, 597, iv, vii, ix; 遅い～　IX, 50, 205; ア・～　490; アップ～　409; ～の継続性　50; 速い～　102, 207, 500; ～の表示　214; ～の比率　352; ～の変化　49; 指示を無視した～　48; ～の指定　45; ～をめぐるストコフスキーとのエピソード　351–2, 354–5; ブラームスの協奏曲の～設定　600

―ト―

ドイツ・グラモフォン　Deutsche Grammophon Gesellschaft (DGG)　438, 458, 578, 590, 590n
トーヴィ, サー・ドナルド・フランシス　Tovey, Sir Donald Francis　81, 136, 167, 586–8
ドヴォルザーク, アントニン　Antonín Dvořák　100: 交響曲第９番ホ短調「新世界より」　499, xxxi
トーク, ローン　Tulk, Lorne　508, 513, xvii
トスカニーニ, アルトゥーロ　Toscanini, Arturo　213, 342–4, 368, 437, 578, 593: ～が録音したスタジオ 8H　437
ドストエフスキー, フョードル　Dostoevsky, Fyodor　236, 423: 『白痴』　426n; 『カラマーゾフの兄弟』　466
ドーソン・シティ・フェスティヴァル　Dawson City Festival　324
ドビュッシー, クロード　Debussy, Claude　154, 260, 468, 585, 588; 〈美しい夕暮れ〉　409
ドホナーニ, エルンスト　Dohnanyi, Ernst von: 童謡の主題による変奏曲 Op. 25　51
トーマス, トニー　Thomas, Tony　xviii
トムソン, オスカー　Thomson, Oscar　X
ド・ラ・グランジュ, アンリ＝ルイ　de La Grange, Henry-Louis　103–8, 288, x: 『マーラー』（の書評）　103–8
トリスターノ, レニー　Tristano, Lennie　399: 《ト短調コンプレックス》　400
トルストイ, ドミトリー　Tolstoy, Dmitri　230
トルストイ, レフ Tolstoy, Leo　107, 224–5, 230; 『復活』　107 『戦争と平和』　107
トルーマン, ハリー　Truman, Harry　331–2, xxiii
ドーレン, チャールズ・ヴァン　Doren, Charles Van　494, 499, 501
トロント大学　University of Toronto　245n, 265, 432, 434, 541, i, xiii, xvi, xxix, xxxvi
トロント音楽院　Toronto Conservatory of Music → ロイヤル音楽院
トロント交響楽団　Toronto Symphony Orchestra　VI, 410, 540, xiii
『トロント・デイリー・スター』紙　*Toronto Daily Star*　i, xxviii; 1971 年に改称した『トロント・スター』 *Toronto Star*　xxiv
トロント動物園　Toronto Zoo　xxxiii

―ナ―

ナショナル・アーツ・センター管弦楽団　National Arts Centre Orchestra　vi
ナショナル・ユース・オーケストラ・オヴ・

カナダ（NYO） National Youth Orchestra of Canada 544-9
ナポレオン Napoleon 374: 《ナポレオン・ボナパルトへの頌歌》→ シェーンベルク

—ニ—

ニキシュ，アルトゥール Nikisch, Artur 106-7
ニクソン，リチャード Nixon, Richard 95
ニーチェ，フリードリヒ Nietzsche, Friedrich 122-3
『ニューズウィーク』誌 *Newsweek* 524
ニュー・フィルハーモニア管弦楽団 New Philharmonia Orchestra 432
『ニュー・ボストン・レヴュー』誌 *New Boston Review* xvii
『ニューヨーク・タイムズ』紙 *New York Times* IX, 284-5, 325, 582, 610, ix, xvi, xxiv-xxvi, xxxiv
ニューヨーク・フィルハーモニック New York Philharmonic 88, 103-4, 239, 282, 284, 295, 350, 352n, 356, 610n, ix → バーンスタイン → ブーレーズ
『ニューヨーカー』誌 *The New Yorker* 96, 284, 615, xxvii
『ニュー・リパブリック』誌 *The New Republic* xix
ニールセン，エリック Neilsen, Eric 547
ニールセン，カール Nielsen, Carl 103

—ヌ—

ヌレーエフ，ルドルフ Nureyev, Rudolf 215

—ネ—

ネイバー，オリヴァー Neighbor, Oliver 275
ネルー，ジャワハルラール Nehru, Jawaharlal 392

—ノ—

ノーノ，ルイジ Nono, Luigi 185, 278
ノンサッチ・レコード Nonesuch Records IXn

—ハ—

パイザー，ジョーン → ペイザー
パイジェッロ，ジョヴァンニ Paisiello, Giovanni: 協奏曲 80
ハイティンク，ベルナルト Haitink, Bernard 103
ハイドン，フランツ・ヨーゼフ Haydn, Franz Joseph 39, 48, 80, 85, 87, 120-1, 133, 154, 167, 230, 362, 364-5, 382, 452-3, 571, 611, xxxvii; 〜の交響曲 230, 611; 「パリ交響曲集」 362, 364-5; 〜の協奏曲 80, 85, 87, 167; 弦楽四重奏曲集 Op. 20（全6曲） 571; ピアノ・ソナタ xxxvii
『ハイファイ・ステレオ・レヴュー』誌 *HiFi/Stereo Review* xxi
『ハイ・フィデリティ』誌 *High Fidelity* 103, 345-6, 363, 413-4, 464, 480, 482, x, xvi, xxi, xxv, xxvii-xxx, xxxii, xxxv; 『ミュージカル・アメリカ』誌との関係 xvi
バー＝イラン，デイヴィッド Bar-Illan, David xxvi
バウハウス Bauhaus 245, 262, 457, 511, 597
ハウアー，ヨーゼフ Hauer, Josef 240
ハーウィッツ，ロバート Hurwitz, Robert IX
バエズ，ジョーン Baez, Joan 546
バーガー・アンド・バークレイ Barger and Barclay viii, xx
パーカー，チャーリー Parker, Charlie 399
パガニーニ，ニコロ Paganini, Niccolo 92, 327: ヴァイオリン協奏曲第1番ニ長調 Op. 6 92
ハギン，B・H Haggin, B. H. XI, 432, 444, 449, 462, 578, xxxiv
バークシャー音楽祭 Berkshire Music Festival 498
ハグル，H・B Huggle, H. B. 561, 564-5, 569, xxxiv
バース，ジョン Barth, John 250
バース祝祭管弦楽団 Bath Festival Orchestra 389
パターソン，トム Patterson, Tom 324
パーチ，ハリー Partch, Harry 571, 578
バー，チャールズ Burr, Charles viii
ハックスリー，オルダス Huxley, Aldous 55, 68; 『恋愛対位法』 55n, 596
バッシー，シャーリー Bassey, Shirley 406-7
ハッチ，トニー Hatch, Tony 395, 398, 400 → クラーク（の各種の歌）

ハーバ, アロイス Haba, Alois 390
馬場健 Baba, Takeshi xxix
バビット, ミルトン Babbitt, Milton 287, 290-2, 363, 402, 431, 434, 461, 497, 620, xix
ハープシコード 18, 21, 27-8, 40, 406, 458, 582, ii, iv; 〜奏者 50, 389, 410, 579, ii
バーベリアン, キャシー Berberian, Cathy 399
ハーマン, バーナード Hermann, Bernard 239
ハヤカワ, S・I Hayakawa, S. I. 593
バランシン, ジョージ Balanchine, George: 《アイヴェジアーナ》 238
ハリウッド Hollywood 152, 155, 342, 393, 468, 482, 514
ハリウッド・ボウル交響楽団 Hollywood Bowl Symphony Orchestra 590
ハリス, レズリー Harris, Leslie 529
ハリス, ロイ Harris, Roy 189
バール, ミルトン Berle, Milton 459
パルティータ 38, 440
バルトーク, ベーラ Bartok, Bela 189, 240, 328, 389; ヴァイオリン協奏曲第2番 328
パールマン, イツァーク Perlman, Itzhak 92
パールマン, ジュディス Pearlman, Judith xxxii
パレストリーナ, ジョヴァンニ Palestrina, Giovanni 112, 286, 440
バレット, ロナ Barrett, Rona 285
バレンボイム, ダニエル Barenboim, Daniel 406, 481-2
バロー, ジャン=ルイ Barrault, Jean-Louis 270
バワーズ, フォービオン Bowers, Faubion 572, 573n
ハンスタイン, ドナルド(ドン) Hunstein, Donald (Don) 358
バーンスタイン, レナード Bernstein, Leonard 88-9, 103, 238, 352, 356, 431, 457, 497-9, 540, 569, viii, ix, xix; 〜によるテレビでの音楽解説; ブラームスの協奏曲の解釈をめぐるグールドとの論争 88-9, 352, 600, ix; 〜とニューヨーク・フィルハーモニック 88, 103, 352n, 356, ix
ハンソン, ハワード Hanson, Howard 189

—ヒ—

『ピアノ・クォータリー』誌 *Piano Quarterly* X, v-vi, x, xii, xiv, xvii, xix-xx, xxiv-xxvi, xxx, xxxiii-xxxiv, xxxvi-xxxvii
ビゴー, ウジェーヌ Bigot, Eugène 42n
ビショップ, スティーヴン Bishop, Stephen 480-5, 493-4
ビゼー, ジョルジュ Bizet, Georges 97-102, x: 夜想曲ニ長調 97, 100, x; 《演奏会用半音階的変奏曲》Op. 3 97, 99-100, x; 交響曲ハ長調 100
ピーターズ, ロバータ Peters, Roberta, 408
ビッグズ, E・パワー Biggs, E. Power 343
ヒトラー, アドルフ Hitler, Adolf 183n, 374
ビートルズ Beatles, the 8, 398-400, 546, xxviii; 〈ミシェル〉と〈ストロベリー・フィールズ・フォーエヴァー〉 399
ヒーバート, ポール Hiebert, Paul 572, 573n
ヒューズ, ハワード Hughes, Howard XI
ヒューストン交響楽団 Houston Symphony 351, 516
ヒューム, ポール Hume, Paul VII
ヒューロック, ソル Hurok, Sol 498
ビューロー, ハンス・フォン Büllow, Hans von 128, 262, 610
ピョートル大帝 Peter the Great 210-1, 221, 225
ヒル, ジョージ・ロイ Hill, George Roy 596-7, xxxvi
ヒンデミット, パウル Hindemith, Paul VI, 165, 189-210, 232, 245, 262, 267, 313, 457, 474-5, 545, xiv-xv, xvii; 交響曲《画家マティス》(および同名の歌劇) 192, 545; 《ヴェーバーの主題による交響的変容》 192; ヴァイオリンと管弦楽のための《室内音楽》Op. 36, No. 3 191; 金管と弦楽のための《協奏音楽》Op. 50 192; ピアノ協奏曲 196; (テューバなど)管楽器のためのソナタ 190; ピアノ・ソナタ VI, 194-210, 474, xiv-xv: 〜第1番 193; 〜第3番変ロ調 193, 475n, xvii; 歌曲集《マリアの生涯》(新旧両版) 194-210, xv; 〜とヴェーベル

ン（比較図） 191; ～とシェーンベルク 210; ～とシュトラウス 195; ～とブルックナー 208-9

—フ—

ファニセロ，アネット Funicello, Annette 395-6
ファレル，アイリーン Farrell, Eileen 408-9
ファン・スヴィーテン男爵，ゴットフリート van Swieten, Baron Gottfried 343
フィッツジェラルド，エラ Fitzgerald, Ella 406
フィラデルフィア管弦楽団 Philadelphia Orchestra 104n, xi → ストコフスキー
フィリップス（レーベル）Philips 483n, 585, 587-8
フィリップス，ロバート（ボブ）・A・J Phillips, Robert (Bob) A. J. 515, 520-2, 524-5: 『カナダの北』 525
フィリップス・ギャラリー Philips Gallery VI
フィルハーモニア管弦楽団 Philharmonia Orchestra 352, 432, 438
フィルハーモニック・ホール → リンカーン・センター
フォークナー，ウィリアム Faulkner, William 240, 250
フォークマン，ベンジャミン Folkman, Benjamin 581
フォス，ルーカス Foss, Lukas xiii, xxiii: 《タイム・サイクル》 xxiii
フォール，エレン Faull, Ellen xiii
フォルケル，ヨハン・ニコラウス Forkel, Johann Nikolaus: 『バッハ伝』 iii
フォレスター，モーリーン Forrester, Maureen 408
フーガ（特定の作品名以外の言及） 31, 33, 40, 68, 70, 80, 88, 113, 167, 191, 193, 195, 231, 239, 241, 256-7, 299, 305-14, 387, 440, 445-8, 511, 526, 533, 570, 575, 579, 581, 605, 616-7: バッハの～ 13, 19-29, 195, 482, 583, iii, v, xxi
《フーガを書いてごらんなさい》→ グールド，グレン
ブクステフーデ，ディートリヒ Buxtehude, Dietrich 570
福谷明子 Fukuya, Akiko xxxv
プスール，アンリ Pousseur, Henri 283, 288, 566: バレエ音楽《エレクトラ》459
ブゾーニ，フェルッチョ Busoni, Ferruccio 21, 185-6, 188, iv, xiv
フックス，ヨハン・ヨーゼフ Fux, Johann Joseph 263, 400
プッチーニ，ジャコモ Puccini, Giacomo 185, 406, 536
プフィッツナー，ハンス Pfitzner, Hans 105, 189, 535
フライシャー，リオン Fleisher, Leon 330, 592
ブラウン，ローズマリー Brown, Rosemary xxxv: アルバム『音楽の降霊術』 584-8; 自伝『詩的で超常的な調べ』 xxxv
フラガナン，ラルフ Flanagan, Ralph 398
フラグスタート，キルステン Flagstad, Kirsten 449, 481
〈フラット＝フット・フルージー〉 "Flat-Foot Floogie" 287, xix
ブラッハー，ボリス 288
ブラームス，ヨハンネス Brahms, Johannes 36, 87-91, 107, 110-2, 128-9, 158-9, 207, 209, 241, 252, 254, 263, 309-10, 328, 352, 377, 379, 588, 600, 614, ix; 《大学祝典序曲》Op. 80 241; ピアノ協奏曲 89: ～第１番ニ短調 Op. 15 88-91, 352, 600, ix; ヴァイオリン協奏曲ニ長調 Op. 77 328; ピアノ四重奏曲（全３曲） 377; ピアノ五重奏曲へ短調 Op. 34 377; 間奏曲 159, 254; 変奏曲 36; 歌曲 158; ～とヴァーグナー 129, 252; ～の書いたカデンツァ 87; ～とシュトラウス 128-9
プーランク，フランシス Poulenc, Francis: オルガン協奏曲ト短調 400
フランク，セザール Franck, César 120: 《交響的変奏曲》 xxxvi
フランク，ベティ Frank, Betty 107
フランケンスタイン，アルフレッド Frankenstein, Alfred 464
ブーランジェ，ナディア Boulanger, Nadia 265, 281
フランス放送協会 ORTF (Office de Radiodiffusion-Télévision Française) 500, xxx

フリッチャイ，フェレンツ　Fricsay, Ferenc　458
プリンストン大学　Princeton University　162, 402n, 431
ブリテン，ベンジャミン　Britten, Benjamin　230, 245, 456, 535
フルシチョフ，ニキータ　Khrushchev, Nikita　215, 217, 221–2, 333, 339n, 544
ブルック，クライヴ　Brook, Clive　340–1
ブルックナー，アントン　Bruckner, Anton　43, 96, 107, 111, 124–5, 159, 180, 208–9, 261, 266, 286, 296, 323, 579; 交響曲第8番 WAB 108　96, 159; 弦楽五重奏曲ヘ長調 WAB 112　208; ミサ曲ホ短調 WAB 27　286; 〜とシュトラウス　111, 124–5; 〜のピアノ編曲　159; 〜とヒンデミット　209; 〜とマーラー　261
プレヴィン，アンドレ　Previn, André　545
プレヴォー，アンドレ　Prevost, André　327: 《ピュクノン》 328
フレスコバルディ，ジローラモ　Frescobaldi, Girolamo　578
ブーレーズ，ジャンヌ　Boulez, Jeanne　283
ブーレーズ，ピエール　Boulez, Pierre　104–5, 111, 264, 270–1, 278–86, 295–6, 394, xix; 《主人のいない槌》 282n; ピアノ・ソナタ第2番　271; 〜とヴェーベルン　271, 278; 〜の「シェーンベルクは死んだ」発言　270, 280, 296; 指揮者としての〜　295; 〜とストラヴィンスキー　270–1, 283; 〜とニューヨーク・フィルハーモニック　104, 282, 284, 295; 〜の伝記 → ペイザー
ブレスラー，チャールズ　Bressler, Charles　xxi
プレッサー，シオドア　Presser Theodore　613
ブレナンド，トム　Brennand, Tom　xx
ブレヒト，ベルトルト　Brecht, Bertolt　190
ブレンデル，アルフレート　Brendel, Alfred　43
フロイト，ジークムント　Freud, Sigmund　140, 461, 583
プロコフィエフ，セルゲイ　Prokofiev, Sergei　17, 189, 210, 213–4, 227, 236, 266, xv; 交響曲第5番変ロ長調 Op. 100　213, 236; ピアノ・ソナタ第7番変ロ短調 Op. 83「戦争」 213–4
ブローダー，ネイサン　Broder, Nathan　464
ブロッホ，エルンスト　Bloch, Ernst: 《シェロモ》 545
プロート，フレデリック（フレッド）　Plaut, Frederick (Fred)　viii
ブロート，マックス　Brod, Max　572, 573n
フンパーディンク，エンゲルベルト　Humperdinck, Engelbert　310

—へ—

ヘアウッド，ロード　Harewood, Lord　432, 435
ペイザー，ジョーン　Peyser, Joan: ブーレーズの伝記　280–6, xix
ペイザント，ジェフリー　Payzant, Geoffrey　xviii–xix, xxxvi–xxxvii: 『グレン・グールド、音楽、精神』 III, XI, 37n, 600–6, i, iv, xxxvi
ペイジ，ティム　Page, Tim　608–20, xxxvii
ベイヌム，エドゥアルト・ファン　Beinum, Eduard van　437
ベケット，サミュエル　Beckett, Samuel　250, 511
ベックウィズ，ジョン　Beckwith, John　288
ベートーヴェン，ルードヴィヒ・ヴァン　Beethoven, Ludwig van　VI, VIII, X, 13, 17, 30, 36, 43, 46–9, 54–80, 86–7, 89–92, 98, 116–7, 137, 154, 166–7, 172, 196, 210, 218, 221, 225, 231, 243, 251, 256, 276, 309–11, 313, 320, 323, 327, 334–5, 350–3, 357, 389, 455–6, 464, 482, 484, 486, 488, 491–3, 502, 511, 540, 545, 578, 586, 588, 591–3, 610–1, 611, 617–8, 620, ii, v–viii, xxiii, xxvii, xxix, xxxv; 交響曲　13, 166, vii–viii; 〜第1番ハ長調 Op. 21　49, 63, 92; 〜第2番ニ長調 Op. 36　56, 63, vi; 〜第3番変ホ長調 Op. 55「英雄（エロイカ）」 62, 67, 545; 〜第4番変ロ長調 Op. 60　56, 63; 〜第5番ハ短調 Op. 67　55, 57, 463, 578, 618, 620; 〜第5番のリストによるピアノ編曲　70–7, vii–viii; 〜第6番ヘ長調 Op. 68「田園」 56; 〜第7番イ長調 Op. 92　63, 70; 〜第8番ヘ長調 Op. 93　56, 70, 618; 〜第9番ニ短調 Op. 125「合唱付」 54, 218, 276, 323; 〜「ウェリントンの勝

利」Op. 91（「ワーテルローの会戦」交響曲）54, 66；《シュテファン王》序曲 Op. 117　55, 57, 66；　ヴァイオリン協奏曲ニ長調 Op. 61　55, 57, 64, 618；ピアノ協奏曲：89, 172, 352, viii；〜第 1 番ハ長調 Op. 15　77, 86-8, 353；〜第 2 番変ロ長調 Op. 19　77-9, 86, viii；〜第 3 番ハ短調 Op. 37　77, 86, 339, 350, 357；〜第 4 番ト長調 Op. 58　77, 86, 357, 591-3；〜第 5 番変ホ長調 Op. 73「皇帝」58, 60, 62, 350-7, 618；弦楽四重奏曲 13, vii；後期の〜 17, 55, 68, 116；Op. 18 の〜全 6 曲（第 1 番から第 6 番）56, 620；Op. 59 の〜全 3 曲（「ラズモフスキー」）67；〜第 11 番ヘ短調 Op. 95「セリオーソ」56, 58, 62；〜第 14 番嬰ハ短調 Op. 131　55, 68；第 15 番 Op. 132　55, 59, 61；《大フーガ》変ロ長調 Op. 133　68-70, 98, 511, 618, 620；ヴァイオリン・ソナタ第 10 番ト長調 Op. 96 xxvii；ピアノ・ソナタ 13, 55, 62, 67-8, 311, 620；Op. 2 の〜全 3 曲（第 1 番から第 3 番まで）46；〜第 5 番ハ短調 Op. 10, No. 1　63；〜第 6 番ヘ長調 Op. 10, No. 2　48；〜第 8 番ハ短調 Op. 13「悲愴」62-4；〜第 9 番ホ短調 Op. 14, No. 1　vi；〜第 10 番ト長調 Op. 14, No. 2　vi；〜第 11 番変ロ長調 Op. 22 618；〜第 12 番変イ長調 Op. 26　618；〜第 14 番嬰ハ短調 Op. 27, No. 2「月光」56, 62-4, 618, vi-vii；〜第 15 番ニ長調 Op. 28「田園」62, 618；Op. 31 の〜全 3 曲（第 16 番，第 17 番，第 18 番）56；第 17 番ニ短調「テンペスト」xxiii；〜第 21 番ハ長調 Op. 53「ヴァルトシュタイン」62, 618；〜第 23 番ヘ短調 Op. 57「熱情」55, 57, 62-5, 610, vi-vii；第 24 番嬰ヘ長調 Op. 78「テレーゼ」ii；〜第 26 番変ホ長調 Op. 81a「告別」56-7, 61, 63, 70；〜第 28 番イ長調 Op. 101 46, 70, 618-9；〜第 29 番変ロ長調 Op. 106「ハンマークラヴィーア」68；〜第 30 番ホ長調 Op. 109　46, 68-70, 323, vii；〜第 31 番変イ長調 Op. 110　68-70, 251, vii；〜第 32 番ハ短調 Op. 111 68-70, 137, vii；変奏曲 36：創作主題

による三十二の〜ハ短調 WoO. 80　30；創作主題による六つの〜ヘ長調 Op. 34 618；十五の変奏曲とフーガ変ホ長調 Op. 35（《エロイカ変奏曲》）30；バガテル Op. 126　277：《ミサ・ソレムニス》ニ長調 Op. 123　47；批評家や批評に対する〜の発言 334-5；〜のスケッチ帳 502；〜のソヴィエト連邦での人気 218；「ベートーヴェン展」（ゲルフ）vi

ペトリロ，ジェイムズ　Petrillo, James　579

ベネット，リチャード・ロドニー　Bennett, Richard Rodney　586

ベリオ，ルチアーノ　Berio, Luciano　105, 288：《シンフォニア》104

ベル，アレグザンダー・グラハム　Bell, Alexander Graham　xxxiii

ベルイマン，イングマール　Bergman, Ingmar　495：『魔笛』53

ベルク，アルバン　Berg, Alban　160, 194, 238, 242, 245, 251-4, 261, 267, 271, 442, 619, xv, xvii；歌劇《ヴォツェック》Op. 7 154；〜《ルル》243；四つの小品 Op. 5 160；ピアノ・ソナタ Op. 1　251-4, 261, xvii；《アルテンベルク歌曲集》Op. 4 619；歌曲〈私の両目を閉ざしてください〉194；〜とアイヴズ 238, 242；〜とクシェネク 245；〜とシェーンベルク 160, 251-2, 261

ペルゴレージ，ジョヴァンニ・バッティスタ　Pergolesi, Giovanni Battista：協奏曲 80

『ベル・テレフォン・アワー』498, 536n

ベルリオーズ，エクトル　Berlioz, Hector 95, 221, 468

ベルリン・フィルハーモニック　Berlin Philharmonic　→カラヤン

ヘンゼルト，アドルフ・フォン　Henselt, Adolf von　ix：ピアノ協奏曲ヘ短調 94

ベンソン＝ガイ，エリザベス　Benson-Guy, Elizabeth　xxi

ヘンダーソン，ウィリアム・ジェイムズ　Henderson, William James　X

ヘンツェ，ハンス・ヴェルナー　Henze, Hans Werner　264, 535, xiii：《若い恋人たちへのエレジー》535；木管五重奏曲 535

ヘンデル，イダ　Haendel, Ida　xxii
ヘンデル，ゲオルク・フリードリヒ　Handel, George Frideric　18, 70, 165, 221, 405, 408, 410, 570, 576; オラトリオ《メサイア》 405; 〈私を泣かせてください〉(歌劇《リナルド》より) 408n, 410; 〈感謝の歌〉(オラトリオ《エジプトのイスラエル人》所収のジークフリート・オックス Siegfriet Ochs, 1858-1929, の作) 408n
ペントランド，バーバラ　Pentland, Barbara: 《影ぼうし》 xviii

—ホ—

ホイットニー，ヘレン　Whitney, Helen　xxxi
ホーウッド，ハロルド　Horwood, Harold　528
ホガース，A・デイヴィッド　Hogarth, A. David　587
ホーキンズ，ジャック　Hawkins, Jack　340-1
ボーグ，ヴィクター　Borges, Victor　407, xxiii
細川周平　Hosokawa, Shuhei　xxix
細川晋　Hosokawa, Susumu　xxxvi
ボック，フェードア・フォン　Bock, Fedor von　213
ボトキー，アーウィン　Bodky, Erwin: 『バッハの鍵盤曲の解釈』 37-41, iv
ボードレール，シャルル　Baudelaire, Charles　36, iii: 『悪の華』 37n, iv
ホフマン，ジェイ　Hoffman, Jay　440
ホフマンスタール，フーゴー・フォン　Hofmannsthal, Hugo von　129, 310
ホーホマイスター，ヘルベルト・フォン（グールドの筆名） Hochmeister, Herbert von (pseudonym)　→ グールド
ボルゲ → ボーグ
Holst, Gustav, 566: 組曲《惑星》 367
ポールター，アイリーン　Poulter, Eileen　410
ボルティモア交響楽団　Baltimore Symphony Orchestra　ix
ボールト，サー・エイドリアン　Boult, Sir Adrian　190, 477
ボルヘス，ホルヘ・ルイス　Borges, Jorge Luis　407
ボレッツ，ベンジャミン　Boretz, Benjamin　290
ホーレンシュタイン，ヤッシャ　Horenstein, Jascha　103
ホロヴィッツ，ヴラディミール　Horowitz, Vladimir: アルバム『歴史的復帰』*An Historic Return*　ii, xv
ボロディン，アレクサンドル　Borodin, Alexander　240
ホーン，マリリン　Horne, Marilyn　536

—マ—

マイヤーズ，ポール　Myers, Paul　xxxiv
マウント・アリソン大学　Mount Allison University　xviii
マーカス，レナード　Marcus, Leonard　238, 345-51
マクミラン，サー・アーネスト　MacMillan, Sir Earnest　xvi, xviii
マクミラン・レクチャーズ　MacMillan Lectures　xiii, xvi
マクラレン，ノーマン　McLaren, Norman　363
マグリーヴィ，ジョン　McGreevy, John　i: 「グレン・グールドのトロント」(シリーズ番組『都市』) xxxiii
マクリス，ジョゼフ　Machlis, Joseph　xiii
マクリーン，ウォリー　Maclean, Wally　515, 525
マクリーン，エリック　McLean, Eric　325, 328, xxii
『マクリーンズ』誌　*Maclean's*　xxviii
マクルーア，ジョン　McClure, John　432, 445, 447, 453, viii
マクルーハン，マーシャル　McLuhan, Marshall　XI, 94, 294-5, 363, 417, 423, 426n, 432, 458, 463, 466, 472, 481, 497, 501-2, ii, xxiii: 『グーテンベルクの銀河系』 423; 地球村　466; 部族主義　426
マーシャル，ロイス　Marshall, Lois　xv
マーシュ，ジェーン　Marsh, Jane　326
マゼール，ロリン　Maazel, Lorin　103, 406
マッカーシー，ジョゼフ　McCarthy, Joseph　213
マッセイ・ホール　Massey Hall　371n, xiii-xiv
マッケンジー，デル　McKenzie, Del　364
マデルナ，ブルーノ　Maderna, Bruno　590
マニス，ハリー　Mannis, Harry　503

マーラー＝ヴェルフェル，アルマ（未婚時はシンドラー） Mahler-Werfel, Alma (née Schindler) 106, 184
マーラー，グスタフ Mahler, Gustav 15–6, 103–8, 125, 141–3, 154, 183–4, 228, 260–1, 288, 323, 344, 364, 455, 612, x, xxxiii; 交響曲 103, 105: 〜第2番ハ短調「復活」 95, 104; 〜第8番変ホ長調「一千人の交響曲」 104, 344; 第10番嬰ヘ短調（未完）103, 125; ピアノ四重奏曲（断片） 261; カンタータ《嘆きの歌》 104; 歌曲集《子どもの不思議な角笛》 104–5, 455; 〜とシェーンベルク 141–2; ド・ラ・グランジュによる〜の事典解説 288; 同前による〜の伝記（グールドの書評） 103–8, x; ピアノ曲やピアニズムの欠如 260–1, 612
マルクス，グルーチョ Marx, Groucho 185
マルコム，ジョージ Malcolm, George 389
マルタン，フランク Martin, Frank 190, 381, 458: 小協奏交響曲 458
マルツィ，ヨハンナ Martzy, Johanna 329
マルリアーヴ，ジョゼフ・ド Marliave, Joseph de 68, 309–10
マルロー，アンドレ Malraux, André 94, 465: 『沈黙の声たち』 465
マレク，ジョージ Marek, George 432–3, xxvi
マン，トーマス Mann, Thomas 47, 68, 114, 184, 250, 283; 『ファウスト博士』とシェーンベルク 184; 『トニオ・クレーゲル』 47; 『ヴェルズングの血』 284
マンハッタン・センター Manhattan Center 355–6, xvi

—ミ—

三浦淳史 Miura, Atsushi xii, xxi, xxvi
ミカルスキー，エド Michalski, Ed 359–60
ミード，マーガレット Mead, Margaret 477
宮澤淳一 Miyazawa, Junichi II, i, iii, v, vii, ix, xi, xxi, xxvii, xxxvi
ミャスコフスキー，ニコライ Miaskovsky, Nikolai 194, 212, 230–1, 309–10, 313; ピアノ・ソナタ第1番ニ短調 Op. 6 231
ミューザック Muzak 348, 468
『ミュージカル・アメリカ』誌 *Musical America* xvi, xxi, xxvii, xxxii; 『ハイ・フィデリティ』誌との関係 xvi
『ミュージック』誌 *Music* vi
ミュラー，オットー＝ウェルナー Mueller, Otto-Werner 328
ミュンヒンガー，カール Münhinger, Karl 579n, vi
ミヨー，ダリウス Milhaud, Darius 185, 245, 265
ミラー，ヘンリー Miller, Henry 318
ミルシテイン，ナタン Milstein, Nathan 258

—ム—

ムーア，ヘンリー Moore, Henry 553, xxxiii
ムソルグスキー，モデスト Mussorgsky, Modest 211, 226, 231, 410, 438, 466; 組曲《展覧会の絵》 438; 歌曲集《日の光もなく》 410
ムック，カール Muck, Karl 106
ムッソリーニ，ベニト Mussolini, Benito 374

—メ—

メシアン，オリヴィエ Messiaen, Olivier 190, 264, 283, 286, 500; 《われ死者の復活を待ち望む》 500; 〜とブーレーズ 283, 286
メータ，ズービン Mehta, Zubin 539–40
メトロポリタン・オペラ・カンパニー Metropolitan Opera Company 317
メニューイン，ダイアナ Menuhin, Diana 390, xxvii
メニューイン，ヘプツィバ Menuhin, Hephzibah 389, 586
メニューイン，ユーディ Menuhin, Yehudi 386–92, v, xxvii
メーヘレン，ハンス・ファン Meegeren, Hans van 451–3: グールドの提唱するファン・メーヘレン症候群 451–5, 470
メルキュール，ピエール Mercure, Pierre 265
目のための音楽（アウゲンムジーク） Augenmusik 18, 67, 161
メンゲルベルク，ウィレム Mengelberg, Willem 49, 95, 104, 109, 342, 406
メンデルスゾーン，ファニー Mendelssohn, Fanny 210, 225
メンデルスゾーン，フェリックス

Mendelssohn, Felix　47, 60, 70, 92, 95, 111-2, 119-21, 123, 125, 129, 208, 225, 309-10, 318, 343, 388, 400, 452, 500, 535, 545, 570, 573-4, 611-2, 614；　交響曲第４番イ長調 Op. 90「イタリア」　500；　ピアノ協奏曲第１番ト短調 Op. 25　92；　オラトリオ《聖パウロ》Op. 36　47, 574；　～の作曲した讃美歌　400；　～とシュトラウス　111, 123, 129；　バッハの擁護者としての～　343, 570

―モ―

モア，リチャード　Mohr, Richard　432, 438, 446, 448, 452
モーグ, ロバート　Moog, Robert　580：　～とモーグ・シンセサイザー　103, 405, 578-84, xxxiv
モシュコフスキ，モーリッツ　Moszkowski, Moritz　94, 565：ピアノ協奏曲ホ長調　94
モウズリー, ピーター　Moseley, Peter　362, 364-5
モソロフ，アレクサンドル　Mosolov, Aleksandr:《鉄工場》　227
モーツァルト，レオポルト　Mozart, Leopold　44n
モーツァルト，ヴォルフガング・アマデウス　Mozart, Wolfgang Amadeus　VI, X, 8, 41-54, 78, 80, 85-7, 92, 109, 115, 136, 154, 165-8, 172, 271, 309, 441, 464n, 467, 474-5, 484, 486, 490-2, 509-10, 571-2, 578n, 597, 609, 611-2, 617, iv-v, xxiii, xxvi；　歌劇　509；　～《フィガロの結婚》K. 492　53, 78；　～《ドン・ジョヴァンニ》K. 527　53；　～《魔笛》K. 620（映画版）　53；　交響曲：　～第１番変ホ長調 K. 16　44-5 and n.；　～第40番ト短調 K. 550　44, 52；　ピアノ協奏曲　41-2, 51, 80, 85-7, 172：　～第21番ハ長調 K. 467　86；　～第24番ハ短調 K. 491　41, 42n, 43, 165-8, v, xiii-xiv；　～第27番変ロ長調 K. 595　41；　ピアノ曲　441, 617；　変奏曲　41；　ピアノ・ソナタ　X, 41-54, 510：　～全集の企画　42, v, 617；　初期の～　44-5, v；　～第３番変ロ長調 K. 281　475n, xv；　～第６番ニ長調 K. 284　45；「パリ・ソナタ」（第８番と第10-13番）　42, 571；　～第８番イ短調 K. 310　42n；　～第10番ハ長調 K. 330　42n；　～第11番イ長調 K. 331「トルコ行進曲付き」　42n, 50-1, 484, 490-2, v；　～第12番ヘ長調 K. 332　42；　～第13番変ロ長調 K. 333　42n, 48-9；　～第16番変ロ長調 K. 570　617；　～第17番ニ長調 K. 576；　～第18番ニ長調 K. 576　43；　幻想曲とフーガハ長調 K. 394　8, i, xxiii；〈ハレルヤ〉（モテト《踊れ、喜べ、幸いなる魂よ》K. 165 より）92；　～と電気掃除機　8；　モーストリー・～・フェスティヴァル　609
モラヴェッツ，イワン　Moravec, Ivan　592
モラヴェッツ，オスカー　Morawetz, Oskar　264, xviii：　幻想曲ニ短調　266-7, xviii
モレル，フランソワ　Morel, Francois　264
モロトフ，ヴァチェスラフ　Molotov, Vyacheslav　213
モンサンジョン，ブリューノ　Monsaingeon, Bruno　41-54, ii, iv-v, xxv, xxx
モンテヴェルディ，クラウディオ　Monteverdi, Claudio　14-5, 17, 98, 140, 399；　歌劇《オルフェオ》　98
モンドリアン，ピート　Mondrian, Piet　261
モントリオール弦楽四重奏団　Montreal String Quartet　xx
『モントリオール・スター』紙　*Montreal Star*　325, xxii

―ヤ―

ヤマハ　Yamaha　XII
ヤング，ユージン　Young, Eugene　529
ヤング，ラ・モンテ　Young, La Monte:《亀、その夢と旅》　291-2

―ヨ―

ヨッフム，オイゲン　Jochum, Eugen　545

―ラ―

ライト，イノック　Light, Enoch　432, 437, 468
ライヒ，スティーヴ　Reich, Steve　xxxvii
『ライフ』誌　*Life*　524, xxv
ライヤソン・ポリテクニカル・インスティテュート　Ryerson Polytechnical Institute　xxxi

ライリー，テリー　Riley, Terry:《C で》293–6, xx
ラインスドルフ，エーリッヒ　Leinsdorf, Erich　103, 498
ラインベルガー，ヨーゼフ　Rheinberger, Joseph　192
ラヴェル，モーリス　Ravel, Maurice　185, 260, 262, 504, 536, 602;《ラ・ヴァルス》(グールド編曲)　602
ラグルズ，カール　Ruggles, Carl　260
ラッセル，ケン　Russell, Ken　183
ラッセル，テッド　Russell, Ted　528
ラフマニノフ，セルゲイ　Rachmaninoff, Sergei　80, 217, 229, 351, 468, 536, 585–8
ラモンターニュ，ピエール　Lamontagne, Pierre　546–7
ラモンターニュ，マリ　Lamontagne, Marie　546, 548
ランツマン，ヴラジーミル　Lancman, Vladimir　328
ランドフスカ，ワンダ　Landowska, Wanda　380

— リ —

リー，ペギー　Lee, Peggy　407
リーコック，スティーヴン　Leacock, Stephen　240
リスト，フランツ　Liszt, Franz　17, 70–7, 89, 92, 96, 102, 112, 166, 183, 260, 268, 319, 576, 585, 586n, 587–8, 602, 611, vii–viii, ix, xxxv; ～によるベートーヴェンの交響曲第５番のピアノ編曲　70–7; ピアノ協奏曲　89, 166: ～第１番　92
リッベントロップ，ヨアヒム・フォン　Ribbentrop, Joachim von　213
リトル，カール　Little, Carl　xv
リーバーソン，ゴダード　Lieberson, Goddard　432, 439, 441, 457, 464
リバティ，トーマス　Liberti, Thomas　xx
リヒター，ハンス　Richter, Hans　358
リヒテル，スヴャトスラフ　Richter, Sviatoslav　438–9, 536–7, v
リーブマン，ロン　Leibman, Ron
リムスキー＝コルサコフ，ニコライ　Rimsky-Korsakov, Nikolai　154, 232, 586
リルケ，ライナー・マリア　Rilke, Rainer Maria　198, 201–2, 206, 250
リンカーン・センター　Lincoln Center　92, 389, 432; ～のフィルハーモニック・ホール（現在のデイヴィッド・ゲフィン・ホール）Philharmonic Hall (now David Geffen Hall)　436, 497
リンゴ・ジェイムズ　Ringo, James　239

— ル —

ルイス，シンクレア　Lewis, Sinclair　240
ルケイン，ヒュー　LeCaine, Hugh　541
ルーセル，アルベール　Roussel, Albert　189
ルター，マルティン　Luther, Martin　17, 155, 172, 222, 343, 571
『ルック』誌　*Look*　524, xxv
ルビンシテイン，アントン　Rubinstein, Anton　310
ルービンシュタイン，アルトゥール　Rubinstein, Arthur　370–9, 604, xxiv, xxv–xxvi; ～の自伝　xxvi
ルービンシュタイン，ジョン　Rubinstein, John　xxvi
ルモワンヌ，ジャン　Le Moyne, Jean　53, 378, 476

— レ —

レイボヴィッツ，ルネ　Leibowitz, René　271, 278, 283;《メタファーの説明》278
レイン，クレオ　Laine, Cleo　406
レインズ，クロード　Rains, Claude　xi
レヴィンガー，ヘンリー　Levinger, Henry　xii
レヴァント，オスカー　Levant, Oscar　185
レヴェル，ヴィルヨ　Revell, Viljo　552
レーガー，マックス　Reger, Max　88, 95, 151, 194, 196, 230, 267, 274, 313, 398; ピアノ協奏曲へ短調 Op. 114　196
『レコード芸術』　*Record Geijutsu*　xxix
レジストレーション　registration　28, 40; 音栓選択《レジストレーション》　409, 579, 580; 音色選び《レジストレーション》　584
レスピーギ，オットリーノ　Respighi, Ottorino　535; 交響詩《ローマの松》590
レディ，ヘレン　Reddy, Helen　407
レーデブール，フリードリッヒ　Ledebur, Friedrich　596
レノックス，E・J　Lennox, E. J.　552

— ロ —

ロイヤル音楽院 Royal Conservatory of Music (Toronto) VI, 244, 269, 591, i, xviii
ロイヤル・アルバート・ホール Royal Albert Hall 191, 391
ロウ, フレデリック Loewe, Frederick 545
ロウ, ペニー Rowe, Penny 528
ロス, アレグザンダー Ross, Alexander xxviii
ロススタイン, エドワード Rothstein, Edward XII
『ローズマリーの赤ちゃん』 xxxv
『ローズマリーの霊感』→ ブラウン
ロスラック, ロクソラーナ Roslak, Roxolana xv
ローズ, レナード Rose, Leonard 545
ローゼンフェルド, ポール Rosenfeld, Paul 122–3
ローゼンマン, レナード Rosenman, Leonard 468: 『蜘蛛の巣』の音楽 469
ロッシーニ, ジョアッキーノ Rossini, Gioacchino 225, 537: 歌劇《セミラーミデ》 536
ロッジ, サー・オリヴァー Lodge, Sir Oliver 374
ロッツ, ジェイムズ Lotz, James 515, 524–5: 『北の現実』 525
ロディ, ジョゼフ Roddy, Joseph xxvi
ロートナー, ロイ Lautner, Lois 187
ロバーツ, ジョン Roberts, John P. L. 362, i, vii, ix
ロバーツ, レイ Roberts, Ray III
ローベル, カート Loebel, Kurt xx
ローレ, チプリアーノ・デ Rore, Cipriano de 22
ロンドン (英国) London (U. K.) 188, 390, 402, 404, 438, 559, 572, 574, 576n, 585, 586n, xxxv
ロンドン交響楽団 London Symphony Orchestra 352n
ロンドン・レコード London Records →デッカ=ロンドン

— ワ —

ワイセンベルク → ヴァイセンベルク
ワイルダー, ビリー Wilder, Billy: 『わが町』 514
『わが町』→ ワイルダー
ワインツヴァイグ, ジョン Weinzweig, John 265: 《交響的頌歌》 545
和田則彦 Wada, Norihiko xxxv
ワッツ, アンドレ Watts, André 480–4, 486, 493

出典と解題

本著作集に収録されたそれぞれのテキストの出典，その位置づけや，その成立に関連する伝記的事実，本文に記載しきれない規模の注釈等を以下に記す（いくつかのテキストについては，その概要にも触れる）．出典のデータは原書での記述を修正している．アーカイヴとは，オタワのカナダ国立図書・資料館（Library and Archives Canada）に存在するグレン・グールド・アーカイヴ（The Glenn Gould Archive; Glenn Gould Fonds）を指す．**『書簡集』**は，ジョン・ロバーツとギレーヌ・ゲルタン編『グレン・グールド書簡集』宮澤淳一訳（みすず書房，1999年）を，**『発言集』**は，ジョン・ロバーツ編『グレン・グールド発言集』宮澤淳一訳（みすず書房，2005年）を，**『変奏曲』**は，ジョン・マグリーヴィ編『グレン・グールド変奏曲』木村博江訳（東京創元社，1986年）を，**『語る』**はジョナサン・コット『グレン・グールドは語る』宮澤淳一訳（ちくま学芸文庫，2010年）を指す．その他の関連書等は，その都度記している．（訳者）

1　卒業生に贈る言葉（祝辞・1964年）

“Advice to a Graduation,” delivered for Royal Conservatory of Music at Convocation Hall, University of Toronto, November 11, 1964.

1964年11月11日（水），トロント大学コンヴォケーション・ホールで行なわれたロイヤル音楽院の卒業式（修了式）で読まれた祝辞．同音楽院の機関誌 *RCM Bulletin* の1964年クリスマス号に再録され，死後，同音楽院の機関誌 *CanNotes* に再々録された．Glenn Gould, “Address to a Graduation,” *CanNotes* 3, no. 5 (March 1983): 2–3.

グールドは，「しわくちゃでだぶだぶのスーツに赤いローブをまとって」舞台に立った（翌日の『トロント・デイリー・スター』紙）．アーカイヴに残る原稿の削除された最初の段落にはこう書かれている——「皆さんが今お座りの場所に私が座っていたときから20《ママ》年がたったことを認めるのは，私にとって少々つらいものがあります．当時私が属していたクラスに，この壇上から向けられた言葉が何ひとつ私の中に残っていないし，皆さんに伝える私の言葉が同じ歳月にもっと寛大に扱われる理由もありません．このことを認めるのはかなり屈辱的な体験です」．かつて14歳だった1946年10月28日にグールドは同じホールでアソシエイトの修了認定を得たのである．

「ポジティヴな思考の危険」を説き，「ネガティヴなもの」を意識し続けることを提案するという異例の祝辞である．少年時代の電気掃除機のエピソードへの接続によって，想像力を発揮するとはいかなることかを語るが，このエピソードは1970年放映のテレビ番組『よい聴き手』でも取り上げられる．*The Well-Tempered Listener*, CBC telecast, March 22, 1970; published as Glenn Gould and Curtis Davis, “The Well-Tempered Listener,” in *Glenn Gould: Variations*, edited by John McGreevy (Toronto and New York: Double Day, 1983), 275–76.——グレン・グールド，カーティス・デイヴィス「平均律リスナー」，『変奏曲』所収，338–9頁該当．このエピソードをめぐる考察は以下2点を参照．ペイザント『グレン・グールド，音楽，精神』宮澤淳一訳（音楽之友社，2007年），第3章と第5章．宮澤淳一『グレン・グールド論』（春秋社，2004年）．なお，エピソードで言及されたモーツァルトの幻想曲とフーガ K. 394 には1958年1月の録音がある（Columbia

ML 5274, rel. 1958).
アーカイヴに残る3段階のタイプ稿のうち，最初と2番目は次の一言で結ばれている――「申し上げなくてはならないことは，以上です．あとは皆さんの幸運を祈念します．ありがとう」．

2　バードとギボンズ（アルバム解説・1971年）

"William Byrd and Orlando Gibbons," liner notes for CBS M 30825, rel. September 29, 1971.

英国の作曲家ウィリアム・バード（1540–1623）とオーランド・ギボンズ（1583–1625）の作品を集めたグールド唯一のアルバム（ジャケットの名称は*A Consort of Musicke Bye William Byrde and Orlando Gibbons*）にみずから寄せた解説である．アルバムにはヴァージナル（16世紀にイングランドでよく用いられた小型のハープシコード）のために書いたとおぼしき計8曲（バード5曲，ギボンズ3曲）が収められている．1967年5–6月に3曲，1968年8月に2曲，1969年8月に1曲がニューヨークの三十丁目スタジオで，1971年4月に2曲がトロントのイートン・オーディトリアムで収録された．1971年9月発売．日本では，1972年7月発売（CBS/Sony SOCO 3）．「洋琴グレン・グールド エリザベス王朝期のヴァージナル名曲選」のオビが付された．日本盤には音楽学者金子篤夫訳の解説が譜例つきで掲載された（本著作集でも同じ箇所の譜例を掲載する）．

DEWライン・システム（14頁）とは，冷戦時代のカナダ北部に東西に広く置かれた「遠距離早期警戒レーダー網」．ソ連からの攻撃をいちはやく察知するために米国と共同で設置された．グールドと親交のあったメディア論者マーシャル・マクルーハン（1911–1980）は，この「DEWライン・システム」を，見えない環境的変化（電子メディアの到来が人間に及ぼす変化）をいちはやく察知する能力の比喩として好んで用いた．グールドはバードの〈セリンジャーのラウンド〉の「変ロ音」を「別の記号体系の出現を知らせる警報」と述べた．

ブリューノ・モンサンジョンによれば，この作品集はグールドが最も愛した自作のアルバムだという（1988年5月18日，アムステルダムでの訳者との談話）．

3　ドメニコ・スカルラッティ（番組解説・1968年）

"Domenico Scarlatti," script for *CBC Thursday Music*, CBC broadcast, February 8, 1968.

1968年2月8日（木）のラジオ放送『CBC木曜日の音楽』（*CBC Thursday Music*）で用いられた台本より．番組ではドメニコ・スカルラッティ（1685–1757）のソナタから2曲――ニ長調K. 430 (L. 563)，ソナタト長調K. 13 (L. 486）が放送された（続く曲目は，カール・フィリップ・エマヌエル・バッハのソナタイ短調Wq. 49 No. 1，スクリャービンのソナタ第3番嬰ヘ短調Op. 23，ベートーヴェンのソナタ第24番嬰ヘ長調Op. 78「テレーゼ」だった）．グールドはこれら2曲を同年1月30日にニューヨークの三十丁目スタジオで録音していた．ヴラディミール・ホロヴィッツが公開演奏に復帰した1965年5月9日のリサイタルを収め，同年に発売された実況盤『歴史的復帰』（*An Historic Return*）のパロディ盤をグールドは発案し，その曲目として収録したものであったらしい（『書簡集』194頁および234頁参照）．この企画は実現しなかったが，構想は変容し，1980年11月発売のグールドの録音契約25周年の記念盤『グレン・グールド・シルヴァー・ジュビリー・アルバム』（*The Glenn Gould Silver Jubilee Album*, M2X 35914）にラジオ番組風の創作ドラマ『グレン・グールド・ファンタジー』（*A Glenn Gould Fantasy*）が生まれた．

4 バッハのフーガの技法（楽譜の序文・1972年）

"Art of the Fugue," introduction to Book 1 of Bach's *The Well-Tempered Clavier* (New York: Amsco Music Company, 1972), ii-xiii.

1972年，ニューヨークの楽譜・音楽教材の出版社アムスコ・ミュージック・カンパニーが出版したヨハン・ゼバスチャン・バッハ（1685–1750）の《平均律クラヴィーア曲集》第1巻に寄せた序文である（同年出版の第2巻にも同じ序文が付された）．運指の付された楽譜本体は典拠不明の普及版で，少なくともグールドは校訂等に関わっていないと思われる．

この序文の内容は，バッハのフーガや彼の音楽の本質をめぐるグールドの理解を凝縮したものである．若い頃のフーガの「ぎこちない試み」に始まり，「時代錯誤的な究極の試み」に向かって進んでいったバッハのフーガ探求の軌跡を示し，その中間に位置する《平均律クラヴィーア曲集》全2巻が「線的な継続性と，和声的な安定感との調和を成し遂げ」た「驚くほど多種多様なこの作品集」であることを説き，いくつかのフーガの技法的な特徴を例示する．加えてグールドが忘れないのは，これらの曲がさまざまな編曲で演奏可能であることの指摘である．つまり，バッハの音楽の「特定の響きに見事に無頓着である」ことが「バッハの普遍性を強調する魅力」であり，ピアノで演奏することの正当性の議論が導かれ，ピアノを扱う際の注意点にも触れ，この楽譜を手にするであろうピアノ学習者を啓発する文章になっている．

アーカイヴには，それぞれの巻の解説ページの複写と，タイプ稿，校正刷が残るだけで，この企画の成立の経緯に関わる資料は見つかっていない．

5 バッハの《ゴルトベルク変奏曲》（アルバム解説・1956年）

"The 'Goldberg' Variations," liner notes for Columbia ML 5060, rel. January 1956.

グールドのデビュー盤《ゴルトベルク変奏曲》に本人が寄せた解説である．演奏は1955年6月10日，14–16日にニューヨークの三十丁目スタジオで収録され，アルバムは翌56年1月3日に米国とカナダで発売された．

この「鍵盤作品の金字塔のひとつ」の由来の説明には誤解がうかがえる．不眠に悩むロシア帝国の在ザクセン大使ヘルマン・カール・フォン・カイザーリンク伯爵（1696–1764）の求めで書かれ，バッハの弟子ヨハン・ゴットリープ・ゴルトベルク（1727–56）が弾いたとされるエピソードは，有名なフォルケル『バッハ伝』（1802年）に基づく．これにあたれば明らかなように，伯爵の求めたのはあくまで「自分が眠られない晩に少しは元気づけられそうな，穏やかでいくらか陽気な調子のクラヴィーア曲」（『バッハの生涯と芸術』，柴田治三郎訳，岩波文庫，1988年，151頁）であって，直接に眠気を誘う「睡眠薬」ではなかった（宮澤淳一『グレン・グールド論』154頁以降）．

解説全体は，作品が主題のバスの動きから発展するパッサカリア変奏であることに基づき，「建造物」としての30の変奏を概観するものである．米国のハープシコード奏者・音楽学者ラルフ・カークパトリック（1911–84）の引用があるように，この解説はカークパトリック版（New York: Schirmer, 1938）の楽譜に付された解説に多くを拠っている（この楽譜は若き日のグールドが所有し，録音にも用いたもので，アリア第11小節の有名な上から下へのアルペッジョを含め，装飾音の多くの根拠もこれに見出すことができる）．

グールドはこの「鋭敏で小気味よい作品」に，完結性への憧れや主知主義的な超越願望を託し，「終わりも始まりもない，真のクライマックスも真の解決もない音楽」であるとし，ボードレール

に言及して,「気ままな風の翼にそっと休らっている」音楽だと形容する.『悪の華』(1857年)の「恋人たちの酒」(Le vin des amants)の9行目と10行目の大意を表現したものである.

アーカイヴには3段階のタイプ稿が残る.最終稿とおぼしきものには,途中に手書きの譜例が貼付されている.曲名はどの稿でもThe Goldberg Variationsと引用符なしの立体で綴られる.

1956年発売の初の日本盤(日本コロンビア WL-5235)には掛下英一郎訳が掲載された.

6 ボトキーのバッハ論(『バッハの鍵盤曲の解釈』の書評・1960年)

"Bodky on Bach," review of *The Interpretation of Bach's Keyboard Works* by Erwin Bodky (Cambridge: Harvard University Press, 1960), *Saturday Review* 43, no. 48 (November 26, 1960): 48–50.

ドイツ出身の米国の音楽学者で鍵盤奏者アーウィン・ボトキー(1896–1958)の遺著『バッハの鍵盤曲の解釈』(ハーバード大学出版局,1960年)の書評.ボトキー(ボドキーとも表記)は,12歳でピアニストとしてデビューし,のちにフェッルッチョ・ブゾーニにもピアノを師事した(リヒャルト・シュトラウスに作曲も学ぶ).主にピアニストとして演奏・教授にあたったが,初期鍵盤楽器の演奏にも関心を寄せるようになる.オランダを経て1938年に渡米し,ロンジー音楽院,ブランダイス大学で音楽史を教え,演奏・研究を続けた.当該書は,バッハの主要な鍵盤曲を取り上げて,それらを各種の楽器で実際に演奏するときの強弱,テンポ,装飾音,リズム変化,アーティキュレーション,象徴性等の問題を総括する著作であり,ハープシコードやクラヴィコードのために書かれた作品をいかに現代ピアノに移し替えるかという問題の探求が眼目となっている.邦訳はアーウィン・ボドキー『バッハ鍵盤曲の解釈』千倉八郎訳(音楽之友社,1976年)である.

グールドはボトキーの実証的・分析的な労作を讃えつつ,自分の主張を持ち込む.すなわち,「バッハの対位法の中心は和声」にあるため,主題と旋律線の流れの「解釈」を扱うだけでは不十分で,「和声の動きが着実に送り出す脈動」がコントロールする「段丘状の強弱の選び方,装飾音の不協和な鳴らし方,リズム音型を対比させるアーティキュレーション」といった「和声的な配慮の調整」に注意を払い,また「転調上の構想」に目を向けることの重要性を説く.

さらにグールドは,バッハの鍵盤曲演奏における楽器選択の問題について,モダン・ピアノを使う場合のボトキーの特殊な提案にやんわりと異議を唱えている.

なお,バッハの名を数字に置き換えたときの総数の計算に関するグールドの困惑について,編者はジェフリー・ペイザントの『グレン・グールド,音楽,精神』にあたるように注釈している.計算違いの理由は,古いドイツ語ではアルファベットのIとJは同一の文字としてともに9番目にあたることをグールドが知らなかったためであった(Geoffrey Payzant, *Glenn Gould, Music and Mind*, New York: Van Nostrand Reinhold, 1978, 143.——邦訳,269–70頁).

この書評の掲載誌『サタデー・レヴュー』(1920–1987)はニューヨークで発行されていた文芸誌で,音楽や映画等の諸文化も扱った.グールドのレコードもたびたび批評に取り上げられ,グールド自身はこの書評のほか,1964年には「リヒャルト・シュトラウスとやがて迎える電子時代」(本著作集18)を寄稿している.

7 モーツァルトをめぐって——ブリューノ・モンサンジョンとの対話(1976年)

"Of Mozart and Related Mattters: Glenn Gould in Conversation with Bruno Monsaingeon"; "On

Mozart and Related Matters: A Conversation with Bruno Monsaingeon," *Piano Quarterly* 24, no. 95 (Fall 1976): 12–19.

グールドのモーツァルト録音は，今なお問題作である．彼はピアノ・ソナタ全曲といくつかの幻想曲（とフーガ），ピアノ協奏曲第24番ハ短調K. 491の録音を正規に遺したが，作曲者の指示や演奏の伝統・習慣を無視した極端な解釈が目立ち，モーツァルトを嫌悪ないしは愚弄しているのではないかという意見もある（「[モーツァルトは］死ぬのが早すぎたのではなく，むしろ遅すぎた」という発言もこれを後押しする）．訊き手を務めたブリューノ・モンサンジョン（1943年生まれ）によれば，グールドは「モーツァルトを大変に愛していた」ので，そうした人々の誤解を払拭する意図で作られたのがこの「対話」である．二人のあいだで議論と修正を繰り返したのちに，米国のピアノ愛好家のための雑誌『ピアノ・クォータリー』誌の1976年秋号に掲載されたという（詳しい経緯は，宮澤淳一「グレン・グールドの錬金術――映像作家ブルーノ・モンサンジョン，グールドとの共同制作を語る」，『グレン・グールド大研究』春秋社，1991年，所収，10–2頁を参照）．ちなみに，アーカイヴに残る最終のタイプ稿には「1976年8月」と日付がある．

モーツァルトのソナタ全曲録音は1968年3月発売の第1巻に始まり，1975年8月発売の第5巻で完結した．「対話」はこの事実を意識した企画であったが，1979年に発売されたLPレコード5枚組のセット（D5S 35899）にもモンサンジョンとの「対話」が再録された．と言っても，1979年5月に改めて行なわれ，既出の対話と記述内容の異同がある（2014年発売のソニーミュージックSICC 10200～3のブックレット参照）．ちなみにモンサンジョンが訳出したフランス語のグールド著作集『最後の清教徒』にもこの対話が収められているが，これら2つのテキストをモンサンジョンの判断で統合したものである（*Le dernier puritain*, Paris: Fayard, 1983）．

この「対話」では，網羅的ではないにせよ，グールドのモーツァルト理解の全体が総覧できる．「バロック的な美点」を備えた初期のピアノ・ソナタを賞讃しつつ，ピアノ曲の「触感的な歓び」に懐疑を示し，交響曲やオペラを含めた後期作品の「芝居がかった要素」を批判する．それは「倫理の問題」で，批判はソナタ形式やピアノ協奏曲の本質にも及ぶ．ソナタ第11番イ長調「トルコ行進曲付き」の特に個性的な解釈の根拠も明かされる．

本著作集の原書の編註では，モンサンジョンは「フランスの音楽家で映像作家．彼のグールドのポートレイトは1975年のプラハ映画祭で最優秀賞を獲得した」とのみ紹介されるが，周知のとおり，《ゴルトベルク変奏曲》の映像版を含む『グレン・グールド・プレイズ・バッハ』（全3作）でも有名になった．グールドの没後もユーディ・メニューインやスヴャトスラフ・リヒテル，ゲンナジ・ロジェストヴェンスキー，ピョートル・アンデルシェフスキ，クラウス・マケラなど，さまざまな演奏家を扱うドキュメンタリー映画を作り続け，評価を受けている．著訳書も多数．

8　グレン・グールド，ベートーヴェンについてグレン・グールドに訊く
（架空対談・1970年）

"Glenn Gould Interviews Himself about Beethoven," *Piano Quarterly* 21, no. 79 (Fall 1972): 2–5.

ベートーヴェン（1770–1827）をテーマにして，生前に4回活字になったセルフ・インタヴューである．初出は，"Glenn Gould Interviews Himself" と題して，1970年5月1–16日に行なわれた音楽祭，ゲルフ・スプリング・フェスティヴァルのプログラム冊子に掲載された．

ゲルフはトロント西70キロに位置する小都市で，催しは1968年に始まり，2006年まで続いた．この年（第3回）の音楽祭のテーマは「ベートーヴェン――人物とその時代」(Beethoven: The

Man and His Time）で，作曲家の生誕200年を記念するプログラムが組まれ，ゲルフ大学を拠点として各種の演奏会が開かれた．特別ゲストにドイツからカール・ミュンヒンガー（1915–90）が招かれ，オタワのナショナル・アーツ・センター管弦楽団を指揮してベートーヴェンの交響曲第2番等を演奏したほか，地元の指揮者ニコラス・ゴールドシュミット（1908–2004）の指揮で，ベートーヴェンが師事したヨハン・シェンクの歌劇《村の床屋》の北米初演が実現した．オーストリア国立図書館提供の資料に基づく「ベートーヴェン展」も同時に開催され，音楽祭全体は大きな催しだったと考えられる．執筆・掲載の経緯や，音楽祭へのグールドの関与を示す文書は残っていないが，カナダを代表する音楽家として寄稿を求められ，それに応じたものと推察される．

このインタヴューは転載される．同年6月にトロントの『グローブ・マガジン』誌（『グローブ・アンド・メイル』紙の毎週の別冊誌）に，さらに71年11月には米国とカナダのオルガン奏者のための専門誌『ミュージック』に掲載された．最終的に72年秋の『ピアノ・クォータリー』誌に掲載された版に基づく．初出，2度目，3度目の詳細なデータは以下のとおり．“Glenn Gould Interviews Himself,” in souvenir program, Guelph Spring Festival, Guelph, Ontario, May 1–16; republished as “Admit It, Mr. Gould, You Do Have Doubts about Beethoven,” Toronto *Globe Magazine* (June 6, 1970): 6–9; as “Gould Quizzled: A Gouldish Encounter,” *Music: The A. G. O.[The American Guild of Organists] and R. C. C. O. [Royal Canadian College of Organists] Magazine* 5, no. 11 (November 1971): 31–32.

セルフ・インタヴューの内容は「疑念」を発端に，グールドなりのベートーヴェン観を凝縮し，ベートーヴェンの一般的な評価に対して，異論を提起するものである．「私がベートーヴェンの音楽をあまり好きでないことを明るみに出すものでしたが，問題のぎっしり詰まったテーマだけに，たいへんうまくいきました」と本人は述べている（『書簡集』486頁）．なお，インタヴューの訊き手と話し手の構成は，アーカイヴのタイプされた第1稿では，それぞれQ．とA．になっていたが，第2稿と第3稿（完成稿），および公表されたすべての版ではInterviewer (I.) と Gould (G.) である．「ぐれん・ぐーるど」(glenn gould; g.g.）が尋ね，「グレン・グールド」(Glenn Gould; G. G.）が答える構成は，編者が本著作集51「グレン・グールド，グレン・グールドについてグレン・グールドに訊く」に体裁を合わせたものと考えられよう．

9　ベートーヴェンの《悲愴》《月光》《熱情》（アルバム解説・1970年）

“Beethoven‘s *Pathétique*, *Moonlight*, and *Appassionata* Sonatas,” liner notes for Columbia MS 7413, rel. February 24, 1970.

この解説が掲載されたのは，1970年2月24日に北米発売されたいわゆる「三大ソナタ」集のLP盤である．同じカタログ番号ながらジャケットは数種類ある。そのうち，雪原の中央にたたずむグールドを捉えた写真のジャケットにはベートーヴェン生誕200年を記念する盤であることを示すロゴが付されているが，プロデューサー，アンドルー・カズディン（1934–2011）の回想録に拠ると，本来の要請元は，会員限定の通信販売サーヴィスのコロンビア・レコード・クラブであった．当時のグールドがベートーヴェンのソナタ全曲録音を目指していたかどうかはともかく，ソナタ第8番《悲愴》（1966年4月録音）のみが第9番，第10番とのセットですでに発売されていた（1967年1月）．そこで追加としてこの企画のために第14番《月光》と第23番《熱情》がそれぞれ1967年の5月と10月に録音された．ただし，グールドは《熱情》の録音に消極的で，この作品に対する意見を含めた解説を書くことを条件にこの企画を認めたという（カズディン『グレン・グールド アットワーク——創造の内幕』石井晋訳，音楽之友社，1993年，33–5頁）．実際に書か

れたこの解説には，これら３つの有名曲に対する懐疑の念が綴られており，特に英雄主義的な《熱情》への批判は厳しいが，《月光》に対しては「実験作」として案外評価している．いずれにせよ，グールドのベートーヴェン論には，ベートーヴェンの作品自体への批判と，その作品の通俗的な評価に対する批判の二重性があることが着目されよう（宮澤淳一「グレン・グールドのベートーヴェン解釈」，『国立音楽大学研究所年報』第15集，2001年，93-103頁を参照）．

10　ベートーヴェンの最後の三つのソナタ（アルバム解説・1956年）

"Beethoven's Last Three Piano Sonatas," liner notes for Columbia ML 5130, rel. September 17, 1956.

デビュー盤《ゴルトベルク変奏曲》の発売に続いて，その８ヶ月後の1956年９月に出されたアルバムの解説である．アーカイヴには完成稿と同様のタイプ稿が残るのみで，執筆の過程は不明．

ひとりの作曲家の創作を時代分けして論じることへの異議申し立てを導入として，グールドはベートーヴェンの「後期」や「晩年」の作品を「哲学的」にしか評価しない従来の態度を斥ける．グールドはベートーヴェンの後期作品の特徴を「無防備な自由奔放性と客観的な規律との調和」に見出すが，実はベートーヴェンは「一生を通じてこれを探求していたのであり，特にこれは移行期に対位法を積極的に用いておのれの芸術を一掃した結果」だとする．それがいっそう強烈に現われた弦楽四重奏曲群の先駆けとして，３つのソナタを位置づけた．

この解説の内容自体はともかく，アルバムは「過度の賞讃と痛烈な批判の両方を受け」たと本人はジョン・ロバーツに宛てた書簡で述べている．強弱やテンポについてグールドは楽譜の指示を守らなかったが，それは「スコアをかなり入念に研究した結果」であり，そこには「楽天的な信念」がこめられ，「私のとって最も納得のいくものだった」（1957年２月15日付け，『書簡集』14頁）．

11　ピアノによる「運命」架空批評（アルバム解説・1968年）

"Beethoven's Fifth Symphony on the Piano: Four Imaginary Reviews," liner notes for Columbia MS 7095, rel. April 3, 1968.

フランツ・リスト（1811-86）編曲によるベートーヴェンの交響曲第５番ハ短調 Op. 67の「世界初録音」として話題になったアルバムの解説である．通常の文章ではなく，４つの架空の批評がこの企画の意味を説明する趣向となっている．登場する書き手は４名――米国的商業主義の産物として捉え，英国の音楽雑誌に寄稿する批評家，リストの編曲における「醜悪な響きの除去」に疑念を呈し，ドイツの音楽学会誌に寄稿する教授，セッション中の演奏者の風変わりな行動の分析を精神医学誌に報告する医学博士，「楽士八十名」の「労働の権利」を奪ったピアニストを批判し，世情を嘆くニューヨーク在留のハンガリー人通信員――グールドならではの人物造型とユーモアが発揮されており，実際に書かれそうな指摘や批判を先取りして牽制する狙いもあったかもしれない．

アーカイヴには大別して２種類のタイプ稿が残っており，そのうち第１稿には，最終的にボツになったテキストが２つ含まれている．１つは，スタジオのチーフ・エンジニアが「ニューヨーク放送技術者ギルド書記長シオドア・スラッツ」に宛てた報告の手紙である．1968年１月４日のセッションで，この曲の再生中にグールドが身振りで拍子を取るあまり，アンペックスの録音機に触れて，再生速度を切り換えてしまったが，まだ組合規定の文書による謝罪を受けていないことの苦

情を述べる内容である．エンジニアの名はフレデリック・プロート（1907–85，この録音で実際に仕事を担当したなじみのエンジニア）と打たれているのを手書きで抹消し，「ヘクター・C・ウッド」と改めてある（このテキストが批評の1つ目と2つ目のあいだに挿入されていた）．

もう1つは，架空の文章とは別に，リスト編曲のベートーヴェンの交響曲の位置づけを説明する正攻法の解説である．オーケストラが存在しない地方の聴衆のために編曲されたが，名人芸を誇ったリストらしからぬ控えめな編曲であって，ルーラード，トレモランド，アルペッジョ，重音奏法などを排して原曲に忠実な作りになっているという．ただし忠実さの例外として，不協和音が減三和音に置き換えられた箇所の指摘とその意図に対する考察が続くが，それは，最終稿のハインケル博士のテキストに盛り込まれた内容と重なる．結局，グールドは，これら2つのテキストを捨てて，架空批評4点でLPレコードのジャケット裏面を埋めたのである．

なお，本盤の北米での初出時には，ボーナス盤として，インタヴュー・レコード『コンサート・ドロップアウト』（*Concert Dropout*, Columbia BS 15）が透明ラップ包装で同梱されていた．プロデューサー，ジョン・マクルーア（1929–2014）とグールドとの対談（計60分）で，グールドが演奏会活動をやめた理由と最新の活動を語る内容である（日本では1969年1月発売の《ゴルトベルク変奏曲》の擬似ステレオ盤CBS/Sony SONC-0037にボーナス盤として添付され，いわゆる「ダブル・ジャケット」仕様のアルバムで世に出た）．また1968年発売の初の日本版にはボーナス盤の代わりにリスト編曲の楽譜が別冊として同封された（CBS/Sony SONC 10002）．

本盤の録音は1967年11月22日から翌年1月8日までの計6回のセッションで収録されたが，第4楽章において多重録音が秘密裏に行なわれ，4手で演奏されている部分が存在することをカズディンが明かしている（前掲『グレン・グールド アットワーク』39頁）．

12　ベートーヴェンとバッハの協奏曲（アルバム解説・1957–8年）

"Some Beethoven and Bach Concertos," liner notes for Columbia ML 5211 and MS 6017 / ML 5298, rel. October 14, 1957 and October 6, 1958.

グールドの3枚目と6枚目のアルバムの解説をまとめて掲載するものである．前者に収録されていたのがベートーヴェンのピアノ協奏曲第2番変ロ長調 Op. 19とバッハのクラヴィーア協奏曲第1番ニ短調 BWV 1052で，レナード・バーンスタイン指揮コロンビア交響楽団（1957年4月録音，同年10月発売）．後者はベートーヴェンのピアノ協奏曲第1番ハ長調 Op. 15とバッハのクラヴィーア協奏曲第5番ヘ短調 BWV 1056で，共演はヴラディミール・ゴルシュマン指揮コロンビア交響楽団（1958年4，5，7月録音，同年10月発売）だった．

アーカイヴにはこれらの解説の下書きは残っていない．ただし，前者の執筆の経緯は少しだけわかる．1957年6月27日付けでコロンビア・レコードのマスターワークス部門のチャールズ・バーの書簡がある．それは録音を終えた前者のアルバムの解説を書かないかとの依頼だった（「バーンスタイン氏とも話しましたが，彼もその案に賛成でした」）．グールドはこれに応じて原稿を作成・送付したと思われ，バーは同年8月14日付けで確認用のタイプ稿を送り，加筆修正を求めている．

これらの協奏曲は，1964年に引退するまでのグールドが各地の舞台で頻繁に取り上げた作品であり，彼が評価していた作品と言える．ただし，ベートーヴェンのピアノ協奏曲第1番は例外で，4度しか公演で弾いていない．グールド本人がカデンツァを作曲したからで，ニューヨーク州グレート・ネックのバーガー・アンド・バークレイより出版したばかりか，後者のアルバムでも弾き，解説も付した．

13　ブラームスはお好き？（プログラム解説・1962年）

"N'aime-vous pas Brahms?" essay for program, Baltimore Symphony Orchestra, conducted by Peter Herman Adler, October 9 and 10, 1962.

1962年4月，ニューヨークのカーネギー・ホールで，グールドはレナード・バーンスタイン指揮ニューヨーク・フィルハーモニックとブラームスのピアノ協奏曲第1番ニ短調Op. 15を3度演奏した．バーンスタインが解釈に賛同できず，演奏の前にスピーチをしたエピソードは事件として当時から騒がれた．スピーチを伴い「悠々とした演奏」となったのは，4月5日（木）午後の初回と，6日（金）の晩の2回であったらしい（6日の演奏は今日でも録音で聴ける）．グールドの真意は，対比を強調する劇的な解釈を排除して「ブラームスに未来を読み取る方法」であり，問題はテンポ全体の緩急にはなかった．しかし，7日（土）のハロルド・ショーンバーグ（1915–2003）の新聞評は，遅いテンポで弾いた理由をグールドの技術不足であると示唆した．ジョン・ロバーツの証言によれば，これを読んで激怒したグールドは，3度目の4月8日（日）午後の公演では速いテンポで弾いたという．詳しい事情とグールドの意図への考察は，宮澤淳一『グレン・グールド論』199–205頁およびその註を参照．さらなる考察は，青柳いづみこ『グレン・グールド――未来のピアニスト』（筑摩書房，2011年；ちくま学芸文庫，2014年）の第12章を参照．

この事件をめぐって，グールドはたびたび語っていたが，その半年後の10月9，10日に，ボルティモア交響楽団と同曲を共演するにあたり，演奏会プログラムに寄せたのが，このテキストである．指揮をしたピーター・ハーマン・アドラー（1899–1990）に宛てた9月7日付けの書簡では，「約束をしている記事」を「今週末」に着手する旨が述べられていた．ちなみにこのボルティモア交響楽団との共演は録音が残っており，前述のバーンスタインとの共演とは対照的な，速いテンポの演奏である（Music and Arts CD-297, rel. ca. 1989）．

このテキストは本著作集の原書では未発表原稿とされていたが，アーカイヴにはタイプ稿のほかにボルティモア交響楽団の配布プログラムが残っていたため，公表されていたと判明する．

14　ロマン派のめずらしい作曲家を掘り起こすべきか？（時評・1969年）

"Should We Dig Up the Rare Romantics?...No, There're Only a Fad," *The New York Times* (Late City Edition), November 23, 1969, section 14, pp. 1 and 16.

『ニューヨーク・タイムズ』紙の日曜版（1969年10月26日付け）に，「ロマン派のリヴァイヴァルとその他の潮流」（The Romantic Revival and Other Trends）と題した特集記事が持たれた．批評家シオドア・ストロンギン（1918–98）の記した導入文はこうである――「何年にもわたり，シューマン，ショパン，リストといった著名な人物たちがロマン派時代の音楽のすべてだった．ところが今，聞きなじみのない名前がこの詩的な時代の熱心な愛好家たちの注目を集めようとしている．ヘンゼルトやヴェルフルたちの再登場はただの流行なのか，それとも，歴史の訂正なのか．この問いを本欄で論じるのはグレン・グールドとハワード・クラインである．このセクションの他の書き手たちには他の潮流について述べてもらった」．かくして，「ロマン派のめずらしい作曲家を掘り起こすべきか？」の問いに同紙の音楽批評家クライン（1931–2021）は「はい」で答え，忘れられた数々の作曲家名と作品（およびそれらの最近の録音）を挙げて，その素晴らしさを讃え，掘り起こすべきだと主張した．かたや「いいえ，これは流行にすぎない」として論じたのがグールドであり，このテキストである．アーカイヴには下書きのタイプ稿数点が残されている．

15　グリーグとビゼーのピアノ曲と批評家への付言（アルバム解説・1973 年）

“Piano Music by Grieg and Bizet, with a Confidential Caution to Critics,” line notes from CBS M 32040, March 2, 1973.

エドヴァルド・グリーグ（1843–1907）のピアノ・ソナタホ短調 Op. 7（1971 年 3 月録音）とジョルジュ・ビゼー（1838–75）の夜想曲ニ長調（72 年 12 月録音），《演奏会用半音階的変奏曲》Op. 3（1971 年 5 月録音）を収めたアルバムの解説である．編成・発売に到った経緯は不明だが，少なくともグリーグは，「付言」から知る限り，自分がその遠縁であると認識していたグールドにとっては親近感のある存在だったかもしれない．ちなみに，このソナタを収録した同年 9 月には，ピアノ協奏曲イ短調の録音が予定されていた（キャンセルされた）．『書簡集』323–34 頁参照．

アーカイヴには 3 段階のタイプ稿がある．第 1 稿と第 2 稿では，本文は第 5 パラグラフ（末尾は「うかつにも，神は同名異音的な関係の側にいるのだという印象を与えてしまった」）で終わり，「批評家への付言」が続いていた．最終稿で残りの 5 パラグラフが加わったが，加筆した部分には手書きの原稿が別に残っている．

16　急浮上するマーラーのデータバンク（ド・ラ・グランジュ『マーラー』の書評・1973年）

“Data Bank on the Upward-Scuttling Mahler,” review of *Mahler*, Volume One, by Henry-Louis de La Grange (New York: Doubleday, 1973), *Piano Quarterly* 22, no. 85 (Spring 1974): 19–21.

『ピアノ・クォータリー』誌のレギュラー執筆者に迎えられて最初に掲載された記事で，題名の上には (Take One) と記されていた．ただし初出は前年の『グローブ・アンド・メイル』紙である（*The Globe and Mail* Metro Edition, November 10, 1973, 33）．フランスの音楽学者でマーラー研究で名高いアンリ＝ルイ・ド・ラ・グランジュ（1924–2017）のマーラー伝の英語版第 1 巻の書評だが，伝記はのちに仕切り直して全 4 巻として出版された（フランス語版は全 3 巻）．

ド・ラ・グランジュは面識のないグールドに 1974 年 1 月 17 日付けで手紙を送り，書評に対する謝辞を述べている．交流が始まり，シェーンベルクをめぐる全 10 回のラジオ番組（1974 年）においてグールドは彼のインタヴューを収録した．ギレーヌ・ゲルタン編『グールドのシェーンベルク』鈴木圭介訳（筑摩書房，2007 年）参照．また，ド・ラ・グランジュ宛て，1974 年 6 月 13 日付け，『書簡集』所収，456–58 頁参照．

17　リヒャルト・シュトラウス論（論考・1962 年）

“An Argument for Richard Strauss,” *High Fidelity* 12, no. 3 (March 1962): 46–49, 110–11.

『ハイ・フィデリティ』誌（1962 年 3 月号）の表紙にはリヒャルト・シュトラウス（1864–1949）の横顔が描かれ，そこにグールドの名とこの論考の名前が大きく掲げられ，目玉記事であったことがうかがえる．編集長ローランド・ジェラット（1920–86）は「後期シュトラウスの栄光」という序文を載せる．「本号はリヒャルト・シュトラウスの音楽に焦点を当てるもので，情熱の結晶と呼ぶにふさわしい．グレン・グールドは多忙な演奏会出演の合間を縫って，次のページから始まる輝かしくかつ洞察に富んだ論考を書いてくれた」と述べ，これを讃える．論考の始まる見開きのペー

ジには，見出しとして「つまり，シュトラウスこそは今世紀に生きた最大の音楽家だというごく単純な信念である」が引用され，「著名な若きピアニストによる不滅の情熱の手記」とも記される．

アーカイヴには，3部に分けて作成されたタイプ稿が数種類あり，統合された最終稿の末尾には「1961年11月」と記されている．

18　リヒャルト・シュトラウスとやがて迎える電子時代（論考・1964年）

“Strauss and the Electronic Future,” *Saturday Review* 47, no. 22 (May 30, 1964): 58–59, 72.

掲載誌『サタデー・レヴュー』の表紙には，「なぜ我々黒人は待てないのか」というマーティン・ルーサー・キングの文章の見出しが大きく掲げられ，その下に「リヒャルト・シュトラウス，1864–1964／グレン・グールド，アーヴィン・コロディン他による記事」と記されており，シュトラウスの生誕100年を記念する企画であったとわかる．グールドの最後の公開演奏は，1964年4月10日（金），ロサンゼルスでのリサイタルだったので，この論考の発表と前後する．

掲載ページの左下に，こう記されている──「最近，カナダの輝かしい音楽家グレン・グールドは，演奏会に費やす時間を減らし，執筆，作曲，録音に専心するようになっている．そのシュトラウスへの傾倒ぶりはさまざまな形で現われているが，真夏には，《メタモルフォーゼン》の動機に基づく自作の変奏曲の初演が予定されている」．この「変奏曲」については不明．

アーカイヴでは原稿が確認できない．

19　リヒャルト・シュトラウスの《イノック・アーデン》（アルバム解説・1962年）

“Richard Strauss’s *Enoch Arden*,” liner notes for Columbia ML 5741 / MS 6341, rel. May 14, 1962.

シュトラウスのメロドラマ（語りと音楽伴奏によって成立する演劇）である《イノック・アーデン》Op. 38の録音に寄せた解説である．1961年10月2–4日に英国出身の名優クロード・レインズ（1889–1967）と収録した．

グールドはこの作品に昔から親しんでいたわけではない．1960年1月6日（水），CBCでは，マイケル・ケインの語り，ローレンス・デニスのピアノでそのカナダ初演が放送されており，グールドがこれに刺激を受けたことは想像に難くない．アーカイヴに残る1960年10月4日付けのイェール音楽院のピアノ教師ウォード・ダヴニー（1916–2003）の書簡から，楽譜は彼を通じて同音楽院図書館から借りた事実が確認できる（1898年のライプツィヒのフォルベルクの出版譜と推測される）．翌61年3月20日，ユージン・オーマンディ指揮フィラデルフィア管弦楽団によって《イノック・アーデン》の管弦楽版（ルシアン・カイエ編曲）が披露された．語りはレインズだった．オーマンディは続けて商業録音を考えたが，コロンビア・レコードは応じない．この話を伝え聞いたグールドが同社に売り込んで企画として認められたのがピアノ原曲版での録音だったらしい（宮澤淳一「メロドラマが生まれ，再構築されるまで」，『R・シュトラウス：イノック・アーデン』のブックレット所収，ピアノ：グレン・グールド，語り：石丸幹二，ソニー・ミュージック SICC 30573～4, 2021年6月21日発売）．

なお，《イノック・アーデン》はシュトラウスが33歳になる1897年に作曲されたが，この解説でグールドが「1890年」と誤記した理由はアーカイヴの資料から推理できる．彼の入手した楽譜

には作曲年の明記がなかったため，『グローヴ音楽事典』の第5版（1954年）を参照したところ，「1880年」とあった．これが正しければシュトラウス16歳の作である．ところが，1898年出版の楽譜にはアドルフ・シュトロットマン（1829–1879）によるドイツ語訳詞には「ベルリン，1886年」のクレジットがある．よって作曲年の「1880年」は誤植ではないかと怪しんだグールドは，シュトラウスに詳しいドイツ出身の米国の批評家ヘンリー・レヴィンガーに1961年12月20日付けの書簡で問い合わた．レヴィンガーはその返信（日付不明）で音楽辞典の記載は誤りだとする考えを支持し，正しくは「1890年」だと回答した．この年を示した根拠は不明だが，専門家の意見としてグールドはこれを採用した（前掲の解説を参照）．

日本のLP盤には三浦淳史訳が掲載された（初出は日本コロムビア OS–470–C，1965年発売）．

20　シベリウスのピアノ曲（アルバム解説・1977年）

"The Piano Music of Sibelius," liner notes for CBS M 54555, rel. November 4, 1977.

ジャン・シベリウス（1865–1957）のピアノ曲を収めたアルバムの解説である．曲目は，3つのソナチネ Op. 67（第1番嬰ヘ短調，1976年12月録音；第2番ホ長調，1977年3月録音；第3番変ロ短調，1976年12月録音）および，《キュリッキ――3つの抒情的小品》Op. 41（1977年3月録音）で構成され，1977年11月に発売された．アーカイヴには，2種類のタイプ稿があり，1977年8月31日と日付が末尾に記載された第2稿が最終稿と考えられるが，ジャケット裏面に収められた文章では途中の数パラグラフが削除されたことがわかる．実はこの盤の発売と同時期に発行された『ピアノ・クォータリー』誌（1977年秋号）では，この削除部分を埋めた解説が掲載された．"Sibelius and the Post-Romantic Piano Style," *Piano Quarterly* 25, no. 99 (Fall 1977): 22–24.

なお，アルバムのジャケットには，グールドの解説に加え，本盤のプロデューサー，アンドルー・カズディンの文章が付されている．そこで明かされるのは，今回の録音で試みた「アクースティック・オーケストレーション」と呼ぶべき技法で，ピアノからの距離の異なる複数組みのマイクロフォンでマルチトラックで収録した音源を事後にミキシングする作業である．音楽の流れの変化に合わせてこれを行ない，作品構造を浮かび上がらせることを狙ったという．グールド本人もこれについて「音の演出法《ソニック・コレオグラフィー》」と呼んで説明している（『発言集』291–92頁参照）．

21　アルノルト・シェーンベルク論（出版された講演・1964年）

Arnold Schoenberg: A Perspective (University of Cincinnati, 1964).

初出は，1964年にシンシナティ大学より単行本として出版されたモノグラフである．単行本は縦23センチ×横16センチ，厚さ0.8センチ，ハードカバー仕様，32ページ．音楽学者アーサー・ダラックの序文が付されている．これは1963年4月22日（月）午後8時30分から，コーベット・ミュージック・レクチャーズという連続講座の1回として，同大学のウィルソン・メモリアル・ホール（のちのウィルソン・オーディトリアム，1931–2013）で行なわれた講演の再録である．企画は同大学の芸術振興に関与するコーベット財団による．設立者のJ. ラルフ・コーベット（1896–1988）とパトリシア・コーベット（1908–2008）夫妻が内容も仕切っていたもよう（アーカイヴにはコーベット夫妻とのあいだの書簡が多数残っており，講演の打ち合わせに止まらない親交の様子がうかがえる）．『書簡集』132–34頁も参照．ちなみにアーカイヴに残る1963年から翌年に

かけての講演の告知には全7回が掲載されており，登壇者は——ルーカス・フォス（1月21日），ガンサー・シュラー（2月18日），アグネス・デ＝ミル（3月11日），グールド（4月22日），ハンス・ヴェルナー・ヘンツェ（5月13日），ロザリン・テューレック（11月18日），アーロン・コープランド（翌年1月31日）だった．

アーカイヴにはこの講演の下書きとおぼしきタイプ稿が多数残るが，モノグラフのテキストと等価を成す，通し原稿は特定できない．グールドは約3ヶ月後の1963年7月16日（火）にトロント大学のマクミラン・レクチャーズで，同内容の講演をしたようで，そちらについては，仮綴じをしたタイプ稿25枚が特定される．その冒頭の挨拶の言葉，改行箇所，演奏の例示箇所，手書きによる加筆箇所，途中に挿入された2枚のタイプ稿等の異同を除けば，モノグラフとほぼ等価を成す．なお，モノグラフではいくつかの語句がイタリックで強調されている（本著作集の原書ではそのイタリックの表記は採用していないが，今回の翻訳ではその箇所がわかるようにした）．

22　シェーンベルクのピアノ曲（アルバム解説・1966年）

"The Piano Music of Arnold Schoenberg," liner notes for *The Music of Arnold Schoenberg,* vol. 4, Columbia M2L 336 / M2S 736, rel. April 18, 1966.

コロンビア・レコードの全集企画『シェーンベルクの音楽』第4巻（1966年4月発売）に収められたピアノ曲の解説である．この巻は2枚組で，1枚目は歌曲で，2つの歌 Op. 1，4つの歌曲 Op. 2，歌曲集《架空庭園の書》Op. 15が収められ，グールドのピアノ伴奏で，ドナルド・グラム，エレン・フォール，ヘレン・ヴァンニが歌う．2枚目が独奏ピアノのための全作品で，3つのピアノ曲 Op. 11（1958年6-7月録音），5つのピアノ曲 Op. 23（1965年9, 11月録音），6つのピアノ小品 Op. 19（1965年6, 9月録音），ピアノのための組曲 Op. 25（1964年1月録音），2つのピアノ曲 Op. 33a/b（1965年11月録音）が並ぶ．ブックレットには，グールドのピアノ曲の解説のほかに，ゲルトルート・シェーンベルク（1898–1967）による夫の回想「このレコードに寄せて」，ジョゼフ・マクリス（1906–98）による初期声楽曲の解説が収録された．また，この2枚目を独立させた盤は1968年3月に発売され，グールド本人の解説が再掲載された（Columbia MS 7098）．

アーカイヴには3段階のタイプ稿が存在し，最終稿の末尾には1965年10月30日とある．

この巻の日本盤（日本コロムビア OS-2047〜8-C，1968年発売）の全解説は柴田南雄が訳した．

23　モーツァルトとシェーンベルクのピアノ協奏曲（アルバム解説・1962年）

"Piano Concertos by Mozart and Schoenberg," liner notes for Columbia ML 5739/MS 6339, rel. May 14, 1962.

モーツァルトのピアノ協奏曲第24番ハ短調 K. 491（1961年1月17日録音）と，シェーンベルクのピアノ協奏曲（1961年1月21日録音）をまとめたアルバムの解説である．指揮者は前者がヴァルター・ジュスキント（1913–80），後者がロバート・クラフト（1923–2015），ともにCBC交響楽団を率いてトロントのマッセイ・ホールで収録された．CBC交響楽団は，1952年に発足し，1964年まで続いた，CBC（カナダ放送協会）に所属するオーケストラで，トロントを拠点にして，放送番組出演・録音を行なった．団員のうち半数近くはトロント交響楽団と掛け持ちであった．

グールドがこのオーケストラとの共演盤を作る企画は，1960年3月10日付けのスカイラー・チ

ェイピン宛ての書簡で検討されているが（『書簡集』63-6頁），グールドにとってはシェーンベルクの協奏曲を録ることが主目的であったもよう．モーツァルトのハ短調は演奏会で数回取り上げていた作品で，これら2曲が「ピアノと管弦楽のための音楽の始まりと終わり」に位置するという捉え方は，アーカイヴに残る2段階の下書きタイプ稿の最初から構想されていた．

24　シェーンベルクの室内交響曲第二番（アルバム解説・1965年）

"Arnold Schoenberg's Chamber Symphony No. 2," liner notes for *The Music of Arnold Schoenberg*, vol. 3, Columbia M2L 309 / M2S 709, rel. April 18, 1965.

コロンビア・レコードの全集企画『シェーンベルクの音楽』第3巻（1965年4月発売）に収められた，室内交響曲第2番 Op. 38の解説である．この2枚組の巻はロバート・クラフトの指揮による管弦楽曲や声楽を含めた器楽作品等を含むが，グールド本人の演奏はない．室内交響曲第2番はCBC交響楽団が演奏した（マッセイ・ホールにて，1962年12月12日録音）．

アーカイヴには3段階のタイプ稿やその複写が残り，どれも手書きの修正が多い．第2稿と，最終の第3稿に「削除する可能性あり」との書き込みがあり，それは，「三和音が循環していくこのような形式の語彙は〜」（176頁16行目）で始まるパラグラフで，譜例3と4を含み，「〜相互反応をしているように思われる」（177頁6行目）で終わる部分だが，削除はされなかった．

25　鷹，鳩，フランツ・ヨーゼフという名の兎（シェーンベルク研究の書評・1978年）

"A Hawk, a Dove, and a Rabbit Called Franz Josef," review of *Schoenberg: His Life, World, and Work* by H. H. Stuckenschmidt, translated by Humphrey Searle (New York: Schirmer Books, 1978), *Piano Quarterly* 27, no. 105 (Spring 1978): 44–47.

著名なドイツの音楽学者ハンス・ハインツ・シュトゥッケンシュミット（1901–88）の研究書『シェーンベルク——その生涯，世界，業績』の書評．『ピアノ・クォータリー』誌に寄稿したが，グールドはその刊行と前後して『グローブ・アンド・メイル』紙に「気難しい音楽家の肖像」と題して同じ書評を公表した（"Portrait of a Cantankerous Composer," *The Globe and Mail*, March 18, 1978, 38）．アーカイヴには2段階のタイプ稿が残り，脱稿日は1978年2月24日とわかる．

ちなみに1957年5月にグールドがヘルベルト・フォン・カラヤン指揮ベルリン・フィルハーモニックと共演したとき，この著者は現地ベルリンの新聞評でブゾーニの再来だと絶讃した．

26　ヒンデミット——終焉か始まりか（アルバム解説・1973年）

"Hindemith: Will His Time Come? Again?" liner notes for CBS M 32350, rel. September 3, 1973.

パウル・ヒンデミット（1895–1963）のピアノ・ソナタ全3曲を収録したアルバムの解説である．第1番イ調「マイン川」（1966年10月録音），第2番ト調（1973年2月録音），第3番変ロ調（1966年12月，1967年1月録音）がまとめられ，1973年9月に発売された．グールドの20世紀音楽の録音でまず思い浮かぶのはシェーンベルクやベルクといった新ヴィーン楽派であり，本著作

集でもシェーンベルクに関する文章が数多く並んでいるため，ヒンデミット論は奇異に感じられ，後半生の新しい取り組みのように思われるかもしれない．しかし，少なくともソナタ第3番は彼が十代の頃から演奏会で頻繁に取り上げてきた作品であり，1950年12月24日（日）の初のラジオ放送でも，モーツァルトのソナタ第3番変ロ長調K. 281とペアで弾いている（本著作集474頁参照）．ヒンデミットの時代が終わるのか，むしろこれから始まるのか，との問いかけの解説には切実なものがあるかもしれない．

この解説は高く評価され，1974年の第16回グラミー賞で，ベスト・アルバム・ノーツ賞を受けている．また，カナダのオーディオ雑誌にも再掲載された．“Glenn Gould: Hindemith,” *Canadian Stereo Guide* 3, no. 1 (Winter 1974): 85–87.

アーカイヴには4段階のタイプ稿が残り，最終稿には「1973年7月」とある．

27　二つの《マリアの生涯》をめぐる物語（アルバム解説・1987年）

“A Tale of Two *Marienleben*s,” liner notes for CBS M2S 34597, rel. July 4, 1978.

ヒンデミットの歌曲集《マリアの生涯》Op. 27（初版）のアルバムに寄せた解説である．グールドはウクライナ出身のソプラノ歌手ロクソラーナ・ロスラック（1940年生まれ）と1976年11月，1977年1–3月に録音し，1978年7月に，この解説を掲載して発売した．ヒンデミットは1923年にこの歌曲集を出版したが，のちの1948年に改訂版を発表する．グールドによれば，これらは「偉大な巨匠が，若き日の最も有力で充実した作品をもとに，円熟期の技法や語法の光を当ててそれを再創造した例」である．この解説は，これら2版の詳細な比較分析であり，その目的は「《マリアの生涯》の初版こそが，史上最高の歌曲集」であることの論証にあった．

グールドにとっては正規録音こそ初めてだったが，かねてから関心を寄せていた作品で，1962年7月29日にはロイス・マーシャル（1924–1997）の独唱でストラトフォード・フェスティヴァルで演奏したこともあった（そのときにはヒンデミットのピアノ・ソナタ第3番も演奏された）．ロスラックと録音するまでの経緯については1971年6月5日カール・リトル宛ての書簡を参照（『書簡集』322–5頁）．

アーカイヴにはリーガルパッドに記した手書きの原稿しか残されていない．

28　スクリャービンとプロコフィエフのピアノ・ソナタ（アルバム解説・1969年）

“Piano Sonatas by Scriabin and Prokofiev,” liner notes for Columbia MS 7173, rel. January 20, 1969.

アレクサンドル・スクリャービン（1872–1915）のピアノ・ソナタ第3番嬰ヘ短調Op. 23（1968年1–2月録音）と，セルゲイ・プロコフィエフ（1891–1953）の同第7番変ロ短調Op. 83「戦争」（67年6–7月録音）をまとめ，69年1月に発売されたアルバムの解説である．後者のプロコフィエフは十代の頃からときどき演奏会で弾いていた作品だが，前者はそうではなかった．前者は，ホロヴィッツの『歴史的復帰』のパロディ盤の企画に含める作品として取り上げた可能性がある（『書簡集』234頁参照）．

アーカイヴにはタイプ稿1点を下書きとして残すのみである．

29　ソヴィエト連邦の音楽（講演・1963年）

"Music in the Soviet Union," lecture delivered at the University of Toronto, July 16, 1963.

トロント大学音楽学部では，カナダ音楽界を牽引した作曲家・指揮者のサー・アーネスト・マクミラン（1893–1973）の名を冠したマクミラン・レクチャーズという記念講座が1963年から1977年まで毎年催された．その最初の年に3回の講演をしたのがグールドで，第1回が7月2日（火）「創造プロセスにおける贋造と模倣の問題」(Forgery and Imitation in the Creative Process)（『発言集』所収），第2回が7月9日（火）「アルノルト・シェーンベルクの視角」(A Perspective on Arnold Schoenberg)（本著作集26とほぼ同内容），第3回が7月16日（火）の「ソヴィエト連邦の音楽」であり，このテキストである．前2回同様，エドワード・ジョンソン・ビルディングにある800人収容のマクミラン・シアターは満席になった（翌日の『グローブ・アンド・メイル』紙）．なお，同内容の講演は，5月22日（水）にキワニス・クラブで行なっていたし，翌1964年10月9日（金）にシンシナティ大学でも取り上げている．

今回，アーカイヴでは，これらの講演のための下書きと特定できる原稿は断片的なものしかみつからず，本著作集に掲載したテキストは確認できなかった．グールドには1962年1月14日（日）放映のテレビ番組『ソヴィエト連邦の音楽』があるが，その原稿も特定できない．

30　アイヴズの交響曲第四番（演奏会評・1965年）

"The Ives Fourth," *High Fidelity/Musical America* 15, no. 7 (July 1965): 96–97.

会場にいたかどうかは定かではないが，グールドとしては珍しい演奏会評である．1965年4月26日（月），カーネギー・ホールで行なわれたレオポルド・ストコフスキー指揮アメリカ交響楽団の演奏会で，チャールズ・アイヴズ（1874–1954）の交響曲第4番の全曲が世界初演された．大規模かつ複雑な作品で，ニューヨーク・スコラ・カントルムの合唱に加え，デイヴィッド・カッツ（1924–87）とホセ・セレブリエール（1938年生まれ）が副指揮者として起用された．演奏会翌日の『ニューヨーク・タイムズ』紙にはハロルド・ショーンバーグが評を書き，画期的なイベントを報じている．この交響曲は，この演奏会の3日後，マンハッタン・センターにて同じメンバーで録音がなされ，同年中に発売された（Columbia ML 6175/MS 6775）．

グールドの評は世界初演の3ヶ月後，『ミュージカル・アメリカ』誌（1965年7月号）に掲載された．この雑誌は1898年発刊の伝統ある音楽雑誌だが，1964年に『ハイ・フィデリティ』誌に吸収され，定期購読者向けに限り，追加ページとして合本される形をとっていた．

アーカイヴのタイプ稿は3段階となっており，最初の2段階の手書きの記入は多い．最終稿に付された日付は1975年5月1日である．グールドは同日付で原稿を郵送し，ジェラット編集長は5月16日付で初校をグールドに送っている．

31　「エルンストなんとかさん」記念文集（クシェネク著作集の書評・1975年）

A Festschrift for "Ernst Who???", review of *Horizons Circled: Reflections on My Music* by Ernst Krenek, with contributions by Will Ogdon and John Stewart (Berkeley: University of California Press, 1974), *Piano Quarterly* 24, no. 92 (Winter 1975–76): 16–18.

エルンスト・クシェネク（1900–91）の著作『円を成すいくつもの地平線——私の音楽に対する省察』（1974年）の書評．『ピアノ・クォータリー』誌（1975/76年冬号）に出たが，前後して米国の新しい批評誌『ニュー・ボストン・レヴュー』誌にも再掲載された．初出は1975年7月19日（土）付の『グローブ・アンド・メイル』紙である．“Krenek, the Prolific, Is Probably Best Known to the Public at Large as—Ernst who?,” *The Globe and Mail*, July 19, 1975, 29; “A Festschrift for Ernst Who?” *New Boston Review* 1, no. 3 (Winter 1975), 11–12. アーカイヴには3段階のタイプ稿が残るが，どれも1975年11月とある．実はクシェネクを扱うラジオ番組の企画をBBCに求められ，グールドはこの書評を台本に，録音まで試みていた（番組を実現せず）．

多作のクシェネクのイメージとは裏腹に，書評対象書は，ハードカバーで厚さ1.5センチ，付録の作品評を含めても，167ページの小さな本で，クシェネク本人のみで著述した部分は多くない．

執筆協力者は2名。ウィル・オグドンは米国の作曲家。クシェネクの弟子でカリフォルニア大学サンディエゴ校教授。ジョン・ステュワート（1917–2007）は同僚の文学の教授で，1991年，同大出版局よりクシェネク伝（*Ernst Krenek: The Man and His Music*）を刊行．

本文中のストラヴィンスキーの発言（245頁）の出典は以下のとおり．Igor Stravinsky and Robert Craft, *Dialogues and a Diary* (New York: Doubleday, 1963), 52.

末尾のグールドの回想だが，この1964年3月29日（日）のシカゴでの公演のあと，4月10日（金）にロサンゼルスでもリサイタルを実施して演奏会活動を終了した．シカゴ公演を最後の演奏会と述べているのは記憶違いなのか，意図的なのか，不明．いずれにせよ，ロサンゼルス公演ではクシェネクのソナタは弾いていない．代わりに弾いた現代曲はヒンデミットのソナタ第3番だった．

32　ベルク，シェーンベルク，クシェネクのピアノ曲（アルバム解説・1959年）

“Piano Music of Berg, Schoenberg, and Krenek,” liner notes for Columbia ML 5336, rel. January 19, 1959.

1959年1月に発売されたアルバムの解説．グールドの7枚目にして初の20世紀音楽を集めたもので，アルバン・ベルク（1885–1935）のソナタOp. 1（1958年7月録音），シェーンベルクの3つのピアノ曲Op. 11（1958年6–7月録音），クシェネクのピアノ・ソナタ第3番Op. 92 No. 4（1958年7月録音）．これらのうちで，ベルクとクシェネクは頻繁に演奏会で弾いた作品だった．

アーカイヴには特に訂正の加わっていないタイプ稿1種類が収められているのみ．

33　コルンゴルトとピアノ・ソナタの危機（アルバム解説・1974年）

“Korngold and the Crisis of the Piano Sonata,” liner notes for Genesis GS 1055, rel. 1974, a recording of Korngold’s piano music played by Antonin Kubalek.

アントニン・クバレク（1935–2011）の演奏によるエーリヒ・コルンゴルト（1897–1957）のアルバム（1974年発売）に寄せた解説．この盤はグールドのプロデュースによってトロントのイートン・オーディトリアムで1973年8月28–29日（火・水）に録音された．エンジニアはCBCでグールドとよく仕事をしたローン・トーク（1939年生まれ）．曲目はピアノ・ソナタ第2番ホ長調Op. 2と《妖精の絵》Op. 3．米国サンタモニカのジェネシス・レコードから発売された．アルバムはダブル・ジャケット仕様で，グールドの解説以外に，企画の補助プロデューサーを務めたロサ

ンゼルス在住の映画音楽研究者トニー・トーマス（1927–97）がコルンゴルトの生涯を紹介し，作品評も掲載された．グールドが他の演奏家をプロデュースした唯一のアルバムとなった．

クバレクはプラハ音楽院で学び，また教えていたチェコ出身のピアニストで，政治的混乱を逃れて1968年にカナダに移住．グールドが彼を支援したとされ（ロイヤル音楽院への推薦状も残る），トロントを拠点に活動した．ドイツ・ロマン派を得意とし，20世紀のチェコやカナダの音楽も積極的に取り上げ，多種多様な録音を残した．クバレクは1978年にソナタ第1番等をトーマスのプロデュースで録音し（Citadel CT 6009），1995年にグールドによる録音とともにCD化されている（Citadel CTD 88109）．

アーカイヴには，1974年11月と記した解説の最終タイプ稿のほかに，このアルバム制作に関わるトーマスとのあいだの書簡が多数残る．

34　二十世紀カナダのピアノ曲集（アルバム解説・1967年）

"Canadian Piano Music in the Twentieth Century," liner notes for CBS Canada 32 11 0046 / 32 11 0045, rel. November 1, 1967.

カナダ建国百年記念企画として作られたアルバムに寄せた解説であり，ニューヨークの三十丁目スタジオでアンドルー・カズディンのプロデュースで収録されたが，カナダのみでの発売であったため，カタログ番号が通常と異なり，算用数字8桁になっている．オスカー・モラヴェッツ（1917–2007）の幻想曲ニ短調（1966年6月録音），イシュトヴァン・アンハルト（1919–2012）の幻想曲（1967年7月録音），ジャック・エテュ（1938–2010）の《変奏曲》Op. 8（1967年8月録音）で構成される．モラヴェッツとは若い頃から親交があり，幻想曲ニ短調は1950年代から演奏会で取り上げ，1951年にはCBCの放送用レコードに収録している（RCI 120）．アンハルトは1955年9月9日付けの署名入りの幻想曲の楽譜がアーカイヴに残る．エテュはグールドとは面識がなかったとのちに語り，作曲者の意図や指示とは異なる解釈の録音に衝撃を受けたことを学会で報告した――「《ヴァリアシォン》とヴァリアント」（浅井香織訳），ギレーヌ・ゲルタン編『グレン・グールド 複数の肖像』所収（立風書房，1991年），27–47頁．

アーカイヴには解説の3段階のタイプ稿が残り，1967年8月8日の脱稿が確認できるが，企画の編成や選曲の経緯は不明である．なお，アンハルトのセッションと同じ日に，カナダの作曲家バーバラ・ペントランド（1912–2000）の《影ぼうし》が録音されていた．収録の候補曲であったのかもしれない．《影ぼうし》はグールドの全録音のCD化企画『グレン・グールド・エディション』において掘り出され，これらの3曲に加えた初リリースが実現した（1992年）．

35　十二音主義者のジレンマ（論考・1956年）

"The Dodecaphonist's Dilemma," *The Canadian Music Journal* 1, no. 1 (Fall 1956).

カナダ音楽評議会の発行する季刊誌の創刊号（1956年秋号）に寄せた論考である．雑誌の編集長は当時マウント・アリソン大学に所属していたジェフリー・ペイザント（1926–2004）だった．この計96ページの号は，会長サー・アーネスト・マクミランの巻頭言に続き，パーシー・A・ショールズ「ジョンソンの二人の音楽の友――バーニーとホーキンズ」，グールドの論考，ハリー・アダスキン「音楽と大学」，ヘルムート・コールマン「カナダにおける音楽定期刊行物の百年」，音

楽界動静，学校教育動静，そして新しい音楽作品・録音・書籍等の紹介が続く．執筆者紹介欄でグールドは「カナダのピアニストで作曲家．この数年の演奏会，放送番組，録音での活動により，北米屈指の音楽家となった」とある．執筆依頼の経緯は不明だが，学術誌の創刊号で，新進気鋭の人物に作曲界の展望を求めたことが察せられる．

グールドは1956年8月10日付けでペイザントに原稿を送り，ペイザントはその4日後に返信をして若干の修正を求めた．また，ペイザントは10月23日付けで，初校が出るのが遅れていることや，掲載の許諾が下りない譜例があり，また紙数が足りないので若干の削除をする旨を述べている（訳者がペイザントから直接聞いた話によれば，グールドは修正に抵抗を示したという）．アーカイヴには完成したタイプ稿の複写1点が残るが，確かに完成稿からは削除された箇所が存在しており，ヴェーベルンのピアノ五重奏曲の説明等は本来はもう少し長い．

36　ピエール・ブーレーズ伝（書評・1976年）

"Boulez"; review of *Boulez: Composer, Conductor, Enigma* by Joan Peyser (New York: Schirmer Books, 1976), *The New Republic* 175, no. 26 (December 25, 1976): 23–25.

ピエール・ブーレーズ（1925–2016）の先駆的な伝記『ブーレーズ——作曲家，指揮者，謎』に対する書評である．米国の「政治と芸術のジャーナル」である『ニュー・リパブリック』誌（1976年12月25日号）の書評欄に掲載．掲載ページに題名はないが，雑誌の表紙には「凄まじきブーレーズ」（Le Boulez Terrible）の題名があり，書評の末尾には「グレン・グールドはピアニストで作曲家である」と記されている．そしてアーカイヴに残る最終のタイプ稿には「ピエールの危険」（The Perils of Pierre）の題がある．執筆の経緯は不明だが，『ブーレーズ』の校正刷り段階の仮綴じ本が現存することから，刊行前から書評の依頼を受けていたのかもしれない．最終稿の記録によれば脱稿日は1976年11月25日であり，同日に編集者に原稿を送付している．

著者のジョーン・ペイザー（1930–2011）は，米国の音楽学者・ジャーナリスト（「パイザー」とも表記される）．1987年のバーンスタイン伝（『レナード・バーンスタイン』鈴木主税訳，文藝春秋，1990年）や1993年のガーシュイン伝（『もうひとつのラプソディ——ガーシュインの光と影』小藤隆志訳，青土社，1994年）などで知られる．

37　未来と「フラット＝フット・フルージー」（『現代音楽事典』の書評・1974年）

"The Future and 'Flat-Foot Floogie'," review of *The Dictionary of Contemporary Music*, edited by John Vinton (New York: Dutton, 1974), *Piano Quarterly* 22, no. 87 (Fall 1974): 11–14.

1974年に出版されたジョン・ヴィントン編『現代音楽事典』の書評．『ピアノ・クォータリー』誌の同年秋号を出典とするが，初出は『グローブ・アンド・メイル』紙であり，その記事名（見出し）は「現時点では1970年頃のアメリカ音楽界における政治と偏見にすぎない．……だがタイムカプセル研究者にとってはバビットとフラット＝フット・フルージーの対決だ」となっていた．"Today, Simply Politics and Prejudices in Musical America circa 1970...but for Time Canpsule Scholars It's Babbitt vs. Flat Foot Floogie," *The Globe and Mail*, July 20, 1974, 31. アーカイヴに残るタイプ稿は「第2稿」と記された1本のみで，1974年7月12日の脱稿日が付されている．

『ピアノ・クォータリー』版では，文中の架空の特約報道の千年後の日付「2974年11月30日」

は，タイプ稿どおりだが，初出では，掲載紙の発行月日に合わせて「2974 年 7 月 20 日」となっていた．なお，初出では，タイプ稿（および『ピアノ・クォータリー』版）よりも改行箇所が多い．

38　テリー・ライリーの《C で》（番組台本・1970 年）

“Terry Riley,” the beginning part of script, “Music in the Sixties,” for *CBC Thursday Music*, CBC broadcast, July 23, 1970.

テリー・ライリー（1935 年生まれ）の代表作《C で》を番組台本である．本著作集の原書では「1960 年代後半の CBC［カナダ放送協会］のラジオ番組から」とクレジットされていたが，実は，1970 年 7 月 23 日（木）放送のラジオ番組『CBC 木曜日の音楽』の中で紹介するミニ・ドキュメンタリー「六〇年代の音楽」の冒頭部分だった．1960 年代の音楽潮流を総覧するこの作品の台本全体は『発言集』に再録されている（296–303 頁）．アーカイヴに残る 2 段階のタイプ稿のうち，第 2 稿に基づく．

39　グールドの作曲した弦楽四重奏曲作品一（アルバム解説・1960 年）

“Gould’s String Quartet, Op. 1,” liner notes for Columbia ML 5578/MS 6178, rel. October 3, 1960, featuring Gould’s Quartet as played by The Symphonia Quartet.

自作のアルバムに寄せた解説である．この「作品 1」は，すでにピアニストとしてデビューし，知名度を高めつつあった 1953 年 4 月から 1955 年 10 月にかけて書かれ，翌 1956 年 5 月 26 日（土）のモントリオールからのラジオ放送で，モントリオール弦楽四重奏団によって初演された．楽譜は同年にバーガー・アンド・バークレイより出版された（作品の初演と出版は，デビュー盤《ゴルトベルク変奏曲》の録音や発売と時期が重なるので，ピアニストとしての本格的なデビューと作曲家としての本格的なデビューはほぼ同時だったことになる）．

1959 年 11 月 27 日（金），クリーヴランドにて，グールドは，500 人の聴衆を相手にシェーンベルクに関して講演を行ない，続けてこの弦楽四重奏曲の米国初演を実現する．演奏はシンフォニア四重奏団である．同団は 1953 年にクリーヴランド管弦楽団のメンバーで結成され，米国オハイオ州各地での学校演奏会で主に活動した（1966 年に解散）．結成時のメンバーは，カート・ローベル（1921–2009，第 1 ヴァイオリン，のちにコンサートマスター）を中心に，エルマー・ゼッツァー（1920–2007，第 2 ヴァイオリン），トム・ブレナンド（生没年不明，ヴィオラ），トーマス・リバティ（1922?–1995，チェロ）．グールドの立ち会いのもと，翌年 1960 年 3 月 13 日（日）にクリーヴランド管弦楽団の拠点であるセヴェランス・ホールで収録し，本人の解説を掲載して 1960 年 10 月に発売された．

この解説の下書きにあたるタイプ稿はアーカイヴには存在しない．代わりに 1961 年 6 月 13 日と日付の記入されたものがある．放送番組等，別の機会での紹介のためだったのかもしれないが，そこには次のように述べられている――「この私の弦楽四重奏曲が誰かの直接的な模倣だとは考えていない．そうすることもできたが，その道は選ばなかった．すでに述べたように，この作品を書くにあたっての私の態度は，現代を批判しつつ，過去を再活性化することだった．この態度に賛同してほしいとは思わないし，この作品を気に入ってほしいとも思わないが，それでも，もし気に入ってもらえるのなら，私の意図を正しく理解した上でそうしてほしい」．

40　フーガを書いてごらんなさい（作品解説・1964年）

"So You Want to Write a Fugue?"; "The Music of Proteus Being Some Notes on the Subjective Character of Fugal Form," *HiFi/Stereo Review* 12, no. 4 (April 1964): 48–50, 53–4.

四声と弦楽四重奏のための自作《フーガを書いてごらんなさい》の解説．この作品の録音がソノシート（薄いビニル製のレコード）として『ハイファイ・ステレオ・レヴュー』誌（1964年4月号）の付録となった際に，雑誌本体に掲載されたもので，「プロテウスの音楽，すなわちフーガ形式の主観的特徴に関する覚え書き」と題されていた．本来この作品は，CBCで1963年3月4日（月）にテレビ番組『フェスティヴァル』の枠で放映された「フーガの解剖」（The Anatomy of Fugue）のために書かれ，初演された．「フーガを書くこと自体を扱うフーガ」と述べられているが，有名曲のパロディをちりばめ，フーガのさまざまな技法の例示をすると同時に，作曲者の心理を描く諧謔的な作品である．1964年には，ピアノ伴奏による楽譜がニューヨークのシャーマーより出版された．この解説を寄せた録音は1963年12月14日（土）にニューヨークの三十丁目スタジオで，ヴラディミール・ゴルシュマン指揮，エリザベス・ベンソン＝ガイのソプラノ，アニタ・ダリアンのアルト，チャールズ・ブレスラーのテナー，ドナルド・グラムのバス，ジュリアード弦楽四重奏団で収録された．その後，正式のレコード盤としては，『グレン・グールド・シルヴァー・ジュビリー・アルバム』（1980年発売）に収められた．

アーカイヴに1本のみ残るタイプ稿は完成稿からみると断片的なものである．

なお，題名の構文 "So you want to ～?" は，何かをやりたい（やりたくなった）相手に対して，その気持ちを見透かして実行を促す修辞的な疑問文である．

生前には日本の音楽雑誌のグールド特集号に掲載された．「プローテウスの音楽――フーガ形式の主観性に関する覚え書き」三浦淳史訳，『ディスク』第29巻第7号（1966年7月）：68–71頁．

1992年9月17日には『浅田彰が語るグレン・グールドの世界』（NHK教育テレビ）で，日本語で歌唱された（宮澤淳一訳）．

41　拍手を禁止しよう！（論考・1962年）

"Let's Ban Applause!" *Musical America* 82, no. 2 (February 1962): 10–11, 38–39.

演奏会活動から退く2年前の1962年に発表した論考である．まだ『ハイ・フィデリティ』誌に吸収される前の『ミュージカル・アメリカ』誌（30の解題参照）に，ロナルド・サール（1920–2011）の珍妙な楽器奏者を描いたイラストとともに掲載された．紹介文は「グレン・グールドは同世代で最も輝かしく，詩的で個性的なピアニストのひとりとして紹介の必要もないが，その見事なユーモア感覚は読者にとっては驚きかもしれない」とある．音楽聴取の「内省的態度」を称揚し，「聴衆の反応を，徐々に，しかし完全に除去すること」を目指して拍手喝采禁止計画を具体的な段取りとともに提案する奇想天外なテキストであり，冗談として読まれるかもしれない．しかしグールドは，その後，少なくとも一度，拍手を禁じる演奏会を実行し，おそらくは挫折を味わっているので，その事実は確かめておきたい（拍手禁止演奏会の調査報告は，宮澤淳一『グレン・グールド論』20–30頁を参照）．

アーカイヴには，3段階のタイプ稿ばかりか，その前の手書きの草稿が残る．内容・構成ともに手書きの段階から初出までほとんど変わらない．ちなみに，グールドの名言として知られる「芸術の目的は……」（319頁）は，手書きの草稿の段階からすでに見出すことができる．

42　失格しそうな私たちから敬意をこめて（エッセイ・1966年）

"We Who Are About to Be Disqualified Salute You!" *High Fidelity/Musical America* 16, no. 12 (December 1966): MA23–24.

演奏会活動をやめて2年後の，コンクール（コンテスト）観戦記風のエッセイである．初出の第1ページ左上には「モントリオール・リポート」と見出しがある．ただしこれは観戦記にとどまらず，コンクール批判の論考でもある．その本質にある競いあうこと《コンペティション》の不毛さや危険をまとめている（グールドが繰り返し語っていた主張のひとつである）．

アーカイヴのタイプ稿は4段階であり，最終稿の末尾には1966年9月23日の記載がある．手書きの修正は多いが，興味深いのは，第3稿までは「ホーホマイスター博士」のペンネームが記されていた点である（第3稿の1枚目にタイプされた名前が手書きで抹消されている）．「博士」名義の著作3点（本著作集の60・61・62）は1965年に同じ雑誌に掲載されたものだったので，その続きにしようと考えたのであろうか．そして，題名は最初のタイプ稿からこのとおりであった（本文中には「私たち」に示すweという主語は現われない）．

なお，その後に第一線で活躍するようになる奏者ジャン＝ジャック・カントロフを「目覚ましい才能の持ち主であり，この世代で私がこれまで聴いた中で最も独創性に恵まれたヴァイオリン奏者」と賞讃したことは今でも話題となるが（この一言がよく引用される），当時もそれなりに注目されたらしい．1966年12月17日（土）付けの『モントリオール・スター』紙で批評家エリック・マクリーン（1919–2002）がグールドのカントロフへの賞讃を含めて，このエッセイを詳しく紹介した．マクリーンの記事を読んだ，当時モントリオール在住で審査員のひとりだったヴァイオリン奏者イダ・ヘンデル（1928–2020）は1967年1月7日（土）に同紙に投書し，「痛烈で見当違いのコメント」だとしてグールドのコンクール批判に反論するとともに，カントロフが「未熟で訓練不足」だったと述べている（他方，たまたま同じ日付で，フランスに住むカントロフの両親がグールドに送った礼状がアーカイヴに残る）．

ヘンデルの投書はこう結ばれる――「加えて残念なのは，グールド氏がコンテスト会場にいたわけではないのに所見を述べ，批判を公言していることです．状況や条件で演奏を歪めたり良くしたりしがちなマイクロフォン等の信頼できないメディアに依存してこれを行なっています．グールド氏がみずからの見解を持つのは自由です．しかし，無垢な読者にそれを押しつけるべきではありません．それが決定的な見解だと誤解されかねないからです」．

43　即興の心理（番組台本・1966年）

"The Psychology of Improvisation," the beginning of the script for *Ideas*, CBC broadcast, January 23, 1966.

CBCの教養ラジオ番組『アイディアズ』で放送された30分番組「即興の心理」の台本の導入部分である．アーカイヴには4段階のタイプ稿が残るがその最終稿12ページのうちの3ページ半強にあたり，実際の番組ではこれ以降に音楽も聞かせるので，30分のうちの5分程度の文章である．

これは即興とは何かを思索する番組である．本著作集の掲載部分では，実験詩のエピソードに基づき，グールドは，完成された作品には「作者の意図」があると人々が考えがちであることを指摘する．殊に音楽においては「どんな即興的な要素が含まれていても，それは音楽修辞学の規則に従っているはずだと信じてい」ると述べる．なぜなら，現代は「私たちの思考と私たちの仕事は，意

識的な勤勉さに拠るのか，それとも，隠された無意識の欲望から生まれるのか，またそれはどの程度なのかを気にかける時代」だからだ．

では実際の音楽にどれほどの意図が考慮されているのかが，番組の続きで考察される．シェーンベルクのピアノ曲（Op. 11 の第 3 曲）は，即興的に聞こえるが，クリシェ（陳腐で型どおりの表現）を排除するように意図された結果だ．他方，ピーター・マックスウェル・デイヴィス（1934-2016）の指導でさまざまな楽器を即興する子どもたちの演奏の方がシェーンベルク以降の作曲家たちの表現のクリシェである．つまり，即興と判断されるかどうかは私たちの先入観の問題である．

そして，即興的に作られる音楽と，「注意深く意識的に書き出された音楽」の主な違いは，「使われる素材の性質によるよりも，むしろ素材の選択や配置を熟慮できない即興的な状況の圧迫の有無にある」ことを語り，バッハの《音楽の捧げ物》の 2 つのリチェルカーレの違いを論じる．

グールドの関心は，即興の限界の問題に移る．コメディアン・ピアニストのヴィクター・ボーグ（1909-2000）の実況演奏や，グールド本人の録音したバッハのトッカータホ短調 BWV 914，モーツァルトの幻想曲とフーガ K.394，ベートーヴェンの《テンペスト・ソナタ》を部分的に聴かせつつ説明するのは，反復進行，音階，分散和音，装飾音等を活用したほとんどの即興が既存の様式の模倣であることだ．マクルーハンのメディア（テクノロジー）論を援用して，「古い世代の規則は，次の世代の即興演奏の内容になる」とも語る（訳者の予備知識によれば，マクルーハンは，古いメディアは芸術形式に変わり，新しいメディアの内容になるとよく述べていた）．さらに，即興演奏は，劇的な表現によって音楽的発展性の欠如を隠蔽する手段にもなりうることを指摘し，リヒャルト・シュトラウスのヴァイオリン・ソナタ変ホ長調の第 2 楽章（「即興」の副題がある）や，交響詩《英雄の生涯》の一部（「即興もどきのヴァイオリン独奏」の箇所）を聴かせる．

最後にグールドが主張するのは，20 世紀の音列主義や電子音楽における即興の意義である．米国の作曲家ルーカス・フォス（1922-2009）の場合，即興は「自分になじみのない音楽言語の潜在的可能性を探るための方法」となり，「将来の鉱脈を見つけるためのガイガーカウンター」となったと述べる．「フォスは即興演奏を通じて，直近の点描主義的な過去のクリシェを検証し，その検証から直接的に《タイム・サイクル》という声楽とオーケストラのための作品を書きました．この世代で生み出された様式的綜合の試みとしては最も個性的かもしれません」と述べて，即興がフォスにとってどれほど有益であるかを強調する．

1966 年 11 月 3 日の日付で閉じられる番組台本最終稿（および放送された番組音声）の最後のパラグラフはこうである――「即興の治療的な側面には，それ以前［ルーカス・フォス以前］の多くの作曲家たちも恩恵を蒙っていたのではないでしょうか．あらゆる創造的な人間の内面には，発明家と学芸員が対立しながら同居していて，音楽で驚くべきことが起きれば，その大半は，一方が他方を犠牲にして束の間に何かを得たからです．即興が暗に支持しているのは，形式からの逸脱の拡張です．音楽理論の基礎をなす作曲体験は制御されていますが，この逸脱の拡張によって，全体像を把握する力を借り受けることができます．すると私たちは音楽の概念の原初的な基本精神へと引き戻されます．つまり，私たちは思い知らされるのです．コミュニケートしようとする意志はコミュニケーション形成の欲求に先立つこと，作曲家も，聴き手でさえも，理解には限界があって，「なぜ」そうするのか，本当はよくわからないこと，また，それゆえに，彼らの関係には一種の寛容性があることを――．結局，私たちの受ける最大の示唆は，純然たる反応や影響から直接生まれる感情と，反応したり影響を受けたりする必要から生まれる感情とを区別することの大切さです．これは驚くほど謙虚さを強いる実践です．熱意の失せた教養人にこれを差し出すことで，即興は，実に重要な機能を果たすのかもしれません．いずれにせよ，ハリー・トルーマンのためにもそうであることを願いたいものです」．

フォスの《タイム・サイクル》については『発言集』187-89 頁の作品解説を参照．

44　批評家を批評する（コメント・1977年）

Juddy Dobbie, “Criticizing Critics: In Which 15 Writers, Artists and Performers Get a Chance to Talk Back,” *The Canadian*, February 26, 1977, 10–12.

『カナディアン』誌に掲載された.「批評家を批評する――15名の作家，アーティスト，パフォーマーが言い返す」という題で集められた回答のひとつである．グールドは「ピアニスト，ブロードキャスター――そして批評家」と紹介され，このテキストが題名なしで続いた．掲載誌は「カナダで最大の部数を誇る雑誌」と説明の付された週刊誌で，『トロント・スター』，『オタワ・シティズン』など，カナダ全土の主要紙の週末の別冊付録として流通していた．

ここでのグールドは批評家に対して「道徳を乱し，美を台無しにする影響力を発揮してきた」と手厳しい．確かに彼は演奏会評・録音評で演奏の批判を受けたことは多々あり，創作的な種々のテキストで滑稽な存在として批評家を描く．本著作集であれば，11「ピアノによる「運命」架空批評」，47「モード・ハーバーの思い出，または，ルービンシュタインの主題による変奏曲」，64「ポート・チルクート会議」を参照．また，音源では，LP盤2枚組のアルバム『グレン・グールド・シルヴァー・ジュビリー・アルバム』（1980年）の2枚目として収められたラジオ・ドラマ『グレン・グールド・ファンタジー』や，のちにCD化されてから，ボーナス・トラックに収められた寸劇『批評家対決』（CBCにて1977年8月26日放送）を聴きたい．

アーカイヴには計2ページの無題のタイプ稿が残り，1977年1月20日の日付がある．

45　ストコフスキー 六つの場面（エッセイ・1978年）

“Stokowski in Six Scenes,” *Piano Quarterly* 26, nos. 100–102 (Winter 1977–78; Spring 1978; Summer 1978): 7–10; 47–54; 26–29.

序文と6つの「場面」によってレオポルド・ストコフスキー（1882–1977）を回想するエッセイである．ストコフスキーの没した翌年に『ピアノ・クォータリー』誌に3号に分けて掲載されたものをまとめて収録している．各場面とも3度か4度，タイプ稿が作り直され，アーカイヴには複写を含めると計43点のタイプ稿が残されている．最終タイプ稿とおぼしきテキスト「第1部」（序文と前半の3つの場面）には1977年11月30日，同様のテキスト「第2部」（後半の3つの場面）には1978年2月27日の完成日が記入されている．これらが1978年の『ピアノ・クォータリー』の冬季号（1月発行＝第3の場面まで），春季号（4月発行＝第4，5の場面），夏季号（7月発行＝第6の場面）に掲載された．編集長ロバート・シルヴァーマンの回想によれば，1万3千語と長すぎるために分割掲載を決めたという（「回想，グレン・グールド一九三二－一九八二」，『変奏曲』所収）．ところが，同年5月14日の『ニューヨーク・タイムズ』紙の日曜版に「マエストロ・ストコフスキーを讃えて」（In Praise of Maestro Stokowski）の題名で，このエッセイ全体のダイジェスト版が掲載された．共演時の写真も大きく掲載された数ページにわたる記事だったが，これはグールド本人による出版のルール違反である．この二重掲載の事実が発覚し，グールドは新聞社側ともめたらしい（最終的にグールドは「転載料」として新聞社から1万ドルを受け取ったという）．なお，新聞版では，特に第4と第5の場面で大きな割愛があるが，異同は少ない．ちなみに，掲載の第1ページ左下の著者紹介はこうなっている――

グレン・グールドはこう述べる．「私は余暇にピアノを弾くカナダのライターでブロードキャ

スターです.」

これはのちにモンサンジョンが映像作品で用いて知られるようになった「自己紹介」である.
この長大なエッセイの構成には，ややこしい箇所がある．それは第4の場面で「今日の私たちは～」で始まるブロック引用（348頁）である．ストコフスキーの発言だが，これは本著作集の52「録音の展望」（初出は『ハイ・フィディリティ』誌）でバックグラウンド・ミュージックが論じられる箇所に置かれたコメントと同一である（469-70頁)．初出の『ピアノ・クォータリー』の誌面を参照すると，該当箇所には，このコメントと横並びで，太字で記された説明が併記されている．その説明とは，「録音の将来」でストコフスキーのコメントの付された箇所と呼応する本文の3パラグラフにほかならない（「バックグラウンド・ミュージックは～」から「～これにはかなわない」まで)．要するに，グールドは「録音の将来」で展開したバックグラウンド・ミュージック論のストコフスキーとの擬似的な対論を誌面で再現して挿入したかったのだ．最終のタイプ稿の該当箇所にあたると，「ハイ・フィデリティのフォトコピーが続く」と注記がある．想像するにグールドは，完成した原稿に，『ハイ・フィデリティ』誌での自説とストコフスキーのコメントが併記されたページをそのまま挟み込んで入稿したと思われる．ちなみに『ニューヨーク・タイムズ』版ではこの箇所はそっくり省略されている．また，このエッセイ全文をやはり再録している『変奏曲』では，この箇所にはグールド本人による3パラグラフのみが掲載されている.
言及されているストコフスキーをめぐるラジオ番組は，グールドの死後CD化され，現在はストリーミングで聴取できる.

46　ルービンシュタインとの対話（1971年）

"Rubinstein," *Look* 35, no. 5 (March 9, 1971): 52-58.

1971年3月，米国の『ルック』誌に掲載されたグールドによるアルトゥール・ルービンシュタイン（1887-1982）へのインタヴュー．『ルック』は1937年に創刊された米国の隔週刊の総合雑誌で，このインタヴューが掲載された約半年後の10月19日の号をもって廃刊した．『ライフ』誌の向こうを張った大判（縦36×横28センチ）の雑誌だった．7ページにわたるこのインタヴューは，目次で確認する限り，誌面としては「エンタテインメント／スポーツ」に分類される記事で，ページ裁ち落としのルービンシュタインの顔写真なども掲載された豪華な企画となっていた.
掲載ページ冒頭の導入文には――「ピアノと優雅な生活を見事に操る84歳のヴィルトゥオーゾが，グレン・グールドという，もはや愛や金のために公開演奏をする気のない不遜な若きヴィルトゥオーゾの潑剌たるトークに引き込まれた」とある．また，ルービンシュタインの話にグールドが耳を傾ける様子を捉えた写真のキャプションは――「驚くべき38歳のカナダ人グレン・グールド（左）の演奏は，今やレコードでしか聴けない．アルトゥール・ルービンシュタインはこのシーズンに米国で43回の演奏会を催す．彼はピアノのレパートリーのほぼすべてを録音している」.
アーカイヴには，7号（秒速19センチ）のオープンリール・テープ3本に収められたインタヴューの録音とそれを起こした45ページにわたるタイプ原稿が存在し，それに基づいて3段階にわたるタイプ稿が作られて完成された．関係資料より，1970年1月頃にニューヨークのルービンシュタインの泊まるホテルで行なわれたと推定される．この雑誌の長期間をかける編集方針上，3月の脱稿が求められていたが，グールドはルービンシュタインと親しい人たちの発言を「引用」したいと考え，同年2月中旬に指揮者のヴラディミール・ゴルシュマン，『サタディ・レヴュー』誌編集長ローランド・ジェラット，RCAのジョージ・マレク，ピアニストのデイヴィッド・バー＝イ

ラン（1930–2003）に書簡を相次いで送り，ルービンシュタインについてのコメントを求めた（ジェラット以外の3名の返信がアーカイヴに残り，肯定的なコメントが集まったものの，実際にそれらが「引用」されることはなかった）．校正刷りでのやりとりは雑誌の担当者でジャーナリストのジョゼフ・ロディ（1920–2002）に宛てた1971年1月20日の書簡で確認される（ロディによる1960年のグールドの紹介記事は『変奏曲』に再録）．

なおこのインタヴューは日本でもすぐに紹介された．「ルービンスタイン，グールド 夢の対談——どこかでわれわれは触れあうだろう」三浦淳史訳，『音楽の友』第29巻第6号（1971年6月）：118–25頁．

47　モード・ハーバーの思い出，または，ルービンシュタインの主題による変奏曲
（創作・1980年）

Memories of Maude Harbour, or Variations on a Theme of Arthur Rubinstein," *Piano Quarterly* 28, no. 110 (Summer 1980): 27–30.

.

1980年にはルービンシュタインが後半生を綴った自伝 *My Many Years* (New York: Knopf) が出版された（邦訳：『ルービンシュタイン自伝——神に愛されたピアニスト』木村博江訳，共同通信社，1983年）．これは前半生をまとめた *My Young Years*（Knopf, 1973；邦訳：『華麗なる旋律——ルビンシュタイン自伝』徳丸吉彦訳，平凡社，1977年）に続く「第二巻」である．かくして『ピアノ・クォータリー』誌の1980年夏季号には，この *My Many Years* の書評が載った．評者は同誌の編集長ロバート・J・シルヴァーマンで，その書評に続く次のページから掲載されたのがこのグールドが創作した物語だった．ただし，誌面の先頭には序文とも読めるような4パラグラフが印刷されていた．本著作集にも含められたところ，出版後，シルヴァーマンが自分が書いたとペイジに明かしたため，増刷か改版の際に削除された（実際，アーカイヴの原稿には存在しない記述である）．旧邦訳版では訳出されていたが，今回は本文から切り離し，以下に掲載する——

『ニューヨーク・タイムズ』紙に掲載された，息子で俳優のジョン・ルービンシュタインのインタヴューを思い出す．ジョンによれば，父親は彼が小さい頃からピアノを習わせていたが，楽譜が読めないことに気づいたのは彼が14歳のときだったという．あちこち巡業をしてまわる音楽家らしいエピソードだ．

ルービンシュタイン氏の驚異的な記憶力については触れておかねばならない．彼はウェイター，客室係のメイド，汽車の車掌との会話などを仔細に記す．膨大な雑談が詳しく述べられるが，それらは50年以上も前まで遡るのだ．さらに，記憶違いではないかと疑念を抱かれることのないように，この本の前書きにはこう書いてある——「本書は資料考証その他のいかなる助けも得ず，純粋な記憶からまとめた」．ルービンシュタイン氏はフランクの《交響的変奏曲》を汽車の中のわずか数時間で暗譜したと述べる．目的地に到着するや，リハーサル会場まで車を走らせ，記憶を頼りに演奏をしたと報告する．モーツァルトも形無しだ．

この驚異的な自伝の，熱望されていた第2巻にして最後の巻は，ここまでだ．自分の物語をあえて語る者は，通常，読者に知らしめたい内容を取捨選択する．ここで興味深いのは，何が欠けているかだけではない．特に興味深いのはルービンシュタイン氏の人生観だ．

食事，情事，醜聞といったものを読むのが楽しみな人には強く推薦できる．ただ私は食中毒で苦しんでいるときにこれを読んだので，読者の皆さんは私の書き方に何らかの嫌な感じを覚えるかもしれない．

アーカイヴには３段階のタイプ稿が残り，最終稿には「1980年４月」の記載がある．

48　ユーディ・メニューイン（エッセイ・1966年）

“Yehudi Menuihn”; “Yehudi Menuhin: Some Thoughts,” *High Fidelity/Musical America* (Special Directory Issue) 16, no. 13 (December 15, 1966): 7–9.

『ハイ・フィデリティ』誌に吸収された『ミュージカル・アメリカ』誌の1966年末の増刊号で「今年の音楽家」（Musician of the Year）として50歳を祝うユーディ・メニューイン（1916–1999）を取り上げた記事である．経緯は不明だが，グールドは執筆を依頼されるや，親交のあったメニューイン夫人ダイアナ（1912–2003）に報告した．それは1966年７月30日付けの書簡で，加えてメニューインに関わるエピソードの提供を求めた（『書簡集』200–1頁）．ダイアナがこれに応じて送ったと思われるメモの断片がアーカイヴに残る．また，アーカイヴには３段階の下書きが残されており，1966年９月に脱稿したことがわかっている．

グールドはメニューイン本人ともすでに交流があった．1963年末の『ニューヨーカー』誌には，グールドがニューヨークのCBCのオフィスにメニューインを招き，テレビ番組「フーガの解剖」（1963年３月４日放映，xxi頁参照）をともに鑑賞する小話が紹介されている（“Fugue,” *The New Yorker*, December 7, 1963, 47–50;「『フーガの解剖学』を観る」宮澤淳一訳，『グレン・グールド大研究』春秋社，1991年，123–34頁）．そこでは共演の可能性が示唆されていたが，実際の初共演はメニューインをトロントに招いて1965年11月に収録されたCBCのテレビ番組「デュオ」である．バッハのヴァイオリン・ソナタ第４番ハ短調BWV1017，シェーンベルクのヴァイオリンとピアノのための幻想曲Op. 47，ベートーヴェンのヴァイオリン・ソナタ第10番ト長調Op. 96が演奏され，1966年５月18日（水）に放映された（番組内での対話は『発言集』306–12頁に再録）．これに続いて，グールドは，メニューインと正規録音を実現しようと努めたことがアーカイヴの資料からもわかるが，レコード会社の契約の事情で実現しなかったもよう．

その後，今度はメニューインがグールドを招くことになる．メニューインをホストとするCBCの連続テレビ番組『人と音楽』（*The Music of Man*）の第８回「音なのか音でないのか」（Sound of Unsound）で，彼らは録音メディアの功罪を論じた．書籍化もされた．

Hehudi Menuhin and Curtis Davies, *Music of Man* (New York: Simon and Schuster, 1979).—— 邦訳：イェフディ・メニューイン，カーティス・デイヴィス『メニューインが語る人と音楽』別宮貞徳監訳（日本放送出版協会，1983年）．

グールドの没後，メニューインは追悼文集に「創造者，グレン・グールド」（Glenn Gould: The Creator）を寄せた．「初期の北アメリカの伝統を思わせる並はずれて貴族的な人物」（木村博江訳）としてグールドを讃えたのである（『変奏曲』所収，367–71頁）．

49　ペトゥラ・クラーク探求（論考・1967年）

“The Search for Petula Clark,” *High Fidelity* 17, no. 11 (November 1967): 67–71.

英国のポピュラー歌手ペトゥラ・クラーク（1932年生まれ）を扱った意外な文章として今なお異彩を放つ論考である．カナダのクイーンズ・ハイウェイ17号線を自家用車で走り，スペリオル

湖岸の旅を楽しむグールドが，カーラジオを通して親しんだクラークの4つのヒット曲を分析するとともに，当時は製紙業で栄えていた湖岸の町マラソン（Marathon）の地理に着目し，そこに潜む北米的上昇指向性を暴き，思春期の少女の自立の悩みやアイデンティティ・クライシスの問題を重ね合わせる．『ハイ・フィデリティ』誌の1967年11月号と前後して『トロント・デイリー・スター』紙にも発表し，また，ほぼ同じ原稿を読み上げる形のラジオ番組を年末に放送している（“Why Glenn Gould Loves Petula Clark?” *Toronto Daily Star*, November 18, 1967, 31; “The Search for Petula Clark,” The Best of *Ideas*, CBC broadcast, December 11, 1967）．

この論考の具体的な創作過程は明らかではないが，1966年11月27日に『ハイ・フィデリティ』誌のローランド・ジェラット編集長に送った書簡で，「ペトゥラが進んでいない」旨を報告しているので，最終的に同誌で公表される1年前にはすでに企画を立てて寄稿する予定でいたことがわかる．タイプ稿は4段階で残っており，“The Search for ‘Pet’ Clark” と題された最終稿には，67年7月4日の日付がある．前後するが，1967年の4月と5月にトロントのマクリーン＝ハンター・パブリシングの編集長アレグザンダー・ロスに「ペトゥラが進んでいない」ことと，『ハイ・フィデリティ』誌に言及しつつ，原稿を見せる旨を報告していたので，カナダの『マクリーンズ』誌での掲載も望んでいたことがうかがえる．ロスには1967年7月9日付けで完成稿を送った（実は同日に『エスクワイア』誌とコロンビア・レコードにも送っている）．ロスは内容を褒めつつも，不満に思い，加筆訂正を求めたらしい．グールドは，ロスに宛てた8月1日付けの書簡で，ビートルズを扱う文章を書くことを断わっている．いずれにしても，脱稿後のグールドと最終的に掲載された『ハイ・フィデリティ』誌と『トロント・デイリー・スター』紙とのやりとりはアーカイヴの資料からたどることはできない．また，ラジオ番組の成立についても不明である．

この論考については，ジョナサン・コットとの対話で取り上げられ，グールドは内容を総括し直している（『語る』127–32頁）．

作家のマイケル・オンダーチェは，この論考を「架空の批評《フィクショナル・クリティーク》」と解釈し，彼が編者のカナダ文学短篇集に収めた．Michael Ondaatje, ed., *The Faber Book of Contemporary Canadian Short Stories* (London: Faber and Faber, 1990).

50　ストライサンドはシュヴァルツコップ（『クラシカル・バーブラ』の録音評・1976年）

“Streisand as Schwarzkopf”; “Streisand as Schwarzkopf: The Voice That Is ‘One of the Natural Wonders of the Age’ Confronts the Masters,” review of Barbra Streisand’s *Classical Barbra* (Columbia M 33452, 1976), *High Fidelity* 26, no. 5 (May 1976): 73–75.

1976年に発表されたバーブラ・ストライサンド（1942年生まれ）のアルバム『クラシカル・バーブラ』の批評である．「自他ともに認めるストライサンド中毒者」（本著作集360頁）であったというグールドだが，この盤の批評を書いた直接の経緯は不明．アーカイヴには手書きの草稿と，1976年2月28日の日付のあるタイプ稿と，その複写で書き込みの入ったものが残る．

アルバムは，クラウス・オーガーマン（1930–2016）のピアノと指揮，コロンビア交響楽団の伴奏によるが，オーガーマンはグールドの評に感激し，ミュンヘンからグールドに宛てた1976年5月12日付けの礼状がアーカイヴに残る．また，ビル・エヴァンズのアルバムが同送されたとわかる．おそらくエヴァンズの参加した『シンビオシス』であろう．翌1976年にグールドはラジオ番組でこのアルバムを取り上げることとなる（『発言集』67–8頁参照）．

51　グレン・グールド，グレン・グールドについてグレン・グールドに訊く
（架空対談・1974年）

“Glenn Gould Interviews Glenn Gould about Glenn Gould”; “Glenn Gould Interviews Glenn Gould about Glenn Gould: Being Volume One, Number One of the Complete Gould-Gould Conversations,” *High Fidelity* 24, no. 2 (February 1974): 72–78.

本著作集8「グレン・グールド，ベートーヴェンについてグレン・グールドに訊く」から2年後の1974年に発表された同様のセルフ・インタヴューである．初出の『ハイ・フィデリティ』誌では「グールド＝グールド対話全集第1巻第1号として」と副題があり，今後もセルフ・インタヴューを続けたかったのかもしれない．アーカイヴには3段階のタイプ稿が残り，16枚，27枚，31枚と拡大していったようだ．

このテキストは『変奏曲』にも収められている．

フランソワ・ジラール（1963年生まれ）監督による映画『グレン・グールドをめぐる32章』（1993年）では，その4番目のエピソードが「グールド対グールド」と題され，このセルフ・インタヴューの一部分が用いられた．演奏者と聴き手の理想的な関係の回復を求めて電子メディアを志向するグールドに他方のグールドが挑む様子が映像化される．

52　録音の将来（論考・1966年）

“The Prospects of Recording,” *High Fidelity* 16, no. 4 (April 1966): 46–63.

この論考は，グールドが公開演奏から引退してまもない時期の音楽メディア論を総括した大作であり，『ハイ・フィデリティ』誌の創刊15周年記念号（1966年4月号）に掲載された．寄稿の経緯は，本文に掲げられた編集部による前書きを参照．そこにある「昨年の『録音の将来』に関する広汎な調査報告」とは，グールドがCBCで作ったラジオ番組「録音の将来をめぐる対話」を指す（“Dialogues on the Prospects of Recording,” *CBC Sunday Night* series, CBC radio broadcast, January 10, 1965）．番組はトロント大学の校友会誌『ヴァーシティ・グラジュエイト』1965年4月号に再録されたが，異同もあった．See Glenn Gould, “Dialogue on the Prospects of Recordings [sic],” *Explorations* (“a magazine in the magazine edited by Marshall Mcluhan”), in *Varsity Graduate* 11, no. 5 (April 1965): 50–62.『ハイ・フィデリティ』誌の本論文は，これらを踏まえつつ，内容を拡充・刷新したものである．また，前書きに述べられているように，本論文では音楽とメディアに関する識者のコメントを適宜ちりばめ，グールドの見解との対照ができるようになっている（本著作集の原書と旧訳では，コメントの収録は割愛されたが，今回はそれを復元し，位置を調整してある．また雑誌での各節の見出しも加えた）．

アーカイヴには，これらのラジオ番組台本，再録版原稿，「録音の将来」のタイプ稿がそれぞれ収められているが，十分な整理はまだなされていない．またこれらに用いられた識者のインタヴューの起こし原稿（用いられなかった部分を含めて）も残っている．

この論考は，日本ではいち早く発表の同年に「レコード音楽の展望——鬼才ピアニストのレコード観」として『レコード芸術』に連載の形で，識者のコメント付きで紹介された（馬場健訳）．第15巻第8-11号（1966年8-11月）：116-71; 167-71; 252-55; 238-41頁．また，その19年後，抄訳でコメントは割愛されたものの，「プロスペクツ・オヴ・レコーディング」と題して再紹介された（浅田彰，細川周平解説・訳）．『現代思想』（特集：Contemporary Music 音楽はどこへ行くの

か）第13巻第5号（1985年5月）：140–57頁.

53　音楽とテクノロジー――パリ市民への手紙（エッセイ・1974年）

“Music and Technology”; “An Epistle to the Parisians: Music and Technology, Part I,” *Piano Quarterly* 23, no. 88 (Winter 1974–75): 17–19; untitled liner notes in French for CBS France: CBS 76371, rel. 1974.

1974年後半にフランスで発売されたアルバムの解説（フランス語）の原文である．同年11月末から翌月にかけて，フランス放送協会（ORTF）では，ブリューノ・モンサンジョンによる連続テレビ映画『音楽の道』（*Les chemins de la musique*）を放映したが，それにあわせて4枚のグールドのLP盤が発売された．その中の1枚が映画の「サウンドトラック盤」で，そのジャケット裏面に無題で印刷されたのがこのエッセイであり，「1974年10月」と明記された．アーカイヴには3段階のやや断片的なタイプ稿（英語）が残り，そこにも「1974年10月」と記されている．

グールドは英語原文を『ピアノ・クォータリー』誌に提供し，1974–75年冬号（1975年1月発行と推定される）に掲載してもらう．そこには「筆者からの注記」（Author’s Note）と題された序文が付され，“Part 1” と付された理由も明かされている――「1974年の1月から2月にかけて，パリからの撮影班の協力で，音楽とメディアの関係の側面をそれぞれ検証した30分ものの映画4本が作られ，フランス放送協会に引き渡された．かくしてこの12《マ》月《マ》にフランス国営テレビジョンで初放映されたが，それにあわせてCBSフランスがそれぞれの映画のサウンドトラックの音楽，あるいはサウンドトラックに関連する音楽を含むディスクを発売した．言わば，録音に関する映画に関する録音盤である．さらにややこしい話になるが，以下に紹介するエッセイは，このCBSの特別アルバムに提供した解説から取られた（ただしここに掲げたもっともらしい題名はフランス語訳には向かなかった）．『ピアノ・クォータリー』誌に掲載するにあたり，この文章は，テクノロジーの時代における音楽という全般的なテーマをめぐる一連の文章の序曲として意図されている」．しかし，“Part 2” にあたる文章が掲載されることはなかった．

このエッセイの付されたアルバムにはバッハのイギリス組曲第1番イ長調BWV806，グールドの《フーガを書いてごらんなさい》，ヴァーグナーの《ニュルンベルクのマイスタージンガー》前奏曲，シェーンベルクの組曲Op. 25が収録された．事情の詳細はモンサンジョンのインタヴュー（『グレン・グールド大研究』所収，9–32頁）を参照.

54　隣りのアウトテイクは常に青い――聴取実験レポート（論考・1975年）

“The Grass Is Always Greener in the Outtakes: An Experiment in Listening”; “An Experiment in Listening: The Grass Is Always Greener in the Outtakes,” *High Fidelity* 25, no. 8 (August 1975): 54–59.

この論考は，録音の編集箇所が本当にわかるのかを検証した実験報告として，『ハイ・フィデリティ』誌1975年8月号に掲載された．その見出しには，「最も鋭敏な聴き手は誰か？　音楽家か，技術者か，訓練を受けていない一般人か？　検証結果に私たちは驚くかもしれない」（Who are the most perceptive listeners—musicians, technicians or untrained laymen? The evidennce may startle you.）とある．また，掲載の最初のページには「この記事は『ピアノ・クォータリー』誌にも同時掲載さ

れる」と記載されており，実際，そうなった．*Piano Quarterly* 23, no. 90 (Summer 1975): 16–22.
アーカイヴには3段階のタイプ稿があり，最終稿の日付は1975年2月27日である．ほかに，実験の準備段階および終了結果の資料が多数残る．

55　きっとほかに何かある（エッセイ・1969年）

"Oh, for Heaven's Sake, Cynthia, There Must Be Something Else On!" *High Fidelity/Musical America* 19, no. 4 (April 1969): MA13–14, 28.

このエッセイは，ライヴ・パフォーマンスを正当とする人々の意識の問題に留意しながら，テレビや映画といった映像メディアの本質と可能性を述べたものである．後半で紹介されるクルーゾーが監督するカラヤン指揮ベルリン・フィルハーモニックによるドヴォルザークの《新世界交響曲》等の映像を中心とした議論は，1971年9月3日付けヘレン・ホイットニー宛て書簡（『書簡集』所収，337–46頁）にも詳しい．アーカイヴには下書きのタイプ稿が3段階で残っており，第2稿には1968年8月13日の日付があり，第3稿（決定稿）には同年9月1日の脱稿日が記されている．よって，事情はともかく，その後，出版までに約半年を費やしたとわかる．

56　音楽としてのラジオ――ジョン・ジェソップとの会話（対談・1971年）

"Radio as Music: Glenn Gould in Conversation with John Jessop," *Canada Music Book*, no. 2 (Spring-Summer 1971): 13–30.

カナダ音楽評議会が発行する『カナダ・ミュージック・ブック』誌第2号（1971年春夏号）に掲載されたもの．グールドの対位法的ラジオ・ドキュメンタリーの成立と実践状況を整理した点で重要なテキストである．対談相手のジョン・ジェソップ（1947–2002）は，1971年当時，トロントのライヤソン・ポリテクニカル・インスティテュート（現在のトロント・メトロポリタン大学）の学生で，グールドのラジオ・ドキュメンタリーの手法についての論文を準備しつつ，CBCの録音エンジニアとして働き，グールドの番組作成のテープ編集を手伝っていた．だが，同年に論文を完成せずに中退．1981年，モントリオールに転勤し，1985年までCBCに勤務する．のちにモントリオールのコンコーディア大学に学び，同大学で英語を教えた．

アーカイヴには多数の関連書類が残るが，内容の異なる同名のテレビ番組（1975年）の書類も存在するため，整理が求められる．

『北の理念』のプロローグと『遅れてきた人々』のエピローグのチャートは，グールドが最も親しく仕事をしたエンジニア，ローン・トークが作成し，初出に掲載されたもの．

57　『北の理念』からプロローグ（台本再録・1967年）

"Prologue from *The Idea of North*," from the original transcript of Gould's radio drama, December 28, 1967.

『北の理念』はグールド初の対位法的ラジオ・ドキュメンタリーであり，そのプロローグは，音

楽形式を取り入れた適例としてよく紹介される．つまり，女声（看護師），男声（社会学者），男声（公務員の専門調査官）がトリオ・ソナタを模倣しているとされる．映画『グレン・グールドをめぐる32章』でも，この部分の音声をそっくり収録したエピソードが設けられている．このプロローグに続き，5つの場とエピローグから構成される60分弱の番組は，現在ではCDのほか，ストリーミング・サーヴィス等で聴くことができる．また，ジュディス・パールマン監督によるテレビ番組版（1970年）も存在し，日本では2012年に字幕付きでDVD化された．

アーカイヴには台本数点に加え，番組の素材としたインタヴューの多数の起こし原稿や関連書類が残る．今回の翻訳では原文のタイプ稿のレイアウトに近づけるために横組とした．太字のゴシック体は原文でイタリックになっている箇所である．

58　ラジオ・ドキュメンタリー『北の理念』（番組解説・1967年）

"*The Idea of North*: An Introduction," liner notes for CBC Learning Systems T-56997/56978, rel. 1971.

対位法的ラジオ・ドキュメンタリー『北の理念』は1967年12月28日（木）に『アイディアズ』の番組枠でCBC（カナダ放送協会）よりラジオ放送された．これは，1971年に頒布されたLP盤の裏面に印刷されたライナー・ノーツである．

59　ラジオ・ドキュメンタリー『遅れてきた人々』（番組解説・1969年）

"*The Latecomers:* An Introduction," liner notes for CBC Learning Systems, T-57000/57001, rel. 1971.

カナダの辺境を題材とした「孤独三部作」の2作目である，ニューファンドランド島の人々を描いた『遅れてきた人々』は，1969年11月12日（水）にCBCよりステレオ方式でラジオ放送された．これは，1971年に頒布されたLP盤の裏面に印刷されたライナー・ノーツである．

アーカイヴには台本数点に加え，番組の素材としたインタヴューの起こし原稿や関連書類が残る．

60–62　ヘルベルト・フォン・ホーホマイスター博士名義の三篇 ――「撮影上手のCBC」「時代と時を刻む者たちについて」「若者，集団，芸術の精神」（エッセイ・1965年）

"Three Articles Published under the Pseudonym Dr. Herbert von Hochmeister": "The CBC, Camera-Wise," *High Fidelity/Musical America* 15, no. 3 (March 1965): 86P–Q; "Arctic Report: Of Time and Time Beaters," *High Fidelity/Musical America* 15, no. 8 (August 1965): 136–37; "Arctic Report," *High Fidelity/Musical America* 15, no. 12 (December 1965): 188–90.

これらの記事は『ハイ・フィディリティ／ミュージカル・アメリカ』誌にヘルベルト・フォン・ホーホマスター博士の筆名で発表された．「編集長より」の説明もグールド本人が書いたものである可能性を本著作集の編者は指摘している．アーカイヴには，3篇ともいくつかのタイプ稿の下書き

が指摘でき,「撮影上手のCBC」は1964年12月,「時代と時を刻む者たち」は1965年4月,「若者,集団,芸術の精神」は1965年8月と脱稿年月が記され,ホーホマイスターの名がある.なお,「撮影上手のCBC」は最終稿でも「アレグザンダー・グラハムの翼に乗って」(On Wings of Alexander Graham)の題名になっている.これはスコットランド出身でカナダで没した電話の発明で最も知られるアレグザンダー・グラハム・ベル(1847–1922)を指すか.

このホーホマイスター博士という筆名をグールドは気に入っていたようで,本著作集所収の42「失格しそうな私たちから敬意をこめて」や,64「ポート・チルクート会議」でも使用を考えていた(それぞれの解題を参照).

63　グレン・グールドのトロント(台本再録・1981年)

"Toronto," adapted by Gould from his filmscript for "Glenn Gould's Toronto" (1979); originally published in *Cities*, edited by John McGreevy (Toronto: Lester & Orpen Dennys and New York: Clarkson N. Potter, 1981).

ジョン・マグリーヴィ(1942年生まれ)監督によるシリーズ番組『都市』(*Cities*)のエピソードの1つとして作られたのが「グレン・グールドのトロント」であり,1979年9月27日(木)に初放映された.その後,この番組を書籍した際に,台本をグールドがまとめ直したのがこのテキストである.アーカイヴには,各種の関連書類に混ざって,書き込みのある最終版のタイプ稿と,手書きで記入した校正刷りを見つけることができた.

553頁の市庁舎の彫刻購入をめぐる記述は,番組台本では,続けてこうある——「購入は,実は,市民の寄付金でまかなわれた.公費の支出が拒絶されたからだ」.市長フィリップ・ギヴンズ(1922–1995; 在職1963–1966)は寄付金を募り,10万ドルでムーアの彫刻 *Thee Way Piece No. 2*(通名 *Archer*)を購入.新市庁舎前のナタン・フィリップス・スクウェアに設置され,1966年10月27日に除幕式.ギヴンズは年末の市長選でビル・デニスン候補に負ける.

このテキストはあくまで活字版であり,もとの映画の見せ場(トロント動物園で象に向かってマーラーを歌うグールドや,イートン・センターに驚愕するグールドなど)の実況はここには再現されていない.なお,このテキストは『変奏曲』にも収められている.

64　ポート・チルクート会議(創作・1974年)

"Conference at Port Chillkoot," *Piano Quarterly* 22, no. 86 (Summer 1974): 25–28.

カナダ北部の辺境で音楽批評家たちが会議を開く諷刺的な創作である.『ピアノ・クォータリー』誌(1974年夏号)に掲載されたテキストが用いられているが,アーカイヴで確かめるに,これは3つ目の版である.最初に生まれたのは1965年5月版(未発表)で,「ヘルベルト・フォン・ホーホマイスター博士」の名がタイプ稿に付され,本著作集所収の3篇同様に,この名で発表しようとグールドが考えていたとわかる.2つ目の版は注記にあるように,1967年1月のラジオ放送の版で,同年(1月ではなく)4月2日(日)に『グレン・グールドの芸術』(*The Art of Glenn Gould*)第20回において放送されたものである.

登場人物たちの多くにはモデルが存在すると推察される.ホーマー・サベイリアスは,グールドの書簡などにも出てくる名で,『ニューヨーク・タイムズ』紙の著名な音楽批評家ハロルド・ショ

ーンバーグを指すことが知られる．H・B・ハグルとは，52「録音の将来」のコメント欄にも登場するB・H・ハギンである．アーカイヴに残る『グレン・グールドの芸術』を説明する覚え書きにグールドは書いている――「『ポート・チルクート会議』は超然的な科学的調査の精神の産物です．同業者の多くとは異なり，私は，批評をする職業に対して，敵意や憤慨といったきつい感情を抱いていません．もちろん偏見もありません．実際，私の親友には批評家も数名います」．

65　事実か空想か歴史心理学か――P・D・Q・バッハ地下活動の手記より（書評・1976年）

“Fact, Fancy, or Psychohistory: Notes from the P. D. Q. Underground,” review of *The Definitive Biography of P. D. Q. Bach (1807–1742)* by Peter Schickele (New York: Random House, 1976), *Piano Quarterly* 24, no. 94 (Summer 1976): 40–42.

冗談音楽で知られた作曲家ピーター・シックリー（シッケレ）が生み出した架空の作曲家P・D・Q・バッハの「決定版の伝記」を扱った書評である．掲載誌は『ピアノ・クォータリー』1976年夏号（7月発行と推定）だが，初出は同年5月の『グローブ・アンド・メイル』紙であり，“Bach to Bach (Belly to Belly)” と題して，多数の図版とともに掲載された（*The Globe and Mail*, May 29, 1976, 29）．この評を手がけた経緯は不明だが，本著作集の他の文章からも明らかなように，みずからも架空のキャラクターを創出したり，自演をすることを好んだグールドが取り上げるのは不思議でない．なお，“P. D. Q.” とは，“pretty damn quick” の略語で，「すぐに」を表わす1875年頃にさかのぼる俗語表現である．

66　十年に一枚のレコード『スイッチト＝オン・バッハ』（録音評・1968年）

“The Record of the Decade”; “The Record of the Decade, According to a Critic Who Should Know, Is Played on, off All Things, a Moog Synthesizer?” *Saturday Night* 83, no. 12 (December 1968): 52–58.

ウォルター・カーロス（1938年生まれ，のちにウェンディ・カーロスと改名）がモーグ・シンセサイザーを操作して製作したアルバム『スイッチト＝オン・バッハ』（Columbia MS 7194）の発売にほぼ合わせてグールドが書いた評である．アーカイヴに残る4段階の下書きでは単に「モーグ・シンセサイザー」と題され，第1稿には1968年10月18日と記される．

この執筆と前後して，グールドは，1968年11月10日（日）放送のCBCのラジオ番組『サンデー・サプルメント』（*Sunday Supplement*）でこのアルバムを取り上げ，カーロスのインタヴューを紹介した（1968年12月29日付けポール・マイヤーズ宛てと註を参照，『書簡集』246–52頁）．同じレコード会社の企画であったこのアルバムとカーロスの活動にグールドが関心を深めた経緯は不明だが，彼のバッハ観に通じるものを見出したようだ．1969年に発売されたカーロスの第2作 *The Well-Tempered Synthesizer* (Columbia MS 7286) の解説にはグールドのこの評が転載された．なお，“switched-on” とは「最新の考えや流行に敏感な」を意味する俗語表現である．

67　ローズマリーの赤ちゃんたち（録音評・1970年）

“Rosemary's Babies”; “Liszt's Lament? Beethoven's Bagatelle? Or Rosemary's Babies?: A Humble British Housewife Transcribes Compositions from Dear Composers,” review of Rosemary Brown's *A Musical Seance* (Philips PHS 900256, rel. 1970), *High Fidelity* 20, no. 12 (December 1970): 87-88 & 90.

霊界の作曲家たちの新作を紹介する霊媒として話題になった英国ロンドン郊外のバラムに暮らしたローズマリー・ブラウン（1916-2001）の提供した作品を集めたアルバム（LP盤）を扱った評である．アーカイヴには「バラムの家で，ローズマリーと仲間たちとともに」（At home, in Balham, with Rosemary Brown and friends）と題された完成稿とおぼしきタイプ稿が残り，そこには1970年9月19日の脱稿日が記されている．『ハイ・フィデリティ』誌には同年12月号に掲載された．題名は，1968年のホラー映画『ローズマリーの赤ちゃん』（*Rosemary's Baby*）のもじり．

この音楽をめぐって『ハイ・フィデリティ』誌では，さらに何らかの企画を立てようとしたらしい．批評の出た翌年，グールドは，1971年8月5日に同誌の編集長だった音楽批評家シャーリー・フレミング（1929-2005）に宛てて，「ブラウン夫人についてはできる限りの努力をした」が，彼女の仕事に対する「新鮮な見方」はほかの人に求めた方がよい旨を書いている．

このアルバムは，日本では『ローズマリーの霊感』と題されて発売された（日本フォノグラム：Philips X-7605）．作曲家の和田則彦（1932-2018）による解説と譜例が掲載され，このグールドの評も「リストの憂愁？　ベートーヴェンのバガテル？　あるいはローズマリーの赤ちゃん？」の邦題で抄訳が付された（木村博江訳）．その後アルバムは2014年11月に日本でCD化された（ユニバーサル：Decca UCCD-4340）．またブラウンには1971年の自伝がある．『詩的で超常的な調べ——霊界の楽聖たちが私に授けてくれたもの』平川富士男訳（国書刊行会，2014年11月）．

68　私が無人島に持参するレコード（エッセイ・1970年）

“A Desert Island Discography”; “Speaking of Records: ‘His Country's Most Experienced Hermit’ Chooses a Desert-Island Discography,” *High Fidelity/Musical America* 20, no. 6 (June 1970): 29, 32.

オーディオ雑誌である『ハイ・フィデリティ』の1970年6月号はスピーカー特集を組んだ．それと直接の関わりはないと思われるが，「レコードの話なら——その国で最も経験豊かな隠遁者が無人島に持参するレコードを選ぶ」と題されてこのエッセイが掲載された．アーカイヴに残るタイプ稿は，“High Fidelity Article” という便宜的な題名のもとで4段階を経ている．このエッセイのもととなった「私自身の番組」とは，『グレン・グールドの芸術』第2シリーズ，第11回，1969年7月27日（日）放送を指す．『隠者はこれを選ぶ』（*Hermit's Choice*）で「そのまま拝借した」企画とは，1942年に始まりBBCラジオ第4放送で今日まで続く『デザート・アイランド・ディスクス』（*Desert Island Discs*）のことである．

グールドは1967年4月12日付けの日本のファン福谷明子宛ての書簡で，「万一無人島で残りの人生を過ごすはめになったとしたら……私はほとんど迷うことなくバッハを選ぶ」と述べていたが（『書簡集』214頁），ここでは，ギボンズ，シェーンベルク，シベリウスのアルバムを選んでいる．ギボンズのアルバムについては，別の紹介文が『発言集』で読める（160-62頁）．シベリウスの交響曲第5番は，グールドが1957年5月にベルリンでカラヤンと共演した演奏会の曲目に含まれていた作品であり，『北の理念』のエピローグでもこの録音を用いている．

69　映画『スローターハウス5』（番組台本・1972年）

"The Film *Slaughterhouse Five*," script for *The Scene*, CBC broadcast, August 26, 1972.

1972年8月26日（土）に放送されたCBCのラジオ番組『ザ・シーン』の番組台本より．アーカイヴには，書き込み入りのタイプ稿と完成稿が存在する．

グールドは，映画『スローターハウス5』（1972年3月全米公開，1975年4月日本公開）の音楽を担当した．音楽をバッハで統一したいというジョージ・ロイ・ヒル（1921–2002）監督の要請に基づき，自分の既存の録音である《ゴルトベルク変奏曲》やクラヴィーア協奏曲第3番ニ長調BWV 1054，同第5番ヘ短調BWV 1056を用いたほか，ブランデンブルク協奏曲第4番ト長調BWV 1049の第2楽章の断片を新たに収録した．収録時の事情は，カズディン『グレン・グールドアットワーク――創造の内幕』石井晋訳（音楽之友社，1993年）に詳しい（338–45頁）．1972年4月にはサウンドトラック・アルバム（CBS S 31333）が発売されたが，そのジャケット裏にはグールドの断片的なコメントが原作小説からの引用とのコラージュで掲載される（細川晋訳・解説，『グレン・グールド・アット・ザ・シネマ』所収，ソニー・レコード：Sony Classical SRCR 2418，1999年発売）．ただし，それはグールドが用いた音楽とその場面との関係を説明したに過ぎなかった．グールド自身は技術的な挑戦としてサウンドトラック作りに励んだが，原作には「アンビヴァレントな感情を抱いて」いたらしい．そこで，原作と映画に対する自分の考えをまとめ，ラジオで公表したのが，この台本である．番組では，協奏曲第5番の第2楽章を聴かせたあとにこの解説が始まった．

70　ペイザントのグレン・グールド伝（書評・1978年）

"A Biography of Glenn Gould"; review of *Glenn Gould, Music and Mind* by Geoffrey Payzant (Toronto: Van Nostrand Reinhold, 1978), *Piano Quarterly* 26, no. 103 (Fall 1978): 15–18.

ジェフリー・ペイザント『グレン・グールド，音楽，精神』への書評．「伝記」と呼ばれるが，実際は，グールドの音楽美学を扱う研究書である（書名は「グールド」「音楽」「精神」の3要素を扱う，という意味）．グールドが1956年に発表した論考「十二音主義者のジレンマ」（本著作集35）の執筆を依頼したペイザントは，その後トロント大学に移籍し，哲学科で音楽美学を講じていた．ペイザントは1974年にこの本の企画を発案し，グールドの合意のもとに執筆を進め，1978年5月頃にトロントで出版された．ここまでの事情は，日本語の増補・新訳版『グレン・グールド，音楽，精神』（宮澤淳一訳，音楽之友社，2007年）の「訳者あとがき」に詳しい．グールドは途中段階の原稿に目を通し，内容を喜び，友人・知人に電話で読んで聞かせることもあった．なお，「グールドの示唆やグールドの主導権に基づく記述はひとつもない」とペイザントはのちに述べた．

アーカイヴには，1978年5月24日（水）の出版記念パーティーの招待状が残る（グールドは欠席したと推察される）．その3日後の『グローブ・アンド・メイル』紙にグールドが実名で掲載したのがこの書評である（Glenn Gould, "Gould by Payzant/Payzant by Gould," *The Globe and Mail*, May 27, 1978, 41）．アーカイヴには，執筆途中でペイザントがグールドに送った下書きのタイプ稿が多数残るが，グールド本人が執筆した書評の原稿は確認されていない．

日本では1981年12月に木村英二訳で『グレン・グールド――なぜコンサートを開かないか』の題名で出版され，ロング・セラーとなった（音楽之友社）．

書評からもうかがえるが，グールドは満足していた．脳卒中の発作に倒れる直前にペイザントと

電話で会話し，「あなたの本が私を変えた」と語り，謝意を示したという（「訳者あとがき」）．

71　ティム・ペイジとの対話（1981 年）

“Glenn Gould in Conversation with Tim Page”; “Glenn Gould,” *Piano Quarterly* 29, no. 115 (Fall 1981): 16–24.

グールドの没する前年に『ピアノ・クォータリー』誌に掲載されたインタヴュー．ピアノを弾くグールドの写真が表紙を飾り，編集長シルヴァーマンによる序文やグールドのディスコグラフィーも併収された事実上の特集記事であった．ティム・ペイジによる序文も付されていたが，本著作集では割愛された．これは彼が初めてグールドに接触して実現した仕事である．

1980 年，グールドの録音契約 25 周年にあたり，CBS の宣伝担当者スーザン・カシスの呼びかけに応じて，当時 26 歳のティム・ペイジはインタヴューの企画を申し込んだ（1980 年 10 月 3 日付けのペイジの提案書と彼の履歴書がアーカイヴに残る）．あなたのお考えの条件で，よろしければ電話でやりましょう．事前に内容は打ち合わせますし，好まれないテーマは避けます――．ペイジは長年グールドのキャリアを追ってきたこと，ペイザントの本を読了し，インタヴュー盤『コンサート・ドロップアウト』（viii 頁参照）も聴いていることなどを記し，これまでのインタヴューとは異なるものにしたいと意思を表明した．テーマについては，執筆，テレビ番組，『北の理念』，シベリウスやシュトラウスやいわゆる「後期ロマン派」の音楽，現代音楽（音列主義からスティーヴ・ライヒやフィリップ・グラスまで）をその例に挙げた．また，なぜ生演奏をしないのか，といった質問はしないと強調することも忘れなかった．提案はグールドの眼にかない，訊き手として指名され，電話インタヴューの運びとなった．

このインタヴューの主な素材となった約 90 分の通話録音が，グレン・グールド財団の YouTube チャンネルで 2024 年に公開された（“Ep. 57: Glenn Gould - The Private Tapes (Oct. 1980),” posted June 20, 2024, by The Gould Standard, YouTube, https://youtu.be/Mh9NaO9xprA）．土曜日の晩だったというペイジの記憶や，録音中で「先週」にハイドンのソナタ 2 曲を録音してきたというグールドの発言から，1980 年 10 月 25 日の晩に行なわれたらしい．通話の途中でペイジの友人で作曲家のポール・アレグザンダー（1953 年生まれ，のちに映画プロデューサー）が現われ，2 つの質問をした（現代の作曲家についてと，異星人のトップチャートについて）．

このインタヴューは，当時のペイジが執筆とクラシック音楽部門のコーディネーターをしていた『ソーホー・ニューズ』紙に掲載されたが（Tim Page, “Glenn Gould: Bach’s Bad Boy,” *Soho News* 8, no. 8, November 26–December 2, 1980, 11–13），その題名，見出し，削減された内容は，ペイジの意図に反するもので，彼がグールドに送った詫び状がアーカイヴに残る．グールドの同情が得られ，以来，ペイジはグールドとの親交を深め，電話でもたびたび通話を楽しんだもよう（事情は種々の伝記を参照）．アーカイヴに原稿は何も残っていないが，インタヴューの改訂版は，翌 81 年に『ピアノ・クォータリー』秋号に掲載された（次号にはこの内容を支持する読者の投稿が 3 点も掲載され，好評であったようだ）．

やがてペイジは，1982 年の 8 月にトロントまでグールドに会いに行き，現地のスタジオで，《ゴルトベルク変奏曲》再録音盤をめぐるインタヴュー録音を作るに到る（巻頭の「日本の読者へ」を参照）．グールドは同年の 10 月 4 日に他界するのである．

著者略歴

(Glenn Gould, 1932-1982)

1932年9月25日トロント生まれ．ピアニスト・思想家．幼少より楽才を示し，トロント音楽院（現ロイヤル音楽院）に学ぶ．作曲家を志すが，むしろピアニストとして十代よりカナダで認められる．1947年トロント交響楽団と初共演，1950年CBC（カナダ放送協会）で初のラジオ・リサイタル．1955年，22歳で米国デビュー．翌年発売した《ゴルトベルク変奏曲》のアルバムで従来のバッハ解釈を刷新し，話題を呼ぶ．57年にソ連や欧州への演奏旅行に成功．独自の選曲と無比の解釈で名声を高めていくが，64年のリサイタルを最後に舞台から退き，以後はレコードと放送番組のみで演奏活動．音楽論やメディア論をめぐる文筆も行ない，新しい音楽作品を意図した「対位法的ラジオ・ドキュメンタリー」の制作も手がける．終生トロントに暮らす．《ゴルトベルク変奏曲》再録音（81年）発売直後の82年10月4日脳卒中にて急逝．マーシャル・マクルーハン，ノースロップ・フライと並んで，カナダを代表する知識人であり，死後も日本を含めた各国での人気は根強く，録音・映像・著作の紹介や学術研究が続いている．

編者略歴

(Tim Page)

1954年サンディエゴ生まれ，コネチカット州ストーズ育ち。マネス音楽院とコロンビア大学に通うが，本人は独学を自認する。音楽批評家として，『ソーホー・ウィークリー・ニューズ』(1979-82年)，『ニューヨーク・タイムズ』(82-87年)，『ニューヨーク・ニューズデイ』(87-95年）の各紙で執筆。その後『ワシントン・ポスト』での活躍により，97年にピューリッツァー賞（音楽批評部門）を受賞．カタリスト・レーベル（BMG）での音楽プロデュースや，ラジオ番組（WNYC-FM）のホストなどで，新しい演奏家や，新しい作曲家・作品の紹介に努める．2008年南カリフォルニア大学で音楽ジャーナリズムの教授となり，現在は名誉教授．本書のほか，音楽批評集 *Music from the Road*, *Tim Page on Music*，ウィリアム・カペルの伝記，ヴァージル・トムソンの書簡集，ドーン・パウエルの著作集・書簡集と伝記，アスペルガー症候群と知らずに育った自身の回想録 *Parallel Play* など，編著書は20冊を超える．十代の頃，無声映画制作に熱中した様子は，68年にニューヨーク映画祭で上映されたデイヴィッド・ホフマンの短篇ドキュメンタリー *A Day with Timmy Page* に描かれ，19年に自作とともに蘇映された．

訳者略歴

(Junichi Miyazawa)

宮澤淳一〈みやざわ・じゅんいち〉 1963年群馬県生まれ。86年青山学院大学国際政治経済学部（国際政治学）卒業，88年早稲田大学第一文学部（ロシア文学）卒業．早稲田大学大学院文学研究科に博士課程まで学ぶ．2007年東京大学にて博士（学術）．現在，青山学院大学総合文化政策学部教授，国立音楽大学ほか非常勤講師．トロント大学客員教授（00年；18-19年），ヨーク大学客員教授（兼任，18-19年）．文学研究，音楽学，メディア論．主著に『グレン・グールド論』（春秋社，04年；吉田秀和賞），『マクルーハンの光景』（みすず書房，08年），『音楽論』（白石美雪，横井雅子と，武蔵野美術大学出版局，16年）．共編著に『文化の透視法』（伊東一郎と，南雲堂フェニックス，08年）．訳書に『グレン・グールド書簡集』（みすず書房，99年），フィンドリー作『戦争』（彩流社，02年），『リヒテルは語る』（音楽之友社，03年；ちくま学芸文庫，14年），『グレン・グールド発言集』（みすず書房，05年），ウィンジェル著『改訂新版 音楽の文章術』（小倉眞理と，春秋社，14年），『マクルーハン発言集』（みすず書房，21年）ほか．

ティム・ペイジ編
グレン・グールド著作集
宮澤淳一訳

2025年 4 月 10 日　第 1 刷発行

発行所 株式会社 みすず書房
〒113-0033 東京都文京区本郷 2 丁目 20-7
電話 03-3814-0131(営業) 03-3815-9181(編集)
www.msz.co.jp

本文組版 キャップス
本文印刷所 精興社
扉・表紙・カバー印刷所 リヒトプランニング
製本所 松岳社

Japanese translation © Junichi Miyazawa
Printed in Japan
ISBN 978-4-622-09770-9
[グレングールドちょさくしゅう]
落丁・乱丁本はお取替えいたします

グレン・グールド発言集	J. P. L. ロバーツ編 宮澤淳一訳	6400
これを聴け	A. ロス 柿沼敏江訳	4600
真実なる女性 クララ・シューマン	原田光子	5200
始原のジャズ アフロ・アメリカンの音響の考察	A. シェフネル 昼間賢訳	3400
バルトーク晩年の悲劇	A. ファセット 野水瑞穂訳	3600
ブーレーズ／ケージ往復書簡 1949-1982	ナティエ／ピアンチコフスキ編 笠羽映子訳	6200
オーケストラ 知りたかったことのすべて	Ch. メルラン 藤本優子・山田浩之訳	3200
ニジンスキー 踊る神と呼ばれた男	鈴木晶	5200

（価格は税別です）

みすず書房

ピアノ・ノート 演奏家と聴き手のために	Ch. ローゼン 朝倉和子訳	3500
音楽と感情	Ch. ローゼン 朝倉和子訳	3400
演奏する喜び、考える喜び	Ch. ローゼン/C. テマーソン 笠羽映子訳	2800
ピアニストの時間	舘野泉	2800
マクルーハン発言集 メディア論の想像力	S. マクルーハン/D. ステインズ編 宮澤淳一訳	4600
メディア論 人間の拡張の諸相	M. マクルーハン 栗原裕・河本仲聖訳	5800
グーテンベルクの銀河系 活字人間の形成	M. マクルーハン 森常治訳	7500
マクルーハンの光景 メディア論がみえる 理想の教室	宮澤淳一	1600

(価格は税別です)

みすず書房